创刊号

CHUANGKANHAO

安丘年鉴

2018

ANQIU YEARBOOK

安丘市人民政府　主办

安丘市史志办公室　编

方志出版社

Publishing House of Local Records

图书在版编目（CIP）数据

安丘年鉴.2018 / 安丘市史志办公室编. -- 北京 ：
方志出版社，2018.5
ISBN 978-7-5144-3058-5

Ⅰ. ①安… Ⅱ. ①安… Ⅲ. ①安丘-2018-年鉴
Ⅳ. ①Z525.24

中国版本图书馆CIP数据核字(2018)第084940号

安丘年鉴2018

编　　者：安丘市史志办公室
责任编辑：王　俊
出 版 人：冀祥德
出 版 者：方志出版社
地址　北京市朝阳区潘家园东里9号（国家方志馆4层）
邮编　100021
网址　http://www.fzph.org
发　　行：方志出版社图书经销中心
电话（010）67110500
经　　销：各地新华书店
印　　刷：济南黄氏印务有限公司
开　　本：889×1194　1/16
印　　张：26.5
字　　数：802千字
版　　次：2018年5月第1版　2018年5月第1次印刷
印　　数：0001～1000册
ISBN 978-7-5144-3058-5　定价：317.00元

市领导出席安丘综合物流园项目签约仪式

市领导出席青岛西海岸新区与安丘市战略合作签约仪式

李新阁书记调研工业生产

杜建华市长调研重点项目

市领导赴诸暨市新泰市考察学习

市领导出席新希望六和项目奠基仪式

李新阁书记到潍坊市高新区参观学习

杜建华市长赴寒亭区考察学习

全市创建省级文明城市工作会议

全市脱贫攻坚工作会议

安丘市瑞福家纺有限公司绣花车间

安丘市先进制造业产业园

山东鼎正机械设备有限公司组装车间

景芝酒业现代生态酿酒产业园

山东海龙博莱特化纤有限公司车间

山东科发动力有限公司成品车间

山东秋辰机械制造有限公司加工车间

山东渠风科技食品有限公司制粉车间

潍坊鑫易电声科技有限公司组装车间

汶瑞机械（山东）有限公司生产车间

北城区别墅群

汶河沿岸高层建筑群

南城区夜间亮化提升改造

青云大街改造提升情景

青云湖上游湿地

市人民医院北区新院二期工程

安丘市第一中学校貌

青云大桥夜景

山区风光

拥翠湖湿地公园

民间传统艺术表演

辉渠桃花节

“百善孝为先”主题演出

腰鼓表演

“红色七月演出周”活动——《奔袭》剧照

志愿服务活动

广场舞培训

安丘汉画像石墓墓室

庵上石坊

安丘市地方史志编纂委员会

《安丘年鉴》（2018）编审人员

编辑说明

一、创刊《安丘年鉴》（2018）（以下简称《安丘年鉴》）旨在全面、系统、客观的反映安丘市政治、经济、文化、社会等各方面的发展变化，展现安丘市地方特色，为各行各业提供咨询服务，为各级领导决策提供可靠依据，同时也为社会各界全面了安丘、研究安丘、发展安丘提供丰富、准确、实用的地情资料。

二、《安丘年鉴》的编纂，坚持马克思列宁主义、毛泽东思想、邓小平理论、“三个代表”重要思想、科学发展观和习近平新时代中国特色社会主义思想为指导，坚持辩证唯物主义和历史唯物主义的立场、观点和方法，实事求是地反映全市各行各业发展的历史进程。务求做到观点正确，内容翔实，分类科学，结构严谨，特点鲜明，语言精炼，文图并茂，实用性强。

三、《安丘年鉴》主要记述2017年全市政治、经济、政法、军事、科技、教育、文化、体育、社会、人物等方面的内容，力求多层次、多角度、全方位地反映出全市“四个城市”建设的总体目标和突出成绩。

四、《安丘年鉴》设类目、分目、条目三个层次。条目为记述的基本单元。为查阅方便，条目标题采用黑体字加【 】表示。

五、《安丘年鉴》刊用的稿件，由安丘市各镇街区，市直各部门及省、市驻安各单位提供，由专人撰写，并经单位主要负责人审核。所用数据，以市统计局正式公布的数字为准，统计局未列入的，以部门认定的数据为准。涉及的省、市内容，若未作特别说明，均指山东省、安丘市。

六、《安丘年鉴》的编纂出版是在安丘市委、市政府领导的关心支持下，各供稿单位的大力协助下，以及中指组、省史志办、潍坊史志办和方志出版社领导及专家的具体指导下，经过广大年鉴工作者的通力合作、辛勤劳动所取得的成果。谨向关心、支持年鉴编纂工作的单位和个人表示衷心感谢。

七、《安丘年鉴》内容涉及各行各业，面广量大，受编纂经验、水平、时间等因素所限，错误与疏漏之处在所难免，敬请广大读者批评改正。

数字看安丘

SHU ZI KAN AN QIU 2017NIAN

2017年

全市土地总面积为	171160.15 公顷
总人口（户籍人口）	97 万人
地区生产总值	336.21 亿元
第一产业增加值	52.57 亿元
第二产业增加值	133.48 亿元
第三产业增加值	150.16 亿元
三次产业比例	15.6：39.7：44.7
粮食总产	34.2 万吨
固定资产投资	340.5 亿元
社会消费品零售总额	202.02 亿元
出口总额	55.39 亿元
进口总额	5.59 亿元
合同利用外资	3.35 亿元
城镇居民人均可支配收入	31778 元
农村居民人均纯收入	16445 元
公共财政预算收入	22.50 亿元
公共财政预算支出	41.85 亿元
居民储蓄存款余额	440.6 亿元
中国驰名商标	8 件
山东省著名商标	23 件

地理标志证明商标	7 件
马德里国际商标	11 件
非物质文化遗产项目数量	128 项
山东省百镇建设示范行动示范镇	1 个
全国重点镇	2 个
省级重点示范镇	1 个
山东省历史文化名镇	4 个
宜居小镇	3 个
全国特色景观旅游名镇	2 个
潍坊市特色镇	1 个
山东省特色镇	1 个
山东省绿色生态示范镇	1 个
城镇新增就业	8823 人
农村劳动力转移	8150 人
在校学生	10.85 万人
在园幼儿	19209 人
教职工	9223 人
核准登记床位	2398 张
拥有医疗卫生专业技术人员	4264 人

目 录

特 记
Special Records

特 载
Special Report

大事记
Events

全市概况
Overview of the City

中国共产党安丘市委员会
Anqiu Municipal Committee of the CPC

安丘市人民代表大会
Anqiu Municipal People's Congress

执法检查
Law enforcement inspection

代表工作
Representatives' work

重要会议及活动
Important meetings and events

安丘市人民政府
Anqiu Municipal People's Government

政府工作部门
Government department

重要会议
Important meetings

重大决策与主要工作
Major decisions and main tasks

重要活动
Important events

市政府办公室工作
Municipal government office work

史志工作
Chronicles work

人事工作
Personnel administration work

审批服务
Approval service

中国人民政治协商会议安丘市委员会

Anqiu Municipal Committee of the CPPCC

中国共产党安丘市纪律检查委员会

Anqiu Municipal Commission for Discipline Inspection of the CCP

工商联　人民团体

Federation of Industry and Commerce Mass Organization

安丘市科学技术协会
Anqiu Science and Technology Association

安丘市文学艺术界联合会
Anqiu Science and Technology Association

安丘市社会科学界联合会
Anqiu Social Sciences Federation

安丘市残疾人联合会
Anqiu Disabled Persons' Federation

军 事
Military Affairs

中国人民解放军安丘市人民武装部
Chinese People's Liberation Army Anqiu People's Armed Forces Department

人民防空
Civil Air Defense

法 治
Civil Air Defense

综 述
General

公 安
Public security

检 察
Procuration service

法　院
Court

司法行政
Judicial administration

经济监督管理
Economic Supervision and Administration

发展改革
Development and reforms

市场监管
Market surveillance

检验检测
Inspection and testing

物价管理
Price control

地方统计
Local statistics

商 务
Electricity

金 融
Finance Affairs

财政　税务
Financial Affairs Tax

交通运输
Transportation

城乡建设
Urban and Rural Construction

知识产权
Intellectual property

防震减灾
Earthquake disaster mitigation

气象预报
Weather forecast

文化·旅游
Culture · Tourism

文化事业
Public cultural undertakings

文化执法
Cultural law enforcement

新闻出版
Press and publication

广播电视
Radio and television

档　案
Archives

旅　游
Tourism

卫计 · 体育
Health and Family Planning · Sports

卫 生
Hygiene

体 育
Sports

社会民生
People's Livelihood

居民生活
Resident' s lives

人力资源和社会保障
Human resources and social security

民 政
Civil affair

社区建设
Community construction

老龄工作
Work towards aging people

民族宗教
Nationality and religion

镇街区

Town, Street, District

人　物
Figures

附　录
Appendice

索　　引
Index

特　　记

Teji

2017年山东省、潍坊市领导关于史志工作的批示

山东省主要领导批示

1月24日，省长郭树清批示：我省史志工作取得较好成绩，望能在此基础上更上层楼。修史编志一定要静得下心来，内容材料务必扎实，不能只注重数量，更要注重质量，请各相关部门都要关心支持史志工作。

1月23日，常务副省长孙伟批示：近年来，我省史志工作围绕中心，服务大局，开拓创新，积极进取，取得了丰硕成果，走在了全国前列。望再接再厉，创造新的更大的成绩。各级政府和有关部门都要高度重视史志工作，深入贯彻落实省史志事业发展规划纲要，切实做到“一纳入、八到位”，尽快完成第二轮修志、综合年鉴“一年一鉴”全覆盖、方志馆建设等目标任务，充分发挥史志“存史、资政、教化”作用，为加快经济文化强省建设作出应有贡献。

1月23日，副省长王随莲批示：2016年，省史志办在省委、省政府的坚强领导下，加强组织领导，完善工作措施，狠抓任务落实，第二轮修志加快推进，“一年一鉴”全覆盖工作稳步开展，方志馆建设得到进一步加强，各项工作都取得了新的明显成绩。特别是，结合山东实际，突出山东特色，在全国率先出台乡镇村志编修工作意见，启动援疆志、援藏志编纂，推出抗战研究丛书和电视专题片，出版《山东省历史地图集》《山东简史》和一批旧志整理成果，《山东年鉴》获得全国最高奖项，史志工作的整体水平、影响力进一步提升。我代表省政府，对一年来全省史志工作取得的成绩表示热烈祝贺，向史志系统的干部职工致以诚挚问候！

2017年是实施“十三五”规划的重要一年。希望全省史志系统，全面贯彻党的十八大和十八届三中、四中、五中、六中全会精神，深入贯彻习近平总书记系列重要讲话精神，以走在全国前列为目标，狠抓“三全”目标落实，围绕中心、服务大局，勇于担当，主动作为，创造经得起实践和历史检验的实绩，不断开创史志工作新局面，以优异成绩迎接党的十九大和省第十一次党代会胜利召开！

1月26日，副省长赵润田批示：爱军同志，祝贺《山东年鉴》获得全国最高奖项，山东史志走在全国前列，感谢省史志办诸同志辛勤努力，使我们不断读到好书，从中获取教益，期盼奋发努力，有更多好书问世！

1月23日，省政府秘书长王华批示：2016年，史志工作思路清晰，工作扎实，开拓创新，成绩突出，走在了全国前列，创造出山东史志品牌，得到各级领导的充分肯定，这是史志办全体同志团结拼搏、无私奉献的结果。望进一步发扬成绩，提升能力，抓好落实，以更加优异的成绩迎接党的十九大和省十一次党代会胜利召开。

近年来，我省史志事业发展得到省领导高度重视和关心支持。短短三年多时间里，省领导对史志事业共做出91次重要批示，其中郭树清省长做出23次重要批示，不仅在我省史志事业发展史上前所未有，在全国也是绝无仅有，为史志事业发展创造了良好的环境，对广大史志工作者是极大的鞭策和鼓舞。

潍坊市主要领导批示

潍坊市委、市政府历来高度重视和关心支持史志工作，近日，中共潍坊市委书记刘曙光，中共潍坊市委副书记、市长李宽端先后对史志工作做

出重要批示，充分肯定了全市史志工作取得的成绩，指明了今后史志工作的发展方向。

8月21日，刘曙光书记批示：地方志是中国传统文化的瑰宝，地方史志工作是传史鉴今、资政辅治的重要事业。近年来，全市广大地方史志工作者以服务经济社会发展为己任，积极作为、扎实工作，在方志理论研究、地方史志编修及开发利用等方面都取得了新的成绩。希望全市史志部门和史志工作者继续秉持崇高信念，发扬优良作风，认真贯彻落实全国、全省地方史志事业发展规划纲要，多出精品佳志，为国存史、为政存绩、为民立传，推动全市史志工作创新发展。

8月24日，李宽端市长批示：地方志是发掘历史、传承文明的重要载体，功在当代，惠及后世。各级各部门都要提高认识，落实措施，按时完成“三全”目标任务。全市史志工作者要牢记使命，凝心聚力，潜心钻研，修鉴世佳作，更好地服务潍坊“四个城市”建设。

国务院办公厅关于印发全国地方志事业发展规划纲要（2015—2020年）的通知

国办发〔2015〕64号

各省、自治区、直辖市人民政府，国务院各部委、各直属机构：

《全国地方志事业发展规划纲要（2015—2020年）》已经国务院同意，现印发给你们，请认真贯彻执行。

国务院办公厅
2015年8月25日

全国地方志事业发展规划纲要（2015—2020年）

为推进全国地方志事业科学发展，充分发挥地方志工作在我国经济社会发展和社会主义文化强国建设中的重要作用，为全面建成小康社会作出更大贡献，根据《地方志工作条例》，结合当前工作实际，制定本规划纲要。

一、发展基础与机遇

编修地方志是中华民族优秀文化传统，历史悠久，连绵不断。新中国成立后特别是改革开放以来，在党中央、国务院正确领导下，经过各地区各有关部门不懈努力，地方志工作取得巨大成就，形成以修志编鉴为主业、各项工作协调开展的事业格局，拓展了方志文化的内涵，为提升国家文化软实力发挥了独特作用。

（一）工作体制机制基本建立。基本形成党委领导、政府主持、负责地方志工作的机构（以下简称地方志工作机构）组织实施、社会各界广泛参与的工作体制；逐步形成将地方志工作纳入各地国民经济和社会发展规划、地方各级政府工作任务，“认识、领导、机构、编制、经费、设施、规划、工作”到位（以下统称“一纳入、八到位”）的工作机制。

（二）法治建设取得新进展。2006年国务院公布施行《地方志工作条例》，各地相继制定和完善地方性法规规章，进一步明确了各级政府对地方志工作的领导责任，加强地方志工作机构履行组织、指导、督促和检查地方志工作的职责，确保地方志工作依法开展。

（三）编修成果不断丰富。目前，首轮修志结束，第二轮修志进入关键时期，已出版7000多部省、市、县三级地方志书，2万多部行业志、部门志、军事志、武警志、专题志、乡镇（街道）志、村（社区）志等，1900多种、1.5万多部地方综合年鉴，1000多种、7000多部专业年鉴，大量地情文献。这些与现存的8000多种、10万多卷旧志及其整理成果，共同构成了一座以国情地情为主要内容并不断丰富的地方志资源宝库。

（四）理论研究逐渐深化。紧密结合修志编鉴实践，积极开展理论研究，已出版各种志鉴理论著作1000多部，发表论文6万多篇，取得显著成果，有力地指导了地方志工作开展，推动了方志学、年鉴学学科建设。

（五）基础设施建设逐步推进。全国已建成国家方志馆1个、省级馆15个、市级馆60多个、县级馆近200个，省级网站26个、市级网站近200个、县级网站470多个，方志工作公共基础设施建设迈上新台阶。

（六）存史育人资政作用日益彰显。通过修志编鉴、开发利用地方志资源，地方志编修已发展成为为国存史的一项重要工作，在记录当代、保存历史、传承文明、发展文化、激发民族自豪感和自信心、推动海内外文化交流合作、提供促进经济社会发展的历史借鉴和智力支持等方面，成绩日益突出、作用日益显著。

目前，全国地方志事业呈现出良好发展态势和前所未有的大好局面，但也存在着制约事业发展的问题，主要是：事业发展不平衡现象比较突出；少数地区和部门对地方志工作重要性认识不够；相关法规规章落实不到位；机构不健全，编制、人员和经费不足；志书质量有待进一步提高；人才队伍青黄不接，人员素质亟待提升；信息化与方志馆建设比较滞后；方志文化的作用有待彰显等。这些问题必须通过科学发展和深化改革，采取有效措施，认真予以解决。

“治天下者以史为鉴，治郡国者以志为鉴。”按照“四个全面”战略部署，党和国家对地方志工作提出了新任务新要求，强调要高度重视修史修志，把历史智慧告诉人们。全国地方志事业迎来重要发展机遇。修志问道，以启未来。地方志工作要适应经济社会发展新形势，明确在发展改革大局中的目标任务，科学规划，积极创新，有序推进地方志事业持续健康发展。

二、指导思想与基本原则

（一）指导思想

全面贯彻落实党的十八大和十八届二中、三中、四中全会精神，按照党中央、国务院决策部署，落实第五次全国地方志工作会议要求，解放思想，实事求是，锐意进取，改革创新，依法全面推动全国地方志事业发展繁荣。

（二）基本原则

1. 坚持正确方向。坚持走中国特色社会主义文化发展道路，坚持为人民服务、为社会主义服务的方向，通过编修和开发利用地方志成果，为培育和践行社会主义核心价值观提供丰富、优秀的精神文化产品。

2. 坚持依法治志。国家地方志工作机构依法统筹规划、组织协调、督促指导全国地方志工作；省、市、县级地方志工作机构依法履行组织、指导、督促和检查地方志工作职责，加强编纂业务工作。

3. 坚持全面发展。以修志编鉴为主业，统筹兼顾理论研究、开发利用、信息化建设、方志馆建设、旧志整理等工作，实现地方志事业全面协调可持续发展。

4. 坚持改革创新。继承和弘扬中华民族修志的优良传统，认真总结地方志工作的经验教训，深化改革，与时俱进，推动理论创新、制度创新、管理创新、方法创新。

5. 坚持质量第一。坚持存真求实，确保地方志质量。正确处理质量与进度的关系，将精品意识贯穿于地方志编纂出版工作全过程，严把政治关、史实关、体例关、文字关、出版关，编纂出版经得起历史检验、具有鲜明时代特征和地域特色的地方志成果。

6. 坚持修志为用。发挥地方志资源优势，全面提升开发利用水平；拓宽用志领域，提升服务大局能力，为党政机关、社会各界和人民群众服务；加大宣传力度，提高全社会读志用志水平。

三、总体目标与主要任务

（一）总体目标

到2020年，全面完成第二轮修志规划任务，实现省、市、县三级综合年鉴全覆盖，加快信息化和方志馆建设，做好第三轮修志工作准备，加强对社会修志的指导和管理，基本形成地方志编修体系、理论研究和学科建设体系、质量保障体系、资源开发利用体系、工作保障体系“五位一体”的地方志事业发展综合体系，努力开创地方志事业发展新局面。

（二）主要任务

1. 全面完成第二轮修志规划任务。到2020年，完成第二轮地方志书规划任务，省、市、县三级地方志书全部出版。在抓紧完成第二轮修志任务的同时，全面总结第一轮、第二轮修志工作的经验教训，认真研究第三轮修志的组织管理、运作模式、续修方式等，为启动第三轮修志做好资料收（征）集、队伍培训及理论准备等工作。

2. 大力推进地方综合年鉴工作。到2020年，做到地方综合年鉴由地方志工作机构组织编纂，一年一鉴，公开出版，实现省、市、县三级综合年鉴全覆盖。

3. 重视军事、武警及其他各类专业志鉴、民族地区地方志、乡镇村志和地方史编纂工作。加强对已开展和准备开展志鉴编纂工作的行业、部门、单位等的业务指导和管理。支持民族地区做好地方志编纂工作。指导有条件的乡镇（街道）、村（社区）做好志书编纂工作，做好中国名镇志文化工程、中国名村志文化工程组织编纂工作。具备条件的，可将地方史编写纳入地方志工作范畴，统一规范管理。

4. 深入开展旧志整理工作。编制全国旧志整理规划，编辑旧志联合目录。具备条件的地方应编辑出版历代方志集成，分类整理旧志资料。加强与国内外高等院校、科研院所、公共图书馆、档案馆等单位的交流与合作，开展旧志点校、提要、考录、辑佚等工作。

5. 加强地方志理论研究和学科建设。制定方志、年鉴理论和方志学、年鉴学学科建设规划，建立和完善方志、年鉴理论研究学术规范，力争到

2020年形成较为成熟的方志学和年鉴学学科体系。充分发挥方志期刊和各级地方志学会的作用，活跃学术研讨，推动理论建设。加强与相关学科交流合作，开展地方志编纂、地方志事业发展等重要理论问题研究，编写方志学、年鉴学通用教材及各分支学科研究论著。总结历代一统志编纂经验，开展编修一统志的可行性研究。

6. 加强人才队伍建设。重视人才选拔、培养和使用，加强专兼职结合、结构合理的人才队伍建设，培养和引进一批高端人才，建设一支高素质的地方志编修、研究工作队伍，弘扬修志问道、直笔著史的方志人精神。

7. 深化地方志质量建设。严格执行《地方志书质量规定》《地方综合年鉴编纂出版规定》有关要求，制定质量管理、质量监督等规定，完善地方志质量评议、审查验收制度，严把质量关。按照国家有关规定申报设立志书、年鉴及优秀学术成果评比奖励项目，逐步将志书、年鉴纳入国家及地方有关图书奖评比。

8. 强化地方志资料建设。加大依法收（征）集地方志资料力度，建立和完善地方志资料收（征）集、保存、管理制度，推行地方志资料年报制度并形成常态机制；运用社会调查、口述史等方法，大力拓展资料收（征）集范围和渠道，建立能够全方位适应地方志编纂、地方志事业发展和方志文化建设需要的地方志资料保障机制。

9. 加快地方志信息化建设。按照统一规划、统一标准、分级建设、资源共享、安全保密的原则，制定全国地方志事业信息化发展意见，充分利用已有信息基础设施和数据资源，加快地方志信息化建设步伐，支持民族地区地方志信息化建设。逐步建立地方志全文数据库。应用现代信息技术，加强对不同载体的地方文献收（征）集、保护和开发利用，推动信息标准化工作。实现国家、省、市、县四级地方志资源共享，面向社会提供优质服务。

10. 提高地方志资源开发利用水平。加强对地方志资源的深加工，拓宽服务渠道，增强服务功能，创新服务手段，更好地贴近经济社会发展实际，贴近人民群众需要。做好《中国地情报告》《中国方志发展报告》《中国年鉴发展报告》编纂工作。发挥地方志资源在地方公共文化服务中的重要作用，利用各类媒体广泛宣传地方志成果，推动方志文化进机关、进农村、进社区、进校园、进企业、进军营，推动城乡方志文化建设，培育地方历史记忆。

11. 扩大学术交流与合作。采用多种形式，加强与香港、澳门和台湾地区以及国外的高等院校、科研机构、档案机构与图书馆等单位的学术交流与合作。服务国家文化“走出去”战略，推介一批高质量地方志成果，充分展示地方志的当代价值及永恒魅力，推动方志文化走向世界，增强方志文化影响力。

四、保障措施

（一）法治保障

推动《地方志工作条例》的贯彻落实，逐步建立健全地方性法规规章。加大地方志工作法规规章的宣传、执行力度，定期开展执法监督检查，依法纠正、查处执行不力和违法行为。

（二）制度保障

健全地方志工作机构主导、社会各界有序参与修志编鉴的途径和方式。加强督促检查，健全和完善目标考核责任制、督查通报制，强化责任落实；健全和完善地情资料收（征）集及管理、修志编鉴业务制度和主编（总纂）责任制，确保在篇目设计、资料收（征）集、总纂统稿、志（鉴）稿评议、审查验收、出版发行、报送备案等环节上均有章可循、有序推进，保障志鉴质量。

（三）经费保障

改善地方志工作条件和图书资料收藏保管条件，做好修志、编鉴、出版、科研、开发利用、信息化建设、资料文献保存等工作，加大对民族地区、贫困地区地方志工作的支持力度。地方各级人民政府要将地方志工作所需经费列入财政预算。

（四）队伍保障

建立国家级、省级地方志专家库。探索地方志人才培养、引进等政策和措施，探索将方志学人才培养纳入国民教育体系的方式方法。完善教育培训制度，分级实施对地方志工作机构新任负责人、志鉴主编（总纂）的专项培训，实现修志编鉴人员岗前培训全覆盖、培训工作常态化；与高等院校、科研机构联合开展地方志专业方向研究生教育，举办专业进修班，支持地方志工作人员接受专业继续教育。按照国家有关规定开展先进集体和先进工作者评选表彰活动，建立干事创业的激励机制，营造良好氛围。

（五）宣传保障

利用各级各类新闻媒体，大力宣传地方志工作机构贯彻落实党和国家大政方针的新举措、地方志工作服务经济社会发展的新成绩、地方志工作者投身现代化建设的新贡献。挖掘地方志资源的现实价值、历史价值，设计宣传主题，创新宣传形式，推出一批人民群众喜闻乐见、有较大社会影响力的地方志宣传精品。

五、加强组织领导

地方志工作要坚持和健全党委领导、政府主持、地方志工作机构组织实施、社会各界广泛参与的工作体制，坚持“一纳入、八到位”的工作机制。地方志工作机构设置和人员编制，要与其有效履行职能、顺利开展工作的要求相适应；按照德才兼备原则和专业要求，配齐配强地方志工作机构的领导班子。

各地区各有关部门要结合工作实际，根据本规划纲要要求，制定本地区本部门地方志事业发展规划或实施方案，切实加强分类指导，加大组织推动力度，全面提高地方志工作水平，确保全国地方志事业平稳、有序、健康发展。

军事志事业发展规划由中国人民解放军军事志指导小组制定。

中国地方志指导小组及其办公室要对本规划纲要落实和执行情况进行督促检查。

山东省人民政府办公厅关于印发山东省地方史志事业发展规划纲要（2016—2020年）的通知

鲁政办发〔2015〕46号

各市人民政府，各县（市、区）人民政府，省政府各部门、各直属机构，各大企业，各高等院校：

《山东省地方史志事业发展规划纲要（2016—2020年）》已经省政府同意，现印发给你们，请认真贯彻执行。

山东省人民政府办公厅

2015年10月20日

山东省地方史志事业发展规划纲要（2016—2020年）

地方史志事业是中国特色社会主义文化事业的重要组成部分，是各级政府行政管理的必要职责。近年来，在省委、省政府的正确领导和社会各界的关心支持下，全省史志事业发展实现了新的突破，多项工作走在全国前列，创造出“山东经验”。目前，第二轮修志加快推进，编纂出版省志分志29部，市级志书4部3册5卷，县级志书83部。部门（行业）志和乡镇村志编修蓬勃开展，出版部门（行业）志2000余部，乡镇村志800余部。方志理论研究和修志队伍建设不断加强，推出了一批理论研究成果，实施了人才培训五年规划，培训专业人员上千人，修志人员业务水平不断提高。年鉴工作改革创新、提速增效，服务功能大为增强，各级各类年鉴达到240多种，数量和质量均居全国前列，《山东年鉴》2015卷6月底出版，2014卷荣获全国最高奖项（综合特等奖）。省、市、县三级地情网站全面升级改版，省情资料库入库资料20亿字，省情网用户访问量1200万人次，微信、微博、英文地情网等极大拓展了信息服务领域。方志馆建设得到加强，建成省级方志馆1家、市级14家、县级80家，各级方志馆不断扩容增藏，软硬件设施改善，社会影响扩大。旧志整理取得突破，《山东省历代方志集成》整理工程启动，完成宣统版《山东通志》整理影印，全省累计整理出版旧志200余种。法治化建设全面推进，在全国率先实现省、市、县三级史志工作法规规章体系全覆盖。史志资源开发利用成果丰硕，编纂出版《汶川特大地震山东省救助援建志》《第十届中国艺术节志》、山东纪念抗战胜利70周年丛书、《山东省历史地图集》，为现实服务的能力进一步增强。

总体来看，全省史志事业发展已经站在一个新的历史起点上，展现出前所未有的大好局面。但也存在一些制约事业发展的困难和问题：一是第二轮修志进度极不平衡，部分省志承编单位重视不够、进展缓慢，有的市县级志书编纂力量薄弱、保障不力，甚至有的尚未启动，在2018年全面完成修志任务难度较大；二是县级综合年鉴逐年连续出版的不足30%，全部实现一年一鉴、公开出版的难度较大；三是部分地区和部门对史志工作重要性认识不够，特别是县级史志机构不够健全，有的编制、人员、经费严重不足；四是为现实服务的能力有待提高，方志文化的作用有待彰显等。这些困难和问题，必须通过科学发展和深化改革，采取有效措施，认真予以解决。

按照“四个全面”战略部署，党中央、国务院对史志工作提出了新任务、新要求，习近平总书记强调“要高度重视修史修志”，李克强总理提出“修志问道，以启未来”，省委、省政府领导高度重视史志工作，多次作出重要指示、批示，史志事业发展迎来重要机遇。为促进和指导今后五年全省史志事业科学发展，根据《全国地方志事业发展规划纲要（2015—2020年）》，结合我省实际，制定本规划纲要。

一、指导思想与基本原则

（一）指导思想 全面贯彻党的十八大和十八届三中、四中全会精神，认真落实“把史志工作纳入各地国民经济和社会发展规划、各级政府工作任务，认识、领导、机构、编制、经费、设施、规划、工作到位”（以下统称“一纳入、八到位”）的总要求，紧紧围绕省委、省政府中心工作，解放思想，实事求是，锐意进取，改革创新，依法推进全省史志事业科学发展，为加快经济文化强省建设提供精神动力、决策参考、信息服务和智力支持。

（二）基本原则

1. 坚持正确方向。坚持走中国特色社会主义文化发展道路，坚持为人民服务、为社会主义服务的方向，通过编修和开发利用地方史志成果，为弘扬优秀传统文化、建设文化强省提供有力支撑，为培育和践行社会主义核心价值观提供丰富、优秀的精神文化产品。

2. 坚持依法治志。按照《地方志工作条例》和《山东省地方史志工作条例》，省、市、县三级史志机构依法履行组织、指导、督促和检查职责，各级、各部门和社会各界依法履行相关职责和义务。

3. 坚持科学发展。以修志编鉴为主业，统筹兼顾信息化建设、方志馆建设、旧志整理、理论研究、开发利用等工作，实现史志事业科学发展。

4. 坚持改革创新。继承和弘扬中华民族编史修志的优良传统，认真总结史志工作经验，正确把握发展规律，深化改革，与时俱进，推动理论创新、制度创新、管理创新、方法创新，不断拓展史志工作领域，丰富史志成果表现形式。

5. 坚持质量第一。质量是志书的生命，要将精品意识贯穿于志鉴编纂出版工作全过程，严把政治关、史实关、体例关、文字关、出版关，编纂出版经得起历史检验、具有鲜明时代特征和地域特色的优秀史志成果。

6. 坚持修用并举。发挥史志资源优势，加快史志成果转化，全面提升开发利用水平。拓宽用志领域，创新用志手段，提升服务大局能力，为党政机关、社会各界和人民群众服务。加大宣传力度，提高全社会读志用志水平，形成修用结合、良性互动机制。

二、总体目标与主要任务

（一）总体目标

到2020年，全面完成第二轮修志任务，做好第三轮修志工作准备，实现省、市、县三级综合年鉴全覆盖，进一步提升信息化建设水平，省、市、县三级方志馆全面建成，加强对社会修志和编修地方史的指导与管理，基本形成修志编鉴、理论研究、质量保障、开发利用、工作保障“五位一体”的史志事业发展综合体系，确保我省史志工作继续走在全国前列。

（二）主要任务

1. 全面完成第二轮修志任务。力争2018年完成省、市、县三级第二轮修志任务。实施齐鲁名镇志、名村志文化工程，推出100部名镇志、名村志精品。健全完善志书质量保障体系，确保志书质量不断提升，打造一批在全国有影响的精品志书。全面总结第一轮、第二轮修志工作经验，认真研究修志工作的组织管理、运作模式、续修方式等，为启动第三轮修志做好准备。

2. 大力推进年鉴编纂出版。各级史志机构切实担负起组织编纂地方综合年鉴的职责。尚未启动综合年鉴编纂的县（市、区）2016年年底前全面启动，所有县（市、区）2018年全部达到一年一鉴、公开出版，实现省、市、县三级综合年鉴全覆盖。加强对编纂年鉴的行业、部门、单位的业务指导和质量管理，推动年鉴工作改革创新、提速增效，缩短出版周期，增强为现实服务能力。省地方史志办逐年编纂《山东地方史志年鉴》。

3. 加快信息化建设。按照全国地方志事业信息化发展意见，广泛应用“互联网+”等现代信息技术，逐步实现修志编鉴的数字化、网络化，建成地方史志全文数据库，面向社会提供服务。加大资金投入，不断升级完善地情网站和地情资料库软硬件设施，建设新的载体平台，构建多界面、多渠道、多元化、全方位的综合服务体系。加强地情网站和地情资料库管理，确保网络信息安全。

4. 加强方志馆建设。把方志馆建设纳入各地公共文化服务设施建设规划，确保市、县（市、区）方志馆全部建成。已建成但面积及硬件设施不能满足需要的要升级改造，尚未建设的要抓紧立项建设或利用现有设施进行改扩建。开展数字化方志馆建设，实现资料数字化、传递网络化、信息共享化、使用便捷化，充分发挥“全省志类成果交换平台”的作用，提高资料管理利用水平。

5. 深化方志理论研究。深入总结社会主义新方志和传统编史修志经验，用不断发展创新的理论成果指导工作实践。充分发挥各地史志学会等学术团体和方志期刊等交流平台的作用，活跃学术研讨，营造良好氛围，推动理论创新，推出一批有分量的方志理论研究成果，造就一批在全国有影响的方志理论专家。

6. 强化史志资料建设。加大依法收（征）集史志资料力度，健全完善年报制度并形成常态机制，按年度整理汇编地情基础资料。建立史志资料库，为修志编鉴和地情开发服务。运用社会调查、口述历史等方法，大力拓展资料收（征）集范围和渠道，建立能够全方位适应史志编纂、史志事业发展和方志文化建设需要的史志资料保障机制。

7. 提高史志资源开发利用水平。广泛开展读志用志工作，推动史志成果进机关、进农村、进社区、进校园、进企业、进军营。建立为重大活动修志的常态化工作机制，引导社会各界开展对史志资源的开发利用，进行重大课题研究。加快修志成果转化，利用群众喜闻乐见的形式，制作齐鲁历史文化系列动漫，扩大方志文化影响。全面完成《山东省历代方志集成》整理出版任务，及时将旧志整理成果数字化。完成《山东省对口支援西藏志》《山东省对口支援新疆志》《齐鲁历史名人传略》等编纂工作。发挥史志部门优势，深入挖掘和阐发齐鲁历史文化，深入开展抗战研究，推出一批有分量的研究成果。

8. 扩大对外交流合作。坚持开门修志，采用多种形式，加强与国外和港澳台地区的高等院校、科研机构、档案机构、图书馆等单位的交流与合作。引进一批海外藏山东地情文献资料，推介一批高质量的史志成果，增强齐鲁文化和方志文化的影响力。

三、保障措施

（一）加强组织领导

坚持和完善"党委领导、政府主持、地方史志工作机构组织实施、社会各界广泛参与"的工作体制，全面落实"一纳入、八到位"。各级史志机构特别是县级机构的设置和人员编制要与其履行职能、顺利开展工作的要求相适应。按照德才兼备原则和专业要求，配齐配强史志机构的领导班子。按照政治强、业务精、作风硬的标准，充实史志工作队伍。各级各部门要把关心支持史志工作作为义不容辞的职责，切实解决人员、经费、必要工作条件和工作中的困难。各级政府要把史志工作所需经费列入财政预算。省志承编单位要稳定修志队伍，保障修志条件，确保工作有序开展。

（二）加强依法治志

认真履行《地方志工作条例》和《山东省地方史志工作条例》赋予的各项职责，切实提升依法行政的能力和水平。根据形势发展的要求，进一步完善与两个条例相配套的工作制度体系和实施细则，为全省史志事业发展提供法律依据和制度保障。适时开展《山东省地方史志工作条例》修订工作。开展政府行政执法检查和定期政务督查，依法纠正、查处执行不力和违法行为，推动史志工作法规规章的贯彻落实。建立修志工作动态管理机制，定期检查通报工作进展情况，保障史志事业健康发展。

（三）加强队伍建设

实施新一轮修志人员培训五年规划。建立分层次分类型培训的长效机制，分级实施对修志编鉴、理论研究、开发利用、信息化和方志馆建设、史志资料征集管理等不同层次的专项培训。建立省级、市级史志专家库，充分发挥史志专家和社会各界有关专家、学者的作用，为史志事业发展提供智力支持。吸纳社会力量参与史志工作，利用购买服务、课题外包、建立志愿者队伍等形式，拓宽人才渠道，建立灵活的用人机制。鼓励和支持业务人员接受专业继续教育，不断优化人才成长环境。按照国家有关规定，开展先进集体和先进工作者评选表彰活动，营造干事创业的良好氛围。

（四）加强舆论宣传

利用各级各类新闻媒体，大力宣传史志部门贯彻落实党和国家大政方针及省委、省政府重大决策部署的新举措、史志工作服务经济社会发展的新成绩、史志工作者投身经济文化强省建设的新贡献。挖掘史志资源的现实价值、历史价值，设计宣传主题，创新宣传形式，推出一批人民群众喜闻乐见、有较大社会影响力的宣传精品。

（五）加强督促检查

各级各有关部门要结合各自实际，制定本地区本部门的发展规划或实施方案，搞好任务分解落实，对工作不力的地方和单位及时进行督查，确保各项任务落到实处。

本规划纲要由山东省地方史志办公室负责对落实和执行情况进行督促检查。

抄送：省委各部门，省人大常委会办公厅，省政协办公厅，省法院，省检察院，济南军区，省军区。各民主党派省委。

山东省人民政府办公厅
2015 年 10 月 21 日印发

特　载

Tezai

提振信心　加速赶超
奋力夺取实力安丘活力安丘魅力安丘建设良好开局

——在全市经济工作会议上

中共安丘市委书记　李新阁

（2017年2月12日）

同志们：

这次全市经济工作会议，主要是深入贯彻中央、省和潍坊市经济工作会议精神，按照市十四次党代会的部署要求，总结2016年工作，安排部署今年经济社会发展的任务措施，动员全市上下进一步提振信心、加速赶超，奋力夺取实力安丘活力安丘魅力安丘建设良好开局。下面，根据市委研究的意见，我讲三个方面的问题。

一、客观分析形势，凝聚思想共识，以跨越赶超的信心决心鼓足干劲、奋力前行

2016年，全市上下按照中央、省和潍坊市的部署要求，深入学习贯彻习近平总书记系列重要讲话精神，紧紧围绕“五位一体”总体布局和“四个全面”战略布局，积极适应经济发展新常态，全力稳增长、调结构、促改革、惠民生、防风险，经济社会保持了平稳健康发展的良好态势。全市完成地区生产总值306.4亿元、同比增长8%，完成固定资产投资321亿元、增长13.5%，一般公共预算收入达到20.8亿元、增长12.1%，社会消费品零售总额169亿元、增长12.6%。一是产业结构更加优化。农业转方式调结构成效明显，被确定为“全国农村一二三产业融合发展试点县”；农产品质量安全优势进一步拉长，连续6年入选“国家级出口食品农产品质量安全示范区”。工业传统产业加速转型、新兴产业加快培育，规模以上工业企业达到401家，主营业务收入过亿元企业88家，高新技术产业产值占比达到25.8%。现代服务业繁荣发展，限额以上服务业企业发展到371家，商贸流通、乡村旅游、电子商务等产业发展较快，创建为“省级电子商务示范市”。二是城乡发展统筹推进。品质城市、特色城镇、新型社区、美丽乡村“四位一体”新型城镇化体系基本建立，常住人口城镇化率提高到51.5%。城乡基础设施更加完善，潍日高速建设顺利推进，央赣路改造工程建成通车，新建、改造农村公路230公里；农网改造升级完成投资2.4亿元，新建、改造配电线路848公里。造林绿化成效明显，完成成片造林8.8万亩，新增城区绿化面积28.3万平方米。三是发展活力有效释放。稳步推进改革，确定的29项重点改革事项取得突破性进展。要素保障水平进一步提高，新引进各类金融机构51家，新增各项贷款37亿元，实现表外融资30.7亿元，企业直接融资6.76亿元，到账外资3.61亿元；上报各类建设用地4478亩，盘活企业存量土地1957亩；引进各类高层次人才432

名，成立了山东大学安丘技术转移中心。四是民本民生持续改善。民生支出占财政总支出的比重达到84.7%，科教文卫、社会保障、社区建设等社会事业得到了长足发展，被评为“国家级妇幼健康优质服务示范市”，连续23年保持“全国文化先进县”称号。城镇居民和农村居民人均可支配收入分别达到29465元、17168元，精准脱贫9855人。社会大局持续稳定，被评为“全国法治宣传教育先进市”“全省无进京非正常上访市”。五是党的建设全面加强。严格落实党建主体责任，扎实开展“两学一做”学习教育，党群服务体系建设、村级工作规范化管理、“两新”组织党建、城市区域化党建、党员干部教育管理等重点工作取得明显成效，潍坊市党群服务体系建设现场会在我市召开。严格落实党风廉政建设责任制，全面加强党风政风建设，保持了为民务实清廉的良好形象。

面对持续加大的经济下行压力，能够取得这样的成绩，实属不易。同时，我们也要清醒地认识到，发展中存在的问题和挑战。主要表现在：一是经济总量小、人均占有水平低。安丘人口占潍坊市的10.3%。2016年，全市完成地区生产总值306.4亿元，仅占潍坊市的5.5%，人均是潍坊市的1/2。最大的短板是工业，仅占潍坊市的3.9%，人均是潍坊市的1/2.5。实现一般公共预算收入20.8亿元，仅占潍坊市的3.99%，人均是潍坊市的1/2.5。可以说，正是由于工业经济的短腿，导致了整个安丘经济总量的落后。二是结构性矛盾突出，三次产业结构不优。我市一产占比高达16.5%，是潍坊市的2倍，近年来一产占比变化不大，主要是因为二、三产业发展慢；二产不强，导致财政收入低；三产不优，以金融保险、电子商务、文化教育、旅游信息为主的现代服务业规模小、产值低。三是部分行业生产经营困难、企业效益下滑。有146家规模以上工业企业利润呈现负增长，占总量的1/3。四是发展后劲不足，工业项目尤其是新兴战略性产业项目偏少、偏小。突出表现在：高新技术产业产值占比较低，2016年，全市高新技术产业产值占比为25.8%，比潍坊低近8个百分点。诸城市2016年新兴产业产值达到300多亿元，诸城迈赫公司是专业从事工业机器人、智能制造装备系统以及智能工厂整体解决方案的国家级高新技术企业，产品销往华晨宝马、长安福特、上汽通用、一汽大众等国内外主流汽车、工程机械及农业装备制造商；信得科技是集研发、生产和销售于一体的国家级高新技术企业，拥有3个P2实验室，正在建设P3实验室，是全球规模较大的动物用禽流感疫苗生产商，研发的高效生化制剂“信必妥”是全球首个动物用脾转移因子产品，企业去年销售收入6亿元，上缴税金7000万元，今年预计销售收入10亿元，税金过亿元。这些企业发展后劲足、潜力大、市场广，我们恰恰就缺少这样的企业。五是发展环境还不够优，财政供养人口多。有的部门服务意识淡薄、工作效率低下，群众办事“来回跑”、企业办事“层层批”，“上门帮办”没有真正落到实处；有的干部作风疲沓、不敢担当，推进工作敷衍应付，遇到问题推诿扯皮，门难进、脸难看、事难办甚至“吃拿卡要”等现象仍然存在，等等。我市财政供养人员2.6万多人，每年仅工资就需要17亿多，占财政收入的80%以上，是典型的“吃饭财政”，与潍坊其他县市工资拉平压力较大。对这些问题，一定要找准症结、有的放矢，切实加以解决。

2017年，是实施“十三五”规划的重要一年，是供给侧结构性改革的深化之年，也是落实市十四次党代会部署、努力建设实力安丘活力安丘魅力安丘的开局之年。做好今年的经济工作至关重要，必须要把握大势、顺势而为。建设实力安丘就是要加大投资、扩大出口（GDP主要有投资、出口和消费），提高科学技术水平；建设活力安丘就是要不断扩大改革开放的力度；建设魅力安丘就是要不断提高教育和文化水平，保障和改善民生。一要准确把握稳中求进的工作总基调。中央经济工作会议将“稳中求进”作为经济工作的总基调，并将“稳中求进”从经济领域提升到治国理政重要原则的新高度。全市上下都要深刻理解稳中求进的内涵，真正把稳中求进的要求贯彻落实到各项工作中去。要坚持发展第一要务不动摇，稳是前提，进是结果，以跨越赶超为第一责任，着力在巩固“稳”的基础上下功夫，在积蓄“进”的能量上出实招，推动经济社会朝着更高质量、更有效率、更加公平、更可持续的方向发展。二要准确把握供给侧结构性改革的主攻方向。我国经济运行面临的突出矛盾和问题，虽有周期性、总量性的因素，但根源是重大结构性问题。中央推动供给侧结构性改革，就是要提高供给质量。从安丘的实际来看，减少无效供给的任务也很艰巨。在工业领域，机械、食品、纺织等传统优势产业，存在部分产品低端、附加值不高等问题；在房地产领域，存在同质化、高库存的问题；在农业领域，存在链条太短、品种老化、低端竞争、抗风险能力偏弱的问题。要把推进供给侧结构性改革作为贯穿今年经济工作的一条主线，全力推动“三去一降一补”各项任务落到实处。三要准确把握振兴实体经济的关键着力点。实体经济是国民经济的基石。保持经济平稳健康发展，归根到底要靠强大的实体经济来支撑和带动。从安丘来看，振兴实体经济，必须做大做强以制造业为主体的工业经济。没有工业做支撑，我们的产业体系就会非常脆弱；没有工业做支撑，民生保障就会很苍白；没有工业做支撑，政府的管理和调控也会软弱无力；没有工业做基础，农村人口无处转移，农业无法实现规模效益，城镇化无从谈起，服务业也没有发展的基础。必须牢牢抓住工业这个“牛鼻子”，把工业摆在更加突出的位置，集中优势力量发展工业，厚植实体经济发展优势。全市上下尤其是各级领导干部，要牢固树立“振兴实体经济必须突出抓工业，抓工业必须突出抓项目”的理念，坚持工业主导地位不动摇，狠抓招商引资、项目建设、产业转型不放松，持之以恒地把工业抓牢抓实抓好，推动实体经济快速发展，加快实现安丘跨越赶超。

二、聚焦聚力发展，实施重点突破，以舍我其谁的责任担当主动作为、拼搏实干

按照中央、省委和潍坊市委部署，结合安丘实际，今年全市工作总体要求是：全面贯彻落实党的十八大和十八届三中、四中、五中、六中全会精神，以习近平总书记系列重要讲话精神为指引，统筹推进“五位一体”总体布局和协调推进“四个全面”战略布局，坚持稳中求进工作总基调，以提高发展质量和效益为中心，以供给侧结构性改革为主线，以不断增进民生福祉为目标，以加强和改进党的建设为保障，着力做大做强工业、做长做特农业、做活做优服务业、做美做靓城乡，努力建设实力安丘活力安丘魅力安丘，以优异成绩迎接党的十九大胜利召开。主要预期目标是：地区生产总值增长7.5%左右，一般公共预算收入增长10.5%左右，城乡居民人均可支配收入增长8%以上，全面完成上级下达的各类约束性指标。

（一）全力抓好项目建设，夯实建设实力安丘的经济基础。突出深化供给侧结构性改革，更大力度推进产业转型，推进现有企业做大做强，全力抓好招商引资，全面提升发展质效，增强安丘综合实力。

一是围绕做大做强工业，在推进工业立市、工业强市上实现新突破。中央提出补短板，安丘最大的短板在工业，做大做强工业是当前和今后一个时期全市经济工作的重心。有两条途径，一是支持现有企业快速膨胀，现有企业增资扩产同样享有招商引资政策。二是招商引资，将外部好企业招进来。经济增长和财富的源泉主要出自人们劳动生产力的提高，而社会分工是提高生产力最有效的手段，这是产业集群的基础。企业实现利润最大化一个途径就是垄断，垄断要么是自然垄断，如规模垄断、范围垄断（如食盐）、经验曲线垄断、专利垄断和品牌垄断，要么是行政垄断（如烟草）。因此，企业发展只有两条路，要么做大、要么做强。我市工业要全面实施“两促两培两提升”工程。两促，即促进高端化、规模化。两培，即大企业培育、潜力企业培强。两提升，即提升品牌知名度、提升园区承载力。力争年内新增规模以上工业企业20家以上，主营业务收入过亿元的企业90家以上，税收过千万元的企业达到30家、过5000万元的4家；确保年内规模以上工业主营业务收入增长15%以上、达到600亿元，工业固定资产投入增长15%以上、达到150亿元。

要坚定不移加大有效投入。当前，安丘经济体量小、效益低，实现规模膨胀、质量提升，必须持续扩大有效投入、注入优质增量。要全力以赴引项目。坚持精准招商、以商招商、以情招商，以央企、行业50强、民企50强以及行业领军、科技创新企业为主攻方向，围绕装备制造、新能源等主导产业的高端核心环节，全力突破一批投资规模大、产业层次高、创新能力强、经济效益好、扩张潜力足的龙头型、基地型项目，力争年内引进过亿元项目40个以上，到位资金120亿元、增长20%以上。市级领导同志要带头招商，镇街部门负责同志要带队招商，一线作战同志要倾力招商，在全市掀起全民招商热潮，确保年内一类镇街区引进落户市级园区过亿元项目2个，其他镇和一类部门引进过亿元项目1个。要抓好招商引资，吸引优秀人才来安丘，吸引高校或高职院校来安办学，这将对我们未来的发展起到关键作用。要凝心聚力建项目。继续开展“大项目突破年”活动，筛选一批重点项目，强力推进、重点突破，确保项目建设取得更大成效。近期，市里将举行重点项目集中开工仪式，进一步营造大抓项目、抓大项目的浓厚氛围，引导各级进一步强化项目意识，努力在项目引进和项目服务上比能力、比贡献，坚定不移推进项目攻坚。要持之以恒谋项目。积极寻找项目与国家政策、宏观经济、自身优势、企业愿景的对接点，超前谋划一批重大产业项目、基础设施项目和民生社会事业项目，充实完善项目池，形成“策划一批、推进一批、实施一批、建成一批”的项目建设梯次推进格局。

企业是工业经济的“脊梁”，企业家是企业的“灵魂”，是最宝贵的资源。大家一定要尊重企业家，今天的会议让企业家坐前排就是体现对企业家的重视和尊重。总体上看，安丘的企业家队伍是敢拼搏、讲诚信、肯奉献的，站在新的起点上，迫切需要企业家们更大力度解放思想、提升境界，推进企业快速发展、做大做强，支撑和带动县域经济跨越赶超。作为一名企业家，首先要具有宽广胸怀。企业家胸怀有多大，企业就能做多大；企业家眼光有多远，企业就能走多远。企业家要树立干大事、创大业的雄心壮志，真正把企业当作事业、当作毕生追求，提升境界、攻坚克难，在培强做大企业中体现自身价值。按马斯洛需求理论，小企业仅解决生理需求、安全需求和社交需求，这是最低级的需求；中等企业可实现尊重需求，景芝酒业公司的负责人就得到了潍坊市级领导的尊重，潍柴的负责人就可得到省级领导的尊重；企业再继续做大就能达到自我实现的需求，如阿里巴巴。大企业不能因为财富积累而沾沾自喜，要始终保持永不满足、永不懈怠的创业激情。要向景芝酒业公司学习，景芝酒业今年计划各项指标增长50%以上，目标振奋人心，如果我们每个企业都这样发展，几年时间安丘就能做大做强。小企业也不能妄自菲薄、止步不前，要坚定信心、敢闯敢干，“小树苗”同样可以长成参天“大树”。二是要有远见。要有敏锐的判断力。今后企业的核心竞争力不再是关系和资源，而是一个优秀的机制。应当看到，论规模我们的企业都是“小舢板”，抵御风险的能力普遍较弱，在这种情况下，企业家要进一步强化危机意识和冒险精神，提升化解危机、转危为机的能力，在应对挑战中奋勇前行。要深刻认识到“危中有机”，经济新常态、供给侧改革必然带来行业深刻调整、企业重新洗牌，这一时期恰恰是企业加快转型、做强做优的最佳时期，谁能把握机遇、逆势而上，谁就是市场的最终赢家。要理性分析、敢于冒险，对看准的项目、瞅准的商机，大胆上、大胆闯，以冒险精神承担和应对市场风险。三是要全力争当标杆。企业家要树立标杆意识、精品意识，下大气力抓好技术创新、产品研发、品牌塑造等关键环节，同发展快的赛、同竞争强的争、同效益好的比，在争当行业标杆中提升核心竞争力，努力把企业做成“百年老店”“百年企业”。四是要注重合作共赢。分工合作能提高效率，一方面，要注重与市内企业搞好配套协作，特别是产业链上下游企业、同质竞争企业等，要通过组建产业联盟、行业协会等形式，结成紧密型合作伙伴，变“冤家”为“亲家”，“抱团”闯市场。另一方面，要抓住“一带一路”、创新创业等政策机遇，更大力度走出去、请进来，与国内外大企业、大集团“联姻”，实现借梯登高、借力发展；要发挥在行业领域人脉资源丰富的优势，积极开展以商招商，引导上下游供应商、生产商、销售商来安丘投资合作、共赢发展。五是要实现产业的革命。禅宗有三重境界，第一境界是看山只是山，看水只是水；第二境界是看山不是山，看水不是水；第三境界是看山还是山，看水还是水。产品的认识也是三个阶段：第一个阶段产品就是产品，是产品加形式的结合。第二个阶段产品不是产品，产品是技术、是专利、是标准，产品是能力、是模块、是网络，是线上线下的结合，是服务、是概念、是思想。如景芝酒业线上线下的结合，并和文化的结合，提出了“喝景芝景阳春，鼓山东精气神”就是例子。第三阶段产品还是产品，如各种限量版、奢侈品、体验式产品等，要把死的做成活的。产品要有概念，产品要有灵气，产品要有故事，产品要有精神。一个没有文化的企业注定没有竞争力，一个没有文化的产品也注定没有竞争力。六是要建立现代企业制度。不解决产权问题将来会后患无穷。七是要培养企业家素质。企业家决定企业的成败，企业家要有人格魅力，要树立底线思维。经济下行压力下，企业经营风险和困难问题增多，企业家要树立底线思维和红线意识，牢牢把握依法纳税、安全生产、生态环保三条底线，尤其不要走潜规则，确保企业安全发展、绿色发展。同时，要加强内部管理，掌控好企业现金流，最大限度降低“两项资金”占比，保证资金链健康运转；要高度重视和防范化解金融风险，利用好推进挂牌上市的优惠政策，加大企业直接融资比重，努力走实体经济与资本市场融合发展之路。八是要强化责任担当。企业家也要积极支持慈善事业、参与社会公益、保护弱势群体，为促进社会公平、构建和谐社会多做贡献。

二是围绕做长做特农业，在推进农业供给侧结构性改革上实现新突破。要以农业增效、农民增收为目标，以提高农产品供给质量为主攻方向，以培育“四个一批”为主要抓手，走产出高效、产品安全、资源节约、环境友好的农业现代化道路。要培育一批高效产出农业基地。在稳定粮食生产的基础上，进一步优化农作物种植布局，探索以市场为导向、以资源为依托、以技术为支撑的农业结构调整路子，突出市场紧缺产品、优质特色产品、种养加全产业链三个重点，大力发展设施农业、优质果蔬等特色产业，力争年内发展大棚2.2万亩、特色林果基地1.5万亩。要培育一批融合发展示范园区。以开展农村产业融合试点为契机，积极推进工商资本下乡，发展休闲农业、订单农业、精品农业、庄园经济等多种形式新业态，促进农业与精深加工、乡村旅游、电子商务等二三产深度融合，延长农业产业链条、拓展农业多种功能，重点抓好合力牧场、万芳果蔬等农村一二三产业融合发展项目，确保年内新增融合发展示范园区20个、休闲农庄30家。要培育一批新型农业经营主体。依法推进农村土地“三权分置”，积极引导和规范管理土地承包经营权有序流转，培育发展专业合作社、家庭农场、全托管服务组织等新型农业经营主体，稳步推进适度规模经营，年内新建改造标准化种植园区15个，社会化服务面积达到30万亩。要培育一批农产品主体品牌。要抓住全国食用农产品合格证管理试点契机，完善产地准出二维码管理制度，加强农产品质量安全监管，提升消费者认可度。要加快建立农产品主体品牌培育目录，加大品牌包装策划和整体营销力度，力争年内新认证“三品一标”农产品14个、主体品牌20个。

三是围绕做活做优服务业，在推进规模化高端化上实现新突破。坚持改造传统服务业与培育新兴服务业并举，启动实施服务业发展“54212”年度计划，突出抓好电子商务、乡村旅游、现代物流、健康养老、文化创意5个有基础、有潜力的新业态，力争年内限额以上服务业企业发展到400家以上，服务业占比提高2个百分点，三产提供税收增长10%以上、占地方税收的比重提高2个百分点以上。电子商务产业，要以电商公共服务中心、颐高电商大厦、中东贸易跨境平台等9个重点项目为载体，培育引进一批电商龙头企业，提升青云商城、安丘商城等本地电商平台，加快村级电商服务站建设，支持景酒、渠风、鲁丰等企业拓展电商应用，推动农产品上行、工业品触网，力争电子商务交易额达到140亿元。乡村旅游产业，要加快推进青云花谷、留山景区、歌尔庄园等22个重点旅游项目，新建改造一批旅游道路和服务设施，开展旅游强镇、星级农家乐、A级旅游景区创建活动，加强旅游商品研发，加大旅游品牌营销、节会营销力度，全力争创省级全域旅游示范区。现代物流产业，要规划建设盛大物流园等综合性物流园区，大力发展制造业物流、商贸物流和农产品冷链物流，鼓励中小物流企业通过联盟联合、兼并重组等方式整合资源，建设现代物流集团，培育一批竞争力强的现代物流企业。健康养老产业，要发挥生态、区位优势，依托拥翠湖、青龙湖等生态区域引进高端养老机构，建设养生养老社区；建立健全医疗机构与养老机构合作机制，推行医养结合模式建设养护型、医护型养老机构，培育发展一批居家养老社会化服务组织，打造区域性健康养生养老福地。文化创意产业，要深度挖掘山水、人文、古迹等文化资源讲好“安丘故事”，规划建设文化产品专业市场，加快推进齐鲁酒地、博雅书画城等文化创意园区项目，重点发展文化旅游、广告创意、数字印刷等产业，提升文化创意产业档次和水平。

四是围绕做美做靓城乡，在推进新型城镇化建设上实现新突破。准确把握“人的城镇化”的特征趋势和政策导向，不断改善城乡环境、提升功能品位，加快构建城乡统筹、全域一体新型城镇化发展格局。要提升中心城区品质。以开展省级中等城市建设试点为契机，进一步完善城市总体规划，加快编制城镇化发展规划，统筹推进各类控制性规划、概念性规划和商贸物流、生态水系等专项规划，严格规划管理，严查违法行为，确保规划的严肃性、权威性。要完善城市基础设施，加快推进青云大街汶河大桥、青龙湖路汶河大桥建设，启动实施青云大街改造、世贸大街东延、莲花山路南延等20条城市道路建设，抓好青云大街东延、南苑路东延等12条城市道路亮化，进一步优化路网布局、提高城市承载力。要推进城市景观绿化，重点抓好青龙湖路南延、双丰大道东延等13条城市道路绿化和汶河上下游两岸湿地绿化，持续增加城市绿量、提升绿化品质。要加快棚户区改造，实施城市组团开发建设，确保完成棚改6500户以上。要加快智慧安丘建设，促进“互联网+”与城市建设、管理、服务深度融合，全面提升城市建管运营水平。要提升镇村发展水平。积极引导城区周边镇与中心城区相向发展，推动景芝全国重点镇全面提升，推进凌河镇撤镇改办。鼓励各镇立足自身优势实行差异化、特色化发展，叫响一批特色城镇品牌。要在充分尊重群众意愿基础上，稳步推进新型农村社区建设，有序推动人口向城区和镇区集中，年内建设新型社区10个。要进一步提升美丽乡村建设标准，大力实施危房改造、农村厕改、城乡环卫一体化升级工程，打造美丽乡村示范村20个。要提升城乡支撑能力。扎实推进潍日高速、206国道改线等重点工程，新修改造县乡道路5条48.6公里、旅游道路5条62.1公里，开工建设温泉220千伏输变电工程。坚持以精细管理优化城乡环境，扎实开展“四改一拆”专项行动，抓好交通秩序、市场秩序综合整治，集中解决城乡接合部、背街小巷、公共场所“脏乱差”问题。

（二）深入实施创新驱动战略，激发建设活力安丘的不竭动力。创新驱动是抢占发展制高点、赢得未来主动的关键所在。要强化创新意识，通过持续创新增创新动能、拓展新空间，培植新的增长点。

一是坚定不移深化机构改革。改革的目的就是不断增强市场的活力，减少阻力。下步，首先要研究各单位职能，该取消的一律取消，该合并的一律合并，该推向市场的一律推向市场。第二步是减少人员，我市财政供养人员比例太高，在全省也是比较高的，今后除教师和特殊岗位人员外原则上各单位不再进人，2017年开始执行。编办要尽快拿出各单位应有人员数量、职能，报编委会研究后上报市委常委会，常委会研究确定下来。今后有单位需要人时，原则在富余人员中调剂，各单位要尽快着手清理借用人员。改革的最终目的就是小政府大社会，各级政府一再强调这个问题，我们要以壮士断腕的决心来推动这项工作，各部门不能以各种理由阻挠改革，而是要积极研究如何走在改革的前面。

二是坚定不移推进改革创新。经济发展进入新常态，一个重要特点就是增速换挡、动力转换，必须靠改革创新打造发展新引擎、培育发展新动能。要在激发改革推动力上下功夫。坚持把“命题作文”和“自选作业”结合起来，既要推动中央和省市委改革任务精准落地，又要围绕解决安丘发展面临的突出问题，在商事制度、财税、综合行政执法、农村产权制度等领域推出一批自主改革措施。要深化投融资体制改革，鼓励引导社会资本参与基础设施等领域项目建设，进一步释放社会投资活力。要扩大对外经贸合作，配套落实支持出口的各项政策措施，力争年内完成进出口总额58亿元以上。要在增强创新驱动力上下功夫。强化企业创新主体地位，鼓励企业提升研发能力、创新能力，年内培育高新技术企业3家，高新技术产业产值占比提高2个百分点以上。要加强创新平台建设，鼓励企业深化与高等院校、科研院所产学研合作，增强创新发展能力，年内新发展潍坊市级以上企业研发机构10家，转化科技成果30项以上。要在发挥人才拉动力上下功夫。强化人才引领发展理念，创新人才工作机制，积极引进一批创新型领军人才、高层次人才，培养一批与产业发展相适应的高技能实用型人才。要大力加强企业家队伍建设，突出搞好专题培训，着力提升素质，引导企业家坚守主业、做强实业，培养有思想、有激情、有抱负、有能力的企业家队伍。

三是坚定不移优化发展环境。越是形势严峻，越要以更加高效的政府服务、更加完备的要素供给，暖企业心、鼓企业劲，营造支持企业加快发展的“小气候”。要积极营造“业务精”的服务环境。服务企业的意识只能强化优化，不能弱化淡化。要大力开展“暖企行动”，对中央、省市出台的降低实体经济企业成本的有关政策再细化梳理全面落实，有些甚至可主动超前取消，进一步制定完善企业减负政策，努力营造低税费成本、低融资成本、低要素成本、低土地房产成本的发展环境。要深入开展企业大走访活动，全面了解企业用电、融资、信贷等基本情况，用心用情服务企业，引导企业家把理想和动力转化为发展成果。要加快营造“效能高”的政务环境。按照“墙内事情企业办、墙外事情政府办”的要求，坚持“马上就办”“上门帮办”，大力整顿和规范市场秩序，真正把软环境打造成硬资源。要进一步简化办事程序、提高办事效能，全面清理规范行政许可事项，做到政府部门“法无授权不可为”、市场主体“法无禁止即可为”。要完善行政督促问责机制，加强效能督查、效果检查、责任倒查，有效解决“庸懒散浮、不作为、乱作为”等问题。要着力营造“保障强”的要素环境。加大对上争取力度，年内各部门争取到位非普惠性资金增长20%以上。要加大“上争下控、外增内挖”力度，持续推进低丘缓坡未利用地开发、城乡建设用地增减挂钩和废弃工矿用地复垦，加大闲置低效用地二次开发，提高土地集约节约利用水平。要创新优化金融服务，确保全年新增银行信贷50亿元，表外融资30亿元，引进金融机构20家，新增挂牌企业20家以上，金融保险业税收达到3.5亿元以上。

（三）坚持共享发展理念，丰富建设魅力安丘的内涵品质。按照人人参与、人人尽力、人人享有的要求，健全社会保障、完善公共设施、增加服务供给，使发展成果更多更公平地惠及广大人民群众，不断提高我市的教育和文化价值观。

一是更加注重改善民生，全面提升社会事业发展水平。突出保基本、守底线，统筹做好各项民生工作，努力增进人民福祉。要推动脱贫攻坚精准化。选优配强扶贫工作力量，加快推进光伏电站、乡村旅游等扶贫开发项目，完善扶贫开发利益联结机制，确保项目收益全部用于贫困群众脱贫。要建立健全扶贫开发领导小组会议制度和扶贫开发联席会议制度，严格镇村两级扶贫资金监管，加强政策、项目、资金统筹规划，确保年内全面完成脱贫攻坚任务。要推动富民增收长效化。中央刚刚出台了1号文件，大家要认真学习并抓好落实。紧扣居民增收这一重点，大力开展“全民创业年”活动，强化创业帮扶，鼓励巾帼、青年、退转军人等群体“初始创业”，扶持在外成功人士“返乡创业”，支持企业家“扩张创业”，以创业带就业、促增收。要推动公共服务均等化。加快推进新一中、新二中、青云双语新校区等建设，进一步优化教育资源配置，努力破解“择校热”“大班额”问题。深入实施镇村医疗机构标准化建设三年行动计划，扎实推进人民医院新院二期、市立医院医养结合型医院等项目建设，健全分级诊疗制度，不断提升医疗卫生服务水平。要繁荣发展文化事业，改造提升社区文化服务中心，引导文化资源向基层倾斜。要推动社会保障立体化。扎实做好社会保险扩面工作，重点推进建筑业工伤保险扩面，进一步提高社会保障水平。要完善医疗保障体系，突出抓好重特大疾病保障政策与大病保险政策整合衔接，全面提升居民医疗保险参保率。要加大弱势群体社会救助力度，积极发展慈善事业，建立健全灾害救助应急预案体系，提高救助效率。

二是更加注重法治引领，全面提升基层社会治理水平。平安稳定是人民幸福安康的基本要求，也是改革发展的基本前提。要加强文明建设。积极践行社会主义核心价值观，深入推进省级文明城市创建，深化“感动安丘人物评选”活动，持续抓好四德工程建设，促进形成道德高尚、生活文明的良好社会风气。要积极开展“诚实守信”主题教育活动，努力打造诚信政府。建立覆盖全社会的征信体系，全面提升社会诚信意识和信用水平。要推进依法治市。坚持依法决策、依法办事，依法推动工作开展，提高领导经济工作的法治化水平。加强法治宣传教育，培育社会主义法治文化，形成崇法守法、尊法护法的社会环境。要维护社会稳定。坚持源头控访、依法治访、阳光信访，加快推进市级接访中心建设，完善推广信访公开听证法，有效预防和化解社会矛盾。大力加强社会治安立体化防控体系建设，严密防范和依法打击违法犯罪活动，不断提高群众安全感。要严守安全底线。严格执行党政同责、一岗双责、失职追责，持之以恒抓好安全生产、食品安全、交通安全、舆论安全、环保安全等底线。

三是更加注重绿色发展，全面提升生态文明建设水平。良好的生态环境是最公平的公共产品，是最普惠的民生福祉。要严守绿色底线。强化源头管控，严格执行排污许可制度，提高项目环保准入门槛，确保完成总量减排任务。要保护绿色生态。深入实施新一轮环保行动，加强工业废气、城市扬尘、机动车尾气等专项治理，扎实推进重点区域、重点行业环境集中整治，确保空气质量持续改善。要加大农业面源污染防治力度，加强水生态保护，推进水土流失、退化农田、破损山体等生态脆弱区生态修复，治理水土流失面积30平方公里。要加强绿色建设。深入实施生态建设三年行动计划，加快推进造林绿化“十大重点工程”，年内完成成片造林4.2万亩。要坚持路网、水网、林网“三网合一”，突出抓好国省道、县乡路绿化，汶河、渠河、浯河以及青龙湖等流域水系绿化，打造立体绿化格局。

三、加强党的领导，锤炼过硬作风，以众志成城的创业激情攻坚克难、推进落实

国家今年重点督查不作为和慢作为，潍坊把今年确定为“作风建设年”。各级要坚决贯彻全面从严治党要求，持续深化作风建设，以过硬作风推动各项工作落实落地。

一是坚持强基固本与强化服务有机统一，打造群众信赖的战斗堡垒。党的执政根基在基层，党的工作最坚实的力量支撑也在基层。要持续加强村级组织建设。以“阳光议事日”为主抓手，健全党员积分制管理、村会计聘任制等制度，进一步规范村级管理。要扎实抓好村“两委”换届选举工作，加强村党组织书记规范化管理，落实任期目标承诺和践诺奖惩制度，调动干事创业、富民强村的积极性。要持续从严教育管理党员。严格党内组织生活，创新党员日常管理，引导党员践行“四讲四有”，发挥好先锋模范作用。要持续完善党群公共服务体系。改造提升农村社区服务中心，推行镇街班子成员“三三制”工作法，建立完善村干部定期集中办公、轮流坐班、预约服务等便捷服务机制，提升为民服务水平。

二是坚持教育培养和监督管理协同推进，建设担当有为的干部队伍。正确的路线确定之后，干部就是决定的因素。要强化干部能力建设。加强教育培训，引导各级干部主动研究经济问题，在提高驾驭经济工作能力上多下功夫，真正成为抓经济工作的明白人。要坚持鲜明用人导向。按照“20字”好干部标准，突出德才兼备、以德为先，旗帜鲜明地选用在发展主战场、基层第一线、攻坚最前沿默默奉献的干部，尤其在招商引资中有突出贡献的干部。要加强干部监督管理。完善干部谈心谈话、个人重大事项报告等制度，进一步加强对领导干部监督管理，始终置于人民群众的监督之下。

三是坚持锤炼党性和改进作风同步加强，树立务实为民的良好形象。坚强的党性、优良的作风是事业成功的保证。要坚定信念跟党走。加强思想政治建设，坚守理想信念，坚定政治立场，坚持正确方向，切实增强政治意识、大局意识、核心意识、看齐意识，在大是大非面前旗帜鲜明，在风浪考验面前无所畏惧，在各种诱惑面前立场坚定，时刻保持政治敏锐性和政治鉴别力。要振奋精神勇担当。市镇两级班子已经换届到位，新班子要有新作为、新气象，更要展示新本领、新水平。要主动担当、积极作为，从市级领导到镇街、部门，都要强化担当意识、表率意识，毫不含糊地把责任担起来，把任务扛起来，把工作抓到底，让敢担当、勇作为成为安丘干部的鲜明品质。要满怀激情、迎难而上，撸起袖子抓工作，甩开膀子干事业，努力在攻坚克难中实现“弯道超车”。要全力以赴、争创一流，拿出拼上、豁上、狠上的干劲，以百倍的努力干出一流业绩，奋力争先进位、跨越赶超。要雷厉风行抓落实。大力弘扬雷厉风行的落实之风，凝心聚力抓落实，持续提高执行力，对市委市政府的各项决策部署一着不让、快速推进。领导干部既要身先士卒，站在前面，冲在一线，又要做好压力传递，调动干群积极性，营造同心同向、众志成城的干事氛围。

四是坚持严明纪律和严惩腐败同向发力，营造山清水秀的政治生态。山清水秀的政治生态蕴含着得人心、聚人气的巨大向心力，有了这个向心力，就能释放出巨大的现实生产力。要从严落实管党治党主体责任。紧紧抓住各级党组织书记这个“关键少数”，通过教育引导知责、厘清任务明责、严格监管履责，层层传导责任压力，筑牢筑实落实链条，确保从严治党主体责任落实到位。要从严加强和规范党内政治生活。深入学习贯彻新修订的《准则》和《条例》，扎实开展“两学一做”学习教育，坚持民主集中制，充分发扬党内民主，不断增强党内政治生活的政治性、原则性、战斗性。要从严预防和惩治腐败。健全完善全面监督、专责监督、职能监督、日常监督、民主监督“五位一体”监督体系，纪检监察部门要充分发挥巡察“利剑”和派驻“探头”作用，加大对各级党员干部特别是“一把手”的监督力度，确保权力规范行使、干部成长安全。坚持零容忍的态度不变，严肃查处违反中央八项规定精神的腐败问题，始终保持反腐高压态势。

五是坚持激励考核与容错纠错紧密结合，凝聚推进落实的强大合力。完成今年经济社会发展的目标任务，重在落实。要健全督查考核机制。充分发挥考核评价机制的助推器作用，建立大督查机制，成立市督查考核委员会，将市委、市政府重大决策、重要事项、重点工作纳入大督查范围，加大督查力度，创新督查方式，以考核促工作、以督查促落实。要进一步完善科学发展综合考核办法，对镇街区，根据区位和基础条件，实行差异化考核；对市直部门，重点突出对下服务和对上争取工作的考核，增强考核的科学性和精准性。要强化考评结果运用。坚持发展导向、考核导向、用人导向相统一，推动干部能上能下、能进能出。大力选拔实绩突出、群众公认的干部，真正通过考核实现好中选优、优中选强。要保护干部履职担当。坚持“三个区分开来”，完善容错免责机制，旗帜鲜明地为担当者担当，为负责者负责，不让干事者受委屈、不让改革者背包袱，在全市上下树正气、鼓正劲，充分调动和保护广大干部的工作积极性。

同志们，做好今年的工作，任务繁重，意义重大。让我们紧密团结在以习近平同志为核心的党中央周围，在省委和潍坊市委的坚强领导下，团结带领全市广大党员干部和人民群众，坚定必胜信心，勇于攻坚克难，脚踏实地工作，为建设实力安丘活力安丘魅力安丘作出积极贡献！

在全市脱贫攻坚工作会议上的讲话

中共安丘市委书记　李新阁

（2017年2月13日）

同志们：

这次全市脱贫攻坚工作会议，是经市委、市政府研究决定召开的一次非常重要的会议，主要目的是总结2016年全市扶贫工作成效，对2017年扶贫攻坚工作进行再安排、再部署，动员全市上下进一步深化思想认识，强化责任担当，坚决打赢脱贫攻坚战。刚才，勤清同志通报了2016年度镇街区和市直部门扶贫开发工作开展情况，既肯定了成绩，也明确地指出了存在的问题，问题有客观的，但更多的是主观的，包括标准要求不高、认识不到位、资金管理不规范、工作推进力度不大，等等。打赢脱贫攻坚战，是以习近平同志为核心的党中央向全国和全世界做出的郑重承诺。这项工作是党中央、国务院提出的要求最多、压力传导的最大、投入最大的一项工作，也是各级党政同抓的工作。省委提出2017年全省要基本完成脱贫任务，安丘作为潍坊两个脱贫攻坚重点县市之一，任务非常重、压力非常大、时间非常短，但标准只能提高不能降低，时间只能提前不能拖后，年内要完成这项光荣而艰巨的任务。脱贫攻坚工作已经开展了4年多时间，有些镇办、部门做了大量的工作，但也有一些部门工作力度不大、主动性不强，受到了点名批评。受到批评的单位要认真反思，查找差距。各级各部门要把脱贫攻坚工作紧紧抓在手上，进一步提高思想认识，切实将思想统一到中央部署要求上来，统一到安丘市委、市政府部署要求上来，举全市之力、集全民之智全力推进脱贫攻坚，确保高标准完成脱贫攻坚任务。下面，就做好下步脱贫攻坚工作，我讲三点意见。

一、肯定工作成绩，更加正视问题，进一步增强打赢脱贫攻坚战的信心和决心

去年以来，全市上下认真贯彻落实中央、省和潍坊市扶贫开发各项决策部署，把脱贫攻坚作为重要政治任务和头号民生工程，以走在前列为目标定位，以增加贫困人口收入为核心任务，团结带领全市广大党员干部齐心协力、众志成城，瞄准建档立卡贫困人口，坚持精准扶贫、精准脱贫基本方略，全力推进长效扶贫稳定脱贫，取得了初步成效。2016年，全市有31个省定贫困村、近1万名贫困人口达到退出标准，顺利实现脱贫。

一是扶贫项目如期完成、成效显现。利用财政扶贫资金组织实施的98个产业扶贫项目已全部完工，受益贫困群众2150户。其中贫困人口多、脱贫任务重的大盛、辉渠、吾山、柘山4个镇，围绕贫困户长期收益、稳定脱贫，探索制定了项目收益与贫困户脱贫增收联结分配办法，贫困群众获得了项目收益、实现了稳定脱贫不返贫。参与包靠帮扶的市直部门利用3029万元的切块扶贫资金，组织实施了道路硬化、农田灌溉、乡村旅游等13个扶贫项目，交通局、水利局、农业局、旅游局、林业局5个部门承担的扶贫项目已经完成。

二是扶贫措施靶向发力、精准有效。各镇街、部门在扶贫工作上，方向是准的，措施是有力的，效果也是非常明显的。针对我市贫困群众“插花式”分布的现状，按照“扶贫资金资产化、项目资产股份化”的思路，以“党支部＋合作社”统领产业扶贫，创新实施了股份分红、光伏发电、乡村旅游等九大扶贫模式，覆盖带动5900多名贫困群众实现了脱贫增收。其中，光伏发电扶贫共整合上级扶贫资金、帮扶资金2000多万元，建设分布式村级光伏电站43个，装机容量2708千瓦，现已全部并网发电，年收益350万元，保障了1380多户无劳动能力贫困户稳定脱贫、长期增收。积极推进扶贫政策与低保、教育、医疗、住房等政策有效衔接、无缝对接，从制度层面实现了能扶尽扶、应保尽保，使广大困难群众感受到了党委政府的关心、感受到了政府作风的转变。2016年，市财政为贫困群众缴纳基本医疗保险119.8万元、商业医疗补充保险133万元，发放医疗救助、临时救助、慈善救助、助学金等各类资金647.5万元，农村低保标准提高到每人每年3700元，比省定贫困线高298元。

三是驻村帮扶亮点纷呈、群众满

意。围绕抓党建促脱贫，充分发挥第一书记“尖刀兵”作用，从市直部门选派60名干部到20个省定贫困村和脱贫任务较重的40个村担任“第一书记”，强班子带队伍，争资金引项目，带领群众创业创收，取得了明显成效。去年以来，“第一书记”累计协调帮扶资金1600多万元，引进帮扶项目76个。

四是社会力量多方参与、合力攻坚。从市直部门和镇街抽调党员干部4748名，成立1545个帮扶（关爱）小组，对全市贫困户进行全覆盖式结对帮扶，累计投入1100多万元，帮助贫困户引进和实施致富项目300多个，组织开展各类义诊活动1300多人次，转移有劳动能力贫困群众890多人。依托政府网站、微信平台等渠道，将贫困村、贫困户的需求信息与社会各界的帮扶意愿进行有效衔接，动员重点企业、义工组织、志愿服务者等社会力量参与扶贫开发，通过全方位的、多层次的帮扶活动，使困难户、困难群众真真切切感受到了党的温暖。目前，累计接受社会捐助物品1.2万余件、捐款600多万元，惠及贫困群众1800多人。

在肯定成绩的同时，也要看到问题和不足，主要表现在：一是经过近几年的持续努力，全市多数贫困人口实现了脱贫，但剩下的贫困人口都是难啃的“硬骨头”，他们贫困程度更深、扶持难度更大、致贫原因更复杂。二是贫困产生的原因多种多样，既有产业滞后、增收途径少的问题，也有个人观念落后、技能缺乏、因病致贫等问题，脱贫的压力依然巨大。三是镇街区对扶贫开发工作重视程度依然不够高，存在资金投入力度不大，政策宣传不够深入，贫困户对自身是否脱贫、如何脱贫的知晓率不高，扶贫措施思路办法少等问题。四是个别市直部门参与脱贫攻坚的主动性和积极性不够高，开展帮扶工作存在畏难情绪、应付思想。对这些问题，以及刚才勤清同志通报的问题，各级各部门要切实提高思想认识，认真对照检查，积极加以解决，全力以赴投入到2017年脱贫工作中去。

二、盯紧薄弱环节，持续精准发力，举全市之力坚决打赢这场脱贫攻坚战

2017年是脱贫攻坚工作的收尾年，这既是潍坊市委的要求，也是安丘市委、市政府的承诺。面对最难啃的“硬骨头”，各级各部门必须把脱贫作为第一责任，坚定必胜信心，精准发力，以实干创造脱贫实效。

（一）要着力摸清贫困家庭劳动力情况。一个困难家庭只要有一名劳动力，就能脱贫。要对建档立册的困难家庭进一步走访了解，看看贫困家庭还有没有富余劳动力。很多贫困家庭富余劳动力找不到工作，很多企业招工难，各级政府要架起桥梁纽带，发挥好作用，把这部分劳动力利用好、转移好，帮助他们解决就业问题，引导贫困群众自食其力。

（二）要着力加快扶贫项目建设。一是如期完成集中式光伏发电项目。去年，我们积极向上对接，获得了国家能源局、国家扶贫办2个共140兆瓦的集中式光伏扶贫电站，潍坊市仅有我市获批此项指标。该项目总投资10亿元，预计年发电量1.8亿度，收益1.97亿元。市发改局要发挥牵头抓总作用，协调国土、供电等部门和有关镇，加强工作指导，加大推进力度，确保今年6月底前并网发电。二是扎实推进新批项目建设。对2017年的扶贫开发项目早选、早定、早批、早落地，力争3月份完成方案编报，4月份全部批复，5月份全部开工，确保项目当年见效。对实施的扶贫产业项目，市扶贫办要搞好工作指导，各镇街要成立专门班子，负责项目的协调、推进和收益分配办法的制定，推动项目快投产见效，贫困户早受益脱贫；对竣工的项目，及时组织第三方评估机构进行评估验收。三是加快行业扶贫项目建设进度。项目尚未开工建设的牵头单位，要认真分析原因，在保证资金使用方向不变的前提下，抓紧与上级有关部门、市扶贫办和项目所在镇村对接，进一步完善工作方案，明确分工，落实责任，全力加快工作进度，在既定时间内完成目标任务。对项目推进中存在的问题，主要负责同志要深入项目一线，研究和制定具体解决方案，确保项目早完工、贫困群众早受益。

（三）要着力完善利益联结机制。现在看，有些产业扶贫项目已经初见成效。如何把项目获得的收益与贫困户脱贫增收有机联结起来，让贫困户成为项目的真正受益者，这是当前工作的重点。要认真研究项目利益分配机制，真正做到公平公正。各镇街特别是大盛、辉渠、吾山、柘山4个镇要紧密结合实际，在前期完成试点的基础上，抓紧总结经验，探索和制定一套科学合理的项目收益分配办法，以点带面，在全市范围内推开。其他镇街要认真借鉴经验，结合项目和贫困户实际，研究制定科学有效、覆盖面广、可行性强的项目收益分配机制。对已经竣工见效的产业扶贫项目，在实施管理运营上，除项目产权归贫困村集体所有外，还要根据产业项目的类型，分门别类制定相应的项目运营管理办法，所得收益在扣除村级项目运营成本的基础上，剩余收益按分配方案全部分配给贫困人口，坚决不得挪作他用。

（四）要着力推动资金整合使用。有关部门要加大资金统筹整合使用力度，抓紧制定出台我市各级扶贫资金统筹整合使用办法，对确定整合的资金，按上级要求划拨到财政专户管理，由市扶贫开发领导小组统筹安排使用，形成“多个渠道引水、一个龙头放水”的扶贫投入格局，切实提高资金使用效益。这项工作由市财政局、市扶贫办牵头，市农业局、交通局、水利局、林业局、旅游局等相关部门要主动对接、搞好配合，推动专项扶贫资金、相关涉农资金集中捆绑使用。

（五）要着力统筹推进多方扶贫。一是用好行业扶贫力量。涉农部门要加强与上级对口部门沟通联系，争取上级更多的扶贫政策、资金向我市倾斜。教育、人社、卫计、民政、住建等相关行业部门要立足单位职能，进一步扩大教育、技能培训、医疗卫生服务、贫困群体关爱救助、危房改造等项目的覆盖范围，让越来越多的贫困户收益。二是用好社会扶贫力量。民政部门要发挥人多力量大的作用，健全完善社会力量动员机制，采取募捐等形式，广泛动员企业、社会组织、社会各界人士主动参与扶贫事业，有钱的出钱，有力的出力，促进社会各方面资源流向贫困人口，推动社会帮扶与精准扶贫有效衔接。三是用好机关干部力量。机关干部是社会的精英，在扶贫上有思想、有想法、有办法，要当好脱贫攻坚的排头兵，推动资金向贫困村、贫困户优先聚集，民生政策向贫困村、贫困户优先覆盖，重大项目向贫困村、贫困户优先布局，真正形成打赢脱贫攻坚战的强大合力。

（六）要着力管好用好扶贫资金。财政专项扶贫资金的使用和管理自上到下要求的非常严、非常细，扶贫资金必须用于贫困群众脱贫，这是一条硬杠杠，必须不折不扣执行，保证资金在使用和管理上不出任何问题。资金使用必须精准，上级每项扶贫资金在使用方向、用途、范围上都有明确要求，各镇街在使用上必须严格执行、精准使用，决不允许搞变通、打折扣，坚决杜绝截流和挪用，真正把每一分钱都用在刀刃上。资金管理必须从严，设立专账管理，对资金使用的每个环节要严格把关、严格审核，确保专款专用，不出任何问题。同时，严格镇村两级扶贫资金监管，规范村级扶贫资金记账，保证资金使用安全、管理规范。

三、加强组织领导，狠抓工作落实，确保脱贫攻坚取得群众满意的实效

打赢脱贫攻坚战，使命大如天，责任重如山，必须以更坚强的组织领导、更有力的保障机制、更务实的工作作风，确保各项任务真正落到实处。

一是加强领导，压实责任。天下无难事，关键在领导。领导只要真抓，就会有成效。各镇街作为承担脱贫攻坚工作的主体，要切实负起脱贫攻坚主体责任和属地管理责任，既要定期研究和调度工作进展，及时解决工作中存在的困难和问题；又要加大扶贫资金投入，摒弃等靠思想，拿出真金白银扶持贫困群众发展致富项目，激发贫困群众“我要脱贫”的内生动力。领导干部特别是党政主要负责同志要切实履行第一责任人职责，真正把责任挑起来，把压力传下去，敢于担当，真抓实干，确保脱贫攻坚责任落地生根。市直部门要积极履行帮扶包靠责任，立足结对帮扶村、贫困户实际，围绕调整产业结构、发展产业项目、改善基础设施，持续加大资金投入和帮扶力度，与镇街形成工作合力。要严格按照要求，组织帮扶关爱小组坚持每月至少一次进村入户，市级领导要以身作则，带头联系包靠贫困户，帮助解决实际困难，让贫困群众有更多获得感和更高满意度。

二是加强宣传，造浓氛围。不但要干好脱贫工作，更要宣传好，让全社会都了解、理解、支持脱贫工作。宣传的过程也是发动的过程、带动的过程、解释的过程。要加强对扶贫政策的宣传解释，重点宣传医疗、教育、小额扶贫信贷等方面关系贫困群众切身利益的政策措施，提高广大贫困群众的政策知晓率、参与率。各镇街要充分发动社区和村干部，加强对贫困群众的教育引导，引导其自力更生、自主创业。要坚持正确的舆论导向，加强统筹协调和宣传策划，充分利用广播、电视、报刊、互联网等媒体，大力宣传扶贫开发工作成效、扶危济困先进事迹，形成强大的舆论攻势，营造全社会关注、共同参与、共同监督的良好氛围，凝聚起打赢脱贫攻坚战的强大正能量。

三要严肃纪律，廉洁扶贫。一是严肃政治纪律。脱贫攻坚是一项严肃的政治任务，全市上下要始终与中央和省市保持高度一致，不折不扣地执行落实市委、市政府的决策部署和各项政策。二是严肃工作纪律。广大党员干部要自觉结合“两学一做”，严格遵守群众工作纪律。包村人员要严格遵守工作、生活纪律，与原单位工作脱钩，每月保证驻村时间不少于规定天数。三是严肃财经纪律。要坚持把财务审计检查贯穿脱贫攻坚全过程，持续加大资金监督、检查、审计力度，建立扶贫资金违规使用责任追究制度，对挪用、侵占、浪费扶贫资金等违法违纪行为要从严惩处。

四要强化考核，严格奖惩。市督查考核委员会、扶贫办、市委、市政府两个督查室要抓好检查督查工作，对责任落实、项目进展、资金使用、项目收益分配、联系帮扶等重点工作，定期督查通报，相关情况根据潍坊市出台的脱贫攻坚追责问责办法，对落实市委决策不力，工作不上心、消极应付，脱贫攻坚进展缓慢的，要进行严厉追责，真正以严的标准、严的要求、严的措施确保脱贫攻坚任务全面完成。

同志们，如期实现脱贫攻坚目标任务时间紧迫，任务艰巨，责任重大。我们要以高度的政治自觉和责任担当，坚决打赢精准扶贫、精准脱贫攻坚战，为全面建成小康社会、努力建设实力安丘活力安丘魅力安丘作出积极贡献！

在全市组织工作会议上的讲话

中共安丘市委书记　李新阁

（2017年4月11日）

同志们：

市委召开这次全市组织工作会议，主要是深入贯彻落实中央、省委和潍坊市委组织部长会议精神，总结去年工作，分析当前形势，安排部署今年党的建设和组织工作。刚才，5个单位作了典型发言，有经验、有做法，有思路、有措施，谈得都很好，大家要相互学习借鉴。下面，我讲三个方面的问题。

一、认清形势，提高认识，切实增强抓好党的建设和组织工作的责任感

去年以来，全市各级党组织认真贯彻落实中央、省委和潍坊市委部署要求，自觉服务大局，认真履职尽责，各项工作都呈现出向上向好发展的良好局面。一是围绕中心、服务发展的能力进一步提升。精心组织开展“两学一做”学习教育，务实开展“返乡寻源”大走访活动，高质量完成了市镇领导班子换届工作，干部作风明显转变，执政根基更加牢固。对接院士、“千人计划”专家、“泰山学者”11人，建立合作关系7人，为安丘发展提供了人才支撑。选派60名“第一书记”抓党建促脱贫攻坚，协调投入各类帮扶资金1600多万元。二是敢闯敢试、敢破敢立的锐气进一步显现。在潍坊率先出台“支部生活日”实施细则，全面推行村级“阳光议事日”制度项目获评“潍坊组织工作创新奖”；探索实行量化赋分排序、细化德的评价标准等干部考察考核方式，被省委组织部推介。创建“红林”党建、“八一·鸿新”党建、“凝合”党建等党建品牌13个。三是大抓基层、一心为民的导向进一步树立。以基层服务型党组织建设为抓手，初步构筑起了以14处镇街党群服务中心为统领、103个社区党群服务中心为纽带、866个村级党群服务站为基础的党群服务体系，实现服务群众零距离，群众对组织工作的认可度、满意度进一步提升。

肯定成绩的同时，也要正视问题和不足。干部工作方面，我市干部队伍的结构还不够合理，年轻干部、高学历干部、女干部和党外干部的数量偏少；干部队伍专业化水平还有待进一步提高，干部教育培训的实效性需进一步增强；正向激励机制还不健全，推动干部能上能下力度不够大，个别干部作风有待于进一步转变。基层党建方面，城市区域化党建工作起步较晚，有的村改居集体资产改制不够到位；村级组织运转保障水平总体偏低，村集体增收能力比较弱，年经营性收入达不到5万元的村庄比例较大。人才工作方面，“高精尖缺”人才还比较缺乏，有的人才作用发挥不够到位，人才工作支持经济发展的水平需进一步提升，等等。对于这些问题，我们必须高度重视，在下步工作中认真加以解决。

新形势下，我们要把组织工作放在全面从严治党的大局中来谋划，融入经济社会发展中去推进，力争取得更大作为、做出更大贡献。一要充分认识组织工作的新要求。党的十八届六中全会专题研究全面从严治党工作，开启了加强党的建设的新征程。全国组织部长会议提出，要以严肃党内政治生活和强化党内监督为重点，突出问题导向、强化责任担当、抓好关键少数，推动全面从严治党向纵深发展。全省组织部长会议要求，要牢固树立“四个意识”特别是核心意识、看齐意识，落实全面从严治党要求。潍坊市委组织部长会议要求，紧紧围绕推进全市“一三四七”目标任务，以重点工作突破年、组工干部素质提升年为抓手，全面提高组织工作科学化水平。这些新部署新要求，是我们谋划摆布全年工作的重要遵循，我们一定要深入研究、学深吃透，结合实际将各项要求落细落实，使之在安丘落地生根、开花结果。二要深刻把握组织工作的新任务。政治性是组织工作的第一属性，要时时处处从讲政治的高度把上级党委的决策部署落实到位。要坚持问题导向，紧扣经济社会发展中的热点难点问题，主动跟进，担当作为，发挥好组织工作的推进保障作用。做好干部工作，既要从严要求、从严监督，又要为担当负责的干部撑腰壮胆；基层组织建设，既要重视党的组织覆盖、工作覆盖，又要突出政治功能和服务功能；人才工作，既要抓实用人才队伍建设，又要引进培养能引领和助推产业发展的创新创业人才，等等。三要积极应对组织工作的新挑战。随着经济发展转型改革，社会分工日益细化，也给组织工作带来许多新的课题。一是随着城镇化步伐的加快，城市人口不断增加，非公有制经济组织和社会组织快速增长，需要我们更加重视城市社区、“两新”组织等领域的党建工作。二是随着人口流动性不断增强，新媒体飞速发展，人们利益多元、思想多元的特点日趋显现，需要我们创新工作方式，进一步提升党员教育管理实效。三是随着全面从严治党不断向纵深发展、向基层延伸，越往后要求越严，需要我们进一步提升工作标准，对许多工作进行改进完善甚至重新设计，任务非常艰巨。对组织工作的这些新要求新任务新挑战，大家一定要充分认识、准确把握，结合工作实际，在实践中抓好落实。

二、理清思路，突出重点，全面推进今年党的建设和组织工作各项任务落实

关于今年的工作任务，会议印发了组织工作要点，作了具体的安排部署，重点要抓好六个方面的工作。

（一）推进“两学一做”学习教育常态化制度化。“两学一做”学习教育是党内教育的重要形式，是新形势下加强思想政治建设的生动实践。一要全面深化学习成效。坚持把“两学一做”学习教育作为党员学习教育的基本内容，把《关于新形势下党内政治生活的若干准则》和《中国共产党党内监督条例》摆在突出位置，以党委（党组）和基层党支部为单位作出学习安排，教育引导党员切实增强“四个意识”。要分级分类抓好农村、城市社区、“两新”组织等领域党员轮训，确保把上级党委的部署要求贯彻到每个支部、每名党员。二要从严规范组织生活。进一步完善“支部生活日”制度，实行党支部“三会一课”年度计划向上级党组织备案，落实好组织生活会、领导干部双重组织生活、民主评议党员、谈心谈话等制度，切实增强党内政治生活的规范性、严肃性。三要突出查摆解决问题。要以全面建设过硬支部、争做“四个合格”党员为基本任务，以深化拓展党员积分制管理为有力抓手，把查摆解决问题贯彻学习教育的全过程，从严抓好问题整改提升。

（二）加强换届后领导班子思想政治建设和能力建设。思想政治素质是领导干部素质的灵魂。要加强党性教育，认真挖掘全市党史资源，用好省内党性教育基地，大力开展现场教学，重点加强党章党规党纪、党的优良传统等方面的教育培训，教育引导干部不忘初心、坚守正道。要加强能力建设，新班子要有新作为，必须要有过硬的本领。要围绕实力安丘活力安丘魅力安丘建设，精准设计培训内容，精准选调培训对象，抓好主体班次培训；要办好“青云大讲堂”，邀请国内知名专家教授和权威人士来我市举办讲座，着力提升各级领导干部的专业素养。要加强作风建设，潍坊市委把今年确定为作风建设年，我们也将召开作风建设会议，教育引导广大党员干部切实转变作风、提振精神面貌、敢于担当作为、提高服务效能，以舍我其谁的责任担当，争创一流工作业绩。

（三）坚持精准科学选人用人。事业成败，关键在人。组织工作中干部工作最重要，干部工作中选人用人是核心。一要进一步端正选人用人导向。用人导向是干部工作的“风向标”。在这方面，市委态度很明确、很坚决，就是在一线看业绩，凭德才用干部，谁能胜任工作就选谁，谁能干好事业就用谁，真正把最适合的人安排到最适合的岗位上。要根据全市改革发展战略需要，做到“五用五不用”，就是旗帜鲜明地选用那些善于谋划推动改革、领导科学发展的好干部，不用那些不谋改革谋关系、不谋发展谋官位、不谋实绩谋“形象”的人；选用那些发展境界高、创业有激情、勇于争一流的好干部，不用那些自满自足、庸懒散浮、不思进取的人；选用那些在基层一线和艰苦岗位上任劳任怨、埋头苦干的好干部，不用那些拈轻怕重、投机取巧、沽名钓誉、只说不做的人；选用那些在急难险重任务面前知难而进、敢于担当的好干部，不用那些遇到矛盾绕道走、出了问题推卸责任的人；选用那些为民务实清廉、思想作风过硬的好干部，不用那些损害群众利益、弄虚作假、不干不净的人。通过树立这样鲜明的用人导向，给全市干部一个“定心丸”，只要堂堂正正做人、扎扎实实干事，业绩突出、群众公认，就有提拔重用的机会，就会受到公正对待，真正让有为者有位、吃苦者吃香。二要进一步健全完善干部考核评价机制。要建立落实镇街区“定期随访”制度，及时掌握换届后领导班子运行和干部表现情况；要注重在督查工作中考察识别干部，将领导干部在重点工作、考核任务中的表现纳入经常性考察内容；要改进领导干部年度考核工作，探索更好体现干部个体差异的考核办法，努力考准考实干部。要加强经常性分析研判，综合运用年度考核、日常考核、大督查等渠道获取的信息，全方位、立体式评价干部。三要进一步规范干部选拔任用工作。要落实好“凡提四必”和“三个不上会”“两个不得”“五个不准”等要求。强化任前把关，认真贯彻调整科级干部报告审核制度，从严落实单位党组织、领导干部推荐提名干部责任，防范选人用人上的不正之风，严防干部“带病提拔”。要加强干部选拔任用工作监督，制定干部选拔任用风险清单，构建干部选拔任用风险防控体系。今年中组部将出台干部选拔任用监督检查和责任追究办法，潍坊将开展选人用人专项检查和“带病提拔”倒查，大家一定要高度重视。四要加强干部队伍战略性培养。要落实潍坊市“年轻干部队伍建设五年行动计划”，加大年轻干部培养选拔力度，通过定期培训、挂职锻炼、考评分析等措施，培养选拔一批年轻干部，强化“蹲苗”历练，更加严格管理，促进年轻干部尽快成长成才。要统筹做好女干部、党外干部后备力量培养，通过专项培训、实践锻炼等方式加强培养，提升能力素质。要注重建设专业性干部队伍，突出经济金融、城市规划、社会治理、生态环保等领域，分类建立专业性干部储备库，调整充实专业素养强的领导干部，不断提高领导班子专业化水平。

（四）持续从严管理监督干部。好干部都是管出来的，严格管理就是对干部最大的关爱。在干部管理监督上，组织部门和各基层党委一定要担当，一定要知责、尽责、负责，做到真管真严、敢管敢严、长管长严。一要强化干部日常管理监督。要立足于早、着眼于小，建立完善提醒、函询和诫勉工作纪实档案管理制度，防止干部小毛病演化成大问题。要加大经济责任审计力度，对离任的主要领导干部做到应审尽审，对近5年来未进行审计的部门主要负责人分期分批开展任中审计。要严格领导干部出国（境）审批和因私出国（境）证件管理，确保“零违规办理、零私人持有”。二要构建鼓励干部担当作为的动力机制。要全力抓好公务员职务与职级并行制度试点任务，进一步拓展全市公务员职级晋升通道，激发干部队伍内在活力。要切实抓好发展软环境建设工作，研究制定鼓励激励实施办法，完善容错纠错机制，整治为官不为，查处诬告陷害类信访举报，既旗帜鲜明地为担当者担当，又严肃整治不担当不作为现象，最大限度调动干部干事创业积极性。三要扎实做好组工信访举报查处工作。今年全市村和城市社区“两委”班子将进行换届，各类矛盾问题往往会集中爆发。要提前做细做实各项基础工作，深入排查化解矛盾纠纷，从源头上减少信访举报。要压实工作责任，把换届选举信访情况作为镇街区党（工）委书记抓党建工作述职评议考核和科学发展考核的重要内容。对组工信访全年排名后3位的镇街区和信访问题比较突出的市直部门，约谈镇街区党（工）委书记和市直部门主要负责人，对工作不力、发生严重问题的进行组织处理。

（五）坚持不懈抓基层打基础。基础不牢，地动山摇。党的工作最坚实的力量支撑在基层，最突出的矛盾问题也在基层，必须把抓基层打基础作为长远之计和固本之举，努力使每个基层党组织都成为坚强战斗堡垒。农村党建要聚焦为民服务。一要健全完善党群公共服务体系。各镇街区要依托镇级便民服务中心设立镇级党群服务中心，按照“一厅一校十室+N”标准，全市年内建设提升31处农村社区服务中心，确保每个村级组织活动场所达到标准要求，有条件的自然村要设立党群服务点。二要持续加强村级组织建设。要以“阳光议事日”为总抓手，配套党员积分制管理、村会计聘任制等制度，进一步规范村级管理。要突出抓好村“两委”换届选举工作，提前搞好分析研判，坚决打击村霸和宗族恶势力，有效防范和严厉打击拉票、贿选行为，形成高压态势，营造风清气正换届环境。三要发展壮大村集体经济。要探索建立村集体发展基金，采取无息贷款方式，帮助村集体发展项目，增加集体收入。要拓展村级集体经济增收途径，增强党组织服务实力，力争实现年集体经营性收入不足3万元的村减少20%以上，基本消灭村集体“空壳村”。城市社区党建要突出融合共建。要围绕创建“阳光·融和”党建品牌，积极构建“5441”区域化党建工作模式，强化街区党工委统筹功能，制定社区党委与驻区单位项目清单、资源清单，开展双向认领，实行契约管理，推动党建融合。要积极推进“村改居”工作，对符合条件的村居依法实行股权改制，纳入城市社区治理体系。“两新”组织党建要实现有形有效覆盖新突破。要深入实施“一联双促”工程，精心选派驻企第一书记和党建指导员联系包靠企业，帮助促党建、促发展。要扎实开展“建组织、扩覆盖”活动，不断提升党组织单独组建率。要搞好党组织分类管理、晋位提升，年内实现20%以上的党组织规范提升。机关企事业单位党建要突出规范提升。要继续开展“机关优质服务品牌”创建，组织好“服务群众·微心愿”活动，引导党员发挥先锋模范作用。要实行机关、国有企事业单位党组织书记抓党建述职评议考核，年内在中小学校、医疗卫生等行业打造一批过硬党建服务品牌。要从严抓好党员队伍建设。深入推行发展党员“三化一制”，严格执行组织关系转接、党费收缴等制度，将党员积分制管理向城市社区和“两新”组织党建示范点延伸。要善于借助远程教育等现代化科技手段，加大党员教育力度，真正将从严治党要求落实到党的每个“细胞”。

（六）充分激发人才创新创造活力。人才是发展的第一资源，是提升区域核心竞争力的关键。要拓展引才聚才新路径。全面落实“一把手”抓“第一资源”主体责任，瞄准我市产业转型升级需求，突出“高精尖缺”导向，将符合国家“千人计划”和“万人计划”、省泰山产业领军人才、潍坊鸢都产业领军人才申报条件的人选作为重点对象，着力引进一批站在全国乃至世界前沿、推动产业技术根本性变革的领军人才。要组织好“桑梓人才项目”对接活动，加强与安丘籍在外高层次人才的沟通联系，引导他们回家乡创业发展。要激发人才强企新活力。企业是发展的主体、创新的主体，也是引才用才的主体。要抓紧制定我市《整合优化高层次人才创新创业扶持政策的意见》，落实好关于企业引才用才、促进产才融合的支持政策，最大限度地调动企业积极性。要把企业家队伍建设作为人才强企的“龙头工程”，组织重点企业家、新生代企业家和“创二代”到国内知名高校和专业培训机构进行培训，不断增强企业家的人才工作思维和引才育才用才能力。要营造人才发展新生态。开通高层次高技能人才“绿色通道”，协调规划好人才公寓建设，解决人才住房问题。要探索设立人才发展基金、人才创投基金等，进一步加大对高端人才创新创业的支持力度。要大力宣传先进人才工作经验、优秀人才事迹，营造识才爱才敬才用才的良好氛围。

老干部是党和国家的宝贵财富，用心用情做好离退休干部工作是我们的应尽职责。要深入推进离退休干部党组织建设，及时了解老干部的诉求，认真解决老干部反映的问题，完善市直老干部学习中心，推进老干部党校实体化建设，落实好老干部各项政策待遇，引导老干部持续为安丘经济社会发展增添正能量。

三、强化领导，压实责任，进一步凝聚起推进党的建设和组织工作的强大合力

一是基层党委要认真履行主体责任。要牢固树立“抓好党建是本职、不抓党建是失职、抓不好党建不称职”的工作理念，把党的建设工作摆上重要议事日程。这次会议，我们签订了责任书，立下了军令状，目的就是要进一步压实主体责任，强化主责意识。各基层党委要建立和完善定期讨论研究党建工作、班子成员抓党建工作联系点、基层党建工作年度考核等制度，推进党建工作任务落实。各级党组织书记要认真履行“第一责任人”的职责，切实把党建工作装在心上、抓在手上、扛在肩上、落实在行动上。

二是组织部门要充分发挥职能作用。组织部门作为党委主抓干部、人才和基层党建工作的重要职能部门，要提高政治站位，把履行政治责任作为组织工作的第一属性，积极在服务中心大局上下功夫、做文章；要坚持事争一流，向着走在潍坊乃至全省前列的目标奋进，做到上级有考核评比的工作位次前移、力争第一，上级不考核评比的工作创新创优、干到最好；要突出问题导向，有什么问题就解决什么问题，什么问题突出就重点破解什么问题，不断提升我市组织工作整体水平。

三是组工干部要积极主动担当作为。要主动落实更严更实的标准要求，不断加强自身建设，争当“讲政治、重公道、业务精、作风好”的标兵。要牢固树立“四个意识”特别是核心意识、看齐意识，把公道正派作为最核心的职业素养，公道对待干部、公平评价干部、公正使用干部。要发扬“安、专、迷”精神，真正安下心来、专心致志、迷恋至深，人人都成为组织工作的“活字典”和“政策通”。要带头转变作风，自觉接受监督，找准风险点，筑牢防火墙，真正做到让组织放心、让群众满意。

同志们，做好今年党的建设和组织工作，使命光荣，责任重大，责无旁贷。我们要按照中央、省委和潍坊市委的部署要求，撸起袖子加油干，各项工作争一流，不断开创各项工作新局面，为建设实力安丘活力安丘魅力安丘做出新的更大贡献！

在全市开展“作风建设年”活动动员大会上的讲话

中共安丘市委书记　李新阁

（2017年5月2日）

同志们：

今天这次会议，主要是贯彻落实潍坊市开展“作风建设年”活动动员大会精神，表彰先进，激励斗志，安排部署我市开展“作风建设年”活动，动员全市各级党组织和党员干部，提振干事精气神，撸起袖子加油干，以新作风新形象新作为推进实力安丘活力安丘魅力安丘建设。下面，根据市委常委会研究的意见，就开展“作风建设年”活动，我讲四个方面的问题。

一、作风建设事关发展大局，必须高度重视、常抓不懈

第一，加强作风建设是贯彻上级决策部署的客观要求。党的十八大以来，以习近平总书记为核心的党中央把作风建设摆在更加突出的位置，以“八项规定”为切入口，连续开展群众路线教育实践活动、“三严三实”专题教育、“两学一做”学习教育，狠刹四风、严查腐败，打出了一系列“组合拳”，党风政风有了很大改善。十八届六中全会，审议通过了《关于新形势下党内政治生活的若干准则》和《中国共产党党内监督条例》，就新形势下全面从严治党作出系统安排部署。最近，中央又出台意见，把推进“两学一做”学习教育常态化制度化，作为全面从严治党的战略性、基础性工程。省委对作风建设高度重视，省委书记刘家义上任伊始就作出批示，要求“各级各部门都必须主动作为，主动担当，依法作为”。4月18日，潍坊市大规模、高规格召开开展“作风建设年”活动动员大会，提出要弘扬“四种精神”、强化“五个导向”、健全“七项机制”，全面加强干部作风建设。我市按照潍坊的统一部署，同步开展“作风建设年”活动，就是要更加深入地贯彻中央、省委和潍坊市委管党治党、作风建设的一系列决策部署，形成持续抓、系统抓、科学抓的长效机制，把作风建设的各项任务落到实处、引向深入。

第二，加强作风建设是完成新任务新目标的重要保证。市十四次党代会，确立了建设实力安丘活力安丘魅力安丘的总体任务目标。围绕建设实力安丘，夯实发展基础，市委、市政府进一步突出招商引资、突破工业的重要地位，要求各级干部把思想和精力集中到抓招商、谋项目、抓工业、谋发展上来，不断提升发展质效，全面增强综合实力。完成这些新目标、新任务，必然有一系列决策部署亟待细化实化、有一大批招商线索亟待精心梳理、有一部分重点项目亟待加快推进，这就要求各级干部必须具备更高的素质、更强的能力、更硬的作风。各级各部门一定要深刻领会和准确把握市委意图，切实把干部作风建设的要求落实到工作实践和具体行动中。

第三，加强作风建设是推进干部队伍建设的必然选择。总体上看，安丘干部队伍素质是高的、作风是硬的，是能干事、敢干事的，但也存在一些问题。一是思想僵化、学风不实。有的同志因循守旧、沿袭陈规，抱着老惯例、旧办法、死规定不放。有的同志新理论学习不深入，新政策把握不到位，新理念、新知识、新模式缺失，职业化水平不高，甚至有的同志长期不学习。二是不敢担当、不负责任。有的同志习惯“等、靠、要”，机遇面前等待观望、挑战面前畏首畏尾，最终贻误战机、错失良机；有的同志抱怨规矩太多，不是“红线”就是“底线”，还有“带电的高压线”，认为“多干多错”，“只要不出事，宁肯不干事”，平时做敲钟和尚，遇事当甩手掌柜。三是落实不力、工作疲沓。有的领导干部平时指手划脚、评头论足，安排工作层层转交，认为自己干就是掉价；有些单位干活的都是临时工或借调人员；有的同志抓工作始终慢半拍，不推不动甚至推也不动；有的同志接到工作任务，首先讲困难、讲条件，不去主动出思路、想办法。四是自甘平庸、自我满足。有的同志境界不高，不愿对标典型，不去赶超先进，妄自菲薄，不思进取，只求过得去、不求过得硬；有些单位工作上级不认可、下级不认同、同级直摇头；有的同志面对成绩盲目乐观，小成即满、孤芳自赏，总想松口气、歇歇脚。五是纪律松弛、组织涣散。有的同志执行中央八项规定不自觉，落实中央和省市委决策部署不坚决，搞选择性贯彻、附加条件落实，甚至顶着不办；有的同志长期无故不上班、不在岗，仍足额领工资、“吃空饷”；有的同志上班迟到、下班早退，缺会不请假、外出不报告，还有的同志上班时间聊天、炒股、购物，用办公时间办私事。六是摆谱端架、不愿服务。有的同志把服务对象当成管理对象，门难进、脸难看、事难办，不作为、慢作为、乱作为，甚至“吃拿卡要”；有的同志在群众面前摆谱、端架，处理难事不用力，解决问题不用心，服务意识差。七是不顾大局、本位主义。有的同志大局观念不强，一事当前，首先考虑的是部门利益、个人利益，甚至不惜损害全局利益，变通政策、自行其是。这些问题，虽然发生在个别人身上，但败坏风气、影响大局、贻误发展，危害很大。刚才，峰贵同志通报了一些出现的违反中央八项规定精神方面存在的突出问题，这些都是进一步加强作风建设的重要内容。对此，我们务必要保持清醒头脑，采取果断措施，予以彻底解决，全面提升全市党员干部作风建设整体水平。

二、作风建设重在解决问题，必须抓住关键、有效突破

开展“作风建设年”活动，要按照潍坊市委统一部署，结合我市实际，以“主动作为、主动担当、依法作为”为主题，大力倡导“五种精神”，着力破解“五个方面”的问题。

第一，倡导开拓进取精神，着力解决思想观念上“禁锢僵化”的问题。思想境界之所以不高，根源就是学习不够、业务不精、实践不足，必须大兴学习之风，以此提升内力、拓宽思路、开拓境界。一要主动加强学习。前期调研发现，有的同志对本地本部门的工作底子不清、情况不明，一问三不知，说明这些同志不注重加强学习。当前，各种新知识、新业态、新模式层出不穷，各级干部要时刻保持“本领恐慌”，把学习作为一种政治责任，不仅要熟练掌握本部门、本行业的业务知识，还要多了解一些经济、社会、人文、历史等方面的知识，不断提升自身能力水平。二要提升业务素质。各级干部尤其是前期换届刚走上领导岗位的同志，要加强业务学习，尽快进入角色，对一些必须坚守的规定、必须了解的政策、必须落实的任务要心中有数、了如指掌。在全面熟悉业务的基础上，镇街区负责同志要重点研究招商引资、支持企业发展、打造城镇特色等方面的有效招数，部门负责同志要重点研究对上争取、精准服务、提升效能等方面的先进做法，推动各项工作创先争优。三要加强实践锻炼。实践是最大的课堂、最好的老师。要主动投身实践，在改革发展稳定的一线经风雨、见世面、增阅历、长本领。要积极深入群众，虚心向群众请教，从群众的“土方子”中寻找破解难题的“金点子”。要事不避难，多到问题多、困难大、任务重的地方去做工作，在攻坚克难中解放思想、提升境界。

第二，倡导敢于担当精神，着力解决工作推进中“畏首畏尾”的问题。安丘的发展没有局外人，每个层级都有应负的使命，每名干部都有肩负的责任，要牢固树立“事不避难、勇于担当”的理念，困难面前不回避、矛盾面前不退缩，以担当精神开辟发展新境界。一要增强敢于担当的底气。作为党员干部，既要争当默默无闻的实干家，又要争当敢于亮剑的急先锋，更要争当敢想敢干的拍板者。今后，凡是上级没有明令禁止的，就不能说“办不了”；凡是先进地区能够做到的，就不能说“办不到”；凡是大多数群众反映强烈的问题，就不能说“再研究”。二要激发敢于担当的活力。严格落实督查考核机制，始终以“实在实干实绩”为风向标和指挥棒，坚持在项目建设、招商引资等发展一线考察干部的能力水平，坚持在征地拆迁、信访维稳等急难任务中考察干部的担当作为，真正让“吃苦的人吃得香、实干的人得实惠、有为的人有位子”。三要强化敢于担当的保障。坚持“三个区分开来”，完善容错免责机制，保护干部履职担当，为敢想的人“开绿灯”、为敢干的人“兜住底”，树立起“为担当者担当、为负责者负责”的鲜明导向。

第三，倡导狠抓落实精神，着力解决工作执行上“软绵无力”的问题。习近平总书记强调，“如果不沉下心来抓落实，再好的目标，再好的蓝图，也只是镜中花、水中月。”有些工作落实不到位、推进不顺利，根本原因就是有的干部抓工作大而化之、抓不具体。一要坚持重点工作项目化。各级干部特别是领导干部既要善于抓大事，更要善于抓大事中的难事和具体事，集中时间、集聚资源攻坚克难，以重点难点的突破带动整体工作的推进。要紧紧扭住招商引资、项目建设、棚户区改造、生态建设、精准扶贫、信访维稳等重点，逐项列出时间表、路线图，明确目标要求、工作措施、责任分工和完成时限，以“钉钉子”精神持续抓、反复抓。二要坚持项目推进责任化。全面推行“一线工作法”，坚持问题在一线发现、矛盾在一线解决、工作在一线推进，坚决杜绝不下深水、遥控指挥。市级领导同志要率先垂范，带头落实好帮包责任制，深入到产业发展一线搞调研、促提升，深入到企业车间解难题、促转型，深入到项目现场抓协调、促进度，深入到信访维稳一线抓调处、促稳定，以上率下推进责任落实。镇街和部门负责同志，要做到身接地气、脚沾泥巴，一切围绕项目转、一切围绕项目干，身先士卒、亲力亲为，带动形成责任落实的强大合力。三要坚持责任落实扁平化。学会用好扁平化管理、扁平化推进，下抓一级、抓深一层，既要拧紧责任链条，又要防止层层分解、层层虚化。要严格执行首问负责、限时办结、责任倒查等制度，对进展缓慢的重点工作、进度不快的重点项目实行责任倒查，看看到底在哪个环节出了问题，属于人为因素的要严厉问责，决不姑息迁就。

第四，倡导敢为人先精神，着力解决发展成效上“自甘平庸”的问题。牢固树立奋发有为、勇创一流的意识，敢与强者比、敢与高者攀、敢同快者赛，纵向比创纪录、横向比争上游，以一流的工作业绩为全市发展贡献力量。一要在加强改革创新上下功夫。进一步解放思想、开动脑筋，找准上级决策与本地本部门实际结合的切入点，积极研究新办法、新措施，以创新破解难题、以改革突破瓶颈。要围绕项目建设、招商引资、征地拆迁、行政审批、社会治理等重点难点工作，优化一批工作流程、完善一批推进机制、提炼一批创新办法，努力以各个层面的创新提升工作整体水平。二要在强化比学赶超上下功夫。市级领导同志要带头创先争优，努力在争政策、争项目、争资金、争牌子等方面作出表率。市级领导要带着分管的部门主动到省市对接，换届快5个月了，有的市领导还没有到分管上级部门尤其是省直对口部门对接，有些市直部门基本上不和上级部门联系，就是“等靠要”，我们的工作上级不了解，上级的政策我们不了解，我们很多工作在省内都处在前列，但是没能成为示范、典范，关键是与上级汇报沟通不够。各镇街区要根据经济基础、交通区位、资源禀赋等条件，在潍坊以内寻标定位，加速争先进位；市直部门要主动放到潍坊、全省乃至全国来比较和定位，对上比争取力度、对下比服务效能、对内比单位风气，努力争当行业排头兵。三要在提升工作标准上下功夫。牢固树立“事争一流”的理念，对每一项工作，都要用一流的标准去要求、去衡量、去检验，坚决杜绝只求过得去、不求过得硬。

第五，倡导以身作则精神，着力解决规矩纪律上“松弛懈怠”的问题。各级干部特别是领导干部要以身作则、率先垂范，带头遵守执行各项规章制度。一要进一步扎紧制度笼子。各级各部门要立足新形势、新任务，围绕干部日常管理、岗位职责、服务效能等重点环节，对现有规章制度进行梳理，该修订的修订、该新建的新建，切实堵塞制度“漏洞”。二要进一步严明纪律规矩。在对上落实上，要与市委市政府保持高度一致，决不允许搞上有政策、下有对策。在对内管理上，要严格执行民主集中制，相互支持、密切配合，遇事多商量、多通气，切实做到善谋事、好共事、勤办事、做成事、不出事。三要进一步加大问责力度。结合“为官不为”专项整治，在全市开展“四查四看”活动，重点查工作态度，看是否存在“冷横硬推”的问题；查履职尽责，看是否存在不作为、乱作为的问题；查执法行为，看是否存在执法不严、办事不公的问题；查日常管理，看是否存在有章不循、运转低效的问题，查通报问题的整改落实情况。发现问题要从速从严处理，决不姑息迁就，决不搞下不为例。

三、作风建设贵在持续深化，必须置身大局、提升标杆

一要强化发展意识，在工作开局中检验作风。市级领导同志要立足分管领域，系统谋划今后一个时期的工作思路，进一步细化完善今年的目标任务、推进措施，扎扎实实抓推进、抓落实，确保各个领域、各项工作都能开好局、起好步。镇街、村居负责同志要沉下心来，深入研究制定本地本区域的发展思路，既要与市里的各项决策部署衔接好，又要突出本地优势和区域特色，走差异化、特色化发展之路。尤其是对招商引资、项目建设、支持企业发展等重点工作，要精心谋划、周密部署，明确具体的推进措施和操作办法，环环相扣抓好落实。部门负责同志要对照任务目标、

立足行业特点，突出抓好要素保障、精准服务、对上争取等重点，尤其要抓紧抓实对上争取工作，做到腿勤嘴快、多跑多要，全力向上争项目、争资金、争政策。

二要强化效率意识，在项目建设中比拼作风。项目建设是推动发展的主战场，是检验干部作风的“试金石”。项目引进要比质量、比数量。精准运用以情招商、以商招商、中介招商等方式，提高项目招引成效，既要在招大引强、项目质量上加快突破，又要在总体规模、项目数量上实现提升。市级领导同志要带头招商，镇街部门负责同志要带队招商，一线作战同志要倾力招商，保持和强化大招商、招大商的浓厚氛围。项目推进要比服务、比效率。当前正是推进项目建设的黄金时期。各级各部门必须进一步加大工作力度，千方百计抢时间、赶进度，推动项目建设快突破。项目牵头领导要靠在一线抓协调、促进度，帮助解决用地、资金、设备、招工等具体问题，确保在谈项目快落地、开工项目快建设、竣工项目快达效。项目谋划要比拼抢、比韧劲。落实帮助、帮扶企业的实招数，引导现有企业加大技改投入、增资扩产，新上一批项目。要紧盯上级利好政策，全方位、多渠道向上对接，争取一批项目。要着眼更高层次、更高定位，谋划一批产业项目、棚改项目、民生项目，强化发展支撑、增强发展后劲。下步，对镇街区科学发展情况坚持每年两次观摩点评，只看工业项目和其他有经济效益的项目，通过现场观摩点评检验干部作风建设成效。

三要强化宗旨意识，在深入群众中锤炼作风。要带着真情实感联系群众。经常深入到田间地头、农户家中，坐下来与群众交交心，面对面与群众拉拉呱，将党委政府的决策部署和惠民政策传达下去，将群众的所思所想所盼收集上来，通过联系服务群众寻找初心、回归原点。要拿出真心实意帮扶群众。对群众的困难问题，能够及时解决的，要第一时间解决；解决不了的，要逐级反映、梳理汇总，明确责任单位和解决时限，限期办理。要带头真抓实干引领群众。增收致富是群众的最大心愿，各级干部既要做给群众看，又要带着群众干。社区书记、驻村第一书记要立足各村实际情况，因地制宜搞好农业结构调整，大力发展乡村旅游、农村电商等特色产业，加快富民强村步伐。

四要强化服务意识，在优化环境中改进作风。要树立“人人都是发展环境”的理念。严格落实各级关于优化发展环境的部署要求，坚决杜绝“吃拿卡要”，坚决杜绝门难进、脸难看、话难听、事难办，坚决杜绝不作为、慢作为，坚决抵制各种破坏发展环境的行为，决不让一个企业、一个项目、一名客商在安丘受难为。要树立“争分夺秒高质高效”的理念。严格对照权力、负面、责任“三项清单”，在提高服务质量上狠下功夫，确保审批零距离、流程零障碍、办事零拖沓、服务零投诉。要进一步优化行政审批办理流程，实行“一站式办理、一次性告知、一条龙服务”，全力提高审批效率，使安丘真正成为“发展洼地”。要树立“群众满意就是最高标准”的理念。坚持从群众意见集中、反映强烈的事情抓起，从群众最希望办、眼下能够办好的事情做起，公开承诺、跟踪推进，确保刚性兑现。要健全完善“企业宁静日”制度，每月1—25日除涉及安全生产、环境保护、突发事件以及上级部署检查的事项外，任何部门单位不得到企业进行检查、收费，切实维护好企业发展环境。下步，要建立“企业工作日”制度，利用周六或周日，集中解决一批企业在发展中存在的困难和问题，各镇街区要提前梳理好辖区内老项目、新企业存在的问题，与相关部门搞好对接，市委、市政府集中进行解决。

五要强化自律意识，在勤政廉洁中展示作风。要严守纪律规矩。坚持把政治纪律和政治规矩挺在前面，不断增强政治意识、大局意识、核心意识、看齐意识，始终在思想上政治上行动上同以习近平同志为核心的党中央保持高度一致。要常修为政之德。不断加强社会公德、职业道德、家庭美德和个人品德修养，自觉践行社会主义核心价值观和“三严三实”要求，带头讲党性、重品行、作表率。要始终敬畏权力。树立正确的权力观，做到敬畏百姓、敬畏岗位、敬畏权力。这里重申，任何一个层面的领导干部，都不允许在人、财、物和项目招标等方面批条子、打招呼，这是对领导干部政治原则和素养的重要考验。要强化自我约束。严格遵守《准则》《条例》，严格执行领导干部廉洁从政各项规定，主动接受各方监督，切实树立起忠诚干净担当的良好形象。

四、作风建设关键讲求实效，必须强化责任、从严问责

一要严格落实责任。各级各部门要把作风建设摆在更加突出的位置，主要负责同志要履行好第一责任人职责，重要工作亲自部署、重大问题亲自过问、重点环节亲自协调。组织、纪检等部门要认真履行职责，加强综合协调、督促指导、监督检查，发挥好牵头抓总的作用。各级领导干部要率先垂范，坚决做到“三个凡是”，凡是要求广大干部做到的，领导干部要首先做到；凡是要求领导班子做到的，一把手要首先做到；凡是要求镇街做到的，市级要首先做到，推动形成一级抓一级、一级带一级的良好氛围。在这里我也表个态，在改进干部作风中，市级班子要带头、市委要带头、我本人要带头，请大家监督。

二要严格管理干部。进一步健全完善干部管理制度体系，既管好干部的工作，又管好干部的思想；既管好干部的日常活动，又管好干部的“八小时之外”，确保每一名干部始终置于组织的严格管理之下。在干部管理方面，各级各部门“一把手”负有主要责任，一定要坚持原则、敢抓敢管，对因疏于管理、有过不问、有错不究，致使班子成员或者下属发生严重违纪违法问题的，坚决落实“一案双查”，除严肃查处直接责任人外，还要追究相关领导和干部管理部门的责任。

三要严格督导问责。市督查考核委员会要把干部作风建设纳入督查考核范围，开展经常性监督检查。要把严督实导与解决问题结合起来，对问题较多、群众意见大的部门和单位，重点督导、靠上督导，直到问题解决、群众满意。要加大问责力度，因作风问题影响发展环境的，对当事人实行一次查实待岗；部门存在不作为、乱作为和服务效率低下问题，年内查实两例或受到通报批评的，年终考核降低一个等次。凡是群众和企业有投诉或督查中发现的问题，查实必究；凡是抓作风建设不力、群众和企业反映强烈的问题，查实问责。

同志们，作风建设永远在路上，必须一年一年地抓、持续不断地抓。让我们更加紧密地团结在以习近平同志为核心的党中央周围，携手同心、奋力拼搏，深入贯彻落实市第十四次党代会精神，加快建设实力安丘活力安丘魅力安丘，以优异成绩迎接党的十九大和省第十一次党代会胜利召开！

在市委十四届三次全体会议上的讲话

中共安丘市委书记　李新阁

（2017年8月8日）

同志们：

市委召开这次全体会议，主要任务是深入贯彻落实省、潍坊市党代会精神，以及潍坊市“四个城市”建设动员会议精神，讨论研究“四个城市”建设工作，审议通过“四个城市”建设五年规划和三年计划，安排部署我市全面推进“四个城市”建设的任务举措。下面，根据市委常委会研究的意见，我讲三个方面的问题。

一、统一思想、提高认识，以更加振奋的精神加快推进四个城市建设

今年以来，全市上下按照中央和省市委部署要求，以开展“作风建设年”活动为抓手，以招商引资、突破工业为统领，主动担当、积极作为，经济社会保持了健康发展的良好态势。上半年，全市实现地区生产总值168.3亿元，同比增长6.2%；完成固定资产投资124.8亿元，增长11.7%；实现一般公共预算收入12.7亿元，增长8.1%。一是招商引资初见成效。开展“招商引资年”“大项目突破年”活动，新引进过亿元项目14个，入选潍坊市重大项目13个，潍坊市考核认定项目17个、到位资金15.8亿元。二是经济运行平稳向好。规上工业企业主营业务收入、利税、利润分别增长9.0%、14.0%和9.5%，有34家企业主营业务收入过亿元，13家企业上缴税金过千万元。加快培育发展“新六产”，新发展高效大棚8400多亩、林果基地1.6万亩，“安丘大姜”“安丘大葱”被纳入欧盟地理标志产品保护范围，全省仅有10个。规模以上服务业企业发展到64家，实现社会消费品零售总额88.7亿元，增长11.3%。三是城乡面貌显著改善。启动建设了18条城市道路和14个城区绿化项目，完成棚改拆迁33个村、4179户，开工率达到63.6%。扎实推进环保“十大工程”，已完成重点任务72项，完成造林绿化3.9万亩。四是民生福祉持续改进。上半年，各项重点社会事业支出占财政支出的比重达到82%。开工建设中小学校12处，高考本科进线2908人，8人被北大清华录取。改造提升乡镇卫生院13处，基层综合性文化服务中心20个、基层站点9个。五是党的建设全面加强。扎实开展“作风建设年”活动，省内对标泰安新泰市，省外学习浙江诸暨市，奋力比学赶超、争先进位。围绕全省农村“两委”换届试点，统筹抓好逐村分析研判、打击村霸村痞、严防拉票贿选等工作，确保换届风清气正。驰而不息纠正“四风”，严肃查处发生在群众身边的“四风”和腐败问题，立案审查党员干部违纪违规问题91起，党纪政纪处分72人。

7月28日，潍坊市召开了十二届三次全委会议，专题研究讨论“四个城市”建设工作，审议并原则通过了“四个城市”建设五年规划和三年行动计划，审议通过了《关于加快“四个城市”建设加速实现富裕文明充满活力现代化强市的决议》。7月30日，又通过电视电话会议形式，召开了“四个城市”建设动员大会，专题部署“四个城市”建设工作，动员各级各部门各有关方面，投入到“四个城市”建设实践中。

要深刻认识到，建设“四个城市”，是落实潍坊部署要求的政治任务。打造“四个城市”是潍坊落实省党代会精神、担负起建设经济文化强省潍坊责任的主体工程和核心抓手，是建设经济文化强省在潍坊的具体行动和生动实践。同时，打造“四个城市”，是从潍坊的实际提出来的，是

落实潍坊市第十二次党代会确立的“一三四七”目标任务、战略重点和全面从严治党新要求的根本支撑，是实现“一个总目标”、做到“三个走在前列”的根本保障，是实现“七个新突破”的有效抓手。作为潍坊的一员，安丘责无旁贷，必须把建设“四个城市”作为重要政治任务，全面体现安丘担当、展现安丘作为。

要深刻认识到，建设“四个城市”，是推进三个安丘进程的现实需要。建设“四个城市”与建设“三个安丘”在内涵实质上高度契合，打造产业强市，目的就是建立特色鲜明、规模宏大的产业集群，是建设实力安丘的本质要义；打造活力城市，目的就是让一切创新创业的源泉充分涌流，与建设活力安丘高度统一；打造文化名市、品质城市，目的就是以先进文化为改革发展提供强大价值引导力，以品质提升打造当地人骄傲自豪、外地人羡慕向往的美好家园，这些目标都是建设魅力安丘的应有之义。这就要求我们，必须始终以“四个城市”建设引领“三个安丘”发展，努力推动全市经济社会行稳致远、持续前行。

要深刻认识到，建设“四个城市”，是加速发展加快崛起的有力抓手。潍坊市第十二次党代会，对我们提出了“寻标对标、加快崛起”的新要求。应当看到，安丘经济总量小、人均水平低，这是我们最大的发展现实，必须锚定招商引资、聚焦突破工业，一月一月抓、一年一年干。这次全会审议通过的“四个城市”五年规划、三年计划和年度工作安排，详细阐述了发展目标、发展措施、发展支撑，明确了重要工作、重点项目、重大工程的推进路径，是当前和今后一个时期全市发展的纲领性、指导性文件。各级各部门要把思想高度统一到市委决策部署上来，统一到建设“四个城市”的生动实践中，上下一个调、全市一个号、拧成一股绳，全面推进和落实好“四个城市”建设各项任务。

二、聚焦重点、精准发力，以更加务实的举措加快推进四个城市建设

会议审议通过的“四个城市”建设规划计划，具有很强的针对性和操作性。要强化责任分解，明确落实时限，全力推动经济社会加快发展、加速崛起。

（一）在打造产业强市上持续用力。产业强则城市强，产业兴则城市兴。打造产业强市，必须以加快新旧动能转换为抓手，把招商引资、项目建设贯彻产业培育全过程，努力构建规模大、结构优、质效好、特色鲜明的产业体系。一是加快培育现代产业体系。切实做到“三个坚定不移”，坚定不移做大做强工业，坚定不移做长做特农业，坚定不移做活做优服务业。工业是一切产业的基础，安丘最大的短板在工业，基础小、规模小，持续做大做强工业是我们当前最急切的任务。

二是加快培强产业组织体系。核心就是培育顶天立地的龙头企业，基础就是要鼓励引导形成铺天盖地的企业集群。要强化企业培育。深入实施“大企业培育”“潜力企业培强”工程，尽快制定出台扶持办法，在信贷融资、人才引进、品牌创建、技术创新等方面，为景酒、柠檬、闰成、歌尔等重点企业提供更大支持、更优服务。市委、市政府正在研究如何加快安丘的工业发展，主要领导同志每人分包一个产业群体，争取用3-5年时间，每一个产业群体都能培育2-3家龙头企业。要探索建立企业动态培育清单，及时将科技含量高、市场前景好的企业纳入重点培育目录，助推企业做大做强。要强化企业技改。当前，从中央到地方都提出动能转换，动能转换并不是把传统产业都抛弃掉，传统产业如何转型升级、如何增加技改是关键。一方面，存量如何优化；另一方面，要以新动能、新产业来引导新增动能，扩大新动能的规模、水平。要强化企业股改。引导企业破除陈旧观念，强力推进“个转企、小升规、规改股、股上市”，确保全面完成规模企业规范化公司制改制，进一步推动企业挂牌上市。要强化企业家队伍建设。抓住经济回暖的第二个黄金时期，把我们的企业家培育好，引导企业家不断解放思想、提升境界。各位企业家也要树立当大老板、干大事业的雄心壮志，主动攀高附强、寻求战略合作，不断上新项目、创新技术，在推动企业做大做强中实现更高的人生价值。

三是加快培优产业承载体系。安丘经济总量小，自身膨胀能力有限，发展的关键就是加大招商引资力度。上半年，我们全域推进“招商引资年”活动，招商引资工作取得了很好的成绩，招商考核是为数不多的在潍坊市排名比较好的一项工作。目前，镇街部门还有很多好的线索，希望大家再接再厉把线索早落地。要持续深化“招商引资年”活动，市级领导带好头、镇街部门尽全力，进一步营造招大商、大招商的浓厚氛围。在招商引资过程中，一定要算好经济效益账，一看是不是达到当前环保标准，二看能产生多少税收。尤其尽可能多的让一些终端产品项目落到安丘，终端产品效益比较好，不管是利、还是税都比较高，遇到终端产品项目时，要不惜一切代价引进来。

（二）在打造文化名市上持续用力。要充分发挥安丘文化底蕴深厚、文化资源丰富的优势，强化文化自信、发展文化事业、推动文化创造，提升城市软实力。一是着力提升文明素质。要坚持把社会主义核心价值体系融入精神文明建设全过程，全面推开、深度推进，使之内化于心、外化于行，成为广大群众的自觉遵循。要坚持以文明创建引领社会风尚，扎实推进文明村镇、文明单位、文明社区、文明行业、文明家庭和文明校园等各个层面的文明创建，确保年内成功创建为省级文明城市。我们城市管理水平和市民文明素质比较高，乱扔垃圾现象比较少，街道路面干净整洁，但也存在一些不文明行为。广大党员干部特别是领导干部要带头讲文明、做表率，用实际行动引领群众不断提升素质，带动全社会文明素质提升；要带头多看书、多看报，带动广大群众养成爱学习的风气，在全市上下营造浓厚书香氛围。要坚持把道德建设作为提升市民素质的重要抓手，精心策划各类公益宣传活动，要加大道德讲堂正面宣讲力度，持续开展“感动安丘人物”“安丘好人”评选活动，培养道德模范，选树先进典型，营造见贤思齐、崇德向善的良好氛围。

二是着力繁荣文化事业。要大力发展公共文化服务体系，加快市民之家等一批文化基础设施建设，全面推进农家书屋、文化大院、文化小广场建设，力争到2018年基层综合性文化服务中心实现镇村全覆盖。各镇街、村居要充分利用农村公共设施、村内闲置房屋或租赁房屋，配套建设文化服务设施，动员爱心人士捐赠图书，引导热心群众管理书屋，确保把农村书屋搞好、做实。要深化文化下乡等流动文化服务，广泛开展“魅力安丘·浓情四季”、社区文化节等群众性文化活动，为基层群众提供内容丰富、形式多样、健康向上、品质优良的公共文化产品和服务。要鼓励文艺精品创作，加强文化人才建设和培育，力争推出一批省文艺精品工程奖、泰山文艺奖等优秀文艺作品。

三是着力发展文化产业。要树立“文化+”理念，积极做好包装、整合、延伸文章，推动文化与旅游融合发展。要培育文化品牌，突出抓好独特文化的衍生拓展，大力发展文化创意、数字娱乐、动漫游戏等新兴文化产业，打造具有安丘烙印的名牌精品。

四是着力强化文化传承。要讲好“安丘故事”，深入挖掘安丘山水、人文、古迹、村居等文化资源，挖掘名人故事、文化名胜、传统技艺，加大报纸、网络、电视等宣传力度，不断提高安丘文化的亲和力、影响力和感召力。宣传部门要高水平制作安丘宣传片，打造对外宣传重要窗口。

（三）在打造活力城市上持续用力。一是要加速释放改革开放活力。要更大力度推进供给侧结构性改革，突出抓好“三去一降一补”，细化落实降低企业成本扶持政策，有效的化解过剩产能，着力补齐发展短板，推动经济健康发展。要更宽领域深化改革，在加快推进财税改革、农村产权制度改革和商事制度改革、社会领域改革等重要领域和关键环节改革落地的同时，要持续地抓好“一部门一创新”项目，重点深化“放管服”改革，切实在提高服务效率、减少服务环境、降低服务成本，尤其中介服务成本上，下大气力、做好文章。要更高层次的扩大开放，深度参与“一路一带”的建设，认真研究好、利用好“一路一带”政策，加强与上级沟通交流，全面摸清哪些县域企业可以通过“一带一路”走出去，在推进农产品出口的同时，重点加大工业产品出口力度，充分利用好“一带一路”大市场。

二是加速释放创新创业活力。要更新创新理念，围绕加快新旧动能转换，统筹推进“四新”“四化”，全力推动科技创新、产业创新、业态创新、模式创新等各个层面的创新，努力形成全社会广泛创新的浓厚氛围。要强化创新主体，引导企业与高等院校、科研院所深度合作，加快建立重点实验室、技术研发中心等创新平台。要加大招才引智力度，抓紧研究制定人才引进鼓励政策，拿出财政资金支持企业引进人才、建设平台。目前，国家分配土地指标政策，人口流入是重要方面，流入人口多，土地指标就多，流出人口多可能就没有土地指标。因此，如何引导更多的人到安创业是我们工作的努力方向。要鼓励大众创业，高标准推进创新创业孵化基地、创客空间等平台建设。要提升部门服务，各部门要进一步完善扶持政策、强化服务措施，主动为创新者遮风挡雨、为创业者保驾护航，让创业创新蔚然成风、遍地开花。

三是加速释放资源要素活力。用地保障方面。要继续往上争取；要严格控制，就是看效益，效益好的就给，效益差的少给或者不给；要加强内部挖潜，把已经停产或半停产，包括一些“散乱污”项目尽快关停，腾出发展的空间；要深入推进土地增减挂钩，采取灵活的方式，除了水源地或河套地区必须整村搬迁外，其他的地方原则不一定非要整村搬迁，只要能达到可验收规模，就可以实施土地整治挖潜。通过土地增减挂钩政策，引导农村人口来城市生活，加快促进农业规模发展。在资金保障方面。要深入开展“政银企”的合作，要引导金融机构扩大信贷投放，鼓励企业积极挂牌上市，扩大直接融资。同时，要引导企业履职诚信，认真研究上级政策，主动策划包装项目，大力争取非普惠性资金。要优化银担合作模式，这项工作，近期市里还要召开金融工作会议专门安排部署。在人才保障方面。要深入实施“五项人才”工程，延伸引才“触角”，举办“点对点”精准化高层次人才对接活动。组织部、人社局要把好牵头引领作用，深入了解企业当前人才需求，研究好招才引智政策，引导更多人才来安丘创业，为安丘的发展贡献力量。

四是加速释放营商环境活力。要简政放权提升效能。大力推行“互联网+政务服务”模式，推进政务服务大厅向网上办事大厅延伸，推进网上政务服务平台向镇级延伸，打造政务服务“一张网”。要精准服务提效能。探索实施“一窗受理”和“最多跑一次”服务模式，建立项目全流程网上运行。“最多跑一次”服务模式，对重点项目来讲，就是一个部门，企业只跑一次，部门跟上，哪个部门包，哪个部门负责帮办整套手续。要严督重查提效能。严厉整治不作为、慢作为、乱作为和吃拿卡要等破坏发展软环境行为，大力整顿和规范市场秩序，严厉打击欺行霸市、强买强卖等违法行为，营造良好发展环境。一个地方的发展主要靠两条，一个是硬环境，一个是软环境。软环境非常关键，以前招商引资更多的是拼优惠政策，现在拼的是优质的服务环境，服务环境能够形成蝴蝶效应，有时候看似影响一个企业，其实影响的范围更广，能够一传十、十传百。因此，为了安丘的发展，为了每个人的工资得到更好的保障，一定要维护好我们的发展环境。

（四）在打造品质城市上持续用力。一是提升城市建设品质。安丘近几年城市建设取得了很好成效，下步重点是在完善提升上做文章。要提升规划水平，突出规划引领作用，以高品质的规划建设高品质的城市。城建领导小组要研究通过片区整体改造，提升经营城市水平，获得城市可持续发展能力，走以城建城、以城养城发展之路。要进一步推进公共服务均衡化和均等化，让广大群众享受到公共设施带来的便捷服务。要进一步优化完善基础设施，完善交通体系、推进片区开发、提升城市管理水平，提高城市承载力和吸引力。

二是提升群众生活品质。要打好脱贫攻坚战，目前来看有的项目进展还比较慢，有的甚至还没有启动，希望大家高度重视。要加快推进产业扶贫项目、行业扶贫项目建设，严格扶贫资金监管，确保年内建档立卡贫困人口全面脱贫。要织密社会保障网，持续抓好社会保险扩面征缴，逐步提高城乡居民基础养老金标准，健全完善医疗保障体系，全面实施重特大疾病医疗救助，提升城乡居民社会保障水平。要抓实民生关注点，今年高考取得了骄人成绩，下步重点是推动教育均衡发展，通过实施名校带分校的方式，让优质教育资源惠及广大群众，着力解决择校热、大班额问题。深化医药卫生体制改革，加快推进人民医院新院二期，突出抓好镇村医疗机构标准化建设，提升城乡医疗服务水平，着力解决看病难、看病贵问题。加大城乡基础养老服务设施投入，加快市立医院医养中心、社区日间照料中心建设，推进医疗卫生机构与养老服务机构融合发展，着力解决老有所养、老有所依问题。

三是提升生态环境品质。要加强生态保护，全力推进环保突出问题综合整治攻坚，扎实推进绿色发展十大行动，突出抓好扬尘管控、机动车排气污染整治、农业面源污染防治、土壤固废污染治理等，全面落实“禁烧禁放”，打好气、水、土污染防治三大战役，确保环境质量持续保持在潍坊市前列。要加强生态绿化，实施中心城区植绿增绿行动，大力推行墙面绿化等立体绿化模式，全面绿化裸露、闲置地块，加快公园绿地系统和沿河生态廊道建设，努力达到300米见绿、500米见园。实施南部山区生态屏障战略，突出抓好荒山绿化、水系绿化等重点，提升生态绿化档次，打造潍坊“前花园”。

三、强化领导、夯实基础，以更加扎实的作风加快推进“四个城市”建设

一是强化组织领导抓落实。市委成立“四个城市”建设协调推进委员会，下设办公室，统筹协调“四个城市”建设工作。前期，我们也分别成立了4个由市级领导任组长的建设工作领导小组和委员会，各领导小组和委员会要切实抓好各自领域的“四个城市”建设工作，形成上下贯通、横向统筹的组织领导体系。市级领导同志要高度重视，切实担负起领导责任，每季度至少调度一次工作进展情况，特别是要针对存在问题研究提出解决措施；要根据任务分工，全力做好分管部门、行业的“四个城市”建设工作，确保各项任务不折不扣落实。各牵头部门要对牵头领域的工作负总责，敢于牵头，善于牵头，各配合部门对本部门职责内工作具体负责，积极主动配合和支持牵头部门工作。各镇街区的主要负责同志作为本辖区“四个城市”建设的第一责任人，要亲自调研、亲自谋划、亲自指导、亲自协调，分管的同志更要主动担当、相互补台。同时，要充分发挥人大、政协在“四个城市”建设中的力量汇聚作用、法律监督作用、智力支持作用，为“四个城市”建设提供坚强支撑。

二是强化基层基础抓落实。各级各部门要眼光向下，把工作重心放在基层，把基层工作做细做实，进一步夯实“四个城市”建设的根基。要继续抓实基层党建。要稳妥推进村“两委”换届选举，细化工作方案、完善工作流程，严肃换届纪律、严把换届程序，确保换届风清气正、风平浪静。要以基层党建“两提升两突破”行动为抓手，加快改造提升农村社区服务中心，探索开发网上监控管理、网上服务系统，增强为民服务功能。要不断规范村级管理。以“阳光议事日”为依托，深化村事民决镇监管、村会计聘任等制度措施，完善议事规则，规范村级事务，进一步提升基层规范化管理水平。要探索建立村集体经济发展基金，拓宽村集体增收渠道，加快消灭空壳村。要持续加强党员管理。突出抓好农村党员干部、“两新”组织党员的发展管理，深化党员积分制管理，充分释放基层党组织的潜力。要从严教育管理党员，引导党员以高度政治自觉抓好“四个城市”建设。

三要强化作风转变抓落实。面对加快崛起的紧迫任务，各级各部门要紧密结合“四个城市”建设，深化“作风建设年”活动，把“四个城市”建设情况作为检验干部作风的重要标志。要持续解放思想。工作中要牢固树立争先之志，敢出新招、敢辟新径、敢闯新路，只要有利于发展的，就大胆去试、大胆去改、大胆去闯，决不能因为害怕犯错而不干事。要提升精神状态。各级干部特别是领导干

部，要始终保持昂扬向上、奋发有为的精神状态，满腔热情地干事、激情昂扬地干事，不甘落后、不怕困难、勇往直前。要拉高工作标杆。无论是镇街，还是市直部门，都要树立高远目标定位，既要对照标杆找差距、争进位，又要立足自身工作严要求、创一流，推动全局工作的突破。

四是强化督查考核抓落实。要完善督导机制。市督查考核委员会要履行好职责，将“四个城市”建设推进情况纳入大督查考核范围，加大督查力度，创新督查方式，督目标落实、督任务落实、督工作实效，促进各级想干事能干事干成事。要严格考核奖惩。健全完善考核指标体系和办法，把年度考核与经常性考核结合起来，通过考核调动各级干部的积极性。要强化监督检查，加大对重视不够、进度不快、工作不实的予以督导，仍不改进的，依据有关规定予以追责，决不允许个别单位、个人因工作不力而影响“四个城市”建设进度。要鼓励履职担当。健全双向激励机制，落实好容错纠错尽职免责、查处诬告陷害类信访举报等制度措施，尊重实干、鼓励创新，激励担当、包容失误，在全市上下树正气、鼓正劲，充分激发和调动干部干事创业的积极性。

同志们，蓝图已经绘就，任务已经明确。让我们紧密团结在以习近平同志为核心的党中央周围，按照“四个城市”建设规划计划确定的目标，以更加昂扬的斗志、更加务实的作风、更加扎实的举措，创新突破、实干争先，为建设实力安丘活力安丘魅力安丘做出新的更大贡献！

安丘市人民政府工作报告

——在安丘市第十八届人民代表大会第二次会议上

安丘市人民政府市长　杜建华

（2018年1月16日）

各位代表：

现在，我代表市政府向大会报告工作，请予审议，并请市政协委员和其他列席会议的同志提出意见。

一、2017年工作回顾

2017年，在市委的坚强领导下，在市人大、市政协的监督支持下，市政府团结依靠全市人民，创新实干，攻坚克难，经济社会各项事业都取得新成绩。预计地区生产总值增长7%左右，社会消费品零售总额增长10.5%左右，城乡居民人均可支配收入增长8%左右。一般公共预算收入22.5亿元，增长11.4%。

一是产业转型迈出新步伐。三次产业比例调整为16∶40.5∶43.5。工业“创、改、培”协同推进。实施新希望六和禽肉深加工、歌尔精密制造二期等投资过亿元工业项目80个，完成投资96.5亿元。新增院士工作站和省级、潍坊市级企业技术中心、工程研究中心等科研平台18家；44个项目列入省技术创新项目计划，18家企业被确定为潍坊市两化融合培育重点企业。完成规模企业规范化公司制改制52家，34家企业在四板市场挂牌。恒安牌汽车散热总成、蓝想牌环保冷却塔被认定为山东名牌产品，海龙博莱特、景芝酒业赵德义荣获潍坊市市长质量奖，景芝酒业“一品景芝芝香”获潍坊市“市长杯”工业设计大赛一等奖。预计全市规模以上工业主营业务收入、实交税金分别增长7%和14%左右。被评为中国食品工业强市。农业供给侧结构性改革成效突出。新发展标准化种植园区15个、标准化养殖场10个、农民专业合作社示范社17个、家庭农场102家。投资8090万元，实施农田水利工程5处，新增高效节水灌溉面积2万亩、高标准农田5.1万亩。投资2.2亿元，新建为农服务中心18处、农业科技示范园20个，引进推广新技术102项、新品种90个。持续深化“安丘模式”，投资3000多万元，对市检验检测中心进行了改造提升，建成社区固定检测站102个、畜产品检测站20个，食用农产品产地准出品种扩大到42种，连续7年被确定为全国出口食品农产品质量安全示范区。新发展融合园区20个、休闲农庄30个，“安丘农谷”被确定为首批国家农村产业融合发展示范园创建单位。策划实施“安丘农耕”区域公用品牌，包装运营特色农产品68种；新增“三品一标”农产品20个，安丘大姜、安丘大葱纳入欧盟地理标志产品保护范围。争创为全国果菜茶有机肥替代化肥示范县、全国畜禽粪污资源化利用试点县、省级畜牧业绿色发展示范县。现代服务业量质齐升。佳乐家中央商务区、东方桃海等重点项目顺利推进，齐鲁酒地被评为首批国家运动休闲特色小镇，留山栖居小镇入选全省首批服务业特色小镇试点。电子商务公共服务中心和技能实训中心建成投用，电商交易额达到140亿元。完成房地产开发投资45亿元，新建商品房销售面积132万平方米，分别增长9.9%和19.1%。金融机构各项贷款余额352.6亿元，比年初增加35.3亿元。新引进金融机构20家，金融业实现税收4.2亿元，增长41%。

二是城乡面貌发生新变化。主动融入潍坊“七城一体”发展新格局，加快城市“北联东扩”，建成区东扩面积2.3平方公里，入选全省中等城市试点。开展了城市重点片区控制性详细规划、“泛青云山”概念性规划修编，完成生态水系等专项规划和10个镇的小城镇总体规划修编。投资12.3亿元，新建改造城市道路19条41.3公里，青云大桥、青龙湖路汶河大桥建成通车，拉开了城市发展大框架。投资2.3亿元，铺设改造城市管网221公里；完成汶河两岸及23条90.8公里城市道路亮化，新增青云湖大闸等景观亮化工程13处，城市夜景更加靓丽；实施裸土复绿工程，城区新增绿地面积98.5万平方米，绿化覆盖率达到40.7%，成功创建为国家园林城市。狠抓城市精细管理，新建便民市场3个，新上标准化流动餐车97辆，施划停车位1.2万个。强力推进“四改一拆”，改造老旧小区5个，拆除违法建设16.8万平方米。投资9.1亿元，新修改造县乡道路、旅游道路97.8公里，完成农村公路生命安全防护工程240公里。投资3.2亿元，建成110千伏郚山输变电工程及35千伏配出工程，8408眼机井实现通电。投资2.8亿元，新建提升农村社区服务中心31个，建设农村社区安置楼46.1万平方米，改造农村危房297户，改厕9763个，建成美丽乡村示范村26个，创建为全国农村幸福社区建设示范市。景芝镇、辉渠镇被评为省级历史文化名镇，柘山镇被评为省级美丽宜居小镇，景芝镇红旗村被评为全国文明村，柘山镇闫家河村、郚山镇鲁家哨村被评为省级美丽宜居村庄。

三是生态建设取得新突破。聘任环境监督员866名，实现“网格化”环境监管全覆盖。扎实开展生态环境综合整治，完成8台10吨以上锅炉的超低排放改造，拆除燃煤小锅炉371台，关停“散乱污”企业83家，关闭搬迁畜禽养殖场1013家。狠抓散煤治理，取缔非法散煤销售点76处，配送清洁型煤12.3万吨，配备节能炉具1.4万台。全年空气质量优良天数达到224天，PM、PM平均浓度分别下降8.1%和7%。全面实行“河长制”，扎实开展“清河行动”，整治关闭排污口127处，清理养鱼网箱2495个。大力开展矿产资源开发秩序集中整治，依法查处非法采矿行为36起，移交公安机关8起。投资2.4亿元，治理水土流失面积26.6平方公里，完成旅游道路绿化彩化211公里、成片造林4.3万亩。拥翠湖景区创建为国家湿地公园，大汶河湿地修复项目获中国人居环境范例奖，郚山镇被评为省级森林乡镇，凌河镇创建为省级生态绿色示范镇。

四是改革开放呈现新气象。深入推进“放管服”改革，取消行政权力事项151项、行政事业性收费10项；在全省率先推行“最多跑一次”改革，梳理公布事项1011项。深化商事制度改革，全面实施“多证合一、一照一码”，新注册企业3063户，增长26.6%。统筹推进综合行政执法体制改革，成立市综合行政执法局。扎实开展全国县级公立医院综合改革试点，3家公立医院全部完成法人治理结构改革。积极推进大葱目标价格保险试点，签保面积13.3万亩。获批建设用地3053亩，盘活闲置低效用地2016亩。设立规模5亿元的城市基础设施发展基金，成功发行专项企业债10亿元。出台加快建设创新创业人才高地的意见，引进硕士以上高层次人才186人，其中院士2人、“千人计划”专家2人。加快国家级自贸协定出口实施示范区建设，预计完成进出口总额61亿元，实际到账外资6000万美元，分别增长9.3%和9.5%。

五是社会事业实现新发展。民生支出占财政支出的比重达到83.9%。投资8.8亿元，新建、改扩建新安丘一中、明德学校等学校12处，新增校舍25.5万平方米、学位9413个，新招考教师269名，基本完成破解“大班额”和“全面改薄”任务。新建改造普惠性标准化幼儿园11处，13处幼儿园通过省级示范性幼儿园验收。高考成绩取得历史性突破，本科进线率位居全省前列，9名学子考入清华、北大。投资4.1亿元，开工建设人民医院新院二期，规划新建镇级医养结合型医院5处、镇级卫生院6处，新建改造社区卫生室90处。投资1500万元，对汉墓、庵上石坊等重点文物单位进行了修缮保护，改造提升基层综合性文化服务中心146个。我市被评为省民间文化艺术之乡(武术)，市京剧团被评为全国服务农民、服务基层文化建设先进集体。新建全民健身工程140处、健身广场20个。开发政府公益性岗位2012个，发放创业担保贷款3.6亿元，财政贴息3064万元，扶持创业3200人，景芝镇被评为省级创业型乡镇。城镇新增就业、失业人员再就业10174人。提高了城乡低保和农村特困人员集中供养标准；募集发放慈善救助金1305万元，救助弱势群体2.6万人。投资22亿元，完成棚户区改造7378户，拆迁改造面积88.5万平方米。投资12.5亿元，建成140兆瓦光伏扶贫项目，每年为5150个贫困户提供兜底性扶贫补助。各级财政投入扶贫资金6283万元，潍坊和我市驻村“第一书记”投入帮扶资金6800万元，实现省定贫困人口全部脱贫。深入推进“平安安丘”建设，持续加大安全生产和食品药品安全监管力度，圆满完成十九大安保维稳、全省村“两委”换届试点任务，被省委、省政府表彰为全省社会治安综合治理先进市、信访工作先进集体，顺利通过全省食品安全先进市验收，创建为省级文明城市。外事侨务、民族宗教、妇女儿童、防灾减灾、双拥共建、人口计生、老龄、残疾人、审计、统计、人防、地震、气象、史志、档案等工作取得新进步。

六是自身建设取得新成效。深入开展“作风建设年”活动，主动寻标对标、提速提效。重新修订了《安丘市人民政府工作规则》，全面推行政务公开，权力运行更加规范透明。认真执行市人大及其常委会决议决定，自觉把民主政治协商纳入决策程序，办理人大代表建议48件、政协委员提案156件。强化法治政府建设，聘请了市政府第二届法律顾问，依法审查检查合同1008件。组织开展了“为官不为”“吃空饷”“私车公养”等专项整治，严肃查处了一批违法违纪案件。畅通群众诉求渠道，受理群众反映事项3.2万件，办结率98.5%，群众满意率97.2%。

这些成绩的取得，是上级党委、政府和市委科学决策、正确领导的结果，是市人大、市政协和社会各界同心同德、大力支持的结果，是全市上下辛勤努力、共同奋斗的结果。在此，我代表市政府，向全市广大干部群众，向始终理解、信任、支持政府工作的各位人大代表和政协委员，向所有关心、帮助、参与安丘建设的各界朋友、各位同志，表示衷心的感谢！

各位代表，我们清醒地认识到，全市经济社会发展还面临许多困难和挑战，政府工作还存在一些问题和不足，主要是：经济总量小，持续增长动力不足；产业层次偏低、结构不优，新旧动能转换任务艰巨；创新能力、科技人才不足，发展的质量和效益不够高；财政刚性支出不断增多，收支矛盾突出；安全生产、风险防控的压力比较大；部分政府公务人员工作不用心、不

二、2018年工作安排

2018年是贯彻党的十九大精神的开局之年，是决胜全面建成小康社会、实施“十三五”规划承上启下的关键一年。今年政府工作总的要求是：全面贯彻党的十九大精神，以习近平新时代中国特色社会主义思想为指导，坚持稳中求进工作总基调，坚持新发展理念，按照高质量发展的要求，以供给侧结构性改革为主线，加快实施新旧动能转换重大工程，统筹做好稳增长、促改革、调结构、惠民生、防风险各项工作，全力推进“四个城市”建设，推动质量变革、效率变革、动力变革，实现经济平稳健康发展，民生福祉持续改善。

今年全市经济社会发展的主要预期目标是：地区生产总值增长7%左右，固定资产投资增长8%，一般公共预算收入增长10.5%，社会消费品零售总额增长10%，进出口总额增长8%左右，城镇登记失业率控制在3%以内，城乡居民人均可支配收入增长8.5%，全面完成上级下达的约束性指标。

（一）项目支撑、园区承载，加快建设产业强市。大力发展实体经济，坚持聚力攻坚，突出招商、项目、产业、园区，加速新旧动能接续转换，积极构建实体经济、科技创新、现代金融、人力资源协同发展的产业体系。

一是聚力大招商。大力开展“招商引资突破年”“千企千商”走访活动，年内引进过亿元项目40个以上。紧盯党的十九大之后的新政策、新导向，充分发挥企业主体、专业分队和中介代理的作用，大力开展以商招商、专业招商、委托招商，精准对接行业领军企业和“专精特新”中小企业，着力招引一批科技型、基地型、补链型、税源型项目。突出园区招商引资“主阵地”作用，依托规划建设的5个特色产业园区，一园区一政策一队伍，放眼全国，走出去、请进来，力求取得突破性进展。积极创新招商模式，推行风险共担、利益共享的“招商合伙人”制度。建立招商引资与招才引智联动机制，加大对科研院所、高等院校、高端人才、管理团队的招引力度，促进人才、技术、项目有机融合。树牢“选商引资”理念，完善项目评审机制，提高招商质量。

二是突破大项目。以产业项目为重点，深入开展“项目攻坚年”、“项目建设百日会战”活动，突出抓好歌尔精密制造三期、盛瑞智能金属成型中心、景芝酒业智能配制中心、渠风食品扩产等83个投资过亿元的项目。紧扣“建设速度、有效投入和财税贡献”核心目标，进一步完善落实绿色审批、项目包靠、问题直报、督查考核等项目推进机制，持之以恒抓项目质量、抓实施进度、抓协调服务，力促项目早开工、快建设、早达效。谋划储备一批重点支撑项目，增强可持续发展后劲。

三是培育大产业。突出工业主导地位。瞄准高端化、智能化、绿色化方向，设立3000万元企业技改引导基金，支持企业引进新技术、新装备、新工艺，推动食品工业、装备制造等传统产业延伸产业链、协同供应链、提升价值链，年内实施重点技改项目60个以上。研究梳理新一轮产业发展政策，分行业制定专项扶持措施，抓龙头、补链条、建集群，着力培育壮大电子信息、生物医药、生态家居、新材料等战略性新兴产业。深入实施“大企业培育”、“潜力企业培强”工程，推进优质资源向重点企业和优势企业聚集，进一步做大景芝酒业、柠檬生化、歌尔精密制造等龙头骨干企业，重点培育壮大金鸿新材料、七维新材料、三通生物、天利机械、鼎正机械等30家潜力型企业，加快形成行业龙头企业群和“隐形冠军”企业群。深入推动“两化融合”，制定实施“企业上云”三年计划，规模企业全部上云。全面完成规模企业规范化公司制改制，支持新三板上市企业向创业板、主板升级，年内新增上市挂牌企业30家以上。聘请专业机构对全市重点企业进行把脉，引导企业加快完善法人治理结构，科学制订发展战略，增强企业内生动力。实施创新型企业家培育计划，瞄准先进理念、尖端产品、前沿技术，开展高端化、模拟化、定制化培训，打造一

支具有战略眼光、国际视野、市场理念、创新精神的高素质企业家队伍。加快农业提质增效。以标准为引领，实施国家农业综合标准化示范市提升项目，积极贯标建标，力争年内实现标准化生产全覆盖。以高效为目标，积极推动土地流转和农业适度规模经营，加快农业“五调”步伐，大力培育新型农业经营主体，引导各类要素资源进入农业，优化农业内部产业结构，确保年内发展高效大棚2万亩以上，大樱桃、文冠果、大桃等特色林果基地2万亩以上。实施农业龙头企业培育提升工程，延伸农业产业链，提高农产品的加工增值率。大力推广农业良种良法，实施农业创新“双百”计划，建设一批现代农业科技示范园，引进推广新技术100项、新品种100个以上。加强农田水利设施建设，抓好国家千亿斤粮、高标准农田、水肥一体化高效节水灌溉、水库除险加固等项目建设，新增高标准农田7.3万亩。依托为农服务中心、农业龙头企业、农民专业合作社，大力开展社会化服务，新增服务面积10万亩。以融合为方向，开发农业多种功能，大力培育农业“新六产”，抓好合力生态牧场、万芳果蔬采摘园、华夏庄园等60个终端型、体验型、循环型、智慧型融合发展示范园建设。以品牌为核心，加快“安丘农耕”区域公用品牌推广，全面推进农商互联，持续促进农产品优质优价，进一步叫响安丘“放心农业”品牌。培育服务业新业态。电子商务，依托颐高电子商务产业园，打造区域电商孵化基地；发挥电商技能实训中心作用，年内培训电商人才8000人以上；鼓励工业企业利用“好品山东”平台，加快“触网”步伐。全域旅游，突出抓好东方桃海小镇、歌尔度假旅游小镇、柘山风情小镇、留山栖居小镇等特色小镇建设，争创省级全域旅游示范区。现代物流，加快中众合·盛大物流园建设，搭建物流信息公共服务平台，引进培育物流龙头企业、物流总部中心。健康养老，抓好市立医院医养结合、祥瑞长青苑养老示范区等医养项目建设，加快推进医养融合化、养老社会化发展。复合地产，鼓励引导传统地产企业转变开发理念，提升开发项目品质，积极转向变道、跨界经营，向工业地产、商业地产、养老地产等领域转型。

四是建设大园区。以生态型、创新型、特色化为方向，把产业发展的主战场全面转到产业园区，实现集约发展、集聚发展、集群发展。加快歌尔安丘创智谷、安丘农谷、国林家居科技城、复合新材料产业园、装备制造产业园等5个特色产业园区规划建设，创新建设运营模式，完善基础服务设施，推动资源向园区集中、项目向园区集聚。五大园区规划总面积2.1万亩，核定投资规模450亿元以上，产值750亿元以上，全面支撑起安丘今后的产业发展。歌尔安丘创智谷，依托歌尔核心产业，集聚其上下游配套企业，打造链条完整、服务齐全、宜业宜居的产城综合体。安丘农谷，以提高农业全产业链效益为核心，加快完善良种良法试验推广、精深加工、仓储物流、市场交易、社会化服务五大功能，打造农村产业融合发展典型示范区。国林家居科技城，与中国林业集团合作，加快建设要素集成、发展集约、特色鲜明、一站式服务的生态家居产业园。复合新材料产业园，整合玻璃钢等产业资源，瞄准高端高质，科学规划布局，加快升级换代，打造新材料产业集聚区。装备制造产业园，利用低丘缓坡未利用地，完成规划、土地平整、基础建设，打造先进制造业基地。

（二）以人为本、生态优先，加快建设品质城市。牢固树立以人民为中心的发展理念，坚持城乡融合发展，既尽力而为，又量力而行，补齐民生短板，建设宜居宜业美丽家园，不断满足群众日益增长的美好生活需要。

一是提升中心城区品质。按照“以河为轴、拥河发展、南北融合、东西扩展”的思路，加快编制商贸物流、道路交通、人防建设等专项规划，完成大汶河两岸、青龙湖水系等重点区域城市设计。以棚户区改造为抓手，坚持“组团式”开发、“集中式”安置，完成青龙湖、新人民医院、玻璃厂、新二中、新汽车站、汶中、贾戈、王封等八大片区7107户的拆迁，腾出土地1.1万亩以上。坚持产城一体、产城融合，打造一批高端社区，引进各类新型业态，以产兴城、以城促产。优化中心城区交通路网，投资11.6亿元，新修南苑路西延、北外环东延等12条城市道路，对青龙湖路、莲花山路等11条市政道路进行改造提升，完成东环路和206国道景芝镇区段改线。分期分批对城市主要道路、重点区域老旧建筑外立面实施改造。开展城市管理提升“六大行动”，全面治脏、治乱、治污、治违、治堵，提升精细化管理水平。

二是提升乡村发展品质。坚持农业农村优先发展，按照“产业兴旺、生态宜居、乡风文明、治理有效、生活富裕”总要求，大力实施乡村振兴战略。聚焦产业兴旺。实施质量兴农、品牌富农战略，推进农业由增产导向转向提质导向，形成产地生态、产品绿色、产业融合、产出高效的现代农业发展新格局。聚焦生态宜居。以农村“整洁、美丽、和谐、宜居”为目标，开展农村人居环境三年整治行动，大力改善路水电气暖讯房等基础设施。投资2亿元，新修改造重点农村公路37.4公里。投资4.3亿元，实施220千伏温泉输变电等重点电力工程，改造提升农村低压电网450公里。加快农村“七改六化”，持续提高城乡环卫一体化水平，打造美丽小镇、美丽村庄、美丽庭院、美丽田园。聚焦乡风文明。开展移风易俗行动，倡导现代文明理念和生活方式，培育文明乡风、良好家风、淳朴民风。保护好乡土文化特色，加强农村文化教育，完善乡村文化基础设施，持续抓好农家书屋、文化广场、体育健身等工程，将乡村建成农村群众的精神家园、人文家园。聚焦治理有效。进一步健全自治、法治、德治相结合的乡村治理体系，发挥高质量完成村“两委”换届的优势，以农村基层党组织为核心，全面激发各级组织的战斗力、凝聚力，集中整治农村黑恶霸痞犯罪、封建迷信、非法宗教等突出问题，推进平安村庄建设。聚焦生活富裕。重塑城乡关系，加快以城带乡、城乡融合，推动人才、资本、信息、技术等要素与农村丰富的资源和劳动力结合，依托完善的基础设施、绿色农产品和自然资源，引导城市消费向农村延伸，鼓励工商资本下乡，支持返乡农民创业，为乡村发展提供动力。建立新型农民培训制度，支持和鼓励农民就业创业。大力发展农村集体资产合作社、土地合作社、农村劳动力合作社，拓宽农民增收渠道。

三是提升生态环境品质。深入践行“两山论”，全力打好生态建设攻坚战，守护好安丘的绿水青山。深化生态环境综合整治，全面清理“散乱污”企业，启动实施“气代煤”、“电代煤”工程，加快低效燃煤锅炉改造和散煤清洁化治理，落实在建工程抑尘降尘措施，大气污染物PM、PM同比改善5%以上；全面深化“河长制”，深入开展“河畅、水清、岸绿”行动，加强饮用水水源地保护，实施重点河流水污染治理，提升水环境质量；扎实开展国家畜禽粪污资源化利用试点，推广土壤熏蒸修复技术，扩大测土配方施肥和有机肥施用面积，减少化学农药使用量。强化破损山体、矿区塌陷地面等生态脆弱区的生态修复，抓好小流域水土保持综合治理，治理水土流失面积15.7平方公里。大力开展生态造林绿化，完成城区裸露土地及城乡道路、潍日高速、旅游道路两侧共计640万平方米的绿化、彩化、美化，打造全域绿色长廊、多彩花带景观；坚持项目化推进、标准化栽种、规范化管理，加快防护林和经济林建设，完成成片造林2.2万亩以上。加强森林资源管护，搞好森林防火和林业有害生物防控，巩固造林绿化成果。

四是提升居民生活品质。大力发展社会事业。新建、改扩建青云双语新校、青少年科技创新实践教育基地等学校12处，普惠性标准化幼儿园6处，进一步加大投入，优化师资结构，提升办学水平。加快推进市立医院、人民医院新院二期建设，新建7处镇级卫生院，改造45处农村社区卫生室，全面完成镇村医疗机构标准化建设。扎实做好人口计生工作，实施“关爱新生命”公益项目，促进出生人口结构优化和素质提升。启用200辆新能源公交车，调整优化12条公交线路，完成部分农村客运班线公交化改造。强化全民健身工程建设，广泛开展全民健身活动，推动群众体育、竞技体育和体育产业健康发展。健全社会保障体系。落实更加积极的就业政策，统筹化解“就业难”与“招工难”并存矛盾，实现城镇新增就业8800人以上。坚持“阳光征收、不与民争利、群众工作法”三项原则，有序推进棚户区改造，按照商品房的质量标准优先建设安置房，让群众真正享受到棚改“红利”。聚焦贫困人口“两不愁三保障”，加大扶贫政策兜底和产业扶贫力度，全面打赢脱贫攻坚战。适时提高城乡低保标准，加强对农村留守儿童、妇女和老年人的关爱服务，抓好专业化社工队伍建设，继续做好助残、救孤、济困等慈善工作，提高困难群众生活保障水平。创新加强社会治理。强化安全生产、环境保护网格化、实名制监管，深入开展重点领域专项整治，年内实现工商贸企业标准化建设全覆盖。开展食用农产品产地准出、市场准入集中整治行动，维护食品药品市场秩序，确保群众饮食用药安全。深化“平安安丘”建设，加快构建集打、防、治于一体的立体公共安全体系，保持打击违法犯罪高压态势。加快社会诚信体系建设，完善守法诚信褒奖机制和违法失信惩戒机制。鼓励发展行业性、专业性调解组织，加强社会矛盾纠纷风险预警和排查化解，提高社会治理社会化、法治化、智能化、专业化水平。

五是提升政务服务品质。持续深化“放管服”改革，全面落实“最多跑一次”改革和招商项目“店小二式”服务，大力推行项目审批“一窗受理”和“互联网+政务服务”，努力实现企业、群众办事畅通高效“无梗阻”。加强软环境建设，严格落实降成本政策和“企业宁静日”、涉企检查备案等制度，清理规范中介机构，坚决查处和整治违法违规收费行为，实现企业降本减负。强化“亲”的服务，坚守“清”的底线，加快建立健康新型政商关系，支持企业家专心专注、创新创业。继续办好政务服务热线、市长信箱、政府门户网站和“行风在线”、青锋行动，着力解决群众关心关注的热点难点问题。

（三）改革引领、创新驱动，加快建设活力城市。以改革破难题，以创新促转型，以开放增优势，充分激发内生动力，释放发展活力。

一是全面深化改革。加快农村产权制度改革，推进农村承包地“三权”分置，抓好农村集体产权改革试点，保障群众财产权益，壮大集体经济。扎实推进商事制度改革，推行网上登记和全程无纸化登记，力争新登记市场主体8000个以上。推动国有投融资平台“实体化”“市场化”转型，稳妥推进国有企业改制、经营性事业单位改企、公立医院综合改革等工作，激发发展活力。创新投融资方式，引导金融资本参与产业转型升级、城市基础设施建设等领域，谋划实施一批优质PPP项目。积极推动城市管理行政执法体制改革，加快构建“大城管”格局。

二是推进创新创业。大力实施

企业创新“五个一”行动，加强创新平台、创新联盟、创新型企业建设，全年新增潍坊市级以上创新平台10个、院士工作站2家，转化科技成果30项以上。推进高新技术企业“育苗造林”行动，高新技术产业产值占比提高1.5个百分点左右。实施知识产权强市工程，支持行业重点企业设立“专利池”，全年申请专利650件以上。深化“一部门一创新”行动，全面提升政府部门业务能力和服务水平。加强创新创业公共服务载体建设，推广创客空间、创新工场等新型孵化模式。落实创业担保贷款、税费减免、财政贴息、资金补贴等扶持政策，建设安丘博创园，举办各种形式的创新创业技能竞赛，开展“安丘工匠”评选，鼓励科技人才、高校毕业生、退役士兵等创新创业。全年发放创业担保贷款1亿元以上，扶持创业1000人以上。

三是提高开放水平。深化国家级自贸协定出口实施示范区建设，提高自贸协定优惠政策利用率和企业出口便利化水平。筛选一批重点企业，积极开展马德里国际商标注册，优化出口产品结构，以新技术、新产品深耕国际市场。加大扶持力度，组织企业积极参加境内外展会，拓展出口渠道。鼓励有条件的企业在国外建立生产基地、实施资源开发、开展项目合作，提高企业国际化经营水平。鼓励现有外资企业增资扩股和利润再投资，全年力争利用外资6300万美元以上。用好国家进口贴息政策，引导企业扩大先进技术设备、关键零部件和重要原材料进口，力争实现进出口总额65亿元以上。

四是强化要素支撑。以稳定存量、扩大增量为方向，完善金融机构考核办法，引导金融机构创新金融产品，优化金融服务，全力支持实体经济发展，年内各类信贷、融资投放80亿元以上。出台激励政策，加大“七争”力度，争取到位上级非普惠性资金增长20%以上。鼓励企业通过上市融资、股权融资、发行债券等途径，拓宽直接融资渠道。强化重点企业债务风险动态管控，加快企业担保圈“破圈解链”，守住不发生区域性金融风险的底线。抓好低丘缓坡未利用地开发、城乡建设用地增减挂钩、工矿废弃地复垦三项试点，加大闲置低效用地清理清查力度，保障重点项目用地需求，报批建设用地6000亩以上。建立柔性引才用才机制，在“千人计划”“泰山学者”等高层次人才引进方面力求新突破。启动建设山东食品科技职业学院，加快以院引才。深化产教融合、校企合作，培养技能型实用人才7000人以上。

（四）以文惠民、以文促产，加快建设文化名市。以创树品牌为核心，深挖提炼文化资源，将文化元素融入经济社会各个领域，提升城市文化软实力。

一是繁荣发展文化事业。加快市民之家建设，改造提升文化馆、图书馆、博物馆，新建市综合档案馆、史志馆。大力推进基层综合性文化服务中心标准化建设，年内实现全覆盖。深入实施文化惠民工程，开展好非遗展览会、京剧艺术节、中国·安丘桃花节等品牌文化活动，组织好“文化四下乡”活动，完成农村电影放映、送戏下乡1万场次以上。组织开展“写安丘、拍安丘、画安丘、唱安丘”等系列活动，拍摄播出大型纪录片《中国影像方志·安丘篇》、院线电影《爹娘》，讲好“安丘故事”，传播安丘声音，叫响安丘文化品牌。

二是培育振兴文化产业。深入挖掘安丘名人、名胜、名典等历史文化资源，搞好品牌定位、形象设计和核心价值提炼。树立“文化+”理念，推动文化与生态、旅游、农业等业态融合发展，重点抓好博雅艺术小镇、青云山民俗、齐鲁酒地休闲运动小镇等文旅融合项目。扶持发展木版年画、泥塑、剪纸等工艺品制作，丰富特色文旅商品，拉长文化产业链条，增创文化产业优势。

三是提升市民文化素养。积极开展涵养社会主义核心价值观实践活动，以诚信建设为重点，加强社会公德、职业道德、家庭美德和个人品德教育，多层次、多领域挖掘宣传先进典型，丰富城市人文内涵。广泛开展文明单位创建、“小手拉大手”、传统文化宣讲、“安丘好人”评选等活动，全面提高市民文明素质和城市文明程度。

三、全面加强政府自身建设

各位代表，进入新时代，发展的重任、人民的期盼，对政府工作提出了新的更高要求。我们将以学习贯彻党的十九大精神为统领，以人民为中心，想群众之所想，办群众之所需，不忘初心、牢记使命，提升境界、勤勉尽责，奋力开创政府工作新局面。

（一）彰显“法”的精神，全面依法行政。坚持“法无授权不可为、法定职责必须为”，运用法治思维、法治方式解决难题、推动发展。主动接受市人大、市政协和社会各界的监督，认真办好人大代表建议和政协委员提案。健全重大行政决策公众参与、专家论证、风险评估、合法性审查、集体讨论决定制度，提高决策科学性和民主性。完善行政执法程序，加强规范性文件合法性审查备案，把政府工作置于法律监督之下。深入推行政务公开，主动回应社会关切，让权力在阳光下运行。

（二）倡树“学”的理念，提高履职能力。扎实开展“不忘初心、牢记使命”主题教育，深入学习党中央治国理政的新理念、新思想、新战略。组织开展青云大讲堂、全员大培训活动，完善以专业知识和专业能力为导向的考核评价机制，引导公务员用心钻研业务，提升专业水平，增强运用专业思维、专业素养、专业方法推动工作的能力。坚持学用结合、知行合一，真正将学习成果转化为推动发展的新思路、新对策、新举措。

（三）发扬“实”的作风，积极担当作为。坚持说实话、谋实事、出实招、求实效，大力倡导“一线工作法”，弘扬“钉钉子”“马上办”的优良作风，对重大决策、重点工作立说立行、速决速行。完善重点工作清单管理、过程督查、跟踪问效推进机制，重拳整治“庸懒散”“中梗阻”，进一步增强政府的公信力和执行力。强化创先争优意识，深入开展寻标对标活动，以一流的境界标准推动工作上台阶、出亮点。树立正确用人导向，健全激励机制和容错纠错机制，为担当者担当，为负责者负责。

（四）强化“廉”的操守，树立良好形象。全面落实党风廉政建设责任制，坚持无禁区、全覆盖、零容忍，加强对关键环节、重要岗位的监督制约，严肃查办各类腐败案件，始终保持惩治腐败的高压态势。严格落实中央“八项规定”精神，驰而不息纠正“四风”。严控“三公”经费支出，腾出有限资金用于推动发展、改善民生。加强纪律教育，强化纪律执行，知敬畏、存戒惧、守底线，真正做到干部清正、政府清廉、政治清明。

各位代表，使命重在担当，实干铸就辉煌。让我们紧密团结在以习近平同志为核心的党中央周围，在上级党委、政府和市委的坚强领导下，拼搏实干，奋勇争先，为全面推进“四个城市”建设和高质量发展，加快建设富裕文明充满活力的现代化强市而努力奋斗！

大事记

Dashiji

2017年安丘市大事记

1月

4日

全市人口和计划生育工作会议召开。市委书记李新阁出席会议并讲话；市委副书记、市长杜建华主持会议，并与镇街区和市直部门签订《2016—2017年度人口和计划生育目标管理责任书》；市委副书记贾勤清宣读对部分村（居）实行层级管理的决定；副市长邱海芳通报2015年度人口和计划生育责任目标执行情况和2016年度人口和计划生育工作考核情况。

5日—7日

全市各镇街区2016年科学发展情况进行观摩点评。李新阁、杜建华、贾勤清、任海燕、李广庆等市级领导班子成员参加观摩点评。

10日

潍坊市人口计生责任目标执行情况年终调查考核组到安丘，调查考核人口计生责任目标党政线执行情况。市委书记李新阁陪同考核。在实地察看有关现场，听取安丘市2016年人口与计划生育工作情况汇报后，调查考核组对安丘市人口计生工作给予充分肯定。市委副书记贾勤清、副市长邱海芳参加考核活动。

△ 市政府党组开展"两学一做"学习教育集中学习研讨。市委副书记、市长杜建华主持研讨并讲话。市政府党组成员集体学习《习近平总书记系列重要讲话读本（2016年版）》有关内容，围绕"践行党的宗旨，干事创业、积极作为、担当奉献，发挥好先锋模范作用，讲奉献、有作为"主题进行交流发言。

11日

省民政厅副厅长、省双拥办主任张魁中到安丘，走访慰问市经济开发区魏家埠村一等功现役军人褚旭亮的家庭，送去慰问信、慰问金和慰问品。

△ 市委副书记、市长杜建华主持召开全市社区建设工作会议，就当前和今后一个时期的社区建设工作进行安排部署。市领导李建英、赵延福、邱海芳、刘兆泰、王振红等出席会议。

△ 安丘市组织收听收看全国安全生产电视电话会议暨全省安全生产电视会议。收看结束后，市委副书记、市长杜建华结合安丘实际，对安全生产工作进行安排部署。王德明参加收看。

12日

潍坊市委常委、组织部长林红玉带领检查组到安丘检查2016年度落实全面从严治党主体责任情况。安丘市委书记李新阁汇报工作情况，市领导杜建华、贾勤清等出席汇报会。

△ 潍坊市委常委、组织部长林红玉到安丘走访慰问新中国成立前入党的老党员、生活困难党员和敬老院老人。市委书记李新阁，市委常委、组织部长赵延福陪同走访慰问。

△ 市委召开2016年度镇街区、市直部门单位党（工）委书记抓基层党建工作述职评议会议。潍坊市委常委、组织部长林红玉到会指导。安丘市委书记李新阁主持会议并作点评，市委副书记、市长杜建华，市领导贾

勤清、刘兴军、王峰贵、李建英、郭永超、赵延福等出席会议。

△ 市政协九届第二十九次主席会议召开。市政协主席李广庆出席会议并讲话，市政协副主席王振红、于庆满、于振法、王培范，秘书长张建军，政协党组成员周新发出席会议。会议讨论修改市政协九届常委会工作报告和提案工作报告、市政协2017年度协商计划，推举报告人；研究确定关于召开市政协十届一次会议的决定（草案）；通过市政协十届一次会议议程和日程（草案）及市政协十届委员会委员建议名单（草案）；研究确定市政协十届一次会议主席团、常务主席、秘书长、副秘书长名单（草案），执行主席分工名单（草案），提案审查委员会名单（草案），委员分组和召集人名单（草案），以及委员工作组、学联组划分和组长名单（草案）及列席单位名单（草案）。会议还研究有关人事事项和市政协九届二十五次常委会议日程及其他事项。

13日

中共安丘市委十三届十一次全体会议召开。市委委员、市委候补委员参加会议。会议由市委常委会主持。市委书记李新阁讲话。会议就十三届市委、市纪委准备提交第十四次党代会审议的工作报告作出说明，酝酿讨论第十四届市委委员、候补委员和市纪委委员候选人建议名单，对市第十四次党代会代表的选举、结构比例及安丘市出席潍坊市第十二次党代会代表候选人预备人选确定情况作出说明。

△ 市人大常委会召开主任会议。市人大常委会第一副主任、党组书记任海燕主持会议，市人大常委会副主任王洪书、任健、王学昌、孙钧，市人大常委会党组成员王克生、马玉宏，市人大常委会党组成员、办公室主任于子军出席会议。会议研究关于第四十六次常委会会议的建议议题，人事任免事项，人大换届选举事项，十八届人民代表大会代表的代表资格审查报告，关于市十八届人大一次会议筹备工作情况的有关问题，关于市人大常委会工作报告的有关问题，市十八届人大一次会议主席团和秘书长名单（草案）、列席市十八届人大一次会议人员名单，关于常委会召开的时间和列席人员。

△ 市政协九届二十五次常委会议召开。市政协主席、党组书记李广庆，市政协副主席于庆满出席并先后主持会议，市委常委、副市长孙晓非，市政协副主席于振法、王培范，市政协党组成员周新发，市政协秘书长张建军出席会议。会议听取市政协十届一次会议筹备工作情况汇报，协商讨论和审议通过市政协第十届委员会建议名单、有关人事事项、市政协九届常委会工作报告和提案工作报告，并推举两个报告的报告人，审议通过关于召开市政协十届一次会议的决定、议程、日程、列席单位和市政协2017年度协商工作计划等草案，听取市政府九届五次会议以来提案办理情况通报。

14日

中国共产党安丘市第十四次代表大会预备会议在市政府招待所召开。李新阁出席会议，杜建华主持会议；贾勤清介绍市第十四次党代会筹备情况、指导思想和主要任务，提出开好大会的要求。会议通过大会主席团成员和秘书长名单；通过代表资格审查委员会成员名单；通过中国共产党安丘市第十四次代表大会会议议程。市第十四次党代会代表参加会议。

△ 中国共产党安丘市第十四次代表大会主席团第一次会议在市政府招待所举行。李新阁讲话，强调严肃换届纪律；杜建华就邀请参加大会人员和列席人员名单作说明，贾勤清主持会议，赵延福宣读关于代表资格的审查报告（草案）。会议通过中国共产党安丘市第十四次代表大会日程；通过主席团常务委员会、大会副秘书长名单；通过邀请参加大会人员和列席人员名单；通过代表资格审查委员会关于代表资格的审查报告；通过大会秘书处的组织机构；通过主席团召集人名单。中国共产党安丘市第十四次代表大会主席团常务委员会委员为：李新阁、杜建华、贾勤清、任海燕、李广庆、孙晓非、刘兴军、王峰贵、李建英、刘子庆、郭永超、赵延福。大会副秘书长6人。大会列席人员56人；邀请参加大会人员包括7名担任过安丘市正县级职务的党内老同志，人武部部长、地方驻军首长。主席团召集人为：李新阁、杜建华、贾勤清。

△ 市十七届人大常委会第四十六次会议召开。市人大常委会第一副主任、党组书记任海燕主持两次全体会议。会议听取市人大常委会党组成员、办公室主任于子军作关于市人大代表换届选举工作情况的汇报、十八届人民代表大会代表的代表资格审查报告和市十八届人大一次会议筹备工作情况的汇报；市委常委、市政府副市长孙晓非提请人事任免名单，并介绍提请任免干部情况。市人大常委会副主任王洪书、任健、王学昌、孙钧，党组成员马玉宏和其他常委会委员出席会议。市政协副主席王振红，市法院院长何彤斌，市检察院检察长于建立，市政府办公室负责人，拟提请任命的市人力资源和社会保障局、市交通运输局、市文化广电新闻出版局、市环境保护局的负责人，各镇、街道人大主要负责人，各开发区分管负责人，市人大机关各委室负责人列席会议。

15日

中国共产党安丘市第十四次代表大会开幕。与会代表371名，列席会议人员51名。李新阁代表中国共产党安丘市第十三届委员会向大会作题为《践行新理念 迈向新征程 为建设实力安丘活力安丘魅力安丘而努力奋斗》的报告。报告分四部分：一、回顾前五年，成绩令人鼓舞，我们要在高度自信中昂首走进建设实力活力魅力安丘崭新征程；二、展望新五年，机遇大于挑战，我们要在运筹帷幄中精心描绘建设实力活力魅力安丘美好蓝图；三、奋战新五年，聚焦聚力发展，我们要在创新突破中努力开辟建设实力活力魅力安丘全新境界；四、起航新五年，关键在于担当，我们要在从严治党中持续强化建设实力活力魅力安丘根本保障。

16 日

中国共产党安丘市第十四次代表大会举行第二次全体会议。大会选举产生中国共产党安丘市第十四届委员会委员、候补委员，选举产生中国共产党安丘市第十四届纪律检查委员会委员，选举产生安丘市出席潍坊市第十二次党代会代表；通过关于十三届市委和市纪委工作报告的决议。大会号召，全市各级党组织和广大共产党员要紧密团结在以习近平为核心的党中央周围，在省委和潍坊市委的正确领导下，带领全市广大党员干部和人民群众，凝心聚力、攻坚克难，真抓实干、开拓创新，为加快建设实力安丘、活力安丘、魅力安丘而努力奋斗，以优异成绩迎接党的十九大胜利召开！

△ 中国共产党安丘市第十四届委员会举行第一次全体会议。受中国共产党安丘市第十四次代表大会主席团委托，李新阁主持会议。出席会议的市委委员48名，候补委员9名。市纪委委员列席会议。会议选举产生中国共产党安丘市第十四届委员会常务委员会委员，李新阁当选市委书记，杜建华、贾勤清为市委副书记。通过中国共产党安丘市第十四届纪律检查委员会第一次全体会议选举结果。王峰贵为市纪委书记。通过市委《关于加强自身建设的决定》。

△ 新春佳节到来之际，市委书记李新阁走访慰问部分离退休老干部，为他们送去慰问品和节日祝福。市委常委、市委办公室主任郭永超，市委常委、组织部部长赵延福参加慰问。

△ 市委举行2017年老干部情况通报会，邀请老干部共庆新春佳节，共商发展大计。市委书记李新阁主持会议并讲话，市委副书记、市长杜建华通报2016年全市经济社会发展情况。市领导贾勤清、任海燕、李广庆、孙晓非、郭永超、赵延福出席会议。

△ 市委副书记、市长杜建华走访部分老干部和困难职工，代表市委、市政府向他们致以节日问候和新春祝福。市人大常委会副主任孙钧参加走访。

17 日

市委书记李新阁，市委副书记、市长杜建华到潍坊军分区走访慰问。郭永超、范长青等参加慰问。

△ 市委书记李新阁到市经济开发区、鲁安药业、市社会福利院走访慰问新中国成立前入党的老党员、重点优抚对象、困难劳模、困难党员、困难职工和社会福利院儿童，为他们送上慰问金和慰问品。市领导郭永超、牛茂荣等参加慰问。

△ 市委副书记、市长杜建华走访慰问老军人、老党员、生活困难党员、困难职工和敬老院老人，为他们送去慰问金、慰问品和节日祝福。

17 日—19 日

市委副书记贾勤清到新安街道、凌河镇、恒安散热器集团和潍坊陆军预备役高射炮团、市军休所走访慰问老干部、建国前老党员、伤残军人、困难劳模、困难职工、敬老院老人和部队官兵，送去慰问金和慰问品。

△ 市人大常委会第一副主任、党组书记任海燕到凌河镇、雷克兰劳保公司走访慰问新中国成立前入党的老党员、困难党员、困难劳模、困难职工和敬老院老人，为他们送去慰问金、慰问品。

△ 市政协十届一次会议召开预备会议，九届市政协主席李广庆主持会议，市委副书记贾勤清出席会议并讲话。九届市政协副主席王振红、于庆满、于振法、王培范，党组成员周新发，秘书长张建军出席会议。会议听取市政协十届一次会议筹备工作报告；通过市政协十届一次会议议程；通过大会主席团、秘书长名单；通过大会提案审查委员会名单；宣布委员分组和召集人名单。全体政协委员、列席会议的潍坊市政协委员，各镇街区党（工）委副书记、政协机关各委室负责人参加会议。

18 日

中国人民政治协商会议第十届安丘市委员会第一次会议开幕。与会委员275名。大会主席团常务主席贾勤清主持大会。大会主席团常务主席李新阁、李广庆、杜建华、王振红、于振法、王培范、马良明、王俊莉，市政协党组成员周新发、张建军及大会主席团全体成员出席会议并在主席台就座。市委、市人大、市政府、市人武部、市法院、市检察院的领导同志任海燕、孙晓非、王峰贵、李建英、刘子庆、郭永超、牛茂荣、赵延福、王洪书、任健、王学昌、孙钧、刘兴军、邱海芳、刘兆泰、范长青、何彤斌、于建立、马玉宏、田友、冷文清、曹忠诚出席会议并在主席台就座。市政协往届主席李宪忠、张善华，主持过往届政协工作的副主席肖大才，在职原副主席于庆满、张殿勋出席会议并在主席台就座。李新阁作重要讲话，李广庆代表政协第九届安丘市委员会常委会作工作报告，于振法代表政协第九届安丘市委员会常委会作提案工作报告。驻安的潍坊市政协委员，市直正科级以上党政机关、事业单位和市重点企业不是政协委员的主要负责人，各镇街区党（工）委书记、副书记，政协机关各委室负责人列席会议。

△ 安丘市第十八届人民代表大会第一次会议主席团举行第一次会议。市委书记李新阁主持会议。会议推选李新阁、任海燕、贾勤清、王洪书、任健、王学昌、孙钧为安丘市第十八届人民代表大会第一次会议主席团常务主席；决定于子军、刘世顺、于虔兮、孙涛为安丘市第十八届人民代表大会第一次会议副秘书长。会议通过市十八届人大一次会议日程和关于议案问题的决定；通过关于设立安丘市第十八届人民代表大会专门委员会的决定草案、安丘市第十八届人民代表大会第一次会议选举办法草案、安丘市第十八届人民代表大会各专门委员会组成人员表决办法草案。

△ 安丘市第十八届人民代表大会第一次会议举行预备会议。会议选举产生主席团和秘书长。大会主席团由 41 人组成，任健兼大会秘书长。会议通过大会议程、大会议案审查委员会组成人员名单、大会计划预算审查委员会组成人员名单。市人大常委会副主任任健主持会议；市人大常委会第一副主任、党组书记任海燕，市人大常委会副主任王洪书、王学昌、孙钧在主席台就座。全体代表和列席人员参加会议。

19 日

安丘市第十八届人民代表大会第一次会议开幕。与会代表 300 名。大会主席团常务主席李新阁宣布大会开幕；市长杜建华代表市政府作政府工作报告。报告分四个部分：一、过去五年工作回顾；二、今后五年政府工作的总体要求和主要目标任务；三、2017 年主要工作任务；四、全面加强政府自身建设。大会书面印发《关于安丘市 2016 年国民经济和社会发展计划执行情况与 2017 年计划草案的报告》《关于安丘市 2016 年预算执行情况和 2017 年预算草案的报告》。不是市十八届人大代表的市直正科级以上党政机关事业单位、有关市重点企业主要负责人，出席市政协十届一次会议的全体委员列席大会。

20 日

市第十八届人民代表大会第一次会议召开第二次全体会议。会议由大会主席团常务主席贾勤清主持。市人大常委会第一副主任任海燕受市十七届人民代表大会常务委员会委托，向大会作工作报告。市人民法院院长何彤斌作安丘市人民法院工作报告，市人民检察院检察长于建立作安丘市人民检察院工作报告。大会做出关于设立安丘市第十八届人民代表大会专门委员会的决定。

△ 市政协十届一次会议主席团召开第二次会议。大会主席团常务主席李广庆主持会议，大会主席团常务主席李新阁、杜建华、贾勤清、王振红、于振法、王培范、马良明、王俊莉及大会主席团其他成员出席会议。市委常委、组织部长赵延福作关于市政协十届委员会主席、副主席、秘书长和常务委员候选人建议名单的说明。会议通过拟提交大会协商酝酿的市政协十届委员会主席、副主席、秘书长、常务委员候选人建议名单；通过大会选举办法（草案）；通过监票人名单（草案）。

20 日—21 日

市政协主席李广庆走访慰问部分老干部、困难职工、伤残军人、新中国成立前入党的老党员、生活困难党员、敬老院老人和劳动模范，为他们送上慰问金、慰问品，致以节日问候。市政协秘书长张建军参加走访。

△ 中国人民政治协商会议第十届安丘市委员会第一次会议闭幕。与会委员 275 名。会议选举产生政协第十届安丘市委员会主席、副主席、秘书长和常务委员。通过大会各项决议。

△ 市政协十届一次常委会议召开。市政协主席李广庆主持会议并讲话，市政协副主席王振红、于振法、王培范、马良明、王俊莉，市政协党组成员周新发，秘书长张建军及全体常委出席会议。会议通过《关于政协第十届安丘市委员会专门委员会设置的决定》，市政协各专门委员会主任、副主任名单，《政协第十届安丘市委员会学习和会议制度》，十届市政协工作组和学联组划分及组长名单。

△ 安丘市第十八届人民代表大会第一次会议闭幕。大会主席团常务主席李新阁主持会议。300 名人大代表出席会议。大会选举产生了新一届市级国家机关领导班子，安丘市出席潍坊市第十七届人民代表大会代表。会议通过安丘市第十八届人民代表大会各专门委员会组成人员名单。通过关于安丘市人民政府工作报告的决议，关于安丘市 2016 年国民经济和社会发展计划执行情况与 2017 年计划的决议，关于安丘市 2016 年预算执行情况和 2017 年预算的决议，关于安丘市人民代表大会常务委员会工作报告的决议，关于安丘市人民法院工作报告的决议，关于安丘市人民检察院工作报告的决议。选举任海燕为安丘市人民代表大会常务委员会主任，刘兴军、王洪书、孙钧、于庆满、田友为副主任，常务委员 29 人。选举杜建华为安丘市人民政府市长，孙晓非、邱海芳、刘兆泰、赵祥永、冷文清为副市长。何彤斌为安丘市人民法院院长，于建立为安丘市人民检察院检察长。

22 日

安丘市委常委班子召开 2016 年度民主生活会，围绕“两学一做”学习教育要求，深入学习领会习近平总书记系列重要讲话精神，认真学习把握《准则》《条例》要求，聚焦政治合格、执行纪律合格、品德合格、发挥作用合格 4 个方面进行党性分析，严肃认真地开展批评与自我批评，推动形成积极向上、风清气正的政治生态。潍坊市委常委、组织部长林红玉到会指导。安丘市委书记李新阁主持会议。市人大常委会主任任海燕、市政协主席李广庆列席会议。

23 日

市委书记李新阁参加指导经济开发区党工委领导班子民主生活会。市委常委、统战部长，经济开发区党工委常务副书记、管委会主任牛茂荣主持生活会。

△ 市委书记李新阁带队走访慰问春节期间坚持生产和工作的部分单位干部职工，对他们坚守一线、辛勤工作表示感谢，并向他们致以节日问候与新春祝福。贾勤清、任海燕、刘子庆、郭永超、赵延福、刘兆泰、冷文清一同参加。

△ 市委副书记、市长杜建华参加指导兴安街道党工委领导班子 2016 年度民主生活会。

△ 市政府党组召开 2016 年度民主生活会。市委副书记、市长杜建华主持会议，孙晓非、邱海芳、刘兆泰、赵祥永、冷文清等参加会议，市委组织部、市纪委有关同志到会指导。

△ 新安街道党工委领导班子召开 2016 年度民主生活会。市委副书记贾勤清出席会议并讲话，市委组织部、市纪委有关同志到会指导。

△ 市政协党组召开 2016 年度民主生活会。市政协主席、党组书记李广庆主持会议，市政协副主席于振法、市政协党组成员周新发、市政协秘书长张建军出席会议，市政协副主席王振红、马良明、王俊莉列席会议。市委组织部、市纪委有关负责人到会指导。

24 日

中共安丘市纪委十四届二次全体会议召开。市委书记李新阁出席会议并讲话，杜建华、贾勤清、任海燕、李广庆等市级领导班子成员出席会议，市委常委、纪委书记王峰贵代表市纪委常委会作工作报告。

△ 市人大常委会党组召开 2016 年度民主生活会。市人大常委会主任、党组书记任海燕主持会议。市人大常委会副主任刘兴军、王洪书、孙钧、于庆满、田友，市人大常委会党组成员马玉宏、于子军参加会议，市纪委有关负责人到会指导。

2月

6 日

市委副书记、市长杜建华主持召开市长办公会议，安排部署当前工作。孙晓非、王泉宝、邱海芳、刘兆泰、赵祥永、冷文清、朱庆增、王德明、曹忠诚等参加会议。

7 日

潍城区委副书记贾平带领考察团一行 17 人，到安丘考察学习城乡环卫一体化管理和群众满意度测评工作。

8 日

安丘市召开 2017 年国省道新建工程项目前期工作计划调度会议。市委副书记、市长杜建华主持会议并讲话。牛茂荣、邱海芳等出席会议。

△ 市人大常委会召开主任会议，对市十八届人大常委会第一次会议的有关建议议题进行研究。

△ 市政协十届一次主席会议召开。市政协主席李广庆主持会议并讲话，副主席王振红、于振法、王培范、马良明、王俊莉，秘书长张建军出席会议。

9 日

市政府召开市长办公会议，对 2017 年全市重点工作进行调度部署。市委副书记、市长杜建华主持会议并讲话。孙晓非、王泉宝、邱海芳、刘兆泰、赵祥永、冷文清、朱庆增、王德明、曹忠诚等出席会议并分别讲意见。

△ 安丘市举行第二届市政府法律顾问聘任仪式，聘请 6 位法律专家担任市政府法律顾问。市委副书记、市长杜建华出席仪式并为受聘法律顾问颁发聘书。市委常委、副市长孙晓非主持会议。

10 日

市委副书记、市长杜建华到经济开发区、新安街道、凌河镇等 9 个镇街区调研，实地察看部分重点项目，听取镇街区的工作思路和打算后，提出希望和要求。

△ 市十八届人大常委会第一次会议召开。市人大常委会主任任海燕、副主任刘兴军主持两次全体会议。市人大常委会副主任王洪书、孙钧、于庆满、田友，党组成员马玉宏和其他常委会委员出席会议。市政府副市长刘兆泰、市政协副主席马良明、市法院院长何彤斌、市检察院检察长于建立、市政府办公室负责人，市人大各专门委员会组成人员，拟提请任命的市政府组成部门的主要负责人，各镇、街道人大主席（主任）、副主席（副主任），各开发区分管负责人，市人大常委会机关各委室负责人列席会议。

12 日

全市经济工作会议召开。会议深入贯彻落实中央、省和潍坊市经济工作会议精神，按照市十四次党代会的部署要求，回顾总结 2016 年工作，安排部署 2017 年经济社会发展的任务措施。市委书记李新阁出席会议并讲话，市委副书记、市长杜建华主持会议。贾勤清、任海燕、李广庆等市级领导班子成员出席会议。

13 日

市委书记李新阁带队调研重点工业项目建设情况。在实地察看佳乐家中央商务区、渠风食品科技、锦舜生物等项目建设现场，详细了解各项目工程进展、设备引进、生产经营等相关情况及面临的困难后，就下步工作提出要求。市领导孙晓非、郭永超、冷文清参加调研。

△ 全市脱贫攻坚工作会议召开。市委书记李新阁出席会议并讲话，市委副书记、市长杜建华主持会议。市委副书记贾勤清通报2016年度镇街区和市直部门扶贫开发工作开展情况。市领导郭永超、赵延福、赵祥永出席会议。

20日

全市领导干部会议召开。传达贯彻落实潍坊市第十二次党代会精神。市委书记李新阁出席会议并讲话，市委副书记贾勤清主持会议。

21日

潍坊市委副书记张小梅带领市直有关部门负责同志到安丘调研农产品质量安全工作。在市农业综合标准化管理中心、市农产品质量安全检测中心、源清田食品有限公司、供销农资公司、盛大农产品交易市场，详细询问有关情况，就农产品质量安全标准化监管“安丘模式”、农产品档案追溯、农业种植社会化服务、农产品生产追溯等情况进行深入了解，并召开座谈会听取相关部门、企业工作情况汇报。对安丘市农产品质量安全工作取得的成绩给予充分肯定，并就进一步抓好农产品质量安全工作讲了意见。

22日

市委书记李新阁到市检察院调研。在察看控申接访室、案管中心、办案工作区、王玉亮公诉工作室、侦查情报信息中心等办公办案场所，并与干警进行座谈后提出要求。

△ 驻安27名潍坊市政协委员赴潍坊参加潍坊市政协十三届一次会议。市委书记李新阁，市政协主席李广庆出席欢送仪式，并对赴潍参会委员提出希望和要求。王振红、于振法、王培范、马良明、王俊莉、张建军等参加欢送仪式。

△ 市委副书记贾勤清在市委党校公开接待群众来访，近距离与群众交流，面对面为群众排忧解难。市委常委、政法委书记刘子庆等参加接访活动。

23日

驻安潍坊市人大代表赴潍参加潍坊市第十七届人民代表大会第一次会议。市委副书记贾勤清、市人大常委会主任任海燕出席欢送仪式，并对赴潍参会代表提出希望和要求。

24日

安丘市组织收听收看全面深化供销合作社综合改革工作电视电话会议。市委副书记贾勤清、副市长赵祥永参加收看。

25日

诸城市委副书记孙吉海率考察团，到安丘考察学习品牌农业和种植结构调整工作。

3月

1日

全市科级干部学习贯彻十八届六中全会精神暨“新精神、新理念、新起点”集中轮训班开班。市委书记李新阁出席开班式并讲党课。市委党校常务副校长、党委书记王海滨主持开班式。

△ 市委副书记、市长杜建华带队调研汶河上下游两岸绿化工程。实地察看项目现场，听取施工方案汇报，对工程规划建设提出具体要求。副市长刘兆泰参加调研。

2日

全市第二期科级干部学习贯彻十八届六中全会精神暨“新精神、新理念、新起点”集中轮训班开班。市委副书记、市长杜建华出席开班式并讲党课。市委党校常务副校长、党委书记王海滨主持开班式。

3日

市委书记李新阁到部分重点工业企业进行调研。实地察看鲁丰集团、鲁安药业、渠风食品、博莱特化纤、蓝想环境科技等部分工业企业，听取企业主要负责人汇报，详细了解企业生产经营情况，对下步工业工作提出具体要求。副市长冷文清参加调研。

△ 市委书记李新阁在市委党校公开接待群众来访，近距离与群众交流，面对面为群众排忧解难。市委常委、市委办公室主任郭永超等参加接访活动。

3日—4日

市委副书记、市长杜建华带队，对农村道路和城市道路建设工程进行调研。实地察看宿箭路、律南路、安孔路等农村道路工程建设现场，详细听取情况汇报，随后召开座谈会，就农村道路建设工作提出具体要求。牛茂荣、邱海芳等参加调研。

6日

全市2016年度违法用地整改工作会议召开。安排部署全市违法用地整改工作。市委副书记、市长杜建华出席会议并讲话，副市长冷文清主持会议。

7日

市委书记李新阁到部分重点工业企业进行调研。实地察看盛瑞零部件、五洲鼎益铁塔、金鸿新材料等工业企业，深入生产车间，与企业负责人交流，详细了解企业生产经营、项目建设等情况，对下步企业发展提出希望和要求。市委常委、市委办公室主任郭永超参加调研。

△ 安丘市举办庆祝“三八”国际妇女节107周年风采展活动。市委副书记贾勤清，市人大常委会主任任海燕，市政协副主席王振红、王俊莉等出席活动。

9 日

市委副书记贾勤清调度推进扶贫工作，对下步工作提出要求。

10 日

市委书记李新阁到景芝镇调研。先后到福克斯食品、乐港鞋业、凯仕利新材料、瑞亿医疗用品、景芝酒业等部分企业和埠口大樱桃基地进行实地察看。深入了解景芝镇工业、农业、小城镇建设、社会事业等发展情况后，对景芝镇的发展提出希望和要求。市委常委、市委办公室主任郭永超参加调研。

11 日

在第 39 个全国植树节到来之际，李新阁、杜建华、贾勤清、任海燕等市级领导班子成员到大汶河旅游开发区，与当地干部群众一起参加义务植树活动。

△ 市委副书记、市长杜建华带队调研经济社会发展情况。先后到歌尔精密制造、农产品质量安全综合监管中心、源清田食品、闰成能源科技、齐鲁酒地、孟五里棚户区改造、颐高电子商务产业园、景芝镇葛家庄社区等进行实地察看。详细了解有关情况后，提出希望和要求。郭永超、牛茂荣等参加调研。

13 日

市委书记李新阁到凌河镇调研。在实地察看凌渤淡水养殖合作社、和盛园食品、刘家庄子党建示范点、慈母山蔬菜合作社、雄鹰纤维素等现场，深入了解凌河镇工业、农业、社区建设等工作情况后，对凌河镇下步发展提出要求。市委常委、市委办公室主任郭永超参加调研。

14 日

全市食用农产品产地准出暨农资集中整治工作会议召开。市委副书记、市长杜建华讲话，并与各镇街区签订《安丘市 2017 年度农产品质量安全监管责任书》；副市长赵祥永主持会议；市领导曹忠诚宣读《安丘市 2017 年度农资市场集中整治工作实施方案》。

15 日

市委书记李新阁到柘山镇调研。实地察看西古庙果蔬大棚扶贫项目、张家宅村农家乐、鲁派花生、老子社区为民服务中心等现场，深入了解农业、乡村旅游、社区建设等工作情况后，就柘山镇下步发展提出要求。市委常委、市委办公室主任郭永超参加调研。

△ 市政协十届二次主席会议召开。市政协主席李广庆主持会议并讲话，市政协副主席王振红、于振法、王培范、马良明、王俊莉，市政协党组成员周新发，市政协秘书长张建军等出席会议。

16 日

安丘市举行重点项目春季集中开工活动。市领导李新阁、杜建华、任海燕、孙晓非、李建英、郭永超、牛茂荣、赵延福等出席开工活动。

△ 全市招商引资工作推进会议召开。市委书记李新阁出席会议并讲话，市委副书记、市长杜建华，市领导孙晓非、郭永超、牛茂荣、赵延福、冷文清等出席会议。

17 日

潍坊市直驻安丘包村联户工作组第三批总结暨第四批对接会议召开。安丘市委书记李新阁出席会议并讲话，市委副书记贾勤清主持会议。市委常委、组织部长赵延福，潍坊市第三批市直部门驻安丘包村工作组带队负责人王泉宝，潍坊市第四批市直部门驻安丘包村工作组带队负责人孙鹏出席会议。

△ 安丘市举办学习贯彻潍坊市第十二次党代会精神宣讲报告会。李新阁、贾勤清、任海燕等市级领导班子成员出席报告会。

△ 市委副书记、市长杜建华主持召开专题会议，研究讨论安丘市 2015—2030 年城市总体规划修编工作。牛茂荣、刘兆泰等出席会议。

△ 全市棚户区改造工作会议召开。会议听取各镇街区和市直有关部门的情况汇报后，市委副书记、市长杜建华讲话，对做好全市 2017 年棚改工作进行安排部署。刘子庆、牛茂荣、刘兆泰等出席会议。

20 日

全市村（社区）党组织书记培训班开班。市委书记李新阁出席开班式并讲党课。市委常委、组织部长赵延福主持开班式。

△ 市委副书记、市长杜建华主持召开市政府常务会议。会议研究全市畜禽养殖禁养区、限养区、适养区划分工作；林地、林木管理工作；网格化环境监管体系建设；建立中介服务机构备选库工作；旅游业创新发展三年行动计划；城乡环卫一体化深化提升工作；提高农村低保和农村特困人员救助供养标准工作；加强招商引资推动实力安丘活力安丘魅力安丘建设的意见。听取潍坊市安全生产工作会议精神及贯彻落实情况的汇报。

△ 全市扶贫工作调度推进会议召开。市委副书记贾勤清出席会议并讲话，副市长赵祥永主持会议。

21 日

全市领导干部会议召开。会议要求进一步统一思想，凝聚共识，形成合力，全力推动实力安丘活力安丘魅力安丘建设。市委书记李新阁主持会议并讲话，杜建华、贾勤清、任海燕等市级领导班子成员出席会议。

△ 共青团安丘市十七届五次全委（扩大）会议召开。市委副书记贾勤清出席会议并讲话。

23 日

全市安全生产工作会议召开。市委副书记、市长杜建华出席会议并讲话，代表市政府与镇街区、市直部门签订 2017 年度安全生产责任书。市委常委、副市长孙晓非主持会议。

△ 市妇联召开十届四次执委（扩大）会议。市委副书记贾勤清出席会议并讲话。

△ 市人大常委会召开主任会议，对十八届人大常委会第四次会议的有关事项进行研究。市人大常委会主任任海燕主持会议，副主任刘兴军、王洪书、孙钧、田友，党组成员马玉宏，党组成员、办公室主任于子军等出席会议。

24 日

市委书记李新阁到大汶河旅游开发区调研。在实地察看合力增压器项目、新瑞科技项目、中科纳诺项目、孟五里棚改项目、马家庄棚改项目、青云花谷项目、明峰蔬菜专业合作社等现场，深入了解经济社会发展情况后，对大汶河旅游开发区下步发展提出要求。市委常委、市委办公室主任郭永超参加调研。

△ 潍坊市召开迎接省环保督察组督察潍坊市工作动员视频会议。安丘市委书记李新阁，市委副书记、市长杜建华，市委副书记贾勤清等参加收看。

△ 全市包村联户和选派第一书记工作第三批总结暨第四批部署会议召开。市委书记李新阁出席会议并讲话，市委副书记贾勤清主持会议。市委常委、组织部长赵延福，市委常委孙鹏等出席会议。

24 日—25 日

全市春季植树造林工作调度会议召开。在对各镇街区造林绿化工作进行现场查看，听取相关工作汇报，并进行打分评比后，市委副书记、市长杜建华对全市春季植树造林工作提出要求。赵祥永、曹忠诚等参加活动。

25 日

安丘市新生代创业者商会 2017 年会员大会召开。市委副书记贾勤清出席会议并讲话。安丘市新生代创业者商会是由安丘市非公有制经济代表人士组成的联合性、地方性、非营利性社会组织。

27 日

市政协召开十届二次常委会议。市政协主席李广庆、副主席王培范先后主持两次全体会议。市政协副主席王振红、于振法、马良明、王俊莉，党组成员周新发，秘书长张建军出席会议。

28 日

安丘市组织收看 2017 年全国医改工作电视电话会议。市委书记李新阁，市委副书记、市长杜建华，副市长邱海芳参加收看。

△ 安丘市第三期村（社区）党组织书记培训班开班。市委副书记贾勤清出席开班式并讲党课。

△ 市十八届人大常委会第四次会议召开。市人大常委会主任任海燕、副主任刘兴军主持两次全体会议。会议审议通过市人大常委会 2017 年工作要点和计划安排，审议市人民法院执行工作情况的报告，表决通过关于接受刘福勋辞去安丘市第十八届人民代表大会代表职务请求的决定和人事任命案，组织宪法宣誓仪式。

29 日

省委党校第 46 期市厅级领导干部进修班第三支部一行 30 人，围绕农产品质量安全主题到安丘进行现场教学。市委书记李新阁陪同活动。市领导郭永超、赵祥永参加。

△ 安丘市召开全民科学素质工作领导小组第六次全体（扩大）会议暨“我家爱科学”知识竞赛活动动员会议。市委副书记贾勤清出席会议并讲话，副市长邱海芳主持会议，市政协副主席、科协主席王振红出席会议。

30 日

市委书记李新阁到官庄镇调研。在实地察看强安铁塔扩产、德诚饲料、潍日高速出入口、别家屯村棚改、万芳果蔬休闲观光采摘庄园等项目现场，深入了解工业、农业、棚改等工作情况后，对官庄镇下步发展提出要求。市委常委、市委办公室主任郭永超参加调研。

30 日—31 日

安丘市召开美丽乡村建设暨城乡环卫一体化工作会议。在对美丽乡村典型示范村和各镇街区城乡环卫一体化工作进行现场观摩检查，打分评比，听取工作汇报后，市委副书记贾勤清对城乡环卫一体化工作进行安排部署。

31 日

市委书记李新阁到郚山镇调研。实地察看金鸿新材料股份有限公司南逯厂区、沃华农业科技公司、合力生态牧业小镇、南官庄农家乐、有子沟村精准扶贫项目等现场，深入了解经济社会发展情况，对郚山镇下步发展提出要求。市委常委、市委办公室主任郭永超参加调研。

△ 市委副书记、市长杜建华带队调研 2017 年重点城市道路开工建设情况。在实地察看青云大街维修、青云大街东延、莲花山路南延、秀水街东延等工程项目现场后，对重点城市道路建设工作提出要求。副市长刘兆泰参加调研。

△ 安丘市组织收看省政府安委会全体成员安全生产专题报告电视会议。市委副书记、市长杜建华，市委常委、副市长孙晓非参加收看。

4 月

1 日

安丘市工商业联合会（民间商

会）第八届代表大会召开。市委书记李新阁出席会议并讲话，市委副书记、市长杜建华出席会议，市委副书记贾勤清主持会议，市人大常委会主任任海燕，市政协主席李广庆，市委常委、统战部部长牛茂荣等出席会议。

7日

安丘市召开市级领导班子“工业立市”专题讨论会议。市委书记李新阁出席会议并讲话，市委副书记、市长杜建华出席会议，贾勤清、任海燕、李广庆等市级领导班子全体成员出席会议。

8日

聊城市东阿县委副书记、县长马广朋带领考察团到安丘考察县乡财政体制改革、城市规划建设管理等方面工作情况。

10日

市委书记李新阁到市规划局调研。在听取全市城市规划工作情况汇报后，就进一步做好城市规划工作提出要求。市委常委、市委办公室主任郭永超参加调研。

△ 济宁市嘉祥县党政考察团一行55人，在县委书记周生宏，县委副书记、县长朱瑞显带领下，到安丘考察学习园区建设、城市建设、文旅融合、山区治理、美丽镇村等工作。

△ 安丘市组织收看全省全域土地督察通报问题整改暨开展闲置低效用地盘活利用专项行动电视会议。市委副书记、市长杜建华参加收看，副市长冷文清对相关工作进行安排部署。

△ 市委副书记、市长杜建华带队调研农村产业融合发展工作。在实地调研官庄镇万芳果蔬种植园、郚山镇沃华农业科技和合力乡间牧业等项目和企业，听取相关工作汇报后，对下步农村产业融合发展工作提出要求。市人大常委会副主任刘兴军参加调研。

11日

全市组织工作会议召开。市委书记李新阁出席会议讲话，并与镇街区签订2017年镇街区党委书记抓基层党建工作目标责任书；市委副书记贾勤清主持会议；市委常委、组织部长赵延福出席会议。

12日

国家发改委农经司、省发改委、省委农工办相关领导带领全省农村产业融合发展规划编制暨现场观摩会与会人员到安丘现场观摩农村产业融合发展情况。市委书记李新阁，市委副书记、市长杜建华，市委副书记贾勤清参加活动。

14日

全市一季度工业经济运行座谈会召开。市委副书记、市长杜建华出席会议并讲话，副市长冷文清主持会议。

15日

聊城市考察团到安丘参观考察文化建设等工作。

16日—17日

中国妇幼保健协会“妇幼健康中医年”启动大会暨山东省妇幼保健协会中医和中西医分会成立大会在安丘举行。来自全国各地的240多名妇幼保健工作者、妇幼健康领域专家、学者参加会议。中国妇幼保健协会终身荣誉会长张文康、国家中医药管理局副局长马建中、中国妇幼保健协会会长陈资全、山东省中医药管理局局长孙春玲、潍坊市副市长李平出席会议并讲话，安丘市委副书记、市长杜建华致辞，副市长邱海芳出席会议。

17日

潍坊市政协副主席李传恒、刘秀平率调研组到安丘，专题调研“提升化工企业发展水平、促进化工产业转型升级”工作。安丘市政协主席李广庆、副主席于振法、市政协秘书长张建军参加调研。

18日

安丘市组织收看潍坊市开展“作风建设年”活动动员电视会议。李新阁、杜建华在潍坊主会场参会，贾勤清、任海燕、李广庆等市级领导班子成员在安丘分会场参加收看。

△ 安丘市召开会议，传达贯彻潍坊市开展“作风建设年”活动动员会议精神，安排部署全市开展作风建设年活动工作。李新阁、杜建华、贾勤清、任海燕、李广庆等在职副市级以上领导干部出席会议。

△ 市政府召开一季度农业经济运行座谈会。市委副书记、市长杜建华出席会议并讲话，副市长赵祥永主持会议，曹忠诚出席会议。

△ 阜阳市政协副主席、颍东区委书记顾恒中率考察团到安丘考察“加快绿色食品产业转型升级”工作。市政协主席李广庆、副主席王振红、秘书长张建军陪同考察。

20日

省政协文史委主任杜文彬率调研组到安丘，就加强工业文化遗产保护进行专题调研。潍坊市政协副主席李士来，安丘市委副书记、市长杜建华，市政协主席李广庆、副主席于振法参加调研活动。

25日

市委副书记、市长杜建华调研重点房地产开发项目建设情况。实地察看寨上拆迁安置区、华夏广场、原玻璃厂片区、清荷园等部分重点房地产开发项目现场，听取相关汇报后提出要求。

△ 省农业厅副厅长褚瑞云带领全省现代种业工作会议与会人员，到安丘观摩粮食高产创建平台建设项目新品种展示示范基地。市委副书记、市长杜建华参加活动。

△ 省委党校第27期中青年干

部培训班一行80人，围绕农产品质量安全主题到安丘进行现场教学。市委副书记贾勤清参加活动。

26日

市委副书记、市长杜建华带队到郚山镇调研小城镇建设。实地察看部分棚改项目现场后，主持召开会议，听取郚山镇小城镇建设工作进展情况汇报，对下步工作提出要求。刘子庆、孙鹏、刘兆泰等参加调研。

△ 安丘市召开庆祝“五一”国际劳动节暨“一提两争”活动动员大会。

27日

全市重点项目建设现场推进会议召开。实地察看新希望六和熟食、歌尔精密部件、闰成石化二期、华安路南延、寨上整村搬迁等项目现场，听取相关情况汇报后，市委书记李新阁对全市重点项目建设工作提出要求。贾勤清、任海燕等市级领导班子成员参加推进会。

5月

2日

全市开展“作风建设年”活动动员大会召开。市委书记李新阁出席会议并作动员讲话，市委副书记、市长杜建华主持会议。会议采取电视直播形式，市主会场设在市政府招待所会议厅，各镇街区、市直各部门设分会场。

△ 蓬莱市委副书记林平率考察团一行25人到安丘，考察学习农村土地承包经营权流转工作。

3日

全市贫困人口调查评估工作会议召开。市委副书记贾勤清出席会议并讲话，副市长赵祥永主持会议。

△ 安丘市纪念五四运动98周年暨全市“不忘初心跟党走青春建功当先锋”行动动员大会召开。市委副书记贾勤清出席会议并讲话。

4日

潍坊市副市长马清民到安丘调研畜牧工作。安丘市委书记李新阁参加调研。

△ 安丘市组织收看省政府促进全省金融稳健发展电视会议。市委副书记、市长杜建华参加收看。

△ 市人大机关召开“作风建设年”活动工作会议，就落实“作风建设年”活动动员会议精神，对机关作风建设进行安排部署。市人大常委会主任任海燕出席会议并讲话。市人大常委会副主任王洪书、孙钧、田友，市人大常委会党组成员马玉宏，党组成员、办公室主任于子军出席会议。

6日

安丘市召开推进“两学一做”学习教育常态化制度化工作座谈会。市委书记李新阁出席并讲话，市委副书记、市长杜建华主持会议。贾勤清、任海燕等在职副市级以上领导干部；市纪委常委；各镇街区党（工）委书记、副书记、组织委员；市直各部门（单位）主要负责人和分管负责人，市属重点企业党组织主要负责人和分管负责人出席会议。

8日

市政府全体（扩大）会议暨廉政工作会议召开。市委副书记、市长杜建华出席会议并讲话。市委常委、副市长孙晓非主持会议。王峰贵、邱海芳、刘兆泰、赵祥永、冷文清、朱庆增、王德明、曹忠诚等出席会议。

△ 市政协召开“作风建设年”活动工作会议。市政协主席李广庆出席会议并讲话，市政协副主席王培范主持会议。市政协副主席王振红、于振法、马良明、王俊莉，市政协党组成员周新发，市政协秘书长张建军出席会议。

9日

全市农村工作会议召开。主要贯彻落实中央、省委和潍坊市委农村工作会议精神，总结2016年农村工作情况，安排部署2017年农村工作任务。市委副书记贾勤清出席会议并讲话，副市长赵祥永主持会议，市领导曹忠诚出席会议。

10日

安丘市组织收看省防总成员（扩大）电视会议，分析防汛抗旱形式，安排部署抗旱防汛工作。市委副书记、市长杜建华，副市长赵祥永参加收看。

△ 潍坊市人大常委会副主任范福生率视察组到安丘视察化工产业发展情况。

11日

安丘市组织收看全省卫生与健康大会视频实况。市领导李新阁、杜建华、李建英、赵延福、孙钧、邱海芳、王俊莉参加收看。

△ 潍坊市人大常委、民侨外委副主任委员王承策带领调查组一行10人，到安丘调查旅游业发展情况。

12日

市级领导班子开展“两学一做”学习教育集体学习，市委书记李新阁主持学习并讲话，杜建华、任海燕、李广庆等市级领导班子成员参加集体学习。

13日

安丘市召开企业家座谈会，对参加全市骨干企业家素质能力提升高级研修班学员进行动员。市委书记李新阁出席并讲话，市委常委、组织部部长赵延福主持会议。副市长冷文清一同参加。

△ 市委副书记、市长杜建华主持召开市政府常务会议。会议听取迎接省环保督察工作开展情况及下步工作建议，研究农业科技示范园建设工

作、促进物流产业发展的意见、城区背街小巷整治方案等。

14日

市委书记李新阁到石堆镇调研。实地察看博阳机械、恒昌散热器、富星木业、甘泉社区服务中心、步云岭休闲生态园区等现场，深入了解经济社会发展情况后，对石堆镇下步发展提出要求。市委常委、市委办公室主任郭永超，市委常委、副市长孙鹏参加调研。

△ 市委书记李新阁到辉渠镇调研。实地察看珍珠泉、辉渠博物馆、庙子山安丘优渥有机公司辉渠小米基地、小麦峪“望海山居”农家乐等现场，深入了解经济社会发展情况后，对辉渠镇下步发展提出要求。市委常委、市委办公室主任郭永超，市委常委、副市长孙鹏参加调研。

15日

市委全面深化改革领导小组会议召开。会议传达学习习近平总书记在中央全面深化改革领导小组第三十三次会议上的重要讲话，审议有关改革方案，研究部署下步深化改革工作。市委书记、市委全面深化改革领导小组组长李新阁主持会议，市委副书记、市长、领导小组副组长杜建华，市委副书记、领导小组副组长贾勤清，领导小组成员出席会议。

△ 市委书记李新阁到潍坊盛瑞零部件有限公司进行调研。详细了解企业规模、技术水平、产品质量、投资效益等情况，认真询问企业在生产经营中遇到的困难和问题，对企业下步发展提出希望和要求。市委常委、市委办公室主任郭永超参加调研。

16日

省政协副主席、党组成员陈光率调研组到安丘，就培育山东白酒骨干企业和知名品牌、振兴山东白酒产业进行专题调研。

17日

安丘市组织收看全省全面实行河长制工作动员部署电视会议。李新阁、杜建华、贾勤清、李广庆等市级领导班子成员参加收看。

△ 安丘市召开开展“作风建设年”活动领导小组第一次会议。市委书记、领导小组组长李新阁出席并讲话，市委副书记、市长、领导小组副组长杜建华出席会议，市委副书记、领导小组副组长贾勤清主持会议，市委常委、市纪委书记、领导小组副组长王峰贵出席会议。

△ 市委书记李新阁到市经济开发区调研“作风建设年”活动开展情况。实地察看路通机械、科灵空调、闰成石化、现代包装科技、许营社区服务中心等现场，听取市经济开发区“作风建设年”活动开展情况汇报后，对市经济开发区发展提出要求。市委常委、安丘经济开发区党工委书记牛茂荣参加调研。

△ 国家质检总局考核评估组到安丘考核农产品质量安全示范区建设工作。

18日

潍坊市委常委、组织部长林红玉到安丘调研作风建设年活动开展情况。安丘市委书记李新阁，市委副书记贾勤清陪同调研。市领导王峰贵、郭永超、牛茂荣、孙鹏参加陪同。

△ 安丘市召开党员干部下基层化解社会矛盾暨“打霸治痞”工作动员会议，对党员干部下基层化解社会矛盾、集中整治“村霸”“村痞”专项行动进行安排部署。市委副书记贾勤清出席会议并讲话，市领导刘子庆、刘兆泰出席会议。

22日

市委书记李新阁到兴安街道调研。实地察看昌安金具、埃尔派粉体、石泉社区、兴安街道人民调解中心等现场，听取相关工作情况汇报后，对兴安街道下步工作提出具体要求。市委常委、市委办公室主任郭永超参加调研。

23日

安丘市举办青云大讲堂汽车产业经济专题报告会。国家千人计划特聘专家，清华大学汽车工程系教授、博士生导师，汽车产业与技术战略研究院院长赵福全作《寻找核心特色载体 实现安丘机械制造业转型升级》的专题报告。市委书记李新阁主持报告会，杜建华、任海燕、李广庆等市级领导班子成员出席报告会。

△ 市人大常委会召开主任会议，对十八届人大常委会第六次会议的有关事项进行研究。市人大常委会主任任海燕主持会议，副主任刘兴军、王洪书、孙钧、于庆满，党组成员马玉宏，党组成员、办公室主任于子军出席会议。

24日

市委副书记、市长杜建华到兴安街道调研“作风建设年”活动开展情况。实地察看鑫安金具、埃尔派粉体技术设备公司和四海村等现场，听取有关工作情况汇报后，对兴安街道的工作提出具体要求。副市长冷文清等参加调研。

25日

市委书记李新阁到所在的市委办公室机关党支部讲“两学一做”学习教育专题党课。对市委办公室工作给予充分肯定，并结合自身工作学习经历和体会，围绕市委办公室机关干部如何解放思想，树标杆、当表率，争做合格共产党员，与全体党员进行交流。市委常委、市委办公室主任郭永超参加。

26日

市委副书记、市长杜建华到市政府办公室机关党支部讲党课。杜建华结合自己的学习和感悟，围绕增强“四种意识”，就做好新时期下的办公室工作，为市政府办公室的党员干部上了一堂生动的党课。

△ 市十八届人大常委会第六次会议召开。市人大常委会主任任海燕、副主任刘兴军主持两次全体会议。市人大常委会副主任王洪书、孙钧、于庆满，党组成员马玉宏和其他常委会委员共32人出席会议。市法院院长何彤斌，市检察院检察长于建立，市人大各专门委员会组成人员，市政府办公室、市财政局、市人社局、市环保局、市经信局、市住建局、市公安局主要负责人或分管负责人，拟提请任命的有关人员，各镇、街道人大主席（主任），开发区分管负责人，市人大常委会机关各委室负责人列席会议。

27日

安丘市举办青云大讲堂，邀请山东大学哲学与社会发展学院教授、博士生导师何中华先生作《中国传统文化及其当代价值》的专题报告。市委副书记、市长杜建华主持报告会，贾勤清、任海燕、李广庆等市级领导班子成员出席报告会。

31日

市委书记李新阁主持召开市委常委（扩大）会议，听取市直有关部门本职工作开展、向上争取项目资金和招商引资工作情况汇报，对相关工作提出要求。市领导杜建华、贾勤清、任海燕、李广庆等出席会议。

△ 安丘市组织收看全省安全生产紧急电视会议。市委副书记、市长杜建华参加收看后，对全市安全生产工作进行安排部署。孙晓非、邱海芳、刘兆泰、赵祥永、冷文清、王德明、曹忠诚参加收看。

6月

1日

市委书记李新阁与市有关领导到学校、幼儿园进行走访，向全市少年儿童致以节日祝贺，向广大教育工作者表示衷心感谢。市领导郭永超、王洪书、邱海芳、王振红参加走访。

△ 市委副书记、市长杜建华带队调研市政道路建设情况。实地察看青云大街维修、青云大街汶河大桥建设和金汶路拓宽改造等工程项目现场，对市政道路建设工作提出具体要求。副市长刘兆泰参加调研。

△ 全市金融形势分析会议召开。市委副书记、市长杜建华出席会议并对全市金融工作提出明确要求。副市长冷文清主持会议。

2日

全市生态环境综合整治动员大会召开。市委副书记、市长杜建华主持会议并讲话。市委常委、副市长孙晓非就环境保护工作，副市长刘兆泰就城市环境综合整治提升，道路交通安全工作，副市长赵祥永就河长制、国省道及旅游道路绿化、畜禽养殖治理工作分别提出意见和要求。市环保局、水利局、城管监察办等部门、单位发言。邱海芳、冷文清、王德明、曹忠诚出席会议。

3日

全市脱贫攻坚工作推进会议召开。会议查找分析脱贫攻坚工作存在的问题，研究部署下步脱贫攻坚重点任务。动员各级各部门进一步统一思想、内增动力，围绕问题、瞄准目标，确保年底前全面打赢脱贫攻坚战。市委书记李新阁出席会议并讲话，市委副书记、市长杜建华主持会议，市委副书记贾勤清通报省和潍坊市对安丘扶贫工作督查检查问题反馈情况。市领导郭永超、赵延福、赵祥永出席会议。

△ 安丘市组织收看省环境保护督察组第一组督察潍坊市情况反馈会议。李新阁、杜建华、贾勤清、任海燕、李广庆等市级领导班子成员参加收看。

5日

市委书记李新阁主持召开市委常委扩大会议，听取部分镇街区工作开展情况，并就相关工作提出要求。市领导贾勤清、任海燕、李广庆等出席会议。

△ 2017年全国职业院校技能大赛中职组“机器人技术应用”赛项在安丘市职业中专闭赛。全国机械职业教育教学指导委员会副秘书长张维津，全国机械工业教育发展中心副处长吕冬明，省教育厅职教处副处长孟令君，安丘市委副书记、市长杜建华，副市长邱海芳出席闭赛仪式。

△ 潍坊市副市长马清民到安丘调研河长制、防汛抗旱、水库管理等工作。安丘市委副书记、市长杜建华参加调研。

6日

省人大常委会委员、农业与农村委员会主任委员战树毅带领检查组一行到安丘，对贯彻实施《山东省森林资源条例》情况进行检查。

△ 市政协召开第十届三次主席会议。市政协主席李广庆，副主席王振红、于振法、王培范、马良明，市政协党组成员周新发，秘书长张建军出席会议。

7日

安丘市组织考察团到潍坊高新区考察学习科技创新、产业升级、循环经济及棚户区改造等工作。市领导李新阁、杜建华、贾勤清、郭永超、牛茂荣、冷文清等参加考察活动。

△ 全国县级深化供销合作社综合改革专题研究班一行50人，到安丘观摩供销合作综合改革现场。

△ 市委副书记贾勤清到市委办公室机关党支部讲“两学一做”学习教育专题党课。贾勤清结合在西藏南木林县援藏工作经历，以《弘扬老西藏精神 争做新时期合格党员》为题，围绕市委办公室机关党员干部如何解放思想，树标杆、当表率，争做

合格共产党员，与全体党员干部进行交流。

8日

市委书记李新阁主持召开市委常委扩大会议，听取部分镇工作开展情况汇报，并就相关工作提出要求。市领导杜建华、贾勤清、任海燕、李广庆等出席会议。

△ 市级领导班子开展“两学一做”学习教育集体学习。市委书记李新阁主持并讲话，杜建华、贾勤清、任海燕、李广庆等市级领导班子成员参加学习。

△ 市人大常委会主任任海燕到凌河镇调研“作风建设年”活动开展情况。实地察看三通食品生产经营情况及新希望六和熟食项目建设进展情况，听取工作汇报后提出要求。

9日

市政协主席李广庆到景芝镇调研“作风建设年”活动开展情况。在听取景芝镇“作风建设年”活动开展情况汇报后提出要求。市政协秘书长张建军陪同调研。

13日

安丘市组织收看中国共产党山东省第十一次代表大会开幕式直播实况。市委书记李新阁在济南主会场参加会议，杜建华、贾勤清、任海燕、李广庆等市级领导班子成员在安丘分会场参加收看。

△ 市委副书记、市长杜建华带队调研农村道路建设工作。实地察看兴安街道、凌河镇、辉渠镇、官庄镇等部分道路项目现场，听取相关情况汇报后，对农村道路建设提出要求。邱海芳等参加调研。

14日

市委副书记、市长杜建华带队调研光伏扶贫项目建设情况。实地察看辉渠镇、柘山镇、石埠子镇的光伏扶贫项目建设现场，听取有关情况汇报后，对下步工作提出要求。孙晓非、刘兆泰等参加调研。

15日

市委副书记、市长杜建华主持召开产业强市、品质城市和南部山区生态建设工作调度会议。在听取各有关部门情况汇报后，对下步工作提出具体要求。市领导孙晓非、邱海芳、刘兆泰、赵祥永、冷文清等出席会议。

△ 市政协主席李广庆率部分潍坊、安丘两级政协委员，对市政协十届一次会议提案，特别是重点提案的办理落实情况进行视察督办。孙晓非、于振法等参加督查。

19日

安丘市召开领导干部会议，传达学习省第十一次党代会精神，部署贯彻落实意见。市委书记李新阁出席会议并讲话，市委副书记、市长杜建华主持会议；任海燕、李广庆等市级领导班子成员出席会议。

20日

安丘市组织收看全省加强环保工作紧急电视会议。市委副书记、市长杜建华，市领导王德明参加收看。

△ 市人大常委会举办安丘市第十八届人大代表培训班。市人大常委会主任任海燕主持培训班，副主任刘兴军、王洪书、孙钧、于庆满，党组成员马玉宏，党组成员、办公室主任于子军出席。市第十八届人大代表，各镇街区人大负责人或分管负责人，市人大常委会机关全体人员参加培训。

22日

全国政协教科文卫委员会副主任黄洁夫率调研组到安丘，就全面实施两孩政策后，医疗卫生服务面临的挑战与配套政策进行调研指导。

△ 安丘市组织收听收看全省化工产业安全生产转型升级专项行动动员部署电视会议。市委副书记贾勤清参加收听收看，并对下步全市化工产业安全生产工作进行安排部署。市委常委、副市长孙晓非参加收看。

24日

2017年山东省科协创新驱动助力工程示范区安丘市启动仪式暨山东省硅酸盐学会对接安丘企业会议举行。省科协副主席秦维强，潍坊市人大常委会副主任张新强，安丘市委副书记贾勤清分别致辞；市领导孙晓非、田友、王振红出席启动仪式。

26日

全市禁毒工作暨三年禁毒人民战争推进会议召开。市委副书记贾勤清出席并讲话，副市长、禁毒委主任、公安局长刘兆泰出席会议。

28日

山东省高级人民法院院长白泉民到安丘调研法院审判执行、司法责任制改革和机关党建等工作。

△ 十届安丘市政协委员培训班开班。市政协主席李广庆出席开班式并讲话，市政协副主席王振红、于振法、王培范、马良明、王俊莉，市政协党组成员周新发、市政协秘书长张建军等出席开班式。

30日

潍坊市委常委、组织部长林红玉到安丘，看望慰问部分老党员和生活困难党员。

7月

1日

市委、市政府召开考察学习座谈会。就6月21日至24日，安丘市组团赴浙江诸暨市和泰安新泰市进行寻标对标考察学习进行座谈交流。市委书记李新阁出席座谈会并讲话，市委副书记、市长杜建华主持会议，贾勤清、任海燕、李广庆等市级领导班子成员出席会议。

△ 安丘市举行庆祝建党96周年老干部座谈会。市委书记李新阁出席会议，市委副书记、市长杜建华出席并讲话，市委副书记贾勤清主持会议，任海燕、李广庆等市级领导班子成员出席。

4日

2017年全市“慈心一日捐”活动现场捐款仪式在市级机关综合办公大楼举行。李新阁、贾勤清、任海燕、李广庆等市领导在仪式现场带头捐款。

△ 安丘市参加潍坊市妇女第十四次代表大会的代表团启程。市委副书记贾勤清出席欢送仪式并讲话。

△ 金乡县考察团一行14人，到安丘考察学习现代农业发展方面的先进经验和做法。

6日

市委书记李新阁到新安街道调研。李新阁深入源清田食品、盛宝集团、三通生物、美泰龙食品、鑫都食品、丰泽游艇、东海塑业等企业进行实地察看，并同企业负责人进行座谈交流，了解企业规模、技术水平、产品结构、投资效益等情况，询问企业在生产经营中遇到的困难和问题，对企业发展提出希望和要求。副市长冷文清参加调研。

△ 西藏南木林县党政考察团一行19人，到安丘考察学习出口农产品基地和特色小镇建设情况。

7日

潍坊市信访工作现场会在安丘召开。潍坊市委副书记张小梅出席会议并讲话，潍坊市委常委、秘书长刘建国主持会议，安丘市委书记李新阁出席会议并作安丘信访工作经验介绍。

△ 潍坊市政协主席苏立科率调研组，到安丘调研干部作风建设、农产品质量安全、乡村旅游等工作，指导市政协民主监督及委派民主监督小组工作。

8日

市级领导班子开展“两学一做”学习教育集体学习。市委书记李新阁主持并讲话，杜建华、贾勤清、任海燕、李广庆等市级领导班子成员参加学习。

10日

市委副书记、市长杜建华主持召开市政府常务会议。会议研究推进散煤清洁化治理和煤炭清洁高效利用工作、安全生产和环境保护网格化监管工作、《安丘市妇女发展“十三五”规划》和《安丘市儿童发展“十三五”规划》。

11日

市委书记李新阁到金冢子镇调研经济社会发展情况。在实地察看欧信散热器、飞恒机械、卓诚精密机械等项目，听取相关工作情况汇报后，对金冢子镇下步工作提出具体要求。

△ 市委书记李新阁到大盛镇调研社会经济发展情况。先后深入鲤龙河生态湿地公园、华夏高效生态示范园、瑞云桑葚休闲农庄、共创果业果蔬富硒生态园等现场实地察看，听取大盛镇经济社会发展情况汇报，对大盛镇下步发展提出要求。

12日

全市创建省级文明城市工作会议召开。市委书记李新阁主持会议并讲话，市委副书记、市长杜建华对迎接省级文明城市测评工作进行安排部署。市领导贾勤清、李建英、田友、刘兆泰、赵祥永、冷文清、于振法等出席会议。

14日—15日

全市“作风建设年”活动推进会议召开。会议对各镇街区2017年上半年科学发展情况进行观摩点评。现场观摩结束后，市委书记李新阁作总结讲话，对全市“作风建设年”活动推进工作进行安排部署。市委副书记、市长杜建华主持会议并讲话。贾勤清、任海燕、李广庆等市级领导班子成员出席会议。

17日

安丘市召开村“两委”换届选举工作会议。市委书记李新阁出席会议并讲话，市委副书记、市长杜建华主持会议，潍坊市委组织部副部长、组员办主任都焕德带领潍坊市村“两委”换届工作指导组到会指导。贾勤清、任海燕、李广庆等市级领导出席会议。

△ 安丘市集中组织收看大型政论专题片《将改革进行到底》第一集《时代之问》。李新阁、杜建华、贾勤清、任海燕等市级领导班子成员参加收看。

△ 市政协召开十届四次主席会议。市政协主席李广庆主持会议，市政协副主席王振红、于振法、王培范、马良明、王俊莉，党组成员周新发，秘书长张建军等出席会议。

18日

潍坊市副市长、公安局局长吴磊率调研组，到安丘调研村“两委”换届选举暨“一村一警务助理”工作开展情况。市委书记李新阁陪同调研。郭永超、赵延福、刘兆泰参加陪同

△ 省委组织部调研组一行到安丘调研村“两委”换届选举工作。市委副书记贾勤清，市委常委、组织部长赵延福陪同调研。

19日

潍坊市人大常委会副主任、教科文卫委主任委员张新强带领调研组一行10人，到安丘调研食品安全工作情况。安丘市人大常委会主任任海燕，副主任刘兴军，副市长冷文清，市人大常委会党组成员、办公室主任于子军陪同调研。

20 日

市委书记李新阁到柠檬生化公司专题调研工业企业剥离物流业务试点工作。在柠檬生化公司，主持召开座谈会，听取企业相关情况介绍，详细了解企业剥离物流业务的思路举措和存在的困难问题，对公司下步工作进行研究部署。

△ 市人大常委会召开主任会议，对十八届人大常委会第七次会议的有关事项进行研究。市人大常委会主任任海燕主持会议，副主任刘兴军、王洪书、孙钧、于庆满、田友，党组成员马玉宏，党组成员、办公室主任于子军等出席会议。

22 日

安丘市组织收看潍坊市“加快新旧动能转换推进经济转型升级”专题讲座。李新阁、杜建华、任海燕、李广庆等市级领导班子成员参加收看。

25 日

市委书记李新阁到市经济开发区调研村“两委”换届工作。在详细了解李门村“两委”换届准备工作情况，听取市经济开发区村“两委”换届工作情况汇报后，对做好换届选举工作提出要求。市委常委、统战部长、市经济开发区党工委书记牛茂荣陪同调研。

△ 阳谷县委书记田中俊率党政考察团到安丘参观考察。市委书记李新阁陪同考察。

△ 全市企业家座谈会召开。市委书记李新阁讲话提出工作要求。博莱特化纤、金鸿新材料、盛宝传热、华安铁塔、信川机械等15家参会企业汇报工作情况。副市长冷文清主持会议。

△ “八一”建军节到来之际，市委书记李新阁到市经济开发区彭家庙子村走访慰问抗美援朝老战士曹继兴，向他致以节日问候和祝福。郭永超、牛茂荣参加慰问。

△ 省政协督查组一行6人，到安丘督查加强与委员联系工作。潍坊市政协副主席李传恒，安丘市政协主席李广庆、副主席于振法陪同活动。

26 日

潍坊市委副书记、市长李宽端到安丘调研重点项目建设、现代农业转型升级、棚改旧改、文化旅游融合发展等工作。安丘市委书记李新阁，市委副书记、市长杜建华陪同调研。市领导郭永超、牛茂荣参加陪同。

△ “八一”建军节前夕，市委副书记贾勤清到安丘市军队离退休干部休养所和潍坊陆军预备役高炮团走访慰问。市领导孙钧、王培范参加慰问。

27 日

潍坊市民主党派联合调研组到安丘调研高效节水农业工作。潍坊市委常委、统战部部长王兆辉，潍坊市政协副主席李传恒、刘秀平出席调研活动。安丘市领导李新阁、贾勤清、牛茂荣、赵祥永陪同调研。

△ 安丘市组织收看潍坊市“四个城市”建设动员大会现场直播。李新阁、杜建华、贾勤清、任海燕、李广庆等市级领导班子成员参加收看。

△ 市十八届人大常委会第七次会议召开。市人大常委会主任任海燕、副主任刘兴军主持两次全体会议。会议讨论审议安丘市2017年上半年国民经济和社会发展计划执行情况的报告、安丘市2016年财政决算（草案）和2017年上半年预算执行情况的报告、安丘市2016年财政预算执行和其他财政收支的审计工作报告；表决通过《关于批准安丘市2016年财政决算的决议（草案）》《安丘市人民代表大会常务委员会人事任免办法修订草案》和人事任免案，颁发任命书，组织宪法宣誓仪式。市人大常委会副主任王洪书、孙钧、于庆满、田友，党组成员马玉宏和其他常委会委员共31人出席会议。市法院、市检察院负责人；市人大财政经济委员会组成人员；市政府办公室负责同志，市国税局、市地税局负责同志；拟提请任命的市农业局负责同志；各镇、街道人大主席（主任），各开发区分管负责同志；市人大常委会机关各委室负责同志列席会议。

25 日—28 日

“八一”建军节到来之际，市领导贾勤清、任海燕、李广庆分别走访慰问伤残军人，为他们送去党和政府的温暖与关怀。

31 日

“八一”建军节前夕，市委书记李新阁，市委副书记、市长杜建华带队到潍坊军分区走访慰问。市委常委、市委办公室主任郭永超参加慰问。

△ 汶河市级河长工作推进会暨潍坊市河长制社会监督服务体系建设启动仪式在安丘举行。潍坊市副市长马清民出席会议并讲话，安丘市委书记李新阁出席会议，副市长赵祥永参加会议。

8 月

1 日

市委常委会集体收听收看庆祝中国人民解放军建军90周年大会现场直播。李新阁、贾勤清、王峰贵、李建英、刘子庆、郭永超、牛茂荣等参加收看。

△ 市委书记李新阁到安丘征兵体检站，察看征兵体检工作情况。市委常委、副市长孙晓非，市委常委、市委办公室主任郭永超参加察看。

△ 市人大常委会机关组织全体干部职工集体收看庆祝中国人民解放军建军90周年大会现场直播。市人大常委会主任任海燕，副主任刘兴军、王洪书、孙钧、田友，党组成员马玉宏，党组成员、办公室主任于子

军参加收看。

2日

市级领导班子开展“两学一做”学习教育集体学习。市委书记李新阁主持学习并讲话，贾勤清、任海燕、李广庆等市级领导班子成员参加学习。

△ 市委党的建设工作领导小组会议召开。会议学习贯彻中央、省委和潍坊市委关于党建工作的要求，研究部署全市党的建设工作。市委书记李新阁主持会议并讲话。市领导贾勤清、孙晓非、王峰贵、刘子庆、郭永超、赵延福、刘兆泰，市法院院长何彤斌参加会议。

△ 省人大常委会副主任温孚江率省人大执法检查组，到安丘执法检查贯彻实施安全生产法和山东省安全生产条例情况。潍坊市人大常委会副主任范福生，安丘市人大常委会主任任海燕，市委常委、副市长孙晓非，市人大常委会副主任刘兴军陪同检查。

3日

市委全面深化改革领导小组会议召开，就深入推进行政事业性收费改革、优化发展环境进行专题研究部署。市委书记、市委全面深化改革领导小组组长李新阁主持会议，市委副书记、市长、领导小组副组长杜建华，市委副书记、领导小组副组长贾勤清，领导小组成员出席会议。

△ 市委副书记、市长杜建华带队调研全市防汛工作。在实地察看牟山水库应急供水现场、汶河于家水西桥河段、于家河水库、孟家旺省级地质灾害隐患点等重点区域，了解防汛工作进展情况后，对进一步做好防汛工作进行安排部署。副市长赵祥永参加调研。

4日

安丘市组织收看全省深化放管服改革进一步优化政务环境工作电视会议。市委副书记、市长杜建华参加收看后，对贯彻落实会议精神提出意见要求。市领导孙晓非、牛茂荣、赵祥永、冷文清、王德明、曹忠诚等参加收看。

5日

全市半年考核通报暨“重点工作提速攻坚月”活动动员会议召开。市委副书记贾勤清出席会议并讲话。市领导王峰贵、郭永超、赵延福参加会议。

△ 全市村“两委”换届选举工作调度会议召开。市委副书记贾勤清主持会议，市委常委、组织部长赵延福出席会议并讲话。

△ 全市贫困户危房改造工作推进会议召开。市委副书记贾勤清出席会议并讲话，副市长赵祥永主持会议。

6日

安丘市组织收看潍坊市环境保护突出问题综合整治视频会议。贾勤清、任海燕等市级领导班子成员参加收看。

8日

中共安丘市委十四届三次全体会议召开。市委书记李新阁讲话。会议深入贯彻落实省、潍坊市党代会精神，以及潍坊市“四个城市”建设动员会议精神，讨论研究“四个城市”建设工作，听取市委副书记、市长杜建华就产业强市和品质城市、活力城市、文化名市建设作的说明，讨论并审议通过“四个城市”建设五年规划和三年计划，表决通过《关于认真实施“四个城市”建设规划计划全面加快“四个城市”建设进程的决议》。

△ 市委书记李新阁到官庄镇调研村“两委”换届选举工作。李新阁召开座谈会，听取官庄镇及组织、公安、民政等部门情况汇报，对做好村“两委”换届选举工作提出要求。市委常委、组织部长赵延福参加调研。

△ 市委书记李新阁到牟山水库、于家河水库等地检查指导水利工作。在听取有关镇街、单位的情况汇报后，对水利工作进行安排部署。市委常委、组织部长赵延福参加检查指导。

△ 安丘市召开安全生产、环境保护基层基础工作专项评估会议，对相关工作进行再安排再部署。市委副书记、市长杜建华主持会议并讲话。市领导孙晓非、赵祥永、冷文清等出席会议。

9日

安丘市举办市委理论学习中心组“严守政治纪律和政治规矩”专题辅导报告会。市委书记李新阁主持报告会，杜建华、李广庆等市级领导班子成员出席报告会。

△ 省政协副主席许立全率调研组到安丘调研指导军民融合发展工作。潍坊市政协主席苏立科，安丘市委书记李新阁，市政协主席李广庆等陪同调研。

10日

安丘市组织收看中央第三环境保护督察组督察山东省工作动员视频会议。李新阁、杜建华、贾勤清、任海燕、李广庆等市级领导班子成员参加收看。

△ 全市迎接中央环境保护督察工作领导小组成员会议召开。市委副书记、市长杜建华出席会议并讲话，市委常委、副市长孙晓非主持会议。

△ 市十八届人大常委会第八次会议召开。市人大常委会主任任海燕主持会议，市人大常委会副主任刘兴军、王洪书、孙钧、于庆满、田友，党组成员马玉宏和其他常委会委员共32人出席会议。

11日

全市安全生产和环境保护工作会议召开。市委书记李新阁出席会议并讲话，市委副书记、市长杜建华主持会议，市委常委、副市长孙晓非通报近期全市安全生产和环境保护工作情况，牛茂荣、赵祥永、王德明、曹忠诚出席会议。

△ 全市经济形势分析会议召开。会议总结分析上半年经济运行情况，安排部署下半年重点工作，动员全市上下把思想绷得更紧、劲头鼓得更足、工作抓得更实，确保全面完成全年任务目标，加快建设实力安丘活力安丘魅力安丘。市委书记李新阁出席会议并讲话，市委副书记、市长杜建华主持会议。贾勤清、任海燕、李广庆等市级领导班子成员出席会议。

△ 市政协召开十届三次常委会议。市政协主席李广庆出席会议并讲话，市政协副主席王振红、于振法、王培范、马良明、王俊莉，党组成员周新发，秘书长张建军出席会议。

12日

潍坊市副市长马清民率督查组到安丘督查禽畜污染防治工作。市委副书记、市长杜建华陪同督查。市领导赵祥永、曹忠诚参加陪同。

△ 安丘市女性创业联合会年会暨“喜迎十九大·巾帼创业美”风采展举行。市委副书记贾勤清，市人大常委会主任任海燕，市政协副主席王振红、王俊莉出席年会。

14日

市委书记李新阁到市委党校新建项目调研。实地察看项目建设现场，听取相关情况汇报后，对项目建设提出要求。市委常委、组织部长赵延福参加调研。

△ 市委办公室机关党支部举行主题党日活动，学习廖俊波同志的先进事迹。市委书记李新阁参加活动并讲话。市委常委、市委办公室主任郭永超参加活动。

15日

十四届市委第一轮巡察工作动员部署会议召开。会议深入学习贯彻中央和省委、潍坊市委巡视巡察工作动员部署会议精神，对市委第一轮巡察工作进行动员部署。市委书记李新阁出席会议并讲话，市委常委、组织部长赵延福宣布本轮巡察组长、副组长授权名单及任务分工，市领导贾勤清、王峰贵、牛茂荣出席会议。

△ 市委书记李新阁到市委巡察办调研。实地察看市委巡察办各巡察组办公环境、设施配备、人员构成情况，与工作人员进行亲切交谈，详细了解业务范围、工作流程等情况，勉励大家加强学习、忠诚履职，全面提升工作水平。在随后召开的座谈会上，李新阁对巡察工作提出具体要求。市领导王峰贵参加调研。

△ 省政协人口资源环境委联合省农业厅，组织部分常委、委员到安丘，就重点提案“我省农产品质量安全存在的问题和建议”进行调研。潍坊市政协副主席刘树亮，安丘市政协主席李广庆陪同调研。市领导王振红、曹忠诚参加陪同。

16日

市委副书记、市长杜建华论证调研拟落户安丘的工业项目。在听取安吉奥自动化机械、凌博机械、信诺纺织等新引进工业项目情况汇报，并进行研究论证后提出要求。王德明等参加调研。

17日

潍坊市财政局调研组到所包靠的辉渠镇绪泉村调研包村联户工作。安丘市委书记李新阁，市委常委、副市长孙鹏陪同调研。

△ 潍坊市人大代表安丘第一小组召开座谈会，开展代表小组活动。潍坊市人大常委会副主任毛秀凤，安丘市人大常委会主任任海燕出席座谈会并讲话，市人大常委会副主任田友主持座谈会。

18日

安丘市召开河长制工作推进会议。市委书记李新阁出席会议并讲话，市委副书记贾勤清主持会议。任海燕、李广庆等市级领导班子成员出席会议。

19日

安丘市扶贫开发领导小组会议召开。市委书记李新阁出席会议并讲话，市委副书记贾勤清主持会议，副市长赵祥永出席会议。

20日

全市迎接中央环保督察工作调度会议召开。市委副书记、市长杜建华主持会议并讲话。市领导牛茂荣、刘兆泰、赵祥永、冷文清、王德明、曹忠诚等出席会议。

21日

市委书记李新阁到部分工业企业调研。李新阁实地察看富邦药业、汇川电子、信川机械、蓝想环境科技、招商科瑞、金鸿新材料等工业企业，深入车间了解企业生产经营情况，听取企业负责人情况汇报，仔细询问企业存在的困难问题后提出要求。副市长冷文清参加调研。

△ 市委副书记、市长杜建华主持召开全市农村饮用水水源保护区划分专题汇报会议。市委常委、副市长孙晓非，副市长赵祥永出席会议。

22日

省委常委、组织部长杨东奇到安丘调研基层组织建设、村“两委”换届选举等工作。潍坊市委常委、组织部长林红玉，安丘市委书记李新阁，市委常委、组织部长赵延福陪同调研。

△ 市委副书记、市长杜建华带队到安丘一中新校区调度项目建设进展情况。在详细察看教学楼、学生宿舍楼、体育场、文体馆等场地，听取相关单位情况汇报后，专门主持召开调度会，对新一中建设工作进行安排部署。市委常委、统战部长、市经

济开发区党工委书记牛茂荣参加调度活动。

△ 市政协主席李广庆对小汶河河道清理情况进行督导。市政协秘书长张建军参加督导。

23日

国省道改线项目调度会议召开。市委书记李新阁，市委副书记、市长杜建华，市领导任海燕、李广庆、牛茂荣等出席会议。

24日

省妇联主席张惠率调研组到安丘调研妇女工作。潍坊市委副书记张小梅，潍坊市委常委、组织部长林红玉，安丘市委书记李新阁陪同调研。

△ 全市村“两委”换届选举工作调度推进会议召开。市委书记李新阁出席会议并讲话，市委常委、组织部长赵延福主持会议。

25日—26日

市委书记李新阁率安丘党政考察团到青岛西海岸新区，就工业、农业、服务业发展及产业园区建设工作考察学习。青岛西海岸新区管委主任、黄岛区区长李奉利陪同考察活动。安丘市委副书记、市长杜建华，市人大常委会主任任海燕，市政协主席李广庆参加考察。副市长刘兆泰代表安丘市与青岛西海岸新区签订《合作共赢实现创新发展战略合作协议书》。市领导郭永超、牛茂荣、赵祥永、冷文清，部分镇街及市直部门主要负责同志参加考察学习。

28日

市委书记李新阁到云科新材料公司和翰沃城项目进行调研。实地察看生产车间及生产设备，随后召开座谈会，听取企业负责人关于项目情况介绍并提出要求。

△ 安丘市召开渠河“清河行动”工作推进会议。市委副书记贾勤清出席会议并讲话。

29日—30日

潍坊市政协工作座谈会在安丘召开。会议以观摩现场和座谈会形式进行。潍坊市政协主席苏立科出席会议并讲话，副主席孙忠礼主持会议，副主席李传恒、赵崇发，原副主席杨肖青，党组成员李静波，秘书长许华出席会议。安丘市委书记李新阁陪同活动，市委副书记、市长杜建华出席会议并致辞，市政协主席李广庆出席会议并作交流发言。市政协副主席王振红、于振法、王培范、王俊莉，秘书长张建军参加活动。

31日

全市金融工作座谈会召开。市委书记李新阁出席会议并讲话，市委副书记、市长杜建华主持会议，副市长冷文清、市政协副主席马良明参加会议。

△ 安丘市召开“巾帼美家”行动现场推进会。市委副书记贾勤清出席会议并讲话。

9月

1日

市级领导班子开展“两学一做”学习教育集体学习。市委书记李新阁主持学习并讲话，贾勤清、任海燕、李广庆等市级领导班子成员参加学习。传达潍坊市组织部长专题会议精神后，集体学习《中共山东省委关于加强省委常委会自身建设的意见》《习近平总书记的成长之路》。大家围绕坚定不移维护习近平总书记的核心地位、领袖权威，结合实际，作交流发言。

△ 市政协十届六次主席会议召开。市政协主席李广庆主持会议并讲话，市政协副主席王振红、于振法、王培范、马良明、王俊莉，市政协党组成员周新发，市政协秘书长张建军出席会议。

2日

安丘市组织收看省委省政府重点工作推进情况视频会议。李新阁、杜建华、贾勤清、任海燕、李广庆等市级领导班子成员参加收看。

5日

潍坊市村（社区）“两委”换届选举工作现场推进会议在安丘召开。省委组织部、省民政厅有关负责同志到会指导。安丘市委书记李新阁出席会议并讲话。副市长刘兆泰汇报安丘市换届选举安保工作情况。

△ 市委副书记、市长杜建华到石堆镇、景芝镇调研项目建设、棚户区改造等工作。实地察看石堆镇步云岭休闲农庄、河洼社区棚改，景芝镇西杨庄棚改、翔宇包装等项目，听取相关情况汇报后，对有关工作提出要求。

△ 泰安市政协考察团到安丘考察学习民主监督等工作。市政协主席李广庆、副主席于振法陪同考察活动。

6日

潍坊市人大常委会党组副书记、副主任孙明亮率调研组到安丘专题调研法制环境开展情况。安丘市委书记李新阁，市人大常委会主任任海燕陪同调研。市人大常委会副主任孙钧，市人大常委会党组成员、办公室主任于子军参加陪同。

△ 安丘市与中众合有限公司、盛大农产品交易市场有限公司签署安丘市农产品综合物流园项目投资协议。潍坊市副市长王树华，中众合有限公司董事长庄沧桑，安丘市委书记李新阁出席签约仪式，市委副书记、市长杜建华代表市政府与中众合有限公司、盛大农产品交易市场有限公司签订投资协议。市人大常委会副主任刘兴军参加活动。

7日

安丘市召开2017年冬季供暖工

作调度会议。市委副书记、市长杜建华主持会议并讲话。副市长刘兆泰等出席会议。

△ 全省供销社农业服务体系建设现场会在安丘召开。

△ 河南省正阳县政协主席李贵喜率考察组到安丘，考察政协民主监督工作。

8 日

安丘市举行IPG创新技术在安丘集中式光伏电站的示范应用及在安丘市设立相应设备生产基地项目签约仪式。市委副书记、市长杜建华出席签约仪式并致辞，市委常委、副市长孙晓非主持签约仪式。

△ 全国政协委员、中国船协会长郭大成率调研组到安丘专题调研军民融合发展工作。

9 日

全市基层综合性文化服务中心建设推进会议召开。市委副书记、市长杜建华出席会议并讲话。市委常委、宣传部长李建英，市委常委、统战部长牛茂荣分别提出意见要求。

△ 安丘市召开活力城市建设专项委员会第一次会议。市委副书记贾勤清出席会议并讲话，市委常委、市委办公室主任郭永超主持会议。市委常委、政法委书记刘子庆，市人大常委会副主任刘兴军，副市长、公安局长刘兆泰，副市长冷文清，市政协副主席于振法出席会议。

10 日

全市庆祝第33个教师节暨表彰大会召开。市委书记李新阁出席会议并讲话，市委副书记、市长杜建华主持会议，贾勤清、任海燕、李广庆等市级领导班子成员出席会议。

△ 市委理论学习中心组围绕扎实做好新形势下的意识形态工作，进行集体学习研讨。李新阁、杜建华、贾勤清、任海燕、李广庆等市级领导班子成员参加。

11 日

全市“作风建设年”活动调度推进会议召开。市委副书记贾勤清出席会议并讲话，市委常委、市纪委书记王峰贵出席会议，市委常委、市委办公室主任郭永超主持会议。

13 日

国家园林城市专家考察组到安丘考察国家园林城市创建工作。

14 日

农业部督导组到安丘督导检查果菜茶有机肥替代化肥行动。市委副书记、市长杜建华，副市长赵祥永陪同检查。

△ 市委副书记、市长杜建华主持召开市政府常务会议。会议听取产业强市、品质城市建设工作，迎接中央环保督察工作，当前安全生产工作，当前食品安全工作，推进实施“一村（社区）一法律顾问”工作，“河长制”工作，“最多跑一次”改革工作，省级全域旅游示范区创建工作情况汇报并提出要求。

△ 潍坊市人大常委会副主任、城建环资委主任委员毛秀凤率调查组到安丘，就重大交通基础设施建设管理情况进行调查。

15 日

市委全面深化改革领导小组会议召开。市委书记、市委全面深化改革领导小组组长李新阁主持会议，市委副书记、市长、领导小组副组长杜建华，市委副书记、领导小组副组长贾勤清，领导小组成员出席会议。会议审议通过《安丘市“最多跑一次”改革实施方案》《安丘市群团改革方案》《安丘市总工会改革实施方案》《共青团安丘市委改革实施方案》《安丘市妇联改革实施方案》《安丘市科协改革实施方案》《关于推进“一村（社区）一法律顾问”工作的实施意见》，研究部署改革工作。

△ 全市安全生产工作暨推进“最多跑一次”改革动员大会召开。市委副书记、市长杜建华主持会议并讲话；市委常委、副市长孙晓非传达上级有关安全生产工作通知精神，并对危险化学品、烟花爆竹、非煤矿山、校园安全、建筑施工、消防、道路交通等重点领域的安全生产工作提出意见要求；市委常委、市纪委书记王峰贵强调工作纪律；市委常委、组织部长赵延福宣读《推进“最多跑一次”改革实施方案》；副市长赵祥永对水利工程安全、河道治理、森林防火等重点工作，副市长冷文清对工业、食品药品等领域的安全生产工作分别进行安排部署。市领导王德明等出席会议。

16 日

安丘市召开复合新材料产业发展座谈会。市委副书记贾勤清、市政协副主席王振红出席会议并讲话。

17 日

安丘市“全国科普日”主场活动启动仪式暨“我家爱科学”知识竞赛举行。市委副书记贾勤清，市人大常委会副主任田友，副市长冷文清，市政协副主席王振红出席活动启动仪式 。

18 日

江铃集团新能源汽车有限公司考察团到安丘考察对接项目。市委副书记、市长杜建华陪同活动。市委常委、副市长孙晓非参加陪同。

△ 山东省农科院、省现代农业产业体系玉米创新团队在安丘市奥原种业试验基地联合举办玉米新品种、新技术现场观摩交流会。省农业厅副厅长褚瑞云、青岛农业大学校长宋希云、省农科院副院长贾无、省种子管理站站长蒋庆功、潍坊市农业局相关领导等150余人出席观摩交流会，安丘市委副书记贾勤清出席活动并致辞。副市长赵祥永参加。

19日

市委书记李新阁到景芝镇、金冢子镇调研。实地察看景芝镇西近埠泉村、老庄子村、杨家山前村和金冢子镇北南戈村、管家埠村、军屯村，与新当选的村“两委”负责人现场交流，询问村庄的人口、农作物种植、精准扶贫、村集体收入等情况，并就村集体下步发展提出要求。市委常委、组织部长赵延福参加调研。

△ 市委副书记、市长杜建华带队调研城市和园区道路建设情况。实地察看闰成北路、青云大街拓宽改造、莲花山路南延、华安路南延、兴安路改造等工程施工现场后，对城市和园区道路建设工作提出要求。副市长、公安局长刘兆泰等参加调研。

△ 市委副书记、市长杜建华带队调研农村道路建设情况。先后到儒辉路王家营村—辉渠段、辉城路朱家河—赵家沟段、雹柘路胡家旺—郚家崖段、辉渠小麦峪—柘山辛庄子段、郚山镇安山子—徐家沟段等重点在建农村道路项目现场实地调研，详细了解各路段规划建设情况并提出要求。

20日

市委书记李新阁到大汶河旅游开发区、石堆镇调研。实地察看大汶河旅游开发区王五里村、孙十里村、西许戈村和石堆镇董家下坡村、西莲池村、西河洼村等村庄，听取大汶河旅游开发区和石堆镇前三季度经济社会发展情况、村“两委”换届情况汇报。与新当选的村“两委”负责人进行交流，询问村庄人口、农作物及经济作物种植、精准扶贫、村集体收入、土地流转等情况，并对村集体下步发展提出要求。

△ 安丘市组织收看全省第二轮第一书记工作总结暨第三轮工作推进电视会议。市委副书记贾勤清，市委常委、组织部长赵延福，市委常委、副市长孙鹏参加收看。

21日

市发展软环境建设领导小组召开第一次全体成员会议。市委副书记贾勤清出席会议讲话，市委常委、市纪委书记王峰贵主持会议，市委常委、组织部长赵延福出席会议并讲话。

△ 潍坊市人大常委会委员、农业与农村委副主任委员赵刚毅率视察组一行9人，到安丘视察农业供给侧结构性改革情况。安丘市人大常委会主任任海燕、副主任于庆满陪同视察。曹忠诚、于子军参加陪同。

21日—22日

省委原副书记、省人大常委会原副主任马仲才到安丘参观考察。市委书记李新阁，市委副书记贾勤清，市人大常委会主任任海燕，市委常委、组织部长赵延福陪同活动。

△ 省级食品安全先进市县创建工作现场会在安丘召开。省食安办副主任、省食药监局副局长王建政出席会议并讲话，潍坊市副市长李平致辞，安丘市委副书记、市长杜建华在会上作典型发言。冷文清、王德明参加现场会。

△ 民政部专家到安丘检查验收“全国农村社区建设示范市”创建工作。市委副书记、市长杜建华出席会议并汇报安丘市创建工作情况。专家组对安丘市在创建“全国农村社区建设示范市”工作中付出的努力和取得的成效给予高度评价。市委常委、副市长孙晓非等参加活动。

22日

安丘市在京流动党员党总支工作座谈会召开。市委书记李新阁出席会议并讲话，市委常委、组织部长赵延福出席会议，潍坊市在京流动党员党委书记、国有资产运营管理中心副主任徐健专程到会指导。

△ 安丘市组织收看省委省政府重点工作推进情况视频会议。杜建华、贾勤清、任海燕、李广庆等市级领导班子成员参加收看。

23日

市委副书记、市长杜建华带队调研部分社会事业项目建设情况。杜建华等先后到市人民医院新院二期、新一中、明德学校、金冢子卫生院、官庄卫生院、辉渠中学、郚山卫生院等项目现场进行实地调研，详细了解各项目推进情况并提出要求。市委常委、统战部长、经济开发区党工委书记牛茂荣等参加调研。

△ 市人大常委会召开主任会议，对市十八届人大常委会第九次会议的有关事项进行研究。市人大常委会主任任海燕主持会议，副主任刘兴军、王洪书、孙钧、于庆满、田友，党组成员马玉宏，党组成员、办公室主任于子军等出席会议。

26日

省委、省政府在济南召开全省开放型经济发展大会，总结开放型经济发展取得的成就，分析面临的形势和存在的问题，就做好高水平对外开放工作进行安排部署。李新阁、贾勤清、任海燕、李广庆等市级领导班子成员在安丘分会场参加收看。

28日

市政协召开委派监督工作推进会议。市政协主席李广庆出席会议并讲话，副主席于振法主持会议。市政协秘书长张建军参加会议。

△ 市政协主席李广庆到景芝镇督导村“两委”换届、安保维稳、安全生产等工作。市政协秘书长张建军参加督导。

29日

市委副书记、市长杜建华带队调研新开工重点工业项目建设情况。实地察看凌博机械、安吉奥自动化、国林家居科技等11个新开工重点工业项目，听取有关情况汇报后提出要求。副市长冷文清等参加调研。

△ 市十八届人大常委会第九次会议召开。市人大常委会主任任海燕、

副主任刘兴军主持两次全体会议。市委常委、副市长孙晓非作关于市十八届人大一次会议以来代表所提建议、批评和意见办理工作情况的报告；市交通运输局局长房师靖作关于全市交通基础设施建设管理情况的报告；市住建局局长王发亮作关于全市新型城镇化建设情况的报告。孙晓非受杜建华市长委托提出人事任命名单，并介绍提请任命干部的有关情况。市人大常委会副主任王洪书、孙钧、于庆满，党组成员马玉宏，党组成员、办公室主任于子军和其他常委会委员共28人出席会议。市法院院长何彤斌，市检察院检察长于建立，市政府办公室、市法制办、市交通运输局、市住建局主要负责人；拟提请任命的市民族宗教事务局负责人；各镇、街道人大主席（主任），各开发区分管负责人；市人大常委会机关各委室负责人、部分人大代表列席会议。

10月

1日

全市公安机关十九大安保拉动暨警车配发仪式举行。市委书记李新阁出席仪式并讲话，市委副书记、市长杜建华出席仪式。市领导任海燕、李广庆、刘子庆、郭永超、刘兆泰出席。

△ 市委副书记、市长杜建华带队调研重点房地产开发和市政工程项目。在实地察看寨上拆迁安置区、翰林苑、紫御澜山、清荷园、青云大街汶河大桥等重点项目，听取相关情况汇报后，对下步工作提出具体要求。副市长、公安局长刘兆泰等一同参加活动。

7日

市级领导班子开展“两学一做”学习教育集体学习。市委书记李新阁主持会议并讲话，杜建华、贾勤清、任海燕、李广庆等市级领导班子成员参加学习。

8日

市委副书记、市长杜建华主持召开专题会议，对全市重点工作进行调度部署。在听取市政府分管领导同志和有关部门工作情况汇报后，就抓好下步重点工作提出明确要求。孙晓非、牛茂荣、孙鹏、刘兆泰、赵祥永、冷文清、朱庆增、王德明、曹忠诚等出席会议。

10日

市委副书记、市长杜建华主持召开2017年秋季城市绿化工程及2018年市政项目汇报会议。听取有关城市绿化工程和市政项目设计施工方案，并到拥翠街、莲花山路、青龙湖路等城市道路现场进行实地察看，对有关工作提出明确要求。副市长、公安局长刘兆泰等一同参加。

11日

市委书记李新阁带队调研重点工业项目建设情况。在实地察看了三通生物、新希望六和、现代成田、凌博机械等项目建设现场，详细了解各项目建设情况及下步推进措施后，提出具体要求。副市长冷文清一同参加。

△ 市委副书记、市长杜建华在市群众诉求受理中心公开接待群众来访，近距离与群众交流，面对面为群众排忧解难。副市长、公安局长刘兆泰，市人民法院院长何彤斌，市人民检察院检察长于建立一同参加。

△ 市政协十届七次主席会议召开。市政协主席李广庆主持会议并讲话，副主席王振红、于振法、王培范、马良明、王俊莉，党组成员周新发出席会议。

13日

市委办公室机关党支部开展“喜迎十九大·不忘初心跟党走”主题活动。市委书记李新阁以普通党员身份参加主题活动，并结合自己的学习感悟作了发言。活动期间，集体学习《习近平总书记在中央政治局第四十三次集体学习时的重要讲话》，开展了党员“政治生日”活动，部分党员作入党感言。与会党员紧紧围绕“喜迎十九大·不忘初心跟党走”这一主题踊跃发言，表达对党的十九大的美好祝愿。

△ 安丘市组织收看潍坊市创建创业型示范城市动员大会。市领导贾勤清、孙晓非、刘兴军、于振法，市人民法院院长何彤斌在分会场参加收看。

14日

中国共产主义青年团安丘市第十八次代表大会召开。会议听取并审议通过共青团安丘市第十七届委员会工作报告，选举产生共青团十八届委员会委员、候补委员。市委书记李新阁出席会议并讲话,. 市委副书记、市长杜建华出席会议。共青团潍坊市委书记刘艳芳到会祝贺。安丘市领导贾勤清、任海燕、李广庆、孙晓非、田友、王培范等出席会议。部分在安丘工作的老团干，市总工会、市妇联、市科协、市工商联、市残联等群团组织的负责人出席会议。

△ 共青团安丘市第十八届一次全委会议召开。会议选举产生新一届团市委常委会书记、副书记、挂职副书记和兼职副书记。市委副书记贾勤清出席会议并讲话。

16日

盛瑞智能金属成型中心举行开工奠基仪式。市委副书记、市长杜建华出席仪式并致辞。市领导任海燕、李广庆、冷文清等出席仪式并为项目奠基。

17日

全市领导干部会议召开，传达学习党的十八届七中全会精神。市委书记李新阁出席会议并讲话，市委副书记、市长杜建华传达《中国共产党第十八届中央委员会第七次全体会议公报》。贾勤清、任海燕、李广庆等市级领导班子成员参加会议。

△ 第19期鸢都科技论坛在安丘开讲，本次论坛的主题为“安丘市复合材料产业发展与规划”。市委副书记贾勤清出席论坛并致辞，市政协副主席王振红主持论坛。

18日

中国共产党第十九次全国代表大会在北京开幕，习近平代表第十八届中央委员会向大会作《决胜全面建成小康社会 夺取新时代中国特色社会主义伟大胜利》的报告。安丘市党政机关、企事业单位、社会各界纷纷以不同形式收听收看大会开幕盛况。李新阁、杜建华、贾勤清、任海燕、李广庆等市级领导班子成员在市级机关综合办公楼一楼第二会议室参加收听收看。

19日

市委副书记、市长杜建华带队调研全市重点项目建设情况。在实地察看国林家居科技园、盛瑞智能金属成型中心、歌尔精密制造三期、人民医院二期等项目后，对项目建设提出明确要求。

△ 市委副书记、市长杜建华到潍坊市12345政务服务热线受理中心接听群众来电。市住建、房管、环保、市场监管、卫计等相关部门负责人一同参加。

20日

△ 安丘市召开“四个城市”建设协调推进委员会会议，调度“四个城市”建设推进情况。市委书记李新阁出席会议并讲话，市委副书记、市长杜建华讲话，市领导贾勤清、任海燕、李广庆等出席会议。

21日

市委书记李新阁带队察看部分重点项目建设情况。先后到国林家居科技园、盛瑞智能金属成型中心、歌尔精密制造三期、人民医院二期、安丘一中新校、新希望六和食品等项目建设现场进行实地察看。在详细了解各项目进展情况后，对加快推进项目建设提出要求。市领导孙晓非、郭永超参加活动。

22日

市委书记李新阁，市委副书记、市长杜建华带队察看部分重点项目建设情况。市领导一行先后到安丘一中新校、青云湖大坝改造提升、青云大桥等项目建设现场进行实地察看，在详细了解各项目进展情况后，对加快推进项目建设提出要求。市领导牛茂荣、刘兆泰等参加。

24日

市委副书记、市长杜建华主持召开市政府常务会议。会议研究分析全市前三季度经济运行情况；听取全市“七争”工作情况汇报、2018年重点项目谋划情况；研究60至65周岁老年人半价乘坐城市公交车优惠政策等。

25日

潍坊市庆祝山东省第23届环卫工人节暨乡村文明行动城乡环卫一体化现场推进会在安丘召开。潍坊市副市长田民利出席会议并讲话，安丘市委副书记、市长杜建华出席会议并致辞。

26日

安丘市组织收看全省领导干部会议。李新阁、杜建华、贾勤清、任海燕、李广庆等市级领导班子全体成员在安丘分会场参加收看。

△ 10月26日，是山东省第23届环卫工人节。市委副书记、市长杜建华走访慰问工作在一线的环卫工人，为他们送上节日的问候和诚挚的祝福。副市长、公安局局长刘兆泰等参加活动。

27日

市级领导班子开展十九大精神专题学习研讨。市委书记李新阁主持会议并讲话，贾勤清、任海燕、李广庆等市级领导班子成员参加。

△ 市委办机关党支部召开会议，传达学习中共十九大精神。市委书记李新阁，市委副书记贾勤清，市委常委、办公室主任郭永超以普通党员的身份参加学习。

△ 市委副书记、市长杜建华带队调研全市重点项目建设情况。在实地察看新希望六和食品、安丘农谷、人民医院二期、国林家居科技园、歌尔精密制造三期等项目后，对项目建设提出要求。

30日

潍坊市政协副主席赵崇发带领潍坊市部分政协委员和潍坊市委改革办相关负责人，到安丘视察“活力城市”建设工作。

31日

全市“作风建设年”活动领导小组成员会议召开。市委副书记贾勤清主持会议并讲话，市领导孙晓非、王峰贵、郭永超、赵延福出席会议。

11月

1日

潍坊市人民检察院检察长王桂春一行到安丘调研检察工作。

△ 安丘组织收看全省扶贫对象动态调整工作视频培训会议。市委副书记贾勤清在分会场参加收看，并就相关工作提出要求。

2日

全市村党支部书记培训班开班。市委书记李新阁出席开班式，并围绕

"立足新起点 展现新作为 扎实履行推动农村改革发展稳定的光荣使命"，对参训学员进行专题辅导。市委常委、组织部部长赵延福主持。

△ 市政协十届八次主席会议召开。市政协主席李广庆主持会议并讲话，副主席王振红、于振法、王俊莉，党组成员周新发，秘书长张建军出席会议。

3日

安丘市召开2017年扶贫对象动态调整工作培训会。市委副书记贾勤清出席会议并讲话。

△ 市人大机关党支部开展中共十九大精神专题学习。市人大常委会主任任海燕，副主任刘兴军、王洪书、田友，党组成员马玉宏，党组成员、办公室主任于子军参加学习。

5日

参加潍坊市科学发展现场观摩点评会议的与会人员，在潍坊市委书记、市人大常委会主任刘曙光，市委副书记、市长李宽端的带领下到安丘观摩点评。

△ 安丘市组织收听收看中央宣讲团党的十九大精神报告会视频会议。李新阁、任海燕、李广庆等市级领导班子成员在我市分会场参加收看。

6日

安丘市举办村党支部书记第二期培训班。市委副书记贾勤清出席并讲党课。

7日

潍坊滨海经济技术开发区党工委副书记李树森带领考察团一行20人到安丘市，就重大项目建设、征地拆迁及城市建设等方面的先进经验做法进行考察学习。

△ 诸城市委副书记孙吉海带领考察团一行50人到安丘考察学习"四个城市"有关工作。

8日

中共安丘市委十四届四次全体会议举行。全会由市委常委会主持，市委书记李新阁讲话。全会认真学习贯彻党的十九大和十九届一中全会精神，传达学习10月27日中共中央政治局会议精神和习近平在中共中央政治局第一次集体学习时的重要讲话精神等，学习讨论省委十一届二次全会精神和潍坊市委十二届四次全会精神，审议通过《中共安丘市委关于深入学习宣传贯彻党的十九大精神的决议》。全会号召，全市各级党组织和广大党员干部要更加紧密地团结在以习近平为核心的党中央周围，深入学习贯彻习近平新时代中国特色社会主义思想，不忘初心、牢记使命，锐意进取、埋头实干，为决胜全面建成小康社会、加快建设富裕文明充满活力的现代化强市而不懈奋斗。

△ 市委书记李新阁带领党政考察团一行，到潍坊滨海经济技术开发区参观学习项目建设、城市建设等方面的先进经验和做法。市领导李广庆、刘子庆、郭永超、刘兆泰参加活动。

8日—9日

山东安丘拥翠湖国家湿地公园(试点)验收评审会在安丘召开，国家林业局湿地保护管理中心王福田处长带领专家组，通过实地走访、查看资料、听取汇报等形式，对拥翠湖国家湿地公园(试点)建设情况进行现场评估验收。市委书记李新阁出席验收评审会并致辞。市领导贾勤清、曹忠诚一同参加。

9日

"味蕾上的香韵——第四届中国(景芝)生态酒文化节"在齐鲁酒地盛大开幕。中国酒业协会理事长王延才、山东省轻工业联合会会长姜祖模、潍坊市政协副主席李传恒、安丘市委书记李新阁致辞，景芝酒业党委书记、董事长刘全平致欢迎辞；中国质量协会、中华商标协会、中国食品工业协会、中国酒业协会等单位领导，以及来自全国的白酒专家、经销商代表、民间品酒师总决赛获奖代表、新闻媒体人员等500余人共同见证此次酒文化盛会。市领导李广庆、李建英、冷文清一同参加。

△ 安丘市学习贯彻党的十九大精神宣讲团成立暨宣讲工作动员会在市级机关综合办公大楼召开。会议主要是对全市学习贯彻党的十九大精神宣讲工作进行动员部署。市委副书记贾勤清出席会议并讲话，市委常委、宣传部部长李建英主持会议。

△ 潍坊市委副秘书长、办公室主任宋立军一行31人到安丘，就安丘市在重大项目建设、征地拆迁及城市建设等方面的先进经验进行调研。

△ 省委宣讲团到潍坊市作党的十九大精神报告会。贾勤清、赵延福、孙鹏等市级领导班子成员在安丘分会场参加收看。

10日

市委副书记贾勤清带领安丘市党政考察团一行34人，赴潍坊高新区、保税区、峡山区、高密市、诸城市等地，就各县市区在"四个城市"建设等方面的先进经验和做法进行考察学习。市领导刘子庆、赵延福、刘兴军、冷文清一同参加。

14日

市委副书记、市长杜建华带队赴寒亭区考察学习。考察团一行现场察看嘉实科技孵化产业园，认真听取有关情况汇报，深入了解园区规划建设运营情况。考察结束后，杜建华主持召开专题会议，结合安丘实际，交流考察体会，并对全市的产业园区建设进行谋划部署。牛茂荣等一同参加活动。

△ 潍坊坊子区人大常委会主任潘振东一行34人，潍坊高新区党工委委员、管委会副主任王教法一行24人，到安丘考察学习。

△ 吕梁市政协考察团到安丘，就安丘市推行义务教育阶段，县管校聘人事制度改革工作进行考察学习。

15 日

市委副书记、市长杜建华主持召开现代农业示范园建设座谈会。在听取农业部门和部分农业龙头企业负责人的交流发言后，对全市现代农业示范园建设工作提出明确要求。副市长赵祥永出席座谈会。

16 日

昌乐县党政考察团、昌邑市人大考察团、青州市政协考察团分别到安丘，就安丘市“四个城市”建设、新旧动能转换等方面的先进经验和做法进行观摩学习。

17 日

潍坊市副市长马清民，带领潍坊市冬春农田水利基本建设暨水肥一体化和造林绿化工作现场会与会人员到安丘观摩。

△ 潍城区和高密市考察团分别到安丘，就安丘市“四个城市”建设等方面的先进经验和做法进行参观学习。

△ 安丘市考察团赴坊子区、寒亭区考察学习棚户区改造先进经验。在实地考察坊子、寒亭两区棚户区改造情况，详细了解棚改项目拆迁安置方案、项目指挥部人员构成以及工作奖惩推进机制等方面情况后，市委副书记、市长杜建华主持召开座谈会，对外出考察学习情况进行分析总结。市委常委、政法委书记刘子庆，副市长、公安局局长刘兆泰分别讲意见。

20 日

全市党的十九大精神第一期专题学习班开班。市委书记李新阁出席开班仪式并作辅导报告。市委副书记、市长杜建华，市委副书记贾勤清等市级领导班子成员出席。

△ 市人大常委会主任会议召开。市人大常委会主任任海燕主持会议，市人大常委会副主任刘兴军、王洪书、孙钧、于庆满、田友出席会议。市人大常委会党组成员马玉宏，党组成员、办公室主任于子军等一同参加。

21 日

潍坊市委宣讲团到安丘宣讲党的十九大精神。潍坊市委宣讲团成员、潍坊市卫计委党委书记、主任，潍坊市中医药管理局局长吴海源作宣讲报告。安丘市委书记李新阁主持报告会，任海燕等市级领导班子成员出席报告会。

△ 全市党的十九大精神第二期专题学习班开班。市委副书记、市长杜建华出席开班式并作辅导报告。

23 日

市直部门工作调度会议召开。市委书记李新阁主持会议并讲话，市委副书记、市长杜建华出席会议并讲话。市领导贾勤清、牛茂荣、赵延福、冷文清出席会议。

△ 市委书记李新阁到安丘经济开发区，为党的十九大精神专题党课授课。市委常委、统战部长、安丘经济开发区党工委书记牛茂荣主持。

24 日

△ 市委副书记、市长杜建华为市政府办公室全体党员干部授课学习贯彻十九大精神专题党课。

△ 市委副书记贾勤清在市群众诉求受理中心公开接待群众来访，近距离与群众交流，面对面为群众排忧解难。

25 日

市委副书记、市长杜建华到兴安街道讲党的十九大精神专题党课。

27 日

安丘市组织收看省委、省政府重点工作推进落实情况视频会议。李新阁、杜建华、任海燕、李广庆等市级领导班子成员在安丘分会场参加收看。

△ 市委副书记、市长杜建华主持召开市政府常务会议。会议听取《关于开展深化“放管服”改革 进一步优化政务服务环境的自查报告》的汇报，听取并通过《安丘市食品安全委员会工作规则》等四项食品安全工作制度，听取《关于今冬明春环境保护工作情况》汇报、《关于安丘市矿产资源开发利用监督管理办法》的汇报、关于《2018 年度政府工作思路》的汇报、《关于支持工业企业加快发展的意见》的汇报。会议对政府系统党风廉政建设进行部署。

△ 国家质检总局党组成员、国家标准委主任田世宏一行，到安丘调研农业综合标准化工作。

△ 市委副书记贾勤清到新安街道为学习党的十九大精神专题党课授课。

28 日

潍坊市委第六巡察督导组向安丘市反馈巡察工作情况和意见。安丘市委副书记、市长杜建华主持会议并作表态发言。市领导贾勤清、孙晓非、王峰贵、李建英、刘子庆、郭永超、赵延福出席会议。

29 日—30 日

全市复合材料研究院及复合材料产业技术创新战略联盟筹备座谈会召开。市委副书记贾勤清出席会议并致辞，市政协副主席王振红出席会议，山东省硅酸盐学会及省内外专家 30 余人参加会议。

12 月

4 日

全市发展软环境建设工作会议

召开。市委书记李新阁出席会议并讲话，市委副书记、市长杜建华主持会议，市委副书记贾勤清通报政务服务窗口单位专项暗访督查情况，市委常委、市纪委书记王峰贵通报潍坊曝光通报安丘市政务服务突出问题的调查处理意见。任海燕、李广庆等市级领导班子成员出席会议。

6 日

全市“对标一流、比学赶超”经验交流会召开。市委副书记贾勤清出席会议并讲话，市委常委、市纪委书记王峰贵主持会议，市委常委、组织部长赵延福出席会议。

8 日

全市加快推进棚户区改造工作动员大会召开。市委副书记、市长杜建华出席会议并讲话，市委副书记贾勤清主持会议，任海燕、李广庆等市级领导班子成员出席会议。

△ 安丘市召开发展软环境建设领导小组第二次全体成员会议。主要任务是落实潍坊市关于加强发展软环境建设的实施意见要求和安丘市发展软环境建设工作会议精神。市委副书记贾勤清出席会议并讲话，市委常委、组织部长赵延福出席会议。

△ 安丘市召开市委农村工作领导小组成员会议。市委副书记贾勤清出席会议并讲话，副市长赵祥永主持会议。市领导曹忠诚一同参加。

9 日

安丘市创建省级食品安全先进市省级验收汇报会议召开。市委副书记、市长杜建华出席会议并向验收组汇报安丘市创建工作开展情况以及取得的成效。副市长冷文清一同参加。

△ 安丘市举办青云大讲堂邀请全国知名招商专家，北京大学、南开大学兼职教授，北京大学政府管理研究中心中国产业园区发展研究课题组组长张鸿儒作关于招商引资的专题辅导报告。任海燕、李广庆等市级领导班子成员现场聆听报告。

11 日

市政府召开全体会议。会议深入学习贯彻党的十九大精神，部署当前重点任务、明年政府工作和政府自身建设。市委副书记、市长杜建华出席会议并讲话，市委常委、副市长孙晓非主持会议并讲话。牛茂荣、刘兆泰、赵祥永、冷文清、王德明、曹忠诚等出席会议。

13 日

全市推开国家监察体制改革试点工作动员部署会议召开。市委书记、市深化监察体制改革试点工作小组组长李新阁出席会议并讲话，市委常委、市纪委书记王峰贵主持会议。市人大常委会副主任刘兴军，市人民检察院检察长于建立出席会议。

△ 市委书记李新阁主持召开会议，听取各镇街区今年工作情况、明年工作计划、重点项目观摩等工作情况汇报。市委副书记、市长杜建华，市人大常委会主任任海燕，市政协主席李广庆出席会议。孙晓非、郭永超、牛茂荣、冷文清等一同参加会议。

△ 潍坊市离退休干部党建工作推进会与会人员到安丘观摩。

14 日

市政协主席李广庆主持召开市政协十届九次主席会议，研究部署市政协十届二次会议筹备工作和 2018 年度市政协年度协商计划制定工作。市政协副主席王振红、于振法、王培范、王俊莉，秘书长张建军出席会议。

15 日—16 日

安丘市对各镇街区 2017 年科学发展情况进行观摩点评。李新阁、杜建华、贾勤清、李广庆等市级领导班子成员参加观摩点评。

19 日—20 日

市人大组织 189 名住安的潍坊市、安丘市人大代表对安丘农业和农村、工业和服务业、城建环保和社会事业工作发展情况进行集中视察。市人大常委会主任任海燕出席并讲话。市人大常委会副主任刘兴军、王洪书、孙钧、于庆满、孙钧、于庆满、田友，党组成员马玉宏，党组成员、办公室主任于子军一同参加。

20 日

潍坊市政府副秘书长、办公室主任于为凯一行 14 人，到安丘市调研“最多跑一次”、审批流程优化等“放管服”改革工作。

21 日—22 日

省发改委总经济师宋伟带领调研组到安丘，就安丘市落实乡村振兴战略、加快“三农”工作推进等情况进行调研。

21 日

市人大常委会先后在凌河镇、新安街道召开“代表联系月”座谈会。市人大常委会主任任海燕参加会谈。市人大常委会党组成员、办公室主任于子军出席活动。

25 日

市人大常委会召开主任会议，对市十八届人大常委会第十一次会议的有关事项进行研究。市人大常委主任任海燕主持会议，副主任刘兴军、王洪书、孙钧、于庆满、田友，党组成员马玉宏，党组成员、办公室主任于子军等出席会议。

26 日

安丘市组织收看中央第三环境保护督察组督察山东省情况反馈会。李新阁、杜建华、贾勤清、任海燕、李广庆等市级领导班子成员在安丘分会场参加收看。

△ 安丘市政府与青岛银行潍坊

分行战略合作签约仪式举行，青岛银行潍坊安丘支行正式设立。市委书记李新阁为青岛银行潍坊安丘支行揭牌，市委副书记、市长杜建华代表市政府与青岛银行潍坊分行签署战略合作协议并致辞。副市长冷文清一同参加。

△ 市十八届人大常委会第十一次会议在市级机关综合办公大楼召开。市人大常委会主任任海燕、副主任刘兴军主持两次全体会议。在通过会议议程后，市人大常委会党组成员、办公室主任于子军宣读《关于深入学习贯彻党的十九大精神的决议》（草案），作市十八届人大二次会议筹备工作情况的汇报；市财政局局长贺成波作关于2017年安丘市财政预算调整方案（草案）的报告；市人大常委会主任任海燕对补选潍坊市第十七届人民代表大会代表的有关情况进行说明。市人大常委会副主任王洪书、孙钧、于庆满、田友，党组成员马玉宏及其他常委会委员共28人出席会议。市委常委、副市长孙晓非，市法院院长何彤斌，市检察院检察长于建立，市政府办公室负责人，市发改局、市财政局主要负责人；各镇、街道人大主席（主任），各开发区分管负责人；市人大常委会机关各委室负责人列席了会议。

27日

市级党政班子成员向市纪委全会述责述廉会议召开。市委书记李新阁主持会议并讲话，市委副书记、市长杜建华出席会议，潍坊市纪委领导到会指导。会上，贾勤清、孙晓非、王峰贵、李建英、刘子庆、郭永超、赵延福、刘兆泰、冷文清等市级党政班子成员向市纪委全会作述责述廉报告，市纪委委员对述责述廉对象进行现场询问和民主评议。市级党政班子成员、市纪委委员参加会议，不是市纪委委员的镇街区纪（工）委书记、市纪委内设室（部）负责人、各派驻纪检组书记列席会议。

28日

安丘市召开村“两委”换届选举工作总结表彰会议。市委书记李新阁出席会议并讲话，市委副书记、市长杜建华主持会议，市委常委、组织部长赵延福宣读《关于表彰全市村“两委”换届选举工作先进单位和先进个人的通报》。潍坊市村“两委”换届选举试点工作指导组到会指导。

△ 市政协主席李广庆主持召开市政协十届十次主席会议，研究部署市政协十届二次会议筹备等相关工作。市政协副主席于振法、王培范、王俊莉，党组成员周新发，秘书长张建军出席会议。

全市概况

Quanshigaikuang

自然环境

【位置　面积】 安丘市位于山东半岛中部、潍坊市中部偏南，地处北纬36° 05' 至36° 38' 之间、东经118° 44' 至119° 27'。东临峡山区、高密市，西界临朐县，南接诸城市、临沂市沂水县，北连昌乐县、坊子区。

2017年，市境总面积1760平方公里。南北最大距离52.5公里，东西最大距离64.2公里。其中，兴安街道位于安丘市中北部，面积142平方公里；新安街道位于大汶河以北，新安路以西，面积89平方公里；大汶河旅游开发区位于安丘市南城区东北部，面积97平方公里；安丘经济开发区位于安丘市北部，面积55平方公里；石堆镇位于安丘市东部，面积67平方公里；景芝镇位于安丘市东南部，地处安丘、高密、诸城、峡山四县区交界处，面积217平方公里；凌河镇位于安丘市西南部，面积181平方公里；官庄镇位于安丘市南部，面积124平方公里；大盛镇位于安丘市西南部，面积76平方公里，石埠子镇在安丘市南部，地处安丘、诸城、沂水三地交界，总面积156平方公里；金冢子镇位于安丘市东南部，西临省道央赣路，东临206国道，面积88平方公里；柘山镇位于安丘市西南部，地处山区丘陵地带，面积156平方公里；郚山镇位于安丘市西南部，西与临朐县相邻，南与临沂市沂水县接壤，面积113平方公里；辉渠镇位于安丘市西南25公里，总面积199平方公里。

【地质　地貌】 *地质*　安丘境地层发育比较齐全。从新太古代到新生代地层，除缺失古生代晚期外，其他均有不同程度产出。新太古代泰山岩群、新元古代土门群及古生代寒武纪、奥陶纪地层均分布于汞丹山凸起。古元古代荆山群和粉子山群，分布于胶北隆起。中生界正常碎屑沉积岩和火山碎屑沉积岩广布于中生代沉降盆地。新生代五图群、临朐群分布于新近纪盆地。第四系松散堆积物广布低洼地带。地质构造多以断裂为主，发育的断裂将地壳切割的支离破碎。受构造的控制，市境大体跨越四个构造单元：潍坊凹陷、安丘—莒县地堑、汞丹山地垒、苏村地堑。跨越境内的主要构造是规模大、活动性强的北北东向的沂沭断裂带，北西向的惠民—诸城断裂带及其附属断裂。境内岩浆岩分布比较广泛，新太古代岩浆岩主要有万山庄、蒙山、峰山三个超单元，主要分布在凌河镇、大盛镇一带，岩石主要为片麻状中粒黑云石英闪长岩和条带状黑云闪长岩。元古代岩浆岩出露较多，岩性变化较大，形态复杂，结构各异。主要在石堆镇的桃园村等地，包括巨斑状黑云石英二长闪长岩、花岗岩、中粗粒黑云正长花岗岩。中生代岩浆岩主要出露在柘山镇闫家河村、王家河村及于家河水库以西，有二长花岗斑岩和碱长花岗斑岩等。

地貌　安丘市位于山东省中部偏东，总体地势西高东低，地势随泰沂山脉延伸自西向东北倾斜，最高点为西南边缘的太平山，海拔523米；最低点是大汶河旅游开发区蔺家官庄村北，海拔34.5米。西南部为群山隆起的低山区；中北部则是绵延起伏呈脊状的丘陵地带；东部为潍河冲积平原。安丘地貌按其成因大致可划分为低山、丘陵和平原三类。地貌类型主要以平原为主，分布于市境的北部、东部和中南部，占全市总面积的52%；低山、丘陵分布于市境的西南部，占全市总面积的48%。

山区为中度切割低山，分布于市境西部的郚山镇和柘山镇，主要由古老的变质岩组成，绝对标高500 ~ 600米。沟谷呈V字形，山顶圆凸型，坡谷基岩裸露，谷底有少量洪积物堆积。丘陵为微弱切割丘陵，主要分布于市境的西南部，山体由安山岩、玄武岩及元古代地层组成，与西邻临朐低山丘陵区相连。山坡坡角10° ~ 20°，斜坡冲沟发育，切割微弱，沟谷呈放射状、树枝状，沟宽2 ~ 6米，沟深5 ~ 10米。剥蚀平原广布于安丘城区以南，大面积分布着白垩系砂岩。经长期剥蚀作用形成的低矮圆缓、波状起伏的岗地地形，标高在50 ~ 100米，相对高差40米左右，沟谷切割较浅，约2 ~ 5米。冲沟发育，剥蚀作用强烈，发育残坡积物，多为厚约4米左右的含碎石黏质砂土。冲积—洪积平原沿河流分布，发育最宽的为潍河的支流汶河、渠河河谷，两侧阶地总宽约300 ~ 400米，包括河漫滩阶地，标高40米左右，高3 ~ 5米，宽300 ~ 1000米；超过漫滩一级阶地，分布于河床两侧，标高40米左右，阶地高约1米，宽约400 ~ 1000米，由黏质砂土、砂质黏土及砂组成，为开阔平坦的耕作区。

境内有海拔百米以上的山头158个，大都位于市境西南部。其中，海拔400米以上的有太平山、摘月山、虎眉山、擂鼓山、大安山、黄皿山、留山、城顶山、紫草山等36个，300米以上400米以下的68个，200米以上300米以下的30个，200米以下的24个。

【河流】 境内大小河流56条，多在东、北、南部，均系潍河水系，控制流域面积1884平方公里。渠河、汶河发源于西南沂山山脉，分别于市境南、北由西往东横贯全境入潍河，属潍河重要支流。市境多夹于汶河、渠河之间。另外，发源并流经市内，东注潍河的内河主要有洪沟河、史角河、小浯河、运粮河，以洪沟河为最长。所以市内主要河流为汶、渠、洪3条，其余53条小型河流纵横密布全境，绝大部分为汶、渠二河支流。汶、渠二河流域，地势平坦，土质肥沃，人口稠密，每年夏秋两季常有洪水泛滥。其他流域面积大于50平方公里的河流有红河、鲤龙河、店子河、史角河、老子河、凌河、小汶河、会沟子河、小浯河、温泉河、墨溪河、河西村河、大路河以及大苑河。境内河流的特点是源短流急，上陡下坡，水量不均，季节性强。

【气候】 安丘市地处鲁中山区东南部，属暖温带大陆性季风区半湿润气候。冬季寒冷干燥，春季干旱风大，夏季炎热多雨，秋季秋高气爽，年温适中，四季分明。

气温最冷月1月，常年月平均气温 -2.8℃，历史极端最低气温零下18.7 ℃，出现在1981年1月27日；最热月7月，常年月平均气温26.0℃，历史极端最高气温40.1℃，出现在1968年6月11日。降水年际变化较大，年内分配不均，旱涝灾害时有发生。常年年平均降水量630.6毫米，一日最大降水量207.4毫米，出现在1974年8月13日。常年年平均日照时数2435.5小时，占可照时数55%。年平均风速2.7米/秒，最多风向南南东。常年年蒸发量1724.5毫米。年平均无霜期182.8天。常年最大冻土深度49厘米，出现在1984年2月。常年最大积雪深度16厘米，出现在1992年1月6日。常年平均大雾日数30.1天，大雾最多出现日数51天，出现在1990年。常年平均大风日数14.9天，常年大风最多出现日数40天，出现在1997年。常年平均雷暴日数28.1天，常年雷暴最多出现日数43天，出现在1974年。

主要气象灾害有大风、冰雹、暴雨、雷暴、干旱、寒潮、干热风等。大风灾害主要发生在冬春季和夏季；冰雹灾害主要出现在4月下旬到6月、9月；干热风主要出现在5–6月中旬，正是小麦抽穗到成熟期，容易造成小麦减产。

自然资源

【土地资源】 安丘市位于山东省中部偏东，总体地势西高东低。地势随泰沂山脉延伸自西向东北倾斜，最高点为西南边缘的太平山，海拔523米；最低点是大汶河旅游开发区蔺家官庄村北，海拔34.5米。西南部为群山隆起的低山区，中北部则是绵延起伏呈脊状的丘陵地带，东部为潍河冲积平原。安丘地貌按其成因大致可划分为低山、丘陵和平原三类。地貌类型主要以平原为主，分布于市境的北部、东部和中南部，占全市总面积的52%；低山、丘陵分布于市境的西南部，占全市总面积的48%。2017年，全市土地总面积为171160.15公顷。其中，农用地面积135370.92公顷，建设用地24046.52公顷，未利用地11742.71公顷。

【矿产资源】 境内矿产资源丰富、种类多，已发现矿种37种，占全省已发现矿种的24.67%，占潍坊市已发现矿种的45.67%，有20种矿产探明一定储量。其中，能源矿产1种、金属矿产4种、非金属矿产14种、水汽矿产1种。已开采矿种有17种，主要是建筑石料用灰岩、水泥用灰岩、砖瓦用页岩、冶金用白云岩、玻璃用白云岩、建筑用玄武岩、方解石、重晶石、普通萤石、水泥配料用黏土、膨润土、陶瓷用砂岩、铁矿石、铅锌矿等。

境内矿产资源分布相对集中，区域矿产特色明显。金属矿产多集中分布在市境西南部的大盛、辉渠两镇，凌河、柘山、石堆等镇亦有零星分布；非金属矿产多集中在西南部山区的凌河、辉渠、石埠子、柘山等镇。已开采的矿区中，建筑石料用灰岩矿区和玻璃用白云岩矿区主要分布在辉渠镇；水泥用灰岩矿区和冶金用白云岩矿区主要分布在石埠子镇；重晶石矿区主要分布在大盛镇和景芝镇；砖瓦用页岩矿区主要分布在大盛镇、金冢子镇和大汶河旅游开发区；铅锌矿区主要分布在大盛镇；玄武岩矿区主要分布在大汶河旅游开发区。

【水资源】 安丘多年平均降水量为685.7毫米，年最大降水量为1306.5毫米（1964年），最小年份为414.1毫米（1981年），极值比为3.16。在区域分布上，西南山区大于700毫米，中部丘陵区650～700毫米，东北平原区小于600毫米。在季节分布上，夏、秋两季降水，占全年降水量的80%以上，春、冬两季降水相对较少。

夏、秋两季连雨日较高，累计平均6.5天，冬春两季连旱日较多，累计平均37天。1981年、1983年降水量分别在414.1毫米和426.7毫米，造成河水断流，水库干涸，人畜饮水困难的严重局面。

【动植物资源】 境内生物资源丰富，有植物146科、598属、1400余种，动物350余种。

野生动物　兽类主要有狐狸、狼、獾、猞猁、野兔、刺猬、黄鼠狼等。鸟类主要有麻雀、喜鹊、灰鹊、燕子、黄鹂、画眉、斑鸠、猫头鹰、啄木鸟、布谷鸟、大雁、野鸭等。水生动物有鱼、虾、蟹、蚌、甲鱼、蛙等。另外常见的野生动物还有蛇、蝎子、蚯蚓、蜥蜴、壁虎、蚂蚁、蜈蚣等。养殖的野生动物主要有：红腹锦鸡、白腹锦鸡、鸳鸯、疣鼻天鹅、蓝孔雀、环颈雉、猕猴、黑熊、鸵鸟、天鹅、火鸡。

鸟类　境内主要野生鸟类有一级：白鹳、大天鹅、丹顶鹤。二级：雀鹰、栗鸢、凤头蜂鹰、大鵟、灰脸鵟鹰、鹊鹞、红隼、红脚隼、灰鹤、白枕鹤、斑头鸺鹠、纵纹腹小鸮、白额雁、小天鹅、绿头鸭、花脸鸭、绿翅鸭、黑水鸡、松雀鹰、苍鹰、凤头蜂鹰、红角鸮、雕鸮、斑头鸺鹠、纵纹腹小鸮、白鹭、鸿雁、豆雁。其他鸟类：麻雀、喜鹊、灰喜鹊、乌鸦、大山雀、山草鸡、鸽、野山鸡、猫头鹰、斑鸠、杜鹃、翠鸟、戴胜、黄莺等。

植物资源　境内植物资源包括林木、果树、花卉、药草、野草、野菜和农作物等。其中，全市有木本植物48科、83属、139种。近年来，树种引进逐渐增多，树种树量逐步扩大。用材树主要树种有：杨树、黑松、刺槐、国槐、悬铃木、侧柏、柳树、白榆、楸树、臭椿、桑、楝、泡桐、银杏、悬铃木、梓、檀、杜梨、麻栎、枫杨等；经济林木以樱桃、草莓、板栗、苹果、梨、核桃、红冠蜜桃、枣、柿子、山楂、杏、葡萄、石榴、李子、桑、花椒、皂荚、文冠果等为主；灌木主要以酸枣、黄荆、胡枝子、杞柳、白蜡、紫穗槐、簸箕柳为主；藤本有葛藤、紫藤、野蔷薇等；观赏树有雪松、龙柏、桧柏、黄杨、黄栌、红枫、紫叶李、蜡梅、连翘、合欢、丁香、女贞、紫薇、蜀桧，黄金槐、金叶国槐、紫叶矮樱、扶芳藤、北海道黄杨、黄金柳、龟甲冬青、红花继木、南天竹、挪威枫、北美红枫、北方红栎、茶条槭、美国枫香、美国稠李等。

药用植物255种，主要有丹参、苦参、远志、香附、柴胡、半夏、酸枣、漏芦、茜草、反白草、益母草、车前草、地锦草、凤仙草等。

可作饲料的杂草有46科、186种，可供食用的野菜有苦菜子、曲曲芽、马齿苋、大蓟、灰菜等。

建置 政区 人口 民族

【建置沿革】 安丘文明上溯历史古远。更新世晚期，人类由古人进化成新人。四五十万年前，山东境内沂源人在安丘西南部繁衍生息。距今约六千年的大汶口文化、四五千年的龙山文化在境内广泛分布。安丘古为少昊裔国，夏商方国已立。安丘国乃少昊后之方国。安丘之名自此始。西周时，根牟国、纪国与淳于国并存。根牟国都安丘故城，治牟山北。春秋时，境分属淳于、根牟、纪、齐、杞和鲁国。战国时，境域大部属齐。秦时，在战国县郡制基础上实行郡县制。境属琅琊、胶东二郡毗邻地区。秦末增设胶西郡，治于高密，安丘属之。西汉时，境属北海郡。新莽天凤元年（14），改安丘为诛郅，改安丘侯国为宁乡。东汉时，境属北海国。三国时，属魏。西晋时，初属徐州东莞郡。永康元年属高密国。东晋十六国时，先后归后赵、前燕、前秦、后燕、南燕。东晋另于京口侨置南徐州南平昌郡安丘县，治京口。故南北各有安丘县。南朝时，置南平昌郡，郡治南安丘。北安丘属青州平昌郡，北平昌郡治故城。北朝时，安丘境存昌安、淳于、琅琊、朱虚、姑幕诸县。除姑幕属青州东武郡，余皆属青州平昌郡。北魏分东魏、西魏，安丘属东魏。北齐并安丘、平昌入昌安，迁治印台北。隋时，高密郡改置密州。开皇十六年（596），析昌安县于牟乡城置牟山县，属密州。大业二年（606），牟山县复名安丘县。大业三年（607），改密州为高密郡，安丘属之。唐时，武德五年（622）改高密郡为密州，安丘属之。武德六年（623），裁昌安、郚城县并安丘，又将原淳于县故地并之。唐贞观元年（627），置河南道，属密州。唐肃宗乾元二年（759），安丘县移治昌安城，改称辅唐县。至此，安丘境东合昌安、淳于，南兼姑幕、平昌，西并郚城，基本形成今之境域。自此县治未变。五代时，后梁立，属高密郡，开平二年（908）复名安丘，治未变。后唐立，属高密郡，同光元年（923）又改作辅唐县。后晋时，属高密郡，天福七年（942）安丘改作胶西。宋时，开宝四年（971），裁撤胶西复置安丘。金时，境属山东东路益都府密州。元时，境属中书省山东东西道益都路密州。明时，洪武二年（1369），省密州，置青州府，境属山东布政使司青州府。清时，境属山东青州府。民国时，民国2年（1913）属胶东道，民国14年属胶莱道，民国17年直属山东省，民国27年属第八行政督察区，县治未变。是年1月，日军侵略安丘，县境沦为敌占区。国民党县政府流寓县西南部山区，属山东省第八行政督察专员公署。日伪时期，县城日伪县公署隶属于伪山东省鲁南道。民国29年，又改属伪莱潍道。民国32年7月，中国共产党、八路军解放西南山区，建立莒沂安抗日根据地；9月在西古庙村建立安丘县政府（即抗日民主政府），属鲁中区沂山专署。民国34年6月，县境东南部解放。7月，淮安县政府在景芝镇建立，属鲁中区沂山专署。8月，抗战胜利，国民党县政府从山区迁回县城。民国37年4月，安丘全境解放。5月，安丘县人民政府成立，隶属于昌潍专署。时安丘、老安丘（丘南）、淮安三县并存。1949年6月，老安丘县改丘南县，新安丘县改安丘县。1950年6月，淮安县改潍安县，三县隶属于昌潍专区。1952年6月，潍安县并安丘县。1953年8月，丘南县并安丘县。时，安丘合并丘南、潍安2县，与原安丘县合称安丘县，属昌潍专区。1994年1月18日，经国务院批准，安丘撤县建市，为县级市，直属山东省，潍坊市代管。2003年10月，安丘市人民政府驻地由市南区迁至市北区。

【境域变迁】 安丘历史久远，境土屡分，地理参差。一郡一县，割成四五,四五之中，复有离合，兼之往牒不全，或多抵牾。又县名屡更，县治屡迁，境域变化，实难厘清。唐武德六年（623），近县并之，虽境况基定，然记载颇少。明万历《安丘县志》载：安丘广百四十里，袤七十里，西去府百六十里，去省会五百里，去京师一千四百里。安丘山水虽仅一瓯臾，然而昔人称其处于浯水、汶水之间，宛如一都会。浯水、汶水自西南出，南北两条玉带，皆入潍水，东赴大海，又有小泰山（沂山）连横于西南。因此《安丘述略》云：安丘这个地方，有如全齐中包裹着一个小齐。如果说海岱疆域，安丘能占到百分之一；言潍淄两地，安丘能得二十分之一；言浯汶之域，如得全焉。

清初，潍水东境18个村并入安丘，境域大体确定，东西约70公里，南北半之，全境面积2400平方公里。东界南半高密，北半昌邑。北界东半潍县，西半昌乐。西界临朐，南界西自沂水起，经莒至诸城东北境。乾隆初，全县分为6个乡，凡66个社；道光后仍为6个乡，凡54个社。自清末交通中可见时之安丘之境域大况。志载：自县城起出城南门经南关逾城南埠计行境内30公里出境后又东南30公里至诸城县城。又自县城治起出城南门，经南关逾城南行偏西南计行境内40公里，又南80公里至莒州城。又自县治起出城南门转东，计行境内22.5公里，出境又东35公里至高密县城，南行35公里至诸城县城。又自县治起出城南门，西经西关至高崖出境，入临朐县，与临朐东路接，此为本县西南路，计行境40公里出境，又西40公里至临朐县城，又自绕行临朐境西南百里至沂水县城。又自县治起出城东门，经东关东北行入昌邑县界，与昌邑西南路接，此为本县东北路，计行境内25公里出境，后又东北30公里至昌邑县城。又自县治起，出城南门转西至椿树岭出境，入昌乐县界，与昌乐东南路接，此为本县西北路，计行境内10公里出境后再行45公里至昌乐县城。又自县治起出城北门，经北关北行至归家疃，出境入昌乐县界，与潍县南路接，此为本县北路，计行7.5公里出境，后又西北32.5里至潍县城。

明清至中华人民共和国成立前夕，安丘境域无大变化，其四界为：东界，北段以潍河东岞山、留戈庄、张家大村、高戈庄、戴家埠与昌邑搭界；南段以潍河东鸾兰、七里兰、后店，潍河以西于戈庄、东庄子、景芝、南杨庄、大市留、宋官疃与高密县为邻。南界，东段以杨家山前、河埠、西朱耿、宋家井子、东古河及渠河南岸的里丈、孙家楼子、马武沟、西莳家庄子、涝洼官庄与诸城县相接；中段至北孙家庄、后庄、上株梧、芦家河、宴峪、东召忽、罗家官庄、崔家官庄、任家旺、祝家庄、辛家庄子与莒县毗连；西段以磨山、石虎山、石门顶、太平山与沂水县为界。西界以太平山、伏山、七宝山、黑山与临朐县为界。北界，西段至汶河以北的胡家官庄、黄崖头、石匠官庄、老沟岔、韩家沟、丘家庄、孔家庄、王家董孟、陈家埠、椿树岭、侯家河、李家峪、归家疃与昌乐县相邻；东段沿汶河北岸的葛庄、水西、魏家埠、刘家洼、石坑、刘家营子、港涘、前苏、东苏、狮子口、安丘庄子与潍县接壤。

民初境域几同清境，改为51处乡镇。韩复榘主鲁，分为6个区，下设51处乡镇。民国32年（1943）9月，县境西南部山区解放，建立人民政权安丘县政府后，莒县五区渠河以北的63个村庄划归安丘。同时，安丘沿渠河北岸的北孙家庄、张靳、孝河口、雷家清河、周家屯等10个村及安丘在渠河南岸的里丈、马武沟、涝洼官庄等17个村划属诸莒边县（后属诸城县）。民国34年7月，县境东南部解放，建立淮安县政府后，诸城县渠河以北的38个村和高密县在潍河以西的57个村划归淮安县。安丘在潍河以东岞山附近的16个村，高戈庄附近的8个村，民国36年3月解放时，分别划归昌南县和高密县。民国37年5月，（新）安丘县政府建立后，境域变化比较大：安丘县汶河以北的高崖、汶河两区147个村划属昌乐县；昌乐县的平柳、阿陀两区和潍县九区南流、刘家尧一带88个村划归（新）安丘县。

1952年6月潍安县并入安丘县，安丘县平柳（七区）、阿陀（八区）两区划属昌乐县。同时原属慈山区的侯家河划归昌乐县，原阿陀区的涝洼、薛家庄、辛家庄、石羊官庄、马连官庄、张家石龙子、丰台7个村留在县内，属刘家尧乡。

1953年8月，丘南县并入安丘县，全县总面积为2042平方公里。1965年8月，凉台公社划归诸城县，诸城县石埠公社所属渠河以北的16

1954个村和石桥子公社所属渠河以北的4个村划归安丘县，全县总面积为2021平方公里。

1983年10月，刘家尧公社的程家营、姜家庄、石泉子、霸王泉、仕子口、西房仕、东房仕、裴家河、大园、范家庄、才子官庄、北才子官庄、辛庄等13个村和荆山洼厂、矿划属坊子区。

1986年，安丘县域总面积2010平方公里。

1997年3月，按照山东省人民政府统一要求，安丘市与周边县市区联合勘定边界。至2002年底，全部勘定与安丘市毗邻的界线，分别与周边县市区签订《联合勘定行政区域界线协议书》，并经省政府审定批复。《协议书》及其附图明确双方边界的走向、边界地形地貌、界桩数量及位置、界线两侧参照物，并规定边界维护双方的责任，约定联合检查的方法步骤及争议的处理原则。

经勘定，安丘市边界线总长383.036公里。其中，安丘—临朐线20.9公里，起自郚山镇大泉子村，止于大盛镇西丁家沟村；安丘—诸城线73.2公里，起自景芝镇河崖村，止于石埠子镇车苗村；安丘—沂水线74.019公里，起自石埠子镇车苗村，止于郚山镇大泉子村；安丘—昌乐线93.617公里，起自大盛镇西丁家沟村，止于新安街道丰台村；安丘—坊子线121.3公里，起自新安街道丰台村，止于景芝镇河崖村。边界线共埋设界桩55棵。

2003年6月，南流镇划归坊子区，全市总面积1929平方公里。2007年9月，赵戈镇、黄旗堡镇划归坊子区，2009年5月，景芝镇大圈等14个村划归峡山生态经济发展区，总面积减至1760平方公里。其四至：东11.6公里到峡山生态经济发展区界，东南23.5公里到诸城市界，又25.5公里至市区；西南46公里到沂水县界，又43.3公里至市区；西南42.4公里到临朐县界，又20.6公里至市区；西北4公里到昌乐县界，又41.5公里至市区；北6.8公里到坊子区界，又13.2公里至市区。至2017年，境域无变化。

【行政区划】 2017年，安丘市辖10个镇、2个街道、2个开发区，共有89个社区。其中，城市社区10个，分别是：安丘经济开发区青云湖社区；新安街道富华社区、嘉华社区、汶华社区；兴安街道永安社区、银杏社区、人民路社区、和平路社区；大汶河旅游开发区幸福里社区、田戈社区。农村社区79个，分别是：经济开发区青龙山社区、李门社区、许营社区；新安街道关王社区；兴安街道石泉社区、白芬子社区、三十里铺社区、葫芦埠社区；大汶河旅游开发区担山社区、贺戈社区、许戈社区、朱聊社区；景芝镇芝泮社区、班岗社区、临北社区、辛庄社区、市留社区、宋官疃社区、龙泉社区、红旗社区、彭旺社区、前屯社区、葛家庄社区、酒城社区、永贞社区；凌河镇凌河社区、儒林社区、红沙沟社区、拥翠园社区、郑家河社区、偕户社区、慈埠社区、赤埠社区、汶水苑社区、水西社区、南郚社区、光甫社区；辉渠镇辉渠社区、雹泉社区、夏坡社区、温泉社区、峒峪社区、峰山社区；大盛镇金湖社区、银湖社区、向阳社区、汶河社区、龙河社区；郚山镇滨河社区、墨黑社区、镇北社区、龙河社区、南逯社区；官庄镇官庄社区、管公社区、寨庄社区、河洼社区、朱家庄社区、坡庄社区；石埠子镇镇中社区、召忽社区、庵上社区、上株梧社区、张靳社区、山前社区；柘山镇古庙社区、老子社区、车庄社区、秋峪社区；石堆镇甘泉社区、中心社区、莲池社区、亭子社区；金冢子镇金东社区、金堆社区、金南社区、金中社区、金北社区、金安社区。

【人口】 2017年，全市户籍总人口962210人。其中，男性493348人，占总人口的51.27%；女性468862人，占总人口的48.73%。0—17岁179993人，18—34岁224483人，35—59岁355933人，60岁及以上201801人。全市城镇人口385142人，占全市总人口的40.03%。城区两处街道人口348252人，占总人口的36.19%。

【民族】 安丘市有常住少数民族人口787人，占总人口的0.82‰。其中，男性223人，女性564人，涉及31个民族，呈散杂居状态。人数相对较多的少数民族有：满族168人，黎族93人，白族87人，彝族52人，傈僳族49人，朝鲜族44人，回族43人，其他民族人数较少。有外来少数民族人口120人，主要为回族、维吾尔族、彝族等。主要从事的职业是开设清真拉面馆、新疆烧烤店（摊）、在食品加工企业务工等。

【经济社会发展】 2017年，在市委的坚强领导下，在市人大、市政协的监督支持下，市政府团结依靠全市人民，创新实干，攻坚克难，经济社会各项事业都取得新成绩。地区生产总值增长7.1%，社会消费品零售总额增长10.7%，城乡居民人均可支配收入增长8%。一般公共预算收入22.5亿元，增长11.4%。

一是产业转型迈出新步伐。三次产业比例调整为15.6：39.7：44.7。工业“创、改、培”协同推进。实施新希望六和禽肉深加工、歌尔精密制造二期等投资过亿元工业项目80个，完成投资96.5亿元。新增院士工作站和省级、潍坊市级企业技术中心、工程研究中心等科研平台18家；44个项目列入省技术创新项目计划，18家企业成为潍坊市两化融合培育重点企业。完成规模企业规范化公司制改制52家，34家企业在四板市场挂牌。恒安牌汽车散热总成、蓝想牌环保冷却塔成为山东名牌产品，海龙博莱特、景芝酒业赵德义荣获潍坊市市长质量奖，景芝酒业“一品景芝芝香”获潍坊市“市长杯”工业设计大赛一等奖。全市规模以上工业主营业务收入、实交税金分别增长6.1%和17.5%左右。成为中国食品工业强市。农业供给侧结构性改革成效突出。新发展标准化种植园区15个、标准化养殖场10个、农民专业合作社示范社17个、家庭农场102家。投资8090万元，实施农田水利工程5处，新增高效节水灌溉面积2万亩、高标准农田5.1万亩。投资2.2亿元，新建为农服务中心18处、农业科技示范园20个，引进推广新技术102项、新品种90个。持续深化“安丘模式”，投资3000多万元，对市检验检测中心进行了改造提升，建成社区固定检测站102个、畜产品检测站20个，食用农产品产地准出品种扩大到42种，连续7年成为全国出口食品农产品质量安全示范区。新发展融合园区20个、休闲农庄30个，“安丘农谷”成为首批国家农村产业融合发展示范园创建单位。策划实施“安丘农耕”区域公用品牌，包装运营特色农产品68种；新增“三品一标”农产品20个，安丘大姜、安丘大葱纳入欧盟地理标志产品保护范围。争创为全国果菜茶有机肥替代化肥示范县、全国畜禽粪污资源化利用试点县、省级畜牧业绿色发展示范县。现代服务业量质齐升。佳乐家中央商务区、东方桃海等重点项目顺利推进，齐鲁酒地成为首批国家运动休闲特色小镇，留山栖居小镇入选全省首批服务业特色小镇试点。电子商务公共服务中心和技能实训中心建成投用，电商交易额达到140亿元。完成房地产开发投资45亿元，新建商品房销售面积132万平方米，分别增长9.9%和19.1%。金融机构各项贷款余额352.6亿元，比年初增加35.3亿元。新引进金融机构20家，金融业实现税收4.2亿元，增长41%。

二是城乡面貌发生新变化。主动融入潍坊“七城一体”发展新格局，加快城市“北联东扩”，建成区东扩面积2.3平方公里，入选全省中等城市试点。开展城市重点片区控制性详细规划、“泛青云山”概念性规划修编，完成生态水系等专项规划和10处镇的小城镇总体规划修编。投资12.3亿元，新建改造城市道路19条、41.3公里；青云大桥、青龙湖路汶河大桥建成通车，拉开城市发展大框架。投资2.3亿元，铺设改造城市管网221公里；完成汶河两岸及23条90.8公里城市道路亮化，新增青云湖大闸等景观亮化工程13处，城市夜景更加靓丽；实施裸土复绿工程，城区新增绿地面积98.5万平方米，绿化覆盖率达到40.7%，成功创建为国家园林城市。狠抓城市精细管理，新建便民市场3个，新上标准化流动餐车97辆，施划停车位1.2万个。强力推进“四改一拆”，改造老旧小区5个，拆除违法建设16.8万平方米。投资9.1亿元，新修改造县乡道路、旅游道路97.8公里，完成农村公路生命安全防护工程240公里。投资3.2亿元，建成110千伏郚山输变电工程及35千伏配出工程，8408眼机井实现通电。投资2.8亿元，新建提升农村社区服务中心31个，建设农村社区安置楼46.1万平方米，改造农村危房297户，改厕9763个，建成美丽乡村示范村26个，创建为全国农村幸福社区建设示范市。景芝镇、辉渠镇成为省级历史文化名镇，柘山镇成为省级美丽宜居小镇，景芝镇红旗村成为全国文明村，柘山镇闫家河村、郚山镇鲁家哨村成为省级美丽宜居村庄。

三是生态建设取得新突破。聘任环境监督员866名，实现“网格化”环境监管全覆盖。扎实开展生态环境综合整治，完成8台10吨以上锅炉的超低排放改造，拆除燃煤小锅炉371台，关停“散乱污”企业83家，关闭搬迁畜禽养殖场1013家。狠抓散煤治理，取缔非法散煤销售点76处，配送清洁型煤12.3万吨，配备节能炉具1.4万台。全年空气质量优良天数达到224天，PM、PM平均浓度分别下降8.1%和7%。全面实行“河长制”，扎实开展“清河行动”，整治关闭排污口127处，清理养鱼网箱2495个。大力开展矿产资源开发秩序集中整治，依法查处非法采矿行为36起，移交公安机关8起。投资2.4亿元，治理水土流失面积26.6平方公里，完成旅游道路绿化彩化211公里、成片造林4.3万亩。拥翠湖景区创建为国家湿地公园，大汶河湿地修复项目获中国人居环境范例奖，郚山镇成为省级森林乡镇，凌河镇创建为省级生态绿色示范镇。

四是改革开放呈现新气象。深入推进“放管服”改革，取消行政权力事项151项、行政事业性收费10项；在全省率先推行“最多跑一次”改革，梳理公布事项1011项。深化商事制度改革，全面实施“多证合一、一照一码”，新注册企业3063户，增长26.6%。统筹推进综合行政执法体制改革，成立市综合行政执法局。扎实开展全国县级公立医院综合改革试点，3家公立医院全部完成法人治理结构改革。积极推进大葱目标价格保险试点，签保面积13.3万亩。获批建设用地3053亩，盘活闲置低效用地2016亩。设立规模5亿元的城市基础设施发展基金，成功发行专项企业债10亿元。出台加快建设创新创业人才高地的意见，引进硕士以上高层次人才186人，其中院士2人、“千人计划”专家2人。加快国家级自贸协定出口实施示范区建设，预计完成进出口总额61亿元，实际到账外资6000万美元，分别增长9.3%和9.5%。

五是社会事业实现新发展。民生支出占财政支出的比重达到83.9%。投资8.8亿元，新建、改扩建新安丘一中、明德学校等学校12处，新增校舍25.5万平方米、学位9413个，新招考教师269名，基本完成破解“大班额”和“全面改薄”任务。新建改造普惠性标准化幼儿园11所，13所幼儿园通过省级示范性幼儿园验收。高考成绩取得历史性突破，本科进线率位居全省前列，9名学子考入清华、北大。投资4.1亿元，开工建设市人民医院新院二期，规划新建镇级医养结合型医院5所、镇级卫生院6所，新建改造社区卫生室90个。投资1500万元，对汉墓、庵上石坊等重点文物单位进行了修缮保护，改造提升基层综合性文化服务中心146个。安丘市被评为省民间文化艺术之乡（武术），市京剧团获全国服务农民、服务基层文化建设先进集体称号。新建全民健身工程140处、健身广场20个。开发政府公益性岗位2012个，发放创业担保贷款3.6亿元，财政贴息3064万元，扶持创业3200人，景芝镇成为省级创业型乡镇。城镇新增就业、失业人员再就业10174人。提高城乡低保和农村特困人员集中供养标准；募集发放慈善救助金1305万元，救助弱势群体2.6万人。投资22亿元，完成棚户区改造7378户，拆迁改造面积88.5万平方米。投资12.5亿元，建成140兆瓦光伏扶贫项目，每年为5150个贫困户提供兜底性扶贫补助。各级财政投入扶贫资金6283万元，潍坊市和安丘市驻村“第一书记”投入帮扶资金6800万元，实现省定贫困人口全部脱贫。深入推进“平安安丘”建设，持续加大安全生产和食品药品安全监管力度，圆满完成十九大安保维稳、全省村“两委”换届试点任务，被省委、省政府表彰为全省社会治安综合治理先进市、信访工作先进集体，顺利通过全省食品安全先进市验收，创建为省级文明城市。外事侨务、民族宗教、妇女儿童、防灾减灾、双拥共建、人口计生、老龄、残疾人、审计、统计、人防、地震、气象、史志、档案等工作取得新进步。

六是自身建设取得新成效。深入开展“作风建设年”活动，主动寻标对标、提速提效。重新修订了《安丘市人民政府工作规则》，全面推行政务公开，权力运行更加规范透明。认真执行市人大及其常委会决议决定，自觉把民主政治协商纳入决策程序，办理人大代表建议48件、政协委员提案156件。强化法治政府建设，聘请市政府第二届法律顾问，依法审查检查合同1008件。组织开展“为官不为”“吃空饷”“私车公养”等专项整治，严肃查处一批违法违纪案件。畅通群众诉求渠道，受理群众反映事项3.2万件，办结率98.5%，群众满意率97.2%。

2017年经济社会发展主要指标一览表

指标名称	单位	累计完成	同比（%）
地区生产总值	亿元	336.21	7.1
第一产业增加值	亿元	52.57	3.9
第二产业增加值	亿元	133.48	5.7
工业增加值	亿元	95.04	6.9
第三产业增加值	亿元	150.16	9.8
工业总产值	亿元	502.73	8.7
主营业务收入	亿元	493.14	6.1
利税总额	亿元	27.53	17.5
利润总额	亿元	18.13	18.6
营业收入	亿元	496.23	5.5
固定资产投资	亿元	340.50	6.0
商品房屋销售面积	万平方米	133.27	20.3
社会消费品零售总额	亿元	192.24	10.7

续表

指标名称	单位	累计完成	同比（%）
限额以上服务业营业收入	亿元	15.87	2.3
交通运输仓储邮政业营业收入	亿元	6.06	-7.6
进出口总额	亿元	60.98	14.6
出口总额	亿元	55.39	14.3
进口总额	亿元	5.59	17.3
合同利用外资	亿元	3.35	-53.5
实际到账外资	亿元	4.14	14.5
一般公共预算收入	亿元	22.50	11.4
一般公共预算支出	亿元	41.85	7.4
国税收入	亿元	18.71	29.8
地税收入	亿元	12.00	18.2
第二产业提供税收	亿元	14.52	4.2
第三产业提供税收	亿元	16.16	12.8
各项存款	亿元	440.56	6.7
住户存款	亿元	305.70	4.2
各项贷款	亿元	353.49	11.3
非公有经济从业人员	万人	62.26	1.5
非公有经济纳税额	亿元	19.73	-2.0

精神文明建设

【“四德”工程建设】 安丘市文明办围绕“四德”工程建设，对全市866个村居（社区）的善行义举“四德”榜进行更新完善，实现全面深化提升。全市学校建榜率达到100%，安丘市级以上文明单位全部建榜。紧扣“爱、诚、孝、仁”四大主题，开展“四德”典型评选活动，完成《全省善行义举四德榜平台》更新上传工作任务，所有村居、学校全部上传实景照片，上榜人数达到50余万人，推荐上报优榜100个，各镇街区推荐“榜上有名”先模人物40多名。吕致全、李霞入选全省善行义举四德榜“榜上有名”先模人物，在全市形成共同推进“四德工程”建设的良好风尚。

【践行社会主义核心价值观】 以刊播公益广告为载体，大力培育践行社会主义核心价值观，深入解读社会主义核心价值观24字内容，在报纸、电视台的版面和重要时段刊播新时期安丘市精神文明建设和社会主义核心价值观内容的标语口号。公共场所公益广告设置占广告总量的30%以上。做好“图说我们的价值观”张贴画、道德模范公益广告宣传，在学校、车站、公交站点、大型商场超市、旅游景点、星级酒店、旅行社等公共场所进行广泛张贴，最大限度的发挥宣传效应。搞好村镇、社区文化墙建设。以安丘道德模范、身边好人事迹为素材，制作“道德模范在身边”公益广告，在社区、广场、公园、公交站点、建筑围挡等公共场所进行宣传。

【爱国主义教育】 以开展纪念抗日战争暨世界反法西斯战争胜利70周年主题宣传教育活动为载体，大力推进爱国主义教育。印制伟大胜利、历史贡献宣传挂图600套，在镇街区、城乡社区及城区公共场所张贴悬挂。协调城管、交通、公安等部门加大户外广告牌、门头显示屏的爱国主义教育主题宣传力度。协调新闻中心、电台、电视台等媒体，搞好相关活动的宣传报道。组织开展“纪念抗日战争胜利70周年”书画展，举办安丘抗战史专题报告会等活动。在政府网、安丘新闻网、文明网等网站首页展出纪念中国人民抗日战争暨世界反法西斯战争胜利70周年图片。

【“安丘好人”评选】以开展身边好人推荐评选活动为载体，打造“安丘好人”群体。制定完善“安丘好人”评选办法，每月定期评选推荐各级好人，大力选树各类先进典型。54人被评选表彰为“安丘好人”，吕致全、李霞入选潍坊市第六届道德模范。道德典型群体进一步扩大，学好人、做好人局面正在形成。制定先进典型关爱机制，联合市立医院为54名安丘道德模范和身边好人免费体检。大力宣传道德典型事迹，组建安丘好人先进事迹报告团，走进农村、机关、企业、学校，用身边事感动身边人，在全社会形成人人崇德向善、见贤思齐的良好氛围。

【营造良好育人环境】以开展未成年人道德实践活动为载体，努力营造良好育人环境。依托春节、清明节、国庆节等传统节日，广泛组织开展我们的节日——清明节、网上祭英烈、向国旗敬礼等活动。在全市中小学生中深入弘扬践行社会主义核心价值观，开展爱国主义读书教育征文比赛活动；组织全市中小学生开展“国学小名士”经典诵读大赛，并推荐7名中小学生参加潍坊市决赛；开展全市书香之家、美德少年评选活动，10个家庭被潍坊市表彰为书香之家，8名中小学生获得潍坊市美德少年称号。举办全民读书启动仪式，向广大市民推荐优秀阅读书目。抓好乡村学校少年宫建设使用和管理，对12所中央和省级福利彩票公益金支持乡村学校少年宫项目进行总结，积极搞好中央、省级福利彩票公益金支持乡村学校少年宫项目的申报。

【志愿服务制度化建设】市文明委出台《关于在全市深入开展“弘扬雷锋精神 建设美德安丘”志愿服务活动的实施意见》。完善志愿服务体系，建立文明交通、健康救助等26个志愿服务大队，在全市组织开展社会环境综合整治、文明交通劝导等志愿服务活动。2017年，全市有35000多人次参与扶贫、助医、助学、就业帮助、法律援助等志愿服务活动，发放宣传材料2万多份，提供法律咨询1400余人次，捐赠款物40多万元。在泰华城、老佳乐家路口、市北区人民医院等位置设立5处志愿者服务站，是潍坊市首家设立志愿者服务站的县市区。依托春节、植树节、劳动节等重要节点，开展进社区送对联、送福字活动、送戏下乡活动。注重挖掘选树志愿服务组织和个人典型，温增运被省委宣传部评为最美志愿者，王增涛被潍坊市评为最美志愿者；新安街道富华社区、兴安街道永安社区被潍坊市评为最美志愿服务社区；安丘慈善义工协会被潍坊市评为最美志愿服务组织。

【乡村文明行动】以推进城乡环卫一体化建设为载体，努力提升美丽乡村建设水平。加强“四德”文化广场、“四德”文化长廊、“四德”榜、道德讲堂、村民文明公约等道德阵地建设。扎实开展乡村文明行动，以潍坊市乡村文明行动城乡一体化现场推进会议为契机，组织各镇街区做好善行义举“四德”榜、乡村文明行动、社会主义核心价值观等公益广告宣传、文化墙绘制等工作。利用精神文明建设宣传栏、村民文明公约、文化墙、“四德”榜、明白纸、大喇叭等方式，加强乡村文明行动宣传工作，提升群众的知晓率和满意率。深入推进“百镇千村”建设示范工程，大盛镇窦家庄子村、小庵子村入选山东省第五批乡村文明家园建设示范村。市文明办联合市财政局对“百镇千村”建设示范项目扶持资金使用情况进行专项督查，确保资金专款专用。

【文明城市创建】在市内主要媒体设置专题专栏，刊播社会主义核心价值观、讲文明树新风等公益广告，大力宣传省级文明城市创建相关知识、工作动态和先进典型，设立曝光台，加大对社会上各种陋习和种种不文明现象的曝光力度。在城市出入口、城区显著位置和繁华路段设置大型公益广告牌100多块，利用建筑围挡设置公益广告60余处。在城市绿化带、草坪设置大型公益广告25幅，公益宣传牌103块，温馨提示牌680多块。在各独立办公场所门口、楼前等位置设立各类宣传看牌200余块。打造社会主义核心价值观主题广场、文明广场、“四德工程”主题公园和文明一条街等宣传阵地。印制社会主义核心价值观、讲文明树新风、市民文明公约等宣传画6万幅，张贴在商场、医院、景区等公共场所和办公场所。组织开展“六项”整治活动，进行重点领域、重点场所和突出问题的整改，推动提升城市管理水平。全面开展以维护公共交通、维护公共环境、维护公共秩序为主要内容的文明出行活动。

（王　震）

中国共产党安丘市委员会

Zhongguogongchandanganqiushiweiyuanhui

重要会议

1月12日，市委召开2016年度镇街区市直部门单位党（工）委书记抓基层党建工作述职评议会议。潍坊市委常委、组织部长林红玉到会指导，安丘市委书记李新阁主持会议并作点评。市委副书记、市长杜建华，市领导贾勤清、刘兴军、王峰贵、李建英、郭永超、赵延福等出席会议。

1月13日，中共安丘市委十三届十一次全体会议召开。市委委员、市委候补委员参加会议。会议由市委常委会主持。市委书记李新阁做重要讲话。全委会就十三届市委、市纪委准备提交第十四次党代会审议的工作报告做出说明；酝酿讨论第十四届市委委员、候补委员和市纪委委员的候选人建议名单；对市第十四次党代会代表的选举、结构比例等方面及安丘市出席潍坊市第十二次党代会代表候选人预备人选确定情况做出说明。

1月14日，中国共产党安丘市第十四次代表大会主席团举行第一次会议。李新阁讲话，强调严肃换届纪律，杜建华就邀请参加大会人员和列席人员名单作说明，贾勤清主持会议，赵延福宣读关于代表资格的审查报告（草案）。

1月14日，中国共产党安丘市第十四次代表大会召开预备会议。李新阁出席会议，杜建华主持会议；贾勤清介绍市第十四次党代会筹备情况、指导思想和主要任务，提出开好大会的要求。会议通过大会主席团成员和秘书长名单；通过代表资格审查委员会成员名单；通过中国共产党安丘市第十四次代表大会会议议程。

1月15日，中国共产党安丘市第十四次代表大会开幕。大会应到代表380名，实到代表371名，符合法定人数。李新阁代表中国共产党安丘市第十三届委员会向大会做工作报告。李新阁、杜建华、贾勤清、任海燕、李广庆、孙晓非、刘兴军、王峰贵、李建英、刘子庆、郭永超、赵延福在主席台前排就座；市人武部部长范长青、地方驻军首长周传武、市人民法院院长何彤斌、市人民检察院检察长于建立；邀请参加大会的担任过安丘市正县级职务的党内老同志李宪忠、谢迎春、张贵善、张善华、王乃平，以及大会主席团成员在主席台就座。

1月16日，中国共产党安丘市第十四次代表大会举行第二次全体会议。李新阁主持会议，372名代表出席会议。大会选举产生中国共产党安丘市第十四届委员会委员、候补委员，选举产生中国共产党安丘市第十四届纪律检查委员会委员，选举产生安丘市出席潍坊市第十二次党代会代表；通过大会关于十三届市委和市纪委工作报告的决议。至此，中国共产党安丘市第十四次代表大会圆满完成各项任务，胜利闭幕。

1月16日，中国共产党安丘市第十四届委员会举行第一次全体会议。受中国共产党安丘市第十四次代表大会主席团委托，李新阁主持会议。出席会议的市委委员48名，候补委员9名。会议分两个阶段进行，市纪委委员列席第二阶段会议。会议选举产生中国共产党安丘市第十四届委员会常务委员会委员和书记、副书记，通过中国共产党安丘市第十四届纪律检查委员会第一次全体会议选举结果。通过市委《关于加强自身建设的决定》，新当选的市委书记李新阁代表新一届市委讲话。

1月22日，安丘市委常委班子召开2016年度民主生活会。围绕“两学一做”学习教育要求，深入学习领会习近平总书记系列重要讲话精神，认真学习把握《关于新形势下党内政治生活的若干准则》《中国共产党党内监督条例》要求，聚焦政治合格、执行纪律合格、品德合格、发挥作用合格4个方面进行党性分析，严肃认真开展批评和自我批评，推动形成积极向上、风清气正的政治生态。潍坊市委常委、组织部部长林红玉到会指导。市委书记李新阁主持会议，市委副书记、市长杜建华，市委副书记贾勤清等市委常委出席会议。市人大常委会主任任海燕，市政协主席李广庆列席会议。

1月24日，中共安丘市纪委十四届二次全体会议召开。市委书记李新阁出席会议并讲话，杜建华、贾勤清、任海燕、李广庆等市级领导班子全体成员出席会议，市委常委、纪委书记王峰贵代表市纪委常委会作工作报告。会议审议通过市纪委常委会《工作报告》和《中共安丘市纪委十四届二次全体会议公报》。

2月12日，全市经济工作会议召开。会议深入贯彻落实中央、省和潍坊市经济工作会议精神，按照市十四次党代会的部署要求，回顾总结2016年工作，安排部署2017年全市经济社会发展的任务措施。市委书记李新阁出席会议讲话，市委副书记、市长杜建华主持会议。贾勤清、任海燕、李广庆等市级领导班子成员出席会议。

3月21日，全市领导干部会议召开。会议进一步统一思想，凝聚共识，形成合力，全力推动实力安丘活力安丘魅力安丘建设。市委书记李新阁主持会议并讲话，杜建华、贾勤清、任海燕等市级领导班子成员出席会议。

4月11日，全市组织工作会议召开。市委书记李新阁出席会议并讲话，市委副书记贾勤清主持会议，市委常委、组织部部长赵延福出席会议。会上，李新阁与镇街区签订2017年镇街区党委书记抓基层党建工作目标责任书；新安街道、兴安街道、大汶河旅游开发区、市人社局、市住建局作典型发言。

5月2日，全市开展“作风建设年”活动动员大会召开。市委书记李新阁作动员讲话。市委副书记、市长杜建华主持会议。市委副书记贾勤清宣读市委、市政府《关于表彰2016年度先进单位和先进个人的通报》。市委常委、纪委书记王峰贵通报全市落实中央“八项规定”精神集中检查情况，并为获得2016年度先进单位和先进个人颁奖。安丘经济开发区、市住建局、市政务服务中心管理办、景芝酒业公司、兴安街道永安社区作大会发言。会议采取电视直播形式召开，主会场设在市政府招待所会议厅，各镇街区、市直各部门设分会场。

5月15日，市委全面深化改革领导小组会议召开。会议传达学习习近平总书记在中央全面深化改革领导小组第三十三次会议上的重要讲话，审议有关改革方案，研究部署下步深化改革工作。市委书记、市委全面深化改革领导小组组长李新阁主持会议，市委副书记、市长、领导小组副组长杜建华，市委副书记、领导小组副组长贾勤清，领导小组成员出席会议。

5月18日，潍坊市委常委、组织部部长林红玉到安丘调研作风建设年活动开展情况。市委书记李新阁，市委副书记贾勤清陪同调研。市领导王峰贵、郭永超、牛茂荣、孙鹏参加陪同。

5月31日，市委常委（扩大）会议召开。市委书记李新阁主持会议。会议听取市直有关部门本职工作开展、向上争取项目资金和招商引资工作情况汇报，对相关工作提出要求。市领导杜建华、贾勤清、任海燕、李广庆等出席会议。

7月12日，全市创建省级文明城市工作会议召开。会议传达全省深化文明单位创建暨文明城市创建工作电视电话会议精神，对文明城市创建工作进行安排部署，动员全市上下迅速行动、决战决胜，全力以赴迎接省级文明城市测评，坚决打赢省级文明城市创建攻坚战。

8月3日，市委全面深化改革领导小组会议召开。会议就深入推进行政事业性收费改革，优化发展环境，进行专题研究部署。市委书记、市委全面深化改革领导小组组长李新阁主持会议，市委副书记、市长、领导小组副组长杜建华，市委副书记、领导小组副组长贾勤清，领导小组成员出席会议。

8月8日，中共安丘市委十四届三次全体会议举行。全委会由市委常委会主持，市委书记李新阁作重要讲话。市委宣传部、市委改革办、市发改局、兴安街道、景芝镇等单位作表态发言。

8月11日，全市经济形势分析会议召开。会议总结分析上半年经济运行情况，安排部署下半年重点工作，动员全市上下把思想绷得更紧、劲头鼓得更足、工作抓得更实，确保全面完成全年任务目标，加快建设实力安丘活力安丘魅力安丘。市委书记李新阁出席会议并讲话，市委副书记、市长杜建华主持会议。贾勤清、任海燕、李广庆等市级领导班子成员出席会议。

8月15日，十四届市委第一轮巡察工作动员部署会议召开。会议深入学习贯彻中央和省委、潍坊市委巡视巡察工作动员部署会议精神，对市委第一轮巡察工作进行动员部署。市委书记李新阁出席会议并讲话。

10月17日，全市领导干部会议召开。会议传达学习中共十八届七中全会精神。市委书记李新阁出席会议并讲话，市委副书记、市长杜建华传达学习《中国共产党第十八届中央委员会第七次全体会议公报》。贾勤清、任海燕、李广庆等市级领导班子成员参加会议。

重大决策与党风廉政建设

【重大决策】 深化改革 2月11日，市委、市政府印发《2017年度安丘市招商工作考核办法》（安发〔2017〕

4号)。《办法》强调在新常态下提高精准招商成效，明确招商引资目标任务，提高引进项目的质量效益，强化各级各部门各单位的招商责任。确定全市年度招商工作计划目标为：新引进投资1亿元（含1亿元）以上项目40个，5000万元以上（含5000万元）、1亿元项目30个；力争年内引进项目资金120亿元。确定14处镇街区，75个市直部门、单位为招商工作目标单位。明确考核认定的重点是招商引资、招院引所、招才引智三个方面，突出考核新引进实体项目，并对项目认定办法、计分办法、考核程序、结果运用等做出详细说明。

7月25日，市委、市政府印发《关于深化公共资源配置改革的实施办法》(安发〔2017〕12号)。《办法》要求充分发挥市场在资源配置中的决定性作用和更好发挥政府作用，提高公共资源配置质量和效率。指出，要规范公共资源配置交易市场，建立与潍坊市统一的公共资源交易系统，规范公共资源交易规则程序，制定各领域公共资源交易实施方案。要完善公共资源配置竞标机制，制定全市通过竞标机制配置公共资源的规则程序，制定竞标方案。要落实公共资源配置公开原则，制定行政分配资金公开、土地资源行政分配、教育资源行政分配、社会救助资源行政分配、扶贫资源行政分配、保障性安居工程资源行政分配、社会保障资源和劳动就业资源行政分配公开实施方案。要健全公共资源配置监管体系，发挥好公共资源行业监管部门的行业监管职责；发挥好市公共资源交易管理办公室的综合监管职能；发挥好审计部门的审计监督作用；发挥好检查部门的执纪监督作用。

经济建设 8月8日，市委、市政府印发《关于落实市级领导及部门分工包靠重点产业的通知》(安发〔2017〕14号)。《通知》要求进一步强化工业，加快推进有一定发展基础的食品加工、汽车零部件、电力装备制造、家居服饰、复合新材料等5个传统优势产业，以及高端饲料、生物医药、节能环保、包装灌装、电子信息、生态家居、新能源等7个具有较好成长空间的潜力产业发展。明确9名市级领导及9个相关部门分工对12个产业进行包靠。建立一个主导产业、一名市级领导、一个责任部门、一套工作班子、一个实施方案的“五个一”推进机制。由市级包靠领导任各产业培育第一责任人，牵头部门具体负责，相关单位密切配合，形成合力，全力抓好产业培育。《通知》还进一步确定包靠职责及考核制度。

8月14日，市委、市政府印发《安丘市“四个城市”建设五年规划和三年行动计划》(安发〔2017〕17号)。《规划》和《计划》分别就产业强市、文化名市、活力城市、品质城市建设确立指标体系、主要任务和关键措施。推动全市创新发展、持续发展、领先发展，加速建设富裕文明充满活力的现代化强市。

【党风廉政建设】 利用党校阵地，为全市310名科级干部上党纪课，轮训机关、村居党员干部3000多人次。开展送纪上门35次，培训基层党员干部7600多人次。组织225名正科级党员领导干部德廉知识测试，合格率达96%。发放《以案释纪50例》2800余册、《挺纪在前》300余册。对身边的典型案例及时通报曝光，先后通报全市典型案例247起、269人次，形成有力震慑。邀请中纪委宣传部原常务副部长杨小平为全市党员领导干部上党纪教育课。创建“汶水清风”微信公众号，推送48期，发布各类廉政信息500余条，关注人数超过7200人。编印《汶水悠悠润桑梓》家风故事集，精选家风故事68个，以优良家风塑勤廉政风。制定《常态化明察暗访工作方案》，成立专门暗访组，盯紧重要时间节点，突出公务用车、公款消费等6类重点领域及审批大厅、办公室等重点场所，高频次明察暗访。组织明察暗访90多次，发现违反工作纪律、违反会议纪律等问题线索80余个，处理48人。出台《纠治“四风”工作方案》，集中纠治“四风”问题。查处违反“四风”和八项规定问题56起，处理75人。通报违规违纪典型问题19起、30人次。开展“为官不为”、行政审批领域突出问题、“吃空饷”问题、“私车公养”问题、违规公款购买消费高档白酒问题等5项专项整治，查处“为官不为”典型问题18起，处理29人；查处行政审批大厅工作人员空岗等问题10人；解聘“吃空饷”人员13名。开展精准扶贫精准脱贫领域专项监督检查，查处扶贫领域违规违纪案件14起、处理16人，其中党政纪处分15人、诫勉谈话1人。

（宿　强）

重要活动

1月11日，省民政厅副厅长、省双拥办主任张魁中到安丘走访慰问安丘经济开发区魏家埠村一等功现役军人褚旭亮的家庭，送去慰问信、慰问金和慰问品。市委书记李新阁陪同走访慰问。市委常委、副市长孙晓非，市人武部部长范长青参加陪同。

1月12日，潍坊市委常委、组织部部长林红玉带领检查组到安丘，检查2016年度落实全面从严治党主体责任情况。市委书记李新阁汇报工作情况，市领导杜建华、贾勤清等出席汇报会。

1月12日，潍坊市委常委、组织部部长林红玉到安丘走访慰问新中国成立前入党的老党员、生活困难党员和敬老院老人。市委书记李新阁陪同走访。走访期间，林红玉还到幸福里社区党群服务中心察看基层党建工作开展情况。市委常委、组织部部长赵延福等参加陪同活动。

2月21日，潍坊市委副书记张

小梅带领市直有关部门负责同志到安丘调研农产品质量安全工作。潍坊市政府党组成员陈汝孝，安丘市委书记李新阁，市委副书记贾勤清，市委常委、办公室主任郭永超，副市长赵祥永陪同调研。

3月29日，省委党校第46期市厅级领导干部进修班第三支部一行30人，围绕农产品质量安全主题到安丘进行现场教学。市委书记李新阁陪同活动。市领导郭永超、赵祥永参加陪同。

4月10日，济宁市嘉祥县党政考察团一行55人在县委书记周生宏，县委副书记、县长朱瑞显带领下，到安丘考察学习园区建设、城市建设、文旅融合、山区治理、美丽镇村等工作。市委书记李新阁，市委副书记贾勤清陪同考察。

4月12日，国家发改委农经司、省发改委、省委农工办相关领导带领全省农村产业融合发展规划编制暨现场观摩会与会人员，到安丘现场观摩农村产业融合发展情况。市委书记李新阁，市委副书记、市长杜建华，市委副书记贾勤清陪同活动。

4月15日，聊城市考察团到安丘参观考察文化建设等工作。市委书记李新阁陪同考察。市领导李建英、赵祥永参加陪同。

4月20日，省政协文史委主任杜文彬带领调研组到安丘，就加强工业文化遗产保护进行专题调研。潍坊市政协副主席李士来，安丘市委副书记、市长杜建华，市政协主席李广庆、副主席于振法陪同调研。

4月25日，省农业厅副厅长褚瑞云率全省现代种业工作会议与会人员，到安丘观摩粮食高产创建平台建设项目新品种展示示范基地。市委副书记、市长杜建华陪同活动。

5月4日，潍坊市副市长马清民到安丘调研畜牧工作。安丘市委书记李新阁陪同调研。

5月16日，省政协副主席、党组成员陈光带率调研组到安丘专题调研"培育山东白酒骨干企业和知名品牌、振兴山东白酒产业"情况。潍坊市政协主席、党组书记苏立科，副主席李传恒，秘书长许华，安丘市委书记李新阁，市政协主席李广庆陪同调研。

5月18日，潍坊市委常委、组织部部长林红玉到安丘调研作风建设年活动开展情况。市委书记李新阁，市委副书记贾勤清陪同活动。

5月23日，安丘市举办青云大讲堂汽车产业经济专题报告会，邀请国家千人计划特聘专家，清华大学汽车工程系教授、博导，汽车产业与技术战略研究院院长赵福全作题为《寻找核心特色载体，实现安丘机械制造业转型升级》的报告。市委书记李新阁主持报告会，杜建华、任海燕、李广庆等市级领导班子成员出席报告会。

5月27日，安丘市举办青云大讲堂，邀请山东大学哲学与社会发展学院教授、博士生导师何中华先生作《中国传统文化及其当代价值》的专题报告。市委副书记、市长杜建华主持报告会，贾勤清、任海燕、李广庆等市级领导班子成员出席报告会。

5月31日，安丘市组织收看全省安全生产紧急电视会议。市委副书记、市长杜建华参加收看。孙晓非、邱海芳、刘兆泰、赵祥永、冷文清、王德明、曹忠诚一同参加收看。

6月5日，潍坊市副市长马清民到安丘调研河长制、防汛抗旱、水库管理等工作。安丘市委副书记、市长杜建华陪同。

6月6日，省人大常委会委员、农业与农村委员会主任委员战树毅带领检查组到安丘，就贯彻实施《山东省森林资源条例》情况进行检查。潍坊市人大常委会副主任张新强，安丘市委书记李新阁，市人大常委会主任任海燕陪同活动。

6月7日，全国县级深化供销合作社综合改革专题研究班一行50人，到安丘观摩供销合作综合改革现场。市委副书记、市长杜建华，副市长赵祥永，市领导曹忠诚陪同活动。

6月22日，全国政协教科文卫体委员会副主任黄洁夫率调研组到安丘就全面实施两孩政策后，医疗卫生服务面临的挑战与配套政策进行调研指导。潍坊市政协副主席李士来，安丘市委副书记贾勤清，市政协主席李广庆等陪同调研。

6月24日，2017年山东省科协创新驱动助力工程示范区安丘市启动仪式暨山东省硅酸盐学会对接安丘企业会议举行。省科协副主席秦维强，潍坊市人大常委会副主任张新强，安丘市委副书记贾勤清等领导分别致辞；孙晓非、田友、王振红出席启动仪式。

6月28日，山东省高级人民法院院长白泉民到安丘调研法院审判执行、司法责任制改革和机关党建等工作情况。潍坊市委副书记、市长李宽端，潍坊市中级人民法院院长姜树政，安丘市委书记李新阁陪同调研。

7月7日，潍坊市信访工作现场会在安丘召开。潍坊市委副书记张小梅出席会议并讲话，潍坊市委常委、秘书长刘建国主持会议，安丘市委书记李新阁出席会议并作经验介绍。

7月7日，潍坊市政协主席苏立科率 调研组到安丘调研干部作风建设、农产品质量安全、乡村旅游等工作，指导市政协民主监督及委派民主监督小组工作。安丘市委书记李新阁，市政协主席李广庆陪同。

7月18日，潍坊市副市长、公安局局长吴磊率调研组到安丘调研村"两委"换届选举暨"一村一警务助理"工作开展情况。市委书记李新阁陪同调研。

7月18日，省委组织部调研组到安丘调研村"两委"换届选举工作。市委副书记贾勤清，市委常委、组织部部长赵延福陪同调研活动。

7月26日，潍坊市委副书记、市长李宽端到安丘调研重点项目建设、现代农业转型升级、棚改旧改、文化旅游融合发展等工作。安丘市委书记李新阁，市委副书记、市长杜建华陪同调研。

7月27日，潍坊市民主党派联合调研组到安丘调研高效节水农业工作。潍坊市委常委、统战部部长王兆辉，潍坊市政协副主席李传恒、刘秀平出席活动。安丘市领导李新阁、贾勤清、牛茂荣、赵祥永陪同调研。

8月9日，省政协副主席许立全率调研组到安丘，就军民融合发展情况进行调研指导。潍坊市政协主席苏立科，安丘市委书记李新阁，市政协主席李广庆陪同调研。

8月12日，潍坊市副市长马清民带领督察组到安丘督察畜禽污染防治工作。市委副书记、市长杜建华陪同督察。

8月22日，省委常委、组织部部长杨东奇围绕组织工作服务生态文明建设，先后到山东景芝酒业股份有限公司、新安街道磨埠社区调研。安丘市委书记李新阁，市委常委、组织部长赵延福陪同调研。

8月24日，省妇联主席张惠率调研组到安丘调研妇女工作。潍坊市委副书记张小梅，潍坊市委常委、组织部长林红玉，安丘市委书记李新阁陪同调研。

8月29日—30日，潍坊市政协工作座谈会在安丘召开。会议以观摩现场和座谈会的形式进行。潍坊市政协主席苏立科出席会议并讲话，副主席孙忠礼主持会议，副主席李传恒、赵崇发，在职原副主席杨肖青，党组成员李静波，秘书长许华出席会议。安丘市委书记李新阁陪同活动，市委副书记、市长杜建华出席会议并致辞，市政协主席李广庆参加会议并作交流发言。

9月5日，潍坊市村（社区）“两委”换届选举工作现场推进会议在安丘召开。省委组织部、省民政厅有关负责人到会指导。安丘市委书记李新阁出席会议并讲话。

9月6日，潍坊市人大常委会党组副书记、副主任孙明亮率调研到安丘专题调研法制环境开展情况。安丘市委书记李新阁，市人大常委会主任任海燕陪同调研。

9月7日，全省供销社农业服务体系建设现场会在安丘召开。市委副书记、市长杜建华陪同活动。

9月13日，国家园林城市专家考察组到安丘考察国家园林城市创建工作。市委副书记、市长杜建华陪同考察，并汇报安丘市创建国家园林城市工作情况。市人大常委会主任任海燕，市政协主席李广庆陪同活动。

9月13日—14日，农业部督导组到安丘督导检查果菜茶有机肥替代化肥行动。市委副书记、市长杜建华陪同督导。

9月21日—22日，省委原副书记、省人大常委会原副主任马仲才到安丘参观考察。市委书记李新阁，市委副书记贾勤清，市人大常委会主任任海燕，市委常委、组织部部长赵延福陪同考察。

9月21日—22日，民政部专家组到安丘检查验收“全国农村社区建设示范市”创建工作。市委副书记、市长杜建华出席会议并汇报安丘市创建工作情况。

（宿　强）

市委办公室工作

【概况】 2017年，安丘市委办公室在潍坊市委办公室的正确指导和安丘市委的坚强领导下，快速适应潍坊和安丘新一届市委的决策思路和工作节奏，充分发挥市委办公室总揽全局、协调各方的作用，积极为市委谋大局、抓大事、管方向提供优质服务，有力推动市委中心工作顺利开展。

【深化改革】 市委办公室按照市委工作要点的任务分工和部署要求，主动加强与潍坊市委改革办对接沟通，起草制定《中共安丘市委全面深化改革领导小组2017年工作要点》《安丘市2017年改革任务台账》等系列文件，确定改革任务216项，着力破除体制机制障碍，开创改革工作新局面。改革事项主要包括两大类，一类是承接上级要求的改革任务，如“放管服”改革、巡察制度改革、群团改革、清理“僵尸”事业单位改革、公务员职务职级并行制度改革、河长制改革、综合行政执法体制改革、一村（居）一警务助理、一村（社区）一法律顾问改革、农村产权制度改革等。另一类是安丘结合实际开展的创新性改革。主要包括：城镇基准地价调整、重点产业招商政策、离任村干部生活补贴、明确硕士博士补贴待遇、建立“四位一体”新闻舆情管理体系、行政事业性收费改革、政府投融资体制改革、处置“僵尸”企业、市直事业单位撤并整合改革、企业和群众“最多跑一次”改革等。此外，安丘市承接省级以上改革试点5项：一是全国县级公立医院综合改革试点。2012年6月开始，试点医院取消药品加成政策，按购进价实行零差率销售；建立法人治理结构，实行全员聘任制、岗位绩效工资制，调整医疗服务价格。二是全国农村一二三产业融合发展试点 。2016年9月，安丘市被确定为全国首批137个农村产业融合发展试点示范县之一，试点时限3—5年。三是山东省农民专业合作社信用互助业务试点。试点时间2015年2月至2017年年底。四是山东省中等城市试点。2017年1月，安丘市被确定全省15个中等城市之一（潍坊是安丘和寿光）。景芝镇被确定为山东省重点示范镇（全省30个）。五是山东省大葱目标价格保险试点。2017年4月，省物价局批准试点，全市共有16762户参保，参保面积10.3万亩，每亩保费210元（去年280元），省级补贴70%，安丘市财政补贴10%，农户承担20%，省物价局共拨付安丘市保费补贴1510.88万元。“兜底”价格春葱 0.46 元 / 斤、夏葱 0.42 元 / 斤。

【综合文字工作】 市委办公室牢固树立“身在兵位、胸为帅谋”的理念，以“大局观”抓好文稿起草、信息报送和调查研究工作，以文辅政作用得到有效发挥。一是高质量做好文稿起草工作。组织起草领导讲话、典型材料、汇报发言、致辞等各类文稿 270 多篇、110 多万字。其中，主动对接主要领导思想，完成市委主要领导在全市经济工作会议、脱贫攻坚会议、开展“作风建设年”活动动员会议、“四个城市”建设推进会等一系列会议上的讲话、发言 80 多篇。二是从严做好文件把关审核工作。以文件“零差错”为目标，严把文件的制发关、行文关、内容关、格式关、运转关。全年印发市委、市委办文件 100 多个，全部做到标准规范。三是深入开展调查研究。重点围绕省市提出的新旧动能转换、农村“新六产”融合发展、“四个城市”建设、“作风建设年”活动等热点话题，坚持每月至少 2 次到镇街区或市直部门单位开展专题信息调研，形成反映客观、有参考价值的信息和调研报告。全年共编报各类信息 900 余篇；开展调研 20 次，形成高质量的调研报告 20 篇。四是严格落实信息考核机制。制定《党委信息调研工作考核办法》，每季度编发一期《信息工作情况通报》，对信息报送不及时、得分较低的单位，约谈单位分管负责人，共同分析原因，带动成绩提升。同时，完善紧急信息报送联动机制，严格按照 20 分钟内口头报告，2 小时内书面报告的时限要求，按规定报送途径报送，实现紧急信息报送及时准确。

【督查工作】 市委办公室创新督查体系，成立安丘市督查考核委员会，市委副书记担任督查考核委员会主任，市政府常务副市长和市委办公室、组织部、市纪委主要负责人担任副主任，整合市委督查室、市政府督查室、市纪委、市委组织部 4 部门的督查力量，健全三项机制、搭建一个平台，建立高规格的“大督查”工作体系。一是建立“四统一分”工作机制。市督查考核委员会下设办公室和 4 个督查组，办公室设在市委督查室，负责委员会日常事务，4 个督查组按照职责分工定期进行督查考核活动。具体工作中，各督查组牢固树立“一盘棋”思想，实行“四统一分”工作机制。即督查事项统一研究、督查程序统一规范、督查情况统一报送、督查结果统一使用、分工协作开展督查，做到统分结合，高效运作。根据工作性质的不同，通过单独或者联合开展工作、从有关职能部门临时抽调专业技术人员参与等方式，切实提高督查效果。二是实行重点工作跟踪督查机制。围绕“四个城市”建设，突出项目建设、招商引资、环境改善、作风建设等重点工作进行反复督查、跟踪督查。对工作落后的点名道姓予以曝光，是谁的问题直接点到单位、督到个人。同时，对落实市委市政府工作不力的单位在年底综合考核时，由市督查考核委员会提供依据进行减分，有力推动市委决策部署的贯彻落实。三是构建常态化的暗访督查机制。改进督查方法，采取不打招呼、直奔现场的方式进行暗访检查，实事求是地反映督查中发现的问题。重点结合 2017 年开展“作风建设年”活动的实际，把干部作风建设情况作为暗访督查的重点，先后对潍坊市开展“作风建设年”活动动员大会组织和会议纪律情况、组织收听收看省委省政府重点工作推进情况视频会议纪律情况等进行现场暗访，并将违纪情况进行全市通报，有力推进全市干部作风转变。四是搭建快捷高效信息交流平台。利用微信等信息传播新方式，活化督查通报方式，完善“大通报、小专报、快反馈”机制，建立相关工作微信群，减少中间环节，尤其对领导关注的阶段性重要工作、重点环节实行快督查、快提报、快反馈，探索利用照片、截屏等有效形式，第一时间把现场情况报送给领导，第一时间把领导的意见反馈给被督查单位，进一步提高督查考核工作的时效。共开展督查活动 171 次，下发督查通报 113 期，督查专报 58 期，充分发挥督查督办利剑作用，有力推动市委、市政府重大决策和重要工作部署的落实。

【综合服务工作】 市委办公室以“零差错、零纰漏”为目标，扎实做好综合服务工作。一是突出办文办会规范化。坚持提前准备、分工负责、层层把关，确保做到会场布置整洁庄严，会场服务细致周到，会议材料齐备无差错。规范文件领取制度，坚持做到每份文件运转有始有终，文件领取有凭有据，畅通各级各部门获取上级政策和工作精神的主渠道。全年共下发文件 23000 余份。在公文阅批上，坚持做到多跑腿、勤查看，灵活掌握传阅时机，合理安排传阅领导，有效提高传阅效率，确保领导在第一时间看到文件，不出任何纰漏。二是突出行政管理精细化。坚决贯彻执行中央“八项规定”，坚持以“全面、细致、体贴、周到”为标准，从细节入手，从小事做起，认真做好领导交办的每件事情，耐心处理好每件工作，接待、出车全年无差错。圆满完成迎接潍坊市转型发展观摩交流及县市区到安丘参观等政务接待，市领导赴浙江省诸暨、泰安市新泰、青岛市西海岸新区等地的考察工作任务。先后接待省、市各级领导 160 多次、1500 人次。三是突出保密工作制度化。召开 2 次全市保密工作会议，组织各级各部门积极订购保密宣传资料，订购保密纪录片《胜利之盾》70 套。组织全市各级各部门层层签订保密承诺书、责任书，把保密责任和压力层层传导、逐级落实，做到保密无例外人员。每季度开展一次检查活动，及时发现和纠正工作中的保密隐患，新配备“三合一”保密防护设备 93 套。

【"四个城市"建设工作】 根据潍坊市"四个城市"建设相关安排部署，安丘市成立"四个城市"建设协调推进机构，由市委办公室牵头负责推进落实。市委办公室突出抓好三个方面工作。一是抓机构组建。成立"四个城市"建设协调推进办公室，下设综合协调、调研指导、督导考核奖惩、创建活动、执纪巡察、舆论宣传等六个小组，确定办公地点，抽调人员实行集中办公。推进办各小组有序开展工作，上报信息简报等20余篇，被潍坊市委《参阅件》及"四个城市"建设简报采用3篇，下发安丘"四个城市"建设简报15期。二是抓协调推进。对上主动与潍坊市协调推进办公室联系，对下搞好各镇街区、市直部门的工作协调，每月调度通报一次工作进展情况，每季度向协调推进委员会或市委常委会作一次汇报，促进各项工作扎实有效推进。三是抓督导落实。将"四个城市"建设纳入督查考核范围，制定考核办法，完善考核机制，加大督查调度力度，对"四个城市"建设进展情况、推进落实情况定期督查、年底考核，对工作落实不力、进度慢的单位，跟进督查、通报批评，以督导考核推进"四个城市"建设工作。10月，专门对各镇街区和重点市直部门"四个城市"建设工作开展情况进行一轮专项督导，以督导促进工作开展。

【自身建设】 市委办公室坚持把抓好自身建设作为一项基础性工作来抓，努力在各方面发挥带头作用，为全市各级机关当好表率。一是提升思想境界。把深入学习贯彻中共十九大精神和当前工作紧密结合起来，进一步强化"四个意识"，践行"五个坚持"，自觉用中共的十九大精神武装头脑、指导实践、推动工作。二是完善制度规范。从办会办文等常规性工作开始，逐项细化工作步骤、规范工作流程，全面提升标准，编印成册、人手一本、经常学习，做到熟记于心。三是提升工作标准。切实强化责任意识、零失误意识，要求不论做任何工作、在任何时候都慎之又慎、精益求精；无论大事小事，都认真对待，努力争取工作无差错、零失误。四是提升工作效能。牢固树立刚性执行理念，全面提升办事效率，做到对市委的各项工作部署快速执行，落实领导指示立说立行，处理重要工作雷厉风行，办公室工作效率较大提升。

（宿　强）

组织建设

【概况】 2017年，是全市组织工作创新发展的一年。市委组织部在安丘市委正确领导和上级组织部门的具体指导下，坚持常规工作抓规范、重点工作抓突破、创新工作抓亮点，推动干部工作、人才工作、基层党建"三驾马车"齐头并进，为加快建设富裕文明充满活力的现代化强市提供坚强组织保证。

【干部选拔培养管理】 *健全干部考察考核机制* 改进年度考核工作，完善干部纵、横"双向"排序，将德的考核具体化。分类建立优秀科级干部、相对较弱干部、优秀一般干部信息库，实行动态管理，切实考准考实。建立推行"季报随访"制度，每季度组织镇街区领导干部上报履职情况，开展实地调研访谈2次，将干部考核融入日常。市委组织部组建4个督查小组，开展督查活动40多次，印发通报20多期，注重在"大督查"中了解干部、考察干部、识别干部，对在招商引资、项目建设、片区改造等急难险重任务中表现突出的干部，优先提拔重用，全年提拔重用干部68名。

规范干部日常管理 修订《科级干部选拔任用工作流程》，进一步规范细化干部选拔任用工作。研究制定《规范机关事业单位工作人员调配工作的意见》，促进干部合理有序流动。开展中层干部选拔任用工作专项检查，加强中层干部队伍管理。开展干部档案质效提升行动，扎实做好干部档案审核和整理工作，提高干部档案管理水平。

全面从严监督干部 严格落实领导干部任期经济责任审计制度，对47名单位主要负责人进行离任经济责任审计，对9名单位主要负责人进行任中经济责任审计，安排3名市直单位正职进行离任工作交接。加大对领导干部提醒函询诫勉力度，对6名科级干部进行提醒谈话。配合纪检机关开展巡察工作，把巡察结果运用到干部日常管理监督工作中，将查实的负面信息记入领导干部"负面信息"电子档案，作为年度考核、评先树优、选拔任用的重要参考。

加强因私出国（境）监督管理工作 从严控制因私出国（境）审批和因公出国（境）备案工作，共审批5名退休县级干部、1名在职科级干部和2名市属企业领导班子成员因私出国，备案2名科级干部因公出国（境）。会同市公安局对全市领导干部因私出国（境）、出国（境）登记备案、因私出国（境）证件收缴等工作进行全面规范清理。全市共备案在职县级干部53人、在职科级干部1619人，收缴83名科级以上干部因私出国（境）证件95本。

开展清理规范公职人员违规在企业兼职（任职）、出资办企业和在社会团体兼职工作 对省审计厅审计组反馈的全市218名公职人员在企业兼职（任职）和出资办企业的247条信息，按规定全部进行规范清理；对退（离）休领导干部在社会团体兼职情况全面摸底排查。在全市108个单位自查摸底的基础上，对在民政部门登记注册的97个社会团体进行逐个排查，确保一个不漏、应清尽清。

加大教育培训力度 全年举办各类培训班次26个44期，培训人员

9816人。其中主体班次13个18期，培训人员3074人；青云大讲堂7期，培训人员1440人；春季村支部书记培训班3期，培训814人；在全市范围内聘任62名同志作为兼职教师，充实完善全市干部教育培训兼职教师师资库；建设留山中国共产党历史教育馆，打造党员干部身边的党性教育基地。

【干部人事制度改革】 稳步推进公务员职务与职级并行 按照县以下机关公务员职务与职级并行制度，对133名符合条件的干部晋升职级。根据中央、省、潍坊市关于公务员职务与职级并行制度试点工作有关规定，研究制定全市试点方案和职级设置方案，组织对1245名公务员进行职级套改，对278名干部晋升职级。

完成公立医院法人治理结构改革 扎实推进市中医院、市妇幼保健院、市立医院法人治理结构改革工作，按要求成立理事会、监事会，对有关领导干部职务进行调整、理顺，按规定程序选举产生理事会、监事会组成人员。

加强干部队伍战略性培养 加大年轻干部培养选拔力度，积极选派年轻干部到重点项目、棚改旧改、征地拆迁、信访维稳、工作片区、农村社区等工作一线实践锻炼，丰富基层经验，增强解决实际问题的能力。全年共选派9名年轻干部任驻村“第一书记”，公开选拔1名年轻干部任团市委副书记，从27周岁以下年轻高学历干部中公开选拔镇街区党政工作机构、内设机构副职人选15名。注重提拔重用女干部，先后提拔重用7名优秀女干部，其中选配2名女干部任部门主要负责人。积极选拔配备党外干部，重用1名党外干部任政府工作部门正职。

【党员队伍建设】 加强党员教育管理 全面落实农村党员积分制管理，严格“支部生活日”制度，组织生活政治性、原则性、时代性、战斗性不断增强。加强流动党员管理，全面摸清流动党员底数，建立《安丘市流动党员台账》，成立安丘市在京流动党员党总支，对226名在京流动党员进行有效管理。全面做好关心关爱工作。市镇两级共走访慰问建国前老党员、生活困难党员、因公牺牲党员家属等群体923人，发放慰问金249.4万余元。

严把党员队伍入口关 全市建立86名的专兼职组织员队伍，严格落实《中国共产党发展党员工作细则》、中共安丘市委组织部《关于实行“三化一制”规范发展党员工作的意见》和《安丘市发展党员工作规程（试行）》等有关规定，出台《安丘市村“两委”干部近亲属入党管理办法（试行）》，下发《发展党员工作流程图》2569份、发展党员工作动漫片《入党》922份。坚持慎重发展、均衡发展，提高发展党员质量，优化党员队伍结构，全年共发展党员607名。至年底，全市共有党员59511名，其中男性50796名，女性8715名，占14.6%；农民30071名，党政机关和事业单位12091名，企业8188名，离退休人员8757名，其他404名；初中及以下学历24905名，本科学历9437名，研究生学历589名；35岁以下9193名，占15.4%，36—45岁10228名，46—55岁14430名，56—60岁5494名，61岁以上20166名，占33.9%。新中国成立前入党的老党员232名，其中抗日战争期间入党的12名、解放战争期间入党的220名（抗日战争期间入党的农村老党员和未享受离退休待遇的城镇老党员每月补助560元，解放战争期间入党的每月补助480元，已享受优抚对象抚恤补助的新中国成立前入党的农村老党员每月补助50元）。认真落实《关于推进党员进党校培训常态化的意见（试行）》要求，制定《安丘市普通党员进市委党校培训三年（2017—2019年）工作计划》。2017年，举办党员进党校常态化培训班41期，培训11486万人次。

【基层组织建设】 扎实开展村“两委”换届选举工作 安丘市被省委、省政府确定为全省村“两委”换届选举工作试点单位，市委先后7次召开常委（扩大）会议研究推动村“两委”换届选举工作。省委常委、组织部部长杨东奇，省委组织部组织三处处长孙闽等领导专程到安丘指导村“两委”换届选举工作，并给予充分肯定。将预防和严厉打击拉票贿选行为作为市委书记抓基层党建突破项目，创新性制定预防和查处换届选举拉票贿选行为暂行办法。全市共查处曝光拉票贿选、诬告诬陷、干扰破坏换届选举秩序案件20起，处理违规违纪人员61人次。试点工作从7月17日启动至9月28日结束，共选举产生村“两委”成员3979人。其中，交叉任职2370人，占83.9%；村党支部书记、村委会主任“一人兼”736人，占85.7%。45岁以下的1629人，占40.9%；高中及以上学历的2016人，占50.7%；村“两委”成员中有女干部889人，占22.3%。

持续推进党群服务体系建设 一是加强阵地建设。按照“一厅一校十室+N”的建设标准，全年建设提升31个农村社区服务中心。其中，新建达标型13个，已建提升型18个。10月13日，召开全市农村社区服务中心提升工作现场推进会议。二是规范运行机制。突出抓镇带村，推动镇街区70%以上的机关工作人员下沉到社区，严格落实日常考勤、夜间值班、岗前培训、去向标识等制度，保证工作人员吃住、工作、服务在社区。严格落实村事民决社区监管、社村集中议事、村干部集中办公和轮值服务等制度，保证党群服务体系规范运行。三是创新服务方式。积极引进邮政服务、村淘服务、银行代办等社会资源进驻社区、村设置代办点，进一步提升党群服务中心（站）服务能力。完善驻村指导员职责二十条，在保证每个农村社区值班服务岗不少于2人的基础上，推动506名社区工作人员驻村担任指导员。

全面加强农村基层组织建设　一是全面完成村级审计工作。对原始凭证不合规、会计基础工作不规范、固定资产账实不符等三大类1497个问题，实行销号管理，逐项整改规范。二是抓好软弱涣散党组织整顿转化。对年初确定的53个软弱涣散村党支部，采取市级领导挂靠、镇街区干部包靠、第一书记驻靠的方式，"一村一策"制定整顿方案，推动全部成功转化。三是落实离任村干部生活补贴。出台《关于进一步落实离任村干部生活补贴的意见》，对符合任职条件的4060名村党组织书记、村委会主任和村文书，从2017年1月开始发放生活补贴。四是出台《关于建立村级集体经济发展基金的指导意见》。指导建立村集体经济发展基金，鼓励支持村级集体经济增收。典型案例《分类施治 厚植优势 多元化发展壮大村集体经济》入选省委组织部组织编写的《发展壮大村级集体经济工作读本》。五是抓好第四批包村联户和选派第一书记工作。选派93个包村联户工作组、47名第一书记沉下去抓党建、促脱贫攻坚，累计协调投入资金2718.04万元，实施修路架电、打井灌溉、亮化绿化等惠民项目185个，帮助新增村集体经营性收入94.45万元。

着力提升"两新"组织党建　将非公有制经济组织党工委和社会组织党工委整合到组织部门，成立"两新"组织党工委，依托工商、民政、工商联等部门设立专门党委，加强领导指导。深入推进"两新"组织党组织"一联双促"工程，选派26名驻企第一书记，从市直部门单位选派40名党务骨干人员，充实到"两新"组织党务工作人才库。在重点企业、产业园区、医疗卫生等领域确定21个党建工作示范点，其中4个示范点被评为潍坊市"两新"组织党建工作示范点。至2017年末，全市1109家非公有制企业，共建立党组织451个。其中，单独建立208个，联合建立243个，选派党建工作指导员480名；全市231家社会组织，共建立党组织146个。其中，单独建立118个，联合建立28个，选派党建工作指导员164名。

集中突破城市区域化党建　以"阳光·融和"党建品牌为统领，建立推行市委区域化党建联席会议、街道"大工委"、社区"大党委"、网格"大支部"、楼院党小组五级区域化议事决策"5441"运行机制。出台《关于加强城市社区网格化建设管理的意见》《关于推进城市区域化党建工作的意见（试行）》等7个指导性意见及配套文件，打造新安街道富华社区、兴安街道银杏社区、大汶河旅游开发区幸福里社区等5个党建工作示范点，使全市城市区域化党建取得新进展。

【人才工作】狠抓招才引智　市委主要领导亲自带队赴清华大学对接，与清华大学达成产业合作、人才引进培育、决策咨询服务等方面的战略合作意向。组织赴美国、荷兰和日本招才引智，在日本、美国、北京设立海外人才工作站4个。开展高校院所集中大拜访活动，14处镇街区党政"一把手"带队外出招才引智，续聘科技副市长1名、科技人才镇长14名。开展高端人才对接活动10余场，对接专家教授50余名，引进院士2名、国家"千人计划"专家3名，其他专家教授40余名。

强化人才培育　坚持眼睛向下，深入挖掘培育，申报入选国务院特殊津贴专家1名、齐鲁公安英才2名、省扶贫开发区域急需紧缺人才1名、齐鲁乡村之星1名、齐鲁首席技师1名、齐鲁文化之星2名。评选安丘市首席技师10名、安丘市农村实用人才10名。新增高技能人才553名、副高级及以上专业技术职务人员209名。组织2名企业家赴美国参加潍坊市委组织部组织的"现代企业经营管理创新研修班"，举办清华大学高级研修班，对40多名企业家进行为期1周的培训。

优化人才发展环境　出台《关于加快建设创新创业人才高地的意见》，健全引才留才制度保障。打造完善"1名领导联系、1个服务窗口、1套人才公寓、1条服务热线、1次考察休假、1次健康查体"为主要内容的人才精细化服务品牌，切实为人才提供优质高效、方便快捷的服务。全年共入选省级工程实验室、企业技术中心、院士（专家）工作站3个，潍坊市级平台17个。加大人才激励力度，对到安丘注册创办企业的国家"千人计划"和"万人计划"专家、泰山学者、泰山产业领军人才，符合条件的每年给予10～30万元的资助；全职创新人才，给予每年10万元资助；兼职创新的人才，帮助企业实现销售收入较大增长的，每年给予10万元资助。

【远程教育】"汶水先锋·党建云平台"推广应用　推动基层党员干部在线学习常态化，着力抓好村"两委"成员、大学生村官、党员发展在线学习工作，全面完成规定的学习任务。做好组织关系转接系统、发展党员网上记实系统、党务村务财务网上公开系统的后台维护工作，实现市、镇两级三大系统使用率100%。

党务村务实现网络数字电视公开　协调市广电网络公司，不断加大推进力度，全市866个行政村实现100%覆盖，村民足不出户，即可通过有线电视查看党务村务公开情况。

完成可视基层管理服务系统建设　投入资金1100多万元，在全市866个村逐一建立可视基层管理服务系统，推动党建信息化向下延伸。至10月下旬，系统建设、调试全部完成并正式投入使用。

做好村“两委”干部专科学历教育教学工作　会同安丘电大分校，共同做好2016级农村“两委”干部专科学历教育学员教学工作，全年共开展集中授课3次，现场教学1次。确立大汶河明峰蔬菜专业合作社、兴安街道盛大农产品交易市场作为村“两委”干部专科学历教育实践教学基地。

“灯塔—党建在线”平台推广应用　扎实做好党组织和党员基本信息采集工作，通过集中培训、信息录入、信息校验、党员本人签字确认等多个环节，全市共录入党员58754名，录入党组织2487个。做好平台账号体系建设，为每个党支部设立管理员账号，全部开通山东e支部功能。至2017年底，共有58024名党员注册，注册比例达98.76%。

【重要教育活动】　推进“两学一做”学习教育常态化制度化　坚持年度有计划、月度有安排，每月印发计划安排，组织农村、城市社区、“两新”组织党组织每月至少组织1次集中学习，机关事业单位党支部每月组织2次集中学习。坚持以上率下，市委理论学习中心组开展“两学一做”学习教育专题学习研讨8次。常委同志到所在党支部、联系点、党校讲党课30场次，带动各级党委（党组）书记讲党课360多次。开展“回忆往事、不忘初心”“政治生日”等活动，巩固学习成效。开展“汶水先锋”创建活动，设立党员先锋岗、党员示范窗口，深化党员设岗定责、承诺践诺等制度，开展“国旗飘起来、党旗挂起来、党徽戴起来、共产党员户亮出来”“喜迎十九大·不忘初心跟党走”等活动，为各个领域、各行各业党员搭建起发挥先锋模范作用的载体。

开展“作风建设年”活动　按照潍坊市统一部署要求，围绕“主动作为、主动担当、依法作为”主题，从5月初启动开展“作风建设年”活动。成立由市委书记任组长的领导小组，在组织部设立领导小组办公室，下设综合组、材料组、宣传组、督导组和评估组5个工作小组，分工负责，集中办公。立足安丘实际，制定活动《实施方案》和《配档表》，每项任务明确市级领导、牵头单位、责任单位和时限要求，强力推动活动有序有效开展。扎实推进“寻标对标提标达标”行动，省内对标泰安市新泰，省外学习浙江省诸暨。市委、市政府领导带队进行实地考察，带动镇街区、市直部门分别确定对标对象，组织开展学访420余次。创新开展“解放思想大讨论”和“作风建设年”青年演讲比赛，组织实施“重点工作提速攻坚月”，以活动开展推动工作落实，涌现出各类先进典型110余个，赛上拆迁、光伏扶贫等典型事迹被潍坊推介。

召开市第十四次党代会　严格按照代表推选有关程序要求，经过选举单位提名推荐、组织考察、预备人选公示等程序，22个选举单位于2016年12月22日—25日，通过召开党员代表大会或党员会议选举产生出席市第十四次党代会代表380名。其中，党员领导干部216名，占56.8%；各类专业技术人员78名，占20.6%；各条战线先进模范人物84名，占22.1%；解放军、武警代表2名，占0.5%。女代表92名，占24.2%；45岁以下代表226名，占59.5%。出席市第十四次党代会代表划分为18个代表团（组），包括14个镇街区代表团、3个市直代表团和1个列席组。2017年1月15日，安丘市第十四次党代会在市政府招待所开幕。李新阁代表中国共产党安丘市第十三届委员会向大会作《践行新理念 迈向新征程 为建设实力安丘活力安丘魅力安丘而努力奋斗》的工作报告。大会选举产生中国共产党安丘市第十四届委员会委员48名、候补委员9名，选举产生中国共产党安丘市第十四届纪律检查委员会委员29名，选举产生安丘市出席潍坊市第十二次党代会代表50名；通过大会关于十三届市委和市纪委工作报告的决议。

【发展软环境建设】　健全工作机构　4月28日，安丘市发展软环境建设领导小组成立，市委副书记任组长，有关市级领导干部和市直部门主要负责人共19人为成员。领导小组办公室设在市委组织部，挂发展软环境建设办公室牌子，明确一名副部长担任办公室主任，一名副科级干部担任副主任。制定《领导小组办公室主要职责》《发展软环境投诉举报办理流程》等工作制度，出台《安丘市发展软环境建设工作运行机制》《安丘市发展软环境建设领导小组成员单位工作职责》等文件，推动全市发展软环境建设工作健康规范运行。

畅通诉求反映渠道　向面向社会选聘的520名发展软环境监督员，连同全市700余家规模以上企业的负责人，集中发放《致全市发展软环境监督员和广大企业家的一封信》，广泛征集对发展软环境建设的意见建议。开通“安丘软环境”微信公众号，设立公开举报电话和投诉邮箱，在官方网站开辟专栏，搭建起来信、来访、电话、电邮、微信“五位一体”的软环境投诉举报受理平台。建立投诉举报快速反应机制，做到第一时间受理转办，最短时间调查处理，调处一起投诉举报，解决一类突出问题。

优化政务服务　把服务企业质量列入市直部门工作绩效考核，将考核结果与评先树优、干部使用挂钩，将发展软环境建设纳入市督查考核委员会重点督查内容，推进职能部门主动加强服务。结合“作风建设年”活动，号召各级各部门和广大党员干部“主动作为、主动担当、依法作为”，在全市上下营造良好氛围，凝聚起大抓发展软环境建设的合力。围绕“招商引资、突破工业”，广泛通过报纸、电视、网站等媒体，分析解读安丘当前发展形势，着力营造担当作为、优质高效、规范公平、开放包容、公正严明的发展软环境。潍坊电视台、《潍坊日报》等媒体对安丘市发展软环境建设的经验做法进行多次报道。

（李恩健）

宣传工作

【概况】 2017年，全市宣传思想文化工作认真贯彻落实中央和省、市委各项决策部署，把牢导向，主动担当，主动作为，依法作为，各项工作取得新成效，为全市经济社会转型跨越发展与社会和谐稳定提供有力的思想保证、精神动力、舆论支持和文化条件。理论工作方面，理论中心组学习扎实推进，理论宣传活动深入基层，理论武装不断增强，基层基础工作更加牢固。精神文明建设方面，省级文明创建机制不断完善，公民道德素质建设成效显著，学雷锋志愿服务活动实现常态化。舆论引导方面，传统媒体和新媒体实现融合发展，对内宣传服务大局，对外宣传突出亮点，新媒体矩阵初步建成，"四位一体"新闻舆情管理体系成效初显，舆情防控安全有力。文化事业方面，文化事业单位改革扎实推进，城乡均等化公共文化服务体系不断完善，文化设施免费开放力度不断加大，文化遗产传承保护措施扎实。公共文化服务能力明显提升。文化产业方面，文化产业大项目建设协调推进，专业文化市场经营水平提升，大型节会文化活动丰富多彩，经济效益和社会效益明显增强。2017年，安丘市获山东省文明城市称号。

【舆论引导】 市委、市政府中心工作宣传　在安丘广播电视台、《潍坊日报·今日安丘》等市内媒体开设学习贯彻党的十九大精神、加快"四个城市"建设、学习宣传全国、省、潍坊市"两会"精神、深入贯彻安丘市第十四次党代会精神、贯彻落实市经济工作会议精神等专题专栏，全面宣传解读安丘市委、市政府重大决策部署，大力宣传在加快新旧动能转换、加快构建现代产业体系、实施创新驱动、加快城镇建设、推进民生改善、深化改革创新等方面的重大举措，着力宣传各镇街区、市直各部门单位的工作亮点和经验做法，引导干部群众统一思想，增强发展信心和决心。

作风建设宣传　在全市媒体推出深入扎实开展"作风建设年"活动、推进"最多跑一次"改革、建设实力活力魅力安丘、全面从严治党书记谈等专题专栏，突出各级党组织解决关系群众切身利益问题和联系服务群众"最后一公里"，以及在干部作风、城乡教育、完善医疗体系、平安安丘、城乡环卫一体化、公共文化服务等方面的工作亮点和工作成效。

民生报道　组织市内媒体开设招商引资突破工业，项目建设富民强市、推进生态环境综合整治，建设实力活力魅力安丘、"啄木鸟"在行动、全面整治矿产资源开发秩序等专栏专题，加大对关系群众民生等各方面工作的宣传力度，推出一批反映成效、展示经验的精彩报道。

道德建设宣传　市内媒体开设创建省级文明城市、"安丘好人"每周之星、"不忘初心·再立新功"等专题专栏，制作特别节目，开展网络互动，营造弘扬正能量的浓厚舆论氛围。

文化建设宣传　在《今日安丘》、安丘电视台开设文化时光等栏目，立体化、全方位展示安丘文化建设成果，营造全市文化事业、文化产业健康快速发展的良好氛围，推动文化名市建设。

【思想道德建设】 选树道德典型　加强以"一榜一街一好人"为主要内容的载体建设，引领广大群众明德崇德、知善行善。发挥善行义举"四德"榜的引领作用，推荐"四德"典型，上榜光荣、善行义举成为新风尚。全市实现"四德"榜在村居、学校的全覆盖，并逐步向机关、企业拓展延伸。发挥农村社区中心村"道德文化主题街"传播作用，紧扣"爱、诚、孝、仁"四大主题，集中设置社会主义核心价值观公益广告牌、宣传栏，绘制遵德守礼文化墙，在寓教于乐中撒播文明。发挥身边好人示范引领作用，建立健全"一月一推荐、一月一评选、一月一通报"的道德典型评选机制，培育壮大"安丘好人"系列道德典型群体。2017年共有54人获"安丘好人"称号，2人获潍坊市第六届道德模范称号，14人入选"潍坊好人"榜。

关爱道德典型　研究制定一系列激励道德典型的优惠措施，对评选出的道德典型，采取精神鼓励和物质奖励相结合的办法予以表彰奖励。市委宣传部、市文明办等部门联合对"安丘好人"进行表彰。市文明办积极协调有关部门，结合实际制定"安丘好人"激励措施。对家庭困难的"安丘好人"安排结对帮扶，联系爱心企业对"安丘好人"免费健康查体。让道德典型在政治上受用、经济上得实惠、社会上受尊重，极大地激发市民参评各级好人的积极性。

培养道德典型　依托报纸、电视和网络媒体，加强"四德"工程宣传，运用直播访谈、公益广告、专题采访等形式，及时报道各镇街区、市直部门单位的好经验好做法。开设"四德"工程建设、培育践行社会主义核心价值观、诚信建设制度化、学雷锋、做文明有礼安丘人、"最美人物"等专题专栏，设立"不文明行为"曝光台。依托道德讲堂、精神文明建设宣传栏、"四德"榜、"四德"文化长廊等阵地，开展"四德"专题教育培训，印制张贴宣传画、宣传标语，绘制"四德"文化墙，推动"四德"文化进社区、进校园、进企业、进机关、进家庭。

【精神文明创建】 推进“四德”工程建设 对全市866个村居（社区）的善行义举“四德”榜进行更新完善，实现全面深化提升。全市学校建榜率100%，安丘市级以上文明单位全部建榜；紧扣“爱、诚、孝、仁”四大主题，开展“四德”典型评选活动；完成全省善行义举“四德”榜平台更新上传工作任务，所有村居、学校全部上传实景照片，上榜人数达到50余万人，推荐上报优榜100个，各镇街区推荐“榜上有名”先模人物40多名，2人入选全省善行义举“榜上有名”先模人物，在全市形成共同推进“四德”工程建设的良好风尚。

培育社会主义核心价值观 在市内主要媒体设立专题专栏，刊播社会主义核心价值观、讲文明树新风等公益广告，设立曝光台，加大对社会上的各种陋习和种种不文明现象的曝光力度。印制社会主义核心价值观、勤俭节约、移风易俗、学雷锋、关爱未成年人、市民文明公约6类宣传画6万幅，在商场、医院、景区等公共场所和办公场所张贴。在城市出入口、城区显著位置和繁华路段设置大型公益广告牌100多块，利用建筑围挡设置公益广告60余处，在城市绿化带、草坪设置大型公益广告25幅、公益宣传牌103块、温馨提示牌680多块。在各独立办公场所门口、楼前等位置设立各类宣传看牌200余块。打造社会主义核心价值观主题广场、文明广场、“四德”工程主题公园和文明一条街等宣传阵地，营造浓厚的宣传教育氛围。

推进爱国主义教育 印制伟大胜利、历史贡献宣传挂图600套，在镇街（园区）、城乡社区、城区公共场所悬挂。组织开展“纪念抗日战争胜利70周年”书画展等系列活动。

打造“安丘好人”群体 以开展身边好人推荐评选活动为载体，打造“安丘好人”群体。制定完善“安丘好人”评选办法，每月定期评选推荐各级好人，大力选树各类先进典型。54人获“安丘好人”称号，14人入选“潍坊好人榜”，吕致全、李霞当选第六届省道德模范，道德典型群体进一步扩大，学好人、做好人局面逐步形成。制定先进典型关爱机制，联合市立医院对54名安丘道德模范和身边好人进行免费查体。大力宣传道德典型事迹，组建安丘好人先进事迹报告团，走进农村、机关、企业、学校，用身边事感动身边人，在全社会形成人人崇德向善、见贤思齐的良好氛围。

营造良好育人环境 依托传统节日，组织开展“网上祭英烈”“向国旗敬礼”等活动。组织参加山东省首届经典诵读电视大赛观后感征文活动、潍坊市“国学小名士”经典诵读大赛。举行全民读书启动仪式，组织开展第22届爱国主义读书教育活动征文比赛。抓好乡村学校少年宫建设、使用和管理，对12所中央和省级福利彩票公益金支持乡村学校少年宫项目进行总结。

推进志愿服务制度化 印发《关于在全市深入开展“弘扬雷锋精神 建设美德安丘”志愿服务活动的实施意见》，完善志愿服务体系，建立文明交通、健康救助等26个志愿服务大队，在全市组织开展社会环境综合整治、文明交通劝导等志愿服务活动。组织志愿者开展义务植树，送文化、送戏下乡等活动。挖掘选树志愿服务组织和个人典型，1人获山东省最美志愿者称号，2个社区被潍坊评为最美志愿服务社区，1人被潍坊市评为最美志愿者，1家协会被潍坊市评为最美志愿服务组织。

提升美丽乡村建设水平 扎实开展乡村文明行动，成功迎接潍坊市乡村文明行动城乡环卫一体化现场推进会议。深入推进“百镇千村”建设示范工程，大盛镇窦家庄子村、大盛镇小庵子村入选山东省第五批“乡村文明家园”建设示范村。

【公共文化服务】 公共文化服务体系建设工作 一是制定保障制度措施。市政府办公室印发《关于建立安丘市公共文化服务体系建设协调机制的通知》（安政办〔2015〕89号）。《通知》包括公共文化服务体系建设协调机制工作方案、工作章程、任务分工及领导小组成员名单4个部分，协调机制领导小组有31个部门组成，方案进一步明确各部门工作原则、任务目标，建立了部门职责明确、分工协作、目标清晰、统筹有力、运转有效的公共文化服务协调运转体系。市政府办公室印发《安丘市推进基层综合性文化服务中心建设实施方案》（安政办〔2016〕57号）。《方案》按照省及潍坊市基本公共文化服务实施标准（2015—2020年），由市政府确定基层综合性文化服务中心基本服务项目目录，明确责任分工、方法步骤、保障措施等。二是实施项目带动。积极协调推进青云山市民之家项目，市文化馆、图书馆、美术馆、剧场新馆设施正在加紧建设，建成后将成为安丘市功能最全的文化娱乐中心。三是提升市直场馆文化服务效能。市文化馆修缮馆舍，购置设备，辅导开展活动80多次，创作编排节目40多个。市博物馆对馆藏珍贵古籍进行集中梳理，正式出版《安丘市博物馆馆藏古籍目录》。市图书馆上线数字化阅读设备，购置图书，改善展陈条件，积极创评国家一级馆，进一步巩固免费开放阅读成果。四是加快基层综合性文化服务中心建设。9月9日，召开全市基层综合性文化服务中心建设推进会议，进一步强化组织领导、明确任务分工。组织部、宣传部、文广新局、科协、体育局、司法局等部门组成联合督查小组，开展现场督导，多方争取文化资金650多万元，全部投入到综合性文化服务中心建设上。已完成招标的有221万元的文化器材和160万元的图书，另有近300万元的文化器材正进行招标采购。抓点带面，发挥标杆示范作用，建设20处标杆性、示范性社区综合文化服务中心。同时，积极推动85个社区和40个省定贫困村重点提升工作，带动基层综合性文化服务中心建设全面铺开。

开展群众性文化活动 一是开展丰富多彩的文化活动。开展“魅力安丘 浓情四季”活动，117项文化活动贯穿全年。举办潍坊市工艺美术大赛暨安丘非遗展、文化消费季、网络视频广场舞大赛等大型活动60余次，组织参加第二届潍坊市民文化节期间的狂欢大巡游活动、网络视频广场舞决赛、民间剧团专场展演、戏曲曲艺专场表演、合唱比赛等活动。同时，各镇街区集中开展文明之夏社区文艺会演、迎接党的十九大文艺展演等文化活动共计100余场。二是深入推进文化惠民工程。1—10月，开展“一村一年一场戏”演出500场次，京剧团举办京剧艺术节、戏曲春晚、“红色七月”京剧演出周等活动，创作编排现代京剧大戏《秦舒悦》；电影公司放映农村公益电影7822场；文化馆免费举办迎新春师生书画展、“魅力安丘”摄影艺术展等活动，开展春秋免费文艺培训，学员2000余人；博物馆组织山东十大考古发现安丘巡展、博物馆日集中宣传等活动；图书馆组织开展“元宵文化节”、全民阅读月等活动。三是实施文艺精品创作工程。向上级推荐新创作的群众文艺作品120余件。其中，3项原创作品获得最佳作品奖，7项原创作品获得优秀作品奖。东路大鼓传承人创作廉政曲艺《山村清风》，山东快书传承人创作《话说公冶长》，院线电影《爹娘》于10月22日在郚山举行开机仪式，将于2018年全国院线上映。

【对外宣传】 围绕大众创业万众创新、现代服务业发展、创新驱动发展战略、新旧动能转换、农产品安全、精准扶贫、工业经济发展、加强和改进党的建设、精神文明建设、“四个城市”建设、改革创新、生态文明建设、保障和改善民生等13个方面，突出做好安丘发展成就、发展战略、发展举措的宣传。2017年，全市共在潍坊市级以上主流媒体刊（播）发稿件1200篇。其中，在中央级重点媒体上发表稿件130篇，省级媒体发表稿件360篇。接待中央、省、潍坊市级媒体记者78批次、247人次。与中央电视台联合拍摄《中国影像方志安丘篇》，全方位宣传推介安丘。

【互联网管理】 *网络环境整治* 严肃互联网管理，营造风清气正网络环境。市委宣传部会同公安局等部门，对属地网站进行排查和清理。先后开展“扫黄打非专项行动”“全市涉军有害信息专项整治”等十余项专项整治“净网”行动，清理各种有害信息，网络舆论生态环境得到明显改善。

加强新媒体的管理 规范新闻单位的微信公众号和APP，并对全市95家新媒体在信息采集和发布、宣传红线和纪律方面开展两次集中培训，进一步提升全市新媒体收集、编辑、发布水平，加大网上正面宣传力度。

【理论工作】 市委印发《市委理论学习中心组2017年理论学习安排意见》《全市党委（党组）理论学习中心组2017年理论学习安排意见》，对全市各级理论学习中心组的学习内容、学习方式、学习要求等做出具体规定。印发《2017年全市思想理论工作要点》，对全市2017年思想理论和意识形态工作的重点进行安排部署。市委理论学习中心组组织集体学习研讨10次，举行辅导报告会5场。安丘市委理论学习中心组被潍坊市委宣传部确定为潍坊市党委中心组理论学习典型。安丘市委理论学习中心组的学习经验被《潍坊日报》、潍坊电视台等媒体在全市推广。

（王　震）

统战工作

【概况】 2017年，在中共安丘市委的坚强领导下，在社会各界的大力支持下，全市统战系统深入贯彻落实中共中央、山东省委和潍坊市委关于统一战线一系列重大决策部署，主动作为、强化管理，创新思路、多措并举，各领域统战工作取得突破性进展。党外代表人士队伍建设得到加强，非公经济领域实现“两个健康”，民族宗教领域保持和谐稳定，新领域统战工作取得新突破。全市统一战线事业呈现出团结振奋、积极向上、争先创优的良好局面。

【非公经济领域统战工作】 一是圆满完成市工商业联合会换届工作。换届工作中，市委统战部会同市工商联党组根据换届方案确定的时间节点和标准要求，严格标准，规范程序，积极稳妥地推进换届工作，市工商业联合会于4月1日按期完成换届。二是认真做好非公经济人士教育培训。建立规范化、多样化教育实践模式，强化中国特色社会主义理论学习教育，组织和协调非公经济人士教育培训5次，发动非公经济人士积极参与市委组织部在清华大学组织的全市骨干企业家素质能力提升高级研修班，43名非公经济代表人士参加培训。组织安丘市新生代创业者商会23家会员企业参加商会和企业党建工作培训班，参观学习山东学海农林集团党建工作。三是引导非公企业积极参与社会公益事业。组织15家非公企业参与全市扶贫攻坚战，实施扶贫开发项目1个，安排就业600余人，捐款80多万元。组织15家非公企业开展春节关爱行动，走访慰问贫困户、老党员、贫困学生和留守儿童700多人，发放慰问金45万元、粮油米面等生活用品13吨。四是不断激发新生代企业家统战活力。召开安丘市新生代创业者商会2017年会员大会，市委副书记贾勤清作重要讲话，并为商会颁发“山东省五好商会”奖牌。同时，商会积极参与社会公益事业，出资1000万元，成立安丘市新生代创业者商会慈善救助基金，被安丘市慈善总会授予“五星级”奖牌。

【党外代表人士工作】 一是加强党外代表人士教育培养。制定并实施《2017年度全市统一战线培训计划》，举办全市新生代创业者培训班、全市宗教政策法规培训班等培训班次5个，重点班次1个，参训人员300余人。其中，9月28日—30日，市委统战部联合市委组织部、市委党校举办全市统战干部、党外干部及代表人士培训班，全市副科级以上党外干部、党外代表人士、镇街区宣传统战委员及全体统战干部参加培训，参训人员53人，切实提高统战干部的工作能力，进一步提升了党外干部及代表人士参政议政能力和政治素质。二是组织开展统战干部联系党外代表人士“一十百”活动。就是1名统战部机关干部联系10名党外代表人士，全市联系党外代表人士不少于100人。统战部机关干部共联系党外代表人士105人，通过上门拜访、个别谈心、集体座谈等方式，开展各类联系交友130多人次。三是加大对党外代表人士的推荐使用力度。积极推动中央和省、市委关于党外代表人士安排使用有关规定的落实，落实党外代表人士安排使用政策规定，在干部调整中，安排1名党外干部担任市民族宗教事务局局长，市政府工作部门党外正职安排使用实现新突破，全市党外正职部门达到3个（市民宗局、市工商联、市科协）。同时，按照成熟一个、使用一个的原则，积极推进党外代表人士政治安排和社会安排，先后向潍坊市推荐社会新阶层联谊会理事3人、会员12人，推荐光彩事业促进会会员8人。四是积极探索社会新阶层统战工作模式。针对新媒体从业人员领域，与宣传、网信等部门和互联网行业组织配合协作，集中对全市新媒体领域从业人员进行调研摸底，建立50人的新媒体代表人士队伍。先后与安丘市互联网协会、安丘市电商协会进行沟通对接，探讨加强统战引领的工作模式，设立统战工作联络站。针对社会组织领域，借助“两新”组织党建工作平台，积极融入统战工作。先后走访调研安丘物流商会、安丘义工等5家社会组织，确定“以党建工作为引领、以教育培养为重点、以发挥作用为抓手”的工作思路。

（蒋慧敏）

对台工作

【概况】 2017年，安丘市台湾事务办公室（简称“市台办”）全面贯彻中央对台工作方针政策，进一步转变作风、狠抓工作落实，对台经贸、对台交流、对台宣传和服务台胞台属等工作都取得新进展，圆满完成对台工作任务目标。

【安台经贸文化交流】 鲁台经贸洽谈会任务　一是会前走出去邀请客商，洽谈项目。根据潍坊市的总体要求和部署，市台办立足抓大项目、好项目，把功夫下在会外、下在平时，借助鲁台经贸洽谈会召开的有利时机招商引资，实现安丘市参会的目的。为此，市台办实行客商邀请和项目洽谈工作责任制，将客商邀请工作任务和联系项目任务分配到各镇街区、市直有关部门（单位），鲁台会安丘市筹委会负责抓好调度督促，确保圆满完成潍坊市分配的任务。为提前做好与台、外商的沟通衔接，通过打电话、发邀请函、委托台商邀请等形式广泛邀请客商。鲁台会期间，安丘市共联系、邀请参会客商100多人，其中台、外商50多人。二是积极做好组织专业观众参观参会工作。为充分利用鲁台经贸洽谈会博览会参展资源，启迪发展思路，寻找发展机遇，根据潍坊市鲁台会筹委会办公室的要求和安丘市领导意见，积极开展组织专业观众参观第23届鲁台经贸洽谈会海峡两岸博览会。根据潍坊市分配的任务，将人数分配到各个系统，并确定一名分管领导和工作人员负责洽谈会的参观参会事宜。安丘市组织500名专业观众按时参观参会，圆满完成潍坊市鲁台会筹委会分配的任务。

服务赴台考察　市台办按照上级规定，共办理应邀公务赴台和商务赴台考察手续8批次、11人次。其中商务赴台主要涉及现代农业、食品加工、机械制造、职业教育等领域，标志着安丘在这些领域与台湾建立起比较密切的交流合作关系。市台办严格执行上级政策，严把初审关，并认真进行赴台行前涉台教育和回后情况反馈。

【开展对台“三招三引”】 中华绿能环保集团来我市投资的有机肥项目　6月初，中华绿能环保集团董事孙正伟先生到安丘洽谈有机肥项目，市台办积极配合，陪同考察。至10月底，项目完成注册，并办理土地征用手续。

山东盈巨进出口有限公司与翼农（台湾）贸易有限公司生产合作　9月初，翼农（台湾）贸易有限公司与山东盈巨进出口有限公司在第23届鲁台经贸洽谈会上签订合作协议。翼农（台湾）贸易有限公司出资1.5亿元人民币，项目用地50亩，建筑面积28807平方米。主要生产面食、海鲜、肉类、蔬菜罐头制品以及蔬菜分解袋装食品等制品。

山东凯仕利合成材料科技股份有限公司与台湾福基材料科技有限公司生产合作　9月初，山东凯仕利合成材料科技股份有限公司与台湾福基材料科技有限公司签订合作协议。台湾福基材料科技有限公司出资7000多万元人民币。主要生产织带及塑料基产品，应用于汽车、轨道车、飞机等交通工具的装饰。

【服务台企台胞台属】 服务台资企业 市台办积极开展以服务大局、服务台胞、服务基层为主题的“三服务”活动。坚持每季度走访一次在安台商企业制度，努力打造“亲”“清”营商环境，维护台胞合法权益。年内，市台办对在安台商企业进行全面走访3次。走访中，详细了解台企生产经营情况和发展中遇到的困难和问题，深入了解台资企业发展情况，帮助台资企业排查不稳定因素和破解发展难题，提出意见建议，指导企业在今后的发展中做强做大。积极做好涉台矛盾纠纷的排查工作，摸清台胞台属的基本情况，建立对台资料信息库。

服务台胞台属 6月，对市内在安涉台婚姻进行摸底统计，掌握在安涉台婚姻人员的基本情况，为做好在台陆配以及在大陆的亲属工作打下基础。为台胞台属提供遗体迁移临时求助服务1次，赢得台胞台属的信任和支持，实现涉台“零投诉”，持续保持涉台稳定。

【对台宣传工作】 市台办进一步加强对台网络宣传工作，及时发布安丘市涉台工作的最新动态、重要活动，宣传推介安丘对台工作。在中国台湾网、你好台湾网、华夏经纬网等网络媒体发表对台宣传稿件20余篇。进一步扩大安丘在台湾的影响力，促进安台间交流合作。

（李婷婷）

机构编制工作

【概况】 2017年，安丘市机构编制委员会办公室（简称“市编办”）在市委、市政府正确领导下，深入学习贯彻中央和省、市党委政府指示精神，扎实推进各项工作开展，取得初步成效。

【政府机构改革】 全面落实综合行政执法体制改革工作任务 3月6日，安丘市报送潍坊市政府《关于报批〈安丘市综合行政执法体制改革工作方案〉的请示》（安政请字〔2017〕6号）。3月23日潍坊市政府批复《安丘市综合行政执法体制改革方案》（潍政复〔2017〕28号）。方案批复后，安丘市编办立即对批复方案进行学习，并向市委、市政府主要领导作专题汇报。根据潍政复〔2017〕28号文件精神，安丘市集中时间对改革涉及的部门进行详细调研，对改革预计存在的困难进行前瞻性讨论。同时，组织专门人员拟定《关于推进综合行政执法体制改革的实施方案》。8月7日，经市委常委扩大会议研究，原则同意《关于推进综合行政执法体制改革的实施方案》（安政发〔2017〕16号）有关内容。同时，安丘市编委研究并报经潍坊编办备案同意，印发《关于安丘市综合行政执法体制改革中有关机构编制事项的通知》（安编〔2017〕16号），对综合行政执法局组建、城市管理监察办公室更名、镇街综合行政执法办公室设立、有关机构领导职数配备等机构编制事项进行明确。经市编委研究，印发《关于印发安丘市综合行政执法体制改革工作方案的通知》（安编〔2017〕19号），对综合行政执法体制改革各项工作进行部署。

扎实推进政府部门“三定”规定修订工作 根据潍坊市编委《关于印发市政府部门“三定”规定修订工作实施方案的通知》（潍编〔2016〕26号）要求，市编办成立“三定”规定修订工作领导小组，制定《关于印发安丘市市政府部门“三定”规定修订工作实施方案的通知》（安编〔2016〕17号），将政府工作部门和部分直属事业单位共31个部门（单位）纳入修订范围。

【事业单位改革】 积极推动“僵尸”事业单位撤并 根据《潍坊市编办关于印发集中清理市属“僵尸”事业单位工作方案的通知》（潍编办〔2016〕96号）要求，2016年8月，经安丘市编委研究，市编办印发《关于印发集中清理“僵尸”事业单位工作方案的通知》（安编办〔2016〕33号），对安丘市清理“僵尸”事业单位工作进行部署。至2017年10月，安丘市已基本完成清理工作。撤销野生动植物保护站、体育总会、价格认证中心等29家股级“僵尸”事业单位及农产品质量检测中心、畜牧检测中心、政府采购中心等3家副科级“僵尸”事业单位。根据上级有关要求，完成市汶河生态林场管委会、市太平山生态林场、市动物卫生监督所等单位的人员划转工作，潍坊市编办已同意不再将其纳入“僵尸”事业单位清理范围。

全面推进公益三类事业单位改革 根据潍坊市委办公室、市政府办公室《印发〈关于深化公益三类事业单位改革的指导意见〉的通知》（潍办发〔2016〕20号）文件精神，市编办对全市公益三类事业单位有关情况进行摸查，全市共有14家公益三类事业单位，分别为市殡葬管理所、市广播影视中心、市公证处、市新闻中心印刷所、市凌河苗圃、市林产品经销公司、市蜜桃开发中心、市汶河林场、市粮食局生活服务站、市联社机关服务中心、市教师公寓管理所、市科技开发中心、市种子总公司、市良种场。结合国有林场改革及事业单位整合撤并工作，已完成市凌河苗圃、市汶河林场、市教师公寓管理所等3个单位的改革工作。10月，市编委印发《关于推进公益三类事业单位改革有关问题的通知》（安编〔2017〕17号），取消市科技开发中心、市公证处、市殡葬管理所、市粮食局生活服务站、市联社机关服务中心、市良种场、市种子总公司、市新闻中心印刷所、市林产品经销公司、市蜜桃开发中心10家公益三类事业单位行政级别，原在编人员有行政级别的，保留原职级，记入个人档案；上述10家公益三类事业单位原核定的事业编制，实行“总量锁定、只减不增、逐步收回”的办法进行管理，出现空余编制，随时收回。市科技开发中心、市粮食局生活服务站、市联社机关服务中心、市良种场、市种子总公司、市新闻中心印刷所、市林产品经销公司、市蜜桃开发中心8家事业单位在编人员实行“扎口管理、只出不进”；市公证处、市殡葬管理所2家事业单位，保留公益三类事业单位性质，改革运行机制，实行企业化管理模式。至年底，安丘市已完成13家公益三类事业单位改革工作。

【行政审批制度改革】 一是有序衔接落实上级调整的行政权力事项。年内，市政府先后3次下发正式文件，承接上级取消或下放管理层级的行政权力事项两批次，共承接65项、新增109项、取消151项、调整42项、整合22项，做到事项承接及时到位。二是及时公开确保权力在阳光下运行。在市政府门户网站、市机构编制网站动态更新权力清单调整情况，接受社会监督，提高工作透明度。全年共在网上更新权力事项249项，涉及事项要素2100余项。三是做好行政权力清单动态管理。根据法律法规的颁布、修订、废止以及部门职能变化进行调整，年内对市金融办、市城管监察办、市规划局、市地震局等部门提出的18个事项进行动态调整。

【机构编制管理】 *顺利完成编办、人社系统比对工作* 根据潍坊市编办、人社局下发的《关于对机构编制、人员综合管理信息系统基础数据进行比对完善的通知》要求，安丘市编办会同市人社局，比对校验出300余条机构不一致信息，12000余条人员不一致信息，并对不一致信息进行了修改维护。

机构编制评估工作取得阶段性成果 按照《山东省政府部门机构编制评估办法》要求及潍坊市机构编制评估总体部署，市编办确定2017年度参与评估的单位为：市公安局、市卫计局、市市场监管局、市农业局。根据评估工作安排，市编办印发《关于开展2017年度市政府工作部门机构编制评估工作的通知》(安编办〔2017〕28号)，明确评估内容及指标、评估程序和具体工作要求，坚持按照“一查、二看、三评”的工作流程开展评估，结合部门自查、社会评价，对参评部门进行实地查看，深入了解各部门人员信息、科室挂牌、职能履行等情况进行全面评估。年底，机构编制评估报告及反馈、整改工作已顺利完成，切实保证评估实效，进一步增强机构编制工作和配置机构编制资源的科学性和有效性。

配合做好群团改革相关工作 根据市委改革办统一安排，市编办对安丘市群团改革方案（草稿）及工会、妇联、共青团、科协改革实施方案（草稿）中涉及的机构编制事项进行初步审核，并针对审核中发现的机构编制问题向各单位进行反馈。至10月底，已配合各有关单位全面完成群团改革方案的制定工作。

设立党委巡查机构，强化党风廉政建设 根据省编办《关于设立市县党委巡察工作机构的通知》(鲁编办发〔2016〕6号)精神，安丘市印发《关于设立安丘市委巡察工作机构的通知》(安编〔2016〕15号)，设立市委巡察工作领导小组办公室。办公室设在市纪委，为市委巡察工作领导小组日常办事机构，列入市委工作部门序列；同时设立5个市委巡察组，承担具体巡察任务。至年底，已完成机构设立、编制调整等工作。

全面完成法院、检察院、审计局上划工作 根据全省司法责任制改革精神及审计上划工作安排，市编办全面完成市法院、检察院、审计局机构编制上划交接相关工作。

配合做好公务用车改革各项工作 根据全市公务用车改革工作安排，市编办会同市车改办，下发《关于报送参改人员清单的通知》，对参改单位上报人员清单进行审核，涉及参改单位82个，涉及参改人员2556名，审核出存疑人员83名；同时会同组织、人社、财政部门，完成参改人员车补的核算和发放工作。

【事业单位监管】 *按时完成公立医院法人治理结构建设工作任务* 按照省、潍坊市工作部署要求，安丘市3所公立医院于7月底前分别召开理事会成立大会和第一次理事会会议，启动公立医院法人治理结构运行，按时完成公立医院法人治理结构建设工作任务。一是精心安排部署，夯实改革基础。潍坊市召开全市公立医院、科研院所法人治理结构建设工作会议后，市编办第一时间向市主要领导汇报会议召开情况及相关精神，召开专题学习会议，组织全办工作人员认真学习省有关会议精神及潍坊市贯彻意见，积极研究部署，扎实推进工作开展。主要做好三项工作：第一，明确改革范围。安丘市只有1家科研院所规划建筑设计院，因已列入转企改制计划，不再纳入本次改革范围。另外，根据人员控制总量，市编办确定市内规模较大的3家公立医院市立医院、妇幼保健院、中医院纳入本次法人治理改革推进范围。第二，开展专题调研。市编办多次同市卫计局进行座谈调研，深入了解安丘市公立医院运行情况，对改革推进中存在的问题进行沟通交流。第三，倒排工期，明确相关部门任务分工，明确该项工作的时间表和路线图。二是出台配套政策，强化改革支撑。及时出台安丘市工作实施方案和相关配套政策，为改革的顺利进行提供政策支撑。第一，出台市公立医院法人治理实施方案。通过市政府常务会议及市委常委会研究，出台安丘市公立医院法人治理结构建设实施方案，明确工作任务、主要措施、完成时限、责任分工。第二，出台《安丘市市属实行法人治理结构事业单位外部监事管理办法（试行）》《安丘市市属实行法人治理结构事业单位外部理事（董事）管理办法（试行）》等配套文件，明确外部理事、监事的职责、产生方式等。三是搭好法人治理架构，开启法人治理新模式。第一，组建外部监事库，派遣外部监事到公立医院任职。7月22日发布《关于征集市属实行法人治理结构事业单位外部监事人才的公告》，向市编办、市发改局、市教育局、市财政局、市人社局、市国土局、市卫计局、市统计局、市市场监管局和市科技局征集公务员外部监事人才，向市会计师事务所、市律师事务所等，征集社会专业人士外部监事。共有13名外部监事人才入库，包括8名公务员，3名律师人才，2名会计人才。根据外部监事管理办法，市编办派出3名公务员监事和3名社会专业人士监事分别到3所公立医院就职。第二，组建外部理事库。7月17日，市卫计局和市委组织部发布《关于征集公立医院外部理事的公告》，向组织部、编办、发改、财政、人社、卫计、审计等部门征集42名机关事业单位工作人员进入外部理事人才库，从中选派12名外部理事分别到3所医院任职。第三，成立首届理事会、组建管理层，启动法人治理结构运行。严格按照省编办〔2017〕11号文件精神核定3所公立医院领导职数，研究配备理事会、管理层领导班子成员。各相关部门互相协作和紧密配合，根据工作方案，按时搭建公立医院法人治理组织架构，研究制定章程，成立理事会并召开第一届理事会第一次会议，3所公立医院均成立理事会。理事会组成人员共7人，其中理事长1名、执行理事1名、职工理事1名、外部理事4名。在理事会会议上通过管理层人选，3所公立医院均配备4名副院长进入医院管理层。实现决策层、执行层、监督层相互分离又相互协调的运行机制，公立医院法人治理结构建设工作任务顺利按期完成。

扎实推进2017年度事业单位绩效考核　一是考核范围全覆盖。除纳入市直部门科学发展综合考核的事业单位以外，其他市直纳入机构编制管理的事业单位全部纳入2017年度绩效考核。二是下发《关于提报2017年度市直事业单位业务工作目标的通知》，明确提报内容，严格提报标准。要求各事业单位根据工作情况，提报市委、市政府或业务主管部门安排的重点工作任务、单位职责任务及基本业务目标、工作创新目标等。对照各事业单位提报的2016年工作总结和2017年工作计划，综合市委、市政府2017年度市直单位绩效考核及核心工作任务，根据提报事项是否有落漏、工作任务是否具体量化、能否全面反应各单位本年度工作等原则，严把审核关。三是印发《2017年度市直事业单位绩效考核工作实施方案》和《2017年度市直事业单位绩效考核指标以及评分标准》，结合事业单位职责任务情况和考核指标内容，进行量化赋分，明确考核标准，并在机构编制网站进行公示。四是组织事业单位进行自查自评。印发《关于做好2017年度市直事业单位绩效考核自查自评工作的通知》，督促各事业单位依据自身职能和事业单位监管工作要求，结合年度工作任务完成情况，对照《2017年度事业单位绩效考核业务工作目标》及《2017年度事业单位绩效考核内容及评分标准》，认真自查自评。

认真做好事业单位法人监督管理工作　一是做好2016年度事业单位法人年度报告公开工作。经多次调度，截至3月31日，2016年度报告公示应公开单位238家，已公开单位230家，未公开单位8家。二是继续做好事业单位法人日常登记工作。全年共办理事业单位法人设立登记52家，事业单位法人变更登记64家，事业单位法人注销登记13家。统一社会信用代码证书初领登记6家，变更登记12家。三是做好事业单位法人登记管理专项检查工作。通过查阅资料、座谈了解和察看工作现场等方式，对全市315家事业单位的事业单位法人登记管理事项进行检查。根据各事业单位存在问题情节的严重程度，以及对存在问题的整改情况等，查处38家问题事业单位。通过门户网站及市委办公平台及时将检查情况和问题反馈给各事业单位，要求问题单位限期整改，存在异常信息的单位按《异常信息管理办法》记入异常信息，并在机构编制网站进行公示。四是开展事业单位业务范围清单化管理工作。在2016年试点基础上，将业务范围清单化管理的单位扩大到文广新局、教育局、卫计局下属的129家事业单位。8月，下发《2017年度市直事业单位业务范围清单化管理试点工作实施方案》，明确业务范围清单化管理工作的相关要求和工作步骤，对清单化管理的有关工作任务进行部署。五是开展事业单位法人公示信息“双随机”抽查工作。从全市事业单位名录库中随机抽取3%的单位，针对其年度报告公开以及各项登记事项进行抽查，并将发现的问题反馈给各事业单位，限期整改，不按时整改的按《异常信息管理办法》记入异常信息，并在机构编制网站进行公示。

【推进政府职能转变】　**严格审核，全面推行“双随机一公开”监管**　市政府办公室印发《关于全面推行“双随机一公开”工作的通知》（安政办〔2017〕34号）。建立健全本部门的检查对象名录库和执法人员名录库，并实施动态管理。同时，各部门对照随机抽查事项清单，逐项或统一制定本部门随机抽查工作细则，明确抽查比例、频次和检查工作规范、标准，注重实效性和可操作性，形成具体操作规程。全市42个市直部门纳入随机抽查清单事项共219项，双随机抽查事项“两库”市场主体数量22644个、执法人员数量1021个。一是明确编制范围。将市级具有行政执法主体资格的部门、单位纳入“双随机、一公开”监管随机抽查事项清单编制范围。二是严格规范编制。在清单编制过程中，坚持“两个确保”和“三个不列入”：确保清单格式统一规范，逐一明确事项名称、抽查对象、抽查内容、抽查依据、抽查方式、抽查比例和频次等6大要素；确保随机抽查事项全覆盖；无法律法规规章依据的事项不列入；属于政府内部检查的事项不列入；涉及投诉举报检查的事项不列入。三是加强沟通协调。要求相关部门积极加强与上级部门的沟通协调，确保随机抽查事项清单的规范性、完整性、准确性。四是充分征求意见。形成随机抽查事项汇总稿后，先后两次下发通知，征求相关部门的意见建议，并根据意见建议情况进行修改。

扎实推进，顺利完成市镇社区三级公共服务清单和服务指南编制 全面编制完成市镇社区三级公共服务清单目录，并在市政府门户网站和市机构编制网站对外公布，市级：50个市直单位梳理编制公共服务事项654项，服务指南263个；镇级：14处镇（街区）梳理编制公共服务事项1688项，服务指南1386个；社区级：104个社区梳理编制公共服务事项4792项，服务指南3006个。

把握三个“点”，顺利完成证照年检及政府指定培训清理规范工作 6月27日，市政府办公室印发《关于公布〈安丘市市级年检事项目录〉和〈安丘市市级政府指定培训事项目录〉的通知》，目录共保留年检33项，政府指定培训24项。一是以准确规范为切入点，扎实做好事项摸底排查。一方面，及时安排部署。下发有关通知，对相关证照年检以及与证照核发、年检等挂钩的政府指定培训进行清理。另一方面，广泛征求部门意见建议。有6个部门提出10条意见建议。再一方面，加强与上级业务部门的沟通。要求各部门对照相关规定，认真梳理查找年检和政府指定培训事项及依据，确保事项无遗漏。二是以依法依规为立足点，扎实做好事项审核把关。市职能办抽调专人成立审核小组，通过小组初审、交叉互审等方式，对相关部门、单位报送的年检事项和政府指定培训依法依规逐项进行审核。同时，提报市政府法制办进行合法性审核。三是以公开透明为突破点，扎实做好事项宣传公示。事项目录通过安丘市政府门户网站、安丘市机构编制网站向社会公开，使群众享受到流程规范、标准统一的服务。

精心部署，全面推进加强省级政务服务平台互联互通 一是以搭建公共服务事项库为切入点，全力推进政务服务平台向镇街区延伸。按照“统一标准、分级建设、开放共享、联动实施”的原则，在全面梳理全市14处镇街区和104个社区公共服务事项目录的基础上，对镇街区及社区的公共服务事项逐条逐项进行规范后制作118个模板，并将模板导入平台，全力推进镇街区及社区公共服务事项进入政务服务平台。二是组织开展县级公共服务事项录入省、潍坊市两级政务服务平台工作。完成省级政务服务平台基本事项要素的导入工作，共涉及50个市直部门（单位）的635个公共服务事项。目前正在编制潍坊市级政务服务平台的事项录入模板。

务求实效，研究制定政府职能转变工作要点 根据潍坊市职能办工作要点，研究拟定《2017年安丘市推进政府职能转变工作要点》（征求意见稿），下发《关于征求〈2017年安丘市推进政府职能转变工作要点〉意见建议的通知》，征求各相关部门、单位的意见建议后，印发《2017年安丘市推进政府职能转变工作要点（初稿）》。

编制推进“最多跑一次”改革实施方案 市编办根据国务院办公厅印发的《关于简化优化公共服务流程方便基层群众办事创业的通知》和山东省委办公厅、省政府办公厅印发的《关于深化放管服改革进一步优化政务环境的意见》精神，制定《安丘市推进“最多跑一次”改革实施方案》，并于9月15日在市委全面深化改革领导小组会议上审议通过。9月15日下午，安丘市推进“最多跑一次”改革动员大会召开。安排部署安丘市“最多跑一次”改革工作。9月18日，市编办协助召开推进“最多跑一次”改革培训会议，市直部门单位负责审批和政务服务的工作人员、各镇街区的便民服务中心的分管领导和工作人员共230余人参加培训。

梳理编制事项清单和办事指南 一是根据市法制办审核意见，向市直各部门、各镇街区下发《关于对“最多跑一次”事项清单、办事指南合法性审核问题进行反馈的紧急通知》，抓紧组织相关人员重新对“最多跑一次”事项清单和办事指南合法性问题进行修改完善。9月21日，将市直各部门修改提报的相关材料提交法制办再次审核。二是对各镇街区“最多跑一次”事项清单和办事指南进行统一规范。向各镇街区下发《关于统一规范编制镇街区“最多跑一次”事项清单和办事指南的通知》，通过与市直有关部门以及镇街区多次沟通，对4处街区、10处乡镇的模板进行调整，拟保留街区36项，乡镇43项，基本形成镇街区办事指南模板。三是上报潍坊“零跑腿”和“只跑一次”事项清单。根据潍坊市编办《关于编制“零跑腿”和“只跑一次”事项清单工作的通知》（潍职能办函〔2017〕43号）有关要求，向市直有关部门单位下发《关于编制“零跑腿”和“只跑一次”事项清单工作的通知》，经部门提报汇总后形成安丘市“零跑腿”清单共27项，“只跑一次”事项清单共849项。四是调度“双随机、一公开”工作进展情况。根据潍坊职能办《关于定期报送“双随机、一公开”工作进展情况的通知》要求（潍职能办函〔2017〕22号），下发《关于报送“双随机、一公开”工作进展情况的通知》，要求各相关部门报送第三季度“双随机、一公开”工作开展情况书面汇报和工作统计表，安丘市第三季度随机抽查事项219项，检查对象库包含的主体数量19250个，检查人员库包含的人员数量997个，累计随机抽查次数5054次，累计随机抽查对象数9836个，立案查处374起。

（崔焕林）

督查工作

【市委督查工作概况】 2017年，市委市政府创新督查机制，成立安丘市督查考核委员会，建立高规格的“大督查”工作体系。市委督查室紧扣市委中心工作，围绕市委重要会议精神贯彻落实、市委重大决策部署、重点工作推进等开展督查工作，有效推动市委重大决策和部署的落实。共开展督查活动180次，下发《督查通报》122期，《督查专报》58期。

【决策督查和政务督查】 年度重点工作督查 2月27日，市督查考核委员会印发《中共安丘市委2017年工作要点分工落实和立项督查意见》（安督考发〔2017〕2号）。4月7日，市督查考核委员会印发《关于潍坊经济工作会和潍坊市第十二次党代会确定的重点任务目标涉及安丘市责任分工及实施意见》（安督考发〔2017〕5号）。8月7日，市督查考核委员会印发《关于印发安丘市第十四次党代会推进落实工作台账的通知》（安督考发〔2017〕8号）。按照通知要求，市委督查室对全市确定的重点工作任务实行台账式管理，进一步明确各个层面的责任主体、工作标准和完成时限，定期进行督查调度。对工业立市、招商引资、项目建设、征地拆迁、扶贫攻坚、环保督察、四个城市建设、作风建设等重点工作进行重点督查、反复督查、跟踪督查，对工作落后的点名道姓予以曝光，是谁的问题直接点到单位、督到个人。

联系包靠责任制工作督查 市委办公室、市政府办公室印发《关于市级领导包靠项目企业的通知》（安办字〔2017〕10号）和《关于市级领导包靠处理信访积案的通知》（安办字〔2017〕25号）。市委督查室按照要求，对市级领导包靠项目、企业和其他包靠责任制落实情况进行定期督查，每次督查结果以督查专报的形式报送市级相关领导。对市级领导包靠化解信访积案情况进行一周一调度，推动信访矛盾纠纷集中化解月活动取得实效。对市级领导联系指导包靠的镇街区搞好村“两委”换届分析研判和换届工作、中共十九大期间安保及中共十九大会议精神学习等工作，也定期进行督查调度，第一时间形成督查专报呈报市级领导。

镇街区工作督查 市委督查室对镇街区工作计划及完成情况进行一月一督查，推动各镇街区抓好市委决策部署和重点工作的贯彻落实。每月初，督促各镇街区提报当月工作计划，每月15、30日组织对工作计划完成情况进行现场督查，对有形象进度的项目全部进行一线督查，倒逼镇街区加快工作推进，确保市委决策部署在基层贯彻落实到位。共开展督查活动12次，形成《督查通报》12期。

重点项目建设工作督查 根据市委市政府确立的工业立市工作主线，市委督查室突出抓好项目建设和招商引资情况的督查调度。对全市有招商引资任务的单位进行半月一调度，每月10日、25日定期调度各单位招商引资进展情况，及时形成督查通报，下发全市各级各部门各单位，在全市营造重招商、抓招商的浓厚氛围。对潍坊市委市政府作出的“四个城市”建设工作，第一时间抓好贯彻落实，对潍坊市建立的工作台账及时进行分解立项，以项目为支撑抓好“四个城市”建设，对安丘市“四个城市”建设项目全部建立责任体系，明确责任单位和责任人，督促抓好建设推进，确保“四个城市”建设成效。

重要会议确定事项督查 对市委全委会、全市经济工作会议、全市领导干部会议、全市作风建设年动员会议、全市“四个城市”建设动员大会等综合性会议确定事项进行分解，定期督办。对市委常委会议、市委常委扩大会议、市级领导调度会等专题会议确定事项进行定期督查。结合2017年开展“作风建设年”活动的实际，把干部作风建设情况作为暗访督查的重点，先后对潍坊市开展“作风建设年”活动动员大会组织和会议纪律情况、组织收听收看省委省政府重点工作推进情况视频会议纪律情况等进行现场暗访，并将违纪情况进行全市通报，有力推进全市干部作风转变。

【专项督查】 对市委领导签批件、续建项目复工、矿产资源整治、春季植树造林、重点项目拆迁、简化优化公共服务流程、重点项目建设、领导公开接访办理、迎接省和中央环保督察、重点市政道路建设、落实中央“八项规定”检查、行业扶贫、规模以上工业企业研发机构建设和技改项目、行政领域突出问题整治、“七争”工作、校园安全、“作风建设年”活动开展、青锋行动、批而未供土地整治、广电网络公司部分职工身份选择、源清田项目二期建设、争取省级研发费用加计扣除、渠风食品公司物流剥离、镇村医疗机构标准化建设三年行动计划、镇街区生活污水处理设施建设、金冢子镇泉二头村拆迁工作、歌尔公司招工、五一国庆中秋假期值班、中共十九大期间安保维稳等30多项工作进行专项督查。对潍坊市委督查室开展的新开工过亿元项目建设情况、潍坊市委常委会工作要点任务目标分工立项及完成情况、潍坊市经济工作会议确定的重点任务目标分工立项表及完成情况、贯彻落实潍坊市第十二次党代会确定重点任务情况、贯彻落实潍坊市经济形势分析暨促进金融稳健发展工作会议精神、中共十八大以来落实中央“八项规定”情况、贯彻落实潍坊市环境保护突出问题综合整治视频会议精神情况、贯彻落实潍坊开放发展会议精神落实情况、贯彻落实潍坊“四个城市”建设动员大会精神情况、安丘市“四个城市”建设和“作风建设年”活动开展情况等10余项工作进行专门立项督查，及时协调相关职能部门进行研究落实，并将落实情况及时上报潍坊市委督查室。共开展各类专项督查60余次，配合上级督查部门督查10余次。

【督查调研】 全年共开展各类督查调研活动10余次，形成督查调研报告6篇。上报潍坊市委和省委督查室典型材料12篇，上级刊发3篇。

（殷晓军）

【市政府督查工作概况】 2017年，市政府督查室在安丘市委、市政府的正确领导下，紧紧围绕市委市政府各项决策部署和工作安排，加强制度建设、推进队伍建设、创新制度建设，积极探索，勇于创新，统筹兼顾，真督实查，为推动市委、市政府重大决策和重要工作落实发挥重要作用，促进了全市经济和社会事业的全面、快速发展。共开展各类督查活动200余次，编发督查通报70期、督查专报5期，领导交办事项汇报85期，办理人民来信70件、潍坊市政府督查事项65期次。

【领导重视和制度建设情况】 *始终把督查工作摆在重要位置* 市政府领导一直高度重视督查工作，坚持把督促检查作为促进工作落实的重要手段，注重发挥督查队伍的重要作用，强调督查的重要性。各类调研、会议、点评等活动均要求市政府督查室参加和列席，随时安排相关工作。同时，市政府领导针对当前工作中的问题，提出建立“大督查”格局。市政府领导的有力支持，“大督查”工作格局逐步形成。

特别重视督查队伍建设 市政府主要领导和市政府办公室主要领导同志高度重视督查室人员充实交流，先后提拔重用3名科级干部，考选的公务员优先分配到督查室，并从镇街区和市直有关部门选拔骨干人员充实到督查室，提高督查效率。市政府督查室有主任1名，副主任2名，科员3名。同时，督查室进行内部合理分工，根据全市工作实际，遵循人尽其才、才尽其用的原则，将督查室承担的项目督办、目标考核、领导批示件办理等重要职能，合理分工到个人，定岗定责，让每个人都勇挑重担。

进一步规范完善督查流程 对督查立项、责任分解、跟踪落实、情况反馈等督查流程进行深入梳理，注重办理时限，提高办理质量。不断完善督查工作制度，改进督查工作方法，努力提高督查工作水平。逐步形成重大决策督查、重大事项专报、领导批交办事项周报月结、重点项目定期督办、督查情况及时通报等多项工作制度，明确督查工作思路、任务、程序、原则，使督查工作有章可循，促进督查工作制度化、规范化。

不断强化督查问责制度 凡列入督查范围的事项，根据领导要求和实际情况，明确具体承办单位，需要多个单位共同办理的，明确牵头单位、配合单位以及各自的办理职责。承办单位如果不能按期办结或未落实到位，必须说明具体原因，由督查部门进行核实，查清责任所在。如果确属某个单位原因造成落实不力，督查部门将在一定范围内予以通报，确保各项决策落实到位。

【各项工作开展情况】 面对督查工作的多样性，市政府督查室围绕全市重大决策部署、重点工作安排、领导交办事项、社会热点、难点问题等方面，统筹兼顾，科学谋划，最大限度地发挥督查工作服务决策、推动落实职能作用，全力推动各项工作顺利开展。

做好上级安排事项的落实 对上级安排督查落实事项，市政府督查室高度重视，特别是潍坊市下发对县市区督查工作考核办法后，为取得好成绩，市政府督查室对每项督查事项都集体研究督查方案办法，安排专人具体负责，力争履行“督查深度广度到位、落实情况清晰具体、督查报告质量水平要高、报送时间只能提前不能拖后”的工作要求，切实保证督查效果和具体事项落实到位。对潍坊网络平台安排事项，市政府督查室专门安排一名工作人员办理，确保效率和成效，2016年以来，对潍坊督查网络平台下发的所有督查事项，由市政府办公室主要领导签批意见后，凡是转交部门办理的事项，督查室全部复印留存转办意见，及时跟踪催办落实情况，确保相关事项的按时完成上报。

做好全市重点工作的督查 一是年度重点工作督查。2月11日，市政府办公室印发《关于对政府工作报告任务目标进行立项督查的通知》（安政办〔2017〕12号）。市政府督查室根据通知要求，对2017年政府工作报告确定的139项任务目标进行立项分解，明确各个层面的责任主体、工作标准和完成时限并每季度进行督查。对全员培训开展、部门改革创新项目推进等工作重点督查，采取立项→催办→督查调研→反馈→跟踪落实的工作机制加强协调调度，对进展较慢、效果较差、成效不明显的工作，提出督办意见，有针对性地进行督促检查，并将进展情况及时报告市委、市政府领导。通过印发《政务督查》，通报工作推进动态，确保各项目标任

务顺利完成。二是进一步加大例行性工作督查力度。针对全市经济形势分析会议、全市领导干部会议、全市项目建设调度会议等综合性会议确定事项，实行立项分解，定期督办；对市政府常务会、市长办公会等专题会议确定的事项进行定期督查，确保工作顺利推进、按时完成。三是突出重点加强政府阶段性中心工作督查。针对环保压力较大的实际和民生需求不断提高的呼声，市政府督查室紧紧围绕工作重心，加大对生态环境综合整治、城市基础设施建设等方面的督查力度。环境卫生方面，六月份全市生态环境综合整治大会之后，安丘市开展“青锋行动”，旨在发现全市生态环境中存在的问题并及时整改，市政府督查室对各项问题整改情况实行每周、每月、每季调度并通报。“青锋行动”发现问题整改督查共发通报17期；城市基础设施建设方面，主要针对城市农村道路的建设及绿化等开展多次专项督查，共发督查通报12期，有力督促工程地推进。

抓好社会热点、难点问题督查 针对2017年市政府承诺的15件惠民实事，市政府督查室专门召开新闻发布会，向社会通报完成情况，使人民群众及时了解关乎切身利益的工作开展情况，得到社会广泛好评；对新闻媒体曝光的不良现象，如城乡环境卫生脏乱差、部分路口交通秩序混乱等问题，专门立项进行明察暗访，并将督查结果向相关部门进行反馈，倒逼整改。对市长信箱的来信办理，安排专人负责，在向主要领导汇报的同时，协调相关部门尽快办理人民来信中反应的问题，给来信人满意答复。

（李海鹏）

信访工作

【概况】 2017年，安丘市信访工作坚持围绕市委、市政府中心工作，服务大局，以加强信访基层基础建设为重点，全面落实信访工作责任，突出信访事项规范化办理，强力推动“事要解决”，有力维护群众合法权益，推动信访维稳形势持续好转。信访总量与2016年同比下降19%，越级访下降21%，为全市经济社会发展创造良好的社会环境。2017年3月，安丘市被中共山东省委、山东省人民政府表彰为全省信访工作先进集体。7月，安丘市信访局被人社部、国家信访局表彰为全国信访系统先进集体；10月，圆满完成党的十九大各项信访维稳任务。市信访局被潍坊市委、市政府表彰三等功。

【来信来访】 全年市信访局共接待处理群众走访、来信、网上投诉1221人次。对所有信访事项，市信访局全部进行登记接谈、转送交办、跟踪督办。

【信访领导机制】 全年市委、市政府把信访工作作为加强和创新社会治理的重要内容，列入重要议事日程。年初，召开全市信访工作会议，对信访工作进行全面安排部署。市委、市政府每季度召开一次常委会（或常务会议），听取信访工作专题汇报，研究解决疑难问题。市委定期召开常委扩大会议和信访工作联席会议，听取有关单位主要负责人汇报信访工作，就信访工作当场进行安排部署。市委主要领导带头阅批群众来信、包靠重点信访积案和接待群众来访，分管领导具体靠上，其他市级领导“一岗双责”，负责分管工作区域内信访问题的协调处理。市信访工作联席会议办公室出台《2017年信访工作考核办法》，将信访工作纳入镇街区年度考核。镇街区和市直部门单位将信访工作任务层层细化，分解落实到岗到人，全市形成无缝隙、全覆盖的信访工作责任体系。

【信访矛盾源头治理】 各镇街区和涉访职能部门，结合“网格化”管理机制，落实社区干部、村干部、党员联系户制度。在积极“帮联”群众的同时，对辖区内、系统内的信访稳定情况进行全覆盖、无缝隙掌控。每400口人村规模，配备1名信访信息员，发挥收集信息、预防矛盾、稳控跟踪等方面的作用。全市共配备1843名信访信息员，信息员原则上由村（社区、居民）“两委”干部兼任，市直部门主要由中层管理人员兼任。加强信访矛盾纠纷排查化解，坚持经常排查与集中排查相结合，及时消除各类信访矛盾。集中开展信访矛盾排查8次，排查不稳定因素196起，化解率95%以上。

【信访渠道畅通】 市委、市政府投资600多万元，建成市级群众诉求受理中心。市信访局联合市维稳办、市换届办、市规划局、市国土局、市住建局、市人社局、市司法局、市法制办、市卫计局、市卫计局医疗调处中心等11个单位入驻办公，实现“一站式受理、一条龙服务、一揽子解决”联合接访模式。市、镇街区主要领导重视公开接访，推进领导公开接访责任化。市主要领导高度重视信访工作，增加市级领导公开接访频次，由2016年的一月一次，增加为一月两次，做到群众有访尽访，并严格落实“一接到底”“全程跟踪”的结案负责制。市领导共接访111起220人次。各镇街区、市直部门主要负责人，每周固定一天时间接待群众来访，群众来信、网信随接随批。推进群众信访简便化。设立“绿色邮政—阳光信箱”82个，鼓励群众通过来信反映诉求，倡导“走访”转“来信”“网信”。在全市85个农村社区和19个城市社区信访室配备计算机，开通信访信息系统账号160个，设立网上信访代办服务区，对社区无权处理的信访诉求事项，由信访代办员引导或代理进行网上投诉。加强信访事项质量办理，信访事项及时受理率和按期办结率均达 100%。

【解决信访突出问题】 5 月，市信访局深入贯彻落实市委“作风建设年”活动精神，组织全体党员干部开展“深调研、查问题，解矛盾、促和谐”下基层活动。每个科室由局领导带队，轮流深入镇、村（社区）田间地头，访民情、解民忧，与群众零距离接触。借此排查出基层矛盾纠纷 41 起，全部转送交办至责任单位，并已全部化解。市级领导亲自靠上，包靠重点信访积案 34 起，化解 32 起。潍坊市“万人下基层”活动交办安丘市 18 件信访积案，化解 17 件，化解率 94.4%，完成潍坊市要求的任务目标。安丘市仍然保持进京非访零登记。继续加大信访听证力度，全市组织听证 244 起。完善信访事项终结退出机制，2017 年，市信访局完成复查 16 起，撤销答复意见 3 起，三级终结 9 起。

【分析研判与对外宣传】 市信访局重视从群众来信来访中发现苗头性问题，综合分析研判，为市领导决策当好参谋手。对群众反映强烈、容易引发大规模集体上访的苗头性问题及时通报至责任单位，汇报有关领导，将问题及时解决在基层。是年，市信访局获省部级荣誉称号 2 个。向上报送各类信访信息 20 余篇。其中 3 篇被《山东信访》刊用，2 篇被《潍坊信访情况》刊用，1 篇在潍坊市委办《参阅件》发表，1 篇被潍坊市作风办活动简报刊发，1 篇被潍坊市改革办简报刊发；省级典型书面发言 1 次，潍坊市级典型发言 5 次。2017 年 7 月 7 日，潍坊市信访工作现场会在安丘召开。潍坊市委副书记张小梅等市领导到安丘现场指导，对安丘市新建群众诉求中心，实现群众信访“一站式接待、一条龙服务、一揽子解决”的做法给予充分肯定。

（王富山）

市直机关党的工作

【概况】 2017 年，中共安丘市委市直机关工作委员会紧紧围绕“服务中心、建设队伍”两大核心任务，以全面从严治党为主线，以党支部规范化建设为抓手，切实加强机关党的政治建设、思想建设、组织建设、作风建设、纪律建设和制度建设，推动机关党建工作迈上新台阶。被安丘市委、市政府表彰为 2017 年度先进市直部门（单位）、党风廉政建设工作先进单位和创建省级文明城市工作先进单位。

【思想政治建设】 以“两学一做”学习教育常态化制度化和“作风建设年”活动为契机，不断深化机关思想政治建设。在市直机关健全完善学习考勤制度、党组织书记带头上党课制度、支部生活日制度等学习教育制度，坚持每周一次集中学习、每月一个学习计划、每季度一次党课辅导。充分发挥工委基层党校党员学习教育和党性锤炼的主阵地作用，对市直机关党员实施有重点、有步骤的集中培训。全年举办机关党组织书记培训班、党务干部培训班、党务骨干培训班、党员进党校常态化培训班等主体班次 12 期，培训党员 2100 多人。在理论学习基础上，组织学员赴胶东（威海）党性教育基地、临沂红色教育基地等开展党性教育。同时，引导各机关党委、党（总）支部采取独立办班或联合办班方式开展集中培训，党员集中培训达到全覆盖。突出抓好党的十九大精神学习贯彻，组织支部书记学习贯彻十九大精神专题学习研讨班 4 期，组织开展学习十九大精神专题测试、科级以下党员干部十九大精神专题学习班 4 期，专题党课月以及“学习十九大，岗位建新功”党员承诺践诺评诺等学习教育活动，教育引导市直机关党组织和广大党员自觉用习近平新时代中国特色社会主义思想武装头脑，把思想和行动统一到落实中共十九大提出的各项目标任务上来，争当学在前面的“先锋”、干在前面的“标兵”。

【基层组织建设】 根据新形势和新任务要求，围绕确保市直机关党建工作走在全市基层组织建设的前头这一总目标，突出抓好建设过硬党支部、建设过硬党员队伍、建设服务型党组织、创新党建亮点品牌等四项重点，健全完善机关党建责任落实机制、督查考核机制、述职评议机制、创新推进机制、运行保障机制等五项机制，推动机关党组织建设全面进步全面过硬。

实施党支部规范化建设 坚持领导机关带头。与市委组织部联合下发《关于把市委常委所在支部建设成示范支部的通知》，将市委常委所在支部“七个方面示范”细化为 33 条细则。坚持党建示范点引领。精心打造市国税局、市地税局、市财政局、市人社局等 10 个党建示范点，在面上发挥良好的辐射带动作用。同时，联合《今日安丘》开设“建设过硬党支部，市直机关走在前”专栏，分期展现 16 个机关党支部的系统做法。坚持全面规范提升，研究制定党支部规范化建设实施方案和标准细则，从组织建设、教育管理、制度机制等八个方面制定详细标准，引导各机关党组织认真对照“八个规范化”要求进行全面自查和集中整改，工委集中组织考评验收，实现先进党组织示范引领、一般党组织晋位升级、后进党组织整顿转化。

全面落实从严治党责任 推行抓党建责任清单制度。建立党工委和班子成员抓党建任务清单、问题清单和责任清单等“三张清单”，细化岗位职责和工作措施。对机关党组织抓党建责任清单进行审核，突出部门单位党组（党委）书记党建工作第一责任人职责、支部书记直接责任人职责和班子成员“一岗双责”。建立健全过程指导和督查考核机制。建立基层党建联系点制度，工委每名班子成员包靠3个基层党支部，每月实地指导1次以上。由班子成员带队，对市直机关“两学一做”学习教育、机关党建重点工作和组织生活落实情况等组织开展集中检查6次。建立健全工作推进和述职评议机制。2月上旬，召开市直部门单位机关党组织书记2016年度抓基层党建工作述职评议会议，结合述职情况现场组织民主评议。9月，组织党支部书记召开市直机关党建工作推进会议，进一步研究谋划机关从严治党的思路和措施。

严格党员教育管理 严把党员入口关，确保党员发展质量，全年新发展党员38名。3月，组织近年来入党的70多名党员在工委基层党校举行集体入党宣誓仪式。认真做好“灯塔——党建在线”综合管理服务平台管理应用工作，党员注册达到全覆盖。严格规范党费收缴，实行专人负责、月收月缴。坚持严格要求与热心关爱相统一，健全党内关爱帮扶和表彰激励制度，利用春节、“七一”等重大节庆日对老党员和困难党员进行走访慰问，发放慰问金109620元。

【机关党建活动】 在夯实基层基础的同时，积极搭建活动载体，提升基层党组织服务中心成效。

深化“机关优质服务品牌”创评活动 紧扣“转作风、重服务、促发展”主题，把“机关优质服务品牌”创评作为增强党建活力、优化机关作风、提升服务水平的有效载体，引导市直机关党组织和广大党员不断创新拓展服务内容、服务方式和服务领域，着力打造群众满意的规模化、专业化、个性化服务。全年对70个“机关优质服务品牌”予以批准立项并组织实施，形成“一个支部一特色，一个支部一品牌”的良好态势，有3个服务品牌受潍坊工委表彰。

开展百名市直机关“汶水先锋”推荐评选活动 “七一”前夕，围绕好学上进、爱岗敬业、为民服务、攻坚克难、勇于担当、依法作为、改革创新、助企发展、廉洁自律、道德建设等十个方面的先锋标准，组织评选98名在工作岗位上发挥先锋模范作用、展示党员风采的“汶水先锋”。组织开展“汶水先锋”典型事迹报告会2场，并在《今日安丘》开设“建设过硬队伍，争创一流业绩”专栏，刊登部分“汶水先锋”先进事迹，充分发挥身边典型的教育、激励和带动作用，营造学先锋、赶先锋、争先锋的浓厚氛围。

开展党员“政治生日”活动 6月30日，组织市直机关百名党员在青云山烈士陵园开展“重温入党誓词，铭记政治生日”活动，通过重温入党誓词、撰写生日感言、回顾入党经历、集中开展讨论、进行生日寄语、组织志愿服务等环节，进一步增强党员党性观念。以此为开端，在市直机关逐步建立起党员过“政治生日”的长效机制，引导各党组织建立本支部党员“政治生日”台账，依托“支部生活日”，定期组织党员过好政治生日，使党员在接受教育、激发工作热情的同时，感受党组织的温暖，力求“政治生日”过好一天、工作促进一年、教育影响一生。

积极培育机关党建文化 立足于升华理想信念、培养道德情操、提升业务技能、提振精神状态、营造进取氛围，大力加强机关党建文化建设，以文化蓄内力、催动力、聚合力、激活力。会同有关部门、单位开展乒乓球比赛、篮球比赛、健身跑等丰富多彩的文体活动，进一步活跃机关生活，增强机关党员的组织归属感和集体荣誉感，以经常性的活动凝心聚力，营造干事创业、团结进取的良好氛围。

（郭彩霞）

党史研究

【概况】 2017年，安丘市党史工作按照上级党委和业务部门的要求，注重转变党史工作职能，努力做好党史资料的征集、研究、整理、编撰和“存史、资政、育人”工作。以服务现实为重点，创新工作思路，创新研究方法，转化党史研究成果，强化党史宣传教育工作。

【党史资料编研】 完成《中国共产党山东省安丘市历史》第二卷（1949—1978）。全书分4编、18章、36万余字。记述安丘人民在党的领导下进行社会主义革命和开展大规模社会主义建设非凡历程，忠实记载全县各级党组织加强自身建设、经受各种考验而不断发展壮大的光辉历史。在认真研究专题，充分征求意见的基础上，精心编纂，反复修改，数易其稿，最终定稿出版。

征集编纂《改革开放实录（安丘卷）》。《改革开放实录》是全国性的重大课题。安丘市承担着潍坊卷的供稿和安丘卷的编写任务。中共安丘市委办公室专门下发《改革开放实录（安丘卷）整编工作方案》的通知，成立课题组。《实录》主要反映改革开放近40年安丘各行各业取得的巨大成就和对改革开放的探索与发展及市委的重大决策和重要事件。3月，撰写6个专题计10万余字，完成潍坊卷安丘部分材料。12月，安丘卷编写完成第一卷的材料整理，涉及26个单位，计50余万字。

【党史宣传教育】 推进“留山党性教育基地”建设工作。主体展馆位于辉渠镇留山风景区，由山东学海农林集团投资建设，建筑面积1.2万平方米，主要包括主楼和红色教育展厅两部分。展出内容为中国共产党各个时期的历史。党性教育基地建设正有序进行，力争明年4月底布展竣工。指导景芝镇建成党史展馆1处，共计展出面积200余平方米，主要反映淮安县委的活动及景芝一带党组织的发展情况等，是安丘市镇级党史教育基地。是年春，指导兴安街道汶南社区筹建爱党、爱国教育综合展馆。同时，为全市中小学校及市直部门单位讲授党史教育课7次。

（李树杰）

党校工作

【概况】 2017年，市委党校认真贯彻执行中央、省委关于加强和改进新形势下党校工作的要求，贯彻落实《中共中央关于加强和改进新形势下党校工作的意见》，认真学习宣传和贯彻落实中共十九大精神，坚持党校姓党的根本原则，坚持从严治校的办学方针，以干部培训、社会宣讲、科研工作、基层党校建设和新校建设为重要抓手，实现普通党员进党校培训常态化，突出党校的特色和优势，狠抓作风建设，不断取得实实在在的成绩和进步，在新的条件下奋勇开拓党校事业的新局面。

【干部培训】 全年先后举办各级各类主体班次29期，共培训党员干部8328人次。其中，全市科级干部学习贯彻十八届六中全会精神暨“新精神、新理念、新起点”集中轮训班3期，全市农村、城市社区党组织书记培训班3期，全市组工业务培训班1期，全市“第一书记”培训班1期，全市农业、工业经济专题培训班各1期，全市法治政府建设专题培训班1期，全市统战干部、党外干部及代表人士培训班1期，全市新任村“两委”成员、村民代表及村务监督委员会成员培训班16期，全市新任科级干部培训班1期，全市科级干部学习贯彻十九大精神集中轮训班3期。

【社会宣讲】 组织教师学习研究中共十八届六中全会精神、十九大精神，精选业务骨干组成宣讲团，深入全市各个镇街区、市直部门、企事业等50多个部门单位进行宣讲工作，共宣讲60余场，受训党员群众6800余人次。

【科研工作】 多次组织教师深入基层一线，掌握一手课题资料。全年完成科研成果9项。其中，省委党校课题1项，潍坊市委党校课题4项。在省级以上刊物杂志发表论文4篇，其中国家级1篇。

【新校建设】 为解决老校区面积狭小、容量有限、功能落后的问题，安丘市委党校新校区建设项目于2016年10月9日开工建设。项目位于安丘经济开发区彭家洼社区，包括报告厅、教学楼、学员公寓、学员餐厅、体育馆、训练馆等6个单体工程，占地113亩，规划总建筑面积22000平方米，可同时容纳800人培训、450人就餐、380人住宿，估算总投资1.1亿元。新校区6个单体工程主体全部完成，二次结构、外墙保温、装饰材料、室外配套等项目的建设陆续展开。

【普通党员进党校培训】 以中共十八大和十八届中央历次全会精神及习近平新时代中国特色社会主义思想为指导，认真贯彻省、潍坊市、安丘市党代会精神，坚持以党性教育、党纪规范为重点，以培养造就“四讲四有”合格党员为目标，举办党员培训班。安丘市委党校先后分6批，对安丘城区内的市直中小学校、市直机关、市卫计系统、景芝镇、石埠子镇等普通党员进行“党员进党校”培训，17期培训班总计培训学员8246人次。

【基层党校】 为实现农村党员培训全覆盖，增强基层党组织的战斗力和凝聚力，打通党建“最后一公里”，在市委要求下，加强基层党校建设。基层党校在市委党校的配合帮助下，在党员培训中发挥重要作用。基层党校成立以来共培训党员46479人次，占党员总数的78.6%，其中培训农村党员25572人次，占总数43.3%。是年，培训党员35438人次。占全市党员总数的60%。

（孙小梅）

老干部工作

【概况】 2017年，市委老干部局坚持围绕中心、服务大局，以贯彻落实中办发〔2016〕3号、鲁办发〔2016〕37号潍主办发〔2017〕8号《关于进一步加强和改进离退休干部工作的意见》精神为统领，突出迎接中共十九大和学习贯彻十九大精神主线，不断强化老干部思想政治建设，全力保障老干部政治生活待遇，坚持为党和人民事业增添正能量的价值取向，全面推进老干部工作转型发展。

【离退休干部思想政治建设】 2月，组织县级离退休干部参观考察、召开全市老干部情况通报会，市委主要领导亲自陪同参观、向老干部通报全市经济社会发展情况和下步工作思路，市委常委和市人大、政协主要领导集体参加座谈会，广泛征求老干部的意见和建议，离退休干部真切感受到新一届市委的关心和厚爱，围绕全市中心工作积极献计献策。7月1日，组织召开庆祝建党96周年老干部座谈会，市委书记李新阁主持会议，市委副书记、市长通报全市上半年经济社会运行情况。随后，组织老干部参观城市建设情况。10月26日，举办全市离退休干部党支部书记培训班，教育培训老干部学习骨干90人。发动离退休干部党支部成员、联络员，与年老体弱、行动不便、集中学习困难的老党员结成“帮扶对子”，开展“送学上门”服务。组织参加《四种精神》征文活动，全市收到征文50多篇，提报征文10篇，在潍坊市委老干部局征文评选中荣获二等奖1个，三等奖2个。

【离退休干部党组织建设】 加强离退休干部党建工作规范提升，发挥市委离退休干部工委的职能作用，规范支部管理，强化阵地建设，切实改进提升离退休干部党支部建设和老干部社团组织建设。新建社区离退休干部党支部20个，新建成大汶河旅游开发区幸福里社区和兴安街道银杏社区等潍坊市级社区离退休干部党建示范点2处，全市潍坊市级社区离退休干部党建示范点达到6处；针对部分进城居住老干部党员脱离原组织管理的现状，在摸清进城居住的761名老干部、127名老党员的具体情况基础上，探索建立“镇住城区老干部党支部”，加强对流动党员的管理。加强老干部网上党建平台建设，开通安丘老干部微信交流群和微信公众号，组建150余人的信息员骨干队伍。10月17日，依托网上党建平台，举办信息员培训班，培训70名老干部网宣骨干，各离退休干部党支部配备硬件设备，借助网络平台与离退休干部党建网连接，依托离退休干部网上党支部论坛，引导老干部积极发布言论交流信息，构建老干部精神家园。规范老干部党费的收缴、返还和管理使用，全年收缴老干部党费23万余元，返还部分及时回拨到各老干部党支部，在组织活动、订阅学习资料等方面给予有力支持。发挥党建统领作用，以“打造精品社团”为指导，建立社团离退休干部党支部3个，加强老干部社团的建设和管理，通过社团组织开展一系列健康有益的活动，更好地把具有一定专业特长、相同志趣爱好的老同志凝聚起来，进一步增强离退休干部党组织的凝聚力。

【离退休干部学习活动阵地建设】 重视并抓好市老年大学等老干部文化阵地建设，加大投入和管理力度，先后投资2万元，对市老年大学教学楼、室内活动场所、办公场所等进行完善改造，进一步完善配套设施，优化老同志学习活动环境。市老年大学坚持学习活动和健身修为并重，不断丰富学习内容，开展文化公益活动，学习活动效果明显。上半年，开设书法、绘画、声乐、二胡等6个系12个专业班级，共有200余名学员顺利完成学业。下半年，开设6个系14个专业班级，招收学员312人。先后举办庆元旦老年大学文艺演出、迎新春书法绘画展、“迎七一”文艺演出、庆“十一”文艺展演等活动，参与或主办各类书画、摄影展和文体活动30多场次，促进文化养老工作，丰富老干部的精神文化生活。参加潍坊市书画摄影展，18人获得奖项。在老年大学探索建立市直老干部理论学习中心，组织市直部门单位没有固定学习活动场所的离退休干部党支部轮班学习，投入资金2万元，配备学习设施和资料，购置图书2000余册，增订报刊、杂志10多种，挑选3名工作人员负责学习中心服务工作，做到每天2个支部集中学习，每个支部每月至少集中学习1次。

【离退休干部生活待遇落实】 市财政加大支持力度，完善离退休干部生活待遇正常增长机制，认真提高离休干部“三个机制”运行水平，健全完善离休干部医药费统筹标准逐年增长机制。健全离退休干部共享发展成果机制，坚持对全市离退休干部统一实行健康查体、做好易地安置离退休干部工作，搞好服务管理“三统一”，积极为老干部办实事、办好事。春节、七一等重大节日，各单位普遍开展走访慰问老干部老党员活动。2月初，市级领导对全市50名副县级以上离退休干部进行走访慰问，送去节日的问候，送上党的关怀；热情接待来安丘走访慰问老干部的外省、市老干部工作同仁8批次。提升老干部社区亲情服务水平，依托社区资源，为离退休干部提供医疗保健、家政、学习活动和精神慰藉等服务，实现老干部“四就近”。

【离退休干部作用发挥】 围绕庆祝中共十九大胜利召开，10月18日，组织广大老干部、老年大学学员、老年摄影学会会员、老年书画协会会员等举办“不忘初心——喜迎十九大”安丘老干部书画摄影展，展出书画摄影作品301幅，1000多人次参观；10月24日，在青云山小学举行“五老宣讲团”启动仪式，面向各系统关工委主任和青云山小学500余名学生，深入宣讲安丘抗战历史，加强革命传统教育。深入挖掘安丘市抗战时期、解放战争和抗美援朝时期老干部的革命事迹，撰写优秀作品50余篇。不断壮大八个“五老”宣讲团队伍，深入开展普法宣讲、党史国史教育、感恩教育和才艺指导进校园等主题教育活动，深入全市84所学校进行集中宣讲，受教育学生达1.9万人。组织离退休干部开展以“展示阳光心态、体验美好生活、畅谈发展变化”为主要内容的正能量活动，涌现老同志先进典型4人，引导广大离退休干部积极发声发力，为党和人民的事业增添正能量，为安丘发展做出更大贡献。

（周晓东）

关心下一代工作

【概况】 2017年，安丘市关工委办公室紧紧围绕全市经济社会发展大局，按照“急党政所急、想青少年所需、尽关工委所能”的要求，开拓创新，锐意进取，加大对青少年群体的关爱帮扶力度，全市关心下一代工作水平不断提升。

【青少年活动】 党史、国史教育活动 充分发挥党史国史传统文化宣讲团作用，在全市范围内搜集整理安丘发展史和革命史中具有代表性的人物事迹、重大事件，在全市中小学校巡回宣讲。邀请市委党校原常务副校长周汝华、市住建局原副局长游宝秋等到市青云山小学、兴华学校、东埠中学等16所学校为8000余名学生讲述安丘历史故事、安丘抗战历史，帮助青少年了解历史、正视历史，激发青少年热爱党、热爱祖国、热爱家乡的感情。10月，以“学党史、知国史、颂党恩、跟党走”为主题，在青少年中举办党史国史教育演讲比赛，进一步增强青少年的爱党爱国爱社会主义情感。

青少年才艺培养 为全面推进素质教育，市关工委与市教育局在各中小学启动实施特色学校创建活动。各中小学结合学校现有师资力量、场地条件和学生兴趣，每校确定1—2个特色项目，有针对性地对学生进行才艺培养。市汶水小学、景芝职工子弟小学的抖空竹，景芝镇沙浯小学的吹葫芦丝，景芝镇临浯小学的太极操，市红军小学的跳绳，市第二实验小学的剪纸，兴安街道城北小学的腰鼓，市兴华学校的古筝等特色项目受到学生、家长的一致好评。

组织参加全市迎接党的十九大胜利召开书画展 7月，为做好全市青少年书画展作品征集工作，面向全市各学校征集作品150余件，选送书法和绘画作品各15幅报送上级关工委；10月，选送20幅“五老”志愿者书画作品参展，安丘市5幅青少年作品和10幅“五老”志愿者作品入选全潍坊市迎接中共十九大胜利召开书画展，得到社会各界的一致好评。

【青少年教育】 青少年法制教育 着力抓好《中华人民共和国宪法》和《中华人民共和国未成年人保护法》《中华人民共和国预防未成年人犯罪法》及相关法律法规的宣传教育，充分利用“法制副校长”队伍和“五老”法制宣讲团，开展“法制进校园”“法制进课堂”活动，市检察院、法院、司法局关工委先后到12所中小学进行普法宣讲20余次，10000余名学生接受教育，增强广大青少年的法律意识和是非分辨能力。

“四点半学校”和“希望乐园”建设 自2014年起，以潍坊市关工委下发的《关于开展创建五好“四点半学校”和“希望乐园”活动的意见》为标准，发动各镇街区自筹自建“四点半学校”和“希望乐园”。2017年，全市“四点半学校”和“希望乐园”数量达36处。创建过程中，市关工委多次到“四点半学校”和“希望乐园”示范点进行调研，鼓励工作人员开拓思路，做好服务青少年工作。

关爱帮扶青少年弱势困难群体 5月，由市委组织部牵头，组织市关工委、团市委、市教育局、市民政局等单位召开“关爱留守儿童”专题会议，制定“关爱留守儿童”实施方案，明确分工，落实责任，有针对性地开展各类帮扶救助活动。组织开展扶贫助学活动，关爱青少年困难群体。自2010年起，连续8年组织开展扶贫助学活动，全市累计筹集资金842.9万多元，帮扶困难学生9815人。2017年，全年筹集资金130多万元，帮扶困难学生1200多人。

网吧义务监督 6月20日，联合市文化执法局召开“五老”网吧义务监督员培训暨动员会议，同时对暑期网吧监督工作进行了部署，将全市36家网吧分解落实到11个市直系统和2个街道关工委，选聘义务监督员82名，分为36个小组，每周对网吧进行一次义务监督，净化青少年成长环境。

【规范化建设】 基层关工委组织建设 4月，召开全市关心下一代工作会议，总结2016年工作，部署新的工作任务，提升安丘关心下一代工作水平。11月，举办全市关心下一代工作培训班，对镇街区、市直系统、学校、企业等单位、部门关工委负责人进行培训，通过以会代训方式，健全各级关工委组织，壮大工作队伍，提升服务青少年健康成长的水平。

“五老”队伍建设 组建8个“五老”宣讲团，从10月开始，组织宣讲团到全市84所中小学进行集中宣讲。11月，举办“五老”志愿者培训班，通过以会代训的方式，对全市800多名“五老”志愿者骨干集中进行政治理论、业务知识和方式方法培训，提高其工作能力和水平。

制度建设 广泛征求意见建议，健全完善领导包靠、学习培训等工作制度，并将制度的落实情况作为年底基层关工委工作检查的重要内容。

【调研宣传】 调查研究 不断完善、拓宽八个“五老”宣讲团的活动内容，形成有效工作机制，有针对性地对青少年开展教育培训；利用社区“四点半学校”资源优势，加强对农村儿童的教育培养；加强“五老”和“关心下一代志愿者”队伍建设，号召更多的人参与关心下一代工作。通过调研，查摆不足，总结经验，不断提升服务青少年健康成长的能力。

培养、推广典型 镇街区总结上报关心下一代工作集体和个人典型，对优秀“五老”志愿者进行采访、宣传、推广，引导、带动更多的社会人士参与关心下一代工作。

信息宣传工作 完善与市委宣传部、市文广新局等主管部门及新闻媒体沟通协调机制，逐步形成关心下一代工作宣传格局。积极做好向《中国火炬》《关爱》等报刊媒体的投稿工作。是年，全市各级关工委在各类媒体报道关工委工作信息、工作典型、调研报告等50余篇，及时展示工作成效，关心下一代工作影响力不断增强。

（周晓东）

扶贫工作

【概况】全市有省定贫困村40个，建档立卡贫困户23965户、50644人，其中2016年初经过精准再识别，共有建档立卡贫困户7185户、14608人，分布在全市14处镇街区611个行政村。至2017年年底，精准再识别的建档立卡贫困户全部脱贫、40个省定贫困村全部“摘帽”，目前，全市共有新识别和返贫贫困户303户、594人；继续享受政策的贫困户6928户，在潍坊市脱贫任务较重。

【重点工作】2017年，安丘市扶贫工作，夯实脱贫根基，创新脱贫路径，确保扶贫效果。

夯实脱贫根基，精准识别扶贫对象 严格把牢精准识别各个关口，把贫困人口纳入退出细化为“精准识别八步法”，逐村调查、逐户摸底、逐人核查，实现贫困人口识别严格、操作规范、程序透明。对全市贫困村、贫困户信息实行“库档袋管理”三级管理，对扶贫对象的基本信息、需求信息、帮扶责任人、脱贫措施、收入明细等内容精细管理，及时跟进管理、严格核查把关，真正做到脱贫路径可靠、脱贫数据翔实。2016年底，全市共有33个省定贫困村顺利“摘帽”，4762户、9855人稳定脱贫，在聘请第三方退出评估验收时，无一户出现数字脱贫、虚假脱贫，无一户因精准识别出现信访问题。

创新脱贫路径，打好产业脱贫攻坚 按照“扶贫资金资产化、资产股份化”的思路，以“党支部+合作社”模式统领产业扶贫，把“有能力”的“扶起来”，“扶不了”的“带起来”，促进村集体与贫困户“双增收”。积极适应农产品消费升级需求，组织实施品牌农业提升“164”计划，打出新一轮农业结构调整、一二三产业融合发展、产地准出二维码追溯管理、农产品生产安全指数发布等一系列“组合拳”，让贫困群众更多的分享农业产业链增值收益。全市计划三年建成高效农业“万元田”80万亩、已落实32万亩，规划建设融合发展示范园122个、在建34个，带动了2600名贫困人口走上致富道路；以创建国家级新能源示范区为契机，成功申报了140兆瓦光伏扶贫项目，采取PPP模式建设2个140兆瓦集中式光伏电站，总投资12亿元，占地6800亩，年发电量1.8亿度，年收益1.97亿元，惠及5150个贫困户，户均年可增收3000元，是全省最大的光伏扶贫电站。整合扶贫资金、部门企业社会帮扶资金2000多万元，建设分布式光伏电站2708千瓦，年实现收益350万元，让2400名无劳动能力贫困户有了“阳光收入”，通过“一次输血”实现“长期造血”；以争创国家全域旅游示范市为抓手，加快推进留山古火山国家森林公园、歌尔庄园、林海花田、中国桃海等精品旅游项目，通过景区带村、能人带户促进脱贫增收。全市已建成农家乐示范村6个，其中省定贫困村4个，带动经营业户107家，拉动当地群众人均增收3000多元，1000多名贫困群众通过流转土地、兴办农家乐、景区务工实现致富增收；依托颐高电子商务产业园、“好品山东”安丘服务中心、阿里巴巴县级运营中心、京东电商产业园等平台，在镇街设立电子商务中心，社区、村居设立电商服务站，打通“消费品下乡”“农产品进城”双向流通渠道。设立1000万元的电商发展基金，扶持引导群众把农产品从线下单一销售搬到线上销售，带动贫困人口脱贫致富。全市已建成电商平台8个，电商企业发展到276家，网店1670家，涉农电商600多家，有256户贫困群众通过电商走上致富快车道；组织开展农业科技入户、新型职业农民培训、全民创业三项工程，增强贫困人口的自我发展能力。鼓励企业在贫困村设置加工点，发展“庭院经济”，让贫困户劳动力足不出户搞加工，实现农忙不误种植、农闲不误增收，全市有1100多名贫困群众实现了“家门口”就业增收。

发挥政策优势，扶贫对象精准受益 整合金融政策、建立专项资金唱主角、整合资金做补充、行业资金搞配套的扶贫资金统筹机制。2016年—2017年，累计投入各级财政扶贫资金1.5亿元。探索推出扶贫惠农“信保贷”“信用贷”“亲情贷”“阳光贷”4个信贷产品，为推进脱贫攻坚提供充足的资金支持。发放扶贫惠农系列贷款2657笔、3.1亿元，发放小额扶贫信贷资金682.5万元。同时对贫困户种植产品引入保险保障，仅2016年大葱价格保险就为贫困群众减少损失近200万元；落实惠民政策，始终把贫困群众的教育、医疗、住房、饮水安全等作为脱贫攻坚的底线保障，对贫困户学生从学前教育到高等教育实行资助全覆盖。2016年—2017年，共为全市776名建档立卡贫困学生发放助学金170多万元，雨露计划70.2万元，吸收社会助学150多万元；积极创建健康扶贫工作示范县，将建档立卡贫困人口全部纳入民政医疗救助范围，为14608名贫困人口免费缴纳基本医疗保险并购买商业医疗保险，启动实施镇村医疗机构标准化建设三年行动计划，建立“先诊疗后结算”绿色通道，完善基本医疗保险、大病保险、医疗救助等制度衔接机制。织密织牢社会保障网，将农村低保标准提高到每人每年3800元，对符合条件的贫困户实行应保尽保。为保障贫困户住房安全，市财政专门配套462万元，整合危房改造资金，实施贫困户住房改造、修缮500多户。结合城乡建设用地增减挂钩、棚户区改造、农村危房改造等政策，对“一方水土养不起一方人”的村，根据群众意愿进行易地搬迁，彻底改善贫困群众生产生活条件。全市共启动建设新型农村社区33个，建成安置

楼360栋，搬迁入住9000多户。投资120万元，对贫困村、贫困户的饮水问题全部进行改造，让群众喝上安全的饮用水。

精准整合资源，脱贫攻坚全员参与 选派60名精兵强将到20个省定贫困村和40个脱贫任务较重的村担任第一书记，市财政为每名第一书记配套扶贫资金10万元，派出单位配套资金不少于10万元，抓党建促脱贫，争资金引项目，推动村集体经济增收、贫困户脱贫。共争取帮扶资金1600多万元，引进实施扶贫项目76个；实行市级领导包乡镇、部门单位包村，组织市直部门和镇街区4748名机关党员干部成立1545个帮扶关爱小组，对全市所有贫困人口进行全覆盖式结对帮扶，共协调资金1100多万元，引进实施致富项目300多个，转移有劳动能力的贫困群众390多人；依托政府网站、微信平台等渠道，将贫困村、贫困户的需求信息与社会各界的帮扶意愿进行有效衔接，动员重点企业、义工组织、志愿服务者等社会力量，带着真情实感、拿出真金白银参与扶贫开发。累计接收社会捐助物品1.2万余件、捐款600多万元，惠及贫困群众1800多人。

（王　康）

市委巡察督查

【概况】 2017年6月，经市委批准，市委巡察工作领导小组成立，设立巡察机构，建立健全巡察工作机制，正式启动十四届市委巡察工作。是年，全市开展两轮巡察，完成对市政务服务中心管理办、市供销联社、市人防办、市档案局、市林业局、市旅游局、市市场监管局、市科技局、市经信局、市商务局10个市直部门（单位）的巡察工作。市委各巡察组坚持突出问题导向、深化政治巡察，紧盯“三大问题”“六项纪律”，牢牢抓住重点人、重点事、重点问题，从严从实，有力有效推进巡察工作，营造风清气正的政治生态，为建设“四个城市”提供坚强的政治保证。

【重要工作情况】 **建立机构，完善制度** 2016年11月6日，市编委下发《关于设立安丘市委巡察工作机构的通知》，设立市委巡察工作领导小组办公室和5个巡察组，明确机构、人员、编制三大问题，为下步巡察工作开展奠定了基础。2017年6月28日，市委下发《中共安丘市委关于成立市委巡察工作领导小组的通知》，正式成立市委巡察工作领导小组。同时，下发《中共安丘市委关于建立市委巡察制度的实施意见》和《中共安丘市委关于印发〈十四届安丘市委巡察工作规划（2017—2021年）〉的通知》，搭建起市委巡察工作整体布局，为巡察工作开展提供坚强的组织和制度保障。8月14日，市委下发《中共安丘市委关于印发〈中共安丘市委巡察工作实施办法（试行）〉的通知》和《中共安丘市委印发〈关于建立市委巡察工作协作配合机制的意见〉的通知》，进一步健全和完善巡察制度体系，为巡察工作开展提供指导和遵循。是年，建立“1+3”制度体系，制定规范的“市委巡察工作流程”，编制印发《安丘市巡察工作指南》，建立巡察工作讨论汇报制度，巡察办和巡察组定期召开会议讨论巡察工作开展情况，巡察办向市委巡察工作领导小组进行汇报，研究解决巡察工作中遇到的困难和问题。

配强队伍，提升素质 一是建立市委巡察工作组长库和人才库。2017年7月18日，由市纪委书记王峰贵和市委组织部长赵延福同时签发《关于推荐市委巡察工作组长库和人才库人选的通知》，经过层层推荐选拔，从14处镇街区和纪检监察、组织、信访、财政、审计、政法、经管等27个市直部门抽调人员，建立起由25人组成的巡察工作组长库和86人组成的人才库。二是配强巡察干部队伍。成立市委巡察组5个。各巡察组组长、副组长到位后，及时跟上工作，从人才库中抽调部分精干力量，迅速组建30人的巡察干部队伍，为巡察工作开展提供人员保证。三是加强巡察干部学习培训。举办十四届市委第一轮巡察干部培训班和第一轮巡察经验交流座谈会，积极邀请潍坊市纪委和潍坊市委巡察办参与巡察工作的领导专家现场讲学，紧扣政治素质和巡察业务，总结方法、交流经验。组织参加潍坊市巡察干部培训班，到寿光、临朐等兄弟县市区开展学访活动，拓宽视野、借鉴经验，着力提升巡察干部综合素质和业务水平。四是严明工作纪律。制定《巡察干部十不准》《保密守则》《巡察机构机关管理制度》等规章制度，统一制发巡察专用记录本，与每名巡察干部签订巡察干部承诺书、保密承诺书和档案资料零持有承诺书。组织观看《打铁还需自身硬》等专题片，收集编写《巡察干部违纪违法典型案例》，举一反三，警钟长鸣。

扎实开展巡察工作 2017年，全市共开展两轮巡察，完成对市政务服务中心管理办、市旅游局等10个市直部门（单位）的巡察工作。8月15日，市委书记李新阁主持召开十四届市委第一轮巡察工作动员部署会议，正式拉开十四届市委巡察工作的序幕。市委第一轮巡察历时两个月（8月15日至10月15日），五个巡察组分别对市政务服务中心管理办、市供销联社、市人防办、市档案局、市林业局5个市直部门（单位）开展巡察。11月1日，市委召开第二轮巡察工作动员部署会议，宣布启动第二轮巡察工作。市委第二轮巡察历时两个月（11月1日至12月31日），五个巡察组分别对市旅游局、市市场监管局、市科技局、市经信局、市商务局5个市直部门（单位）开展巡察。巡察工作中，各巡察组根据市委部署，科学制定巡察方案，积极与被巡察单位对接，征求协作配合单位意见，提前掌握单位职能、“三定”方案、党组织设置、党的建设等基本情况。坚持突出问题导向，针对被巡察单位实际，精准对焦、有的放矢，综合运用听取汇报、民主评议、个别谈话、走访暗访、查阅文件资料、受理来信来访等手段，了解实情、发现问题，既注重查找共性问题，又突出查找个性问题，确保把问题找准找全找具体，把原因查实查深查透彻，进而提出切实可行的整改措施。重视巡察成果运用，力争做到标本兼治。严肃认真做好巡察规范反馈移交，对顶风违纪问题和典型案例点名通报，达到红脸出汗治病的效果；加强问题线索分类处置，及时向市纪委、市委组织部移交问题线索；针对巡察中发现的问题，积极向市委、市政府有关职能部门提出合理化意见建议。全力以赴跟踪抓好被巡察单位问题整改，督促被巡察单位细化整改措施，紧盯整改进度，严把整改效果，适时组织巡察“回头看”。同时，把移交的问题线索或意见建议办理情况纳入下步巡察范围。

（李义坤）

安丘市人民代表大会

Anqiushirenmindaibiaodahui

综　述

2017年2月，根据工作需要，经市十八届人民代表大会第一次会议通过，安丘市人民代表大会设立财政经济委员会、城乡建设与环境资源保护委员会、内务司法委员会、农业与农村委员会、教育科学文化卫生委员会，并通过组成人员名单。

安丘市人大常委会在市委领导下，深入贯彻落实中共十九大精神，紧紧围绕全市工作大局，认真行使宪法法律赋予的职权，积极对全市重大事项作出决议决定，听取审议“一府两院”专项报告12项，开展专题调研、集中视察、执法检查14次，依法任免地方国家机关工作人员40人次，为推动全市经济社会发展和民主法治建设贡献了力量。

人大监督

【经济发展监督】　市人大常委会密切关注全市宏观经济运行态势，对全市工业“两促两培两提升”工作情况进行调研，分析形势，查找问题，研究对策，充分肯定市政府促进工业发展所采取的措施，有针对性地提出意见建议。听取预算公开和预算执行及审计报告，认真审查，依法作出决议决定，要求市政府落实积极财政政策，服务全市经济社会发展。狠抓财源建设，加强财政收入组织工作。优化支出结构，保障重点支出。着力提升工业经济实力，加快推进农业现代化，深挖服务业发展潜力，统筹城乡全面发展。扎实推进改革开放，着力改善民本民生。

【司法监督】　市十八届人大常委会第四次会议听取审议市法院2016年以来的执行工作，市人大内司委对市人民法院执行工作进行了调查，提出进一步提高认识，加强执行工作组织领导，切实加强执行队伍建设，进一步加大执行工作的力度，进一步加强信用惩戒体系建设，进一步完善执行工作体制机制五项建议意见，经市人大常委会讨论审议形成审议意见转市法院依法办理后，较好地促进法院执行工作，维护法律尊严和群众的合法权益。市人大常委会第十次会议听取审议市检察院2016年以来惩治与预防职务犯罪工作。市人大内司委对市检察院惩治与预防职务犯罪工作进行调研，针对工作中存在的问题和不足提出针对性改进建议意见，经人大常委会讨论审议形成审议意见转市检察院依法办理，较好地促进了市检察院反腐败工作的深入开展。

【对全市经济发展软环境进行调研】　2017年8月，根据潍坊市人大常委会统一部署和市人大常委会工作计划安排，结合实际情况，市人大常委会调研组就全市优化经济发展软环境工作进行专题调研。全市四级人大代表联动，由市人大常委会副主任刘兴军、王洪书、孙钧、于庆满、田友分别带队，围绕人才环境、政策环境、法制环境、诚信环境、政务环境5个专题开展调查研究，走访联系群众，广泛征集问题和意见建议。5个专题小组进行深入调研，形成翔实的调研报告。

【认真处理群众来信来访】　是年，直接受理和接受上级人大交办群众来信来访32件，接待群众来访20多人次，对群众诉求全面认真进行分析研判，区分不同情况全部按规定转有关部门进行办理，对诉求合理、证据充分的12件涉法涉诉信访案件实行重点督办，要求承办单位限期报告处理结果，信访交办率、答复率均达到100%，维护群众的合法权益和社会和谐稳定。

视察调查

【概况】 2017年，安丘市人大常委会先后围绕法院执行工作、就业、大气污染防治、交通基础设施、新型城镇化建设、经济发展软环境、工业“两促两培两提升”工程、农产品质量安全、乡村旅游、惩治与预防职务犯罪等十几项工作开展调查视察，还配合省、潍坊市人大围绕食品安全、森林资源、旅游业等工作开展调研。

【潍坊市人大常委会视察组到安丘视察】 5月10日，潍坊市人大常委会副主任范福生带领视察组一行9人，到安丘视察化工产业发展情况。市领导任海燕、孙晓非陪同。调查组先后到闰成能源、柠檬生化、鲁安药业进行实地察看，并召开由有关部门和企业负责人参加的座谈会，听取安丘市有关工作情况汇报，征求化工产业发展方面的意见建议。

【潍坊市人大常委会调查组到安丘调查】 5月11日，潍坊市人大常委会委员、民侨外委副主任委员王承策带领调查组一行10人，到安丘调查旅游业发展情况。市领导任海燕、王洪书、赵祥永陪同。调查组先后到辉渠镇留山古火山国家森林公园、齐鲁酒地进行实地察看，并征求旅游业发展方面的意见建议。

【调查全市就业工作情况】 5月16日，市人大常委会副主任、党组副书记刘兴军带领调查组就全市就业工作情况进行调查，市委组织部副部长、人社局局长刘庆玲陪同调查。调查组先后实地查看安丘市创业创新孵化基地、安丘市盛大现代农民创业园、安丘市创业贷款担保服务中心，详细了解全市就业工作情况，并召开座谈会，听取市人社局关于全市就业工作情况的汇报。调查组成员在座谈会上做了发言。

【省人大常委会检查组到安丘检查】 6月6日，省人大常委会委员、农业与农村委员会主任委员战树毅带领检查组一行6人，在潍坊市人大常委会副主任、农业与农村委员会主任委员张新强等人陪同下，到安丘对贯彻实施《山东省森林资源条例》情况进行检查。市领导李新阁、任海燕、孙晓非、于庆满陪同。调查组先后到市银汇市政苗圃、潍坊富星木业有限公司、潍坊市级青云山森林公园、齐鲁酒地酒文化博览中心进行实地察看，并听取安丘市有关工作情况汇报，征求意见建议。

【潍坊市人大常委会调查组到安丘调查】 7月19日，潍坊市人大常委会副主任、教科文卫委主任委员张新强带领调研组一行10人，到安丘调研食品安全工作情况。市领导任海燕、刘兴军、冷文清陪同。调查组先后到民康餐具集中消毒中心、潍坊振祥食品有限公司进行实地察看，并召开由有关部门和企业负责人参加的座谈会，听取安丘市有关工作情况汇报，征求食品安全工作方面的意见建议。

【省人大常委会检查组到安丘检查】 8月2日上午，省人大常委会委员、民侨外委员会主任委员卢得志带领检查组一行18人，在潍坊市人大常委会副主任范福生等人陪同下，到安丘对贯彻实施安全生产法和山东省安全生产条例情况进行执法检查。市领导任海燕、孙晓非、刘兴军陪同。调查组到安丘长途汽车运输有限公司进行实地察看，并听取安丘有关工作情况汇报，征求意见建议。

【潍坊市人大常委会调查组到安丘调查】 8月9日，潍坊市人大常委会委员、内司委副主任委员王延泰带领调研组一行11人，到安丘对《潍坊市城区燃放烟花爆竹管理条例（草案）》进行立法调研。市领导任海燕、孙钧陪同。调查组召开座谈会，听取安丘市有关工作情况汇报，征求意见建议。

【调查新型城镇化建设】 9月11日，市人大常委会城乡建设与环境资源保护委员会，对全市新型城镇化建设情况进行调查，市人大常委会副主任王洪书带队参加调查。调查组实地察看青云大街汶河大桥施工现场和青云山西片区城市综合体现场，听取市住建局、发改局、规划局、国土资源局的工作情况汇报，征求人大代表和有关部门负责人的意见建议。

【省人大记者团到安丘进行采访】 9月11日，省人大常委会研究室宣传处处长李云刚带领中央驻鲁和省直新闻媒体记者共19人，在潍坊市人大常委会研究室主任蔡相山等人陪同下，到安丘就地方立法工作，特别是《潍坊市禁用限用剧毒高毒农药条例》的实施情况进行现场采访。市领导于庆满陪同。记者团先后到凌河镇于家水西瓜菜种植专业合作社、市供销农业生产资料有限责任公司、农产品质量安全综合监管中心进行实地采访，并征求意见建议。

【潍坊市人大常委会调查组到安丘调查】 9月6日，潍坊市人大常委会党组副书记、副主任孙明亮带领调研组一行11人，到安丘市对法治环境开展专题调研。市领导任海燕、孙钧陪同。调查组先后到外贸综合服务平台、农产品质量安全综合监管中心、歌尔精密制造项目、齐鲁酒地进行实地察看，并召开由有关部门和单位参加的座谈会，听取安丘市有关工作情况汇报，征求法制环境方面的意见建议。

【潍坊市人大常委会调查组到安丘调查】 9月14日，潍坊市人大常委会副主任、城建环资委主任委员毛秀凤带领调查组一行12人，到安丘市对重大交通基础设施建设管理情况进行调查。市领导任海燕、王德明陪同。调查组先后到潍日高速公路、儒辉路、青云大街、青云大桥进行实地察看，听取安丘有关工作情况汇报，征求意见建议。

【潍坊市人大常委会视察组到安丘视察】 9月21日，潍坊市人大常委会委员、农业与农村委副主任委员赵刚毅带领视察组一行9人，到安丘对农业供给侧结构性改革情况进行视察。市领导任海燕、于庆满、曹忠诚陪同。调查组先后到沃华农业科技育苗中心、甘泉新品种展示示范中心、盛大农产品交易市场进行实地察看，听取安丘市有关工作情况汇报，征求意见建议。

【调查农产品质量安全工作情况】 10月24日，市人大常委会副主任于庆满带领调查组，对全市农产品质量安全工作情况进行了调查。调查组实地查看了凌河匠造蔬菜有限公司、于家水西种植专业合作社、儒林社区农产品检测站、山东德诚牧业有限公司、潍坊立华牧业有限公司、山东合力牧业有限公司6个单位，听取市农业局、市畜牧局工作情况汇报。

执法检查

【大气污染防治法执法检查】 5月16日，市人大常委会副主任王洪书带队组成执法检查组，对全市贯彻实施《中华人民共和国大气污染防治法》情况进行执法检查。检查组实地察看青云大街改造提升、青云瑞景园二期建筑施工和商场路环卫保洁3个城市扬尘防治现场，市机动车尾气检测站和市柠檬生化公司工业废气污染防治现场，听取市政府和有关部门贯彻实施《中华人民共和国大气污染防治法》情况汇报，组织召开座谈会，征求意见建议。

【《潍坊市禁用限用剧毒高毒农药条例》执法检查】 8月29日，市人大常委会副主任于庆满带队组成执法检查组，对贯彻实施《潍坊市禁用限用剧毒高毒农药条例》情况进行执法检查。检查组实地查看红太阳农资商贸有限公司、市供销农业生产资料有限责任公司、于家水西瓜菜种植专业合作社3个单位。检查市农业局等部门的执法工作，听取市政府、部分部门关于《潍坊市禁用限用剧毒高毒农药条例》贯彻实施自查情况的汇报。

代表工作

【代表学习培训】 安丘市人大常委会完善代表学习培训制度，拓宽联系渠道。4月，组织16名新当选的潍坊市人大代表参加潍坊市十七届人大代表培训班。5月，举办市十八届人大常委会第一次法治讲座，70余名代表参加。6月，举办市第十八届人大代表培训班，270多名代表参加。通过培训，新一届代表进一步熟悉人大相关法律法规，了解人民代表大会制度的地位和性质，明确代表的权利和义务，掌握人大工作运作机制和业务知识，提高了履职能力和水平。加强常委会与代表的联系，定期寄送文件资料、征集建议议题、征询意见建议，坚持重要工作向代表通报、重要会议邀请代表列席、重要活动吸收代表参加，为代表执行职务、发挥作用创造条件。全年共邀请代表列席常委会会议108人次，参加调查视察、执法检查活动412人次。参加活动的代表，事前精心准备，会上积极发言，充分反映民声，为提高常委会工作质量发挥重要作用。

【代表活动载体建设】 在市人大代表中深入开展以“带头改进作风、广泛联系群众，带头履职尽责、发挥代表作用，带头干事创业、推动经济发展，争当优秀人大代表”为主要内容的“三带一争”活动。活动开展中，各位代表积极参加人大常委会组织的培训、视察、调查和执法检查等活动，与人民群众保持经常性联系，对群众反映的有普遍性、倾向性的问题，认真梳理汇总，形成代表建议，及时向市人大常委会进行反馈，通过法定程序转交“一府两院”及相关部门研究办理，展现新一届市人大代表良好精神风貌和过硬工作作风，树立和保持为民、务实、担当的良好形象。12月底，组织189名各级人大代表视察全市工业和服务业、农业和农村、城建环保及社会事业发展情况，为代表在人代会上有针对性地提出议案、建议和意见打下良好基础。组建了4个潍坊市人大代表小组、17个安丘市人大代表小组、53个镇级人大代表小组，全部达到有场所、有制度、有计划、有档案、有实效、有保障的“六有”标准，为代表在闭会期间开展活动提供完备的场所平台和有力的组织保障。

【代表建议办理】 市十八届人大一次会议期间，代表提出建议、批评和意见33件，提出议案14件，经审查，均转为代表建议、批评和意见处理，另外，闭会期间代表提出建议、批评和意见5件。市人大常委会以解决实际问题、增强办理实效为抓手，积极探索和创新代表建议办理工作，督办手段多样化，组织部分提出建议的代表参加座谈会，征求他们对市政府建议办理工作的意见建议，并及时将这些意见建议反馈给对市政府及有关承办部门；召开代表建议办理督办会，听取市政府法制办及有关承办部门对代表建议办理情况的汇报，提出有针对性的要求及意见建议；合理设计评议票项目，在市十八届人大常委会第九次会议上对市政府办理代表建议工作情况进行打分评议。通过督办、评议相结合，促进建议办理工作效率和水平不断提高，为推进全市经济发展和社会稳定发挥积极作用。

重要会议及活动

【第十八届人民代表大会第一次会议】 1月19—22日，安丘市第十八届人民代表大会第一次会议在市政府招待所人民会堂召开。会议听取和审议安丘市人民政府工作报告；审查批准安丘市2016年国民经济和社会发展计划执行情况的报告与2017年计划；审查安丘市2016年预算执行情况的报告和2017年预算草案，批准安丘市2016年预算执行情况的报告和2017年预算；听取和审议安丘市人民代表大会常务委员会工作报告；听取和审议安丘市人民法院工作报告；听取和审议安丘市人民检察院工作报告；进行选举事项；作出关于设立安丘市第十八届人民代表大会专门委员会的决定，表决通过市人大各专门委员会组成人员名单。

【市人大常委会第一次会议】 2月10日，市十八届人大常委会第一次会议在市级机关综合办公大楼召开。任海燕、刘兴军分别主持两次全体会议。会议表决通过安丘市人民代表大会常务委员会关于加强自身建设的决定和安丘市人民代表大会常务委员会代表资格审查委员会组成人员名单，任海燕向被任命干部颁发任命书。会上举行了向《宪法》宣誓仪式。王洪书、孙钧、于庆满、田友、马玉宏、于子军和其他常委会委员共33人出席会议。刘兆泰、马良明、何彤斌、于建立等列席会议。

【市人大常委会第四次会议】 3月28日，市十八届人大常委会第四次会议在市级机关综合办公大楼召开。任海燕、刘兴军分别主持两次全体会议。会议审议通过市人大常委会2017年工作要点和计划安排，审议市人民法院执行工作情况的报告，表决通过关于接受刘福勋辞去安丘市第十八届人民代表大会代表职务请求的决定和人事任命案，组织《宪法》宣誓仪式。王洪书、孙钧、于庆满、田友、马玉宏、于子军和其他常委会委员共30人出席会议。孙晓非、孙鹏、马良明、何彤斌、于建立等列席会议。

【市人大常委会举办首期法治讲座】 5月26日，市十八届人大常委会举行第一次法治讲座。任海燕、刘兴军、王洪书、孙钧、于庆满、马玉宏、于子军等参加讲座。讲座邀请省人大内务司法委员会办公室副主任张明敏系统讲解《中华人民共和国监督法》。张明敏就《中华人民共和国监督法》的立法宗旨、人大监督的特点、应坚持的原则、监督方式以及当前学习实施《中华人民共和国监督法》必须要做好的有关工作等方面作了专题辅导。

【市人大常委会第六次会议】 5月26日，市十八届人大常委会第六次会议在市级机关综合办公大楼召开。任海燕、刘兴军分别主持两次全体会议。会议讨论审议全市就业工作情况的报告、全市贯彻实施大气污染防治法情况的执法检查报告；表决通过《安丘市人民代表大会常务委员会组成人员守则（修订草案）》《安丘市人民代表大会常务委员会议事规则（修订草案）》《关于2017年安丘市市级财政预算调整方案（草案）》的决议和人事任命案，颁发了任命书，组织《宪法》宣誓仪式。王洪书、孙钧、于庆满、马玉宏、于子军和其他常委会委员共32人出席会议。邱海芳、何彤斌、于建立等列席会议。

【市人大常委会举办代表培训班】 6月20日，市人大常委会举办第十八届人民代表大会代表履职培训班。市第十八届人大代表，各镇街区人大负责人或分管负责人，市人大常委会机关全体人员参加培训班。培训班邀请潍坊市人大常委会副秘书长、人事代表工作室主任毛洪涛围绕代表如何依法履职进行专题辅导讲解。培训主要针对《中华人民共和国代表法》《中华人民共和国组织法》《中华人民共和国监督法》等进行解读，并围绕对人大代表如何提出议案和建议等业务知识进行培训辅导，详细阐述如何做好人大监督工作，通过调查、视察、执法检查等形式发挥监督作用以及加强县乡人大建设等方面的业务知识。

【市人大常委会第七次会议】 7月27日，市十八届人大常委会第七次会议在市级机关综合办公大楼召开。任海燕、刘兴军分别主持两次全体会议。会议讨论审议安丘市2017年上半年国民经济和社会发展计划执行情况的报告、安丘市2016年财政决算和2017年上半年预算执行情况的报告和安丘市2016年财政预算执行和其他财政收支情况的审计工作报告；表决通过《关于批准安丘市2016年财政决算的决议（草案）》《安丘市人民代表大会常务委员会人事任免办法修订草案》和人事任免案，颁发任命书，组织《宪法》宣誓仪式。王洪书、孙钧、于庆满、田友、马玉宏和其他常委会委员共31人出席会议。孙晓非、于建立、刘茂林等列席会议。

【市人大常委会第八次会议】 8月9日，市十八届人大常委会第八次会议在市级机关综合办公大楼召开。任海燕主持会议。会议审议通过《关于推进“四个城市”建设的决议（草案）》。王洪书、孙钧、于庆满、田友、马玉宏、于子军和其他常委会委员共31人出席会议。

【市人大常委会第九次会议】 9月

29日，市十八届人大常委会第九次会议在市级机关综合办公大楼召开。任海燕、刘兴军分别主持两次全体会议。会议讨论审议市十八届人大一次会议以来代表所提建议、批评和意见办理工作情况的报告、全市交通基础设施建设管理情况的报告和全市新型城镇化建设情况的报告；对市政府办理代表建议工作情况进行工作评议，总评得分为90.21分，评议结果为满意；表决通过人事任免案，颁发任命书，举行《宪法》宣誓仪式。王洪书、孙钧、于庆满、马玉宏、于子军和其他常委会委员共28人出席会议。孙晓非、何彤斌、于建立等列席会议。

【市人大常委会第十次会议】 11月28日，市十八届人大常委会第十次会议在市级机关综合办公大楼召开。任海燕、刘兴军分别主持两次全体会议。会议讨论审议了全市农产品质量安全工作情况的报告、全市乡村旅游产业发展情况的报告、市检察院惩治与预防职务犯罪工作情况的报告和全市工业“两促两培两提升”工程实施情况的报告。王洪书、孙钧、田友、于庆满、马玉宏、于子军和其他常委会委员共31人出席会议。刘兆泰、于建立等列席会议。

【市人大常委会第十一次会议】 12月26日，市十八届人大常委会第十一次会议在市级机关综合办公大楼召开。任海燕、刘兴军分别主持两次全体会议。会议表决通过了关于深入学习贯彻党的十九大精神的决议、关于召开市十八届人大二次会议的决定、关于2017年安丘市财政预算调整方案的决议等有关草案。王洪书、孙钧、田友、于庆满、马玉宏、于子军和其他常委会委员共28人出席会议。何彤斌、于建立等列席会议。

【基层人大工作】 安丘市有2个街道、10个乡镇、2个开发区，其中新安街道、兴安街道，依法设立街道人大工作委员会，为市人大常委会派出机构，配备主任、副主任，由市人大常委会任免。景芝镇、凌河镇、石埠子镇、大盛镇、辉渠镇、郚山镇、石堆镇、柘山镇、官庄镇、金冢子镇设立镇人民代表大会，配备专职镇人大主席、副主席，负责所在镇人民代表大会闭会期间负责联系本级人大代表，根据主席团的安排组织代表开展活动，反映代表和群众对本级人民政府工作的建议、批评和意见，并负责处理主席团的日常工作。乡镇人民代表大会一般一年举行2次，由镇人大主席团召集。开发区未设立人大工作机构。

（王冠丽）

安丘市人民政府

Anqiushirenminzhengfu

政府工作部门

【概况】 2017年，安丘市人民政府工作部门24个：政府办公室、发展和改革局、经济和信息化局、教育局、科学技术局、公安局、监察局、民政局、司法局、财政局、人力资源和社会保障局、国土资源局、住房和城乡建设局、交通运输局、水利局、农业局、商务局、文化广电新闻出版局、卫生和计划生育局、审计局、环境保护局、统计局、安全生产监督管理局、市场监督管理局、金融工作办公室，其中监察局与纪委机关合署，列入政府工作部门序列，不计入政府机构个数。

重要会议

【开展“两学一做”学习教育集中学习研讨】 1月10日，市政府党组开展“两学一做”学习教育集中学习研讨。市委副书记、市长杜建华主持学习研讨并讲话。会上，市政府党组成员原原本本学习《习近平总书记系列重要讲话读本（2016年版）》有关内容，并围绕“践行党的宗旨，干事创业、积极作为、担当奉献，发挥好先锋模范作用，讲奉献、有作为”主题进行交流发言。交流发言结束后，杜建华强调，要深入学习、深刻领会习近平总书记系列重要讲话精神，切实提高战略思维、历史思维、辩证思维、创新思维和底线思维能力，不断提升解决矛盾、处理问题、推进工作的水平。杜建华要求，要搞好工作谋划。突出实效性、创新性，按照政府工作项目化的要求，精心研究谋划今年的工作思路、主要任务和重点项目。要抓好当前工作。坚持统筹兼顾、突出重点，抓住关键环节和具体细节，加大调度督促力度，在落细落小落实上下功夫，推动各项任务目标加快落实。要提升工作标杆。坚持高点定位、自我加压，立足全市现代农业、城市建设、电子商务、生态环境、乡村旅游等方面的基础优势，以新思路引领发展，以新举措打造亮点，努力争创一流业绩。

【全市社区建设工作会议】 1月11日，市委副书记、市长杜建华主持召开全市社区建设工作会议，就当前和今后一个时期的社区建设工作进行安排部署。在听取各镇街区和有关部门情况汇报后，杜建华指出，各级各有关部门要充分认识新形势下加强社区建设的重要意义，以群众需求为根本出发点，进一步明确思路，突出特色，全面提升城乡社区建设水平。杜建华要求，要高点定位、优化布局，抓好社区建设。要按照“四全一特”的总体要求，突出规划引领，坚持示范带动，提高建设标准。农村新型社区建设要与土地增减挂钩和棚户区改造工作结合起来，配套完善水、电、气、暖等基础设施，打造环境优美、配套齐全、生活舒适的社区环境。要不断完善农村社区服务中心功能，以健全便捷的公共服务，吸引农民到社区集中居住。城市社区建设要按照城市社区居民委员会组织法进行规范，科学划定社区，健全组织体系，完善服务清单，增强居民的归属感和认同感。杜建华要求，要突出特色、完善功能，提升服务水平。要以普遍性公共服务和政府行政服务为导向，按需设置功能、提供服务，合理调配人员、统筹设施，着力建设布局合理、功能完善、服务便捷、管理高效的新型社区，更好地服务广大群众的生产生活。杜建华强调，要加强组织建设，健全治理机制，规范社区管理。要夯实基层组织基础，着力抓好微政管理，及时回应群众需求，强化基层社会治理，维护社会和谐稳定。要强化政策保障，形成工作合力，努力为群众提供更加优质、便捷、丰富的社区服务，全力推动全市社区建设再上新台阶。

【全市一季度工业经济运行座谈会】

4月14日，召开全市一季度工业经济运行座谈会，在认真听取与会企业的交流发言后，杜建华指出，各企业要积极沟通交流，相互学习借鉴，加强对行业形势的分析研判，找出发展中的问题、不足和短板，在提高自身发展境界、管理水平的同时，增强全市企业发展协同性。杜建华要求，各企业要充分利用国家政策，加快“机器换人”、技术改造步伐，全面提高自动化、智能化生产水平。要积极开展资产重组，加快盘活“沉淀资本”。要不断优化融资结构，让生产销售与融资相匹配，降低融资成本，保证资金链安全。要大力加强企业管理，从管理提升中降成本、要效益。工业经济主管部门要研究制定切实可行的扶持政策，深化政企校合作，积极搭建技术合作交流、人才引进培养等服务平台。要聘请专业管理咨询机构，为企业进行专业化诊断、指导，认真帮助企业解决技术、人才、资金等问题，助推企业健康快速发展。

【杜建华主持召开市政府常务会议】

3月20日市政府常务会议　会议研究全市畜禽养殖禁养区、限养区、适养区划分工作。会议要求，要明确界线，禁养区内一律不得新建、扩建畜禽养殖场，现有的三年内有序关停或搬迁，正在使用的要配备无害化处理设施。要严格审批限养区和适养区项目，原则上除富民项目外，公司化养殖项目一律不再审批。各镇街区要抓好畜禽养殖污染防治工作。会议研究了林地林木管理工作，要求各镇街区履行好属地监管责任，认真学习、严格落实采伐相关规定和流程。林业部门要严格审批程序，简化流程、提高效率。要严厉处罚偷伐行为，加大宣传曝光力度。要加强巡查检查，做好森林防火工作。会议研究了网格化环境监管体系建设，要求各级各部门高度重视环保工作，时刻抓在手上。要加强宣传督导，确保企业、镇街区和监管部门责任落实到位。要列出重点问题清单，明确责任，全面整改到位，确保不出任何问题。会议研究建立中介服务机构备选库工作，要求按照“公平、公正、公开，合法、合规、合程序”的要求，甄选有资质、讲诚信、服务水平高的中介机构纳入备选库。要做好招标工作，严格资质、标准、程序。要设立考核淘汰机制，提高中介机构服务质量水平。会议研究了旅游业创新发展三年行动计划，要求立足重点项目落地，打造特色旅游品牌和旅游引爆点，实现旅游发展新突破。要做好“农业＋旅游”文章，促进产业融合发展。要不断完善旅游基础设施和服务设施，抓好策划宣传和旅游招商工作，提升全市旅游业的承载力和影响力。会议研究城乡环卫一体化深化提升工作，要求各级各有关部门注重抓细抓小，以美丽家庭创建为切入点，搞好美丽乡村、美丽社区、美丽镇区建设。要注重抓点，好的打造样板，弱的抓好整改。要把工作抓实，不要搞形式主义，以突破常规的方法做好城乡环卫一体化工作，改善群众生活环境。会议研究提高农村低保和农村特困人员救助供养标准工作，要求有关部门严格按标准落实到位，把好事办好。会议研究加强招商引资，推动实力安丘活力安丘魅力安丘建设的意见，要求各级各部门准确把握意见，迅速掀起招商热潮，全面提高招商成效。会议听取潍坊市安全生产工作会议精神及贯彻落实情况的汇报，要求各级各部门时刻绷紧安全生产这根弦，抓好隐患排查整治和安全生产标准化建设，确保全市安全生产形势持续稳定。

9月14日市政府常务会议　会议听取产业强市、品质城市建设工作情况汇报。会议要求，各级各有关部门和单位要突出第一要务，强化责任担当，全力抓好产业强市、品质城市建设，带动全市经济社会转型发展。要认真研究谋划重点园区、项目和平台，为未来发展提供有力支撑。要提高准入门槛，严格项目审核，提高项目质量。会议听取迎接中央环保督察工作情况汇报。会议要求，要把环境保护摆上更加重要的位置，增强持续抓好环境保护工作的定力、毅力和耐力，坚决打好打赢攻坚战、持久战。要抓好环保信访案件的查处和办理，确保全面彻底解决。要突出抓好环保备案管理、网格化监管以及小锅炉清零、“小散乱污”企业整治、畜禽养殖管理、扬尘污染防治等重点任务，持续改善环境质量。要找准重点污染源、污染区域、污染企业，加强源头治理。要举一反三，总结经验，构建环保工作长效机制。会议听取当前安全生产工作情况的汇报。会议要求，要跳出惯性思维，突破固化理念，提高站位，提高认识，努力克服麻痹思想、厌战情绪和庸懒散慢现象，坚持不懈抓好安全生产工作。要突出重点领域，深入细致排查、全面彻底整改各类隐患。要加强业务培训，确保培训效果。会议听取当前食品安全工作情况汇报。会议要求，要把食品安全工作牢牢抓在手上，做到思想认识到位、责任落实到位，建立长效机制，严防问题反弹。要以志在必得的决心，抓好省食品安全先进市创建工作，查漏补缺、补齐短板，做到规范化管理、常态化检查。要认真做好检验检测工作，确保发挥作用、完成任务。会议听取推进实施“一村（社区）一法律顾问”工作情况汇报。会议强调，设立社区法律顾问是推进依法行政的客观需要，要明确法律顾问职责，严格人员审核，加强队伍管理，强化监督考核，打造一支优秀的基层法律服务队伍，努力为群众提供优质的法律服务。会议听取“河长制”工作进展情况汇报。会议要求，要及时组织“清河行动”回头看，消除全部遗留问题，探索建立河湖长效管护机制，让水更清、河更畅、岸更绿、景更美。会议听取“最多跑一次”改革工作推进情况的汇报。会议要求，要加大信息公开力度，优化服务流程，强化人员培训，严格考核监督，确保承诺的“最多跑一次”事项全部落实到位。会议听取省级全域旅游示范区创建情况汇报。会议要求，要发挥资源优势，突出项目带动，搞好宣传推介，全力做好省级全域旅游示范区创建工作，推动全市旅游业健康快速发展。

10月24日市政府常务会议　会议研究分析全市前三季度经济运行情况。会议指出，今年以来，全市上下以“四个城市”建设为主题，以新旧动能转换为抓手，全力稳增长、防风险、补短板，全市经济稳中有进、进中向好，质量和效益不断提高。但受安全环保趋紧、要素制约加剧等因素影响，仍然存在经济增长趋缓、投资拉动减弱、企业资金紧张等问题和风险，必须正确对待，认清形势，坚定发展信心，创新思路举措，确保圆满完成全年目标任务。会议要求，要全力以赴稳增长，抓牢发展第一要务，不断优化产业结构，狠抓招商引资，增强发展后劲，提高发展质量。要以项目为抓手，以创新为引擎，深入推进新旧动能转换，以“四新”促“四化”，加快实现传统产业提质效、新兴产业提规模、跨界融合提潜能、品牌高端提价值。要严密做好风险防控，突出抓好安全生产、金融风险防控、生态环保、社会治安等工作，确保经济健康发展、社会和谐稳定。要努力改善民本民生，让改革发展成果更多更公平惠及广大群众。会议听取全市“七争”工作情况汇报。会议指出，“七争”工作是集聚要素资源、增强发展优势、激发发展潜力、推进改革创新的重要抓手，是对领导干部认知水平、责任意识、能力意志的集中检验，必须高度重视、抢抓机遇、全力以赴。会议要求，要突出重点开展“七争”，紧紧围绕“四个城市”建设，认真梳理项目，明确争取目标。要精准对接开展“七争”，立足资源优势，深入研究政策，提高向上争取的成功率。要突出实效开展“七争”，紧扣发展需求，提高项目含金量。要锲而不舍开展“七争”，持续发力，百折不挠，不断扩大“七争”工作成果。会议听取全市2018年重点项目谋划情况。会议要求，要坚持把项目作为第一抓手，集聚资源，集中精力，坚定不移、坚持不懈谋项目、引项目、建项目。要精准识别抓项目，深入研究、系统分析，现场检查、实地调研，确保项目的真实性、可行性。要提高标准上项目，提高准入门槛，严格审核把关，着力引进符合国家产业政策、技术含量高、发展潜力足、经济效益好的优质项目。要分类施策建项目，全面梳理，分类推进。要统筹资源抓项目，及时解决规划、土地、资金等问题，保障项目顺利推进。要千方百计谋项目，紧盯上级政策动向，广泛搜集项目线索，切实提高工作成效。会议研究60周岁至65周岁老年人半价乘坐城市公交车优惠政策。会议要求，要严格按照政策要求，搞好宣传，规范程序，优化服务，做到应补尽补，确保全市适龄老年人尽快享受该项优惠政策。

（李海鹏）

重大决策与主要工作

【重大决策】 2月22日，印发《关于公布实施全市城镇基准地价调整更新成果》的通知，根据《省国土资源厅关于开展2016年度城镇基准地价更新工作的通知》要求，安丘市于2016年10月完成了对全市1712平方公里土地（其中城区184.13平方公里）的基准地价调整更新，并于2017年1月5日获得省国土资源厅验收批准。

2月28日，印发《关于调整政府部门权力清单的通知》，根据有关法律法规修订情况及国务院、省政府、潍坊市政府相关规定，需对纳入市级行政权力清单管理的部分行政权力事项进行调整。其中，取消134项、承接1项、新增92项、调整22项，共计249项。调整后的权力清单事项纳入山东省行政权力事项动态管理系统管理，通过全省统一的政务服务平台对外公示。

4月1日，为贯彻落实《国务院关于扩大对外开放积极利用外资若干措施的通知》《国务院办公厅关于促进开发区改革和创新发展的若干意见》《潍坊市人民政府办公室关于印发〈潍坊市重点产业招商政策〉的通知》精神，进一步鼓励重点产业投资，推动全市产业结构优化升级，结合安丘市实际，制定一系列政策。印发《安丘市招商引资奖励暂行办法》《安丘市重点产业招商政策》，充分调动社会各界参与招商引资工作的积极性，加快引进一批符合产业政策的大项目、好项目，助推实力安丘活力安丘魅力安丘建设。

【主要工作】 安丘市认真贯彻落实潍坊市“一三四七”目标任务和战略重点，主动适应经济发展新常态，认真贯彻新发展理念，围绕“建设实力安丘活力安丘魅力安丘”这一总目标，解放思想，真抓实干，经济社会事业建设不断取得新的成绩。全年完成固定资产投资124.8亿元，同比增长11.7%；规模以上工业实现主营业务收入240.8亿元，增长9%；一般公共预算收入12.7亿元，增长8.1%；完成进出口总额29.4亿元，增长13.1%；社会消费品零售总额88.7亿元，增长11.3%。

工业经济　坚持“工业立市”战略不动摇，“创、改、培”协同推进。狠抓科技创新，建成企业研发机构56个，89家企业与科研院所开展产学研合作，实施科技成果转化项目32个。抓好技改股改，实施闰成能源科技加氢、歌尔精密制造二期等技改项目 123 个，完成投资 29.5 亿元；完成 25 家规模以上企业规范化公司制改制，总数达到 83 家；上驰生物在齐鲁股权交易中心挂牌，总数达到 40 家。全年审批项目 233 个、批复投资额 239 亿元，同比分别增长 100.9 % 和 167.5 %。新增贷款余额 22.8 亿元，金融业实现税收 2.4 亿元，同比增长 46%。

现代农业 深入推进农业产业结构调整，新流转土地 1.3 万亩，发展高效大棚 8400 亩、林果基地 1.6 万亩；新建农业科技示范园 20 个，引进推广新品种 90 个、新技术 102 项。抓住被确定为全国农村产业融合试点县的机遇，大力发展农业"新六产"，吸引社会资本 3.6 亿元，新规划建设 70 个产业融合园区和休闲农庄项目，已开工建设 26 处。全面推行食用农产品产地准出二维码追溯制度，准出食用农产品扩大到 42 种，累计抽样检测 21 万余次，质量合格率均达到 100%。围绕打造有机农业示范区，成功创建全国果菜茶有机肥替代化肥示范县、全国畜禽粪污资源化利用试点县。策划推进"安丘农耕"区域公共品牌，初步筛选 300 个特色农产品分类进行包装设计策划；"安丘大姜""安丘大葱"被纳入欧盟地理标志产品保护范围，成为中欧正式互认的地理标志产品，全省仅有 10 个。规划建设为农服务中心 18 处，目前已完成投资 6000 万元，开工建设 12 处。投资 1.5 亿元新建市级农化服务中心，建成后服务面积可达 30 万亩。大力推行农业保险试点，大葱价格保险签保面积 10.3 万亩，被省物价局确定为大姜价格保险试点县。

基础建设 加快推进总投资 1.7 亿元的青龙湖路和青云大街 2 座汶河大桥，8 月、11 月分别建成通车。启动 206 国道东外环段等 3 个国省道建设项目，新修改造青云大街等 18 条城市道路和 9 条、97.8 公里农村道路，积极配合搞好潍日高速建设。投资 4.5 亿元，抓好 12 条道路亮化、16 条道路绿化和汶河上下游两岸湿地绿化，实施 4 条道路雨污分流改造工程。投资 3.5 亿元，规划建设 220 千伏温泉输变电及配出工程和 110 千伏许戈输变电及配出工程。新增城市燃气管网 53 公里，5 处镇接入集中供气管网。

棚改拆违 把棚户区改造作为重大民生工程和重要政治任务，抢抓机遇，加大力度，加快进度。全年完成棚改 4830 户，占全年任务总数 6571 户的 73.5 %。大力开展拆违治违行动，排查违法建设 577 处、16.27 万平方米，先后组织违法建设集中拆除活动 51 次，拆除违法建设 361 处、建筑面积 10.88 万平方米；整改违法占地 331 宗、899.2 亩。

生态建设 建立市、镇、社区、村（居）四级网格化环境监管体系，对全市 32 条河流全面建立市、镇、村三级河长制。狠抓散煤治理，实施燃煤小锅炉"清零"行动，停产、拆除、改造小型燃煤锅炉 148 台，完成 4 家重点企业 9 台锅炉的年度超低排放改造；规划布局市级清洁型煤配送物流中心和镇级配送中心，分解落实 12.2 万吨清洁型煤、4 万台节能型环保炉具任务。实施畜禽养殖禁养、限养、适养"三区"规划，依法关停搬迁养殖场户 926 家。扎实搞好道路绿化、水系绿化，完成道路绿化 6500 亩、水系绿化 1870 亩。加快西南山区生态屏障建设，安排 500 万元植树造林奖补基金，新发展防护林、经济林 3.9 万亩。同时，集中时间、集中精力，对 206 国道安丘收费站以北路段进行清理整治，规范店外经营，拆除违章建设，实施硬化、绿化，建立起长效管理机制。

民生福祉 实施破解学校"大班额"工程。投资 15.7 亿元，计划建设中小学校 20 所，已开工建设 12 所，其中续建 8 所，新建 4 所，安丘一中等 12 所学校 2017 年投入使用，新安丘二中等 8 所学校 2017 下半年陆续开工建设。规划投资 2590 万元，新建普惠性标准化幼儿园 10 所，6 处已开工建设。投资 10 亿元，开工建设市人民医院新院二期，预计 2018 年投入使用。投资 5 亿元，启动市立医院医养结合项目建设。加快医养融合发展，新建改造 13 所乡镇医养结合型卫生院。

（李海鹏）

重要活动

【安丘综合物流园项目签约仪式】 2017 年 9 月 6 日，安丘市与中众合有限公司、盛大农产品交易市场有限公司签署"安丘市农产品综合物流园"项目投资协议。潍坊市副市长王树华，中众合有限公司董事长庄沧桑，安丘市委书记李新阁出席签约仪式，市委副书记、市长杜建华代表市政府与中众合有限公司、盛大农产品交易市场有限公司签订投资协议。此次签约的安丘市农产品综合物流园项目，总投资 22 亿元，规划占地 760 亩，项目建成后，将成为集农产品物流、冷链物流、第三方物流、电商物流、国际物流于一体的现代化大型物流基地，有力拉动全市经济发展。

9 月 21 日—22 日，省级食品安全先进市县创建工作现场会在安丘市召开。省食安办副主任、省食药监局副局长王建政出席会议并讲话，潍坊市副市长李平致辞，安丘市委副书记、市长杜建华作典型发言。

（李海鹏）

市政府办公室工作

【概况】 2017 年，市政府办公室紧紧围绕全市中心工作，按照"务实、高效、精准、敬业、守法"的标准要求，不断强化"五种意识"，始终坚持"六个注重"，积极争当"三个模范”，服务水平、工作效能和机关形象进一步提升，较好地完成各项工作任务。

【调查研究】 一是政务信息力求准新快精。及时、全面地做好信息收集和报送工作，搭建起了与部门单位、镇街区交流的良好平台。全年共编发《每日信息》76期、《安丘政讯》21期，上报潍坊政务信息2100多条，被省和潍坊市采用290多条。安丘市超前抓好营改增工作的创新性做法被潍坊市以《信息专报》的形式上报国务院办公厅。二是调查研究力求高质高效。围绕全市总体工作部署和重点工作，有针对性地对相关课题进行深入调研，撰写一批质量较高的调研报告，为领导提供决策依据和对策建议。在潍坊市级以上刊物发表文章7篇。三是日常材料力求精益求精。精心组织起草、严格把关审核市政府及办公室的各类材料，做到内容简洁、文字精练、实用有效、印制规范。组织起草各类文稿1300多个，共审核印发市政府文件38个、市政府办公室文件98个、会议纪要35个、请示29个、批复78个。

【政务公开】 加强组织领导 成立由市委常委、常务副市长为组长的市政府信息公开工作领导小组，协调处理信息公开工作中遇到的困难和问题。市政府主要领导每年至少听取一次信息公开工作专题汇报，认真研究和部署信息公开工作。分管负责靠上抓，对信息公开工作定期调度安排。各镇街区和市直有关部门、单位也都分别成立政务公开工作领导小组，为信息公开工作的顺利开展，提供坚强有力的组织保障。

完善工作机制 修订完善《安丘市政府信息发布协调工作规定》《安丘市行政机关公文类信息公开审核办法》《安丘市政府信息公开保密审查办法》《安丘市行政机关澄清虚假或不完整信息工作办法》《安丘市政府信息公开责任追究办法》等文件。建立政务公开“月督查、月通报”制度，每月确定若干项重点内容进行专项督查，督查结果以专门形式进行通报。不定期召开会议，调度情况，分析问题，有针对性地研究解决措施。市级层面，专门设立政务公开工作机构，配备专职工作人员；镇街区和市直部门层面，明确承担政务公开工作的科室，落实专门政务公开工作人员。配合市档案部门，完成发文拟稿纸改版工作，明确政府信息公开属性，全面落实政府信息公开属性源头认定机制和政府信息公开保密审查制度。建立信息公开工作年度集中展示和满意度评价制度，每年在市政府门户网站设立专题，对各级各部门年度信息公开工作进行集中展示，同时开展社会满意度评价活动。将政务公开工作纳入镇街区科学发展综合考核和市直部门工作绩效考核。是年，全市主动公开政府信息6050条，比上年同期增加3467条，增长129.17%，年初发布的2016年全省政府网站绩效考核结果显示，安丘市政务公开单项评估指标分值居全省第3位、潍坊第1位。

强化网站运维 加强服务器安全管理，完善《安丘市政府网站管理维护制度》《安丘市政府门户网站安全管理制度》《安丘市人民政府门户网站突发事件处置应急预案》等一系列工作制度，配备硬件防火墙，安全防护软件，秘钥服务器等安全设施，提高网站及后台系统防攻击、篡改能力，保障网站正常运行。对政府网站不断进行优化升级，合理配置板块和栏目，优化版面设计，加大实用性板块比重，督促各单位做好网站信息提报、问题整改等工作。是年，市政府门户网站共发布各类信息14654条，受理处理群众网上留言2685件，群众满意度98.3%以上。在第十五届全国政府网站绩效评估中，安丘市政府网站考核成绩位列全国第138位、潍坊第3位。

拓宽公开渠道 建立以市政府门户网站为主，政府公报、政府新闻发布会、政务微博微信为辅，广播、电视、报纸等大众传媒为补充的全方位、立体化信息公开平台。充分发挥市政府门户网站信息公开第一平台作用，加大投入力度，规范建设市政府门户网站，对政府网站信息内容建设保障工作进行细化分工，做到信息及时更新、及时发布。积极运用现代新媒体发布信息，开通“@安丘发布”市政府官方政务微博和“安丘政务”官方政务微信，进一步扩大信息受众面。建立政府新闻发布制度，健全了政府新闻发言人。是年，组织召开市政府新闻发布会15场次。开办《安丘市人民政府公报》，及时刊发政府重要文件政策信息，现已发行16期，免费向各级各部门和100家重点企业赠阅。对市档案馆、图书馆、政务服务中心3处市级信息公开查阅场所进行规范建设，配备相关查阅设备和信息阅览设施，为群众解政府信息提供了便利。

提升工作能力 坚持每年至少举办两期信息公开工作人员培训班制度，通过邀请上级领导、有关专家等，围绕信息公开有关法律法规和上级有关文件精神，以及政府信息公开平台管理、维护、操作等，加强对全市信息公开工作人员的培训。2月，组织召开由各镇街区和市直有关部门、单位政务公开工作分管领导和工作人员参加的全市政务公开工作培训会议。3月，专门对全市政务公开工作业务骨干进行培训，受训400多人次，进一步提高全市信息公开工作人员的工作能力和业务水平。

抓好重点工作 制定安丘市2017年政务公开工作要点，并分解细化到各级各部门，明确责任单位和完成时限。开展“月督查、月通报”制度，围绕年度公开要点内容，每月督查、通报，以督查促推进，以通报促整改，各项公开工作落实到位。全年开展政务公开专项督查8次，整改问题18个。加强政策解读和舆情回应，全面落实政策解读信息与政策文件同步制定和同步配发制度，在制定重大行政决策和有关文件时，同步制定政策解读信息，同正式文件同步发布，增强群众对政策的理解程度。对重大政务舆情进行收集，加以研判，及时回应。对社会不实言论，对政府政策存在误解误读的，主动发声，澄清不实言论，正面引导社会舆论。

【智慧城市】 2017年，市智慧办按照市委、市政府的工作部署，立足市情实际，积极转变思路，勇于创新方式，有序推进智慧安丘建设工作。

加快推进“智慧安丘”建设 在全市范围内，确定涵盖智慧网络、智慧教育、智慧健康、智慧文化、智慧服务业、智慧信息平台、智慧平安建设7大板块的30个“智慧安丘”重点项目，总投资4.98亿元，涉及20个部门、单位。对所有项目“一季度一调度”“一季度一通报”。全市已有地理信息公共服务平台推广提升项目、教育云计算数据指挥中心、全市人口健康信息资源综合平台、城乡环卫一体化指挥平台、居民健康“一卡通”、环境监测监控信息管理系统、农产品质量安全综合监管平台等12个项目建成。

抓好创新项目建设 一是根据市委、市政府工作部署，在全市建设具有可视化交流、多方会议、信息互动、政务管理、移动客户端登录等功能的智慧政务管理视频会议系统。市委、市政府和14处镇街区党委已安装完成，市级视频会议网络基本形成；市水利局及下属4个水库、市畜牧局及下属21个畜牧站、市规划局均已安装。二是为解决企业用工难问题，根据市政府领导安排，建立“安丘市政府就业供需平台”微信公众号。将全市所有规模以上企业的用工需求在平台发布，让广大市民选择；将市民在平台上提交的求职需求，及时汇总整理，向相关企业推送；提供人才孵化、自主创业等政策咨询服务。全市平台微信端和网页端注册总人数已突破3500人，发布就业岗位35780个，初步达成就业意向16320人次，发布各类招聘会7场。三是通过“互联网+”技术，实现“让数据多跑路，群众少跑腿”，建设“安丘政务”微信公众号。该平台以政府网站为基础，以微信公众号为支撑，共设置微政务、看安丘、智慧圈等三大模块十余项内容，汇集发布关于安丘信息公开、政务服务、“最多跑一次”、智慧城市、招商引资、走进安丘、企业展示、生活矩阵及社会各界关心的信息内容，可以满足不同群体查阅了解政府部门相关信息的发布，畅通政民互动渠道，方便群众办事。

积极推动“智慧民生”项目建设 全市已建设完成智慧幼儿园8家，家长可以通过“潍V”手机APP查看孩子在幼儿园成长的情况；建设完成智慧医院2所，病人可以通过“潍V”手机APP查看医院坐诊的大夫，并通过手机提前预约挂号，减少了排队的时间；建设完成智慧景区2家，游客通过“潍V”手机APP查看景区的全景影像、实景地图和景区的文字介绍，购买门票等；实现了公共自行车“扫码租车”，大大方便市民的出行；并且在全市范围内给270辆校车安装“校车4G监管系统”，实现对校车的实时监管。

【法制工作】 2017年，安丘市法制工作紧紧围绕市委、市政府中心工作，认真贯彻落实国务院《全面推行依法行政实施纲要》和《关于加强市县政府依法行政的决定》，不断健全依法决策机制，提高规范化文件质量，加强法制宣传和执法业务培训，强化行政执法监督检查，全力做好行政复议和行政应诉工作，不断提高依法行政工作水平，推进法治政府建设进程。

依法行政 根据年初制定的《政府法制工作要点》，对全年政府法制及依法行政工作进行统筹安排，明确指导思想和工作任务，强化具体工作措施，细化工作责任，加强对依法行政工作的监督考核。

法制宣传培训 根据上级统一部署，先后组织参加《山东省行政执法监督条例》实施、国家宪法日等上街宣传活动，充分利用报刊、广播、电视、互联网等媒体，通过专题宣传、集中宣传、组织法制活动等方式，大力宣传依法行政有关知识，营造依法行政的良好社会氛围。邀请专家、律师对新颁布的行政诉讼法进行解读；通过举办法制讲座、党校培训、领导干部任前法律知识考试等方式，组织全市各级领导干部系统学习相关法律知识，进一步提高领导干部运用法治思维和法治方式解决问题的能力。

保障依法科学民主决策 制定《安丘市重大行政决策合法性审查办法》，进一步完善决策程序，健全决策机制，所有重大决策事项一律经法制机构进行合法性审查论证。为提高决策质量，市政府聘请6名律师担任市政府法律顾问，设立领导班子联系专家人才库，为市政府依法行政工作提供优质高效的法律服务。全年法律顾问共参与合同审查40余份，参与行政复议案件3件次，提供法律顾问帮助咨询50余次。

规范性文件和政府合同管理 严格落实规范性文件“三统一”制度，进一步健全规范性文件合法性审查、备案及清理制度，所有规范性文件及政府合同未经法制机构合法性审查不予公布或签订，规范性文件公布后及时报送市人大常委会和潍坊市政府备案，适时清理规范性文件。是年，共审查部门报送的文件1件，清理市政府规范性文件百余件，审查修订政府合同37件。

规范行政执法行为 一是清理公布行政执法主体。确定具有法定职能的行政执法机关26个，法律法规授权行使行政执法职能的组织44个，依照法律法规规章受委托实施行政执法的组织8个。二是行政执法人员管理培训。落实行政执法人员持证上岗和资格管理培训。三是规范行政执法自由裁量权。充分发挥行政执法自由裁量权予以公示，行政处罚业务全部纳入监督平台系统，实现处罚事项网上运行、在线监控，有效防止权利的滥用。四是规范完善行政执法程序。督促各执法部门根据工作实际，按照规范运行和便民高效原则，编制权力运行规范。五是化解社会矛盾。构建大调解工作格局，加大行政调解力度，将复议裁决工作与行政审判、信访工作、综治维稳工作有机结合，搭建行政调解与人民调解、司法调解相互衔接的工作平台，及时化解行政争议。

行政执法监督 10月，组织对全市行政执法案卷进行评查，开展行政执法监督活动。各部门单位共提报行政执法及审批案卷65件，并将13卷优秀案件选送潍坊市参评。开展年度考核活动。年底对全市所有行政执法部门依法进行行政考核，对考核情况进行通报，对发现的突出问题加以整改。办理人大代表建议和政协委员提案，自觉接受人大的权力监督、政协的民主监督，邀请部门人大代表和政协委员对行政执法工作提出合理化建议，促进了执法监督工作的深入开展。全年办理人大代表建议48件，政协委员提案155件。加强行政复议监督。从案件受理、审理、评析三个方面入手，畅通受理渠道，实行灵便的受理方式，实行快审快结机制，灵活适用听证程序，用好调解、和解手段，提高复议裁决案件审理质量。共受理行政复议案件37件，审结30件，按期审结率100%。接受司法监督。推行行政首长出庭应诉制度，坚持市政府法制办与法院行政庭联席会议制度，根据各行政机关执法过程中出现的问题，及时提出具体司法建议，实现行政与司法的良性互动。

【市长公开电话】 市长公开电话室隶属于市政府办公室。2017年，在市政府办公室和潍坊市长公开电话受理中心的关心、指导下，市长公开电话室在办理工作中，坚持把“市长公开电话”作为贴近社会的桥梁和联系群众的纽带，以饱满的热情和高度负责的精神切实解决人民群众关心的热点和难点问题，办理质量和办理效率明显提高。全年受理公开电话15300件，交办11273件。其中，潍坊市长公开电话交办8132件，安丘交办3141件，反馈率和办结率均达100%。

加强学习，抓好队伍，努力发挥市长公开电话的整体效能 一是加强政治理论学习。通过组织学习，提高自己的政治思想觉悟，做到立场坚定，旗帜鲜明。二是加强业务知识学习。通过开展岗位"传、帮、带"活动等形式，努力提高大家的理论水平、政策水平和工作能力，为做好本职工作打下坚实的基础。三是加强服务意识教育。进一步增强工作荣誉感、责任感和使命感，爱岗敬业，勇于奉献，牢记全心全意为人民服务的宗旨，牢固树立“公仆”意识。通过学先进、找差距，不断提高自己的业务水平。

按时办理，务求实效，认真办理好每一个群众来电 在市长公开电话办理过程中，明确规定，办话人员要本着“认真负责、迅速及时、优质高效”的原则，对市长公开电话坚持随到随办，急事急办，特事特办。凡是情况清楚、要求合理的问题，能当场答复的给予答复；对要求合理，但处理起来缺少政策依据的，向群众讲明情况，争取理解和支持；对情况不明、事实不清，或因偏听偏信来电的群众，则耐心讲明情况，阐明政策，消除误会。为激励办理人员进一步提高公开电话办理的质量，办公室把受理公开电话时能否做到热心、耐心、细心、关心，具体办理时是否充满爱心、设身处地为群众着想作为办理人员年终考核的一条重要参考依据。由于平时注重对公开电话办理人员的服务水平和服务意识的培养和教育，在公开电话办理过程中做到文明受理、热情服务，为公开电话办理件件有着落、个个有回音打下良好的基础。

服务中心，服务全局，发挥好信使、参谋和助手作用 围绕全市经济建设这一中心任务，密切关注社会经济发展中出现的新情况、新问题，做好信息搜集、综合和分析工作，发挥好参谋和助手作用。对一些前瞻性高、经济发展好的建议，认真加以分析整理，及时呈报市政府领导参阅，为领导科学民主决策服务。对城市建设管理、房地产管理、小区物业管理等方面提出了具有参考价值，实用性较强的建议，根据市领导批示要求，及时转交主管部门进行了办理。

严格通报考核工作 为进一步强化政务热线的为民服务功能，加强对各网络单位的一次办结率和群众满意度的考核，并实行每月通报一次的制度。每月将各网络单位的满意度、一次办结率、超期未报等情况及时进行通报。一方面通报到各网络单位，同时将各部门、单位办理情况汇报给分管市领导，有效地促进工作开展。

【应急管理】 2017年，市政府应急办按照“应急值守、信息汇总、综合协调、服务监督”的工作思路，贯彻落实国家、省、市应急管理工作决策部署，夯实应急管理基础工作，推进应急管理联动机制，开展应急管理宣传，努力提升应急管理水平，较好地完成各项应急管理工作任务。

应急信息上报 8月15日，印发《安丘市人民政府办公室关于进一步规范和加强突发事件信息报告工作的通知》，明确要求各镇街区、市直部门单位高度重视信息报告工作，明确信息报告的责任主体，增强信息报告的主动性、时效性和准确性，畅通和拓宽信息获取渠道，迅速准确反馈重要情况。突发事件发生后，要立即核实，对达到或可能达到突发事件标准的情况，必须在20分钟内向市政府应急办报告，同时，通过各种渠道迅速核实有关情况，在90分钟内向市政府应急办作出书面报告，最迟不得超过2个小时。处置过程中要密切跟踪事态发展，全面掌握相关情况，及时做好续报工作；处置结束后，要及时终报。

应急宣教培训 9月16日，在市级机关综合办公大楼一楼第一会议室召开全市应急管理工作会议，会议要求，各级各部门提高站位，认清形势，对当前的应急管理工作要有清醒的认识和把握，切实增强忧患意识和应急意识。突出重点，把握关键，全面提升应急管理工作水平。健全完善应急管理组织体系，加强应急预案体系建设和实战化演练，加强应急队伍建设，健全完善预警信息体系，加强应急保障体系建设。加强领导，落实责任；协调配合，形成合力；严格奖惩，提升效能；强化宣教，营造氛围，确保各项工作落到实处，努力推动全市应急管理工作迈上新台阶。

应急预案修订 7月，开始征集、修订安丘市部分专项应急预案。9月16日，正式印发《安丘市人民政府办公室关于印发〈安丘市自然灾害应急预案〉等24个专项应急预案的通知》，进一步完善全市的专项应急预案，明确职能部门和相关单位在处置突发事件中的职责，建立健全了监督机制和追责机制。

【外事侨务】 2017年，安丘市外事侨务工作按照“围绕一大目标、争当两个先进、发挥三项功能、实施四大战略”这一总体工作思路，外侨事务工作取得新成效。中联部、省外办、省侨办领导先后到安丘考察调研，对安丘市外事侨务工作和县域改革发展取得的显著成就给予高度评价。

外事工作 是年，成立由市委主要领导任组长的外事侨务工作领导小组，设立办公室，认真做好潍坊市委、市政府的国际化考核工作，综合考核分数位居潍坊第四名；科学拟定全市党政干部年度因公出国计划，认真做好3个市级因公出访团组的审核报批工作，参与安丘市赴日本韩国经贸招商团、赴德国、意大利经贸招商团等两个出访团组活动，从前期筹备、审核报批以及行程安排、项目对接、洽谈签约等方面提供服务，提高出访活动成效；帮助8家企业、9人次申办APEC商务旅行卡，办理邀请外国人来华签证通知23批27人次，为企业“走出去、引进来”提供高效服务；全面提高涉外礼宾工作水平，成功接待老挝等涉外涉侨重要来宾45人次。

侨务工作 着力打好“桥务牌”、唱响“国际歌”，全面构建服务安丘市开放发展的侨力资源网，与美国、日本、韩国、新加坡、澳大利亚、新西兰等国家华侨华人代表保持密切联系，开展务实交流；将安丘早期归国华侨的困难生活补助纳入市级财政年度预算，积极开展扶贫救助活动，认真落实“三侨考生”政策，扎实做好社区侨务工作。

史志工作

【概况】 2017年，市史志办公室在市委、市政府的正确领导和省、市地方志业务主管部门的精心指导下，以开展“两学一做”“作风建设年”活动为契机，围绕中心，服务大局，扎实推进全市史志工作，成绩显著。综合考评位居潍坊市第一名。

【品牌争创】 市史志办以“树立精品意识，打造精品工程”为目标，将《安丘市志（1986—2013）》作为精品工程申报山东省优秀史志成果；同时高点定位，指导景芝酒业股份有限公司对《景芝酒志》进行重新包装，并帮助其申报山东省优秀史志成果。4月26日，省政府办公厅印发《关于2016年度山东省优秀史志成果的通报》(鲁政办字〔2017〕73号）文件，由市史志办报送的两部志书均入围山东优秀史志成果奖，其中《安丘市志（1986—2013）》被评为山东省优秀市县级志书，《景芝酒志》被评为山东省优秀基层（专门）志书，获奖数量在潍坊各县市区排名第一。

【年鉴编修】 根据国务院《地方志工作条例》和《山东省地方史志事业发展规划纲要（2016—2020年）》要求，所有县（市、区）2018年全部达到一年一鉴、公开出版，实现省、市、县三级综合年鉴全覆盖。市史志办以全市作风建设年为契机，坚持标杆导向，积极向全省年鉴工作先进单位学习，做好年鉴编修的前期准备工作。潍坊市史志工作“三全”目标推进座谈会后，市史志办迅速组织人员推进年鉴编修工作。经市领导研究同意，10月19日，召开《安丘年鉴》编修动员工作会议。会后，市史志办根据会议精神加班加点、全速推进。10月26日，完成政府采购招投标工作。11月中旬，年鉴稿件收集工作结束，进入编辑整理阶段。12月底，完成年鉴征求意见稿印刷。

【方志馆建设】 根据国务院《地方志工作条例》《山东省地方史志事业发展规划纲要（2016—2020年）》要求，按照上级职能部门部署，至2018年底，全省三级方志馆全部建成。2017年6月，中指组印发《方志馆建设规定（试行）》，其中第九条规定“县级馆建筑面积一般应不少于5000平方米”。潍坊市史志工作“三全”目标推进座谈会后，市史志办第一时间向市主要领导汇报，经研究同意方志馆将与党史馆、档案馆一并规划建设，计划2018年立项。2020年前建成并投入使用。市史志办广泛搜集文献资料，通过购买、交换等多种途径丰富库容，认真筹划方志馆建设前期准备工作。

【上级供稿】 市史志办根据省、潍坊市业务上级安排，广泛搜集安丘相关材料，按时按质完成上级交付的供稿任务。

《山东省志·人物志（1986—2005）》组稿工作。根据上级工作安排，史志办集中时间、集中力量，采取“借兵打仗”的模式，对符合入志条件人物进行梳理归纳，通过搜集相关资料及问询知情者认真考证，反复排查核实，力求不漏不错；反复斟酌修改，力求准确规范，全力推进《山东省志·人物志（1986—2005）》组稿工作，按时完成供稿任务。

《潍坊市志（1991—2012）》组稿工作。《潍坊市志》组稿时间跨度22年，部分章节下延至2017年。这段时间正是安丘经济社会蓬勃发展的22年，内容繁复，组稿工作时间紧，任务重。市史志办倒排工期，强化对聘任人员的管理，定期协调调度，深挖细掘断限内有关历史资料，严格遵循史志编写体例与质量规定，对编写中遇到的困难和问题及时讨论，做到早发现、早解决，从整体上促进稿件撰写工作进度。8月，形成征求意见稿，面向全市征求意见，随后对提出的意见建议进行整改讨论并梳理归纳，进一步丰富完善志稿材料，精雕细琢，反复打磨，提高志稿质量。9月，稿件修改完毕，完成报送，稿件共计16万余字。

《山东年鉴》《潍坊年鉴》供稿。广泛搜集安丘市2016年政治、经济、文化、社会等方面基本情况，为《山东年鉴》和《潍坊年鉴》提供基础编纂材料。其中，省年鉴供稿5000字，《潍坊年鉴》供稿4.2万字。

《山东抗日根据地志》《山东解放区志》供稿。编写《山东抗日根据地志》《山东解放区志》是省史志办交办的一项重要工作。市史志办广泛搜集材料，实地进行调研、考证，至2017年11月底，两部志书供稿任务完成，涉及36个节，供稿11万字。

【史志规划】 为进一步推进全市地方史志事业科学发展，根据《全国地方志事业发展规划纲要（2015—2020年）》《山东省地方史志事业发展规划纲要（2016—2020年）》《潍坊市地方史志事业发展规划纲要（2016—2020年）》，结合安丘市发展实际，经过科学论证，出台《安丘市地方史志事业发展规划纲要（2016—2020年）》。为下步安丘史志工作指明方向。

【文化品牌】《安丘赋》折经卷。通过名人抄录，古籍馆设计，将《安丘赋》抄录成折经卷。全卷总长4米，宽0.36米，是安丘文化品牌交流和资料交换的重要载体。7月，折经卷印刷出版完成，其设计和装帧雅致、清新、大方得体，紧扣抄录内容，使人爱不释手，受到广泛好评。

《安丘帝傅名臣传》。《安丘帝傅名臣传》分上、下两卷。全书7万字，录入人物87个。其中，帝王之师21人，名臣66人。2017年12月由中国文史出版社出版。中指组领导冀祥德为该书作序，潍坊市副市长王树华为该书题名，安丘市委书记李新阁为该书题词。该书采用古装印刷，设计和装帧雅致、清新、大方得体，受到权威人士好评。

【行业志编修指导】 联合景芝酒业组织《景芝酒志》发行会。2016年底，《景芝酒志》编纂委员会编纂的《景芝酒志》由北京出版集团公司出版，并被山东省人民政府表彰为2016年度“山东省优秀史志成果”。2017年7月2日，为弘扬中华优秀酒文化，市史志办与景芝酒业股份有限公司联合举办《景芝酒志》发行会，国家、省、潍坊市志书管理部门领导及专家，省政协、中国酒业协会的部分领导及专家出席会议并指导。

（辛立兴）

人事工作

【概况】 2017年，市人力资源和社会保障局按照市委、市政府工作部署，坚持民生为本、服务为先，扎实开展人力资源和社会保障工作，在创业就业、社会保障、人才改革、人才队伍建设、干部来源、任免调配等方面取得很大成绩。

【创业就业】 圆满完成就业任务目标 全市发放鸢都创业证2000余人，办理“证卡合一”就失业登记4067人。举办春季大型招聘会等就业洽谈活动，提供就业岗位18186个，达成就业意向11718人；开展就业技能培训和创业培训，培训各类人员6226人；开展农民工就业创业及精准扶贫工作，开发201名省定建档立卡贫困人员到公益性岗位，7家企业入选全国就业扶贫基地。是年，实现城镇新增就业、城镇失业人员再就业10174人。

认真落实创业扶持政策 是年，全市发放创业担保贷款3.37亿元，直接扶持创业2837人，带动就业8794人，发放数额、带动能力列潍坊市各县市区第一名，其中为138名退伍士兵发放创业担保贷款1612万元。充分发挥创业带动就业资金的作用，共申请发放各项资金191.85万元。

持续加强创业载体建设 8月，创业创新孵化基地顺利通过“省级创业孵化基地”称号复审。安丘市大学生创客创新实践基地通过潍坊市复审，安丘市大学生创业孵化中心被认定为2017年潍坊市级大学生创业示范平台。

【社会保障】 是年，全市征缴各项社会保险费10.31亿元。其中，企业职工养老保险4.60亿元、机关事业养老保险2.69亿元、职工医疗保险2.65亿元、居民养老保险0.06亿元、工伤保险0.18亿元、生育保险0.13亿元；支付社会保险基金13.35亿元。其中，企业职工养老保险5.76亿元、机关事业基本养老保险3.51亿元、职工医疗保险2.08亿元、工伤保险0.13亿元、生育保险0.25亿元、居民基本养老保险1.62亿元。实施建筑业工伤保险扩面，实现42个在建项目和10个新建项目全覆盖。

依法追回重复领取和冒领社会保险基金53.72万元，保障参保人的合法权益。积极落实居民基本医疗保险相关政策，居民医保大病保险基金由去年人均52元提高到62元。各项工作稳步推进，走在潍坊市前列。8月，安丘市社保中心被省社会保险事业局表彰为“省医疗保险先进经办机构”。

【人才改革】 人事制度改革推进公务员职务与职级并行制度的落实　全市符合实施政策的单位81个，达到晋级条件的共802人，待遇已全部落实。严肃用人纪律。与组织、纪检部门一起，清理清退机关事业单位临时借用人员119名。加快推进机关事业单位养老保险制度改革。及时贯彻落实相关配套政策及措施。1—2月，为2014年10月1日至2016年12月31日期间符合发放一次性退休补贴的876名机关事业单位退休人员核定一次性退休补贴数额。是年，全市共录用公务员（参照管理人员）27名，事业单位人员389名。

劳动人事关系和谐稳定　一是积极创建和谐劳动关系，落实企业最低工资指导线政策，完善国有企业负责人薪酬制度改革方案；完善用工备案，办理企业备案开户135家，新增职工5778人，解除劳动合同1867人。加大劳动监察执法和劳动争议调处力度，依法查处投诉举报案件294起，处理劳动争议案件435起，涉及职工2090人，为当事人挽回经济损失1863多万元。二是配合市公安、住建、信访等部门，加大对建筑领域农民工工资支付案件处理力度。做好信访维稳工作，化解信访积案。争取上级政策，化解同力服装、奥宝化工等企业社会保险纠纷，为维护社会稳定做出努力。三是认真落实军转干部政策，切实解决军转干部的实际困难。为32名自主择业军转干部发放住房补贴，按时足额发放企业军转干部“过节费”“体检费”、差额补助、生活补助等，将36名困难企业退休军转干部生活补助纳入财政发放范围，稳定军转干部的思想情绪。

【人才队伍建设】 申报入选“国务院特贴专家”1名，申报入选“齐鲁首席技师”1人，为山东景芝酒业股份有限公司刘建波申报鸢都产业领军人才（团队）。2017年，全市引进硕士及以上高层次人才187人，其中硕士研究生184人，博士3人。评审通过正高级专业技术职务12人。新鉴定中高级技术工人800余人，完成上级分配任务。争取上级资金2286.76万元，其中普惠性资金159.74万元，非普惠性资金2127.02万元。

【干部来源】 根据中共潍坊市委组织部、潍坊市人社局《关于停止办理聘用制干部和吸收录用国家干部工作的通知》，停止办理聘用制干部和吸收录用国家干部工作，从社会吸收干部不再作为安丘市干部的来源之一。是年，安丘市干部来源主要有考试录用公务员、公开招聘事业单位工作人员、安置部队专业干部等三种渠道。

公务员录用　根据《中华人民共和国公务员法》和山东省的统一安排，安丘市每年都面向社会考试录用一批公务员。是年，全市考试录用27人充实到公务员队伍。

事业单位工作人员招聘　是年，全市共招聘事业单位工作人员389人。其中，综合类51人、卫生类30人、教育类269人、公立医院工作人员39人。

军转干部及随调家属安置　是年，全市接收军转干部10人。其中，计划分配的4人（营职及以下人员）；自主择业军转干部6人。

干部队伍保持平稳　是年，全市有干部18274人。其中，行政人员2430人、事业单位管理人员1542人、专业技术人员13615人、工勤技能人员687人。

【任免调配】 安丘市干部的任免调配由组织部门和人社部门按干部管理权限分别管理。党群工作部门的干部和机关事业单位副科级以上干部的管理，由市委组织部负责；政府部门的干部和其他机关事业单位一般干部的管理，由市人力资源和社会保障局负责。市人力资源和社会保障局负责的行政任免主要有两类：一类为接市委提名通知，代市政府拟文，完成政府组成人员和政府工作人员任免的有关程序；一类为政府工作部门、政府办事机构和事业单位由人力资源和社会保障局决定的股级干部的任免。

市人力资源和社会保障局负责调配的干部，主要为政府系统（包括市直行政部门，镇街道事业单位）内部及调出（入）市政府系统的干部。调配工作过程中，严格执行编制定员规定，凡是超编、满编单位，原则上不再调入干部；坚持合理流向；服从全市经济建设的需要，确保重大项目建设急需的高层次专业技术人才的合理引进与使用；坚持以工作需要为主，适当照顾干部的实际困难，夫妻长期分居两地的，在条件允许的情况下，尽量帮助解决；严格执行有关干部回避的规定；见习期未满的、正在接受有关部门审查处理的及其他原因不能调动的，一概不予办理调动。

（高守业）

审批服务

【概况】 2017年，安丘市政务服务

中心共进驻部门单位43个，设置服务窗口101个，进驻各类审批服务事项525项，进驻工作人员140名，形成集民生服务、企业设立、投资审批和公共资源交易于一体的信息化综合服务平台。市政务服务中心管理办公室紧紧围绕强化政务服务这一主线，以深化行政审批制度改革、提高行政效能为重点，以强化作风建设为保障，创新业务工作方式，各方面都取得较好的成效。

【审批制度改革措施落实】 根据中央、省以及潍坊市的部署和要求，不断深化审批制度改革，严格落实“两集中、两到位”工作，积极推进“一个领导分管、一个科室办理、一个窗口对外”的部门（单位）审批服务运行管理机制，彻底解决“门难进、脸难看、话难听、事难办”的问题。一是所有审批服务事项全部纳入政务服务通用审批平台办理，各部门、单位所有行政许可、非行政许可、服务事项的审批服务项目必须纳入政务服务平台办理，严禁“体外循环”；二是推行审批服务事项目录动态管理，落实审批服务项目应进必进，明确窗口单位分管领导或审批服务科科长担任首席代表并充分授权，常驻大厅，牵头协调、督办本部门的审批服务工作，确保中心窗口独立完成审批服务事项的受理、办理、审核、制证、盖章等审批环节；三是对审批服务事项的办理流程进行优化再造，逐项进行分析，科学制定审批流程、明确审批时限和审批责任人，最大限度地减少环节、压缩时限，提高效率，窗口得到充分授权，提高窗口当场办结率。

【投资创业服务工作】 *探索推行投资项目“一窗受理”* 对涉及基本建设投资项目的审批事项，由以前的各职能部门负责改为市政务服务中心设置的综合窗口负责，各职能部门负责审批、制证，综合窗口负责受理、发证的政务服务新模式，规范政务服务行为，提高行政审批效率，激发市场社会活力。市政务服务中心统一设置综合窗口接件受理后，分发各审批部门窗口按并联审批模式进行审批，在规定时限内办结，并将审批结果（证照或文件）交市政务服务中心综合窗口统一发件。

大力推进“最多跑一次”改革 为使“最多跑一次”改革落到实处，市政务服务办会同有关部门起草并以市政府办公室名义印发《安丘市推进“最多跑一次”改革实施方案》，研究制定《政务服务一次性告知制度》，设计《一次性告知单》示范文本，编制《一次性告知单》编制说明，组织各镇街区及各部门、单位根据“最多跑一次”事项清单，逐一制定详细的《一次性告知单》，并统一进行印制，在办事窗口摆放。在市政务服务中心大厅以展板的形式公示市级“最多跑一次”事项清单，并组织镇街区在便民服务中心公示“最多跑一次”事项清单。工作人员在受理服务事项申请或咨询时，做到发放资料“一手清”，回答问题“一口清”。10月21日，山东电视台公共频道直通12345栏目组对安丘市推行的“最多跑一次”改革进行专题报道。

探索推行招商引资项目“保姆式”服务 按照“墙内的事情企业办、墙外的事情政府办”的要求，对招商引资项目，办理审批手续所需的相关材料，由项目引荐单位确定专人包靠，采取上门服务的方式与项目方对接、准备；进入政务服务中心的审批事项，由市政务服务办负责组织代办人员与窗口单位对接、办理。在材料齐全、符合法定受理条件的前提下，各相关审批部门快速受理和审批，一般事项于当日办结，复杂事项力争2个工作日内完成。

积极推进政务服务平台向基层延伸 会同有关部门制定《安丘市政务服务平台向镇街（社区）延伸工作实施方案》，市政府召开全市政务服务平台向镇街（社区）延伸工作会议，牵头组织各镇街区完成服务事项录入工作，积极做好业务培训，完成政务服务平台向镇街区延伸工作。

【规范行政审批行为】 对进驻政务服务中心的行政审批服务事项，逐一进行统一规范和流程再造，优化办理程序，压减审批环节，力求达到“程序最简、时间最短、环节最少、效率最高”。明确了每个事项的法定名称、设定依据等内容，编制服务指南，在市政务服务大厅各窗口摆放。对去年以来新增的行政许可事项编印了服务指南、业务手册和一次性告知单。对各类规章制度进行全面梳理，按照“简化、统一、协调、优化”的原则，积极做好“废、改、立”工作，把符合工作实际并且运行成熟的制度以标准形式固定下来，严格规范服务行为、投诉受理等方面的标准，做到“岗岗有标准规范、人人按标准履职”。研究制定《安丘市政务服务工作回访制度》，定期委托第三方通过网络平台对行政审批服务工作进行群众满意度回访调查。

【日常监督管理】 在驻厅窗口以“转作风、提效能、优环境”为主要内容，积极开展“作风建设年”活动。多次召开窗口人员作风整顿会议，制作工作人员桌牌、群众满意度评议卡，张贴关于对窗口人员作风进行监督的公告，公开投诉电话、设立投诉受理室，拓宽了接受监督的渠道。加大现场巡查力度和频率，加强对窗口人员出勤到岗、办事效率、服务态度、遵规守纪等方面的检查，窗口工作人员服务意识明显增强，服务态度明显转变。是年，安丘市政务服务工作群众满意度列潍坊12个县市区第2名。

（李敬鹏）

机关事务管理

【概况】 2017年，市机关事务管理局紧紧围绕全市中心工作，深入贯彻落实《党政机关厉行节约反对浪费条例》《机关事务管理条例》《山东省机关事务管理办法》，立足于管理服务保障职责，坚持节约型机关建设工作主线，深入推进后勤服务社会化改革，不断推动机关事务管理法制化建设，各项工作取得较好成效。

【公共机构节能】 节能宣传 采取集中宣传和经常性宣传相结合，积极开展节能宣传进单位、进公共机构等活动，普及节能法规。在全市开展“节能宣传周”和低碳日活动，组织机关干部进行能源紧缺体验，号召绿色低碳出行，并利用LED电子屏、电视台、报纸、微信、微博等渠道进行宣传，提高全市机关干部职工节能意识。做好机关节能管理，节约用电用水和用气。

能耗统计与上报 严格执行能耗统计月统计、季报送、年底分析总结制度，并与潍坊市机关事务管理局签订2017年度节能目标责任书，及时对各公共机构能耗统计数据上报情况进行催办、督办和审核，指导全市公共机构圆满完成全省公共机构能源资源能耗统计上报工作任务，能耗上报率、准确率位居潍坊市前列。

节约型公共机构示范单位创建 指导全市公共机构主动争创国家、省、潍坊市三级节约型公共机构示范单位，以点带面推动全市公共机构能源资源的集约节约利用。获山东省“十二五”公共机构节约能源资源工作先进集体称号。

【机关安全与内部保卫】 安全防范 加强重要设施维保，对集中办公区消防、电梯、空调机组落实专业维保，保证重点设施设备运转安全；对配电机房、中央空调机房、消防监控室、餐厅等重要公共设施，安排人员实行24小时值守，实施有效管控，预防事故发生。实行集中整治和日常检查相结合的方式，坚决消除安全隐患。定期开展以机关办公区电力、消防、电梯、空调机组等特种设备为重点的安全生产隐患大排查活动。健全落实消防、电力设施抢修、安全保卫等应急预案，开展安保应急演练2次、消防安全演练1次、电梯救援演练1次，增强应急救援实战、应对安全生产突发事件能力。

保安队伍管理 机关综合办公大楼安全保卫工作，市公安局在大楼专设警卫科，并通过公开招标引进专业化保安公司，并加强对招标安保公司的监管力度。严格落实保安执勤工作规范和值班检查、考核制度，每日定期检查保安出勤情况，并将出勤情况与工资考核挂钩，进一步提升保安人员的责任心和工作积极性。严格落实出入人员、车辆登记制度，无证车辆一律不准进入机关大院，提高办公大楼安保水平。

【后勤服务保障】 设施设备维修管护 加强日常维修检查，对各单位提报、发现的维修事项都及时给予处理。全年共维修水管设备340次，维修电路空调等设备1100余次，修补更换办公院区大理石地面300余块，粉刷大楼办公室19间，保证办公区、住宅区房屋和设施设备正常运行。

重点项目改造 集中力量完成机关综合办公大楼配电设施检修改造工程、市级机关综合办公大楼消防系统升级工程、市农产品监管中心自来水管道渗漏修复工程、市农产品监管中心污水管道改线工程等重点工程，更换老旧老化设施设备，确保各项重要设施设备正常运行。

社会化公务出行项目 推出“社会化定制服务、保障车改后公务出行”创新项目，通过公开招标确定汽车租赁服务企业，制定《安丘市党政机关公务活动车辆租赁管理暂行办法》，明确租用车辆范围、使用情形。2月27日，正式开通安丘市级机关综合办公大楼至潍坊集中办公区（潍坊市政府机关办公大楼、阳光大厦）直通班车，方便机关干部公务出行。

卫生保洁、绿化美化亮化 抓好绿化树木增补工作，新栽植景观松、玉兰、黄杨、海棠、百日红等300余棵，观赏草4万余株，做好绿化苗木的修剪成型、浇水、施肥、除病害等日常管护工作。严格按照创建卫生城市标准抓好日常保洁，办公区卫生每日清扫，垃圾日产日清，每月开展2次集中检查办公区卫生保洁，坚决清理卫生死角。着力提升办公区亮化水平，加大投资完成农产品监管中心亮化提升改造工程，新安路灯12组，增加亮化射灯8只，有效提升亮化效果。

【机关有关房产管理】 办公用房日常管理 组织力量先后3次对全市市直部门、单位办公用房情况进行全面统计摸底，实地调查青云山场馆建设分配情况，及时汇总并向市委汇报，配合市纪委开展八项规定专项检查工作。

周转房管理 会同市委组织部共同出台《市级党政领导干部周转房使用管理办法》，并认真贯彻落实。对外调的原市级领导周转住房及时跟上清理腾退，为新调任的市级领导办理入住手续，统一标准配备室内物品，按规定及时收缴相关费用。

（刘　栋）

中国人民政治协商会议安丘市委员会

Zhongguorenminzhengzhixieshanghuiyianqiushiweiyuanhui

综　述

2017 年，市政协在市委的正确领导和上级政协的指导下，认真学习贯彻中共十九大精神和习近平总书记系列重要讲话精神，高举爱国主义、社会主义旗帜，坚持团结和民主两大主题，以饱满的政治热情和高度的社会责任感，认真履行政治协商、民主监督、参政议政职能，切实发挥协调关系、汇聚力量、建言献策、服务大局作用，助推全市各项事业健康有序发展，政协工作呈现出团结和谐、务实进取、蓬勃发展的良好局面。

重要会议

【市政协十届一次会议】 1 月 18 日—21 日，市政协十届一次会议在市招待所召开，会议听取并讨论市委书记李新阁的重要讲话；听取并审议市政协主席、党组书记李广庆所作的常委会工作报告和副主席于振法所作的提案工作报告；列席市十八届人民代表大会第一次会议，听取和协商讨论市长杜建华所作的《政府工作报告》及其他有关报告；选举政协第十届安丘市委员会主席、副主席、秘书长和常务委员；审议通过市政协 2017 年度协商计划和政协第十届安丘市委员会第一次会议决议。市政协主席、党组书记李广庆作闭幕讲话。

【九届二十五次常委会议】 1 月 13 日市政协九届二十五次常委会议召开，会议听取市政协十届一次会议筹备工作情况的汇报，协商讨论和审议通过市政协第十届委员会建议名单、有关人事事项、市政协九届常委会工作报告和提案工作报告并推举两个报告的报告人，审议通过关于召开市政协十届一次会议的决定、议程、日程、列席单位和市政协 2017 年度协商工作计划等草案，听取市政府九届五次会议以来提案办理情况的通报。

【十届一次常委会议】 1 月 21 日市政协十届一次常委会议召开，会议通过《关于政协第十届安丘市委员会专门委员会设置的决定》，市政协各专门委员会主任、副主任名单，《政协第十届安丘市委员会学习和会议制度》，十届市政协工作组和学联组划分及组长名单。

【十届二次常委会议】 3 月 27 日市政协十届二次常委会议召开，会议审议通过市政协 2017 年度工作要点；政协第十届安丘市委员会常委会工作规则；政协第十届安丘市委员会专门委员会组织通则；政协安丘市委员会关于进一步发挥委员主体作用的意见；政协安丘市委员会常委述职制度；政协安丘市委员会民主评议工作暂行办法；政协安丘市委员会领导联系常委、常委联系委员制度；政协安丘市委员会委员管理考核办法。

【十届三次常委会议】 8 月 11 日市政协十届三次常委会议召开，会议集中学习习近平总书记在省部级主要领导干部专题研讨班上的重要讲话精神；审议通过《政协安丘市委员会常务委员会关于积极参与“四个城市”建设的决议》及有关人事事项。

【十届四次常委会议】 11 月 10 日市政协十届四次常委会议召开，会议听取市政府关于市政协十届一次会议以来提案办理情况的通报，民主评议市农业局、市水利局、市住建局、市规划局工作情况，审议通过《政协安丘市委员会关于学习贯彻中共十九大精神的决议》《政协安丘市委员会常务委员会关于授权主席会议对违纪违法政协委员及时做出处理的决定》。

协研监督

【概况】 2017 年，市政协根据协商工作计划要求，围绕物流业发展情况、文物保护工作、优化教育资源配置、山区生态保护与旅游开发，先后开展 4 次对口协商。开展了选派民主监督小组和视察评议部门工作。

【对口协商】 4 月，由市政协副主席于振法带队、部分政协委员和相关部门分管负责人参加，开展加快物流业发展的对口协商，形成《关于加快我市物流业发展协商情况的报告》，针对存在的问题，委员们提出强化组织领导，制定发展规划；高点定位，建设大型综合性物流园区；整合资源，引导物流企业入园经营；加强培育引导，做大做强物流企业；加大政策扶持，营造宽松的物流发展环境等意见建议。

5 月，由市政协副主席王培范带队、部分政协委员和相关部门分管负责人参加，开展文物保护工作的对口协商，形成《关于全市文物保护工作专题协商情况的报告》。针对全市文化保护方面存在的问题，委员们建议完善工作机制，落实文物保护各项措施；认真落实文物保护“五纳入”要求，抓紧做好文物保护“四有”工作；加强队伍建设，充实文物保护力量；加大资金投入，发挥文物经济社会效益；建设文物安全“天网工程”，严惩文物保护违法行为，依法制止破坏性的文物修复等意见建议。

10 月，由市政协副主席于振法带队、部分政协委员和相关部门分管负责人参加，开展优化教育资源配置的对口协商，形成《关于优化教育资源配置专题协商情况的报告》。针对存在的问题，委员们建议：加强政府主导，持续资金投入；加快推进破解大班额工程，努力构建大教育格局，落实住宅小区内幼儿园建设，合理优化老城区学校建设等意见建议。

11 月，由市政协副主席王振红带队、部分政协委员和相关部门分管负责人参加，开展山区生态保护与旅游开发的对口协商，形成《关于山区生态保护与旅游开发专题协商情况的报告》。

【潍坊市政协工作座谈会】 8 月 29 日—30 日，潍坊市政协工作座谈会在安丘召开。会议通过观摩现场和座谈会的形式进行，潍坊市政协主席苏立科出席会议并讲话，副主席孙忠礼主持会议，副主席李传恒、赵崇发，在职原副主席杨肖青，党组成员李静波，秘书长许华出席会议。安丘市委书记李新阁陪同活动，市委副书记、市长杜建华出席会议并致辞，市政协主席李广庆出席会议并作了交流发言。

【选派民主监督小组】 是年，市政协换届后，对民主监督员工作进行调整，选派 147 名政协委员分组到全市 40 个部门单位担任民主监督员，并修订完善工作细则、工作守则、考核办法，保证工作的制度化、规范化、程序化。全市 40 个民主监督小组累计开展各类集中监督活动 160 多次，对派驻单位提出意见建议 220 多条，切实改进部门工作。这项工作的经验做法得到省、潍坊市政协的充分肯定，省政协理论研究会把安丘市政协《民主监督员“改聘为派”的实践与思考》确定为重点研究课题，《人民政协报》《联合日报》等多家主流媒体给予深入宣传。

【民主评议部门】 10 月，市政协开展民主评议部门工作，组织部分委员对市农业局、市水利局、市住建局、市规划局 4 个部门单位进行民主评议，提出 20 条改进相关工作的意见建议，全部整改落实到位，有效促进部门作风转变和效率提升。为保证民主监督活动取得实效，市政协机关认真研究活动方案、精心组织活动开展，将整个评议过程划分为“现场视察、民意调查、集中评议、结果反馈、跟踪整改”5 个阶段，分别提出评议各阶段的任务目标、时间安排和工作要求，推动民主评议活动的制度化、规范化和程序化，确保评议工作的顺利进行。

调研视察

【概况】 2017 年，市政协围绕全市农村电子商务发展和大汶河河道管理保护开展调研，对全市环保工作进行专题视察。认真做好上级政协和兄弟单位来安学习考察工作，共接待调研考察组 23 批次。

【专题调研】 5 月，市政协组织部分政协委员和市商务局、市农业局等有关部门负责人，先后到颐高电子产业园和凌河、金冢子、石埠子、郚山等镇街道电商产业园、农村网店、淘宝服务点进行调研，并赴滨州市博兴县湾头村、顾家村等著名“淘宝村”进行学习考察。调研组针对存在的问题提出突出安丘农产品“安全”优势，做大农产品电商产业，挖掘特色手工艺品，培育形成农村电商基地；提升农村电商公共服务水平，充分发挥龙头电商作用，引导农产品加工企业“触网”，鼓励农村小微电商创业发展；打造一个品牌，一镇建设一个特色网店，举办一个展会，建设高标准农产品大数据追溯系统等意见建议。

9 月，根据市委有关领导意见，组织部分委员和市水利局、河道管理局、环保局、住建局等有关部门负责人，围绕大汶河河道管理保护工作进行专题调研。调研组针对存在的问题，提出加强河道蓄水项目建设，加强砂资源保护，维护河道生态安全，实施汶河河道生态景观改造等意见建议。

【视察部门】 7月21日，市政协组织部分委员对全市环保工作进行视察，视察组先后察看山东凯地水务科技有限公司、潍坊歌尔精密制造有限公司、山东柠檬生化有限公司等现场，听取市环保局的情况汇报，并进行座谈交流。

【潍坊市政协调研组到安丘调研】 4月17日，潍坊市政协副主席李传恒、刘秀平带领调研组来安丘，就“提升化工企业发展水平、促进化工产业转型升级”进行专题调研。安丘市政协主席李广庆、副主席于振法陪同活动。调研组先后到闰成石化、鲁安药业等企业进行实地调研，并召开座谈会、征求化工产业发展方面的意见建议。

【阜阳市政协考察团到安丘考察】 4月18日，阜阳市政协副主席、颍东区委书记顾恒中带领考察团，来安丘市考察“加快绿色食品产业转型升级”工作。市政协主席李广庆、副主席王振红陪同活动。考察团到三通食品、农产品质量检验检测中心等，实地考察绿色食品产业发展情况，听取安丘市有关情况汇报。

【宁阳县政协考察团到安丘考察】 4月18日，宁阳县政协副主席辛艳珍、董先思带领考察团，来安丘市考察学习教育工作“交流轮岗”省级实验区建设情况。市政协副主席王培范陪同活动。考察团实地考察安丘市第一中学，听取有关情况汇报，并就教师交流轮岗情况进行座谈交流。

【潍坊市政协调研组到安丘调研】 4月19日，潍坊市政协调研组来安丘调研推进乡村旅游转型升级发展情况。市政协主席李广庆，副主席王振红陪同活动。调研组到辉渠镇落鸦石村、法兴寺、留山国家森林公园等地进行实地察看后，与相关部门、企业等负责人和专家进行交流座谈，听取安丘市旅游部门和景区负责人有关情况介绍，并就旅游产业转型发展征求意见建议。

【省政协调研组到安丘调研】 4月20日，省政协文史委主任杜文彬带领调研组来安丘就加强工业文化遗产保护进行专题调研。潍坊市政协副主席李士来，安丘市委副书记、市长杜建华，市政协主席李广庆，副主席于振法陪同活动。调研组先后到齐鲁酒地文化创意产业园、景芝现代生态酿酒产业园、南校场烧锅遗址进行实地察看，详细了解安丘市加强工业文化遗产保护工作相关情况。

【威海市文登区政协考察团到安丘考察】 5月4日，威海市文登区政协副主席王江炜一行10人，来安丘市参观考察农产品出口工作。市政协副主席王培范陪同活动。考察团实地考察盛大农产品交易市场、农产品质量安全区域化建设指挥中心、鲁丰集团，详细了解安丘市在农产品出口工作方面的经验做法，并进行座谈交流。

【昌乐县政协考察团到安丘考察】 5月11日，昌乐县政协副主席、党组副书记徐玉山带队来安丘市参观考察矿坑生态修复和综合利用工作。考察团先后到齐鲁酒地酒窖、陶瓷小镇进行实地参观考察，听取相关情况介绍，并进行座谈交流。

【省政协调研组到安丘调研】 5月16日，省政协副主席、党组成员陈光带领调研组一行9人，在潍坊市政协主席苏立科、副主席李传恒等人陪同下，来安丘市就“培育山东白酒骨干企业和知名品牌、振兴山东白酒产业”进行专题调研。安丘市委书记李新阁、市政协主席李广庆陪同调研。调研组先后到景芝现代生态酿酒产业园、南校场烧锅遗址、齐鲁酒地文化创意产业园进行实地察看，听取安丘市相关情况汇报，征求意见建议。

【寿光市政协考察组到安丘考察】 5月18日，寿光市政协来安丘市考察学习民主评议部门工作。市政协副主席于振法陪同活动。考察组听取安丘市政协有关民主评议部门工作情况介绍，并围绕进一步强化政协民主监督职能进行座谈讨论。

【高青县政协考察组到安丘考察】 5月22日，高青县政协副主席李俊国一行，来安丘市考察学习提升镇域经济工作。市政协副主席于振法陪同活动。考察组先后到福克斯食品有限公司、景芝酒厂、三通食品有限公司、匠造食品有限公司进行实地察看，与相关部门、企业负责人进行交流座谈。

【全国政协调研组到安丘调研】 6月22日，全国政协教科文卫体委员会副主任黄洁夫带领调研组，在潍坊市政协副主席李士来陪同下，来安丘市就全面实施两孩政策后，医疗卫生服务面临的挑战与配套政策进行调研指导。市领导贾勤清、李广庆、孙晓非、邱海芳等陪同。调研组到市妇幼保健院进行实地察看，听取相关情况介绍，征求意见建议。

【广州市政协考察组到安丘考察】 7月20日，广州市政协副主席于欣伟一行，在潍坊市政协副主席刘秀平陪同下，来安丘市就二孩时代推进儿科医疗服务发展工作进行考察学习。安丘市政协副主席王培范、市领导王德明陪同活动。考察组到市妇幼保健院进行实地察看，详细听取安丘市儿童医疗保健等工作情况。

【省政协督查组到安丘督查】 7月25日，省政协督查组一行6人，在潍坊市政协副主席李传恒陪同下，来安丘市就加强与委员联系工作展开督查。

安丘市政协主席李广庆、副主席于振法陪同活动。督查组先后到市教育局、市市场监管局、鲁丰食品公司进行实地察看，并听取相关情况介绍。

【省政协调研组到安丘调研】 8月9日，省政协副主席许立全带领调研组，在潍坊市政协主席苏立科陪同下，来安丘市就军民融合发展情况进行调研指导。安丘市委书记李新阁、市政协主席李广庆陪同调研。调研组到金鸿新材料股份有限公司进行实地察看。听取相关情况汇报，征求意见建议。

【省政协调研组到安丘调研】 8月15日，山东省政协人口资源环境委联合省农业厅，组织部分常委、委员赴安丘就重点提案“我省农产品质量安全存在的问题和建议”进行调研指导。潍坊市政协副主席刘树亮，安丘市政协主席李广庆陪同调研。调研组实地查看了安丘农产品质量安全标准化中心、鲁丰集团等地，听取相关工作情况汇报，并征求意见建议。

【泰安市政协考察团到安丘考察】 9月5日，泰安市政协考察团来安丘市考察学习民主监督等工作。市政协主席李广庆、副主席于振法陪同活动。考察团一行先后到市教育局、市市场监管局、市政务服务中心等进行实地察看，听取相关情况介绍。

【昌邑市政协考察团到安丘考察】 9月6日，昌邑市政协一行，来安丘市考察学习政协文史工作，并进行座谈交流。市政协副主席王培范出席座谈会。座谈会上，考察团听取安丘市政协文史工作基本情况介绍，双方就文史期刊办刊经验和文史队伍建设经验等进行交流。

【河南省正阳县政协考察组到安丘考察】 9月7日，河南省正阳县政协主席李贵喜带领考察组一行来安丘市，就政协民主监督工作开展情况进行考察。市政协主席李广庆，副主席于振法陪同活动。考察组一行到市教育局进行实地参观，听取相关情况介绍，并进行座谈讨论。

【郭大成带领调研组到安丘调研】 9月8日，全国政协委员、中国船协会长郭大成带领调研组，在的陪同下，来安丘市专题调研军民融合发展工作。安丘市政协主席李广庆陪同活动。调研组到金鸿新材料股份有限公司进行实地察看，听取相关工作情况汇报，并征求意见建议。

【德州平原县政协考察组到安丘考察】 9月15日，德州市平原县政协主席肖文昌带领考察组一行来安丘市，就委派民主监督小组工作开展情况进行考察学习。市政协主席李广庆、副主席于振法陪同活动。考察组一行先后到市妇幼保健院、市市场监管局、市教育局、齐鲁酒地等进行实地参观，并听取相关情况介绍，进行座谈交流。

【昌乐县政协考察组到安丘考察】 9月27日，昌乐县政协考察组一行来安丘市，就民主评议部门工作情况进行考察。市政协副主席于振法陪同活动。考察组一行在实地参观市市场监管局、市教育局，并听取市政协民主评议部门有关情况介绍。

【潍坊市政协视察组到安丘视察】 10月30日，潍坊市政协副主席赵崇发带队到安丘视察“活力城市”建设工作。市领导贾勤清、李广庆、于振法陪同。视察组实地察看市创新创业孵化基地、政务服务大厅、综治中心平台、国林家居科技园、新安丘一中、县域金融聚集区等地，召开座谈会听取潍坊市改革办和安丘市委有关情况的汇报。

【吕梁市政协考察团到安丘考察】 11月14日，吕梁市政协考察团，在潍坊市政协副主席赵崇发的陪同下，来安丘市就推行义务教育县管校聘人事制度改革工作进行考察学习。市政协主席李广庆、副主席王培范等陪同活动。考察团到莲花山中学、新一中、实验小学和平校区等地进行实地察看，听取相关情况介绍，进行座谈交流。

提案工作

【落实提案】 政协第十届安丘市委员会第一次会议以来，共收到提案165件，立案156件。提案文卫法制委会同市政府法制局对立案提案进行整理分类，由37个单位和部门承办提案。其中，确定的17件重点提案由市委书记签批7件，市长签批10件，其余提案全部由分管副市长签批。全委会议召开之前，市政协办公室向全体政协委员、市政协各参加单位和市政协各专门委员会印发《提案征集通知》和《提案参考目录》，增强提案的针对性和可行性。邀请潍坊市政协提案委有关领导就提案的书写进行系统培训。收到提案后，提案审查委员会严格落实提案“严肃性、科学性、可行性”和“有情况、有分析、有具体建议”的规定，坚持会中初审、会后复审制度，对提案严格审查把关。办理过程中，不断健全提案办理机制，提升提案督办实效。市政协根据提案办理工作实际，因“案”制宜、灵活多样地开展督办活动。6月份，开展重点提案督办活动，由政协主席带队对市场监管局、交通局、教育局、旅游局四个单位的提案办理情况进行了视察督办，既看提案办理实效，又对全市教育、交通等重点工作进行视察。为进一步加强和规范提案办理协商工作，出台《政协安丘市委员会提案办理协商实施办法》。经过承办单位的积极努力和认真办理，所有立案提案全部按期办理完毕，见面率、办复率均为100%，委员对办理结果的满意率达到99%以上。委员所提意见建议得到市委、市政府和有关部门的高度重视，得到有效落实，做到让提案人满意、承办单位乐意、人民群众受益。

文史工作

【概况】2017年，市政协本着“存史、资政、团结、育人”的原则，立足特色，发挥优势，认真做好文史资料的征集整理、出版发行工作，为弘扬全市历史文化做出积极贡献。

【编辑出版《渠风》工作】坚持广征博采与重点征集相结合，通过内引外联、书信联络、登门走访、赠送资料、加强重点人物重点联系等形式，积极开展资料征集，先后向全国各地和海外寄发征稿信函150余封，调查走访征集对象120余人次，征集到各类史料140多篇。编辑出版《渠风》4期、50万字，赠阅发行12000多册。根据省政协关于文史资料评优要求，对近五年编辑出版的文史资料进行集中整理并上报，向省政协上报文史季刊《渠风》18期、90册。经评审，文史季刊《渠风》被省政协评为优秀文史书刊二等奖。

【潍坊市民俗博物馆展品征集工作】3月22日，市政协组织召开民俗博物馆展品征集摸底工作座谈会，市政协副主席王培范主持会议并讲话，市文广新局、档案局、史志办、旅游局和凌河镇、辉渠镇、景芝镇、柘山镇、兴安街道、景芝酒业等单位的分管负责人、部分民俗爱好者等参加会议。在全面摸底调查的基础上，对各镇街区、有关部门单位报来的民俗展品进行汇总筛选，形成民俗展品清单，并上报潍坊市民俗博物馆。经层层审核，最终安丘市有7件展品入选潍坊市民俗博物馆展品目录，分别是：东路大鼓、黑陶制作工艺、雹泉庙会、安丘泥人、安丘面塑、公冶长传说、李左车传说。根据要求共上报文字资料3万多字、图片66幅、实物5件。

【市政协成立以来改革发展情况总结工作】根据安丘市《改革开放实录》的编纂要求，对市政协成立37年来的改革发展情况进行了认真总结，形成市（县）政协1980年至2017年改革发展综述，共计4万多字。回顾历届市（县）政协在中共安丘市委的领导下，高举社会主义、爱国主义伟大旗帜，坚持团结和民主主题，认真履行政治协商、民主监督、参政议政职能，积极参与改革开放的伟大实践，在解放思想、拨乱反正，落实党的各项政策、平反冤假错案，全面建设小康社会、深入推进科学发展等各个阶段，以高度的事业心和责任感，建有用之言，献务实之策，有效地推动全市经济社会持续健康发展。

【党性教育基地主题展馆资料征集工作】市政协认真梳理自1980年5月成立后的历次全委会议、重要提案等，重点汇总整理市政协历届一次会议的有关照片、重要提案等图文资料，共计10万字、图片30余幅。

团结联谊

【概况】2017年，市政协坚持以人为本，倾情民本民生，关心社会各界，主动协助党委、政府做好维护团结、凝聚人心的工作，促进社会和谐稳定。

【密切联系各界人士】积极搭建载体，加强与工商联、人民团体和社会各界人士的密切联系，组织其参加市政协的专题调研、专题协商、专项视察、提案督办、民主监督等活动，交流思想、增进共识、推动发展，努力营造和维护民主团结、生动活泼、安定和谐的良好政治局面。市政协还以包村联户、精准扶贫等工作为契机，主动开展了解社情、反映民意、协调关系、化解矛盾的工作，认真践行党的群众路线，积极联系服务基层群众，帮助解决许多实际困难。

【紧密团结广大委员】深入开展“三联三进三提升”主题实践活动，制定《政协安丘市委员会领导联系常委、常委联系委员制度》，构建起委员联系全覆盖的网络，明确政协领导同广大政协委员的联系分工，加强政协上下的沟通联系，促进解决许多委员履职中存在的困难和问题，凝聚广大政协委员的向心力。6月28日—29日，举办十届市政协委员培训班，邀请潍坊市政协、安丘市委和市政协有关领导专家分别讲授政协理论知识、提案知识、安丘市委工作思路的解读、市政协工作概述等专题讲座。

【加强对上联系对外联谊】积极组织开展形式多样的团结联谊活动，不断凝聚人心、维护核心、服务中心、贴近民心。全年共参与全国、省政协专题调研视察活动2次，协助潍坊市政协完成调研课题3项，为宣传推介安丘市经济社会发展情况发挥积极作用。

其他重要工作

【社情民意工作】2017年，市政协着眼资政建言，充分发挥政协联系面广、代表性强的优势，广泛收集基层群众和社会各界的呼声，积极主动地向党委政府反映社情民意。全年共收集报送信息40件，其中被全国、省、潍坊市政协采用15件，荣获全省信息工作先进集体称号。

【宣传工作】 市政协不断拓展宣传渠道，加强与新闻媒体的协作，多层面、多角度地宣传市政协工作和全市经济社会发展的突出成就。全年在潍坊市级以上新闻媒体发表稿件60多篇，其中《联合日报》头版头条2篇。

【基层政协工作】 为进一步将政协工作向基层延伸，以更好地畅通群众诉求和政协委员知情参政渠道，协助党政做好解疑释惑、化解矛盾、增进团结、凝聚人心的工作，市政协在14个镇街区设立政协委员联络室，配备工作班子，健全联络机构，保证委员联络服务工作上下贯通、协调一致、有序开展。

【“我为工业立市献一策”活动】 市政协围绕“产业强市”，针对安丘市工业短板问题，在全体政协委员中开展“我为工业立市献一策”活动，共收集到意见建议72篇，提出意见建议320多条，10篇建议被评为“金点子”。这些建议立足安丘市实际，用真情、讲真话、出真招，思路开阔，思考深刻，建言中肯。根据委员建议所形成的报告得到市委、市政府领导的充分肯定，为抓好工业发展和“产业强市”提供决策依据。

【“双十佳委员”评选活动】 市政协为表彰先进，激发全市政协委员干事创业、履职尽责的积极性和创造性，开展“创业奉献十佳委员”“爱岗敬业十佳委员”评选活动，并通过《潍坊日报》等媒体，对委员事迹进行广泛宣传。

（刘培勇）

中国共产党安丘市纪律检查委员会

Zhongguogongchandanganqiushijilvjianchaweiyuanhui

综　述

2017年，安丘市纪委在潍坊市纪委和安丘市委、市政府的坚强领导下，坚决贯彻落实中共十八届六中全会、十九大和习近平总书记系列重要讲话精神，盯紧主责主业，主动担当作为，扎实履行全面从严治党监督责任，取得显著成效。

推动“两个责任”落实

【抓实考核基础工作】 协助市委对全市全面从严治党责任进行细化分解，层层签订责任书，逐单位明确任务目标，逐人落实岗位职责。专人负责收集党风廉政建设责任制考核材料，实行台账式管理，严格日常考核。全年收集上报市级党政领导班子成员考核材料162份。

【常态约谈传导压力】 发挥约谈利剑作用，对2016年度责任制检查得分低于90分的2个乡镇和得分低于80分的14个市直部门主要负责人集体约谈，对具有项目审批职能或涉及资金量大的15个市直部门负责人和14处镇街区党政一把手、纪（工）委书记分头约谈，对信访等重点工作推进不力的个别镇街区党委负责人及时约谈，全年约谈党员领导干部70余人次，咬耳扯袖，压实责任。

【营造浓厚舆论氛围】 在《今日安丘》开设“全面从严治党书记谈”专栏，约请镇街区党（工）委书记、部分市直部门负责人共26人，撰写署名文章，畅谈全面从严治党思路举措，推动责任落实。

执纪审查

【重视纪检信访】 是年，印发《安丘市镇街区纪检信访举报处理办法》，明确纪检信访办理流程和责任。针对进京到省上访等重点案件落实纪委常委包案制度，严格息访承诺，强化监督考核，对一定时期内信访总量居高不下或连续发生进京到省上访的单位，由市纪委领导约谈单位主要负责同志。配合市委先后约谈镇街区党（工）委书记8名，纪（工）委书记2名，推动信访问题化解。全年受理各类信访举报575件。

【强化审查力量】 整合委局机关、派驻纪检组人员，组成3个执纪审查组，发挥镇街区纪（工）委执纪审查作用，突出精准扶贫、利民惠民、“三资”管理、村“两委”换届选举等领域，强力出击，严格审查。全年查处侵害群众利益的不正之风和腐败问题646起、处理845人，其中给予党政纪处分106人。立查其他违规违纪问题125起，给予党纪政纪处分125人。

【实践“四种形态”】 坚持抓早抓小，动辄则咎，认真实践四种形态，实现挺纪在前。是年，运用“四种形态”共计处理3684人。其中，第一种形态3442人，第二种形态191人，第三种形态14人，第四种形态37人。

【抓好审查安全】 市纪委完善硬件建设，新建5间标准谈话室，顺利通过验收。督促指导14处镇街区纪（工）委对谈话室升级改造。采取集中培训等方式，明确审查安全要求；先后2次对镇街区纪（工）委审查安全工作集中检查，把安全责任压紧压实。

纪律作风建设

【常态化明察暗访】 市纪委制定《常态化明察暗访工作方案》，成立专门暗访组，盯紧重要时间节点，突出公务用车、公款消费等6类重点领域及审批大厅、办公室等重点场所，高频次明察暗访。先后组织明察暗访90多次，发现违反工作纪律、违反会议纪律等问题线索80余个，处理48人。

【深挖细查纠“四风”】 出台《纠治“四风”工作方案》，集中纠治“四风”问题。3月底，对全市各镇街区党（工）委、市直各部门单位落实中央八项规定精神情况现场检查，发现并纠正苗头性问题194个。7月上旬，组织开展八项规定集中检查“回头看”活动，发现问题线索15个，及时分类处理。是年，查处违反“四风”和八项规定问题56起，处理75人。通报违规违纪典型问题19起、30人次。

【集中开展专项整治】 开展“为官不为”、行政审批领域突出问题、“吃空饷”问题、“私车公养”问题、违规公款购买消费高档白酒问题等5项专项整治，先后查处“为官不为”典型问题18起，处理29人；查处市行政审批大厅工作人员空岗等问题10人；解聘“吃空饷”人员13名。开展精准扶贫精准脱贫领域专项监督检查，查处扶贫领域违规违纪案件14起、处理16人，其中党政纪处分15人、诫勉谈话1人。围绕推进“重点工作提速攻坚月”“最多跑一次”改革等工作，开展严明纪律加强干部作风建设督导检查，自9月中旬开始，组织人员对全市机关部门干部职工遵守考勤制度、遵守工作纪律、服务态度、履行职责等情况集中专项检查，共发现办公用房超面积使用、公务用车管理不规范等违反八项规定问题8个，违反考勤纪律、工作纪律等问题5个，逐一进行调查处理。

廉政教育

【打造“汶水清风”廉政文化品牌】 创建“汶水清风”微信公众号，已推送48期，发布各类廉政信息500余条，关注人数超过7200人。编印《汶水悠悠润桑梓》家风故事集，精选家风故事68个，以优良家风塑勤廉政风。依托“全国特色景观旅游名镇”辉渠镇，打造“美丽乡村廉洁行”廉洁文化一条线，推进廉洁文化进景区。选取景芝镇和市汶水小学，打造廉政文化示范点。

【开展廉政集中教育】 重要节日前后，向市镇村三级党员干部集中发送廉政短信。邀请中纪委宣传部原常务副部长杨小平为全市党员领导干部上党纪教育课。利用党校阵地，为全市310名科级干部上党纪课，轮训机关、村居党员干部3000多人次。开展送纪上门35次，培训基层党员干部7600多人次。组织225名正科级党员领导干部德廉知识测试，合格率达96%。

【抓好警示教育】 发放《以案释纪50例》2800余册、《挺纪在前》300余册。对身边的典型案例及时通报曝光，先后通报全市典型案例247起、269人次，形成有力震慑。

纪检队伍建设

【概况】 安丘市纪委将2017年作为纪检监察干部“素质提升年”，结合全市“干部作风建设年”活动，深入实施纪检监察干部素质、团队活力、工作效率和机关形象“四个提升”工程，着力打造“讲团结、比敬业、守纪律、谋创新”的执纪铁军。该做法被潍坊市纪委以信息专刊和《潍坊纪检监察》署名文章的形式在全市纪检系统推介。

【巩固“三转”成果】 重新梳理科室职能，配齐配强人员，建立健全机关学习、考勤、请销假、车辆使用管理等制度，形成规范高效运转的良好格局。对派驻纪检组（监察室）人员调整充实，制定《关于进一步明确派驻机构工作有关要求的通知》，压实派驻监督责任。协助市委与镇街区党（工）委、纪（工）委签订扎实履责承诺书，确保基层纪检干部扛起主责主业。

【强化教育引导】 5月，举办全市纪检监察干部培训班，邀请潍坊市纪委领导对执纪审查、信访办理、案件管理等业务知识进行培训。组织67名市镇纪检干部《监督执纪工作规则》学习测试，以考促学，提升整体业务水平。开展委局机关各部室和工作人员工作展示和考评工作，营造比学赶超氛围。组织市纪委常委及部室负责人到寿光、青州等地寻标、对标，学习先进经验，推动工作落实。

【加强制度建设】 制定《委局机关考核办法》《镇街区纪检工作考核办法》，量化标准，严格考核，压实责任。出台《市纪委常委、市监察局副局长包靠镇街区纪检工作制度》和《镇街区纪检工作重点挂牌督导制度》，强力督责，促进落实。制定《纪检监察工作人员“为官不为”问责办法》，对不作为、慢作为、乱作为的纪检监察干部严惩不贷。

重要会议

【市纪委十四届第二次全体会议】2017年1月24日，市纪委十四届第二次全体会议召开。学习贯彻中共十八届中央纪委七次全会、省纪委十届八次全会、潍坊市纪委十一届十次全会和安丘市第十四次党代会精神，总结2016年全市纪律检查工作，部署2017年任务。市委书记李新阁同志出席会议并讲话。市级领导班子全体成员、市法院院长、市检察院检察长出席会议。市委常委、市纪委书记王峰贵主持会议并代表市纪委常委会作了工作报告。李新阁指出，要全面贯彻中共十八大和十八届三中、四中、五中、六中全会精神，深入贯彻习近平总书记系列重要讲话精神和视察山东重要讲话、重要批示精神，坚决维护以习近平同志为核心的党中央权威，认真贯彻落实中央纪委、省纪委、潍坊市纪委和市委部署要求，严肃党内政治生活，驰而不息纠正“四风”，加强党内监督，保持惩治腐败高压态势，维护好党内政治生态，增强全面从严治党的系统性、创造性、实效性，为建设实力安丘、活力安丘、魅力安丘提供坚强纪律保证。

（李玉金）

工商联 人民团体

Gongshanglian Renmintuanti

安丘市工商业联合会

【概况】 2017年，安丘市工商联合会（简称“市工商联”）全面贯彻落实中共十八届五中、六中全会精神和中共的十九大精神，坚持“两个健康”工作主题，深入开展理想信念教育实践活动和作风建设年活动，强化服务措施，加强组织建设，团结凝聚非公企业积极参与全市经济社会发展，为实力安丘活力安丘魅力安丘建设作出积极贡献。

【非公经济人士思想政治工作】 市工商联深入开展“理想信念教育实践”活动，引导企业参与“光彩事业”，不断加强非公有制经济人士的思想政治工作。

注重思想教育引导 通过工商联网站、安丘商会微信公众号，广泛宣传中共十九大精神，把贯彻落实十九大精神作为市工商联的核心工作，在全市民营经济界掀起学习贯彻热潮，营造浓厚氛围，把习近平新时代中国特色社会主义思想作为指导民营经济发展的教科书，引导企业统一思想。在潍坊市工商联举行的“听党话、跟党走、接好班”征文活动中，安丘市工商联推荐的蓝想环境有限公司等3家企业事迹被选为优秀文稿，编辑成书。进一步提高认识，凝心聚力，围绕“守法诚信、坚定信心打造诚信企业品牌”活动，组织2场企业家座谈会，3次重点企业调研，为企业理想信念文化教育决策提供科学数据。

开展光彩事业感恩活动 2017年春节期间，组织全市15家企业累计走访慰问贫困户、老党员、贫困学生和留守儿童700多人，发放慰问金45万元、粮油米面等生活用品13吨。3月，安丘市新生代创业者商会向安丘市慈善总会捐款1000万元，设立慈善基金，用于救助弱势群体。青岛安丘商会、潍坊青岛商会组织会员，先后向安丘市一氧化碳中毒重度昏迷的下岗职工赵新宇捐款2万多元。9月30日，组织安丘市新生代创业者商会15名会员代表筹措资金3万元，到西南山区针对贫困学生开展“光彩大盛行”活动。市工商联全年组织光彩事业活动5次，受到社会广泛好评。

【搭建平台推动企业转型升级】 市工商联围绕中心，服务大局，搭建转型升级平台，扎实推进企业新发展。

教育培训平台 推荐40家会员参加市委组织部组织的清华大学全市骨干企业家素质能力提升高级研修班，参训企业家们认真学习、深入交流，培训效果良好。新生代创业者商会组织20家会员参观学习山东省学海农业集团党建工作，通过现场听取经验介绍、观看专题片、学习相关档案资料整理归类、座谈交流等方式，重点学习非公企业党建规范化管理，借鉴到很多好的经验和做法。组织12名潍坊市工商联执委到景芝酒业公司，开展安丘组教育培训会，讨论学习贯彻山东省第十一次党代会精神、潍坊市工商联执委分工活动意见，并现场参观景芝酒业发展现状，学习分享景酒文化。8月12日—18日，推荐3名优秀企业家参加潍坊市工商联举办的浙江大学新生代企业家创新转型发展专题培训班。

交流联谊平台 组织60多名企业家召开新生代企业家座谈会、执常委座谈会；在商协会组织中创新开展“分组学习+沙龙”内部专题交流活动4次。企业家们围绕议题，交流企业发展心得，共同提高。组织宜家福食品有限公司、博阳机械参加山东—日本山口经贸洽谈会，与日本企业达成合作意向。接待青岛潍坊商会、青岛安丘商会参观考察安丘市职教中心、汇润食品有限公司、齐鲁酒地等，会员们对家乡日新月异的变化赞叹不已；接待辽宁省葫芦岛龙港区到安丘市参观考察活动，并同龙港区

工商联缔结友好商会。推荐安丘博阳机械参加“一带一路”烟台中巴合作论坛。

参政议政平台　通过座谈和研讨活动，提升代表委员参政议政的技能，引导非公有制经济人士把建言献策的落脚点放在服务大局上，提高针对性、科学性。在安丘市人大、政协“两会”上，非公有制经济人士人大代表和政协委员提出的提案、议案，多数内容涉及民生、法制、城建等方面，充分展示非公有制经济人士参政议政的热情和良好的精神风貌。这些提案和建议，为政府决策提供了可靠依据。

【强化基础，扎实推进商会建设】 市工商联把各类商会建设摆在更加重要的位置，加快构建“亲清”政商关系，取得明显效果。

召开八届代表大会，建设新型领导集体　4月1日，按照上级工商联和市委统战部有关要求，经过周密部署、认真筹备，市工商联召开工商联第八届代表大会。大会通过民主推荐、严格把关、严格组织考察等程序，选举产生执委会成员136名。优化工商联领导班子，为促进“两个健康”奠定组织保障。以换届为契机，及时更新会员信息变更等基础性工作台账，完善会员数据库。

加强非公企业党建工作，充分发挥党组织的堡垒作用　扎实推进非公企业党组织全面有形覆盖，完善建立起以社区、园区、市场、特色商圈、商务楼宇等为平台的党组织网格化管理格局。全市规模以上非公企业单独建立起党组织147个，覆盖企业150家，联合组建党组织231个，覆盖企业607家，“兼合式”组建党组织73个，覆盖企业272家，实现非公企业党组织全面有形覆盖。扎实推进非公企业党组织全面有效覆盖。深入实施“一联双促”工程。向451家非公企业党组织派驻党建指导员，帮助全市非公企业抓党建、促发展。精心打造40个党建示范点，培育出协会“凝合”党建、学海集团“红林党建”、金鸿集团“八一·鸿新”党建等10个特色党建品牌，形成党建品牌群，引领全市非公企业党建新发展。对全市非公企业建立台账动态管理，确保党建工作全面推进、晋位提升。

开展“四好”商会建设活动，全面提升基层商会整体水平　市工商联开展以“班子建设好、团结教育好、服务发展好、自律规范好”为目标的四好工商联组织建设活动，组织各类商会按照创“四好”《实施方案》，认真开展相关工作。青岛安丘商会召开一届四次会员大会，增强在青安丘籍企业家的凝聚力、创造力和影响力；潍坊青岛商会成立安丘分会，成为青岛、潍坊、安丘三地企业家交流合作的有力平台；新生代创业者商会成功召开2017年会员大会，赴烟台召开理事大会，并组织会员举办“好品山东”对接座谈会，创办《新创商会》会刊，受到广泛好评。

（刘　静）

安丘市总工会

【概况】 2017年，安丘市总工会按照市委和上级工会的工作部署，贯彻执行全市工会代表大会和全委会确定的任务和做出的决议，履行维护职工合法权益的职能，参与全市涉及职工切身利益有关政策、措施、制度和规范性文件的拟定，参与职工重大伤亡事故的调查处理，指导基层工会组织开展以职工代表大会为基本制度的民主选举、民主决策、民主管理、民主参与和民主监督工作，推动建立平等协商、签订集体合同制度和监督保证机制，组织职工开展岗位培训、技术练兵、劳动竞赛和技术创新活动，做好各级劳动模范的推荐、评选。

【职工活动】 组织举办全市职工乒乓球比赛、羽毛球比赛、书画摄影展等，丰富广大职工的业余文化生活。组织参加第34届潍坊国际风筝会潍坊风筝大赛和省第七届职工运动会跳绳比赛，并取得优异成绩。

【工会组织建设】 下发《关于开展百日集中建会和加强农民工入会工作的通知》《关于加强农民工重点区域工会组织建设的意见》，开展以建会、建制、增活力为主要内容的强基建制活动，一手抓工会组建，一手抓作用发挥，新建基层工会81家（含外经贸企业工会联合会18家），发展会员13240人，圆满完成全年建会任务目标。深化“党工共建”工作，选树培育了10家“党工共建”示范单位。印发《关于进一步深化党组织领导下基层工会主席直接选举工作的意见》，推进基层工会主席直接选举工作提质扩面，新建企业工会全部实行工会主席直选。宣传《基层工会组织选举工作条例》《基层工会主席直选工作意见》，组织全市960家机关、企事业单位7200余名工会干部参加知识竞赛活动。

【企业民主管理】 推进企业工会与行政建立沟通协商机制，培育雷克兰劳保用品有限公司、汶瑞机械（山东）有限责任公司两家标杆示范单位，选择20家第一批试点单位。全市开展沟通协商机制的非公企业共310家，达建制率的82%，得到省工会督查组的肯定和好评。深化厂务公开、职代会“双建制、双规范”和“推行协商民主，强化社会责任”示范单位创建活动，推行“1+1+N”厂务公开民主管理模式，推动基层民主协商制度化、常态化。全市国有、集体及控股企事业单位职代会、厂务公开制度建制率保持在100%；建会非公企业职代会、厂务公开制度建制率和建会区域（行业）职代会建制率90%以上，其中规模以上非公企业职代会、厂务公开建制率达到98%。充分利用《工会之窗》、报刊、微信公众号、户外电子屏幕，宣传《山东省企业工资集体协商条例》，举办《山东省企业工资集体协商条例》知识竞赛活动，收到答卷1000余份。聘任工资集体协商专职指导员，建立由3名专职指导员、50名兼职指导员组成的集体协商指导员队伍。针对不同的协商主体，分别建制，分类指导，全年新签工资协议126份（其中，行业性协议1份），覆盖企业321家。已建立工会组织企业工资集体协商动态建制率保持在90%以上，协商程序和协商内容两个规范达标率为91%。

【职工服务体系建设】 下发《关于镇街区职工服务站和基层单位“职工之家”建设意见》，加强基层工会“会、站、家”一体化建设，打造设置合理、功能完善的一站式服务平台。建成14家镇级职工服务中心，26家企业“会、站、家”一体化建设示范点。擦亮“四季服务”品牌，“两节”期间，发放慰问金27万余元、帮扶救助困难职工600余人；金秋助学活动中，发放助学金19.1万元、资助困难职工子女96人；“夏送清凉”中，出资5万余元为15家单位、4500余名一线职工发放消暑降温用品。开展困难职工大排查、大帮扶活动，协助各级党政做好在档困难职工帮扶和三年脱贫工作。加强职工互助保障工作，扩大覆盖面，提高受益率。

【职工精神文化生活】 通过开展“职工书屋”示范点品牌建设、“全民阅读·好书我推荐”、读书专题讲座等系列活动，推进企业文化职工文化建设，培养选树景芝酒业公司工会等企业文化建设的典型，命名了5家市级职工书屋示范点，鲁安药业公司职工书屋被命名为全国工会职工书屋示范点，市自来水公司职工书屋被潍坊市总工会命名为全市职工书屋示范点。加强职工职业道德建设，盛源热电公司荣获全市职工职业道德建设先进单位。

【工会“查保促”活动】 下发《“查保促”活动2017年行动方案》，召开“查保促”活动观摩培训会议和化工企业“查保促”活动专项部署暨成立化工企业工会联合会动员大会，组建职工安全志愿者队伍。6月，对全市50家重点企业开展“查保促”活动，对“一单一表三台账”工作法在企业落实情况进行督查，重点培育20家示范企业、10家标杆企业，发挥典型引领作用，提升整体工作水平。推动20家试点单位建立安全生产隐患举报排查奖励制度，推动“查保促”活动制度化、常态化。各级工会组织专题教育培训和岗位培训800多场次，共排查整改各类安全生产隐患6300多条，职工参与专题培训和应急演练的参与率和知晓率96%以上。

【提升职工技能素质】 4月份，市委办公室、市人民政府办公室印发了《关于开展“提升技能素质、争做能工巧匠、争当金牌职工”活动的实施意见》，召开了“一提两争”活动动员大会，以创建“工人先锋号”“劳模（高技能人才）创新工作室”等活动为载体，多层次多渠道开展教育培训、岗位练兵和技能竞赛，帮助广大职工提升技术等级，提高技能素质。组织开展“五小”创新和合理化建议征集活动，不断提高企业和职工创新创造能力，大力选树培养创新型高技能人才，推荐28名技术能手参加了2017年潍坊市能工巧匠选树活动。鼓励企业开展形式多样的劳动竞赛，命名表彰了11家劳动竞赛示范企业。

【工会自身建设】 学习宣传贯彻中共十九大精神和习近平总书记系列重要讲话精神，扎实开展“两学一做”学习教育和“作风建设年”活动，全面落实全面从严治党主体责任，以改革创新精神推进机关党建和党风廉政建设工作，教育引导党员干部切实增强“四个意识”、提高工作能力，推动全市工会工作健康发展。

（张泽建）

共青团安丘市委员会

【概况】 2017年，团市委在市委市政府的正确领导下，深入学习贯彻中共十九大、省第十一次党代会、潍坊第十二次党代会和安丘市第十四次党代会精神，深刻把握共青团改革脉搏，围绕中心、服务大局，认真践行团的政治性、先进性、群众性要求，不断深化共青团改革创新，团结带领全市广大团员青年践行新理念，迈向新征程，全面提高共青团工作能力水平，主动作为、主动担当、依法作为，推动全市共青团工作取得新成绩，为建设实力活力魅力安丘贡献青春力量。

【服务党政中心工作】 *共青团参与社会事务管理工作项目——青锋行动* 青锋行动是安丘市共青团助力市委市政府生态环境综合整治中心工作的一项重要工程，通过广泛发动社会青年志愿者对城市“脏乱差”以及不文明现象进行监督曝光，督促改进。一是发挥优势，全面监督。组织成立10支400余人的专项志愿者工作队伍，收集问题后由团市委专人每天汇总审核后报市政府领导批示，经市政府督查室转交市住建、城管、市政、交通、公路等职能部门和相关街区限时整改，并由市督查考核委员会对整改情况进行督查考核。二是领导重视，典型示范。市政府对“青锋行动”给予充分肯定，团市委就“青锋行动”在全市生态环境综合整治动员大会上做典型发言，《潍坊日报·今日安丘》刊发题为“发挥青年志愿者监督力量，全面生态环境建设”的专访。市委副书记、市长杜建华多次批示，要求共青团全面组织好“青锋行动”，充分发挥自身优势，找准工作切入点，积极参与集中整治行动。“青锋行动”启动以来，共收集各类问题1700余条，已整改完成1500余条，市容市貌和生态环境发生很大变化，一些乱搭乱建、乱停乱放、占道经营、交通违法、“三大堆”等现象得到明显改善，受到广大群众一致好评。

“3+2”特色志愿服务工作模式　“3”是指“团干部＋社工＋志愿者”工作模式，“2”是指阵地化、项目化。实施“团干部到社会组织报到”机制，要求全部专职团干部到社会组织报到，利用“8小时之外”等空余时间开展志愿服务，推进“团干部体验志愿服务”行动，每名团干部确定一个青年志愿服务站点，每个月至少到服务站开展2次或不少于3个工作日的志愿服务活动。为团组织直接联系的社会组织配备专业社工，在参与志愿服务的同时解决部分社会工作问题。持续推动志愿服务阵地化建设工作，建成4处户外志愿者服务站，15个窗口单位标准化志愿服务岗，实现户外室内联动的“志愿服务站＋志愿服务岗”的特色阵地化模式。狠抓项目化运作，持续推进“拒绝车窗抛物共建秀美家园”环保项目、“点亮微心愿”助残项目、“爱心1+1”助学项目、“衣衣不舍”旧衣回收项目和“青春相伴夕阳红”敬老项目等五大志愿服务项目开展。

“金晖助老”青春扶贫志愿者行动　4月，出台《安丘市“金晖助老”——青春扶贫志愿者行动实施方案》。一是定人员。通过深入走访、调查了解等方式确定辉渠镇、柘山镇建档立卡范围内400名65岁以上不集中供养的留守、失独贫困老年人为服务对象。二是定机构。通过市政府采购中心采取公开招标方式，确定市爱心义工公益服务中心为实施单位，负责招募配备800名行动志愿者，并开展志愿服务。三是定台账。经过乡镇、社会组织共同努力，制定完善贫困老人、志愿者登记和结对帮扶三本台账，详细摸清贫困老人的实际需求，志愿者结合自身优势特长，开展服务。四是定项目。在团省委规定的“五个一”服务项目基础上，新增为老人修缮一次房屋、同过一次生日两个项目，确定具有本地特色的“七个一”项目工作内容。五是定制度。志愿者每月月底对本月工作进行总结并制定下月工作计划，团市委每月月底对安丘义工的服务情况进行抽查、核验和指导，确保项目取得实效。

【青少年思想政治工作】开展“青春喜迎十九大”主题宣讲交流活动　围绕学习贯彻习近平总书记系列重要讲话精神和治国理政新理念新思想新战略，以“青春喜迎十九大”为主题，开展宣讲交流活动23场，以“爱国主义教育”为内容，开展“红领巾相约中国梦”等主题教育活动16场，共计覆盖青少年5万余人。七一前夕，举办安丘市“庆七一 迎党庆”暨“作风建设年”青年演讲比赛，总计900多名青年选手走上演讲舞台，从不同角度、不同侧面讲述先进榜样事迹，创新引入微信直播方式，吸引40万人次参与活动，确保了活动宣传效果，达到凝聚引导青年坚定信心跟党走的目标定位。

开展“不忘初心跟党走”主题团日活动　依托“学雷锋”纪念日、“五四”等重要节点，开展“不忘初心跟党走”主题团日活动100余场。团市委班子成员主动参加安丘市国税局团支部、凌河镇凌河中学团总支等团组织开展的主题团日活动20场次。五四前夕，组织开展全市“不忘初心跟党走 青春建功当先锋”示范性主题团日活动。共青团潍坊市委高斌书记出席活动并致辞，安丘市委副书记贾勤清作重要讲话。

推进“小手拉大手 共筑碧水蓝天”行动　以少先队组织为依托，开展“小手拉大手 共筑碧水蓝天”行动84场，覆盖青少年6万余人，开展“小手拉大手 共筑碧水蓝天”——共守文明交通专项行动41场，覆盖青少年2万余人。通过“小手拉大手”的方式，带动公众家庭成员、社会共同参与“四个城市”建设。

【关爱青少年工作】开展希望工程助学行动　积极对上争取希望工程资源，争取到石堆镇大下坡希望小学1所，资金45万元；争取到郚山镇希望工程幼儿园项目，资金10万元；争取希望工程圆梦大学行动资金，帮扶大学新生11名，金额6.8万元。8月25日，“国酒茅台·国之栋梁——2017希望工程圆梦行动大型公益助学活动”山东省助学金发放仪式在安丘市举行，团省委副书记刘少华出席发放仪式，现场为全省300名贫困高考生发放150万元助学金。

开展青春扶贫行动　联合市慈善总会、关工委等单位，组织开展“牵手关爱 与你同行”全市青春扶贫暨牵手关爱行动，为困难青少年提供亲情陪伴、心理疏导、心愿达成、学业辅导、感受城市等五大志愿服务项目，争取价值10万余元的物质帮扶，覆盖全市14处镇街区的314名贫困青少年。

加强青少年社工人才队伍建设　全年新增设青少年社工站点21个，开展青少年社工培训2次，现有专业青少年事务社工88人，从事青少年事务的社会组织3个，青少年事务社会工作岗位30个，重点开展“温暖相伴 一路同行”关爱特殊青少年等工作项目，开展服务活动10余次。组织开展青少年法制宣传、安全自护、禁毒防艾等宣传教育活动10场次，建设青少年法治教育基地2处。

【基层团建】到青年中去，密切团干部和青年联系　全面推动落实团干部直接联系青年“1+100”制度，全市38名团干部全部完成任务，联系青年7857人，手机端联系青年均已超过100名。召开“走进青年、转变作风、改进工作”座谈交流活动，团市委机关全体人员和70余名各战线青年代表“面对面”互动交流。专职团干部线上与所联青年常态化互动，线下对所辖下级团组织实现100%实地走访。

请青年来，双向互动服务青年更加有力　每月1次举行“机关开放日”活动，分战线、分地区邀请青年代表到团市委机关参观交流，让广大青年进一步了解共青团，鼓励青年为全市共青团和青年工作献计献策。同时，收集青年在创业就业、婚恋交友、权益维护等方面存在的疑难困惑，月末进行汇总整理，及时予以解决。

【共青年团安丘市第十八次代表大会】　10月14日，中国共产主义青年团安丘市第十八次代表大会召开。市委书记李新阁出席会议并讲话，市委副书记、市长杜建华出席会议。会上，李新阁代表市委、市政府对大会的召开表示热烈祝贺，对近年来各级团组织工作给予充分肯定。希望全市各级团组织和广大团员青年进一步增强责任感和使命感，勇敢地担负起时代赋予的光荣使命，以崭新的精神风貌喜迎中共十九大胜利召开，为加快建设“四个城市”贡献青春、智慧和力量。会议听取并审议通过共青团安丘市第十七届委员会工作报告，选举产生共青团十八届委员会委员、候补委员。市领导贾勤清、任海燕、李广庆、孙晓非、田友、王培范等出席会议。潍坊团市委书记刘艳芳到会祝贺。部分在安丘工作的老团干，市总工会、市妇联、市科协、市残联、市工商联等群团组织的负责人，以及来自各条战线的优秀青年代表出席会议。

（李　浩）

安丘市妇女联合会

【概况】　2017年，全市各级妇联组织认真贯彻落实中央、山东省、潍坊及安丘市委《关于加强和改进党的群团工作的意见》精神，坚持以服务大局、服务妇女为根本，以实施“家庭幸福工程”为统领，扎实推进妇联组织和妇联工作改革创新，团结引领广大妇女为推动实力安丘活力安丘魅力安丘建设作出积极贡献。

【服务全市经济转型发展】　适应经济发展新常态，围绕服务转型升级，大力实施城乡妇女创业就业行动，激励妇女创业创新创优。不断深化“女企业家成长计划”，创新设立市妇联直属组织——安丘市女性创业联合会，发展会员60余人。组织会员企业赴浙江大学及东莞、深圳等地培训学习2次，开展企业间相互学习交流50余场次，并隆重举行“巾帼创业美 喜迎十九大”周年庆活动，激发妇女创新创造活力，凝聚起创业发展的正能量。深入实施巾帼创业信贷担保助推行动，积极争取巾帼创业贷款贴息政策，常态化开展金融服务走进女性创业联合会等银企对接活动，共协调低利率贷款920万元，贴息贷款600余万元，争取上级贴息项目4个。扎实推进巾帼建功活动，激发职业女性创先争优奉献发展的热情。全市涌现出全国级巾帼文明岗3个，省级8个，潍坊级46个，潍坊市级以上巾帼建功先进个人147名。

【文明和谐家庭创建】　持续聚焦家庭工作，以弘扬和传承良好家风为重点，推动社会主义核心价值观落细落小落实。扎实推进“巾帼美家”行动。制定“四年规划”，打造郚山镇鲁家哨村、大汶河旅游开发区幸福里社区城乡两个试点。广泛开展美家培训、宣传，粉刷标语1276条，印制主题文化宣传用品5.3万余份，依托“新农村新生活”、幸福学堂等培训载体举办巾帼美家专题培训324期、培训妇女6万余人；开辟“巾帼美家在行动”报纸专栏，宣传美家行动动态，营造全民参与氛围。召开全市“巾帼美家”行动现场观摩会，推广试点村（社区）经验，发动巾帼志愿先锋队帮扶包靠，向全市广大妇女发放“一封信”、签订“承诺书”16.73万份，广大家庭参与踊跃。《中国妇女报》“妇工前沿”专栏以《巾帼美家让城乡绽放文明之花》为题进行宣传报道；省妇联主席张惠一行亲临调研指导并予以充分肯定；潍坊市妇联将其列为“四个城市”建设创新项目，推广安丘“巾帼美家”经验。深入开展节日主题宣传活动。举行全市各界妇女庆祝“三八”妇女节107周年风采展，举办“庆三八·展风采”女子乒乓球比赛，联合安丘市电视台、《今日安丘》等传统媒体，借助安丘发布、安丘广电等新媒体平台，全方位、多层面宣传女性集体、个人及家庭典型，广泛凝聚妇女思想、鼓舞工作干劲。积极培树家庭文明典型。建立常态化选树和重要节点选树相结合的典型选树工作机制，深入开展五好文明家庭、最美家庭、巾帼美家示范户、好婆婆好媳妇等家庭典型评选活动，共选树各级家庭文明典型3000余个。全市涌现出“省最美家庭郭维花”“省十佳兵妈妈”王秀兰、潍坊市最美家庭于清国等潍坊市级以上文明典型30余个。市妇联在全市掀起学习典型、争做典型的文明热潮。联合市科协开展“我家爱科学”知识竞赛活动，组织亲子同台报告演出，让青少年在参与中感受孝德魅力、增进亲子关系、传承良好家风。

【维护妇女儿童合法权益】　充分利用三八维权周、普法宣传日等有利时机，通过悬挂横幅、设宣传站点、发放资料等形式，广泛宣传男女平等基本国策、《反家庭暴力法》《婚姻法》等法律法规，不断增强广大妇女和群众依法维权意识。推动市委、市政府印发《关于为妇女儿童工作办实事的通知》；推动市政府颁布《安丘市妇女儿童发展“十三五”规划》，妇女儿童生存发展环境得到极大优化。连年争取市委、市政府将农村妇女“两癌”检查工作纳入民生实事和科学发展考核，市财政拨付专项经费，共为2.6万名妇女进行了“两癌”免费检查。加大贫困“两癌”妇女救助力度，通过争取全国项目、协调民政资源救助等措施，累计发放救助金23万余元，受益妇女58人。深入开展“巾帼送暖”“爱心助老”“春蕾计划”等活动，发动社会各界捐款10.7万余元，帮扶妇女儿童310人次。采取现场接访、热线接访与网络接访相结合的方式，畅通诉求渠道，妥善处结妇女儿童信访案件32起、网上咨询17起。

【强基固本工程】 开辟网上妇女工作。构建以“安丘妇联”微信公众号、“妇联·家”系列微信群、安丘妇女网为引领的“两微一网”妇联网群，建立网上“妇女之家”，设立“新女性”“馨家园”“心世界”三大主题栏目，推送微信218期，吸引关注量超百万，拓展妇女工作领域，搭建起妇联组织服务妇女群众的新平台。开展村社区妇代会改建妇联工作，全市866个村全部完成改建任务，共选举产生村妇联主席866人，妇联执委5503人，全面充实基层妇女工作力量。推进女性进村“两委”工作。抓住村“两委”换届有利时机，积极争取政策，推动村社区妇联主席及执委进“两委”，200名选入支部班子，872名选入村委班子，女性进村委会比例达到100%；全市共选举产生女村支部书记14人，村主任25人，比上届分别提高75%和47%。推进落实妇联改革。认真贯彻上级关于妇联改革的决策部署，推动市委出台《安丘市妇联改革方案》，力争2—3年时间完成妇联改革目标任务。实施女干部素质提升工程。分级举办村妇联干部培训班14期，900余名新任村妇联干部接受任职培训；举办全市妇联干部素质能力实训班4期，200余名女干部受益；争取潍坊市妇女干部培训班在安丘举办，全市53名镇街区、村社区妇联主席，市直妇工委主任受益。

（周江美）

安丘市科学技术协会

【概况】 2017年，安丘市科学技术协会认真贯彻落实全国“科技三会”精神和《中华人民共和国科学技术普及法》《全民科学素质行动计划纲要》，开展科学普及宣传，提升公众科学素质；开展学会学术交流，服务创新驱动发展；强化人才宣传表彰，促进企业创新创造。

【贯彻落实《计划纲要》】 组织领导 3月上旬，调整全民科学素质领导小组。3月下旬，召开市全民科学素质工作领导小组第六次全体（扩大）会议暨“我家爱科学”知识竞赛动员会议。通报全市“十二五”以来全民科学素质工作的实施情况，围绕“十三五”末全市公民具备基本科学素质的比例达到12.5%的目标，对领导小组成员单位进行任务分解，对“十三五”期间及当前的重点工作进行安排部署，并对全市开展“我家爱科学”知识竞赛活动进行动员。

经费落实 市政府第十八次常务会议审议研究，通过《安丘市全民科学素质行动计划纲要实施方案（2016—2020）》，将“人均一元钱”科普经费列入2017年财政预算。

【科普活动】《我家爱科学》知识竞赛 4月始，联合市教育局、市妇联、市广播影视中心组织开展《我家爱科学》知识竞赛活动。5月，活动进入各小学预选阶段。7月始，举办《我家爱科学》电视大赛，每月一期，每期6组参赛家庭。大赛过程录制成栏目，在电视台循环播出。电视大赛开展微信直播，每期互动观众2000余人次，点赞10000余人次。至12月，录制10期。

科普大讲堂 3月，扩大科普大讲堂讲师团规模，市讲师团增加到36人。征集课题，制成授课“菜单”，接受各级各单位点课。5月，拉开“科普大讲堂”进学校、进企业、进农村、进机关讲座序幕。至12月，组织授课50次。

精准扶贫 5月始，贯彻落实山东省科协精准扶贫专家服务行动，组织专家团开展科技精准扶贫活动70次。其中，专业技术培训66次，受益群众3000余人次。9月，开展“全国科普日”活动，围绕“创新驱动发展，科学破除愚昧”主题，以知识竞赛、发放资料、科普讲座、展板展示等多种形式，广泛开展群众性科普宣传。

设施建设 3月，联合市文明办、市文广新局开展“科普文化进万家”活动，依托基层综合性文化服务中心，按照“五有一统一”模式，建设科普中国社区e站112个、乡村E站5个、校园E站6个，推进科普中国云服务平台落地应用，打造科普文化惠民新业态。4月，对全市30台数字科普终端进行经常性管理维护，不定期督促检查，现场培训管理员，在潍坊率先实现100%开机率。6月，市科协争取山东省数字科普扶贫工程机器25台，深入基层贫困村，普及范围扩大，发挥对农民、社区居民科普教育的效能。从7月开始，市科协推荐申报安丘市大汶河湿地科普馆等3处潍坊市科普教育基地。8月始，市科协完善安丘市科学技术协会网站、安丘科普微信平台，定期发布科普知识。

【科普宣传】 市科协围绕“普及科学知识、弘扬科学精神、传播科学思想、倡导科学方法，提升公共文化服务能力和公众科学素质”的目的，组织开展科普宣传工作。1月，向镇街区、市直各部门、全市中小学校发放《科普手册》8万余册。《手册》包含领导讲话、健康生活、食品安全、安全减灾、节能环保、科学常识等15个门类400余则科普知识点，方便公众日常翻阅，学习了解基本的科学知识。4月，市科协录制《科学很精彩》电视宣传片，在电视台、电台、网站、微信平台、公交车站亭等多种媒体展开多频次的宣传，营造浓厚氛围。9月，市科协向镇街区发放反邪教科普挂图30余张，展出科普展板20余副。7月起，开展《我家爱科学》电视大赛，至12月底，共举办电视大赛10期，并录制形成同名栏目，在安丘电视台民生、党建等频道循环播出。

【学会、协会、人才】 学会、协会 6月，“2017山东省科协助力安丘市创新驱动发展工程启动仪式”在安丘市隆重举行，标志着山东硅酸盐学会对接的助力安丘市玻璃钢产业健康发展工作正式启动。在启动仪式后举行的学术报告会上，4位专家作精彩的专题学术报告。会后还举行由专家和安丘玻璃钢企业面对面的对接座谈会，由企业提出技术需求或合作项目，专家为企业提供解决问题的建议或合作建议。8月，市科协积极申报2017年基层科普行动计划项目，通过甄选，磨埠社区、落鸦石果品协会进行申报，分别争取奖补资金10万元。10月，由安丘市科协承办的以“安丘市复合材料产业发展与规划”为主题的潍坊市第十九期鸢都科技论坛在安丘市玻璃钢工业协会会议室举办。论坛邀请到中国复合材料学会原秘书长陈博等5位专家，专家们分析当前玻璃钢产业的发展现状，提出玻璃钢产业转型升级发展的对策建议，11月，省创新驱动助力工程在安丘举办研讨会，就成立安丘市复合材料研究院、复合材料产业技术创新战略联盟等问题进行专题研讨；12月，在济南召开座谈会，研究筹备成立安丘市复合材料研究院专家咨询委员会等工作。

人才工作 在5月20日全国首个科技工作者日期间，市科协联合市科技局、市广播影视中心采制推出“科技工作者风采”栏目并在安丘电视台播出，选取5名优秀科技工作者代表，提升科技工作者的归属感，激发创新创业热情。同月，推荐潍坊市青年科技奖2名，其中1人荣获该奖项。市科协联合市委组织部组织相关单位、企业参加山东省材料大会（2017）暨“院士专家潍坊行”活动，3家企业与有关专家达成合作协议。市科协积极为有意向合作的院士与企业牵线搭桥，协助科灵空调申报院士专家工作站于9月获批。9月，依托安丘市创业创新孵化基地申报潍坊市海智工作基地，于11月获得审批通过，可享受潍坊市提供的海外人才、技术、项目等需求优先权利。

（孟庆英）

安丘市文学艺术界联合会

【概况】 2017年，市文联把繁荣文艺创作、丰富群众精神文化生活摆在重要位置，不断加大扶持力度，提高组织化程度，使全市文艺创作日趋活跃，数量质量不断提升，精品力作持续涌现，为“文化名市”建设奠定坚实的基础。

【文艺精品创作】 安丘市于2013年设立综合性文化奖“安丘文化奖”。2017年5月，市文联组织重点文化创作项目扶持立项工作，共征集20部文学作品，评选出10部作品予以立项扶持。影视创作生产呈现新突破，策划3D动画电影《水浒》，孝文化电影《爹娘》开机拍摄，拍摄大型纪录片《中国影像方志》安丘篇，编辑《安丘历史文化名人》《安丘市当代文化名人》系列丛书，挖掘和宣传安丘历史名人和当代名人。中国画作品《山静云自闲》入展中国美协主办的“悲鸿精神”全国中国画展，国画《夏日荷塘》入展中国美协主办的“翰墨青州”——2017全国中国画作品展，2件书法作品入展中国书协主办的全国性展览。国画《春华秋实》获第四届山东省农民书画艺术作品展最高奖。长篇报告文学《雪舞百合》《中国时间》、长篇小说《风雨绿野》《昨日烽烟》《犟牛哥》、儿童文学《花豹传奇》等20多部文学著作出版发行，多人获得潍坊市文艺创作重点扶持。

【文艺志愿服务】 以“围绕中心、服务大局、突出特色、创新思路”为宗旨，大力实施“文艺进万家”志愿服务活动。是年，市文联社科联所属文艺志愿者协会10个，志愿者1000余人。组织志愿者服务队伍进社区、进校园、进企业，开展宣传文明礼仪、法律法规常识、科普知识等宣传活动，不断扩大志愿服务领域，实现志愿服务常态化。

【主题文艺活动】 市文联按照市委、市政府工作部署，全面落实中共中央《关于繁荣发展社会主义文艺的意见》，坚持以人民为中心，以创新为动力，着力发挥文联组织的主导作用，繁荣发展文艺事业。先后组织举办“首届安丘市文学图书展”“潍坊风筝大赛摄影大赛”“2017法国PBP中国区1200公里挑战赛安丘200公里选拔赛摄影大赛”“书法名家进校园”“普通话推广进社区进校园”“荷风徐来”徐贤文作品展、“庆国庆.迎十九大”诗歌大赛、“迎金秋.庆国庆”全国书画名家作品展、“庆祝国庆节，喜迎十九大”魅力安丘摄影艺术展、首届山东省作家研究生班学员走进景芝酒业采风等20多项主题文艺活动，丰富安丘人民群众的精神文化生活。

【文艺人才队伍】 是年，安丘市有1人成为中国美术家协会会员，3人成为中国书法家协会会员，另有作协、音协、摄协、工艺美术协会等单位的20余人成为省级会员。

（王　震）

安丘市社会科学界联合会

【概况】 2017年，市社科联加大社科普及示范体系建设力度，发挥社科普及示范单位的辐射带动作用，依法普及社会科学知识，倡导科学方法，传播科学思想，弘扬科学精神和人文精神，推动社科普及的社会化、群众化、常态化，不断提高全市公众人文社会科学素养。安丘市级社会科学普及教育基地增加到15处，为普及社会科学知识搭建良好平台。市文化馆和市博物馆被成为潍坊市级社科普及教育基地。

【科普宣传】 安丘市社科联以创建“四个城市”为抓手，充分发挥社科联职能作用，积极开展“科普大集”“社科大宣讲”等社科知识普及活动。通过发放社科知识明白纸及社科知识手册等形式，引导广大群众了解科学知识，倡导健康文明和谐社会生活。同时，积极参与潍坊市社会科学普及周活动。根据社科普及周活动要求，邀请国学研究专家、三亚市委宣传部道德讲堂主讲人弘道先生，在市老年大学举办“家风家教养成”专题讲座。参加活动的有市直老干部党支部班子成员以及老年大学骨干人员100多人。

【社科成果】 安丘市社科联紧紧围绕市委、市政府中心工作，针对经济社会发展中面临的新形势、新问题，积极组织协调相关部门和全市社科工作者，深入基层，开展调查研究，组织各类社科研究30余项，撰写出具有较高理论水平和参考价值的调研报告50余篇。

【人才数据库建设】 加强安丘市社科专家人才数据库建设，充分发挥市社科联联系广大社科工作者的桥梁和纽带作用，整合社会资源，搭建服务平台。为适应新形势下基层社科工作需要，在重点抓好新建协会、学会、研究会的同时，联合民政、工商等有关部门，对全市已建相关协会、学会组织进行分类登记、加强管理，并积极指导各协会（学会）规范完善内部制度和协会章程，使社科组织管理和学术交流活动得到进一步规范，推动安丘社科工作健康有序发展。

（王　震）

安丘市残疾人联合会

【概况】 2017年，市残联工作紧紧围绕市委、市政府工作中心和全市残疾人工作重点，创新工作思路，狠抓工作落实，圆满完成各项工作任务，实现全市残疾人事业又好又快发展。

【残疾人奔小康计划】 两项补贴发放到位　全市低保重度残疾人生活补贴发放人数3128人；生活不能自理重度残疾人护理补贴发放人数11645人，比2016年年底增加1946人，受助面有了较大增加。

百千万残疾人创业扶贫工程　全市创建省级优秀残疾人就业扶贫基地1处，培养残疾人创业标兵1个、致富能手1个，发展残疾人自主创业项目279个，发放扶持资金55.5万元；创建潍坊市优秀残疾人创业扶贫基地1个。积极搞好为残疾人送温暖活动。组织残联干部职工和爱心义工志愿者和专门协会利用春节、中秋节和全国助残日，对“入户调查”和“精准扶贫”活动中发现的贫困残疾人进行走访慰问，共走访慰问困难残疾人家庭150多户。

【残疾人康复救助工作】 安丘市残疾人康复中心正式投入使用。中心有康复残疾儿童88人，为50多位肢体、智力残疾人提供肢体康复、心理咨询、转介服务。认真搞好省智力残疾儿童康复政府购买服务工作。全市儿童康复训练涵盖脑瘫、聋儿、孤独症、智障等项目，由定点康复机构对151名残疾儿童康复训练服务，落实康复资金180多万元，比2016年增加17人，基本实现儿童康复救助全覆盖；落实精神病患者10名免费住院，每人发放补助4000元，为100名患者补助服药，每人补助500元。依托社区开展用品用具配发，全年共发放轮椅100多辆，发放助听器、坐便器、助行器等辅助用品用具80余件。为残疾人免费做肢体矫治手术46例，为患者补贴资金3.5万元。认真组织实施白内障复明工程。与市中医院合作利用中国健康促进基金会、中国残疾人联合会“复明工程”项目，邀请北京同仁医院专家亲自诊疗，为全市800名白内障患者免费实施复明手术。认真做好残疾人精准康复服务，投入资金50多万元，为2348名残疾人配发辅助器具。

【教育就业托养工作】 是年，开展残疾儿童和贫困残疾人子女助学工作。全市救助残疾学生210人、贫困残疾人子女269人，发放救助资金49万元。举办和参加潍坊市残联举办的各类培训班3次，培训残疾人和残疾人工作者140多人次。认真做好残疾人青壮年文盲扫盲行动，对13名残疾人文盲进行培训学习。组织7个项目参加潍坊市残疾人创业大赛，获得团体总分第三名。为367名残疾人的康复机构和居家托养工作，共投入托养资金85万元。

【宣传文体工作】 5月20日上午，市残联与市妇保院联合举办“修复我飞翔的翅膀”助残捐赠仪式，捐赠儿童轮椅80辆。5月13日、19日若简儿童康复训练中心和星光家园托养中心分别举办亲子融合活动和“天使之家”联谊活动。加大对残疾人的事迹宣传。通过新闻媒体对多次荣获国家省市奖牌残疾人运动员吴国庆、身残志坚潜心研究治疗疑难杂症的“中国乡村名医”孙熙平、克服自身残疾献身残疾人托养工作的“中国好人”李秀英等优秀残疾人代表进行系列宣传。组织参加全省残疾人文艺汇演。

【组联维权工作】 全面推行部门权力清单制度，逐步建立以“四个清单、一个平台”为主要架构的权力运行体系，实行阳光操作，有力地保障残疾人的合法权益。出台第二代残疾人证办理办法。截至2017年底，全市已办理残疾人证22900个，占残疾人口的45%。残疾人家庭无障碍改造救助项目顺利实施，圆满完成省及潍坊市残联分配的工作任务。开展全国残疾人基本服务状况和需求信息数据更新调查准备工作，建立残疾人维权热线服务系统，设立“4385770”“4373285”两部热线电话，开展网上咨询和热线服务，对残疾人所反映的问题及时解答解决，处理市长公开电话、政府网站咨询、残疾人来信来访20多件，满意率100%。

（常永胜）

军　事

Junshi

中国人民解放军安丘市人民武装部

【概况】 2017年，安丘市人民武装部（简称“市人武部”）认真落实习近平主席关于深化国防和军队改革的部署，贯彻中央军委关于调整改革的决策，认真践行改革强军要求，统一思想，明确任务，理清思路，科学筹划，真抓实干，大力推进市人武部各项建设再上新台阶。

【思想政治建设】 市人武部坚持用习主席系列讲话和中共十九大精神强基固本，指导工作；坚持把思想政治建设与专题教育、党课教育、党日活动等有机结合起来，真正学深悟透，确保全部人员思想稳定和政治合格。

政治理论学习 1月开始，市人武部开展“两学一做”学习教育活动，组织全体党员学习党章党规，学习习近平总书记系列重要讲话精神和党中央治国理政新理念新思想新战略，增强“四个意识”，在思想上政治上行动上同以习近平同志为核心的党中央保持高度一致，做到政治合格、执行纪律合格、品德合格、发挥作用合格。积极参加“适应新体制、谋求新作为”大讨论，将改革专题教育抓紧抓实。发挥好思想政治教育引领作用，采取党委中心组集中学习、个人自学、参与上级轮训等多种方式，深入抓好理论学习和四个专题学习。紧贴任务要求，跟进改革进程，针对突出的矛盾问题，结合部队官兵思想实际，开展好“维护核心、听从指挥”主题教育活动。3月始，扎实做好以学习贯彻上级系列会议精神为重点的思想政治工作，深入学习军委、北部战区党委、国防动员部党委扩大会议和省军区党委全会精神，传达学习全国“两会”精神。4月始，深入贯彻军委《关于开展维护核心、听从指挥主题教育活动和推进“两学一做”学习教育常态化制度化的意见》，按计划、分步骤有序展开主题教育，并持续抓好“两学一做”学习教育。8月，组织学习省军区党委第七届第十二次全体会议精神，教育官兵贯彻强军战略、强化责任担当，践行强军战略、积极开拓创新、奋力推进新体制下省军区建设深化发展。10月，按照“学懂、弄通、做实”的要求，坚持读原著、学原文、悟原理，学深悟透十九大精神。

党委中共建设 市人武部党委注重着眼提高能力建设和先进性建设，严格按照民主集中制原则办事，认真召开党委民主生活会，全面彻底肃清郭徐流毒影响，制定有效监督措施，确保党委成员清正廉洁、一尘不染。加大对干部的教育培养力度，崇尚新风正气，使干部队伍思想稳定、干事创业、积极上进。把建设学习型党委作为重点，建立励学机制和长效机制，营造崇尚学习的浓厚氛围。不折不扣地坚持民主集中制原则，提高科学决策、民主决策、依法决策的质量和水平，不断强化和发挥党委班子核心领导作用。教育引导党员干部将全部心思聚焦到本职岗位上，做到改革之际思想不松、标准不降、干劲不减，立足本职，积极作为，为改革强军做出应有的贡献。

【全民国防教育】 市人武部贯彻落实中共十八大精神、三中、四中、五中全会和全国国防教育工作会议精神，以《中华人民共和国国防教育法》《全民国防教育大纲》《中华人民共和国国防动员法》为依据，以爱国主义为核心，以青少年学生和民兵预备役人员为重点，利用重大节日、纪念日和全民“国防教育日”“拥军爱民月”等时机，利用宣传专栏、标语等形式，紧贴时代要求，丰富教育内容，创新方法手段，完善制度机制，推进全民普及，不断增强国防教育的主动性、针对性和实效性，为建设和巩固强大的国防奠定坚实的思想基础，为在全面建设小康社会进程中实现富国和强军的统一提供强大的精神动力。3月29日，经潍坊市人民政府批准，安丘市人武部、市民政局在市烈士陵园举行第一批“潍坊市国防教育基地”揭牌仪式，为全市国防教育增添新内容。

【军事工作】 市人武部认真贯彻习近平主席练兵备战思想，着眼按纲施训、从严治训，坚持抓改革不忘战备，保稳定不松训练，使军事训练和战备工作保持稳步发展的好势头。

战备工作 牢固树立备战意识，始终保持闻令而动的战备状态，严格落实战备值班制度，强化战备观念，扎实做好中共十九大召开、“一带一路”国际合作高峰论坛、山东省十一次党代会，以及美韩军演、朝核试验和重大节假日期间的战备工作。

军事训练 认真领会军分区党委议训会议精神，积极探索组织民兵预备役施训的方式方法，落实党委议训、管训制度，始终将军事训练摆上党委工作中心位置，列入重要议事日程，多次以任务部署会、专题议训会、形势分析会、工作协调会等形式统一思想，明确任务。坚持用军事理论武装头脑，认真组织学习上级关于军事训练的指示精神，研究信息化条件下军事训练特点规律，分析各阶段训练形势，筹划部署重点训练任务，明确训练的总体思想、具体步骤。坚持把军事训练作为一切工作的出发点和落脚点，用战斗力检验工作成效。3—5月，针对基层专武干部调整面大、务军能力弱、民兵预备役政策法规掌握不牢的实际，利用召开武装部长例会的契机，采取以会代训的方式，对专武干部进行专题辅导，有力提高专武干部的工作能力。针对民兵应急分队人员流动变化快、整组和训练“两张皮”，应急分队难应急的实际情况，通过组织整顿与落实训练任务捆在一起抓，推进民兵组织点验由以健全组织为主向提升综合能力为主转变。8月，军分区授予市人武部59式57高炮试训任务。接受任务后，市人武部召开专题议训会议，部署试训任务，指派专人负责，建立教学、政工和保障等组织，严格按新大纲施训。8月11日，市人武部参加军分区召开的关于组织新大纲试训业务骨干培训会议，汇报单位工作试训进展情况，得到分区首长的好评。10月11日—15日，联合市教育局在市职业中专举办学校军事教员集中培训，共75人参加。11月上旬，现役干部以一体化指挥平台和体能训练为重点，先后组织岗位自训、集中集训、考核竞赛，全面提升个人军事素质和技能，迎接军分区的达标考核。

【安全管理】 市人武部始终把安全稳定作为党委领导的第一责任、开展工作的第一遵循，把依法治军、从严治军要求贯穿于日常战备、训练、工作、生活之中，紧紧围绕安全管理这一重点，抓好条令条例和各项规章制度的学习，强化忧患意识、责任意识、大局意识，巩固深化“四清两统”活动成果，做到思想不放松、检查不遗漏、落实无折扣，将安全工作贯穿整个年度工作。4月19日，市人武部按照军分区印发的《潍坊军分区安全大检查实施方案》，积极做好安全大检查准备。7月，开展《学法规、正秩序、守规矩》活动，确保人武部起始就严格、开局就规范、运行就正规。结合“六抓六防”经常性安全预防和“严抓教育整治、严防敏感舆情、严控人员车辆、严管枪支弹药、严保要害目标、严肃追责问责”专项治理活动，突出抓好“人、车、枪、弹、密”的管理工作，确保安全稳定，不发生任何问题，确保安全管理工作扎实有效。

【后勤保障】 市人武部坚持党委理财、公务卡结算、军政主官双签制度，完善各种后勤保障资料和保障计划、方案，加强经费管理和财务监督，对年度经费预、决算，认真审定，集体把关；对重大建设项目的投入和重大经费开支，严格按照规定的民主程序进行集体决策，做到“花钱看标准、开支看规定、办事看效果”。认真落实物资采购制度的有关规定，坚持对物资实行统管统供，做到统一计划、统一供应、统一核算、统一监督，正确引导经费的投向、投量，不仅做到把有限的经费用于保证民兵抢险救灾、军事训练、基层建设等主要任务的完成，而且向应对非战争军事行动任务长期准备工作上倾斜。加强基础设施建设，后勤保障完成迎接财务大检查、值班室改造、单身宿舍整治、食堂装修、自来水管道整修等任务，逐步改善办公条件和营区环境。组织驾驶员开展安全主题的教育，增强驾驶员安全行车意识。坚持动用车辆审批、检查保养等制度，确保行车安全。继续贯彻落实习近平主席关于军队和武警部队全面停止有偿服务重要指示和上级有关会议精神，协调有关单位和个人，全面做好停止涉及地方的有偿服务，确保在规定时限内完成任务。

【后备力量建设】 市人武部坚持党管武装原则，落实党管武装制度，将国防后备力量建设列入重要议事日程；坚持以军事斗争准备为牵引，持续抓好后备力量建设的各项工作。

民兵预备役建设 搞好一年一度的民兵组织整顿。紧紧围绕提高民兵成建制遂行多样化军事任务能力，调整编组布局，优化组织结构，改进编组方法，提高编组质量，确保编好编实“三支队伍”，打牢民兵组织建设基础。重视抓好民兵预备役部队建设。立足改革后各类人员实际，持续抓好各类人员业务培训，采取岗位练兵等形式，突出军事理论和军事技能的培养，提高训练层次和水平。扎实抓好基层武装部建设，认真研究解决基层武装部建设中遇到的矛盾和问题，保持基层武装机构的相对稳定，搞好专武干部的选拔和培养，确保中央军委关于后备力量建设的大政方针在基层的贯彻落实。

国防动员工作　市人武部认真贯彻平战结合、军民兼容的方针，扎实做好国防动员工作。根据上级和本级国动委的决策部署，研究提出贯彻落实的措施，拟制规划计划，明确职责分工。按照军事斗争准备的现实需要，结合担负的任务，协调指导国动委各专业办公室及成员单位，制定相关方案预案。5月26日—6月6日，依据上级要求，协调国动委成员单位，共同完成国防潜力资源普查数据汇总。8、9月份，根据省军区要求，下发《关于组织迎接全省军事设施普查的通知》，全面加强全市的军事设施管理、维护和检查。9月15日，全市普通高中和中等职业学校国防后备生办公室揭牌仪式在市实验中学举行。市人武部在全市5所高中、中专学校成立国防后备生办公室，对促进全市国防教育深入开展，增强全面国防观念，激励广大青年学生关心和开展好国防建设发挥积极有效的作用。

【征兵工作】 2017年是省军区系统转隶后按照新编制运行的第一年，征兵工作面临许多新的矛盾和问题。市人武部充分认清形势，紧紧围绕确保新兵员质量这个核心，突出高学历青年入伍这个重点，精心筹划、科学部署，高标准完成年度征兵工作。

兵役登记　本着全面展开、实事求是、摸清底数、打牢基础的指导原则，采取设立征兵宣传站、发放宣传材料、张贴标语口号、放置展板横幅等形式向广大市民宣传《国防法》《兵役法》和《征兵工作条例》，号召广大适龄青年踊跃报名参军。2月17日，市人民政府发布《关于2017年兵役登记工作的通告》。兵役登记从2月1日起到6月30日止为全市适龄青年兵役登记时间。6月30日，市人武部下发《2017年征兵初检初审工作的通知》。《通知》对初检初审参与对象、初检初审时间、内容、标准、场地设置、走访调查等进行明确规定，为扎实做好全市2017年度征兵工作，科学确定预征对象和送检对象，确保有序推进征兵工作起到有力作用。是年，全市兵役登记1.8万余人，其中18周岁青年登记4800余人，完成登记率100%。

兵员征集　征兵期间，市人武部突出做好以下工作：一是大力加强征兵宣传，做好政策宣传解读。坚持领导带头，落实责任，上下协调，联合行动，充分依托媒体扩展宣传途径，除协调市广播电视新闻中心跟踪报道征兵工作进程的方式外，还运用微信“朋友圈”推送“全国征兵网”适时发布的征兵信息，扩大宣传动员的覆盖面；设置征兵咨询电话或网上答疑平台，并有专人值班，随时宣讲政策法规、报名条件和应征流程；特别是大学生入伍的优惠政策，吸引更多热血青年携笔从戎，报效国家，为实现国家强军强国目标努力作为。二是精心筹划部署，按时间节点开展征兵工作。始终把新兵质量贯穿于征兵全过程，坚持做到“五公开、五公布”，确保兵员质量。严格把好基层推荐关、体检关、政审关、审批定兵关，确保全市征集高素质、高质量的兵员。7月23日，完成对市体检、政审人员培训。7月28日，按照封闭式体检要求，规范设立体检站，并做好试检准备。7月29日—8月10日，正式组织体检。8月底，完成政审、走访调查任务。9月5日，完成定兵，并抓好役前教育。9月11日开始起运，9月30日全面完成兵员征集任务。三是领导重视，军地协作。市委、市政府对年度征兵工作高度重视，“八一”建军节当天，市委书记李新阁，常务副市长、市征兵工作领导小组组长孙晓非，市委秘书长郭永超亲临体检站检查指导，看望和慰问参加体检的应征青年及全体工作人员。8月3日，市政府专门签发通知要求各镇街区武装部长8月底前不得兼管其他工作，全身心地投入征兵工作中。市委宣传部多次组织电视台、报社等媒体及时报道全市征兵工作开展情况，宣传征兵工作政策，号召全市广大适龄青年踊跃报名参军。市卫计局、人民医院抽调40名医德和技术比较优秀的医生，全部脱产工作，严格按照六个规范落实体检工作，全时在位，严格标准，从严把关、确保质量。在“四是持续落实好现行政策规定”前面加入“9月9日，全市新兵欢送大会在安丘市中等职业学校学术报告厅举行。市委常委、市委办公室主任郭永超，市委常委、市人武部政委张涛，市委常委、副市长孙鹏，市人大常委会副主任孙钧，市政协副主席于振法，市人武部部长范德祥出席欢送大会，即将光荣入伍的418名新兵及其亲属参加欢送大会。欢送会上，与会人员观看《我骄傲我是山东兵》征兵宣传片，新兵代表刘政、接兵干部代表杨柏林、新兵家长代表周健分另登台发言，大大激发了入伍青年建功军营、矢志报国的决心和勇气。郭永超向即将入伍的全体新兵表示热烈祝贺，向接兵部队的领导、向支持国防建设的家长们表示由衷感谢，并希望广大新兵不辜负家乡父老的期望，立志军营，献身国防，苦练军事技能，为家乡人民争光添彩。四是持续落实好现行政策规定，对国家出台的大学生优先征集、优待资助、选用培养、考试升学、就业服务等方面的一整套政策和本市自主出台的就业创业、提高优待标准、放宽落户条件等优惠政策，按规定要求全面落实到位。7月，安丘市发放2016年度义务兵家庭优待金标准为15161元，全市共发放优待金额1465万元。五是加强廉洁征兵，强化自律意识。坚持把开展廉洁征兵工作，作为贯彻落实习主席和军委持之以恒大抓作风建设重要决策指示的实际举措来抓，认真落实《廉洁征兵“十不准”》和山东省制定出台的廉洁征兵30条规定，坚持党委统一领导，纪委牵头协调，机关部门各负其责，印制发放1200多份致应征青年及家长的一封信，参与征兵工作的人员都签订《廉洁征兵承诺书》，在市人武部办公楼、体检站醒目位置摆放廉洁征兵公告栏，开设廉洁征兵举报信箱，市人武部、基层武装部聘请廉洁征兵监督员并向社会公布，接受社会监督，确保征兵工作公正透明。市征兵办公室以提高兵员质量为核心，以完成“五率”（报名率、上站率、合格率、择优率、退兵率）量化考评办法为标准，坚持党委统揽、军地合力、扎实准备、严格标准，圆满完成新兵征集任务。

新兵役前教育训练 按照潍坊市征兵办从8月26日起至9月4日，“早筹划、早安排，把役前教育训练准备工作做充分，把教育训练搞扎实”的要求，本着“适应工作早着手，青年状况早摸清、退兵隐患早排查”的思路，在某部预备役高炮团扎实开展“六个教育”“双十谈心”“24小时训练”“廉洁征兵倒查”和“依法服兵役承诺”为核心内容的役前教育训练活动，通过实行军事化封闭式管理，全员参加、全面考察，全程淘汰的方式，提前打牢预征青年的思想和身体基础，提高军营适应能力。全市参加役前教育人数458人，通过训练，淘汰15人，达到预期效果。

军校招生和定向培养直招士官 从2017年起，国防部规定，不再从普通高中毕业生中定向招收国防生，也不再从在校大学生中考核选拔国防生。6月13日，根据军委训练管理部通知和省军区首长指示，军分区下发《2017年军队院校招收普通高中毕业生政策解读》，对做好2017年军队院校招收普通高中毕业生工作进行解读，市人武部按照此政策开展招收工作。是年，全市共有200多名高中毕业生，参加军队院校招生，有78名报考直招士官。

（李海峰）

人民防空

【概况】 2017年，市人民防空办公室（简称“市人防办”）以中共十八届七中全会、十九大精神为指导，认真学习贯彻落实习近平总书记重要讲话精神，以“两学一做”学习教育为牵引，深入开展“作风建设年”活动，切实转变工作作风，各项工作全面发展，工程建设实现质的突破，圆满完成消除人防工程空白县（市）目标。

【“6·15”警报试鸣活动】 6月15日，为检验防空防灾警报设备和控制系统的灵敏性和可靠性，使群众熟悉各种防空防灾信号，增强忧患意识、居安思危，避免遭遇突发事件时的慌乱。根据《中华人民共和国人民防空法》的规定和潍坊市统一安排，市人防办按照规定的时间、信号及要求，在市区鸣放防空防灾警报。警报鸣放前，通过新闻媒体反复多次发布公告，在学校、商场、医院、车站等人员密集公共场所张贴公告、发放宣传材料，做到家喻户晓、人人皆知，确保在鸣放期间社会的正常工作、生活秩序。为确保警报鸣放万无一失，全市各警报点单位都确定专人担任警报管理员，定人、定位、定责。鸣放前，在各单位自查的基础上，市人防办坚持普遍查与重点查相结合，多次对警报器进行线路检查，打扫除尘、上漆、防尘等维护保养，及时发现问题隐患，提出整改意见，并督促抓好落实。潍坊市人防办也提供技术支持，帮助做好相关维修工作。鸣放当天上午，市人防办派专人到警报器站点进行现场指导，并进行流动巡查，防止在鸣放过程中发生惊慌，由于工作落实到位，确保遇有情况能及时处置。确保一年一度的警报鸣放任务顺利完成。

【教育与宣传】 市人防办立足于建立防空防灾宣传教育的长效机制，以市委党校和市青少年人防知识教育基地为依托，面向机关干部和中小学生开展防空防灾知识宣传教育。为加强对机关干部的人防法律法规宣传，争取各级各部门对人防工作的支持，结合人防工作发展新形势，市人防办以工程建设、易地建设费征缴方面的政策法规为重点对原有党校培训教材进行修改完善，并纳入党校干部教育课程。在市青少年人防知识教育基地，更新警报演示仪、防化服、防毒面具、应急救援物品等各种教案教具。全年共轮训中小学学生30期、15000人次。

【应急指挥体系建设】 市人防办结合人防机关准军事化建设和“两学一做”学习教育工作，按照新《大纲》要求制定定期应急拉练计划，明确拉练路线、内容、人员，每月一次集中拉动例行训练。通过拉练，提高工作人员的实际操作技能，为应对战时防空袭斗争和平时防灾救灾应急准备提供强有力的人防指挥机制、技术支撑和通信保障。根据上级业务部门和专家提出的修改建议对完成初稿的《防空袭预案》进行再次修改补充，顺利通过专家审核。

【人防工程建设】 市人防办加强法制宣传，树立防空防灾意识，搞好防空地下室建设。是年，市妇幼保健院地下人防工程、龙湖庄园地下人防工程、莲山·水苑项目地下人防工程、市北区佳乐家地下人防工程建成竣工，并通过验收，彻底改变安丘市没有人防工程的历史，圆满完成上级下达的“消除人防工程空白县（市）”目标。市人民医院地下人防工程、城投·清荷园地下人防工程、浮来春锦园地下人防工程、大华·中央花园地下人防工程、尚水名邸地下人防工程正在按图施工中。

【人防队伍建设】 市人防办实行全员培训、按纲施训，进一步加强机关“准军事化”建设。按照国家人防办新颁布的训练大纲要求，年初研究制定《2017年市人防办全员培训暨岗位练兵活动实施意见》，每周拿出一天时间进行业务培训，并选择适当时机组织全体工作人员进行全员封闭式集训。课程设置上既有对国际安全形势的分析研判，也有人防专业理论知识的梳理，还有典型案例分析和疑难问题解答，涵盖加强防空袭斗争准备、人民防空建设与改革发展研究，以及人防工程建设与维护管理、人防指挥通信与信息化建设、人防法治建设、人防财务和国有资产管理等内容。同时，积极参加上级组织的人防知识宣传教育、指挥通讯、人防工程等业务培训，在5、10月份先后分两批参加潍坊市人防系统组织的全员培训工作，通过强化人员培训，锻造优良作风，推进规范化管理，全面提高能力素质，争取全员加入预备役。

（杨 涛）

法　治

Fazhi

综　述

【概况】 2017年，安丘市政法工作深入贯彻落实中共十八届三中、四中、五中、六中全会精神和习近平总书记系列重要讲话精神，认真落实上级关于维护社会稳定和加强社会治安综合治理的部署要求，创新基层社会治理，深入推进平安安丘建设，使社会大局持续和谐稳定。市委、市政府与各镇街区签订社会治安综合治理暨平安安丘建设目标责任书，制定具体的考核办法。坚持把政法综治维稳和平安建设工作作为“一把手”工程来抓，明确各级各部门主要负责人为第一责任人，分管负责人为直接责任人，其他人员按照“一岗双责”要求，协力抓好落实。年内，全市没有发生重大恶性刑事案件、重大群体性事件和重大安全生产责任事故，圆满完成全国“两会”“一带一路”高峰合作论坛、中共十九大等重要敏感时期的安保维稳工作。2017年4月，安丘市被山东省委、省政府评为“全省社会治安综合治理先进市”；12月，安丘市委政法委被山东省委、省政府评为“党的十九大安保维稳先进集体”；11月，安丘市被潍坊市委、市政府评为“党的十九大安保维稳先进市”；11月安丘市维稳办被潍坊市委、市政府评为“党的十九大安保维稳先进集体”。

【政法队伍建设】 按照政治过硬、业务过硬、责任过硬、纪律过硬、作风过硬的要求，市政法委努力建设信念坚定、执法为民、勇于担当、清正廉洁的政法队伍。年内，对全市政法干警开展“两转变、两提升”主题活动，深入开展“作风建设年”活动，使广大政法干警作风建设取得显著进展。年内，没有发生政法干警违法违纪案件，执法司法水平不断提高，服务保障能力不断提升。初步建立“三评三查”工作机制，网评、社评、联评工作初步建成，网评政法网站建成并投入使用，社评调查问卷发放500余份，反映问题10余个，联评员队伍初步成立。“三查”工作初步开展，并取得较好效果。全市政法战线涌现出一大批先进集体和个人，党的十九大安保维稳工作圆满完成，市公安局被潍坊市委记二等功。

【法治建设】 充分发挥普法依法治理在推进“五位一体”总体布局和“四个全面”战略布局中的重要作用，大力弘扬法治精神、培育法治信仰，努力营造良好的法治安丘建设环境。组织开展“12•4”国家宪法日宣传活动，提高公民宪法法治意识；组织开展“百场青少年法治大讲堂”活动，全市中小学共开展集中法治讲座120多场次；推动法治宣传教育创新发展，开展宣讲活动63场；开展“普法电影村村行”活动，播放电影3500场次。法治县（市、区）创建活动中，安丘市成为第三批全省法治创建先进县（市、区）；全国、全省民主法治示范村（社区）推选工作中，新安街道磨埠村成为全国民主法治示范村，兴安街道永安社区成为全省民主法治示范村。在山东省、潍坊市法治文化建设示范基地和法治宣传教育示范基地评选命名活动中，景芝镇葛家庄社区成为山东省法治文化建设示范基地。加快公共法律服务平台建设，设立市司法行政便民服务中心，内设综合法律服务中心、矛盾纠纷调处中心、特殊人群管理中心、法制宣传教育中心四个服务中心。依托司法所建立13个镇街区公共法律服务中心，在102个社区（村居）设立公共法律服务室和司法行政工作室。深入实施“法律顾问全覆盖”工程，9月23日，市委、市政府召开全市“一村（社区）一法律顾问”暨农村新型社区人民调解组织建设工作会议，印发《关于推进“一村（社区）一法律顾问”工作实施细则》。全市102个社区全部聘请了法律顾问。

【平安建设】 推进立体化治安防控体系建设，创新社会矛盾预防化解工作，深化网格化管理服务，不断提升人民群众安全感和满意度。

坚持严打不放松　始终保持对各类违法犯罪的严打高压态势，扎实开展“破案会战”。全市破获刑事案件670余起，刑拘681人，追回目标逃犯38人。扎实开展集中整治霸痞行为专项行动，全面梳理摸排重点村、重点人员线索91条，打掉霸痞团伙5个，打击处理86人。持续抓好防范和处理邪教工作，深入开展“敲门行动”，已对辖区邪教练习者逐一入户走访一遍，抓获邪教顽固分子18人，捣毁窝点2处。继续深化“无命案镇街区、无刑事案件村居”综治主题创建活动，无命案镇街区覆盖率为85.7%、无刑事案件村居覆盖率达90%。

深化提升平安村居视频监控建设　加强督查调度和实地调研指导，推进联网传输建设进程，对联网建设中发现的个别村监控探头不达标的问题，限期整改，实现村级监控与镇级平台的联网传输，进一步压缩违法犯罪空间，提高群众治安安全感和满意度。全市共发生各类刑事案件1975起，同比下降8.9%，“两抢一盗”等可防性案件3267起，同比下降4.5%。

创新社会矛盾化解方式　提升社会矛盾预防化解成效，探索推行公开听证法，充分调动群众参与积极性，发挥群众自治优势，变传统的“背靠背”调解为“面对面”评说，推进问题解决。市、镇、社区、村居四级分别设立公开听证处置平台，本着“应听尽听”的原则，采用阳光公开化方式，化解社会矛盾。全市组织召开听证会131起，化解疑难纠纷98起。创新实施“听证+”模式，将公开听证运用于重大事项决策、依法征拆、涉法涉诉信访案件、行业矛盾调解等方面，结合专业力量的优势，增强社会矛盾预防和化解成效，实现社会矛盾预防化解的新突破。

深化网格化管理服务　整合原有的矛盾化解、安全生产、环境保护、人口计生、基层警务等网格，重新划分以社区为基本单元的一级网格100个和以村居为基本单元的二级网格1286个，配齐配强网格员，推行一站式受理、组团式服务，最大限度把矛盾纠纷和重点人员吸附在网格内。开发了网格员管理平台，为1286名网格员配备专用手机，安装APP软件，组织把网格内“人、地、物、事、组织”等基础要素搜集上报，做到底数清、情况明。10月2日—10日，以镇街区为单位对网格员进行新一轮全面培训，提高网格员信息搜集、矛盾排查化解、问题解决的能力。

【综合治理】 坚持源头治理、系统治理、依法治理、综合治理，扎实推进基层基础建设，全面排查化解不稳定因素，不断提升驾驭复杂治安局势的能力，使全市社会治安形势持续稳定。

扎实推进综治中心标准化建设　5月，落实市级综治中心办公场所，规范相关功能室设置，整合相关部门入驻，作用初步发挥。6月下旬，组织各镇街区召开会议，全面推开镇、社区、村三级综治中心建设；8月，组织有关镇街区到临沂市河东区、诸城市观摩学习，进一步提升市综治中心建设标准；结合上级要求和安丘市实际，制定《关于加强各级综治中心标准化建设的意见（征求意见稿）》，广泛征求各镇街区和市综治委相关单位意见，进一步规范工作开展。

全面排查化解不稳定因素　先后部署开展社会矛盾集中排查调处百日专项行动、党员干部下基层化解信访积案和矛盾纠纷、排查安全隐患防范四类风险等行动，及时发现存在的各类风险隐患，第一时间介入处置，把问题解决在基层和萌芽状态。全市排查化解各类安全隐患3433起。扎实开展寄递物流业专项检查，摸排检查寄递企业116家、物流企业74家，逐一签订寄递物流行业治安防范承诺书。联合开展“护校安园”行动，对全市中小学、幼儿园开展安全检查，集中整治校园校车安全及周边治安环境，共检查整改安全隐患76处。

扎实做好严重精神障碍患者服务管理工作　落实严重精神障碍患者“以奖代补”政策和相关救治救助措施。9月下旬，组织对严重精神障碍患者重新摸底梳理，按照“1+3”或“1+5”模式，落实监护责任，逐一签订监护责任书和监护责任登记表，明确监护人职责和义务，严防漏管失控。全市摸排严重精神精神障碍患者4308人，危险性评估三级及以上患者58人，既往危险性评估三级及以上患者281人，全部落实了管控措施。

切实做好进京非正常上访治理工作　突出“事要解决”的同时，始终把依法打击非正常上访摆在重要位置，全年行政拘留28人次，刑事拘留8人次，训诫47人次，全市保持进京非正常上访“零登记”。

（王景伟）

公　安

【概况】 2017年，安丘市公安机关以中共十九大安保维稳为主线，以基层基础建设三年攻坚为载体，落实维稳第一责任，突出打击犯罪主业，主动服务经济发展，严密公安安全监管，深化基层基础建设，严格公安队伍管理，全力保障经济社会大局持续稳定，使公安工作的总体效能不断提升。在潍坊市公安机关“破案会战”考核中，成绩名列前茅；追捕逃犯战果显赫，全省公安机关追逃工作现场会在安丘召开；在省公安厅组织的民意调查中，群众安全感和满意度居潍坊各县市区局前列；市刑侦大队被公安部荣记集体一等功，先后有51个集体和157名个人受到潍坊市级以上表彰。

【治安打防控体系建设】 *立体化社会治安防控体系建设* 以创建“平安安丘”为载体，整合防控资源，延伸防控触角，推进立体化治安防控体系建设，不断提升公安机关驾驭复杂治安局势的能力和水平。突出科技引领，强化治理创新，投资4157万元，推进“天网”工程升级，推动社会监控共享平台和智能交通建设，新安装监控探头8200余个，高清探头75处。深化应用综治平台，发布“平安指数”，调动各方齐抓共管积极性，合力推进平安社区和平安村居建设。全市刑事案件发案率同比下降15.6%，其中八类暴力案件同比下降53.2%，街面可防性案件同比下降8.2%。

严厉打击各类犯罪 突出主业主责，强化实战导向，着力优化全警合成作战新机制，严厉打击各类刑事犯罪和经济领域犯罪活动，打防效能得到全面提升。破获刑事案件879起，同比上升9.1%，其中破获“两抢一盗”案件346起，同比上升4.7%；3起现行命案破案率100%。破获山东罗氏椒兰非法吸收公众存款案等一批有影响的大要案件，其中，“2·26”公安部督办网络制贩枪支案，成为全国公安机关打击网络涉枪犯罪标杆，得到省公安厅、潍坊市领导的批示肯定；鸿博彩票特大网络诈骗案，成为全省打击侵财犯罪十大精品案例。

【110接警服务】 110报警服务台通过推进实战指挥体系建设，增强警务实战能力。搭建合成研判作战体系、设立专职指挥长、充实合成研判作战内容，成立多警种联合指挥部，实现情报指挥一体化；建立分级分类指挥工作机制、信息研判与反馈机制，推动“专业化处警、常态化巡防”工作机制，强化专业队伍建设，实现勤务模式科学化；优化接处警系统、350兆无线通信集群、3期电子警察系统、车载4G无线视频图传系统，动态研判、动态指挥，实现指挥硬件实用化。全年共接报有效警情62084起（日均170起），同比上升3.9%。其中，刑事警情2504起，同比上升15.4%；治安警情14480起，同比下降8.5%；交通事故警情19471起，同比上升9.1%；火灾事故警情493起，同比下降26.2%；群众纠纷7058起，同比下降16.1%；群众求助10663起，同比上升34.7%；举报线索2385起，同比下降6.6%；其他类警情5030起，同比上升15.4%。全部妥善处置。

【治安行政管理】 *枪支弹药管理* 在全市范围内开展缉枪治爆专项行动，收缴销毁枪支18支、炸弹2枚、子弹200余发，消除一批涉枪安全隐患。改建枪弹库19处，新上智能化枪弹柜23个，使枪支管理全部联入全国枪支管理信息系统。加强对全市持有公务用枪人员的管理，对符合持枪资格的人员进行定期培训、年审。对内保单位的枪支弹药开展经常性安全检查，督促严格落实枪支管理制度，防止涉枪案件发生。

危爆物品管理 依托全国民用爆炸物品信息管理系统，规范完善危爆物品安全管理；强化涉危爆物品单位安全检查，督促单位落实主体责任，彻底整改存在的安全隐患；建立健全涉爆重点人员信息动态采集维护机制，实时进行采集、更新，对往年摸排的涉爆重点人员，组织集中核查甄别，确保涉爆重点人员信息完整、准确、鲜活。深入开展烟花爆竹“打非”专项行动，严厉打击整治非法生产、销售、运输烟花爆竹等违法行为，全年共查收鞭炮31万头、组合烟花11箱、礼花弹584枚。加强剧毒化学品的监管，推进散装汽油实名登记制度，不间断开展安全防范检查，消除隐患，堵塞漏洞，确保不发生安全责任事故。全市96家加油站，除22家中石油、中石化加油站外，全部安装散装汽油实名信息登记系统，实现对散装汽油流向的有效监控。

特种行业管理 以服务全市社会经济发展为中心，强化行业、场所治安管理的制度化、规范化建设。坚持打击违法、取缔非法、保护合法，通过创新管理模式，落实常态管控措施，不断提高阵地控制水平，确保不漏管、不失控。把易被违法犯罪分子利用的行业场所作为阵地控制重点，对典当业、旅馆业、印刷刻字业、机动车修理业、二手手机等旧货业推行精细化管理，依法规范其从业行为。依托旅馆业治安管理信息系统，强化旅馆业日常监管，对全市267家旅馆开展集中检查8次、专项整顿3次，处罚违法经营业主4人，取缔无证经营旅馆5家；对业主和系统管理员集中培训2次，通过旅馆业信息系统抓获上网逃犯57名。对40家娱乐、洗浴场所进行专项整治，责令停业整顿30家。

【安全保卫】 全年完成各项安全保卫任务53次。圆满完成各级“两会”、省市党代会、“一带一路”高峰论坛、中共十九大安保维稳等一大批重大活动安保任务。严格执行大型群众性活动安全管理规范，对节日期间青云山、五龙山等旅游景点，以及桃花节、红色七月等大型文体活动开展安全保卫，确保游客人身安全和活动顺利举行。推进治保组织建设，强化机关、团体、企事业单位安全保卫工作，对全市15家治安保卫二级重点单位，331家治安保卫三级重点单位开展定期、不定期检查，发现整改安全隐患58处。加强对军校招生、应征入伍人员的政治审查，没有出现任何问题。制定《预防和打击农村“两委”换届中拉票贿选等破坏选举违法犯罪工作方案》，深入进行宣传动员，增强群众依法选举的自觉性；对破坏选举行为，以“零容忍”的态度严厉打击，强力维护村“两委”换届秩序。

【基层基础改革攻坚】 提请市委、市政府出台《关于加强和改进公安基层基础工作的实施意见》《关于开展“一村（社区）一警务助理（安监环保协管员）”工作的实施意见》和《关于加强全市消防基础建设的方案》，将警务助理经费纳入财政保障。制定警务助理工作规范，开展警务助理初任培训，完成866个行政村警务助理选聘备案，建成工作站699个。启动派出所警务运行机制改革，实行城区所“三队两室”、农村所“两队一室”勤务模式。拨付专项资金，用于升级公安四级网，搭建四期电警，启动无线通信补盲工程，建设民警训练基地，改造消防兴安中队营房。争取省公安厅基层基础工作补助经费30.4万元，完成三期电子警察系统建设补助资金申报工作。新建市看守所、柘山派出所、郚山派出所，投资500万元购买制式警车32辆。

【网络安全】 网络安全管理　推进互联网安全保护技术措施落实，在重点联网单位和非经营性上网服务场所落实安全保护技术措施37家。组织开展清理整治网络黑市、侵犯公民信息等专项行动，共清理整治各类违法信息300余条，检查互联网服务单位162家次，有效净化网络环境。组织开展政府网站安全大检查，共检查政府网站50余家次，发现安全隐患60余处，督促整改25家，进一步规范政府网站安全管理秩序，保护政府网站安全。全面落实网吧实名上网制度，细化、优化技术防控措施，年内共检查网吧66家次。

网络安全保护　加强党政机关网站等重要信息系统安全保护工作，及时与党政机关单位对接协调，督促其完成自主定级备案，按照上级实施方案要求逐一落实等级保护工作。年内，各单位网络安全组织保障体系基本建立健全。

网络舆情引导　进一步加大对本地重点网站、论坛和涉本地重点网络社区等的监控力度，将突发敏感案（事）件，涉警负面舆情以及其他危害社会和谐稳定的热点问题作为重中之重，做到早发现、早控制、早处置，有效维护网上舆情平稳。年内，参与网上专题巡查处置工作37次，参与网上重大舆情导控工作220次，上报本地舆情123篇，为领导决策提供依据和参考。

网络案件查处　开展网络案件侦查和专项行动，深化网络违法犯罪打击整治，加强案件协作和网上追逃，取得明显成效。年内，全市共配侦破获各类涉网违法犯罪案件39起，查处各类违法犯罪嫌疑人170人。推进电子数据检验鉴定工作，年内出具鉴定报告26份，分析各类电脑31台、各类手机及存储介质183个，为办案部门提供有效线索300余条。

【重要案件侦破】 1月11日，破获“1·11”鸿博彩票网络诈骗案，被省公安厅评为打击侵财犯罪十大精品案例。跨多省市抓获主要犯罪嫌疑人37名，查扣作案用车辆3台、电脑60余台、手机30余部、银行卡20余张，查扣和冻结涉案资金860余万元，查明涉案金额1亿余元。该团伙发展互联网会员1.2万余人，利用非法赌博网站组织彩票投注，非法获利2000余万元。

2月26日，破获公安部督办“2·26”新型网络制贩枪支案，得到公安部领导的批示肯定。抓获犯罪嫌疑人57名，其中省级督捕逃犯5人；查扣制作机械设备7台，缴获各类枪支43支、零部件1791件，制式子弹3229枚、散件7257件。该团伙以淘宝店铺为平台，销售范围遍布除青海、西藏外的30个省、市、自治区。

7月21日，抓获故意杀人、绑架、抢劫上网逃犯王某军，破获2003.10.01陈某祥被杀案，带破绑架、抢劫等刑事积案多起。王某军已漂白身份，辗转潜逃14年。

8月16日，破获公安部督办“2·17”非法经营案，抓获犯罪嫌疑人14名（其中澳门人1名），捣毁犯罪窝点2处，扣押作案手机20部，电脑5台，银行卡、U盾、手机卡300余套，POS机30部，账本一宗。该团伙专为大陆赌客在澳门赌博提供资金结算服务，涉案金额高达100亿元人民币。

9月1日，破获山东罗氏椒兰涉嫌非法吸收公众存款一案，抓获犯罪嫌疑人25名，挽回经济损失420余万元。该团伙以拉人头、销售产品返提成方式发展会员1900余人，非法吸收公众存款1.16亿余元，受害群众遍布全国10余个省。

10月12日，利用刑事技术手段破获系列强奸积案6起，在坊子区黄旗堡街道抓获犯罪嫌疑人张某某。该犯自2006年10月至2015年，多次尾随强奸下班妇女。

【户籍制度改革】 落实国务院《关于进一步推进户籍制度改革的意见》，不断推进安丘户籍制度改革。以促进有能力在城镇稳定就业和生活的常住人口有序实现市民化，推动全市新型城镇化协调发展为主要目标，以合法稳定住所（含租赁）或合法稳定就业为条件，全面放开县域范围内落户限制，合理引导农业人口向城镇转移，逐步推进农业转移人口市民化。认真贯彻《居住证暂行条例》，为符合相关条件的流动人口办理居住证，保障流动人口合法权益。是年，全市城镇人口总数385142人，占全市总人口数的40.03%。城镇人口具体分布情况为：兴安街道155751人，新安街道105464人，景芝镇42594人，凌河镇11285人，官庄镇8016人，大盛镇5251人，石堆镇5959人，石埠子镇15779人，金冢子镇4660人，辉渠镇13934人，柘山镇4711人，郚山镇11738人。

【出入境管理】 年内，全市有常住境外人员14名，均为外国人，其中在企业就业人员11人（主要是技术人员或管理人员），寄养儿童1人，探亲2人；分布在城区3人，安丘经济开发区8人，景芝镇1人，官庄镇1人，辉渠镇1人。全市有涉外企业69家，其中合资36家，独资33家。年内，市公安局出入境管理科共受理、审批出入境材料4133份。其中，出国2675份，赴港澳1281份，赴台207份；初审外国人签注、居留许可申请材料16份；接待临时境外人员95人次。

【消防】 基础设施 提请市政府加大消防装备经费投入，斥资696万元新购置重型泡沫水罐消防车1辆、重型城市主战消防车2辆。计有60米高喷消防车、32米云梯消防车、12吨全自动泡沫消防车等各类执勤消防车13辆；配备方位灯、呼救器、强光防爆手电、空气（氧气）呼吸器、消防员后场接收装置等个人防护装备，以及液压剪、开门器、等离子切割仪、双轮异向切割仪、音频生命探测仪、多功能有毒气体探测仪、无人机等抢险救援器材43种1647件（套）。加大市政消火栓建设力度，结合道路改造，在青云大街、锦湖路、新安路、世贸大街新建市政消火栓67具。

消防管理 开展消防安全大排查大整治、夏季消防检查、商场市场消防安全督查、危化品单位专项整治、高层建筑专项排查、电气火灾综合治理等系列行动。年内，共检查单位5292家，发现整改火灾隐患11973处，下发《责令改正通知书》3464份，临时查封138家，立案处罚176家，责令“三停”单位101家，罚款289.22万元，拘留16人。同时，加强派出所消防业务指导培训，派出所共检查单位20548家，督促整改火灾隐患94990处，办理处罚案件2100起，罚款179万元，有效预防火灾事故的发生。全市共接火警并出动741起，出动官兵7714人次、车辆1169辆次，营救群众97人。未发生较大以上和生产经营性亡人火灾事故。成功处置“1·11”凌河镇铡草机挤手救援、“1·16”青云湖落水老人救援、“1·23”老庄子天然气运输车泄漏事故、“4·11”景芝油罐车泄漏事故、“5·16”石堆镇华美超市火灾等“急、难、险、要”灭火抢险救援任务，最大限度地减少人员伤亡和财产损失。

【交通管理】 路面管理 以“压事故、保安全、保畅通”为目标，组织开展大货车违法整治、城区交通秩序整治、渣土车专项治理、“压事故、保畅通”大会战等一系列专项整治活动，保持对重点交通违法行为的高压态势。把治理大货车、渣土车违法上升为政府行为，市公安、市交通、市城管等部门联合执法，派出所、交警、特警等多警联动，采取设卡堵截、缉查布控、零点行动等措施，形成严管新常态。结合省级文明城市创建工作，开展高峰时段交警全员上岗执勤活动，严查严纠机动车、非机动车和行人交通违法行为，提高城区路面的见警率、管事率。开展机动车不礼让斑马线专项治理，在城区多个路口增设道路斑马线和斑马线监控设施，强化对不礼让斑马线行为的处罚。全年共查处交通违法行为115678起。其中，现场查处数69320起，酒后驾驶986起、涉牌涉证827起，行政拘留192人、刑事拘留105人。通过整治，全市道路交通环境有效净化，出行秩序进一步规范，杜绝了重特大交通事故发生。

道路交通安保 围绕公安部在中共十九大召开期间“三个不发生”的工作目标，开展四场交通安全整治攻坚战：一是全面清剿源头隐患。以农村、国省道、县乡道路为重点，着力排查安全设施缺失、急弯陡坡、事故多发等危险路口路段，对存在的37处隐患点段、65处马路集市，上报市政府督促责任单位限期整改。对全市“两客一危”（营运客车、旅游包车、危化品运输车）、重型货车和校车5类重点车辆进行梳理，共排查逾期未检验车辆271辆，逾期未审验驾驶人1388人，逐一见车见人清剿；同时将违法重点车辆信息录入机动车缉查布控系统，及时发现拦查预警车辆。联合市交通运输、安监等部门，定期对“两客一危”重点企业开展大检查。凡“两客一危”车辆发生事故的，一律实行通报抄告、倒查监控和违法处罚，推动主体安全责任落实。二是全面升级路面管控。启用国省道4个执法检查站，严密路检路查。公路战场紧盯“两客一危”、重型货车四类重点车辆，严查严处超载超员超速、疲劳驾驶、酒驾醉驾、涉牌涉证等严重违法行为。网上网下协同联动，利用缉查布控系统和执法检查站，对假牌套牌、逾期未检验、未报废等重点违法实施精准打击。城市战场以乱停乱放、乱变车道和灯光、酒驾醉驾毒驾、假牌套牌、闯红灯闯禁行等严重交通违法行为为重点，开展集中整治，对城区道路未按规定停放的电动车、电动轿车、机动车进行强制拖离，并在电视台警示曝光。三是强化宣传警示教育。对重型柴油货车整治、夜查酒驾等集中行动，同步利用“蓝鲸FM”平台开展执法视频直播40余次，现场曝光交通违法行为，普及法律法规和安全出行常识，增强警民互动，最高在线观看人数3.3万余人。以“文明出行、从我做起”为主题，在青云山市民广场举行公民文明出行活动启动仪式，各界人士1000余人参加。开展“大警示”教育，对全市800余名校车驾驶员、100余名客车驾驶员进行安全驾驶技能和应急处置知识培训，对重点驾驶人发送各类提示信息5万余条、上安全培训课37场次、发放宣传资料12000余份。四是强化部门联动共治。会同交通运输、安监部门，落实道路安全隐患动态排查、挂牌督办整治、治理效果评估等机制，对县乡道路实施“生命安全防护工程”进行联合检查验收；集中通报重点车辆多次违法未处理和交通事故隐患情况，合力督促落实整改；向相关部门提出建议，对市区新修建的12条道路，实行道路安全设施同步设计、同步施工、同步验收，为交通安全管理奠定基础。

事故预防　开展道路交通事故隐患大排查、大整治行动，对存在隐患实行政府挂牌督办。全年共排查144处，整改132处。严查酒驾、醉驾、交通肇事逃逸违法犯罪，全年共刑事拘留31人、取保候审47人、逮捕9人、移诉59人，办理醉驾刑事案件62起，抓获逃犯38人。推进社会单位道路交通安全责任追究工作，对发生一般以上道路交通责任事故的，通过市交安委报告同级人民政府职能部门，组织开展依法追责，共下发通报单109份。

交通安全设施建设　对一期、二期电子警察（卡口）进行全面排查，更新维修13处；对城区路口的15处信号灯配时进行优化；在和平路、商场路等5处路口建设交通信号智能控制系统，按照路口车流量变化自动调节红绿灯配时，减小路口车辆排队长度，缓解交通拥堵；新安装红绿灯35处、增设交通标志牌30面、施划交通标线15万平方米。

车驾管服务　研发使用“车驾管一窗式服务系统”，投资改造服务大厅，车辆挂牌、驾驶员办证等业务实行“一窗受理、一次办结”，解决群众多跑腿的问题。争取业务上级支持，在车管所建成标准化的驾驶人理论考场，解决群众学车考试难的问题。增设流动车管服务车，每周5天巡回12处镇街道，现场为群众办理年审、五小车辆挂牌审验、免检车辆签章等业务2109笔。开通车驾管理绿色通道，实行周六预约服务模式，方便企业和群众。

【监所管理】　2017年，市看守所共收押各类犯罪嫌疑人959人，交付监狱执行刑罚罪犯116人；市拘留所共收拘违法人员1051人。

安防设施建设　市看守所：更换电网、螺旋刀刺网；改造完善智能监控系统，更换、新增高清探头11个，实现监控全覆盖、无死角；对监室卫生间进行改造，消除挂点；为监室安装钢丝安全密织网、遮阳网、节水水箱；购置防脱逃电子脚扣系统；在提审提讯室安装电磁闭门器，购置提审、会见用电子储物柜1个。拘留所：改造监控室，新安装高清摄像头17个；更换钢化玻璃，安装钢丝安全密织网；对拘室卫生间进行改造，消除挂点；为被拘留人员购置电子储物柜。

医疗卫生保障　建立在押人员健康档案和看病就医绿色通道，在市人民医院设立监管病区。推进看守所医疗卫生专业化建设工作，按照公安部、国家卫计委相关方案要求，建立专门卫生室，配备基本医疗器材设备，依法申领医疗机构执业许可证，实行医疗机构专业化运作模式。

管理创新　建立日调度、周分析、月研判机制，开发应用安全隐患排查整改量化考核系统，全面运行隐患排查考核机制，提高民警发现问题、解决问题的积极性和自觉性，强化监所安全管理。

新所建设　新的市看守所、拘留所建设进入收尾阶段，位于兴安街道山东头村西侧，共投资7200余万元，建筑面积1.7万平方米，占地面积80.9亩。研发“智慧监所综合管理平台”，新看守所、拘留所的信息化管理水平将得到全面提升。

（王　峰）

检　察

【概况】　2017年，安丘市人民检察院紧紧围绕全市工作大局，按照潍坊市检察院党组“高点定位、勇争一流”的目标要求，坚持以业务工作为中心不动摇，以打造人文检察、民生检察、智慧检察为支撑，勇于担当，积极作为，忠实履行检察职责，深化司法改革，推进“六型”基层检察院建设，加强自身建设，各项检察工作稳步开展。安丘市检察院荣获“全国检察系统宣传先进单位”“全省检察文化建设示范院”，荣获全省检察机关“六型”建设示范院、被潍坊市检察院表彰为“全市优秀检察院”“执法规范化建设先进院”。

【服务全市经济社会发展】　围绕市委提出的建设“实力安丘、活力安丘、魅力安丘”的部署要求，坚持履行职能与服务经济发展相协调，惩治腐败与保护干事创业相一致，用心履行法律监督职责，努力实现办案效果的最优最大化。始终坚持司法办案与服务发展并行。着力维护良好的市场经济秩序，着力保护政府惠农资金安全，着力推进基层治理法治化。

查处危害民生民利的职务犯罪　牢固树立“检察跟着民意走、工作围着民生干”的理念。围绕推动公共服务均等化，立案查处教育就业、优抚救济、棚户区改造等民生领域、严重损害群众切身利益的职务犯罪15件15人。

服务群众　按照“立足本能、站位全局、跳出检察干检察”的思维模式，树立“向前一步解决问题、延伸一层搞好服务”的理念，强化“主动担当、用心作为”的服务意识，增强检察工作服务大局、服务群众的主动性。积极落实市委统一部署，扎实有序推进“精准扶贫”“包村联户”工作，组织干警走访群众，征求意见建议，向群众提供法律咨询，帮助企业解决困难。

基层检察组织建设　依托5处派驻检察室（景芝、凌河、开发区、官庄、大盛）贴近群众的优势，不断延伸服务触角，提升服务效能，充分发挥维稳、维权、监督、服务新平台作用，真正把公平正义实实在在地送到基层群众身边，在老百姓家门口撑起法律“维护伞”。办理轻微刑事案件16件17人，受理群众来信来访54件，化解矛盾纠纷9件，开展预防宣传和警示教育45场次，走访巡访269次。在环境保护、食品安全专项监督和矿产资源专项整治中，建立检察室巡检长效工作机制，督促基层行政执法部门严格执法。凌河检察室发现线索并参与办理的王玉军虚假诉讼案被评为全省基层检察室优秀监督案件，大盛检察室获得安丘市工人先锋号荣誉称号。景芝检察室被评为山东省老年人公益维权服务示范站。针对村“两委”换届试点工作，制定《服务和保障村“两委”换届工作的实施意见》，组织干警进行走访巡访260余人次，配合基层党委、政府为基层党员干部上警示教育课13场次，审查出候选人因涉嫌行贿、受贿犯罪等存在“不能”“不宜”情形人员6人。

弱势群体维权机制建设　推进弱势群体维权机制建设，会同市司法局制订《关于建立法律援助弱势群体支持起诉等协作机制意见》，定期召开联席会议，为弱势群体维权提供更坚强的法律支持。不断探索司法救助工作方法，努力为刑事被害人及其近亲属纾难解困，积极联系上级检察机关，为5名因刑事案件导致生活困难的被害人或其近亲属申请司法救助款，用实际行动向社会传递检察关怀。

【平安、和谐安丘建设】　惩治犯罪　把保一方稳定、促全市和谐的重大责任牢牢扛在肩上，打防并举，标本兼治，确保社会长治久安、人民安居乐业。始终把平安建设、法治建设作为提升群众幸福指数、构建和谐社会的一项民心工程，与公安、法院等部门密切配合，有力有序惩治犯罪行为，促进全市治安秩序的持续稳定。认真履行批准逮捕、提起公诉等检察职能，受理提请逮捕案件255件328人，受理移送审查起诉案件847件1174人，批捕、起诉准确率保持100%，有力维护社会治安大局的持续稳定。与公安、法院密切配合，对影响村“两委”选举工作的职务侵占等案件4件11人，依法从快办理，为换届选举营造风清气正的法治氛围。

完善检调对接、刑事和解机制　完善检调对接、刑事和解机制，不断强化未成年人犯罪“捕、诉、监、防”一体化工作，积极为未成年人提供帮教和心理矫治。帮助其尽快回归社会；联合市关工委、团市委、市妇联、市教育局等部门举办校园巡回普法活动，观看法制宣传展板，开展法制教育课，提高广大师生守法用法意识，得到社会各界一致好评。

制度建设　把中共十九大安保维稳作为信访工作的重中之重，狠抓涉检信访积案排查化解工作，对涉检信访积案逐案分析症结，逐案落实责任制，进一步完善首办责任制、检察长接访、下访巡访、逐月排查、跟踪回访等信访处置机制。在潍坊市检察院帮助指导下，依法妥善处置各类信访案件169件，处理上级交办涉检信访案件2件，移送反贪举报线索6件，受理刑事申诉案件1件，积极开展司法救助5件。

【查办和预防职务犯罪】　坚持把查办职务犯罪案件作为服务发展的直接手段，全面加强和改进新形势下的职务犯罪侦查工作，努力营造廉洁高效的政务环境。

惩治腐败　坚持把党委政府关注、群众反映强烈、影响社会稳定、阻碍经济发展的职务犯罪案件作为查办重点，始终保持惩腐倡廉的强劲势头。突出查办职务犯罪大案要案，共立查贪污贿赂职务犯罪案件14件17人，立查的渎职侵权职务犯罪案件4件6人，其中反贪案件大要案、国家机关工作人员和科级干部犯罪案件等三类重点案件占117.6%，在潍坊市名列前茅。案件起诉率、有罪判决率保持100%，彰显党和政府惩治腐败的坚定决心，得到人民群众的拥护和支持。

职务犯罪预防　坚持惩防并举，加强警示教育，从政治上保护干部，从源头上防范犯罪。选择职务犯罪多发、易发的重点行业和单位，精准定制主题预防讲座6次，帮助建立健全各项规章制度78项；积极为安丘市党政机关、企事业单位和镇（街）村基层干部提供警示教育现场25次，参加人员1500余人。职务犯罪法制教育课成为市委组织部和市委党校党员干部教育的必修课；市普法办把预防职务犯罪警示教育纳入2017年全市普法教育。市检察院职务犯罪警示教育基地成为全市党性教育基地，被市纪委、市委组织部分别定点为全市干部警示和廉政教育基地。开展案件调查、案例分析、发送检察建议21件，将安丘市政府投资大、社会高度关注的青云大街、青龙湖路两座汶河大桥、安丘市一中新校区建设等重点工程及省检察院重点督办的山东保康生物科技有限公司生姜蛋白酶萃取民营科技新项目作为专项预防的重点，确保工程优质、队伍优秀、干部廉洁。制定《关于在工程建设、物资采购及招投标活动中全面开展行贿犯罪档案查询的意见》，提供查询行贿档案3810次。

载体建设　全面推进智慧侦查建设，以信息化引领检察工作创新升级发展，打造“智慧侦查”模式。投资200余万元购置无人机、EB-7C手机定位系统、手机话单分析、审讯身心监护仪、现场执法记录仪等技术装备，为精准、高效、全面完整的调查固定证据提供技术支持；投资120万元购置智能语音辅助办案系统、语音会议系统；涉案财物管理系统、网络视频督查系统、廉政事项报告系统、“电子手铐”监控系统全部上线运行。加强司法场所规范化建设，在潍坊市院的帮助指导下，投资2200万元、面积5400平方米的潍坊市检察机关职务犯罪侦查基地和刑事办案基地正式投入使用。

【诉讼监督】 聚焦监督主责主业，以开展对派出所刑事执法活动监督、破坏生态环境专项立案监督等为抓手，更新监督理念，突出监督实效。强化刑事立案和侦查活动监督。监督立案3件5人，追捕漏犯5件5人，不批捕91件109人，不起诉8件8人，纠正侦查活动违法8件。强化审判和行政执法活动监督。对认定事实错误、量刑明显失当的刑事判决抗诉6件8人。把对公权力的监督和民生问题的关注作为民行检察的切入点，积极开展行政公益诉讼试点工作，完成诉前程序3件。针对安丘市环保局不依法正确履职的情形提起行政公益诉讼1件，目前开庭准备工作已基本就绪。深化"食安安丘"专项检察监督，积极参与安丘市整顿治理矿产资源开发秩序专项活动，向市市场监管、国土、水利、砂资源等执法监管部门发出检察建议44件，有关部门及时作了整改反馈；对5件虚假代理、调解违反自愿原则和审判程序违法的申诉案件发出督促纠正检察建议，市法院已裁定再审4件；对7件不服法院和公安机关正确裁判处理的申诉不予支持并耐心做好服判息诉工作。开展羁押必要性审查案件34件，对市看守所书面提出纠正违法3件，不断健全刑罚执行监督长效机制。

【规范化建设】 *理论学习* 组织干警深入学习贯彻习近平总书记系列重要讲话及党中央关于全面从严治党和作风建设的系列决策部署，坚持把专题学习教育与落实中央八项规定精神、加强党风廉政建设和纪律作风建设紧密结合，自觉遵守政治纪律、政治规矩，始终在政治、思想、行动上与以习近平同志为核心的党中央保持高度一致，确保检察权在党的领导下依法规范运行。通过开展"转变作风、提升服务、促进发展"解放思想大讨论、召开"两转变、两提升"座谈会、到青岛市黄岛区检察院对标学访等方式，提高干警主动担当、主动作为、依法作为的能力与水平。组织开展集中学习教育培训、参加政法干部学习讲座、检察网络培训，促进干警政治素养和党性修养、领导素能以及专项业务能力提升。通过落实"一岗双责"、重点工作项目化管理等方式，不断强化中层干部执行力。以"忠诚型、服务型、公信型、创新型、智慧型、学习型"为主要内容的"六型"基层检察院建设全面推开，按照"高点定位、勇争一流"的目标要求，围绕打造"人文检察、民生检察、品牌检察"文化名片，着力强化基层检察业务、检察队伍、检察管理、检务保障和检察信息化建设，不断推动安丘检察工作持续健康发展，被省检察院授予全省"六型"建设示范院；按照高、省、市检察院的统一部署，全面推开司法责任制改革，扎实推进司法责任制改革，遴选出首批34名员额检察官，确定45名检察辅助人员和9名司法行政人员，按规定定岗到位，并落实了员额检察官工资和绩效考核奖金。充分发挥入额检察官的办案主体地位，公诉部门办案模式由原来的科长、副检察长审批制改为签发流转制，入额院领导办理案件29件/68人，起到了示范带动作用。

接受监督 发挥纪检监察和检务督察部门的内部监督作用，强化"一岗双责"责任制，以检察长、分管检察长和中层干部为主体，按照谁主管谁负责的原则，将监督贯穿于执法办案和队伍建设始终。开展"百案评查回访"活动，提升案件质量，规范司法行为。自觉接受市人大、政协及社会各界的监督，通过"检察开放日"集中宣传等活动，邀请人大代表、政协委员视察工作，通报检察工作情况。召开由市法院、公安局、司法局以及部分人大代表、政协委员、人民监督员、律师代表参加的座谈会，听取与会代表对检察工作特别是基层院建设的意见建议。运用新媒体平台和案件信息公开系统，公布案件程序性信息1670条，重要案件和法律文书信息143条。聘任5名特约检察员，更好地推进市检察院检务公开工作，努力为检察工作营造良好的外部环境。

典型带动 以全国检察机关文明接待示范窗口、控申科科长张永健全省检察机关优秀接待员为依托，设立张永健接访工作室，在青年干警中积极推行"零距离"接访法，即在感情上与群众"零距离"，急群众所急，想群众所想，在角色定位上与群众"零距离"，当好服务员、引导员和联络员，在时空上与群众"零距离"，快速处理、实地处理、公开处理。通过把"张永健接访工作室"搭建成集民生热线服务、社会矛盾化解、社会治理创新、青年干警锻炼为一体的工作平台，让青年干警不断历练作风，锤炼提升做好新形势下群众工作的能力，不断擦亮全国检察机关文明接待示范窗口。以全省十佳公诉人、公诉科科长王玉亮为依托，设立了王玉亮公诉工作室，继续深化王玉亮公诉工作室阳光公诉、品质公诉、人文公诉的目标内涵，加大刑检干警岗位练兵和人才培养力度，定期组织刑检部门干警开展"周五公诉讲堂""我析疑案"沙龙、听庭评议等活动，就重大疑难复杂案件的定罪、量刑建议、案件汇报等开展研讨交流，使干警在交流中增长办案经验，激发争当岗位精英的热情，带动提升办案质量。深化"青工委"队伍建设品牌，抽调文化素质高、工作能力强的12名青年干警组成理论调研课题组，走进北京盈科、山东诚公等著名律所进行考察交流学习，带动青年干警成长成才。加强检校合作，与潍坊学院法学院举办"理论研讨会"，潍坊学院法学院院长苗金春等一行5人到市检察院开展学术理论研讨，组织全院干警到华东政法大学进行为期一周的学习培训，进一步提高干警的业务素能。

（张晓燕）

法 院

【概况】 2017年，安丘市人民法院紧紧围绕全市工作大局，坚持经济发展新常态下的司法新思维，创造性开展审判执行工作，共受理各类案件8691件，结案8302件。为建设实力安丘活力安丘魅力安丘提供了良好的司法保障。先后荣获平安安丘建设先进单位、平安安丘建设信访工作先进单位等荣誉称号。

【服务全市改革发展】 助力经济发展 围绕全市经济转型升级、科学发展中引进的大项目、好项目，对项目落地、建设过程中可能发生的矛盾纠纷，坚持主动靠上，制定可行预案，积极妥善化解。灵活运用司法措施，妥善处理全市企业涉诉案件，对全市企业起诉的涉及外地当事人的买卖、承揽等纠纷案件，及时派出干警远赴新疆、重庆等20多个省市自治区，依法扣划银行存款、变现资产，为企业挽回经济损失。对涉诉困难企业依法慎用查封、扣押、冻结等强制措施，尽可能为涉诉企业预留必要的流动资产和往来账户，保证企业的正常运转，依法为经济发展提供司法保护。

推动结构转型 根据供给侧结构性改革要求，市法院积极协助市委、市政府化解产能过剩，依法妥善处置“僵尸企业”。先后受理安邦房地产、宏坤房地产、安丘青云书院等6起破产清算案件，涉案金额10.7亿元，涉及职工3800多人。通过依法审理，维护社会稳定，促进资源的重新配置和整合利用，推动经济转型跨越发展。

服务城镇化建设 围绕全市重点项目建设、重点片区开发过程中的征收补偿工作，积极配合党委、政府做好法律风险防控，加强对征收单位、部门的法律服务与指导，规范征收补偿行为。根据《国有土地上房屋征收和补偿条例》相关规定，市法院积极探索司法强制搬迁的新机制，依法理顺房屋征收补偿行政案件审理程序，不断深化“依法保障房屋征收拆迁工作机制”改革措施，取得积极成效。联合市政府法制办、市国土资源局，出台土地行政决定“裁执分离”工作意见，加大对违法用地行政处罚执行力度。对城市改造过程中发生的行政纠纷，靠上工作，注重诉前协调化解。对城镇建设过程中涉及的土地、房产等承包、租赁合同效力等问题，及时向有关部门提出准确、具体的法律意见。完善《房屋征收工作流程指南》，将现行法律政策汇编成册发放到相关部门，指导拆迁工作依法、规范、有序开展，有力地促进城镇化建设的依法顺利实施

【审判工作】 刑事审判 坚持宽严相济刑事政策，重点打击故意伤害、强奸、绑架、抢劫、盗窃、诈骗、危险驾驶等多发性犯罪，依法保护人民群众生命财产安全，维护社会和谐稳定。审结各类刑事案件587件，判处罪犯674人。加大对破坏生态环境、危害食品和农产品质量安全、制毒贩毒等与社会民生密切相关的犯罪活动的打击力度，维护和谐社会秩序和安定发展环境。保持对职务犯罪的高压态势，审结贪污、贿赂等职务犯罪案件19件，判处罪犯21人，促进反腐败斗争持续开展。本着教育、挽救的原则，对未成年人犯罪从轻、减轻处罚，封存犯罪记录，促进未成年罪犯悔过自新，取得积极的社会成效。

民商事审判 发挥民事审判定纷止争作用，依法审结婚姻家庭、人身伤害、劳动争议、工伤保险、民间借贷、合同纠纷等各类民事案件5502件。通过保全财产、注重调解、加强疏导等措施，快速化解大量攸关群众生产生活的民事纠纷，没有发生一起因处置不当引发的群体性事件。重视商事审判工作，强化契约精神，依法制裁违约失信行为，引导和警示市场主体诚信守法经营。审结买卖、租赁、承揽、房地产及建筑工程合同纠纷案件1529件，依法维护规范有序的市场环境。强化金融债权保护，审结金融借款、保险等金融纠纷553件，维护了金融安全。妥善处理个别企业因“资金链”断裂引发的案件，帮助企业“爬坡过坎”，为全市经济平稳快速发展营造了有利环境。

行政审判 贯彻新修订的行政诉讼法，正确协调公共权力与公民权利的关系，依法保护行政相对人的合法权益。认真履行司法审查职责，依法审结市交通、公安、劳动、房产等行政诉讼案件42件，审查执行涉及土地、人社、工商等非诉行政案件124件，既充分保护行政相对人的合法权益，又监督支持行政机关依法行政。充分保护行政相对人的诉权，进一步简化行政案件立案手续，畅通行政相对人的诉求表达和救济渠道。认真落实行政机关负责人出庭应诉、信息共享、联席会议等制度，加强与行政机关的沟通联系，积极宣讲新的行政诉讼法，组织法官对行政执法人员进行业务培训和指导12场次，培训行政执法人员340人次，实现司法与行政执法的良性互动，提高行政机关依法行政的意识和能力。加强行政诉讼案件的协调工作，特别是涉土地征收、城建拆迁等纠纷的协调力度，促进行政争议实质性解决。

【执行】 2017年是安丘法院“基本解决执行难问题”目标任务的决胜之年。围绕全面完成“基本解决执行难”任务目标，市法院统筹兼顾，分门别类，扎实推进解决执行难问题。

加强执行力量配备 依托新型审判执行团队建设，新组建1个执行监督团队、1个执行查控团队、4个执行实施团队，执行团队人员达到了31人，占全院的23.3%，执行队伍力量实现大幅增长。执行队伍人员配备充

分考虑人岗匹配、人员素质等因素，将一批审判执行工作经验丰富、年富力强、工作积极性高的中层副职调整充实到执行岗位，提升执行队伍的整体素质和工作活力。

加强衔接和协调配合　重点做好审判与执行工作的衔接。4个执行实施团队分别与机关和5处法庭审判团队相对应，对执行工作实行网格化管理。积极探索以法官为主导的执行办案模式，在4个执行实施团队中配置9名执行员额法官，其中执行监督团队由执行局入额法官随机组成，不占用团队人力。员额法官既办理具体的执行案件，同时负责团队内部的执行异议审查及其他带有判断性质的裁定、决定等。对领导班子工作分工进行调整，由执行局局长分管法警工作，赋予司法警察协助执行、实施强制措施等职责，按照“编队管理、派驻使用”的模式，进一步强化执行警务保障。

加强网络查控系统应用　通过最高法院的“总对总”网络查控系统，以及省市法院与土地、房产等不动产管理部门之间的“点对点”查控专线，市法院的司法查控平台与市公安、工商、银行、互联网企业、不动产管理机构等行业单位实现网络对接，可查询到全国范围内的工商注册信息、机动车信息、证券信息、阿里巴巴和京东商城等网络金融机构信息，以及山东省内的不动产信息，能够查询并冻结21家全国性银行、1家山东省级银行、3家地方性银行的被执行人存款。是年，累计查询执行案件4457件次，查询、冻结存款946万元。

加强强制执行力度　利用法律赋予的强制执行手段，对逃避执行、抗拒执行的当事人，依法采取搜查、罚款、拘传、拘留等强制执行措施。深入开展集中执行活动，全面打响“基本解决执行难”攻坚战。6月15日开始，市法院全面开展“百日执行攻坚”专项活动。活动期间，每天凌晨派出一个执行团队，对辖区内的“老赖”进行集中围堵，并当场实施拘传、拘留，至9月25日活动结束，共出动警力1200余人次，拘传被执行人637人次，拘留103人，执结难案、积案297件，执行到位资金2690.9万元，有力地打击“老赖”的嚣张气焰，维护法律的权威和当事人的合法权益。

加强信用惩戒体系建设　以市委出台《关于支持人民法院基本解决执行难问题的意见》为契机，市法院与市纪委、市委组织部、市人社局、市文明办等部门联合出台文件，进一步完善对失信被执行人的联合信用惩戒措施。对逃避执行或不及时履行义务的被执行人，一律纳入失信“黑名单”。全市将7000余名“老赖”信息纳入最高人民法院失信被执行人名单库。坚持开展“全民接力晒老赖”活动，加大对失信行为的曝光力度，通过电视台、微信公众平台、户外显示屏等渠道，公开曝光失信被执行人信息1.2万多人次，有效地打击失信行为。积极发挥联合信用惩戒的作用，将收录的“老赖”信息全部推送到银行、工商、铁路等部门，限制被执行人融资贷款、工商注册、高消费、乘坐飞机高铁等，极大压缩失信被执行人的生存空间。在全市换届选举工作中，对16名列入失信“黑名单”的“两代表一委员”候选人建议取消资格并被采纳，进一步增强失信惩戒的范围和威慑力。

完善“执行不能”案件退出机制　围绕全面完成“基本解决执行难”任务目标，认真梳理“执行不能”案件情况，明确无财产可供执行案件终结本次执行程序的实质标准和程序标准，杜绝滥用终本程序。对符合最高法院“终本”程序条件的案件，在查清案件事实、完善卷宗材料的基础上，严格按照上级法院的规定要求，及时作出裁定终结本次执行程序。规定终结本次执行程序后，在一定期限内继续对被执行人采取限制高消费及有关消费的跟进措施。被执行人恢复履行能力后，执行部门依职权或依当事人申请启动恢复执行程序，实现退出和恢复执行程序自动衔接。是年，共恢复执行案件234件。

【司法改革】 市法院根据中央、省市委和上级法院的部署要求，扎实有序地组织开展司法责任制改革。5月底，在首批遴选的54名员额法官的基础上，市法院组建了18个新型审判执行团队，包括12个审判团队、6个执行团队。团队组建完成后，及时出台相关制度，进一步明确审判执行团队的权利责任清单，在立、审、执各个阶段逐渐建立起一套与新的审判权运行模式配套的制度体系。

明确团队组建形式　按照管理扁平化、资源集约化原则，综合考虑案件数量、难易程度、人员数量等多重因素，区别设置团队组建形式。审判团队采取“N名法官+N名法官助理+N名书记员”的模式，法官与书记员一一对应。执行团队采取“1名入额法官+1名执行员+1名书记员+N名法警”的模式，充分体现执行工作的机动性和强制性。每个审判团队确定一名法官为团队负责人，由入额的审判业务庭庭长担任。团队的入额法官与书记员组成独任团队，作为该团队的基本办案单元，既体现独任团队的工作独立性，又便于团队之间的协作配合。

合理搭配团队力量　根据法官的年龄、性别、知识结构、工作阅历、办案能力、岗位需求，以及各审判团队案件数量、性质、繁简等情况，研究确定入额法官的审判执行业务岗位。对未入额的人员，分流从事法官助理或司法行政工作，对法官助理实行双向选择，对书记员全部实行聘用制，综合考虑各审判团队案件数量、性质、繁简等，统筹调配，确保各审判团队审判力量的均衡协调。在审判团队建设过程中，共调整人员39人，占全院干警的30%，干警思想稳定，工作交接平稳，审判质效没有出现大的起伏。

细化人员权力清单 根据上级法院有关文件精神，结合市法院实际和岗位要求，出台《院长、副院长、审判团队负责人审判管理监督工作职责》等一系列制度，分别就院长、副院长、法官以及法官助理、书记员等审判辅助人员制定权力清单，明确岗位权力范围和界限。审判团队全程负责案件的送达、保全、调解、审判和服判息诉、息访工作，执行工作由执行团队集中实施。法官对其履行审判职责的行为承担责任，并在职责范围内对办案质量全程终身负责，为下步落实绩效考核和案件质量责任奠定了基础。

改进案件分配方式 制定《随机流程分案实施方案》，由立案庭区分审判类别后，通过分案软件随机确定案件承办法官，打破过去办案数量和疑难复杂案件向部分法官集中的情况，倒逼入额法官提升办案能力。在此基础上，构建分案搭配机制，打破民商事审判团队内部各庭界限，保证各法官收结案基本均衡，避免团队与团队之间、法官与法官之间忙闲不均的情况，缓解案多人少的压力。

落实院庭长办案制度 所有员额法官都编入审判团队办理案件。5名副院长分别编入一处法庭审判团队，另外负责机关1—2个审判团队，便于院长有针对性地审理案件，发挥监督指导作用。入额院领导编入审判团队时，不担任团队负责人。领导根据自己所承办案件类型与相应专业审判团队法官随机组成合议庭。对入额院庭长办案数量指标作出明确规定：院长为全院法官平均办案数量的5%，副院长为30%，庭长为本团队法官平均办案数量的70%，均高于上级要求。院庭长重点审理重大、疑难、复杂、新类型和在法律适用方面具有普遍指导意义的案件。

强化监督管理措施 依托信息技术和现有的审判管理机制，加强对案件实时监督管理，重点对案件平均审理期限、案件结收比、法定审限内结案率、服判息诉率、执行标的到位率等关键指标进行动态监测，实时提醒。落实院庭长监督管理职责，院领导除完成自身担负的审判工作任务外，分别在分管和主管的业务范围内承担相应的审判管理和监督职责，依法依规履行审判管理主体责任。院庭长对案件监督建议的时间、内容、处理结果等在案卷和审判流程管理系统中全程留痕。改变传统管理模式，逐步将审判管理的重心从传统的个案质效考评向审判团队工作整体效果评估转变，完善符合审判工作规律、科学有效、简便易行的团队业绩考评机制，致力形成权责清晰、程序严密、运行公开、监督有效的司法权力运行机制，进一步强化审判管理职能。

加大司法公开力度 坚持以公开促公信，深入推进审判流程公开、裁判文书公开和执行信息公开、庭审直播录播四大平台建设，推进官方网站、官方微博、微信等自媒体建设，形成体系完备、信息齐全、使用便捷、公众认可的公开和交流平台。是年，市法院司法公开工作成效卓著，裁判文书上网成为常态，社会公众可随时登陆“中国裁判文书网”查阅法院作出的判决、裁定等生效裁判文书。庭审网络视频直播制度更加完善，完成高清科技法庭覆盖率100%，音视频统一管理平台接入率100%，庭审录像完整率100%等3个100%的任务目标，实现每一起案件的庭审都被置于“阳光”之下，都能经得起历史和社会大众的检验。人民陪审员制度渐趋成熟，全院共有人民陪审员100人。经过一系列的培训和实践，人民陪审员正确适用法律、履行陪审职责的能力得到加强，人民陪审员作为调解员、宣传员、监督员的独特作用得到更为有效的发挥。人民陪审员全年共参审案件798余件，一审陪审率达100%。

【队伍建设】 切实筑牢思想防线 市法院组织干警认真学习贯彻习近平总书记系列重要讲话精神和中共十九大精神，牢牢把握法院工作的正确政治方向。院党组始终坚持和依靠党对法院工作的绝对领导，不断加强班子的思想、组织和作风建设，不断提高班子的司法决策和管理能力。坚持开展院领导定期上党课、举办廉政教育专题讲座等活动，有针对性地对全院干警进行大局意识、法律意识、责任意识、为民意识和廉政意识教育，保证队伍建设正确的政治方向。

自觉转变司法作风 组织开展“作风建设年”和“两学一做”学习教育活动，查摆自身问题，强化整改落实。自觉践行“四心”工作法，做到文明接待，耐心听诉，公正办案，高效服务。严格落实审判纪律作风巡查制度和执行作风督查制度，开展回访当事人、审务督查等活动，培养亲民爱民的司法作风。严格落实院长接访制度，倾听群众呼声，畅通诉求渠道，切实纠正损害群众利益的行为。

全面提高履职能力 依托新型审判执行团队建设，将干部队伍进行优化配置，增强队伍力量。建立专业法官会议制度，分析讨论重大、疑难案件，总结、交流审判经验，发挥智囊作用。完善庭审录播直播机制，加大对庭审规范化的督查力度，提高庭审效率。组织开展关于审判实务、执行新规等各类专题学习，提升干警业务能力和水平。

（李　进）

司法行政

【概况】 2017年，安丘市司法局按照市委、市政府和潍坊市司法局的部署要求，围绕中心，服务大局，不断创新举措，使司法行政各项工作迈上新台阶。

【普法】 安丘市普法工作的重点是学习贯彻中共十八届三中、四中、五中、六中、七中和中共十九大会议精神，遵循“创新、融合、责任、实效”工作理念，认真落实市委、市政府下发的《安丘市2016—2020年依法治市规划》和《关于在全市公民中开展法治宣传教育的第七个五年规划（2016—2020年）》的文件要求，大力弘扬法治精神、培育法治信仰，扎实推进依法治理、法治创建工作，不断增强普法依法治理的针对性、实效性，法律知识普及率95%以上。

学法用法工作　切实加强领导干部学法用法，健全完善党委（党组）中心组学法、国家工作人员日常学法、法律知识培训、依法决策、依法履职、学法用法考试和通报等制度的贯彻落实，将法律知识纳入党校培训内容。进一步深化全市“法治校长”长效机制，联合市教育局开展“百场青少年法治大讲堂”活动，在全市中小学共开展集中法治讲座120多场次。

普法依法治理工作　成立普法宣讲团，建立点课制度，下发宣讲团点课菜单，在全市开展宣讲活动76场。开展“普法电影村村行”活动，结合新媒体普及法律常识，改编普法短片6部，播放电影3500场次。加强普法教材保障，全市共征订“七五”普法统编教材5000本，充分发挥普法教材的作用，加强组织学习，将普法教材知识编入普法试卷，通过年度普法考试，检验普法学习成效。

法治创建工作　深化法治创建，积极开展法治县（市、区）创建活动，开展全国、全省民主法治示范村（社区）推选工作，新安街道磨埠村成为全国民主法治示范村，兴安街道永安社区成为全省民主法治示范村。推进依法治理。在全市两委换届工作中加强法治宣传，提高了村（居）民依法选举，依法行使权利的能力和素质。推行村（居）法律顾问制度，教育引导基层群众自我约束、自我管理。拓展法治文化阵地，积极开展法治文化建设示范基地和法治宣传教育示范基地评选命名活动，大汶河旅游开发区幸福里社区等八个单位被命名为潍坊市法治文化建设示范基地或法治宣传教育示范基地。

【人民调解】 按照“小纠纷不出村，大纠纷不出镇”的要求，继续加强各级人民调解委员会组织建设，设立各级矛盾纠纷调解室、品牌个性化人民调解工作室，形成全覆盖、无缝隙的矛盾纠纷排查化解体系。

人民调解组织建设　随着村两委换届工作结束，加强各级人民调解委员会的换届工作。至9月底，各级人民调解委员会的换届工作全部完成。全市共有村居人民调解委员会860个，社区人民调解委员会102个，镇街区人民调解委员会14个，共有人民调解员6115名。

人民调解队伍建设　在人民调解委员会换届工作中，注重人民调解队伍建设，吸纳人大代表、政协委员、退休法官、检察官、警官以及律师、法律服务工作者等参与人民调解工作，特别吸纳大学生村官、网格信息员加入人民调解委员会。举办调解人员培训班，对社区和新进调解队伍的人员进行轮训。

矛盾纠纷排查化解工作　组织指导镇街区每半月、社区每周对辖区内的矛盾纠纷进行一次排查。将土地承包、征地拆迁、劳资纠纷和干群关系等易引发群体性、突发性事件的矛盾纠纷作为重点。重大节日和中共十九大期间开展矛盾纠纷“大排查大调解”专项活动。全年共调处矛盾纠纷4637件，成功4581件，调处率和成功率分别为100%和98.8%。

【法律服务】 基层法律服务　在基层法律服务所落实基层法律服务工作者社区轮流值班制度，参与镇街区（社区）领导接访、巡回接访、集中接访，承担镇街区（社区）政府法律顾问任务，参加镇街区（社区）重大项目洽谈会、涉法涉诉信访案件接访、市长热线电话集中解答等活动，解答和办理有关法律事务。每名基层法律服务工作者担任一个社区（村）服务中心的法律顾问，每月巡回到顾问社区值班服务1次。主持社区项目招投标，起草审查修订各类合同，办理见证，理顺各类合同关系。基层法律服务工作者共担任农村社区服务中心、企业、农民个人法律顾问725家，解答法律咨询3152人次，参与诉讼非诉讼代理2263件、项目招投标272个，办理见证925件。

法律援助　以规范化建设为抓手，以“应援尽援、保证质量”为目标，认真贯彻落实中办发〔2015〕37号和鲁办发〔2016〕7号文件以及司法部完善法律援助制定推进会精神，依法开展法律援助工作。严格依据司法部《办理法律援助案件程序性规定》和《法律援助案件质量监督办法》的规定，坚持从案件受理登记、案件办理、结案归档等环节加强对法律援助案件进行质量监督，对报结的结案案件始终实行一卷一检查，把法律援助案件的规范化和质量作为法律援助工作考核量化的刚性指标放在首位，确保案件规范化和质量。根据省、市两级法律援助中心关于2017年法律援助工作要点，严格依据国务院《法律援助条例》和修改后的山东省《法律援助条例》，对受援人的申请进行受理、审查；以司法部《办理法律援助案件程序性规定》为依据，依法开展法律援助工作。是年，承担法律援助义务的律师事务所、法律服务所共办理各类法律援助案件462件。其中，民事案件417件，刑事案件45件。

公证　根据《中华人民共和国公证法》和《公证程序规则》，对公证机构及其负责人进行考核，将公证处主任的考核结果与人员任用相结合，推进主任负责制。全年公证处共办理公证业务2807件。其中民事公证

1646件，经济公证559件，涉外及港澳台公证602件。

律师 全市共有8家律师事务所，执业律师61名。律师全年参与诉讼、非诉讼代理1563件，完成法律援助案件212起，律师担任政府部门、企事业单位法律顾问189家，积极参与一村（社区）一法律顾问制度的落实。积极参政议政，律师担任全市人大代表3人、政协委员3人。组建安丘市重点信访维稳工作党员律师顾问团。组织律师参选市政府法律顾问专家库，有15名律师入选法律顾问专家库。

司法鉴定 按照上级规定，对全市鉴定机构到期许可证、执业证和鉴定人执业证进行了换发，开展2017年度司法鉴定能力验证活动。完成对我市司法鉴定机构及鉴定人的年度考核工作。安城司法鉴定所及11名鉴定人通过考核，被纳入2017年度全省司法鉴定名册。推荐1名司法鉴定人员为潍坊市鉴定协会代表。司法鉴定所共办理司法鉴定业务451件。

【社区矫正】 市司法局积极推进社区矫正执法规范化标准化建设，扎实开展社区矫正工作。是年，共接收社区矫正人员报到362人，对42名社区矫正人员的违法违规行为提出警告，为3名社区矫正人员审核办理居住地变更。积极做好判（假释）前社会调查工作，为91名拟判缓刑或假释人员进行社会调查并出具调查意见书，规范了调查评估，严把社区矫正“入口关”。贯彻落实山东全省、潍坊市安全稳定工作会议精神，扎实开展社区矫正、安置帮教安全隐患专项整治活动。为规范重点人员衔接管理，与市公安局联合下发《关于印发重点人员衔接管理工作规范的通知》，推动信息共享，提升社区矫正工作的规范化水平。

【安置帮教】 安丘市立足基层，做好刑满释放人员的安置帮教工作，把刑满释放人员的重新犯罪率控制在2%以内。根据中央综治委安置帮教工作领导小组的统一部署，市司法局和各司法所安装刑满释放人员信息管理系统，针对系统的更新，组织各司法所负责安置帮教工作的人员进行业务培训。是年，共核查服刑人员117人，发送预释放人员回执103份，刑满释放人员信息管理系统使用情况在潍坊市局的通报中排名前列。在协调有关部门落实救助政策时，严格落实程序，让确需救助的刑满释放人员得到救助。坚持正面教育为主，引导有一技之长的刑满释放人员到企业中就业或从事个体经营。按上级部署要求，通过开展“社区矫正、安置帮教安全隐患专项整治活动”，对全市的安置帮教对象进行大排查，准确掌握安置帮教对象的情况，及时发现并整改工作中存在的问题，为中共十九大胜利召开营造良好的社会环境。全年共接收安置帮教对象484人。

（刘小明）

2017年安丘市律师事务所、基层法律服务所、司法鉴定所一览表

类别	名称	性质	办公地址	从业人数
律师事务所	山东明清律师事务所	合伙制	安丘市兴安路391号	26
	山东恒安盛德律师事务所	合伙制	安丘市安五路东侧	9
	山东周奉城律师事务所	个人所	安丘市兴安路舜天花园沿街二楼	3
	山东盾安律师事务所	个人所	安丘市颐高商城28号楼14层	14
	山东国宗（安丘）律师事务所	合伙制	安丘市兴安路351号	4
	山东尧法律师事务所	个人所	安丘市人民路200号	1
	山东鲁强律师事务所	个人所	安丘市兴安路304号	1
	山东瑞翔律师事务所	合伙制	安丘市兴安路397号	3
基层法律服务所	天昊法律服务所	合伙制	安丘市潍安路盐业公司北邻	6
	义和法律服务所	合伙制	安丘市兴安路人民法院对面	7
	联合法律服务所	合伙制	安丘市兴安路蓝星国际大厦六楼	9
	联动法律服务所	合伙制	安丘市兴安路人民法院北邻	13
	贾戈法律服务所	合伙制	大汶河旅游开发区贾戈法庭南邻	3

续表

类别	名称	性质	办公地址	从业人数
基层法律服务所	景龙法律服务所	合伙制	景芝镇景芝法庭对面	7
	新凌法律服务所	合伙制	凌河镇凌河法庭对面	4
	凌河法律服务所	合伙制	凌河镇凌河法庭对面	3
	景芝法律服务所	合伙制	景芝镇法庭东邻	3
	潍安法律服务所	合伙制	兴安街道司法所	6
	安泰法律服务所	合伙制	安丘市兴安路城管执法局北邻	6
	丘南法律服务所	合伙制	官庄镇河北管公村管公法庭东邻	3
	锦园法律服务所	合伙制	安丘市兴安路396号（安丘市人民法院对面）	6
安城司法鉴定所	安城司法鉴定所		安丘市健康路259号（安丘市人民医院民诊四楼）	11

经济监督管理

Jingjijianduguanli

发展改革

【概况】 2017年，安丘市经济社会发展和改革工作以“走在前列”为目标，坚持稳中求进的总基调，围绕建设产业强市、文化名市、活力城市、品质城市“四个城市”，以新旧动能转换为抓手，以供给侧结构性改革为主线，全力以赴稳增长、防风险、补短板，顺利完成经济社会发展主要目标任务。“安丘农谷”产业园入选国家农村产业融合发展示范园创建单位，渠风食品小麦高值化深加工项目列为2017年省重点建设项目，景芝酒厂获批省级工程研究中心，留山栖居小镇成为2017年度省服务业特色小镇试点单位，蓝想环境科技入选2017年度西部经济隆起带和省扶贫开发重点区域引进急需紧缺人才。安丘市通过千亿斤粮田间工程、棚户区改造等争取上级各类无偿资金7847.5万元，为柠檬生化、渠风食品、惠康饲料等争取粮食配额36.5万吨，争取新能源风电指标70兆瓦。

【宏观调控】 拟定国民经济和社会发展计划，并提交安丘市第十八届人民代表大会第一次会议审议通过后组织实施，顺利完成任务目标。进一步调整产业结构，三次产业比例由2016年的16.5∶40.2∶43.3调整到2017年的15.6∶39.7∶44.7。以项目建设推动经济转型升级，全市共组织实施重点建设项目293个，总投资702亿元。对固定资产投资进行有效调控，投资结构进一步优化，完成固定资产投资318亿元。深化“三八六”环保行动，加强节能降耗和总量减排，全面完成年度节能减排和环境治理任务。推进民生事业改善，民生支出占一般公共预算支出的比重达到83.9%。

【产业转型升级】 工业经济提质增量。筛选确定食品加工、机械装备制造、新材料、家居服饰等4个传统优势产业，生物医药、电子信息、节能环保、生态家居等4个新兴潜力产业，落实包靠责任，分别加快推进。新建续建投资过亿元工业项目80个，完成投资96.5亿元，和盛园白羽鸡现代产业融合项目、歌尔精密制造二期等项目相继建成投产。实施大企业培育、潜力企业培强“双培”工程，18家企业被确定为潍坊市“两化”融合培育重点企业，2家企业产品被认定为山东名牌产品，1家企业和1名个人分别荣获潍坊市市长质量奖。新增院士（专家）工作站1家、省级工程实验室1家、省级企业技术中心1家，新增潍坊市级产业平台15家。55个项目列入省科技创新项目计划，企业创新能力不断增强。全市规模以上工业企业完成主营业务收入493.1亿元，增长6.1%；实现利税27.5亿元，增长17.5%。成为中国食品工业强县。

现代农业持续增效。新建农业科技示范园20个、为农服务中心18处，引进推广新技术102项、新品种90个。全面推行食用农产品产地准出二维码追溯制度，连续7年被确定为全国出口食品农产品质量安全示范区。实施农田水利工程5处，新增高效节水灌溉面积2万亩、高标准农田5.1万亩。新发展融合园区20个、休闲农庄30个，“安丘农谷”入选国家首批农村产业融合示范园创建名单。策划实施“安丘农耕”农产品区域公用品牌，包装运营特色农产品68个；新增“三品一标”农产品20个，安丘大姜、安丘大葱被纳入欧盟地理标志产品保护范围。争创为全国果菜茶有机肥替代化肥示范县、全国畜禽粪污资源化利用试点县、省级畜牧业绿色发展示范县。

现代服务业上档升级。佳乐家中央商务区、柘山乡情等重点项目顺利推进，齐鲁酒地被评为国家首批运动休闲特色小镇，留山栖居小镇入选全省首批服务业特色小镇试点。电子商务公共服务中心和技能实训中心建成投用，电商交易额达到140亿元。开发了碧桂园、紫御澜山等品质楼盘，完成房地产开发投资45亿元，新建商品房销售面积132万平方米，分别增长9.9%和19.1%。新引进金融机构20家，金融机构各项贷款余额352.6亿元，比年初增加35.3亿元；金融业实现税收4.2亿元，增长41%。

【重点项目建设】 全市共实施重点项目293个，总投资702亿元，当年完成投资238亿元。其中工业项目92个，总投资254亿元，当年完成投资100亿元；服务业项目68个，总投资244亿元，当年完成投资60亿元；农业项目21个，总投资4.7亿元，当年完成投资2亿元；基础设施项目20个，总投资31亿元，当年完成投资20亿元；产业融合项目25个，总投资40.5亿元，当年完成投资10亿元；城乡统筹项目23个，总投资49亿元，当年完成投资20亿元；民生保障项目22个，总投资46亿元，当年完成投资19亿元；生态环保项目12个，总投资7.8亿元，当年完成投资7亿元。过亿元重点项目147个，总投资611亿元，当年完成投资200亿元。年内，山东渠风食品科技有限公司小麦高值化深加工及绿色循环经济产业基地项目列为山东省重点建设项目。

【新型城镇化建设】 投资12.3亿元，新建改造城市道路19条、41.3公里，青云大街、青龙湖路汶河大桥建成通车。投资2.3亿元，铺设改造城市管网221公里，亮化城市道路23条。投资9.1亿元，新修改造县乡道路、旅游道路97.8公里，完成农村公路生命安全防护工程240公里。投资3.2亿元，建成110千伏郚山输变电工程及35千伏配出工程，8408眼机井实现通电。城区新增绿地面积98.5万平方米，绿化覆盖率达到40.7%，成功创建为国家园林城市。投资2.8亿元，新建提升农村社区服务中心31个，建设农村社区安置楼46.1万平方米，改造农村危房297户、改厕9763个，建成美丽乡村示范村26个，创建为全国农村幸福社区建设示范市。景芝镇、辉渠镇被评为省级历史文化名镇，柘山镇被评为省级美丽宜居小镇，景芝镇红旗村被评为全国文明村，柘山镇闫家河村、郚山镇鲁家哨村被评为省级美丽宜居村庄。

【推进改善民生】 投资8.8亿元，新建、改扩建新安丘一中、明德学校等学校12处，新增校舍25.5万平方米、学位9413个，新招考教师269名，基本完成破解“大班额”和“全面改薄”任务。新建改造普惠性标准化幼儿园11所，13所幼儿园通过省级示范性幼儿园验收。投资4.1亿元，开工建设人民医院新院二期，规划新建镇级医养结合医院5所、镇级卫生院6所，新建改造社区卫生室90个。投资22亿元，完成7378户棚改任务，拆迁改造面积88.5万平方米。投资12.5亿元，建成140兆瓦光伏扶贫项目，每年为5150个贫困户提供兜底性扶贫补助。开发政府公益性岗位2012个，发放创业担保贷款3.6亿元，财政贴息3064万元，扶持创业3200人。

【深化改革开放】 全面推进50项经济体制改革任务，深入推进医药卫生体制改革和党政机关公车制度改革。农村一二三产业融合发展，实现主导农产品100%全追溯，流转土地6万亩，建成村级电子商务服务站50家，发展涉农电商542家，服务耕地面积57万亩。综合运用多种方式，切实降低企业杠杆率。筛选70家企业纳入上市挂牌后备资源企业库，完成改制企业36家。完善标准评估奖励制度，引导企业积极申报山东省企业标准“领跑者”。推荐景芝酒业等6家企业的7项标准申报潍坊市标准创新奖。深入推进水、电、气、交通等领域价格改革，放开竞争性环节价格。减少企业用能成本，降低非居民用天然气基准销售价格，由3.21元/立方米调整为3.13元/立方米。深化商事制度改革，26项涉企证照事项整合到营业执照上，实现了“三十一证合一”。全面落实服务清单，强化部门公共服务职能。全面编制完成市镇社区三级公共服务清单目录。其中，市级：50个市直单位梳理编制公共服务事项654项，服务指南263个；镇级：14处镇街区梳理编制公共服务事项1688项，服务指南1386个；社区级：104个社区梳理编制公共服务事项4792项，服务指南3006个。开展金融招商，加大金融市场主体培育力度。引进14家保险代理机构，青岛银行、东营银行和太平保险确定在安丘市设立分支机构。开展中等城市试点，推进省级示范镇和特色小镇建设。修订《安丘市省级中等城市建设试点实施方案》，成功申报留山栖居小镇、齐鲁酒地健康小镇为“山东省特色小镇”。大力发展开放型经济。与57个“一带一路”国家开展对外贸易，占“一带一路”国家总数的90%。针对千企百展市场开拓计划，积极引导企业走出去参加国内外展会。其中2家企业参加了德国柏林果蔬展、4家企业参加了日本千叶食品展。世界医药原料展、德国科隆食品展、印度橡胶展、美国拉斯维加斯鞋展等均有企业参加。努力扩大对外贸易，加强利用外资工作，完成进出口总额60.98亿元，其中出口额55.39亿元；利用外资到账41360万元。“走出去”步伐加快，境外投资企业达到14家。

【“十三五”规划进展情况】 “十三五”期间，面对复杂多变的宏观环境，主动适应经济新常态，持续稳增长、惠民生、促改革，经济社会各项事项持续向好发展，保持稳中求进的总基调。地区生产总值由“十二五”末的286.6

亿元增长到326.21亿元，一般公共预算收入由19.1亿元增长到22.5亿元，固定资产投资由270.1亿元增长到318亿元，社会消费品零售额由163.6亿元增长到190.24亿元，人均可支配收入由20045元增长到23701元。成为中国食品工业强县、全国农村产业融合发展试点示范县、全国果菜茶有机肥替代化肥示范县、全国畜禽粪污资源化利用试点县、全国园林城市。

（翟向前）

市场监管

【概况】 2017年，安丘市市场监管局紧扣市委、市政府决策部署，按照“两学一做”学习教育常态化制度化工作要求，以“严监管、优服务”党建品牌为统领，以“作风建设年”活动为抓手，深化商事制度改革、加强市场监管执法、守住安全生产底线、加大消费维权力度，积极推进潍坊“产业强市、文化名市、活力城市、品质城市”和“实力安丘、活力安丘、魅力安丘”建设，在服务发展、监管执法、消费维权、安全保障等方面取得新成效。

【商事制度改革】 实行“多证合一”改革　在全面实施企业、农民专业合作社工商营业执照、组织机构代码证、税务登记证、社会保险登记证、统计登记证“五证合一、一照一码”登记制度改革和个体工商户工商营业执照、税务登记证“两证整合”的基础上，将信息采集、记载公示、管理备查类的一般经营项目涉企证照事项，以及企业登记信息中政府部门管理需要的涉企证照事项整合到营业执照上，实现“多证合一、一照一码”。首批将涉及公安、住建、交通、农业、商务等11个部门的26项涉企证照，涉及废旧金属收购、公章刻制、娱乐场所备案、二手车经营、道路运输机动车维修等内容，整合到营业执照上，实现“三十一证合一、一照一码”。是年，全市新登记各类市场主体8251家。其中，企业3023家、个体工商户3850家、农民专业合作社229家。

实行市场主体登记全程电子化　充分利用互联网和工商信息网络的优势，申请人互联网申请、登记机关内网审核、审核结果外网反馈的运行模式，实现市场主体登记“网上提交材料、网上审查核准、网上亮照公示、网上自动存档”，真正做到办事人员与登记机关工作人员“零见面”，足不出户办理工商登记注册业务。全程电子化登记意味着提高办事效率、缩短办照时间、降低创业成本、提高政务服务效能，既便利市场主体准入，也有助于市市场监管部门政府职能转变。

推进“最多跑一次”改革　对梳理、分析全局行政权力和公共服务事项78项，编制事项清单和办事指南，通过电视、报刊、政府网站等渠道广泛宣传。全面推行一次性告知制度，推进“互联网＋政务服务”平台建设，让信息多跑路、群众少跑腿，努力打造“审批事项少、办事效率高、服务质量优”的政务环境。调整规范企业登记岗位职责和权限，减少审核环节，简化登记流程，提升审批效率。

实施“双随机一公开”工作机制　进一步完善“一单、两库、一细则”，完善加强事中事后监管和企业信用监管体系建设的实施办法，推动构建跨部门联动响应机制和失信惩戒机制。

【市场主体转型升级】 充分利用在市场准入方面的职能优势，建立小微企业分类培育库，确定"个转企、企升规、规改股、股上市"重点培育对象。建立完善小微企业网上登记系统，实现申请、受理、审核、公示、发照等全程电子化网上登记管理，为小微企业梯次升级提供登记注册便利。方便小微企业经营场所登记，在确保人身财产安全、无污染、不扰民的前提下，放宽小微企业经营场所登记条件。是年共办理“个转企”登记469家。办理动产抵押登记、股权出质60余笔，实现融资11.1亿元。实施未开业或无债权债务的企业简易注销程序，让企业和群众办事更方便、更快捷、更高效，进一步激发企业创新创业活力，已办理企业简易注销196家。

【商标信用战略实施】 积极推进商标品牌战略深入实施，对重点企业实行跟踪指导和“一对一”服务，促进商标注册总量实现新增长，商标品牌创建取得新成效，商标管理运用能力再有新提升。立足职能支持企业“走出去”，推进国际化发展战略，抓好马德里商标国际注册。是年，安丘市鲁胜食品、金鸿新材料、汇润食品、博阳机械4家企业马德里商标国际注册被国家工商总局受理；加强驰名商标申报认定过程中的工作指导，“汇润”商标申报中国驰名商标，材料已上报；抓好商标新注册和存量商标续展工作，全年共完成商标注册469件，有效商标总量达到3994件。开展“守合同重信用”企业、消费者满意单位、文明诚信经营企业等创建活动，提升企业信誉实力。鲁安药业等26家企业成为潍坊市2015—2016年度“守合同重信用”企业。

【名牌战略实施】 将品牌建设纳入全局工作重点和改革项目，成立品牌建设工作领导小组，统一组织、协调、调度、督导各项品牌的创建工作，制定全市品牌建设2017年工作计划和至2020年工作规划，有重点地做好品牌创建指导。召开全市品牌建设暨第四届安丘市市长质量奖创评工作动员会议，对历届安丘市市长质量奖获奖单位和个人，2015、2016年度获得山东名牌产品、山东省服务名牌单位，以及参与标准制定的单位进行表彰，并落实奖励政策，发放奖励资金186万元。山东海龙博莱特化纤有限责任公司和山东景芝酒业股份有限公司副总经理赵德义获第七届潍坊市市长质量奖称号。参照省长质量奖和潍坊市市长质量奖管理办法，对安丘市市长质量奖管理办法和评审通则进行修订，组织第四届安丘市市长质量奖评审工作，已完成山东金鸿材料等7家单位和个人申请材料的材料评审。

【标准化战略实施】 引导企业参与国家、行业、地方标准制修订，推动采用国际标准和国外先进标准，加强标准化示范项目的培育和争取。是年，全市企业参与制订行业标准3项，上报标准化良好行为3A级企业1家，企业产品标准自我声明公开433项。9月19日，在潍坊市质量提升工作会议上，安丘市作题为《夯实发展基础 创新发展模式，全力提高标准化服务经济发展能力》的典型发言。首届潍坊市标准创新应用奖评选取得优异成绩，山东景芝酒业股份有限公司起草制定的《芝麻香型白酒》国家标准获标准创新奖二等奖，潍坊亚东冶金设备有限公司起草制定的《电热装置的试验方法第8部分：电渣重熔炉》国家标准、潍坊长安铁塔股份有限公司起草制定的《输电线路铁塔制造技术条件》国家标准获标准创新奖三等奖。“安丘农耕”区域公用品牌建设项目、源清田食品的黑大蒜标准化生产示范项目和盛大农产品交易市场的生姜加工仓储销售标准化建设示范项目被潍坊市商务局、质监局、财政局确定为“国家农商互联标准化示范市（潍坊）承建项目”。安丘市精准扶贫标准化典型做法，经省、市质监局审核并推荐，初步入围全国精准扶贫标准化典型案例。

【食品安全监督管理】 开展食品生产企业、批发市场、商场超市和餐饮单位参创站点的拉网整治，按照大镇每月10～20户、小镇每月5～10户的进度，对标整改，全域覆盖，着力解决证照不全、卫生不达标、进销货记录不完整、准出准入制度不落实等突出问题，对违法违规行为跟上检查执法，建立起业户动态管理、问题跟踪查处、进度按月通报的常态化整治机制，巩固和扩大创建成效。建立食品监管电子档案信息平台，利用移动执法终端实时上传监管信息，实行“一品一档”“一企一档”“一店一档”，监管信息通过政府门户网站公开，建设“阳光厨房”实时监控平台，计划用三年时间建成覆盖全市300所学校、幼儿园食堂和大型餐饮服务单位的“阳光厨房”云视频工程，已投入280万元，年底完成100家。年内，全市查处食品违法案件90余起，罚款160余万元。

【食品经营诚信自律系统】 加强企业自律管理，在所有食品生产经营单位张贴“食品安全承诺书”，统一设置监管信息公示栏，实施“黑名单”制度，开展诚信约谈和违法企业处罚信息公开，倒逼企业自我约束、自我规范，主动接受社会监督，全市960多家企业实现“亮企、亮店、亮厨”。鼓励企业规范升级。指导9家大型食用农产品批发市场进行改造提升，引导全市17家规模以上企业通过ISO22000认证，67家企业通过HACCP认证和日本JAS、英国BRC、德国IFS等国际认证，推广实施良好生产规范。开展“食安山东”示范单位创建。全年新增“食安山东”餐饮示范单位1家、示范学校食堂1家、生产流通示范单位29家。全市拥有示范创建生产企业4家、流通单位35家、餐饮服务单位11家、学校食堂6家。

【食品质量检验检测体系】 全市县级食品安全监督抽检全部委托市检验检测中心承检。市检验检测中心采取专人抽样、集中送检的方式，确保抽检针对性和靶向性。以镇级快检机构为依托，充分利用各镇街区102个社区固定检测站、20个畜产品检测站和17台流动检测车，开展“你送我检、政府买单”活动，严把食用农产品市场准入关。全市12个镇街道市场监管所均建立了食品快检室，7家食用农产品批发市场、3家大型食品超市全部建立快检室并实行了第三方托管，6家较大规模的学校食堂也已自建快检室，基本形成从大田到市场、从市场到餐桌的不间断、无缝隙、全域全程全覆盖检测体系。全面实行生产流通和餐饮单位进货查验“一本通”，利用全市快检体系进行食用农产品入市免费快检、日抽检日公示，有产地准出二维码等有效检测合格证明的随机抽检，无产地准出二维码等有效检测合格证明的逐批快检，快检不合格一律禁止入市上架。年内，完成食品自主抽检2850批次。

【食品安全群防共治体系】 市市场监管局通过落实企业主体责任，坚持诚信约谈、量化分级、信用等级评定多措施并行，督促企业切实履行好自己的职责。开展食品安全宣传周和食品安全进农村、进社区、进企业、进学校等“八进”活动，组织定期和轮回宣讲培训，累计培训部门业务骨干、镇村干部、村级食品农产品质量安全协管员等5500多人次，食品生产经营单位负责人1700余人次、从业人员14900多人次。坚持大力度多途径宣传，利用“一屏二栏三站四场五车”以及网络、电视、报纸、电话彩铃等载体，开展全方位的食品安全城市创建宣传。设置广告牌1700多块，张贴宣传版面6500多张，悬挂横幅1200多幅、张贴标语9800多条，发放张贴《通告》《公告》16000多份，食品安全宣传一条街、文化大院等实现主要村居、社区全覆盖。成立投诉举报指挥中心，构建市场监管12315、12365、12331及政务服务热线12345各热线平台“多位一体”的投诉举报大格局，实行统一受理、分办处置、集中反馈，投诉举报处结率、反馈率均100%。

【食品药品安全专项整治】对食品药品市场保持高压态势，开展专项整治活动，严厉打击食品药品违法犯罪活动。进行常态化、拉网式、全覆盖创城业态整治，建立起业户动态管理、问题跟踪查处、进度定期通报的长效整治机制。开展假劣调味品、生产经营环节羊肉及其制品、肉制品、禽类水产品、婴幼儿配方乳粉标签标识规范及大桶水等专项整治9个，开展为期两个月的“庆十一迎十九大”食品安全专项整治行动，重点针对学校食堂、集体聚餐单位、食品生产企业和食用农产品批发市场，集中时间、集中人员、集中手段进行食品安全“突击战”。开展药品医疗器械专项整治，集中打击药械流通领域违法经营行为，针对冷链管理药品医疗器械和特殊药品实施重点监管，查处各类药械违法行为25起。对全市药品批发企业及零售连锁总部、医疗机构制剂室、药包材生产、使用单位以及市直医疗机构进行检查，完成药品抽检84批次。

【药品与医疗器械监督管理】*坚持源头严防、过程严管、风险严控* 加强日常监督检查，对药品生产流通环节和药品市场监管进行专项整治活动。对重点品种和重点单位实施检查，组织开展中药制剂和中药饮片生产专项整治、流通使用环节中药饮片专项检查、城乡接合部和农村地区药店诊所药品质量安全集中整治；保持对疫苗的监管力度，坚持流通过程全链条监管，确保疫苗生产合规、购销合法、储运条件合格；对疫苗退货、库存和销毁等情况进行重点检查，逐家逐批逐笔核查疫苗流向，确保不发生疫苗流弊事件；开展麻精药品和含可待因复方口服溶液监管，组织辖区内药品经营企业开展全面自查，认真排查药品流通过程中的安全隐患，督促企业落实主体责任，完善购销存管理制度。

对医疗器械互联网经营和信息服务进行集中检查 重点打击无证经营、超范围经营、经营无证产品和过期产品行为。深化药品违法广告综合治理，开展互联网药品交易服务专项检查，强化互联网售药行为监测，打击通过互联网发布虚假药品广告、销售假冒伪劣药品等违法犯罪行为。推进新版GSP认证，加强对药品经营企业的指导，组织人员参加全市药品经营企业GSP认证工作，对4家药品生产经营单位开展飞行检查2次。加强对问题多发企业、高风险企业、常见问题品种、高风险品种以及低价中标品种开展有针对性的监督抽验，利用中药快检设备，进行药品质量初步筛查，提高抽验的针对性和靶向性。全年共组织药品抽样送检95批次，已完成检验91批次，发现不合格药品5批次。

推进药品安全信用分级分类管理 通过信用管理系统自动生成信用等级，确定企业检查频次和检查重点，探索实施风险量化管理。开展“双随机、一公开”监管工作，制定药品随机抽查事项清单，建立检查对象名录库和执法检查人员名录库。全年开展双随机检查10次，检查单位200家，行政立案4起。开展药品安全隐患排查整治活动，进行网格化分解，确保检查不留死角，综合运用日常巡查、专项抽查、风险研判、明察暗访等手段，排查企业70余家，梳理各类隐患120余条。

开展医疗器械“规范实施年”活动 结合监管实际，对一次性无菌医疗器械、注射用透明质酸钠、定制式义齿、隐形眼镜、避孕套、体外诊断试剂等高风险品种部署6个专项整治，综合运用日常检查、飞行检查、跟踪检查、抽查检验等多种检查手段，组织开展执法检查156次，检查企业52家，下达责令整改通知书15份，行政立案4起。集中打击药械流通领域违法经营行为，针对冷链管理药品医疗器械和特殊药品实施重点监管，查处各类药械违法行为25起。

【保健食品化妆品监督管理】针对保健品销售日趋增加的现状，逐一实地核查、查缺补漏，健全台账记录，夯实监管工作基础。组织开展保健食品、化妆品虚假宣传、索证索票和标签标识专项检查等专项整治，严厉打击各类违法行为。加强化妆品不良反应监测工作，建立化妆品不良反应监测哨点2个，按时上报不良反应52例。加大对保健食品化妆品产品抽验力度，严厉打击假劣和非法添加保健食品化妆品，年内共抽验保健食品20批次，化妆品18批次。开展山东省“5·25护肤日”暨化妆品安全公益宣传活动，对群众宣讲有关化妆品安全的相关知识，营造良好社会氛围。开展涉老洗脑式营销百日行动，与日常监管、群众举报处理相贯通，以整治利用会议、讲座等形式，非法聚集群众推销保健食品的行为为重点，组织检查企业96家，取缔非法营销窝点2个。年内共检查保健食品、化妆品生产、经营、使用单位561家，下达责令整改50份，立案查处3起，解决投诉举报28起。

【食安城市创建】做好省级食品安全先进市创建工作，坚持问题导向、深化业态整治，全面落实创城实施方案要求和各项工作任务，保证全市食品安全总体态势稳定向好。4月，安丘市通过省级食品安全先进市中期评估，得分96.48分，位列全省第二批35个创建单位第一名。5月，作为县市区代表潍坊接受上级食安办评估验收。6月28日，潍坊市被国务院食品安全委员会办公室命名为首批国家食品安全示范城市。9月21—22日，省级食品安全先进市县创建工作现场会议在安丘召开，150余人参加。安丘市在会上作题为《深化“安丘模式”，推进共治共享，全力打造绿色食安健康城》的典型发言。年内，广东顺德、临沂、菏泽、淄博博山、日照岚山等20余个市县食药监管部门到安丘观摩学习食安城市创建工作。11月，安丘市创建省级食品安全先进市工作，进行潍坊市级验收。12月进行省级验收。

【质量管理】 推进质量提升示范工程 结合本地产业特点，确定输电线路铁塔作为产品质量提升示范工程，制定示范引领和综合治理计划。召开全市品牌建设暨第四届安丘市市长质量奖创评工作动员会议，组织企业积极争创第七届潍坊市市长质量奖，稳步推进第四届安丘市市长质量奖的评审工作。年内，2家单位（个人）荣获第七届潍坊市市长质量奖。全市共有全国质量奖1个、省长质量奖1个、潍坊市长质量奖8个。

开展全民质量宣传活动 利用全国“质量月”“3·15”国际消费权益保护日、世界计量日、全国食品安全宣传周等时机，先后开展法律宣传进社区、“送法下乡”“科技下乡”、2017年消费品质量安全“进社区、进校园、进乡镇”消费者教育活动10余次，发放宣传教育资料5760余份，受理群众咨询服务1000多人次。

注重卓越绩效管理培训教育 安丘市组织《卓越绩效评价准则》培训2期，免费为企业培训质量管理人员100余名，组织20名企业质量管理人员参加首席质量官培训，指导30余家骨干企业导入卓越绩效管理模式，树立15家卓越绩效管理标杆企业。

【计量管理和服务】 开展“计量惠民生、诚信促和谐”工程 在商店超市、医疗机构、配镜行业等领域引导和培育5家诚信计量承诺示范单位，并在集贸市场、加油站、餐饮店、社区乡镇、中小学校等行业开展诚信计量体系建设工作。对加油机、电子汽车衡、医用计量器具、能源用计量器具和民生用计量器具等开展免费检定工作。大力推动计量通俗化宣传，组织开展“5·20世界计量日”宣传活动，营造准确计量、合理用能的良好氛围。以建立ISO10012计量确认工作为基础，重点抓好企业计量标准考核复查和计量人员培训工作，积极为企业提供咨询服务。

落实强检计量器具免费检定政策 将工作模式改为任务派遣单方式，完成计量器具检定5328台件。加强计量授权单位监管，对安丘市自来水公司水表授权鉴定、体系运行情况进行监督检查。开展能源计量监督与服务，积极维护供能企业与用户双方的合法权益，检定压力表1444台，燃气表3346台，衡器54块。开展计量专项检查，对95家在营加油站、91家安全防护计量器具使用单位进行整治，检定燃油加油机383台。规范医疗卫生用强检计量器具，检定心电图26台，血压计213台。做好实验室对比工作，开展游标卡尺、电能表、血压计，温度仪表等16个项目的实验室对比，提升日常检测结果的准确性和可靠性。筹备推进10项社会公用计量标准的建标工作。

【认证认可工作】 围绕产业集群的建设、龙头企业的培育及企业节能减排行动，开展认证认可推广工作。年内，全市通过认证企业284家，规模以上企业通过各类认证数超过70%。加强对强制性产品认证、有机产品认证及通过资质认定实验室的监管，严厉查处应认证未认证、虚假认证、冒用认证标志等违法违规行为，对12家通过资质认证实验室进行监督检查，确保检验检测数据科学、真实、可靠。

【企业信用监管】 推进企业年报公示制度，对辖区市场主体点对点发送催报短信通知等形式，引导各类市场主体自觉履行年报公示义务，2016年度企业年报公示率为96.17%，位列潍坊第一名。按照《企业信息公示暂行条例》的规定，依法对未按照规定期限公示的764家市场主体，全部依法列入（标记）经营异常名录（状态），并通过“全国企业信用信息公示系统（山东）”向社会公示。完善“守合同重信用”企业信息公示制度，指导督促企业建立合同信用管理制度，通过企业公示信息抽查制度、实地核查、信息公示抽查等措施，进一步完善企业合同信用管理制度推进诚信建设。

【特种设备安全监察】 以构建特种设备长效机制为目标，保持对安全生产违法违规行为的高压态势。组织特种设备相关单位召开全市特种设备安全会议，签订《特种设备使用单位安全承诺书》，安排特种设备使用单位开展隐患自查自纠。坚持日常监管与专项整治相结合，强化安全隐患排查，开展安全生产大检查、深化“打非治违”和节日游乐设施、燃气锅炉安全锅炉专项整治等集中检查行动，全面排查各类隐患，共检查特种设备1572台套，下达《特种设备安全监察指令书》61份，有效防范和遏制重特大事故的发生。强化电梯安全监督管理，召开全市电梯安全工作会议，对全市在用电梯进行安全隐患排查和信息统计，全面掌握电梯安全状况，对“问题电梯”进行评估建档，逐一评估安全风险，制定整治方案，消除安全隐患。建立预警机制，召开全市超期未检特种设备工作会议，对临近检验期的提前一个月联系企业，督促企业及时报检特种设备1600余台套。开展安全生产月宣传活动，组织鲁丰集团、泰华购物城开展特种设备应急救援演练，全面提升应急防范和处置水平。

【商标广告管理】 完善商标规范管理机制 组织开展“千百企业商标规范提升行动”，对98家商标企业进行现场走访，对商标的注册、使用、管理、保护等商标经营管理过程实施具体指导，引导商标品牌上档升级。加强商标专用权保护，深入推进打击侵犯知识产权和制售假冒伪劣商品专项行动，严厉查处商标侵权违法行为，严厉查处假冒知名日用品商标、商品包装、装潢等商标侵权行为。

落实媒体广告审查制度　加大对报纸、广播电台、电视台广告发布情况的监管力度，加强对网站、手机等新媒体广告的监控，严格户外广告审查登记，共指导3家媒体单位完善广告审查制度，检查和检测广告6.8万条（次），审查发布户外广告68件。依法查处各类虚假违法广告，以治理低俗不良广告、非法融资广告、网上银行卡非法买卖广告和非法网络广告等为重点，组织开展虚假违法广告专项整治行动，清理检查投融资理财咨询类企业等经营主体98户次，下达责令整改13份，查办案件1件。

【公平竞争执法】　维护“无传销城市”的工作成果，与政法委、公安等部门互通信息，坚持“举报就走、露头就打”的方针，立足“打早子”，开展打击涉老洗脑式营销百日行动，开展打击传销的宣传教育，提高广大市民自觉抵制传销、远离传销的良好风气。严格规范直销行为，对批准在安丘直销的安利、完美等企业进行季度检查，督促企业规范经营，完善退换货制度，依法查处违法经营行为。保持打击传销高压态势，利用“3·15国际消费者宣传日”和“5·15预防打击经济犯罪宣传日”，发放宣传材料5000余份。深化不正当竞争执法工作，以房地产行业为监管重点，打击虚假宣传、虚假标注、商业贿赂等违法行为，查办案件6起。开展安全生产专项整顿整治行动，检查危险化学品经营企业54家。组织公用企业问卷调查活动、涉嫌非法集资风险专项排查活动，依法查处违法行为。

【质量执法检查】　立足纠正违法行为、消除社会危害、执法信息公开“三个着力点”，加大违法案件稽查力度。 完善执法联动机制，加强执法大队、监管所、科室的协调配合，形成分工明确、齐抓共管的稽查执法格局。以“质检利剑”“红盾护农”“大快严”集中行动为主线，围绕农资、食品、危险化学品、车用燃油等重点产品开展专项整治行动，查办违法案件280余起。着重开展输电线路铁塔和电线电缆、危险化学品、危险化学品包装物和容器生产企业、机动车安检机构等专项检查，严打无证生产、以次充好等违法行为。抽检流通领域农资319个样品、成品油125批次、服装和一次性卫生用品抽检78批次，抽检水溶性肥料10批次，对抽检不合格样品的后处理已基本完成。对全市84家获证企业开展2017年度监督检查，督促74家企业完成年度自查报告并公示。

【消费者合法权益维护】　认真完善监督网络，整合“12315”“12365”“12331”热线，成立投诉举报中心，做好潍坊、安丘市政务服务热线、门户网站、群众来信来访、上级交办投诉举报事项的分流、督办、回复，信息汇总、归类上报等工作，优化系统内投诉举报处理机制，实现“十化”目标管理，严格时限要求，及时办结所有案件。是年，全市调查处理各类投诉举报1500件，全部按照地域管辖、职责范围、相关职能及时进行分流处理。加大宣传力度，提升工作亮点，充分利用各新闻媒体，本着“工作加宣传”的指导思想，广泛宣传典型案例。“3·15”期间，组织集中行政约谈经营者活动，增强经营者自律意识。

（夏江波）

【驰名商标、著名商标】

2017年安丘市中国驰名商标、山东著名商标一览表

序号	商标	企业名称	核定商品	类别
中国驰名商标				
1	景芝及图	山东景芝酒业股份有限公司	白酒	驰名商标
2	恒安及图	潍坊恒安散热器集团有限公司	内燃机配件	驰名商标
3	第1581523号图形	潍坊长安铁塔股份有限公司	镀锌铁塔	驰名商标
4	景阳春	山东景芝酒业股份有限公司	白酒	驰名商标
5	鲁丰及图	安丘市外贸食品有限责任公司	水果罐头，蘑菇罐头，豌豆罐头	驰名商标
6	鲁安 LuAn 及图	安丘市鲁安药业有限责任公司	扑热息痛	驰名商标
7	汶瑞	汶瑞机械（山东）公司	过滤机（随用途）、洗浆机	驰名商标
8	奥宝	山东奥宝化工集团有限公司	化肥	驰名商标

续表

序号	商标	企业名称	核定商品	类别
山东省著名商标				
1	景建图形	山东景芝建设股份有限公司	建筑	著名商标
2	CHANGXIAN 及图	山东华安铁塔有限公司	镀锌铁塔	著名商标
3	潍安三源 SYVAN	潍坊三源铝业有限公司	金属板条；金属板片和金属板	著名商标
4	神龙及图	山东海龙博莱特化纤有限责任公司	帘子布；帆布	著名商标
5	友祥 youxiang	潍坊振祥食品有限公司	肉（冷鲜猪肉）	著名商标
6	汇润及图	潍坊汇润食品有限公司	含淀粉食品；魔芋粉	著名商标
7	凯动及图	潍坊凯动动力机械有限公司	柴油机；内燃机	著名商标
8	华禽及图	安丘市华禽养鸡专业合作社	蛋	著名商标
9	四季旺	山东四季旺农化有限公司	农业用肥；混合肥料；植物肥料	著名商标
10	阳春及图	山东景芝酒业股份有限公司	白酒	著名商标
11	TTCA	山东柠檬生化有限公司	工业用柠檬酸	著名商标
12	鼎正 DINGZHEN	安丘市鼎正机械设备有限公司	瓶子冲洗机；瓶子封口机	著名商标
13	信川机械及图	山东信川机械有限责任公司	包装机	著名商标
14	JH 及图	山东金鸿新材料股份有限公司	炉用耐火材料（电炉瓷盘）	著名商标
15	华力及图	潍坊市电机一厂有限公司	电动机	著名商标
16	雄鹰及图	安丘市雄鹰纤维素有限责任公司	羧甲基纤维素	著名商标
17	K 及图	山东科灵节能装备股份有限公司	空气调节设备	著名商标
18	新爱得	安丘市鲁安药业有限责任公司	人用药（氨酚伪麻片 II）	著名商标
19	景阳春	山东景芝酒厂销售总公司	白酒	著名商标
20	景芝	山东景芝酒厂销售总公司	白酒	著名商标
21	奥宝	山东奥宝化工集团有限公司	化肥	著名商标
22	鲁安	安丘市鲁安药业有限责任公司	扑热息痛	著名商标
23	长安图形	潍坊长安铁塔股份有限公司	铁塔	著名商标

【名牌产品】

2017 年安丘市山东省名牌产品一览表

序号	获奖牌企业	产品
1	安丘信川机械有限责任公司	半自动平压平模切机、半自动卧式平压平模切机
2	安丘市鼎正机械设备有限公司	灌装机
3	潍坊恒安散热器集团有限公司	汽车散热总成
4	汶瑞机械（山东）有限公司	预挂过滤机
5	汶瑞机械（山东）有限公司	洗浆机、双辊挤浆机

续表

序号	获奖牌企业	产品
6	潍坊长安铁塔股份有限公司	输电线路铁塔
7	潍坊市电机一厂有限公司	YZTD 系列塔式起重机用多速三相异步电动机
8	山东鲁丰集团有限公司	禽肉熟制品
9	山东蓝想环境科技股份有限公司	预冷蒸发式空冷器

【服务名牌】

2017 年安丘市山东省服务名牌一览表

序号	获奖牌企业	产品
1	齐鲁酒地文化发展股份有限公司	齐鲁酒地文化创意产业项目
2	安丘新东方大酒店有限公司	住宿和餐饮

检验检测

【概况】 2017 年，安丘市检验检测中心认真梳理公共服务清单，编制公共服务办事指南，落实服务责任，全面开展“你送我检，亲情服务保产（商）品安全”优质服务品牌创建活动，围绕食品、药品、工业品等产（商）品重点环节、重点领域及重要时节、重大活动期间的重点食品开展检测，为企业、群众提供优质检测服务，实现群众检测“最多跑一次”。全年检测食品、农产品、畜产品、工业产品、药品 3482 批次。其中，完成食品安全城市创建检测任务 2868 批次，完成任务的 100.6%。在市党代会和人大、政协会议期间，对代表和委员们入驻的市政府招待所、金润大酒店、新东方大酒店、潍安宾馆的蔬菜、水果等食用产品的农残、添加剂等项目现场进行快速检测；“潍坊风筝大赛”期间，对齐鲁酒地的蔬菜、水果等食用产品的农残、添加剂现场进行快速检测，检测样品 185 批次，确保可疑食品及时撤架，把好重点活动期间饮食安全关，为全市食品安全提供有力技术支撑。

【检验检测能力】 市检验检测中心完成国家食品安全检验检测资源整合试点项目建设工作，该项目是国家食品药品监督管理总局、国家发展和改革委员会批准的第二批县级项目，计划总投资 1400 万元，实际投资 1513 万元，对全面提升检验检测基础设施水平起着重要支撑作用。通过该项目建设，改建实验室 1500 平方米，新购先进仪器设备 60 余台套。是年，拥有电感耦合等离子体质谱仪、超高压液相色谱 / 三重串联四极杆质谱联用仪、气质联用仪、气相色谱仪、高效液相色谱仪、离子色谱仪、原子吸收分光光度计、全自动微生物细菌鉴定仪、荧光定量 PCR 等仪器设备 400 多台套，产品检测最低限可以达到 PPT（10 的负 12 次方）级。改造后，实验室面貌焕然一新，布局更加合理，功能更加齐全，检验检测基础设施水平得到极大提升。市检验检测中心有检验场所 4000 平方米，基础设施配套、设备先进，已完成认证扩项工作，新增检测参数 4000 多个，总认证产品参数达 10000 多个，检测能力提高一倍，丰富服务内涵，拉长服务环节，拓宽服务领域，优化服务流程，全力推进设施设备、人才和服务一流的区域性产品质量安全检测中心建设。

【检验检测技术】 市检验检测中心具有省质量技术监督局认可的实验室资质认证、食品检验机构资质和省农业厅认可的农产品质量安全检测机构资质，具备食品、药品、机械、建材、化工、化妆品、农产品、畜产品、水产品等九大类产品检验检测能力，超过 10000 个参数，检验类别涵盖种植、养殖、生产、流通、消费及使用等环节，服务涵盖委托检验、仲裁检验、研发试验、技术咨询服务等方面。

【检验检测水平】 市检验检测中心拥有食品科学、药学、生物科学、化学、机械设计、机械制造等专业的技术人员，其中研究生 7 人，副高职称 3 人，中级职称 14 人。加强人才队伍建设，采取自主培训、走出去学习、请进来教学、技术比武等方式开展全员培训，不断提升检验检测水平。5 月份组织检测员两批次到寿光市检验检测中心、潍坊市食药检测中心等实验室学习，通过学习，加强了沟通，了解了检测需求，学到了公司的管理经验，进一步取长补短。6月上旬，进行检验检测技术大比武，通过笔试和实验室现场操作大型仪器设备形式，验证外出学习成效，对比武不及格的，一个月内进行补考，补考再不及格的，调离现有岗位，形成比学赶超良好氛围。7月—9月，先后邀请安捷伦、岛津、赛默飞、梅里埃、莱博泰克等国内外知名仪器生产商工程师12人，到中心现场培训23台（套）大型仪器设备的操作技术，进一步提高技术人员的检测操作能力。

（刘君华）

物价管理

【概况】 2017年，安丘市物价工作以努力保持价格总水平基本稳定为核心，积极稳妥推进价格改革，加强价格调控，强化价费监管，推进价格服务，整顿市场价格秩序，突出深化价格改革和加强依法行政两条工作主线，以价格监管和服务创新为重心，促进全市经济平稳较快增长与社会和谐进步。

【价格改革】 按照上级要求，进行资源性产品价格改革。在成本监审的基础上，召开城区居民生活用水阶梯价格、非居民和特种用水实行超定额累进加价制度及调整污水处理费标准听证会，制定收费标准，建立阶梯气价、阶梯水价制度。

【价格监督】 在价格放开的新形势下，维护公开竞争的市场价格秩序，营造放心消费的价格环境，日益成为基层物价部门的重要职责。

推进价格诚信建设　市物价局与佳乐家商场、银座商场、泰华商场等超市、商场签署《价格诚信承诺书》，要求经营者必须使用由物价部门监制的标价签，项目逐一规范填写，货签对位，对不按规定明码标价的，下发《限期整改通知书》，强化经营者价格自律。

推动“明码标价示范街”建设　按照政府引导、企业参与、消费者认可的思路，把安丘市墨溪鼓巷作为“明码标价示范街”进行规范化建设，对该街46家商业零售企业进行全面调查摸底，与98位企业管理人员、物价员建立价格信息数据库和诚信档案。

规范商品房销售行为　综合运用提醒、告诫和市场巡查等手段，落实“一价清”和商品房销售明码标价备案制度。

【价格检查】 维护广大人民群众的切身利益，强化价格监督检查，把价格维权作为当前强化价格职能，转变工作作风的突破口。

严格按规定处理群众举报　按照上级部署，提升“12358”价格举报管理信息系统。在价格举报工作中，继续完善工作制度建设，严格按照法定程序办理价格举报案件，做到认真受理，耐心解释，严肃查处，及时反馈，主动化解矛盾，维护群众利益。年内，共处理“12358”价格投诉举报26件，办结市信访局交办信访件2件，市长电话及门户网站310件，解答群众价格咨询210件，案件办结率100%，群众满意率100%。

规范整顿教育收费　对全市幼儿园、中小学等19所学校收费情况进行专项检查，并向被查单位下发《关于严格执行教育收费政策的提醒告诫函》和《价格承诺书》，把教育减负作为惠及民生的重要工作。

强化医药价格监督检查　组织全市医疗卫生单位、药品生产批发企业和药店等50余家经营者，召开全市药品市场价格行为提醒告诫暨药品价格专项检查部署会议，提前打好“预防针”，将价格违法行为消灭在萌芽状态。

【价格鉴证与服务】 在全省率先开展二手房交易价格认定，负责对市地税局的二手房交易价格认定的基础数据进行调整，对存有争议的二手房和所有沿街商铺、企业厂房进行价格认定。共办理有争议二手房价格认定业务68件，认定金额42.12亿元。办理沿街商铺、企业厂房价格认定业务44件，53.6亿元。没有出现一起重新认定案件。本着关注民生，服务社会的原则，积极拓展民生领域价格服务，扩大价格援助覆盖面，在基层乡镇开展价格矛盾纠纷调处工作。推行价格、司法联动机制，与市司法局联合出台《关于建立司法、价格调解联动机制的实施意见》，在各镇街道设立价格调解室，确定一名司法所干部担任价格信息联络员，对涉及土地、房屋、树木、农作物等方面存在的价格纠纷，按照公平、公正的原则进行及时、准确的价格认定，配合司法部门就价格争议进行现场调解，就地化解矛盾纠纷。全年调解价格纠纷52起，涉及标的额3600多万元。

【收费管理】 根据省政府和省及潍坊市物价、卫计等部门关于医改的有关规定，完成全市公立医院收费改革。主要内容是以安丘市二级医院2015年数据为基数，坚持“总量控制、结构调整”的原则，降低大型设备检查价格，调整部分医疗服务价格，上调医疗服务价格总量不超过各公立医院2015年大型设备检查价格降低减少的收入总量，并坚持医保报销比例不降低原则，确保改革后群众医药费用负担有所减轻。

【蔬菜目标价格保险】 市物价局立足自身优势，积极转变政府职能，大力拓展服务领域，不断创新服务方式，在省和潍坊市物价局的大力支持下，成功开展大葱目标价格保险试点，让群众切实得到了实惠。是年，安丘市再次被山东省物价局批准开展大葱目标价格保险试点，上半年，共签保春葱16762户，签保面积10.28万亩。山东省物价局价格调节基金拨付保费补贴1510.88万元后，春葱种植户每亩获得赔付资金497.61元；参保保险公司共赔付大葱种植户保金5114万元。

（高　峰）

地方统计

【概况】 2017年，安丘市地方统计牢固树立和贯彻新发展理念，坚持稳中求进工作总基调，积极适应引领经济发展新常态，在探索创新统计方式方法改革过程中，不断推进统计体系和统计能力现代化，加快建设现代服务型统计体系，进一步保障数据质量、增强统计能力、提升政府统计公信力，确保为全市经济社会转型发展提供有力的统计保障。全年实现地区生产总值（GDP）336.21亿元，按可比价格计算增长7%。其中，第一产业实现增加值52.57亿元，增长3.9%；第二产业实现增加值133.48亿元，增长5.7%；第三产业实现增加值150.16亿元，增长9.8%。三次产业结构比例由2016年的16.5∶40.2∶43.3调整为2017年的15.6∶39.7∶44.7，产业结构进一步优化。

【专业统计】 专业统计分别采取全面调查、抽样调查、专项调查等方式进行。是年，市统计局全面开展对“一套表”调查单位（包括389家规模以上工业企业，117家限额以上批发、零售、住宿、餐饮业企业，31家建筑业企业、45家房地产开发业企业，53家重点服务业企业）的联网直报统计工作。为夯实统计调查基础，提高调查单位的真实性和信息的准确性，对这些调查单位进行了实地核查和抽查。同时，高度重视农业、畜牧业、文化产业、城镇化、人口、科技、节能减排、镇街区社会经济基本情况统计检测等统计工作，国民经济各行业、各领域30多项常规统计调查工作有序开展，全面、准确地反映全市经济运行和发展情况。

【统计改革】 在全市范围内开展财务支出法固定资产投资统计方法制度改革试点。试点调查对象以“一套表”联网直报调查项目为主，包括5000万元及以上固定资产投资项目和房地产开发投资项目。本次改革是在现行固定资产投资统计制度确定的投资项目和房地产开发投资项目的基础上进行的，新设置《财务支出法固定资产投资情况》和《财务支出法房地产开发项目投资情况》表，采集固定资产投资项目和房地产开发投资项目的固定资产投资财务支出数据。确保及时分析新旧方法在计算固定资产投资规模、速度、结构等方面的差异与原因，强化对镇街区和企业统计人员的统计业务培训，明确投资统计制度方法改革方案，不断总结经验，固化试点成果，为2018年投资统计制度改革打好基础，保障2017年试点制度和现行制度“双轨”运行。

【专项统计】 重点开展全国1%人口抽样调查和住户调查，完成1%人口抽样调查。调查包括58个省调查小区，1个国家调查小区，涉及13个镇街区。1%人口抽样能够及时、准确地掌握各地人口变动以及城镇化发展情况，为各级政府制定国民经济和社会发展计划，提供可靠的宏观数据。为确保全国1%人口抽样调查工作样本信息准确，调查人员向调查样本点所在地做了宣传工作，讲明抽样调查工作的意义，并通过媒体、报刊、电视、广播、户外广告等多种渠道，对本年抽样调查的政策规定和工作要求做出具体说明，确保调查对象如实申报资料。做好抽样框和业务培训工作。培训内容包括抽样制度解读，填报信息的统计口径，对易混淆、往年易错指标的解读，数据录入阶段PDA的操作使用。

2017年是全市城乡住户一体化调查样本轮换年。在做好现有调查记账户调查工作的同时，开展全市城乡住户一体化调查新一轮样本轮换工作。按照样本轮换方案，全市共抽取调查小区15个，调查记账户150户。其中，城市居委会6个，调查记账户60户；城镇村委会2个，调查记账户20户；农村村委会7个，调查记账户70户。为做好住户调查新一轮样本轮换工作，确保样本记账户能准确反映全市居民收支状况，在各调查小区选聘了熟悉调查小区情况、素质能力比较突出的辅助调查员，协助做好住户调查工作。通过在调查小区张贴宣传横幅、宣传海报，向调查小区居民宣传住户调查的重要性，并召开样本轮换工作培训会议，提升辅助调查员的调查能力和水平。

【统计双基】 基层统计工作，在完善现行统计报表制度的基础上，探索建立与经济社会发展相适应与会计制度能衔接满足领导决策信息要求的科学、合理、统一、简化的统计报表制度。进一步明确镇街区统计站工作职能，下放后台催报、审核、查询等工作权限，推动统计组织体系向社区延伸。强化基层沟通交流，邀请有代表性的企业负责人和会计总监座谈交流，了解企业生产经营情况，交流统计工作在企业生产中的作用以及统计报表指标间的逻辑关系。

【统计服务】 继续编发《统计年鉴》。《年鉴》内容涉及综合，农业、工业、交通、邮电、电力、固定资产投资、建筑业，贸易，财政、金融，劳动工资，教育、卫生、文化、体育、环保等行业，成为了解市情、正确决策、科学规划、指导工作的重要资料和依据。每季度编发一期《全市经济运行分析材料汇编》，每月编发一期《统计月报》和《统计内参》，提供给市委、市政府及有关部门使用。加大统计资源开发力度，提供有前瞻性的“分析服务”。围绕市委、市政府提出的各项经济工作方针，充分发挥统计部门定量分析的优势，不断深化对全市经济运行态势及重大问题、重要课题的分析，形成有价值、有深度的统计分析文章。运用“互联网+政务服务”手段，发挥政务网的优势，结合全市“最多跑一次”清单做好流程再造和优化工作，将审批流程、办理材料等信息在网上公开，利用微信、微博、QQ、电话咨询等方式，逐步实现网上申报、网上受理、网上审核等全程电子服务，让信息多跑路，让百姓少跑路，做到精准统计信息服务。

【统计监督】 利用新闻媒体、报刊、悬挂宣传横幅、设立宣传栏等方式，宣传《中华人民共和国统计法实施条例》，提高全社会对统计工作的认识和监督。结合年报宣讲统计法律法规，强调如实及时全面准确上报统计报表，是统计法律法规规定的被调查单位应尽的义务。坚持依法行政、依法统计，积极组织开展统计执法活动，依靠和运用统计法律武器，严肃查处统计违法案件。继续组织统计执法检查活动，对全市工业、建筑业、投资、房地产、贸易、劳动工资等情况抽取单位进行检查，同时检查统计人员的从业资格持证上岗情况、统计人员参加继续教育培训情况和镇街区统计站规范化建设等情况。对检查中发现的违犯统计法律法规及工作不规范问题，依照情节轻重，分别采取现场纠正、责令整改、行政处罚等处罚措施，保障统计工作规范化建设，提高了统计源头数据质量。

（刘晓婕）

国家统计

【概况】 2017年，安丘市统计局按照国家统计局和山东统计局的工作部署，开展了第三次全国农业普查、畜禽检测、全国1%人口抽样、居民收支、粮食产量、农作物播种面积等调查工作。配合党委、政府中心工作，完成了地方农村住户、城镇住户、在岗职工平均工资等调查，同时完成旅游调查、规模以下工业调查、妇女儿童检测等多项专项调查，及时为国家管理和宏观决策提供了数据支撑，确保及时了解基本国情国力，保障地方经济在良性环境下健康运行和发展。

【住户调查】 全市城乡住户一体化调查共15个调查小区、151户调查记账户。其中，城市调查样本小区8个，调查记账户79户；农村调查小区7个，调查记账户72户。2017年是全市城乡住户一体化调查样本轮换年。在做好现有调查记账户调查工作的同时，在国家统计局山东省调查总队的统一领导和潍坊市调查队的业务指导下开展全市城乡住户一体化调查新一轮样本轮换工作。按照样本轮换方案，全市共抽取调查小区15个，调查记账户150户。其中，城市居委会6个，调查记账户60户；城镇村委会2个，调查记账户20户；农村村委会7个，调查记账户70户。为做好住户调查新一轮样本轮换工作，保证样本记账户能准确反映全市居民收支状况，在各调查小区选聘熟悉调查小区状况、素质能力比较突出的辅助调查员，协助做好住户调查工作；在调查小区张贴宣传横幅、宣传海报，向调查小区居民宣传住户调查的重要性；召开样本轮换工作培训会议，提升辅助调查员的调查能力和水平，确保入户调查高质高效；积极入户走访，对拒不接受调查的住户多次走访，耐心做思想工作，取得调查户的理解和支持，确保调查样本随机可靠。

【粮食生产大县调查】 调查对象为主要农作物小麦、玉米生长监测，采用空天地（资源卫星、无人机、手持终端设备）一体化调查方式。粮食生产调查的关键是工作程序正确，源头数据可靠。样方的确定与调查方法，国家统计局从卫星云图上随机抽取20个地片作为“样方”，安丘市采用“卫星遥感影像+手持PDA终端地面调查”的方法，使用调查软件计算主要农作物播种面积。调查过程主要是在一个生产年度内，两次手持PDA面积调查、两次踏田估产野外作业。秋冬播与春播在调查时点上相近且作物生长存在共生期，一般将两个调查期合并在春播时调查，再单独安排一次夏播调查。镇级辅助调查员两次手持PDA野外作业查明农作物种植面积与种植结构，村级辅助调查员两次踏田估产预计农作物产量。农作物遥感测量的核心是查明农作物的种植面积及种植结构，在预产的基础上抽样确定小样本实割实测，经脱粒、晾晒、测定水杂、称重等环节测定农作物的单产。这两个过程在总体上对农作物进行监测，在宏观层面上把握粮食生产形势，监测全市粮食安全。监测结果由国家统计局山东省调查总队会同山东省统计局对安丘市上报数据进行审核后推算全市粮食总产，报国家统计局核准后，再将粮食产量数据反馈安丘市，依法管理使用。

【生猪调出大县调查】 安丘市是山东生猪调出大县。是年，对该项工作的监测调查方法是，统计局农村经济调查队负责组织镇街区统计站统计人员每季度到生猪养殖规模户、生产单位现场采集生猪存出栏调查数据。生猪散养户监测调查也是由农村经济调查队承担，农村经济调查队聘请了辅助调查员每季度到生猪散养户现场采集生猪存出栏调查数据；全市生猪生产存出栏监测调查数据由市统计局农村经济调查队负责终审、评估、上报。为提高生猪大县监测调查数据质量，采取以会代训、上门指导、普法宣传、定期督查等形式，提高镇街区统计站统计人员和辅助调查员的调查技能水平，增强调查责任意识，确保为国家宏观调控、制定产业发展政策、搞好市场供应、财政奖励政策执行，提供真实可靠的生猪存出栏监测调查数据。

【畜禽监测调查】 安丘市共有国家畜禽监测调查样本采集点33家。其中禽大型样本采集点28家，羊大型样本采集点1家，猪大型样本采集点2家，牛大型样本采集点2家。分布在全市14处镇街区。是年，对该项工作的监测调查方法是，市统计局农村经济调查队负责组织镇街区统计站统计人员及选聘的辅助调查员每季度到大型畜禽监测标本采集点现场采集禽、羊、牛、生猪存出栏调查数据。填写禽、羊、牛、生猪过录表上交到农村经济调查队。全市畜禽监测调查数据由市统计局农村经济调查队负责终审、评估、上报、录入国家畜禽监测系统。为提高畜禽监测调查数据质量，市统计局农村经济调查队采取发放法律事务告知书、每季度开展业务培训、成立业务QQ群、微信群加强业务指导、确保辅助调查员补贴准时发放、每季度开展定期督查等形式，提高镇街区统计站统计人员和辅助调查员的调查技能水平，增强调查责任意识，确保为国家畜禽发展政策、提高市场供应、提供真实可靠畜禽监测调查数据。

【第三次全国农业普查】 第三次农业普查标准时点为2016年12月31日，现场登记为2016年11月—2017年2月。安丘市在成立以副市长赵祥永为组长，市统计局、市财政局等20个部门为成员单位的安丘市第三次农业普查领导小组，印发《安丘市人民政府关于开展第三次农业普查的通知》组建全市第三次农业普查领导小组办公室。办公室内设综合组、业务组、数据处理组等5个工作组。根据国务院、省、潍坊市农业普查的文件精神，安丘市编制《安丘市第三次农业普查经费预算》。1月1日，正式启动入户登记工作，3月底完成入户登记工作。4月5日开始，在数据平台上对PDA上传数据进行审核验收，到4月12日，全市审核验收工作基本结束，主要指标通过各种查询，各种错误据实改正。安丘市主要数据确权的耕地面积、粮食、蔬菜、畜牧养殖等主要指标经评估，与各项汇总数据基本符合全市农业生产实际情况。5月底开始，市农普办业务组针对国家和省反馈疑问数据情况，开展数据核实工作，7月10日完成农户表、规模经营户表和农业生产经营单位表的所有数据核实工作。8月，市农普办主要完成国家和省对村表、镇表反馈疑问数据的进一步核实工作，以及“三农普”征文和“三农普”典型材料的整理上报工作。9月14日，潍坊市召开第三次全国农业普查资料开发软件培训会议，传达了山东省农普办关于“三农普”数据资料开发培训会议的精神，对“三农普”资料开发程序进行培训，安丘市及时将培训会议精神传达到各镇街区农普办，做好全市第三次农业普查的数据资料的研发应用工作。

【1%人口抽样】 年内，安丘市统计局在各方努力配合下，完成了1%人口抽样调查。本次调查包括58个省调查小区，1个国家调查小区，涉及13处镇街区。1%人口抽样能够及时、准确地掌握各地人口变动以及城镇化发展情况，为各级政府制定国民经济和社会发展计划，提供可靠的宏观数据。10月下旬安丘市1%人口抽样工作全面展开，以户为单位进行，既调查家庭户也调查集体户。国家抽中小区的摸底工作首先展开，调查采取入户走访的形式，随访随录，审核之后上报。省抽中的58个调查小区的摸底调查与正式调查随即开始。人口抽样调查表主要包括人记录7个项目和户记录37个项目两部分内容。调查指标主要包括姓名、出生年月、民族、就业情况、受教育程度、婚姻状况等指标。社区表的填报项目有坐标位置、户籍人口数、常住人口数、行政区域面积、建筑面积、各类基础设施等35个指标，填报范围为全市866个村（居）委会。在数据的填写上报过程中，随报随审，采用检查、督导的方式进行实时质量控制，确保调查数据客观真实。市统计局做好充足的人、财、物准备，对调查中出现的问题分门别类，及时解决，圆满完成1%人口抽样调查。

【旅游调查】 安丘市在发展旅游业过程中，把旅游调查工作放在首位。调查包括方面：一是旅游住宿接待抽样调查。调查对象为全市各类住宿设施：旅游部门评定的星级饭店、住宿设施单位中的非星级宾馆、农家乐（渔家乐）等乡村旅游住宿设施、房车露营地等新兴及其他旅游住宿设施。星级饭店接待调查按季度进行，由抽样单位盖章报送各个季度接待国内游客情况表，市统计局审核汇总后报潍坊市统计局。非星级宾馆、农家乐（渔家乐）按四个季度、春节、“十一”两个黄金周进行，采取联网直报方式，报送各季度接待情况。二是旅游景区接待抽样调查。调查对象为旅游景区、乡村旅游区。由市统计局具体承担抽样调查任务，市旅游局配合统计部门做好调查统计工作，具体负责调查数据催报工作。调查按季度、年度、黄金周进行，采取企业联网直报方式报送数据。三是城乡居民出游入户调查。是年，城乡居民出行前后入户问卷调查工作开展三次，于6月27日、9月27日、12月27日前完成入户调查、问卷整理、审核、录入和导出上报工作。四是全市住宿设施和旅游区名录库维护。对全市住宿设施和旅游区数据库进行更新完善，在山东旅游统计平台的旅游数据库中，录入新注册住宿设施和旅游区单位基本信息，及时完成名录库更新工作。

【规模以下工业抽样调查】 年内，全市共有规模以下工业企业1003家，工业总产值70.5亿元。其中，工业企业产值31.8亿元，同比增长8.5%，工业个体户产值38.7亿元，同比增长7.8%。为搞好规模以下工业统计，多措并举开展调查活动，取得良好效果。一是整合统计调查任务。充分体谅基层统计人员的苦衷，切实减轻基层负担，使他们有时间、有精力搞准统计数据。多次召开规模以下工业调查座谈会，在工作、生活、经费上给予更大更多的支持和帮助。二是狠抓源头数据。基层统计数据质量的高低直接影响着整个规模以下工业抽样调查数据乃至整体宏观统计数据的质量，只有源头统计数据质量过关，整条工作链才不会脱节。三是加强统计人员业务培训。确保具体组织和实施调查的工作人员了解和熟悉调查指标的口径、范围，使其对容易出错的指标能够准确把握。进一步提高基层统计人员实事求是的统计职业道德水平，加强依法统计观念，坚决反对统计工作中的弄虚作假行为。四是及时查遗补漏。非目录企业是源头数据不可缺少的一部分，也是目录企业的必要补充。使基层充分认识非目录企业的重要性，同时加强力量，确保调查员能实际深入到抽中的村（居）委会，排摸非目录企业样本个数，了解本辖区内非目录企业样本存在的真实情况，及时布置调查表，始终做到不重不漏。五是坚持督促检查。在保证源头数据准确的基础上，不断加强对统计数据的稽查监督，减少工作误差，通过实施质量抽查、定期开展统计数据稽查、复查等工作，使推算结果更趋合理。六是加大执法力度。制定下发《统计检查查询书》和《统计报表催报书》等法律文书，有效遏制统计违法行为，维护统计法律、法规的严肃性和统计工作的正常秩序。

（刘晓婕）

审计监督

【概况】 2017年，安丘市审计局充分发挥审计在推进法治、维护民生、防范风险、促进改革发展等方面的建设性作用和保障经济社会健康运行的“免疫系统”功能，全年审计单位83个，查处违规违纪和管理不规范金额14.25亿元，促进增收节支580万元。审核政府投资项目投资额5.6亿元，审减投资7782万元。市审计局获省级文明单位、潍坊市审计工作先进单位、安丘市市直部门先进单位、安丘市党风廉政建设先进单位等称号。

【财政审计】 围绕预算执行这条主线，以财政资金管理的规范性为重点，组织对市财政局、地税局、国库等3个具体组织预算执行部门，市人社局、住建局、环保局、民政局4个市直预算执行部门单位及下属单位进行审计。重点关注预算管理、国库管理制度改革、非税收入征管、专项资金使用、财政存量资金、执行政府采购制度、政府投资建设项目等，及时从严格预算管理、深化国库支付改革等体制机制制度层面提出完善管理、防范风险的意见和建议，规范财政管理、推动健全现代公共财政管理制度。

【民生审计】 把维护人民群众利益作为根本目标，不断加大对精准扶贫、养老、医疗、保障性安居工程等关系民生的重点资金和重大投资项目的审计力度，派员参与潍坊市审计局组织的精准扶贫政策落实、养老保险基金、保障性安居工程、政府引导基金等惠民工程项目，加大对挤占挪用、虚报冒领、贪污私分等侵害群众利益问题的揭示力度，指出有关政策执行和管理不到位、相关制度机制不健全等方面存在的问题，推动各项惠民政策落地生根，提高民生资金的使用效益。

【政府投资审计】 以促进政府投资资金管理效益和社会效益为重点，对青云大街、青龙湖路两座大桥进行全程跟踪审计，对市政工程、道路亮化、园林绿化工程等52项政府投资项目进行结算审计。发现立项审批资料不完备、招标程序不严格、未编制政府采购预算等问题，并督促及时整改，提高资金筹集、使用、管理效益，规范政府投资行为，提高投资成效。制定《政府投资项目复审办法（试行）》和《参审造价咨询公司管理考核办法（试行）》，强化中介机构对政府投资工程项目审计结果的审核工作。

【经济责任审计】 以促进规范权力运行与制约为目标，加强领导干部经济责任审计。定期组织召开经济责任审计工作联席会议，制定完善《安丘市党政领导干部经济责任审计分类管理办法》等规章制度。按照科学规划、统筹安排、分类实施的原则，在摸清审计对象底数的基础上，坚持离任必审，突出任中审计，探索任前审计。分类确定审计重点，对重点部门、重点单位以及关键岗位的领导干部加大审计监督力度和频次。重点分析领导干部履职履责和绩效情况，关注“小金库”、乱发补贴、吃空饷、公车管理使用等问题，做到应审尽审、凡审必严、严肃问责，推动实现“有重点、有步骤、有深度、有成效”的经济责任审计全覆盖，强化对权力的监督与制约。全年共组织开展领导干部离任审计46个，任中审计9个。

【社会审计】 安丘万达会计师事务

所，全年共完成各项审计业务160项。其中，验资业务34项，验证金额345万元；审计业务126项，审计金额237600万元。

【内部审计】 开展内审工作专项调研和工作督查，对全市51个一级预算单位的内部审计工作情况进行摸底调查，定期开展内审教育培训和业务指导检查。积极组织参加全国、全省内部审计理论研讨和优秀论文评选，完成优秀内部审计项目3个。市审计局荣获山东省内部审计宣传工作先进单位称号。

（王国栋）

安全生产监管

【概况】 2017年，安丘市安全生产监管工作认真贯彻落实习近平总书记关于安全生产系列重要指示精神和山东省、潍坊市、安丘市委市政府关于安全生产工作的一系列决策部署，按照“安全第一，预防为主，标本兼治，综合治理”的方针，狠抓责任落实，不断健全、完善体制机制，深入实施依法治安，以推进安全生产隐患大排查快整治严执法集中行动、安全生产大检查活动等为抓手，加快安全生产标准化和风险分级管控与隐患排查治理双重预防体系建设，狠抓重点行业领域事故隐患专项整治，严厉打击各种非法违法生产经营行为，有效预防和遏制各类事故。全市安全生产基层基础更加牢固，安全生产形势持续稳定。3月，安丘市获全省安全生产工作先进市称号。

【安全生产责任制】 年初，市政府和各镇街区、25个负有监管职责的市直部门分别签订《安全生产目标责任书》，明确安全生产目标，落实安全监管责任；市直有关部门单位、各镇街区也都层层签订落实目标责任书，分解落实安全生产责任。市级领导按照工作分工包靠联系镇街区和行业部门，协调推进各镇街区、各行业领域安全生产工作；各镇街区和行业主管部门按照“网格化”“实名制”管理要求，使全市所有重点生产经营单位全部落实包靠责任人。

【安全生产网格化构建】 市政府出台《安丘市安全生产和环境保护网格化监管方案》，将全市划分为市、镇街区、社区、行政村四级安全生产网格。整合充实镇街区安全生产监管力量，新组建成立安全生产和环境保护监督管理办公室，工作人员至少10名；101个社区全部明确2—3人担任安全生产网格协管员；按照每村1人的要求，确定警务助理担任村级安全生产协管员，全市共选聘866名村级安全生产协管员。出台《安丘市安全生产与环境保护网格协管员考核办法》，组织以镇街区为单位对村级安全生产协管员进行培训，明确村级安全生产协管员任务职责和工作方法程序，构建起更加完善的安全生产监管网络。

【双重预防机制建设】 围绕有效预防和遏制各类安全事故目标，根据国家安监总局、山东省安监局、潍坊市安监局部署要求，市政府安委会下发《全市安全风险分级管控与隐患排查治理双重预防机制建设实施方案》。按照“属地管理和分级管理相结合”的原则，组织各镇街区、市直有关部门单位，对全市所有生产经营单位安全生产情况进行拉网式全面排查摸底，对排查出的26处重大危险源和987家存在较大安全风险的生产经营单位，全部落实所属镇街区、行业监管部门，实行动态管控，提高监管实效。通过举办培训班、召开工作推进会议等形式，督促指导企业加快“双重预防体系”建设步伐，全方位排查各类风险点，逐一落实企业、班组、岗位管控责任，增强管控实效；落实安全隐患排查治理制度，定期开展安全隐患排查治理，及时消除安全隐患。景芝酒业、山水水泥2家企业成为“双重预防体系”建设省标杆企业，鲁安药业、三源铝业、汶瑞机械3家企业成为潍坊市级标杆企业。全市394家企业完成安全风险分级管控与隐患排查治理“一企一册”建档工作，排查风险点3.2万个，其中二级风险点67个、三级风险点1.4万个、四级风险点1.8万个。

【重点行业领域安全隐患排查整治】 以深化安全生产“大快严”集中行动、安全生产大检查活动为抓手，狠抓重点行业领域专项整治。市安监部门牵头开展危险化学品、烟花爆竹、非煤矿山、涉氨制冷、粉尘涉爆、涉有限空间、玻璃钢企业等专项整治；市经信部门牵头组织开展化工企业“大快严”集中行动；市公安、安监、市场监管、教育、公安消防等部门单位，对全市中小学、幼儿园开展全面安全检查，提高校园安全水平；市公安消防、安监、市场监管等部门单位联合，对全市商场市场开展拉网式消防安全检查；市住建部门牵头开展建筑施工违法分包专项整治；市住建、公安、交通运输等部门联合开展渣土车违法运营专项整治；市公安、经信等部门联合开展机动车“四非”专项整治；市市场监管部门开展特种设备专项整治。各镇街区也都结合安全生产“大快严”集中行动、安全生产大检查活动，通过外聘专家等形式，不间断对辖区生产经营单位开展安全检查活动。全市各级各部门各单位累计检查生产经营单位8200余家次，排查出安全隐患4万余条，下达整改指令5600余份，整改隐患3.8万条。

【安全标准化建设】 坚持把推进企业安全生产标准化、规范化建设作为全面提升企业本质安全水平的总抓手，督促企业落实安全生产责任制。市政府安委会出台《全市安全生产标准化规范化建设实施意见》，对近3年的安全生产标准化建设工作进行了总体安排。市政府安委会办公室印发《2017年度安全生产标准化建设推进计划》，列出2017年度安全生产标准化创建名单。各镇街区、市直有关部门按照职责分工，齐抓共管，以标准化创建运行为抓手，加强安全培训，强化指导帮扶，完善考核奖惩，加大检查力度，企业安全生产标准化创建工作稳步推进。全市306家规模以上企业、168家小微企业安全生产标准化创建达标。

【完善应急管理体系】 市政府安委会修订完善《生产安全事故应急救援预案》《涉氨制冷企业生产安全事故应急救援预案》《烟花爆竹生产安全事故应急救援预案》《危险化学品生产安全事故应急救援预案》等事故应急救援预案，下发《关于组织开展安全生产应急预案演练活动的通知》，组织开展应急管理自查自纠、应急演练专项检查等活动。全市各级各部门组织开展专项安全生产应急救援预案演练160余场次，参与人员2.2万余人；各生产经营单位组织开展专项安全生产经营救援预案演练2600余场次，参与人员8万余人。

【安全宣传教育培训】 在《今日安丘》开设安全生产专栏，定期刊登安全生产法律法规和安全防范常识；设立“我谈安全生产”栏目，市政府主要领导带头，市政府班子成员、市政府安委会成员单位主要负责人每人至少发表一篇关于安全生产方面的文章，共发表36篇。安丘电视台开设“安全生产”栏目，滚动播放安全常识，定期曝光安全生产严重违法行为。先后组织举办企业主要负责人、安全管理人员、特种作业人员培训班96期，培训人员4260人。全市各级各部门各单位累计组织举办安全生产培训班220余期，培训人员18000余人次；开展安全知识进企业、进农村、进校园、进社区、进家庭“五进”活动80余场次，发放安全知识资料、宣传画册3万多份。

（张千太）

国有资产管理

【概况】 2017年，安丘市国有资产管理部门按照“深化财政制度改革，健全公共财政管理体制”的要求，紧跟市场经济改革方向，遵循市场经济规律，不断完善制度机制，通过创新监督管理方式，健全考核与评价体系，开展国有资产清查等方式，提升国有资产运营能力，促进国有资产运营效益最大化，开创国有资产管理工作新局面。

【行政事业单位资产管理】 安丘市国有资产管理办公室坚持把加强制度建设作为推动资产管理工作的根本措施，进一步加大创新力度，推进行政事业单位资产管理工作迈上新台阶。

健全资产管理制度 推进全市行政事业单位国有资产管理制度化、规范化进程，建立健全资产配置、使用、处置、评估、统计报告以及资产清查等环节的管理办法，完善监督检查等配套制度，促进行政事业单位国有资产管理制度化、规范化、科学化、信息化，使行政事业单位国有资产管理工作严格规范、有章可循。

规范国有资产处置审批管理 对行政事业单位申请要求处置的资产，按规定程序报批，并聘请中介机构或有关技术人员现场进行鉴定，严格把好审批关，坚持按照公开、公平、公正原则进行处置，提高资产处置的透明度，做到能调剂使用的进行调剂，确实需要报废处置的，委托中介机构进行评估，由市国资部门委托拍卖公司统一进行拍卖。

完成行政事业单位国有资产统计和产权登记工作 按照相关规定，对全市232家行政事业单位的资产进行统计汇总，通过山东省行政事业资产信息系统对各行政事业单位的固定资产变动情况及时进行更新登记，真正做到资产的动态管理，按照要求及时向上级财政部门报送资产报表，如实反映所有行政事业单位的资产变动情况，保证国有资产透明、公开管理。截至2017年底，全市232户行政事业单位资产632230万元，负债206182万元，净资产426040万元，其中固定资产411263万元。

加强行政事业单位资产出租管理 对南市区搬迁的行政事业单位资产，按照市政府安排统一对外出租。对全市行政事业单位出租房产进行全面检查。按照市政府要求，召开专题会议，进行部署，分4个组，利用一周的时间，进行全面检查。第一阶段自查摸底及合同上交、审查工作已完成，下步处置工作正在进行中。

【国有资产经营管理】 市国有资产管理办公室不断创新国有资产管理机制，探索经营模式，以明确职责分工和提升业务水平为抓手，确保了国有资产保值增值。

加强资产收入管理，加大收入收缴力度 对资产处置和出租出借收入实行收支两条线管理，资产处置收入和出租收入一律上缴财政。全年处置收入2257万元已全部上缴。

做好罚没物资的处置工作 市公安、国土部门上缴的涉案砂、矿石、矿场，市国有资产管理办公室会同评估机构及有关部门多次到现场查看。拍卖结束后，会同市交警、国土部门10余人组成3个小组24小时不分昼夜，对运石车辆进行认真检查，利用近1个月的时间圆满完成任务。对市公安局上缴的轿车、摩托车等9辆涉案车辆；市卫计局、规划局等单位上交的32辆公务用车；市公安、国土部门查封的19宗砂、矿石，6处矿场等，委托中介机构评估后统一进行公开拍卖。依法依规拍卖汽车加气

站等特许经营权，加强广告位、砂石资源的拍卖管理。有效防止国有资产流失。

完成政府资产统计上报工作　按照财政部的统一要求，及时完成政府资产统计上报工作。截至2016年底，安丘市政府资产期末数为757.6亿元。其中，经管资产745.09亿元，委托代理资产12.5亿元。

（金学龙）

农村经济管理

【概况】2017年，安丘市农村经济管理工作按照市委、市政府总体部署和上级业务部门的工作要求，以推动农业供给侧结构性改革为目标，加快推进农村土地确权登记颁证扫尾和成果转化应用，积极探索农村土地“三权分置”有效实现形式，引导和规范土地承包经营权有序流转，大力培育新型农业经营主体，稳步推进适度规模经营，强化农民负担监管，维护农民合法权益，推进农村改革不断深化。

【农村土地承包管理】搞好农村土地确权登记颁证扫尾工作　市农经局坚持一村一策、分类指导，督促各镇街区建立台账，分别制定方案，稳妥推进土地确权工作。指导各镇街区规范整理土地确权登记颁证文字、图表、声像、数据等资料，统一移交市档案局，规范档案管理。把数据汇交作为确保颁证质量的重要抓手，举办农村土地承包经营管理信息系统培训班，为正式上线运行奠定基础。组织开展“回头看”活动，督促各镇街区开展自查自纠，认真排查整改前期工作中出现的问题，推动扫尾工作各项措施落实到位。全年完成确权颁证1002个村，确权面积87.6万亩。

引导土地经营权有序流转　探索农村土地“三权分置”有效实现形式，以中央关于农村土地“三权分置”政策为指导，认真开展土地流转指导服务，积极探索土地承包经营权流转的新途径、新方式，通过委托流转、股份合作，土地托管等方式，促进土地经营权权能更好实现。利用土地承包经营权确权登记颁证成果，为土地流转主体提供法律、技术服务，指导土地流转合同签订和鉴证，加强流转价格监测，完善工商资本租赁农地监管和风险防范机制。修订完善统一的土地流转合同示范文本，加强流转合同管理，引导流转双方签订书面流转合同，约定流转期限、流转费用、双方责任义务等。全市形成四种主要流转模式：龙头企业带动模式，即农业龙头企业为保证农产品质量安全，建立自属种植基地，而从农民手中流转土地；专业大户带动模式，即部分种植业户为提高效率和效益，通过流转土地实现规模经营；合作组织带动模式，即利用农民合作组织成员多、有资金、技术和市场的优势，流转土地发展现代农业；工商资本带动模式，即工商企业利用资本优势，流转农民土地，发展种养业、旅游业等，拓展发展空间，提高土地产出效益。年内，全市土地流转面积达到54.6万亩，占家庭承包土地面积的48.1％。落实市政府《关于新一轮农业产业结构调整扶持政策》文件精神，加大政策扶持力度，引导各类新型农业经营主体和服务主体流转土地，发展适度规模经营。开展土地经营权和蔬菜大棚所有权颁证（抵押贷款）业务，对流转主体依法流转土地实行规模化经营的，颁发《土地经营权证书》；对建设冬暖式大棚的新型农业经营主体及农户颁发《大棚所有权证书》，用于到金融部门办理抵押贷款。是年，新颁发“两证”19个，抵押贷款960万元，累计颁证70个，抵押贷款4500多万元。

【新型农业经营主体培育】按照“创新模式，提质增效，加快发展”的工作思路，狠抓政策推动，促进规范运作，有效促进农民专业合作社健康发展。是年，全市新发展合作社271家，总量达到2137家，入社成员5万个。

搞好示范带动　在全市开展示范社创建活动，依照“培育一个，示范一批，带动一片”的目标要求，制定示范社建设标准和评定办法，在不同行业、不同层面评选出一批产业有特色、发展有潜力、组织有活力的合作社典型。年内新培育县级示范社17家。全市培育国家级示范社5家、省级示范社20家、潍坊市级示范社82家。

打造品牌名社　引导示范社积极开展品牌建设，通过实行标准化生产、企业化管理、社会化服务、品牌化经营，发展一批拥有注册商标、通过质量认证的品牌合作社，推进现代农业发展。全市有89家合作社取得注册商标，65家合作社获得“三品一标”认证。

推动联合发展　围绕当地主导产业和特色产品，积极鼓励和引导生产经营服务内容相同或相近的农民合作社，组建联合社，扩大经营规模和实力，延长产业链条，实现生产、加工、销售三位一体和一二三产业融合化发展。全市发展小米、花生、大葱等联合社32家。积极引导农户积极开展以土地承包经营权入股组建土地股份合作社，推动生产要素的优化组合。全市已登记注册土地股份专业合作社33家。

引导创新突破　引导农民合作社改变传统种植结构，积极引进新品种、新技术，大力发展设施农业，以市场为导向，调整产业布局，优化产业结构，加快发展现代农业。安丘市润宏林木合作社积极实施农业供给侧结构性改革，发展新品种文冠果种植基地1000亩、榛子种植基地500亩。安丘市于家水西合作社积极引进蔬菜新品种、新技术，改变传统种植模式，大力发展智能化连栋温室大棚，实现水肥一体化控制，提高集约化、规模化、品牌化管理水平。安丘市润盛果蔬专业合作社新建蔬菜大棚1300亩，建设加工车间及冷库，对产品进行精细化加工，实行一二三产业融合发展。

助力扶贫攻坚 指导省定贫困村发展合作社，转发了省农业厅《关于进一步做好农民合作社农业脱贫攻坚工作的通知》，对2017年的合作社扶贫工作进行及时安排，落实工作任务。全市40个省定贫困村全部组建合作社，带动贫困人口脱贫72人。

推进家庭农场快速发展 把培育发展家庭农场作为农村创新创业的重要抓手，引导退伍军人、返乡农民工、大中专毕业生、企业老板创办家庭农场，重点鼓励和培养有发展潜力的年轻人发展家庭农场。是年，全市新发展家庭农场102家，总量达到1225家。认真贯彻落实市政府《关于加快推进家庭农场建设的意见》，积极引导农业经营大户向家庭农场过渡，促进土地适度规模经营。全市家庭农场规模经营面积达到8.6万亩。通过完善家庭农场示范场创建标准，开展示范家庭农场的评定工作，逐级推荐上报市级、潍坊市级和省级示范家庭农场，带动提升家庭农场发展水平。是年培育潍坊市级示范农场8家，在潍坊各县市区中位列第三。全市共有安丘示范农场111家、潍坊市示范农场34家、省级示范农场7家。认真落实家庭农场在财政、金融、税收等方面的优惠政策，加大扶持引导力度，推动家庭农场快速发展壮大，带动新技术的推广应用。安丘市长生源家庭农场经营土地200亩，建设现代化液体配肥站，实施水肥一体化控制新技术，实现远程控制浇水施肥，保证整个园区精准施肥，保障农作物品质和质量安全。

【农村“三资”管理】 *完善“三资”管理制度* 为加强农村“三资”管理工作，推动农村集体“三资”委托代理服务能力提升，对《安丘市农村集体资金资产资源管理办法》《集体资产资源承包和工程建设项目招投标管理暂行办法》进行培训讲解，指导各镇街区建立健全集体资产登记、变更、处置等制度，对集体资产、资源实行台账管理。

推行农村财务“晾晒” 为指导村务监督委员会搞好民主理财和财务监督，推进农村财务管理民主化，市农经局制定《关于切实搞好农村财务公开“晾晒”工作的意见》，要求各村将每月发生的财务收支、资金变动、合同管理等重大事务，通过“阳光议事日”，进行全面“晾晒”，群众代表无异议后方可审计入账。

搞好财务公开督查 根据潍坊市《关于加强农村财务公开规范化管理的通知》，对农村财务公开内容、方式、时间、程序和档案管理提出明确要求，并组织人员对全市农村财务公开情况进行督查，对查出的问题向有关镇街区进行反馈，并督促整改，使全市农村财务公开实现规范化、制度化。

【农民负担监管】 严格“一事一议”筹资筹劳审查备案。安丘市的“一事一议”筹资筹劳工作，继续严格按照中央、山东省和潍坊市有关政策规定执行。市镇两级严格审查把关，对各村申报的“一事一议”筹资筹劳方案进行审查备案。全市共477个村申报“一事一议”项目，涉及9.2万户，筹资290.8万元，酬劳57.6万个。开展新农村、美丽乡村建设中村级组织负担情况调研和检查，防止有关建设费用向农民转移。严格落实农民负担监管制度，加强对村级组织负担监测，及时督促各镇街区认真落实上级各项减负惠农政策，提高群众满意度。

【农村产权交易服务】 依托齐鲁农村产权交易中心，在提供信息发布、政策咨询服务的基础上，配套开展法律咨询、资产评估、抵押融资等服务，推进农村产权公开、公正、规范交易。健全土地流转市场。在各镇街区设立土地流转平台14个，并与齐鲁农村产权交易中心实现联网运行，为流转双方提供流转土地供求信息、政策咨询、合同签订等服务。

（张鹏亮）

农业

Nongye

综述

【概况】 2017年，安丘市实施农村综合改革，开展新一轮农业产业结构调整，大力培育新型经营主体，建立农业科技园区，加强农产品质量安全管理，积极转方式、调结构、创品牌，发展现代农业、生态农业、绿色农业、高效农业，加快推进非经济作物调经济作物、大田调大棚、山地调林果、低效调高效、零散调规模工作，提高农业产业化水平。全年实现农业总产值98.3亿元，比上年增长4.2%，其中农业67.8亿元，增长4.1%；林业1.5亿元，增长2%；畜牧业24.3亿元，增长4.5%。

【农村综合改革】 搞好农村土地确权登记颁证扫尾工作。规范整理土地确权登记颁证文字、图表、声像、数据等档案资料，按时进行归档管理。各镇街区开展自查自纠，认真排查整改前期工作中的出现的问题，推动扫尾工作各项措施落实到位。全年完成确权颁证1002个村，确权面积87.6万亩。搞好农村产权交易服务。在各镇街区设立土地流转中心14个，并与齐鲁农村产权交易中心实现联网运行，为流转双方提供流转土地供求信息、政策咨询、合同签订等服务。

【现代农业园区建设】 落实以工业化模式发展现代农业、走绿色农业发展新路的要求，构建完善的农业科技园区体系，推动创新要素向园区聚集，全面提升园区创新能力，加速农业科技成果推广转化，抢占农业科技制高点。是年，全市建设农业科技示范园17个。其中，瓜菜类8个，林果类（含草莓）9个。全市共有各类农业种植示范园区184个，总面积361640亩。新建改造标准化养殖场10个，全市标准化养殖园区160个。培育柘山镇阳春牧业奶山羊养殖示范园、郚山镇合力牧场、大盛镇立华牧业种鸡养殖示范园等畜牧科技示范园3处。

【生态农业发展】 深化“三八六”行动，积极开展统防统治和绿色防控工作，推广生态调控、生物农药、理化诱控、科学用药等技术模式，减少化学农药使用量。是年，统防统治应用面积30万亩，绿色防控应用面积75万亩，全年农药使用量比2016年减少2%。大力推广农作物秸秆综合利用技术，通过农村沼气、秸秆过腹还田、大型机械直接还田、秸秆反应堆、秸秆青贮、秸秆固化等途径，变农业废弃物为农业发展资源，努力打造农业发展循环产业链。是年，蔬菜有机肥替代化肥试点项目通过加入秸秆堆沤有机肥1万余吨，消化秸秆2000多吨；通过300亩秸秆生物反应堆模式，消耗秸秆1000多吨。指导实施禁养、限养、适养“三区”规划，年内完成1013家禁养区内畜禽养殖场（户）的关闭搬迁工作，限养区、适养区内实行减量提质工程，大力发展规模适度、设施先进、生产标准化养殖。市政府印发《安丘市畜禽粪污专项整治行动实施方案》，重点推广堆肥发酵还田、发酵床、种养循环、沼气工程等粪污治理模式6个，培育合力牧业“奶牛—沼—苜蓿（树）”、普兰特汉粪便堆积发酵生产有机肥等示范典型6个，全市畜禽规模养殖场粪污处理设施配套率达到75%，畜禽粪便处理利用率达到78%以上，污水处理利用率50%。建成六旺、德诚、波涛胜、春雨粪便发酵生产有机肥示范点4处、天润发酵床养殖示范点1处。争取国家资金3650万元，开展国家畜禽粪污资源化利用项目试点。推广农作物秸秆综合利用技术，组织实施粮改饲试点项目，争取省财政补助资金77.334万元，扶持合力牧业、大河肉牛等6家养殖企业开展全株青贮玉米收贮。积极做好病死畜禽无害化处理工作，依托瑞景生物病死动物无害化处理中心共处理病死猪117114头、羊4178头、牛77头、家禽2199吨、毛皮动物7078只，实现病死畜禽无害化处理常态化管理。推广测土配方施肥、水肥一体化、有机肥替代化肥、种肥同播、化肥深施等高效施肥技术，不断提高肥料利用率，减肥增效。年内，测土配方施肥面积158万亩，测土配方施肥作物覆盖率达到92%。大力推广应用可回收地膜，鼓励各类园区、标准化生产基地、农民积极应用可降解地膜，从源头保证农田残膜可回收，提高地膜回收利用率，全市不可降解标准地膜回收率90%以上。

（吴炳成）

种植业

【概况】 2017年，安丘市农业局认真落实中央、山东省和潍坊市农业农村工作会议精神，以开展作风建设年活动为动力，以推进农业供给侧结构性改革为主线，积极转方式、调结构、创品牌。全市建成农业标准化种植示范基地169个，“三品一标”农产品发展到298个，其中国家地理标志产品7个。安丘大姜、安丘大葱被农业部纳入欧盟地理标志产品保护范围，成为全省唯一具有两个品牌纳入此范围的县级市。潍坊市级以上农业龙头企业发展到94家，其中省级以上8家、国家级1家。全市年加工农产品260多万吨，出口日本、韩国、美国、欧盟等50多个国家和地区，创汇3.6亿美元。进一步加强农产品质量安全监管，积极构建农产品质量安全大数据监管格局，创新实施农产品产地准出制度，坚持全区域覆盖、全品种检测、二维码追溯，采用“二维码追溯＋产地准出合格证”，为产出入市的农产品贴上质量安全“身份证”。年内，创建全国食用农产品合格证管理试点县、全国有机肥替代化肥示范县、国家级出口食品农产品质量安全示范区和省农产品质量安全县。“鲁丰”牌速冻调制食品成为全省第二批知名农产品企业产品品牌，安丘市柘山乡情旅游开发有限公司七色花海景观入选齐鲁美丽田园。

【惠农政策】 *耕地保护和质量提升补助政策* 从2014年起，积极开展耕地地力保护补贴工作，改“土壤有机质提升项目”为“耕地保护与质量提升项目”。鼓励支持种粮大户、家庭农场等新型农业经营主体及农民秸秆还田，加强绿肥种植，增施有机肥，改良土壤，培肥地力，促进有机肥资源转化利用，改善农村生态环境，提升耕地质量。依据小麦核定面积进行补贴，通过“一本通”由财政直接发放到种植小麦农户手中。是年，全市核定小麦种植面积33.84万亩，比上年减少2.04万亩，每亩补贴125元。

农业保险支持政策 开展政策性农业保险工作，为全市粮食生产发展构筑起安全防线。2012年，安丘市开始政策性农业保险工作，承保作物为小麦、玉米、花生等。是年，落实小麦承保面积294347.54亩，花生承保面积2391.7亩，玉米承保面积100737.24亩。小麦保费每亩15元，保险金额375元；玉米保费15元，保险金额350元；花生保费每亩16元，保险金额每亩400元。保费由各级财政承担80%，农户承担20%。

培育新型职业农民政策 围绕主导产业开展农业技能和经营能力培训，加大对专业大户、家庭农场经营者、农民合作社带头人、农业企业经营管理人员、农业社会化服务人员和返乡农民工的培养、培训力度。同时制定专门规划和政策，整合教育培训资源，围绕“调结构、转方式”的目标，培育现代青年农场主，壮大新型职业农民队伍，构建新型职业农民教育培训、认定管理和政策扶持互相衔接配套的培育制度，为现代农业发展提供人力支撑，确保农业发展后继有人。

【粮食生产】 全市粮食作物播种面积76.72万亩，比上年减少12.73万亩，减少14.2%。粮食总产量34.97万吨，比上年减少5.39万吨，减少13%。主要粮食作物为小麦、玉米，其中小麦总产量16.38万吨，比上年减少3.66万吨，减少18%，单产484公斤；秋粮总产量18.59万吨，比上年减少1.67万吨，减少8%，其中玉米总产15.34万吨，单产409公斤。

是年，粮食高产创建平台建设项目安排在试验示范工作基础好、社会化服务较完善、种粮专业合作社和家庭农场等新型生产主体参与程度高的景芝镇。景芝镇围绕小麦、玉米绿色高产高效关键技术集成示范推广，组装配套现有的节种、节水、节肥、节药技术，形成可复制、可推广的区域性、标准化技术模式，提升粮食绿色高产高效创建技术水平，示范带动10万亩粮田均衡增产。9月18日，省现代农业产业技术体系玉米创新团队在首席专家青岛农业大学校长宋希云带领下，到安丘粮食高产创建平台高产攻关田指导玉米生产。创新团队专家们充分肯定安丘市的玉米高产创建工作，尤其是对玉米节水灌溉、水肥一体化、玉米病虫害“一防双减”工作的扎实落实给予高度评价。

优质杂粮基地是市粮食高产创建平台建设项目之一，设在柘山镇华家宅村，以柘山镇懒汉小米专业合作社为实施主体，建设规模200亩的优质杂粮基地，对当地传统品种“滑谷”“毛谷”“八担白”“绳子头”等品种进行提纯，并引进示范“济谷19”“济谷20”等优良新品种。示范推广机械化、轻简化栽培技术，辐射带动周边400多农户，推广种植优质谷子2000多亩，为全市谷子生产及杂粮产业发展提供样板。8月31日，省农技总站与省杂粮产业创新团队专家20多人到安丘市调研考察杂粮产业发展情况。调研组专家考察了辉渠镇百泉春谷种植合作社、柘山镇懒汉小米专业合作社的运行情况，对全市杂粮尤其是谷子生产、加工及品牌建设等情况进行专门调研。专家组充分肯定全市杂粮产业发展取得的成就，并对进一步发展壮大杂粮产业提出建设性意见。

【经济作物】 以发展优质安全高效设施农业为重点，加快种植结构调整，促进由粮食向蔬菜、果树、花生等经济作物转变。是年，全市蔬菜播种总面积79.6万亩，总产量358.2万吨。其中，生姜栽培面积19.2万亩，产量103.6万吨；大葱播种面积31.5万亩，产量173.3万吨；花生种植面积17万亩，产量5.1万吨。以县为单位比较，全市生姜、大葱的面积和产量均居全国前列。安丘大姜是全市最重要的经济作物，常年种植面积在18万亩以上，在全国姜蒜产业中占有重要地位，为国家地理标志保护产品。10月23日，中国园艺学会葱姜蒜分会第二届会员代表大会暨安丘市葱姜蒜产业观摩交流会在安丘召开，与会代表对安丘市葱姜蒜产业取得的成就给予充分肯定。在同日举办的第七届安丘姜王大赛颁奖典礼上，凌河镇小庄村的农民刘吉宗以大拱棚亩产30868.8斤的超高产量获得冠军。

【农业种植园区建设】 突出农业科技创新示范引领　以园区建设促进产业聚集、要素整合，发挥好示范带动作用。全面集成相关政策进园、落地，加强农业科技创新、技术集成示范、技术推广服务、新型主体培育，把示范园建设成农业科技创新与推广服务的重要基地。

依靠农业科技园辐射带动农业产业提质增效　按照“一镇一园一特色”思路，通过提升园区产业创新能力、拉长产业链条，健全与产前、产中、产后全过程相配套的农业科技服务体系，辐射带动优势产业上档升级。

开展农业农村创新、创业服务　制定完善相关优惠政策，加大金融支持力度，完善发展环境，提供优质服务，增强示范园对各类市场主体和创新、创业人才的吸引力，把科技示范园打造成充满活力的“双创”平台。

深化产业融合发展　依托农业科技园区率先示范一二三产业融合发展、现代服务业引领现代农业发展。推广农业大数据，加强智慧园区建设。充分利用“安丘农耕”区域共用品牌，培育发展农业科技示范园品牌创意产业，打造休闲农业和乡村旅游新业态。

【产业化经营及农业龙头企业】 安丘市是一个传统农业大市，农产品资源丰富，农产品加工出口发展起步早、基础好、规模大。随着农产品质量安全区域化管理的深入实施以及农业产业化进程的不断加快，农业龙头企业得到较快发展，经济运行情况良好。

产业规模不断壮大　是年，全市初步形成果蔬、肉类、饲料、调味品和食品添加剂等门类较为齐全的农产品加工体系。全市在工商部门登记注册的农产品加工龙头企业326家。其中，规模以上企业120家，占全市规模以上企业总数的30%，潍坊市级以上农业龙头企业94家，省级以上龙头企业8家，国家级龙头企业1家。全市规模以上龙头企业实现主营业务收入220亿元，占全市工业的42.7%，成为安丘市的支柱产业之一。

出口创汇优势突出　是年，全市有自营出口权的农产品加工企业227家，年出口农产品150多万吨，远销欧盟、美国、日本、韩国、东南亚等50多个国家和地区。出口产品包括保鲜、脱水、速冻、腌渍、罐头、熟食制品等六大类600多个品种，其中大姜、大葱、洋葱、胡萝卜、姜泥、蒜泥、魔芋等产品出口量均居全国前列。安丘市先后成为全国园艺产品（蔬菜）出口示范区、山东省第一个供港蔬菜备案基地，被誉为“中国蔬菜出口第一县”。年内，全市农产品出口额3.6亿美元，其中蔬菜出口量约占潍坊市的60%。

品牌建设成效明显　是年，全市生姜、大葱等优势农产品品牌覆盖率85%以上，创建农产品区域公共品牌“安丘农耕”，将农产品质量安全优势转化为价格优势和市场优势。全市农产品品牌65个，其中获有机、绿色、无公害农产品认证的农产品品牌51个、产品298个，基地面积达94.8万亩；安丘大姜等7个农产品获地理标志产品认证，安丘大姜、安丘大葱被农业部纳入欧盟地理标志产品保护范围。在“安丘农耕”区域公共品牌引领之下，“鲁丰”牌水果罐头荣获中国名牌产品，“鲁丰”牌冷冻面食品被评为山东名牌产品，“万鑫”“慈母山”成为山东省著名商标。

质量安全水平较高　健全完善以“告知备案、连锁直营、集中监管、联合执法、规范使用”为主要内容的农业投入品监管机制，发挥农业投入品告知备案平台的作用，扎实搞好农业投入品集中整治。继续实施有奖举报制度，严厉打击违法生产经营使用违禁农药行为。在全市102个社区全部设立社区检测站，配齐全套专业检测设备，并购置17辆流动监测车，向社会公开招考102名专职社区检测员，建成农产品从种植养殖、生产加工、包装运输全过程、无缝隙的质量安全检测网络，实现农产品检测全覆盖。印发《安丘市食用农产品产地准出管理办法》，在安丘市行政区域内，全面实行食用农产品产地准出制度，健全完善检测体系和农产品质量安全监管平台，将大姜、大葱、大蒜、土豆、西瓜等25种种植类原产地食用农产品全部纳入产地准出管理范围，实现全行政区域种植、初加工食用农产品产地准出品种管理全覆盖。抓好全国食用农产品合格证管理改革试点，创新“农产品合格证+二维码追溯管理”机制，进一步深化提升“安丘模式”。

【农业科技推广】 实施基层农技推广体系改革与建设补助项目　根据项目要求，确定主导产业、主导品种和主推技术，成立专家团，遴选70名技术指导员和560个科技示范户，辐射带动周边农户1.2万户。全市农技人员按照工作职责，进村入户开展技术指导和培训工作，保证主导品种和主推技术入户率和到位率98%以上。

创新培育机制　实施新型职业农民培育项目，遵循农业特点和农民教育培训规律，不断创新培育机制。实行线上线下融合培育，全面提升培训效果。根据产业类型组建培训班，统筹培育适应发展需求的各类型职业农民，进行教育、认定、管理和扶持，培育生产经营型新型职业农民200人。按照产业周期全过程，实行“一点两线、全程分段”培训，以产业发展为立足点，以生产技能和经营管理水平提升为两条主线，分段集中培训、实训实习、参观考察和生产实践。建立农民田间学校，加强示范户、辐射户的培训工作。

加强农业信息服务　推动“全国农业科教云平台”和“山东农业科技服务云平台”的落地应用，组织动员各级农业科教管理部门、科研教学单位、农技推广和培训机构等管理人员上线服务，大力推介中国农技推广APP、云上智农APP和山东农技汇APP，进一步完善各平台的有效服务功能。充分发挥专家团优势，深入田间地头，为农民提供切实有效的服务。

【品牌农业建设】 把安丘大姜、安丘大葱、柘山花生、石埠子樱桃等一批优势农产品，确定为品牌培育重点，利用各种展会、媒体进行推介宣传，培育一批具有地方特色的名优新特农产品。加快“三品”生产基地建设，发挥龙头企业和合作社、家庭农场的认证主体作用。加强品牌宣传展示，积极开阔市场。组织全市部分龙头企业、农产品认证企业参加2017年第十八届全国绿色食品博览会、第十五届中国国际农产品交易会，积极开拓国内外市场，推动农业合作。是年，新增“三品一标”农产品14个、基地面积2.44万亩。全市“三品一标”农产品达298个。

【农业污染面源控制】 普及秸秆综合利用技术　大力推广农作物秸秆综合利用技术，通过农村沼气、秸秆过腹还田、大型机械直接还田、秸秆反应堆、秸秆青贮、秸秆固化等途径，变农业废弃物为农业发展资源，努力打造农业发展循环产业链。是年，蔬菜有机肥替代化肥试点项目通过加入秸秆堆沤有机肥3万余吨，消化秸秆2000多吨；通过300亩秸秆生物反应堆模式，消耗秸秆1000多吨。安丘市利宁秸秆加工厂，采取从农户或供货商处购买干燥农作物秸秆（玉米秸秆、花生壳、棉秆等）、木屑等，根据客户需要使用物理挤压方式，加工成不同规格、不同热值要求的颗粒，年产生物质颗粒燃料5000多吨。年内，全市有规模养殖场玉米青贮户60多户，青贮氨化池窖90多个，容积26000立方米，青贮总量2万吨以上，年消化1万亩以上玉米秸秆。山东合力牧业有限公司，建有青贮氨化池4个，每个3000立方米，计1.2万立方米，青贮秸秆总量1万吨，消化玉米秸秆4500亩。全市秸秆综合利用率92%。

推进统防统治和绿色防控工作　推广生态调控、生物农药、理化诱控、科学用药等技术模式，减少化学农药使用量。是年，统防统治应用面积30万亩，绿色防控应用面积75万亩，全年农药使用量比2016年减少2%。

继续搞好测土配方施肥项目　大力推广测土配方施肥、水肥一体化、有机肥替代化肥、种肥同播、化肥深施等高效施肥技术，不断提高肥料利用率，减肥增效。为种粮大户制定个性化施肥方案，建立蔬菜、大樱桃、大桃、花生、小麦、玉米作物示范田6处。是年，测土测土配方施肥面积158万亩，测土配方施肥作物覆盖率92%。

大力推行农业标准化生产　推行生产全程监管，推进农产品质量标识制度。积极发展无公害农产品、绿色食品、有机食品和地理标志农产品，是年，“三品”基地面积51.6万亩。

降低农田残膜污染　大力推广应用可回收地膜，鼓励各类园区、标准化生产基地、农民积极应用可降解地膜和0.01毫米的以上地膜，从源头保证农田残膜可回收，提高地膜回收利用率，是年，不可降解标准地膜回收率90%以上。

（王顺明）

畜牧业

【概况】 2017年，安丘市畜牧工作紧紧围绕市委、市政府的总体部署，以经济、生态、政治、社会、文化“五位一体”文明建设为抓手，以推进畜牧业供给侧结构性改革为主线，以绿色发展为导向，以结构调整为重点，凝心聚力、创新驱动，加快新旧动能转换，推进“四个城市”创建，扎实构建“五位一体”发展新常态，开展了基层动物防疫体系改革，代表潍坊市迎接欧盟动物源性食品监管体系考察，争创为省级畜牧业绿色发展示范县，被农业部、财政部列为2017年国家畜禽粪污资源化利用重点县，连续五年获得省级“生猪调出大县”称号，获奖励资金326万元。全年出栏生猪79.06万头、牛2.36万头、羊29.37万只、家禽5704万只。畜牧业产值24亿元，较上年增长2.8%。

【标准化建设】 优化调整养殖结构布局　坚持稳猪降禽促羊的发展方针，加快猪、羊品种改良，稳定生猪生产，降低鸡鸭等肉禽产能，大力发展牛羊食草畜牧业，不断优化畜禽养殖产业结构。8月，编制《2017年安丘市粮改饲试点项目实施方案》，投资项目324.8万元，其中省财政补助资金77.334万元，扶持合力牧业、大河肉牛等6家养殖企业开展全株青贮玉米收贮。通过项目实施，增加青贮玉米等饲料作物种植面积，逐步推广普及饲料作物优质高产技术与草食畜禽标准化饲养技术，提升标准化规模种植与养殖水平，基本形成优质高效饲料作物生产与畜牧业融合的发展格局。

畜禽标准化示范场创建 按照畜禽良种化、养殖设施化、生产规范化、防疫制度化、粪污无害化、监管常态化、示范区域化要求，积极开展畜禽标准化示范场“国家、省、市、县”四级联创，加快标准化畜禽养殖园区建设改造。推进2016年开工建设的健宏农业肉鸡养殖场、浩源畜禽养殖场2个重点养殖续建项目，其中浩源畜禽养殖场项目计划投资3000万元。项目建成后，年可出栏生猪4万头，实现销售收入4000万元；现已建成标准化猪舍2栋7000平方米，饲养生猪6000头。健宏农业肉鸡养殖场项目计划投资5500万元，建设鸡舍6栋、5400平方米；现已建成鸡舍3栋2700平方米，饲养肉鸡5.4万只。全部投产后年可出栏80万只。落实新引进开工计划投资2200万元的官庄镇春泽生态家庭农场建设项目。项目占地50亩，规划建设高标准猪舍6栋，建筑面积8500平方米。建成后，年可存栏生猪5000头，出栏1万头，年销售收入1300万元，利润150万元。是年，创建畜禽养殖标准化示范场国家级1个、省级2个、潍坊市级15个。全市共创建国家级畜禽养殖标准化示范场2个、省级15个、潍坊市级51个。新建李兰杰养殖场等10个标准化养殖场，使全市标准化养殖园区达160个。建成合力牧业、德诚牧业、凤舞山畜牧与旅游融合示范园区3个。合力牧业、立华牧业、阳春牧业、润成、普兰特汉等5个科技示范园，引进推广畜禽新品种13个、新技术17项。

【畜禽污染处理】 畜禽养殖“三区”划分 3月，市政府印发《关于划定全市畜禽养殖禁养区、限养区、适养区的意见》、市畜牧局制定《安丘市2017年畜禽养殖污染防治工作实施方案》，明确各镇街区畜禽养殖禁养、限养、适养区划界线，分别制定专项防治方案，列明畜禽粪污综合治理整改清单，实化细化治理措施。坚持分区域、分畜种、分规模“堵改结合”治污思路。“堵”即严格养殖场行业、区域准入管理，“改”即对限养区和适养区内养殖场进行标准化改造。严禁禁养区内新建、扩建畜禽养殖场，完成对1013家畜禽养殖场（户）的关闭搬迁；严格控制限养区内畜禽养殖总量，实行减量提质工程，原则上不再新建、扩建畜禽养殖场。对现有畜禽养殖场户必须建设达标粪污处理设施，严禁粪污直排。未建设粪污处理设施的，责令其整改；整改后仍不达标的，责令其搬迁或关停。积极发展适养区内种养循环、生态高效的产业园区。

加快畜禽粪污治理 8月，市政府办公室印发《安丘市畜禽粪污专项整治行动实施方案》。《方案》重点推广堆肥发酵还田、发酵床、种养循环、沼气工程等粪污治理模式6个，培育合力牧业“奶牛—沼—苜蓿（树）”、普兰特汉粪便堆积发酵生产有机肥等示范典型6个。主要指导养殖场户建设沉淀池、沼气池、干粪棚等粪污处理设施，配备干湿分离机、罐体发酵设备等。规模化牛羊场重点推广沼气净化工程和粪污有机肥转化，以合力牧业“奶牛—沼—苜蓿（树）”和普兰特汉粪便堆积发酵生产有机肥的养殖模式为代表；规模化猪场重点推广堆肥发酵还田、沼气净化工程和种养生态循环模式，以和润养殖场、德诚牧业“猪—沼—藕”生态循环养殖模式为代表；规模化鸡场重点推广生产有机肥、种养生态循环模式，以龙溪养殖场“鸡—藕—鱼”的循环养殖模式为代表；规模化鸭场重点推广生物发酵床养殖、罐体发酵处理粪污的治理模式，以天润食品的肉鸭发酵床养殖和罐体发酵处理粪污模式为代表。全市畜禽规模养殖场粪污处理设施配套率达到75%，畜禽粪便处理利用率78%以上。

推进粪污资源化利用 2016年，争取省财政200万元耕地质量提升项目资金，扶持天润、六旺、德诚、波涛胜、春雨5家养殖企业建设粪便治理工程，建成粪便发酵生产有机肥示范点4处、发酵床养殖示范点1处，于2017年10月通过潍坊市主管部门组织的现场验收。是年，争取国家资金3650万元，开展整县制国家畜禽粪污资源化利用项目试点，到2018年11月计划建成区域性专业化粪污无害化处理中心3处、专业服务公司1个，扶持规模化养殖场新建改造粪污处理设施167个，分3年对施用有机肥的种植户进行财政补贴。2月，市畜牧局会同市财政局制定《安丘市2016年生猪调查大县奖励资金使用管理实施方案》。《方案》明确利用省财政资金353万元，扶持4个规模养殖场配套建设粪污无害化处理设施的建成投入使用；整合各级财政资金500万元，扶持12家规模养殖场进行标准化养殖和粪污处理工程建设。

【畜产品质量安全监管】 实行生猪定点屠宰管理 2016年，率先在全省开展生猪产品“撤点并厂、定点配送”试点项目，省财政投入资金20万元。2017年4月，项目通过省畜牧兽医局专家组的现场验收。开展屠宰资质清理，撤掉2家屠宰场，保留生猪屠宰场点8家，规范建设冷鲜肉配送点20个，发挥屠宰企业自属物流和第三方冷链物流的功能优势，实行“五统一”管理，即统一生产标准、统一数据管理、统一企业配送、统一配送编号、统一检验监督，形成屠宰“中心企业＋辐射场点＋配送点”的生产供应模式，确保消费者吃上“放心肉”。是年9月，在全市开展生猪定点屠宰企业资格审查清理和禽屠宰行业“安全生产月”活动，采取交叉检查的方式，重点检查振祥食品有限公司和石埠子畜牧兽医管理站。

强化动物检疫监督　继续深化“动监e通”省级试点工作，为171名工作人员配备检疫监督“动监e通”移动终端。贯彻落实农业部“六条禁令”，严格执行产地检疫和产品检疫操作规程，签订《畜产品质量安全监管责任书》1200份，产地检疫猪23.83万头、禽1.63亿羽；屠宰检疫猪107.52万头、禽5444万羽，规模化养殖场产地检疫率达到100%，屠宰场点动物产地检疫证回收率达100%。在涉牧类食品农产品产地准出方面，全面推进“二维码”追溯管理制度的实施，加贴“二维码”标签4万个。完善20处基层畜牧检测点兽医实验室基础设施，配备定量检测仪等仪器设备300多台套，抽检畜禽样品10.09万份。进行监管创新改革，整合资金建成市智慧畜牧综合监管服务平台，上传服务、监管、运营等信息4000余条。

严格畜牧投入品市场准入管理　年内，严格动物防疫条件审核管理，按照审批程序办理许可，办理动物防疫合格证4个、种畜禽生产经营许可证2个、生鲜乳准运证2个。是年6月，市畜牧局开展农资市场集中整治，“放心农资进乡村、质量兴牧保安全”宣传周等专项活动，检查畜产品屠宰企业、饲料兽药生产经营企业、养殖场户等1723家，下达整改意见书30份。严格执行兽药经营告知制度，否则对经营企业及产品一律禁止经销、流通，坚决杜绝不合格兽药产品流入市场，已告知兽药经营品种422个，总数达1139个。富邦药业、惠好药业和华品生物等5家兽药生产企业，均实现赋“二维码”出厂、上市销售；49家兽药经营企业配齐追溯设备并纳入省追溯系统，实现生产经营环节的可追溯。同时，加强对全市5个兽药生产企业、49个兽药经营企业、28个饲料生产企业的监管，采取定期检查与不定期抽查相结合的方法，督促企业严格遵守GMP、GSP质量管理规范，依法吊销兽药经营许可证6家。

推进病死畜禽无害化处理　认真贯彻落实《安丘市病死畜禽无害化处理办法》，潍坊瑞景生物技术有限公司的病死动物无害化处理项目竣工运营。年内，初步形成以镇街区、村暂存，病死无害化处理场专人专车集中收集处理体系。是年3月，申报《安丘市病死畜禽无害化处理收集体系建设项目实施方案》，争取省财政资金100万元，用于病死畜禽无害化处理收集体系建设。2016年—2017年，落实各级财政补助资金702万元，保障了病死畜禽无害化处理工作的顺利开展，加快推进病死畜禽无害化处理全覆盖。是年10月，市畜牧局制定《关于病死畜禽无害化处理监督管理的补充规定》。《规定》明确病死畜禽收集标准、收集处理监管流程、监管责任人等内容，实行病死畜禽无害化处理与保险联动机制，将病死畜禽无害化处理作为保险理赔的前置条件，对不能确认无害化处理的，保险公司一律不予赔偿。至年底，全市集中处理病死畜禽10.5万头（只），实现病死畜禽无害化处理常态化管理。

【动物疫病防控】实行动物防疫制度改革　4月，市畜牧局制定《2017年安丘市动物疫病强制免疫计划实施方案》，继续把禽流感、口蹄疫等重大动物疫病免疫作为动物防疫工作的重中之重，组织全市706名村级动物防疫员以及镇街区畜牧兽医技术人员投入畜禽免疫注射工作。同时，进行动物防疫制度改革，改原来的散养户畜禽春秋两季为春秋冬三季的集中免疫和每月第三周补充免疫，提升畜禽强制免疫效果，实施规模养殖场常年按程序免疫的长效机制。基本做到“应免尽免，不留空档”，易感动物（猪、牛、羊、鸡、鸭、鹅等）免疫率维持在100%。强化应急物资储备，投资80万元，采购消毒剂10吨、隔离衣800件、电动喷雾器200台、冷藏箱200个等防控物资，发放消毒药品5.1吨。

加强疫病监测和流行病学调查　4月，市畜牧局下发《关于进一步加强H7N9流感防控工作的通知》《关于开展H7N9亚型流感病毒紧急监测的通知》和《2017安丘市动物疫病监测与流行病学调查计划》等文件，落实H7N9流感24小时专人值班和领导带班制度，严格实行日报告制度，重点开展布鲁氏菌病和H7N9流行病学调查，其中布鲁氏菌病普查奶牛0.1万头、肉牛3.17万头、羊23.88万只；H7N9流感普查家禽场户2112家、禽1650万余只，未发现临床阳性病例。加强日常监测和预警预报，全年免疫效果监测：口蹄疫样品1556份、H7N9亚型禽流感样品3841份，合格率达到99.5%，符合国家规定；病原学监测：口蹄疫、高致病性禽流感等样品1850份、布鲁氏菌病样品4995份，检测结果均为阴性。

开展基层动物防疫体系改革　9月，市政府印发《加强基层动物防疫体系建设实施方案》，首次推行基层动物防疫和畜产品安全协管员制度。按照“网格全覆盖、资源共分享、管理无盲区、责任可追究”的要求，划定监管网格，定人员、定区域、定职责、定奖惩，建立健全基层动物防疫网格化监管体系，实行网格化管理。

【无疫区建设】市畜牧局以巩固提升无疫区为主线，本着重监管、促发展的监管理念，“严把四关”即检疫监测关、无害化处理关、疫情防控关、畜产品质量关，持之以恒地抓好重大动物疫病防控，继续保持无重大动物疫病发生。6月，省财政拨付无疫区运转补助资金5万元，用于胶东半岛无疫区运转维护。10月，组织基层畜牧兽医技术员、养殖企业负责人共50人参加潍坊市畜牧兽医局重大动物疫病防控培训。

【畜牧行政执法】 与市市场监督管理局、市供销联社等部门开展农资市场集中整治，成立联合执法检查队伍，建立整治联席会议制度，实行资源共享、案件合查，齐抓共管。工作中始终保持高压严打态势，坚持横到边、纵到底、不留死角的原则，采取不间断、拉网式、全覆盖的督查方式，做到有案必查、有查必果，对使用违法添加物质、私屠乱宰，加工、销售病死畜禽等违法行为进行严厉打击；对构成犯罪的，移交司法机关依法处理。组织开农资市场集中整治、兽用抗菌药物专项整治、生猪屠宰“注水肉”及其他违法行为专项整治，出动执法人员6000人次，检查各类企业、养殖场户2950个，查处违法案件1起，即饲料类案件1起，依法进行处理。同时，开展“放心农资进乡村、质量兴牧保安全”宣传周、“安全生产月”等宣传教育活动，提高畜禽养殖、屠宰企业、兽药生产、经营单位的守法意识。

（王仰杰）

水　利

【概况】 2017年，安丘市水利工作立足安丘实际，高标准定位，高起点规划，高投入建设，努力打造“南北贯通、东西相济、库河串联、灌排结合、城乡一体、完善高效”的现代水网体系，呈现水利基础设施建设上新台阶，农田水利建设有了大发展，城乡供水实现一体化，水资源管理有较大突破，河道治理、水环境有较大改善的局面，为全市经济社会发展做出一定的贡献。

【抗旱防汛】 抗旱服务　7月7日强降雨之前，全市累计平均降雨量仅为182.4mm，远少于往年平均降雨水平。最严重时，全市130座水库，有84座干涸，占水库总量的65%。剩余的水库也多数处于死水位以下。全市18777眼机井出水不足。水利部门充分利用抗旱找水设备，为各镇街区测水找水100余次，抗旱服务队打井300多眼。

防汛工作　是年，安丘市降雨729.3毫米，比上年同期528.8毫米多200.5毫米，比往年同期555.75毫米多173.55毫米。针对汛情，全市迅速组织开展防汛大检查，对查出的问题及时提出整改意见和措施，限期整改。落实24小时防汛值班制度，对通讯、雨水情自动测报系统等设施进行检查与维修，确保运行正常，信息畅通。水利部门科学调度水资源，利用南水北调干渠工程进行调水，从8月3日至9月20日，于家河水库共计向下株梧、共青团、尚庄、牟山等水库调水1400万立方米。年底，牟山水库库容4098万立方米，于家河水库库容3090万立方米，尚庄水库库容844.8万立方米，下株梧水库库容816万立方米，共青团水库库容316万立方米，李家沟拦河坝库容130万立方米，南部水库库容390万立方米，合计9684.8万立方米。

【小型农田水利重点县项目】 安丘市2017年度农田水利项目县项目完成投资1994.12万元。其中，中央财政资金1000万元、省级财政资金800万元、县级财政配套资金99.52万元、受益群众投劳折资56.59万元。3月—7月，全市建设小农水工程5处，分别为官庄镇寨庄片，受益面积0.85万亩；金冢子镇芦洼片，受益面积0.5万亩；石埠子镇清河片，受益面积0.5万亩；石埠子镇荆埠子村，受益面积0.09万亩；柘山镇秋峪片，受益面积0.06万亩。

【全面推行河长制工作】 4月，安丘市全面推行河长制，动员全部力量参与河长制的前期筹备和推进工作，建立起市、镇、村三级组织体系，并组建了河长制办公室。印发《河长制实施方案》，完善各项工作制度。对河道问题进行排查摸底，编制河道问题清单，为“清河行动”提供重要依据。工作中，创新工作方法，创建河长工作手册、河长分工图、任务提醒卡、河道问题清单，建立河长总调度、助理单位总协调、各镇街区落实执行的“清河行动”工作模式。市委、市政府多次召开会议，研究河长制工作。市领导亲自靠上、全面指挥。全市治理乱占乱建、乱围乱堵、乱采乱挖、乱倒乱排“八乱”问题1640个，至9月初，已全面完成“清河任务”。安丘市清河任务进度列潍坊市第一名。潍坊市先后在安丘召开汶河、渠河现场会，安丘市在潍坊市召开的推进会上作典型发言。年底，河长制工作考核，被评为优秀等次。

【水政执法工作】 全市严格规范取水许可审批管理，落实好“最多跑一次”事项，办理审批服务事项56项，加大水行政执法力度，对重点取用水单位和河道河段及水源地进行巡查，共巡查260余次。组织开展“3·22世界水日”“中国水周”水利法律法规宣传活动，制定《安丘市2017年度单位取用水户年度取用水计划》；完成全市55家化工企业“节水评级”工作复核验收；开展河湖执法检查活动，维护全市水事秩序；加强水资源费征收，全市征收水资源费1734万元，超额完成全年任务。年内，市水利局被省水利厅列为“全省水利法治示范点”创建单位。并顺利通过省水利厅验收。

【移民后期扶持项目重点工程建设】 是年，全市移民项目投资1295万元，年内完成项目90%。市水利局积极开展移民人口集中核查清理专项行动，已完成财政供养及死亡人员的直补资金追缴工作。

【渔业工作】 市水利局积极开展基层渔技推广，组织渔业养殖技术培训班2期，培训示范户100人次；做好食品安全城市创建相关工作，完成自主抽检20个批次，抽检合格率100%；完成全市267只机动渔船的燃油补贴申报和发放工作。

【扶贫工作】 市水利局充分利用行业优势，为505户贫困人口和9个贫困村解决饮水安全问题；投资170.1万元，为局包村联户第一书记村凌河镇于家水西村修建道路5条，解决村民出行难问题；积极帮扶柘山镇夏家沟等村贫困户脱贫，组织爱心捐款11200元。

【砂资源河道管理】 2017年，市砂资源河道管理局紧紧围绕市委市政府中心工作，严厉打击非法采砂违法行为，保护砂资源的可持续利用，为安丘的社会发展和经济建设作出了积极贡献。

落实全市整顿治理矿产资源开发秩序工作会议精神，对全市非法洗砂点、存砂点进行排查摸底，并对摸底排查出的42处非法洗砂点及76处非法存砂点，下达限期拆除撤离机械恢复场地通知，对到期未履行整改的18处洗砂点、12处洗砂点，依法进行拆除、扣押洗砂设备8套，查扣装载机2台，运砂车辆7部，达到了依法治理非法采砂行为的目的。

坚持露头就打的原则，对乱采滥挖行为坚持严查严管，运用法律、经济等手段严厉打击非法盗采砂行为。一是部门联动，严厉打击非法采砂行为。从砂资源开采、运输等环节入手，会同公安联合执法，加强与镇（街区）工作配合，结合“河长制”推行，落实属地管理责任，形成砂资源齐抓共管局面，极大地震慑了不法分子；二是加大砂资源非法盗砂查处力度。严格落实巡查制度，对重点区域、重点部位进行重点监控，除日常巡查外，将执法人员分为五个值班组轮流夜间、双休日和节假日不间断执法巡查，始终保持砂资源执法的高压态势，不给违法者可乘之机，共查处非法涉砂案件34起，扣押非法采砂机械54台（辆），经济处罚70万元。

按照市领导安排，在对全市所有建设项目用地涉砂情况进行了详细的调查研究的基础上，牵头制定《安丘市建设项目用地管理办法》，对全市全部审批未建和在建项目进行全面调查摸底，目前已有8处建设项目纳入第一批砂资源使用管理费征收范围，其中，有3处已缴纳市财政155万元，其余5处，正在勘验、核价、下达缴费通知，工作已基本进入常态化。

景芝镇原大油方砂场到期后，开采方在渠河河道内弃置了大量采砂船和设备物资，成为河道行洪、安全度汛的极大隐患，4月24日至5月7日，我局协调有关部门投资近30万元，雇用了3台大型吊车和装载机，对该河道段弃置的11条采砂船、2条割边船、2个储油罐、2部装载机及工程板房，依法进行拆除和吊离河道管理范围，清除了影响渠河今年汛期防汛泄洪的安全隐患。8月，为迎接全国环保督查工作，自8月14日至25日利用12天时间对汶河下游湿地水草与垃圾进行了清理，雇佣4支专业队员，动用106船次，清理水域面积3万余平方米，垃圾外运30余吨，使美丽的汶河湿地又出现了碧波蓝天的景观。

（张法启）

2017年安丘市农村供水情况统计表

序号	农村供水工程名称	水厂名称	水厂所在地点	受益自然村数（个）	受益人口数（万人）	设计日供水能力（方）
1	50万人集中供水工程	金山水厂	兴安街道金山村	725	48.98	45000
2	石埠子镇集中供水工程	石埠子孔家庄水厂	石埠子镇孔家庄	60	4.00	4000
3	辉渠镇集中供水工程	辉渠北罗水厂	辉渠镇北罗村	46	2.66	2800
4	大盛镇集中供水工程	大盛水厂	大盛镇山北头村	58	3.20	3600
5	郚山镇集中供水工程	郚山水厂	郚山镇区	47	2.46	2400
6	柘山镇集中供水工程	柘山水厂	柘山镇区	17	1.25	1500
7	凌河镇红沙沟集中供水工程	红沙沟水厂	凌河东学涝山村	41	2.41	2400
合计				994	64.96	61700

林 业

【概况】 2017年，安丘市林业局围绕“争创国家级森林城市和生态园林城市、南部山区生态屏障建设、四个城市建设”等系列工程为主线，紧扣“一城、一圈、一区”生态战略规划，牢固树立绿色协调发展理念，按照“一年大变样、两年大突破、三年大提升”的目标要求，突出以“山、岭、湖、河、路、边”为重点，进一步加大植树造林绿化力度，着力构建“圈、带、点、面”有机结合，科学布局、功能完善的中心城市大绿化生态格局。编制《安丘市2017年植树造林规划》，确立未来五年全市完成植树造林11万亩以上、林木覆盖率提高5个百分点以上的总工作目标。全市完成植树造林4.29万亩，完成潍坊市林业局分配任务总量的477%。其中，退化林分修复0.63万亩，森林抚育0.22万亩。完成荒山绿化工程面积2.29万亩，主要集中在柘山镇秋峪、擂鼓山、虎崖流域；郚山镇九岭流域；辉渠镇辉渠南山、洞西头流域；石埠子镇后河流域；大盛镇鲤龙河沿岸；凌河镇拥翠山等，栽植黑松、侧柏等树种。完成用材林建设、水系绿化工程，绿化面积0.4万亩，主要集中在柘山镇秋峪流域，鲤龙河、汶河、渠河、浯河等沿岸，栽植杨树、柳树等树种。完成林果基地建设工程，绿化面积6万亩，主要集中在柘山镇彭家沟流域，郚山镇九岭流域，石埠子镇樱花谷流域，景芝镇九女山流域，官庄镇西河洼、凤凰岭流域，石堆镇步云岭流域，栽植核桃、樱桃、绿化苗木等树种。同时，扎实实施中央财政造林补贴项目、中央财政预算内投资防护林工程，并顺利通过潍坊、省及国家主管部门验收。

【创建森林村镇】 紧扣国土绿化任务，以森林镇村建设为主线，大力开展植树造林及美丽乡村建设，同时严格按照上级文件要求，申报潍坊市森林镇1处，潍坊市森林村4个。1月，柘山镇等4处，大路村等11个村被评为“潍坊市森林村镇”。

【山东安丘拥翠湖国家湿地公园验收】 完成国家林业局对山东安丘拥翠湖国家湿地公园的验收工作。湿地公园先后投资600多万元，实施水系水质水岸保护工程、水域水生植物保护工程、安装室内外科普宣教牌362块、警示标志120块、投放鸟巢100多个。建成科普馆1座，野生动物救助中心1个，生态停车场两处。利用湿地公园湿地自然学校，与社区、中小学校建立合作教学关系，成为中小学生自然科普教育基地，创出“湿地带社区、社区促湿地、湿地与社区共建”的新路子，通过举办“湿地鸟类摄影展”“爱鸟周”“野生动物保护月”“湿地科普游”等系列主题活动，集中向社会宣传普及湿地相关法律、法规及知识，有效提高公众认识湿地、保护湿地的环保意识。

【林业产业】 全市因地制宜，科学谋划，强化措施，以速生丰产用材林、优质特色经济林、林产品系列开发和苗木花卉、森林旅游为发展重点，以提高林业产业的市场竞争力为核心，调整优化区域布局和产品结构，通过建设生产基地、发展精深加工，加强质量标准体系和市场信息体系建设，实施名牌和龙头带动战略，加快推进林业产业化进程。通过体制改革、机制创新、扶持和创建龙头企业（合作社），真正建立起“企业加基地，基地联农户，利益均沾，风险共担”的林业产业化体系。新增安丘市于家洼大桃种植专业合作社、安丘市振周核桃种植专业合作社、安丘市四季春园林苗木种植专业合作社3家省级林业合作社，新增山东坤得农业生态有限公司1家省级林业龙头企业。按照“适地适树、集中连片、规模发展、突出特色、优质高效”的原则，全年新发展桃、大樱桃等林果基地1.6万亩，发展大樱桃、葡萄等高效大棚1500亩，新发展引进大桃、文冠果、榛子等新品种10余个，推广起垄栽培等新技术7项。年内，全市选育的文冠果新品种“开口笑”在潍坊通过国家林业局专家组评审鉴定。是全省多年来文冠果繁育出的第一个新品种。国家林业局文冠果工程技术研究中心将安丘市成为文冠果优质高效栽培示范基地。在第十四届全国林产品交易会上，我市选送的文玩核桃获得金奖。

【汶河林场改制】 按照国有林场改革工作要求，结合安丘实际情况，制定《安丘市国有林场改革实施方案》，实行场圃一体化改革。根据《关于国有林场改革中有关机构编制问题的批复》文件，改革后安丘市汶河林场为独立法人公益一类事业单位，实行财政全额预算管理，核定事业编制9名。

【森林防火】 以提升森林防火应急能力为重点，突出抓好防火责任落实、人员配备、基础设施建设、防火宣传等工作。通过召开会议、下发通知、现场督查等形式，做好森林防火工作，建立健全森林防火分工包靠责任体系，层层签订防火责任书，落实森林防火责任。市森林防火指挥部成员和市林业局中层以上干部分别包靠镇街区，每月不少于2次到镇街区进行森林防火督查，节假日落实全天时包靠山头，发现隐患，及时督促整改。10月份完成森林消防防汛（抗旱）队员招收工作，成立50人的森林消防防汛（抗旱）队伍。全年无森林火灾事故发生。

【林业有害生物防控】 严格按照《安丘市2017年重大林业有害生物防控方案》工作部署，依预防为主，强化监测预警。坚持定点监测与全面普查相结合，准确掌握林业有害生物特别是美国白蛾、松材线虫病的虫情，并积极进行科学防治。全市设立6个基层林业有害生物测报点，1个监测站，全年共发布虫情预报、防治通知等20余次。市林业局投资14.5万元，对郚山镇郭家河村、温泉河流域等美国白蛾发生区域进行有效除治，圆满完成本年度林业有害生物防控责任书"四率"目标任务，监测覆盖率100%，无公害防治率100%，测报准确率96%以上，产地检疫率100%，全市未发生林业有害生物灾害现象。

【林业行政执法】 加强林业执法，提高森林资源管护能力。一是加强林地林木管理。先后3次在市委常委会和市政府常务会作专题汇报。3月21日市政府常务会议就严控林木采伐，严格审批程序，严厉打击违法行为以及抓好森林防火工作进行专题部署。4月18日，市政府下发《关于进一步加强林地林木管理工作的通知》，全市上下形成"爱绿护绿"的良好局面。二是加大林业执法力度。严格执行林木采伐审批手续，严格执行林地保护利用规划，坚决遏制乱占林地行为，依法严厉打击盗伐滥伐林木行为。组织森林公安和森保科联合执法，开展"鸟类等候鸟保护""爱鸟周""野生动植物保护宣传月"等专项行动。全年共受理林木案件69起，查结破坏森林资源案件42起。其中，刑事案件10起，行政案件32起，清剿捕鸟网40余具，震慑涉林违法犯罪行为，有效管护森林资源。

【古树名木】 古树名木是"活化石""活文物"，它承载着自然、历史、文化内涵。安丘市古树名木种类繁多，历史悠久，传说众多、文化底蕴深厚，是全市文化、旅游内容的重要组成部分。全市现有古树名木488棵，主要包括国槐、木瓜、银杏、楸树、核桃、小叶扑、侧柏、流苏、酸枣、柿子、杏、板栗、毛白杨、梨、臭椿、黄连木、麻栎、黄荆、皂荚、青桐、柘树、圆柏、软枣、苦楝、藤萝、桂花、梨、小叶女贞、油松、五角枫、金银花、杜仲、石榴等树种。其中，国家一级（树龄500年以上）45棵，国家二级（树龄300年—499年）88棵，国家三级（树龄100年—299年）212棵，树龄不足100年名木143棵。

（林志红）

太平山生态林场

【概况】 2017年，太平山生态林场根据林场工作实际，公开承诺"担当作为、创争一流"，严格落实倡导"五种精神"、强化"五个导向"、健全"七项机制"，全面提高工作执行力，圆满完成年初确定的各项任务目标。

【树木栽植和管护】 为加大植树造林力度，提高绿化水平，改善林场生态环境，指导协调林场辖区内相关镇村完成年新造和更新造林1500亩，绿化树木7.5万株以上。通过采取疏枝、除草、浇水、去除病死木等抚育措施，增加林木蓄积量，林木成活率达85%。按照林场林木资源管理需要，配合相关部门及有关镇村，健全林区消防队伍建设，配备25人的森林消防防汛（抗旱）队伍。同时，集中林场力量配合相关镇村进行不定期护林防火宣传，通过村内发放宣传页、张贴宣传画、村口喇叭宣传、主要进山路口设立林区防火警示牌等多种方式，加强林区附近镇村居民森林防火意识，杜绝火灾发生。

【病虫害防治】 借鉴以往病虫害防治工作经验，完善太平山林场病虫害防控方案，明确目标任务、防控措施。与相关部门紧密配合，不定期进山巡查，坚持以预防为主、科学防治、健康发展为原则，采取物理防治与化学防治相结合的方式，利用悬挂虫灯、剪枝焚烧、喷洒农药、绑制草把等多种方法在不同的时期进行及时布置、稳步防控，确保达到有虫不成灾防控目标。

（孙希云）

城顶山生态林场

【概况】 2017年，安丘市城顶山生态林场按照市委、市政府总体部署，结合林场工作实际，积极履行职责，严格落实党风廉政建设责任制，担当作为，创争一流，全面加快生态绿化，加大森林资源管护，圆满完成年初制定的各项任务目标。

【树木栽植和管护】 协调林场辖区内镇村完成成片造林1600亩：实施新栽和更新造林，对原来的荒山、采伐迹地、残次林造林绿化，新栽侧柏、黑松等绿化苗木800多亩，植树4万株；发展优质果树基地，利用林场区划内大樱桃、核桃、蜜桃等特色果品优势，培植发展优良果品400多亩；配合镇村和景区建设，拓宽、改造、整修林区道路8公里，新栽、补植行道绿化树4000株；协调石埠子、辉渠、柘山三镇林场辖区村庄，开展林木间伐、修枝、清除林间杂草等抚育措施，完成中幼林抚育8000亩。

【森林防火和病虫害防治】 完善城顶山生态林场森林防火和病虫害防控方案，明确目标任务、防控措施。指导协调森林防火和病虫害防控综合治理，协调配合林场规划范围内镇、村，实施生态公益林补偿政策，制定管护守则，落实奖惩办法，按比例配备林场管护人员50人；加大森林防火宣传，在主要进山路口设立防火标牌、书写防火标语350多条（块），切实落实森林防火期巡查，年完成巡查里程500多公里；协同有关单位、镇村做好森林病虫害防控，实现林场、镇村、社区网格化防控，监测覆盖率、防治率100%，确保达到有虫不成灾防控目标。

（王子武）

汶河生态林场

【概况】2017年，安丘市汶河生态林场按照市委、市政府总体工作部署，结合林场工作实际，积极履行职责，严格落实党风廉政建设责任制，担当作为，创争一流，全面加快生态绿化，加大森林资源管护，涵水净水，圆满完成年初制定的各项任务目标。

【树木栽植和管护】指导协调林场辖区内完成新栽、更新侧柏、黑松等绿化苗木1800亩；通过扩大森林面积，加大林木土壤过滤降水能力，将水中所含坤、汞、铅、氰、氯等化合物以及病菌阻滞在土壤中，促进水源净化，采取补苗、间种等方式，加大沿河流域森林覆盖率；通过树木覆盖、节流降水作用，促进汶河流域水源涵养；协调林场辖区村庄，开展林木间伐、疏枝、除草、去除病死木等抚育措施，完成中幼林抚育1万多亩；配合沿河路整修，拓宽、改造、整修林区道路6公里，新栽、补植行道绿化树3000株。

【森林防火和病虫害防治】借鉴以往病虫害防治工作经验，进一步完善汶河生态林场森林防火和病虫害防控方案，明确目标任务和防控措施，指导森林防火和病虫害防控综合治理；协调配合林场辖区内镇、村，实施生态公益林补偿政策，制定管护守则，落实奖惩办法，按比例配备林场管护人员50人；加大森林防火宣传力度，设立防火标牌、书写防火标语480多条（块），切实落实森林防火期巡查，年完成巡查里程500多公里；协同有关单位、镇村做好森林病虫害防控，实现林场、镇村、社区网格化防控，监测覆盖率、防治率100%，确保达到有虫不蔓延，有虫不成灾防控目标。

（郑希福）

农业机械

【概况】2017年，安丘市农机局紧紧围绕市委、市政府的决策部署，落实好农机购置补贴政策，集中精力抓项目、抓投入，调整优化农机装备结构，稳步推进农机社会化服务体系建设，提升安丘农机装备技术水平和服务保障水平。

【农机发展】全市农业机械总动力达138万千瓦，农机总值12亿元，农机经营服务组织总收入5.1亿元。农机装备结构持续优化，粮食生产急需的大型拖拉机、小麦联合收割机、玉米联合收割机保持高速增长。农用拖拉机拥有量2.86万台，其中大中型拖拉机6055台。联合收获机械1507台。其中，玉米联合收获机659台，小麦联合收获机818台，花生联合收获机30台。农机化作业服务组织73个，农机户达到8万个，其中固定资产20万元以上的农机大户469个。登记注册农机专业合作社73家，资产总额7100万元，农机总值5500万元。全市机耕作业面积71050公顷，机播面积82300公顷，机收作业面积70385公顷，土地深松面积2600公顷。机械化免耕播种面积38200公顷，其中小麦免耕播种面积3300公顷。设施农业及经济作物机械化发展迅速，花生、大姜、大葱等播种、收获、管理全程机械化技术逐步推广。全市种植业和养殖业温室面积7800万平方米，滴灌微灌、臭氧消毒杀菌设备等也有长足发展。

【农机购置补贴】农机购置补贴继续实行“全价购机、定额补贴、县级结算、直补到卡”的补贴方式。根据新政策的变化，市农机局按照“集体研究、确保重点、阳光操作”原则，及时制定实施方案，合理确定重点补贴机具，配合市财政局，认真抓好农机购置补贴落实工作，争取中央财政农机购置补贴资金2300万元。全年共补贴农机具1158台。其中，玉米联合收获机械19台，小麦联合收获机械32台，轮式拖拉机792台，整地机械294台，其他机械21台套。受益农户和各类经济合作组织1100个，带动农民投入8000万元以上。

【农机服务体系建设】适应农业规模化经营的需要，积极培育农机社会化服务主体，升级农机社会化服务体系。加大政策扶持力度，引导农机服务主体“上规模、增实力、见实效”。通过农机购置补贴政策扶持、项目带动，鼓励有实力的农机服务组织流转承包土地，积极开展订单作业、全托管、联耕联种等服务模式，提高农机作业组织化程度。组织实施“互联网+农机服务”信息化，建立农机服务微政平台，依托平台整合利用农机服务资源，发布农机购置补贴、农机化项目等政策信息，开展新技术新机具示范观摩等。2017年发展农机服务组织成员80余个机主（组织）。

【农机合作社】大力培育壮大农机合作社等新兴社会化服务组织，是年，全市新增农机合作社18家，达到73家，资产总额7100万元，农机总值5500万元，有社员（从业人员）700人，年营业收入1500万元。

【农机技术培训】市农机管理服务站围绕农机新技术推广应用，突出实用技术培训，采取现场机具演示、组织实地参观学习等方式，按照农民实际需求开展“菜单式培训”。是年，先后组织保护性耕作技术培训班、花生全程机械化技术培训班2次，组织科技下乡活动3次。

【农机管理】 6月，安丘市撤销市农业机械技术推广站、市农业机械化学校，将职责、人员整体划转到市农业机械管理服务站，市农业机械管理服务站加挂市农业机械技术推广站牌子。市农机管理服务站严格按照《农业机械安全监督管理条例》要求，认真开展农业机械年度安全检验和驾驶人考核发证工作。全年检审拖拉机、联合收割机1208台，拖拉机、联合收割机新登记挂牌925台，新考核核发驾驶证136个。开展春季、三秋农机安全生产月活动2次，深入开展农机4S店建设和“星级文明农机维修网点”创建活动，推动农机服务保障水平不断提升。

【农机科技推广】 安丘承担实施山东省花生生产全程机械化转型升级推进项目，项目示范面积5000亩；承担实施深松整地项目，投资105万元，深松土地3万亩，分别在石堆、石埠子、柘山三镇实施；先后承办组织山东省花生生产全程机械化转型升级推进项目现场会（安丘专场），潍坊市“三秋”农机化生产作业现场会、花生生产全程机械化技术培训班、玉米飞防植保现场会等会议，大力推广玉米机收、秸秆还田青贮、籽粒烘干、土地深松、大田飞防等机械化技术。

【农机安丘经验】 市农机工作立足推进安丘农业转型升级，把握农机化发展方向，找准定位、主动作为、创新机制，市农机事业实现新跨越。抓服务，当好农机社会化服务总管。9月，市农机局组织开展农机服务组织调研，摸清农机服务资源。对现有73家合作社、469个农机大户、19家农机经销企业和盛瑞、海源等生产企业逐一登记，进一步摸清各类农机社会化服务组织的经营状况、规模情况，做到底子清。吸收农机生产经销企业、农机合作社、农机大户搭建农机微政服务平台。创新农机购置补贴机具核查办法。10月，召开由镇街区农业综合服务中心主任参加的2017年度农机购置补贴车辆核实工作会议。改变往年由农机部门单独核查为依托镇街区农综中心工作人员第三方核查，增强农机购置补贴工作透明度，公开公正农机购置补贴政策落实。

（毕永柱）

农业综合开发

【概况】 2017年，安丘市农业综合开发以高标准农田改造和扶持农业产业化龙头企业为重点，向优质粮食和有机农产品加工产业倾斜，着力推动农业龙头企业转型升级。全市共完成2016年度农业综合开发项目总投资3500万元，其中潍坊市级以上财政资金投入2719万元。建设高标准农田0.9万亩，生态、小流域治理项目1.2万亩，扶持农业龙头企业和农民专业合作社5家。

【土地治理】 在积极争取上级财政增加投入、足额落实地方配套资金的同时，争取相关优惠政策，鼓励企业资金、金融资金和社会资金投入高标准农田建设，千方百计拓宽投资渠道，创新投入机制。坚持以提高粮食主产能为重点，资金向水土资源条件好、开发潜力大和工作成效突出地方倾斜，集中资金，规模开发，着力建设高标准农田示范项目，积极打造粮食核心产区。是年，共完成2016年度土地治理项目4个。其中，高标准农田建设项目1个，生态综合治理项目3个。项目总投资2058万元，全部为财政资金。其中，中央财政资金1470万元，省级财政资金588万元。完成2017年度3个土地治理项目的招标工作，其中财政资金1680万元。

2017年度土地治理招投标项目 年内完成3个土地治理项目的招标工作。分别是：石埠子镇0.5万亩高标准农田建设项目，总投资680万元，全部为财政资金。其中，中央财政资金486万元，省财政资金194万元。大盛镇0.5万亩生态综合治理项目，计划总投资500万元，全部为财政资金。其中，中央财政资金357万元，省财政资金143万元。柘山镇0.34万亩生态综合治理项目，项目总投资500万元。其中，申请中央财政资金357万元，省财政配套资金143万元。

【产业化经营】 在农业产业化项目的选择上，营建立竞争立项机制，采取公开竞争的方式，确保项目选择公平公正、公开透明，缩小项目安排和资金分配的自由裁量权，调动项目建设单位的申报积极性。探索实行先干后补机制。对符合上级产业发展要求的项目，经初步论证后，实行先干后补的政策机制，鼓励龙头企业先行建设规模化、标准化的现代农业产业基地。严格落实扶持政策，集中扶持和培育产业关联度高、规模大、带动力强、利税水平高的农业科技企业、龙头企业和农民专业合作组织，加快带动农业增效和农民增收。

【重点扶持项目】 安丘尚都果蔬合作社80万公斤优质蔬菜种植园扩建项目 项目总投资90万元。其中，中央财政资金30万元、地方财政资金12万元，自筹资金48万元。项目主要建设内容：建冬暖式大棚2个，大拱棚6个，新上变压器1座，新铺设地下电缆800米，新铺设地下管道800米，修建道路260米。项目完成后，直接带动优质蔬菜基地300亩，带动社员106户，每户可增收3.7万余元，每亩预计增收1.31万元；辐射带动优质蔬菜生产基地1500亩，农户210户，每亩增收5000余元。

安丘市良秀生态家庭农场3000只杜泊羊养殖基地新建项目　项目建设需总投资82万元。其中，申请中央财政补助资金28万元，地方财政配套资金11万元，农场自筹43万元。项目主要建设内容：新建羊舍3栋1800平方米，沼气池1座80立方米，饲料加工车间100平方米，库房210平方米，围墙960平方米，消毒室1间20平方米，消毒池1个15平方米。项目建成后，直接带动周边养殖户20户，户均增收3万元，辐射带动本地和周边的养殖户（场）40个，年出栏肉羊20万只。

安丘市昱农家庭农场860吨鸡蛋加工新建项目　项目总投资80万元。其中，申请中央财政资金27万元、省财政配套资金11万元、单位自筹资金42万元。主要建设内容：新建包装加工、鸡蛋清洗、卤蛋加工厂房860平方米，杀菌釜1台，蒸煮锅2台，检测、化验设备1套。项目建成投产后，年生产加工鸡蛋860吨，年产值1032万元，年创利税77.4万元，利润总额103万元，吸纳人员就业26人。

安丘市庆亮果蔬合作社1600吨大姜加工改建项目　项目总投资90万元。其中，申请中央财政资金30万元、省财政配套资金12万元、单位自筹资金48万元。主要建设内容：改建蔬菜加工车间1座，建筑面积1000平方米；新建水泥硬化池10座，用于腌制大姜，配套钢结构顶盖10个；辅助硬化地面1000平方米；购置大姜清洗流水线1条。项目建成后，直接带动大姜种植户200户，辐射带动本地和周边大姜种植户600户。

潍坊汇润食品魔芋膳食纤维生产基地新建项目　项目总投资800万元。其中，中央财政资金250万元、省财政资金100万元、企业自筹资金450万元。项目新建生产车间1处，建筑面积1733平方米；购置魔芋纯化粉（胶）生产线1条。项目实施后，可直接使魔芋精粉加工企业增效，带动魔芋基地规模4585亩，可间接带动魔芋种植农户1170户，每户创收4万元；可新增就业岗位24个，将增加工资性收入100.8万元。

【山区开发】 合理安排帮扶项目和建设内容，多方筹集财政资金，保障2016跨年度重点扶持项目建设进度。

石埠子镇豆角地村水利设施建设项目　项目位于石埠子镇豆角地村。主要建设内容为：水库清淤3.015万立方米，护坡基础石墙及护坡75米，建设泵房1处，水泵1台及配套，低压线路1.5公里。项目总投资70万元。其中，潍坊市山区开发财政资金35万元、市财政配套资金17.5万元、镇村自筹17.5万元。

辉渠镇大杏山流域农业综合治理项目　项目位于辉渠镇驻地西南部尚家庄村。主要建设内容是：新建蓄水池2座，新打岩芯井2眼，建设泵房2处，铺设输水管道2.5公里。新修道路1公里，架设低压线路0.7公里，新修梯田50亩，栽植桃树3万棵。项目总投资100万元。其中，潍坊市山区开发财政资金50万元，安丘市财政配套资金25万元，自筹资金25万元。

郚山镇南官庄生态旅游建设项目　项目位于郚山镇驻地东北4公里处的南官庄村，主要建设内容包括：新建塘坝1座、圈养牧场1处；铺装街道9条；新修旅游观光路1条；新建引泉工程1处、窑洞1处、木屋1处。项目总投资130万元。其中，申请潍坊市财政资金65万元，安丘市财政配套资金32.5万元，自筹资金32.5万元。

【高标准农田建设创新试点项目】 安丘市万亩高标准农田建设创新试点项目　项目总投资4097万元。其中，争取中央财政资金2000万元、省财政资金800万元。分2017、2018两年实施。省市已下达2017年度第一批财政资金280万元计划，建设安丘经济开发区高标准农田0.17万亩，主要建设内容包括：新打机井5眼，铺设直径90毫米管道5公里，新上100KVA变压器1台，输变电线路5公里，新修4米宽水泥硬化道路4公里。

（庞世生）

农产品质量安全

【概况】 2017年，市农安办根据市委、市政府的总体部署，以做长做特安丘农业为目标，以初级农产品质量安全监管、农业综合标准化生产、农业投入品监管、农产品产地准出、检验检测体系建设为重点，狠抓源头控制，健全监管体系，切实加大农产品的检验检测力度，全力保障农产品质量安全。9月15日，安丘市再次荣登国家质检总局公布的2017年年审合格国家级出口食品农产品质量安全示范区榜单，连续七年蝉联此国家级荣誉。

【农业投入品整治】 组建综合执法队伍，加大执法检查力度　从事农业、畜牧、市场监管、供销等部门抽调执法人员，与市农业综合执法大队组成综合执法队伍，分成4个执法检查组，每个组包靠3处—4处镇街区，集中开展综合执法检查工作。执法检查组共出动执法车辆381台次，执法人员1183人次，检查农药经营业户1659家次、兽药经营业户89家次、种养基地33个次、生产加工企业11家次、肥料生产企业32家次，查办各类案件32起，其中移交公安机关1起。查封违禁农药280瓶（袋），查封违规化肥2.4吨，封存农药加工原料11吨，罚款7.35万元。

开展备案工作　根据“企业申报、告知备案、动态管理”的原则，实施农兽药经营告知制度，对所有进入安丘市范围内销售的农兽药进行严格的告知备案，所有备案的农药加贴追溯标识码，农兽药告知备案率达到100%。共备案农药生产企业455家、农药品种2703个，兽药生产企业101家、品种626个，饲料生产企业42家、品种214个。

依法实施有奖举报制度　设立违禁农兽药有奖举报中心和举报电话，鼓励群众举报经营使用神农丹、瘦肉精等禁限用农资行为。累计接到举报案件5起，查实2起，其中移交公安机关1起。

【食用农产品产地准出】　制定年度工作计划　根据《安丘市食用农产品产地准出管理办法》要求，制定《2017年食用农产品产地准出重点工作安排》，主要是对大姜、大葱、大蒜、西瓜、韭菜、花生、草莓、樱桃、小米等25种种植类原产地食用农产品和生猪、肉牛、肉羊、肉鸡、肉鸭等5种规模化养殖场的养殖类及屠宰厂食用农产品开展产地准出管理。

摸清食用农产品底数　组织市农业、畜牧、市场监管等部门集中力量，在各镇街区的积极配合下，全面摸清农业生产基地、种养大户、家庭农场、农民专业合作社和农产品初加工企业等农产品种植、养殖及加工、屠宰单位的详细情况，全部做到了底子清、情况明、数据准，并分类建立台账，全部上传到市级农产品质量安全信息监管平台。全市共建档99147户，完成应建档任务的100%。

完善食用农产品产地准出检测体系　严格按照食用农产品产地准出管理办法要求，在各镇街区设立102个服务辐射半径2公里的植物类社区固定检测站、20个畜产品检测站，检测站全部配齐检测设备、二维码打印设备，进一步提高检测能力水平。全年共完成食用农产品抽样检测306588批次。其中，种植类抽样检测218981批次、养殖类抽样检测87607批次。生成二维码49931个，食用农产品质量合格率100%。

（孙垂灵）

工　业

Gongye

综　述

【概况】 全市以“稳增长、调结构”为主线，以实现转型发展、提质增效为目标，大力实施“两促两培两提升”工程，重点谋划发展食品加工、机械装备等传统产业转型提升和电子信息、生物医药、节能环保、新能源及电动汽车、新材料等新兴产业创新突破，工业经济实现了健康平稳发展。

工业经济运行平稳　1月—12月份，全市规模以上工业企业累计完成工业总产值502.7亿元，主营业务收入493.1亿元、利税27.5亿元、利润18.1亿元，同比分别增长8.7%、6.1%、17.5%和18.6%；实缴税金11.1亿元，增长13.9%；工业用电量12.6亿千瓦时，同比降低2.8%。全市有22家企业上缴税金过千万元，总额达到7.8亿元，同比增长23.0%。其中，景芝酒业实缴税金2.5亿元，山水水泥7730万元，柠檬生化6725万元。有102家企业实现主营业务收入过亿元，总额达到379.9亿元，同比增长13.2%。其中，景芝酒业实现30.5亿元，柠檬生化（集团数）、振祥食品、闰成石化和惠康饲料4家企业过20亿元，鲁丰集团、盛瑞零部件2家企业过10亿元。

产业结构不断优化　通过重点转型提升食品加工、机械装备2个传统产业，创新突破电子信息、生物医药、节能环保、新能源、新材料等新兴产业，目前现代产业体系格局已初步形成。1月—12月，节能环保、电子信息、生物医药、新材料四个新兴产业实现工业总产值60.5亿元，主营业务收入58.8亿元，利润2.5亿元，实缴税金2.1亿元，占规上工业比重分别达到12%、11.9%、14%和19.1%。其中，电子信息产业、节能环保产业实交税金分别增长9.1%和59.5%。

项目建设扎实推进　以“大项目建设年”为总抓手，重点项目建设进展顺利。截至12月末，工业项目台账共提报计划实施的工业投入项目140项，总投资304.68亿元，投资过亿元的项目74个，总投资277.4亿元；亿元以下、5000万元以上的项目27个，总投资19.1亿元。重点调度的歌尔精密制造二期、渠风小麦深加工、和盛园熟食深加工、蓝驰环保产业园、博莱特扩产等项目进展顺利。目前，和盛园熟食、歌尔精密制造二期、金鸿新材料扩产等一批项目已基本建成，国林家居、盛瑞智能金属成型中心、歌尔三期、凌博机械等项目陆续开工。这些项目投资规模、投资方向和效益预期都比较好，为增强全市经济发展后劲将起到很好的推动作用。

转型升级稳步推进　一方面，大力推动新旧动能转换，充分利用各类资源，引导企业参加相关业务培训和政策解读活动，增强企业把握形势、创新求变的能力。全市389家规模以上工业企业中有158家企业正在或计划实施技改项目225个，总投资26.24亿元。目前，已有106个技改项目实施完成，94个项目正在有序推进，初步确定计划实施的技改项目25个，这些项目的实施有效推动了全市新旧动能转换，为产业强市建设奠定了基础。另一方面，扎实做好化工产业转型升级工作。对全市55家化工生产企业开展“四评级一评价”工作，目前，已全部结束。其中，有37家企业综合评价为“中”；18家企业综合综合评价为“差”。37家综合评价为“中”的企业，列入“改造升级一批”，按照全省化工产业转型升级和化工产业安全生产转型升级专项行动要求规范提升。18家综合评价为“差”的企业，列入“关闭淘汰一批”。责令关停并转，禁止从事化工生产。对发现的非法、违规企业和项目，立即依法取缔关停。

【两促两培两提升工程】 全面强化运行调度 强化监测调控，将规上工业分为11个行业，并结合工业增加值率情况，确定重点企业精准调度。加强重点调度，对龙头企业加强跟踪调度，发挥好支撑作用；对新投产企业重点包靠，尽快发挥拉动作用；对指标波动较大的企业，加强包靠力度，确保不出现剧烈波动。丰富数据来源，与统计、财政、国地税、供电、人民银行等部门建立月交流制度，选取了20家重点企业建立原材料、产品价格月调度制度，及时发现工业经济运行的新情况、新问题。

培强做大现有企业 深入实施“大企业培育”“潜力企业培强”工程，制定了《关于支持工业企业加快发展的意见》(安发〔2017〕21号)、《支持大企业发展和潜力企业培育的办法》(尚未印发)，推进优质资源向重点工业企业和优势企业聚集，加快形成行业“龙头”企业群和“隐形冠军”企业群，全市重点工业企业快速发展，辐射带动作用不断加强。其中，景芝酒业公司年产商品白酒能力10万吨，是全国芝麻香白酒生态酿造主产区；柠檬生化公司柠檬酸产能达30万吨，是全球最大的柠檬酸专业生产商之一；鲁安药业公司扑热息痛年生产能力达4万吨，居世界第一位，是国家医药工业百强企业；鲁丰集团是农业产业化国家重点龙头企业。2017年，全市规模以上工业有22家企业上交税金过千万元，其中，景芝酒业实交税金2.5亿元。有102家企业实现主营业务收入过亿元，其中，景芝酒业实现30.5亿元，4家企业过20亿元，2家企业过10亿元。景芝酒业、鲁丰集团、振祥食品、汇润膳食堂、华涛食品5家企业被认定为全国食品工业优秀龙头食品企业，天利机械、金鸿新材料、蓝想科技、埃尔派粉体、宏宇电力5家企业被认定为山东省“隐形冠军”企业。我市被认定为2016—2017年度全国食品工业强市。

全力服务项目建设 通过突出抓好“重点项目提速年”“项目建设百日会战”等活动，落实领导干部帮包项目责任制，引导资源要素向重点项目倾斜，全程服务推进项目建设。2017年，全市实施新希望六和禽肉深加工、歌尔精密制造二期等投资过亿元工业项目80个，完成投资96.5亿元，目前，歌尔精密制造二期、金鸿新材料扩产等重点项目已基本建成，国林木业、盛瑞智能金属成型中心、歌尔三期、凌博机械等项目进展顺利。制定出台了《关于支持工业企业加快技术改造的意见》(安政发〔2018〕6号)，设立3000万元企业技改引导基金，通过开展“一企一技改项目”活动，引导企业嫁接新技术、新工艺、新材料，提升发展品质。2017年，全市389家规模以上工业企业中有158家企业正在或计划实施技改项目225个，全市共有44个技术项目被列入山东省技术创新项目计划。

持续壮大核心竞争力 通过开展“五个一”科技创新型企业创建活动，培育高新技术产业增长点；引导支持企业加强与科研院所、高等院校合作，不断提高企业研发创新能力；引导企业大力实施标准化、品牌化战略，着力打造产品品牌、企业品牌和行业品牌；实施创新型企业家培育计划，每年开展“青云大讲堂”“高等院校培训班”“外出考察学习”等活动，打造具有战略眼光、创新精神的高素质企业家队伍。2017年全市新增院士工作站和省级、潍坊市级企业技术中心、工程研究中心等科研平台18家；18家企业被确定为潍坊市两化融合培育重点企业，恒安牌汽车散热总成、蓝想牌环保冷却塔被认定为山东名牌产品，海龙博莱特、景芝酒业赵德义荣获潍坊市市长质量奖，景芝酒业“一品景芝芝香”获潍坊市“市长杯”工业设计大赛一等奖。截至目前，全市共有高新技术企业22家，省级企业技术中心8家，工业设计中心2家，工程技术研究中心9家，拥有中国驰名商标8件，山东省著名商标23件，山东省名牌产品11个，荣获全国质量奖1个、省长质量奖1个、潍坊市长质量奖8个。

不断强化政府服务 努力破解土地瓶颈，通过抓好低丘缓坡未利用地开发、城乡建设用地增减挂钩、工矿废弃地复垦三项试点，加大闲置低效用地清理清查，2017年，全市获批建设用地3053亩，盘活闲置低效用地2016亩，按照“工业园区化布局”的思路，规划建设了歌尔安丘创智谷、安丘农谷、国林家居科技城、复合新材料产业园、装备制造产业园5个特色园区，规划总面积2.1万亩，为重点企业发展搭建了平台、蓄足了空间。着力补齐人才短板，出台了《关于加快建设创新创业人才高地的意见》(安发〔2017〕20号)，2017年引进硕士以上高层次人才186人，其中院士2人、“千人计划”专家2人。深入推进“放管服”改革，2017年全市共取消行政权力事项151项、行政事业性收费10项，在全省率先推行“最多跑一次”改革，梳理公布事项1011项，出台了《涉企重点问题定期会商解决工作方案》(安政办字〔2018〕15号)，建立涉企重点问题定期会商解决机制，3条渠道5个步骤7个部门14个镇街区分工明确，每月收集企业问题，月底由市政府主要领导召集有关部门和企业会商解决。

【现代产业体系建设】

食品加工产业

规模产能不断扩张。到2017年末，规模以上企业111家，实现主营业务收入233亿元，占全市工业的47.2%，同比增长15.8%。其中以景酒为龙头的酒类行业达30.6亿、以福华、三通为龙头的果蔬加工达67亿、以鲁丰、振祥为龙头的禽肉加工达45亿、以柠檬生化、福克斯为龙头的添加剂行业达35亿规模，景酒、柠檬、鲁丰、振祥、惠康等企业也成为全市工业排头兵。

品牌品质效应显著。我市食品工业以安全为出发点，立足良好的农业基础和丰富的农产品资源优势，依托农产品质量安全区域化管理"安丘模式"的影响力，突出"基地化、规模化"发展，以酒类、果蔬、畜禽、食品添加剂、粮食加工为重点，初步形成了研发、生产、物流、电商和旅游、休闲、餐饮、娱乐一体化发展的现代食品产业体系，现有景芝酒业"景芝""景阳春"、鲁丰集团"鲁丰"等中国驰名商标，"青正""万鑫""TTCA""友祥"等省著名商标，景芝酒业获全国质量奖，先后被认定为"山东省食品工业基地""中国食品工业强市"，品牌、质量、安全为标志的安丘市食品工业深入人心。

提质增效转型加快。产业内各主导企业以提升产能、优化工艺、延伸产业链为目标的大规模升级改造已逐步完成。景芝酒业公司以打造"百亿景酒"为目标，投资15.75亿元的景酒生态酿酒产业园、投资60亿元齐鲁酒地文化创意产业园项目已投入运营，产能实现了酿酒、包装自动化和信息智能化，产业链实现了向酒文化、制造服务化的延伸；柠檬生化公司投资15亿元新上渠风食品项目，实现了产品结构优化和资源循环利用，产品由单系列柠檬酸扩大到柠檬酸、谷朊粉、淀粉、酒精四大系列十多个品种，收入实现翻倍增长。渠风食品二期项目、和盛园食品屠宰熟食项目、华涛食品等10个重点食品工业项目，总投资22.4亿元，目前正在顺利推进，新的经济增长点正逐步形成。

机械装备产业

规模结构不断优化。到2017年末，规模以上企业103家，完成主营业务收入128亿元，同比增长7.4%，占全市工业的26.44%。机械装备业现已形成以发动机及零部件、电力铁塔、环保装备为主，工程机械、包装装备等多方面发展的优势产业，主要产品有内燃机及汽车零部件、输电铁塔、环保设备、工程机械、包装设备、电动机等，品类较为齐全，其中散热器、包装设备、造纸洗选漂等装备在国内同行业占主导地位。

产业聚集趋势明显。在推动装备制造产业集聚方面，充分发挥特色产业优势，依托园区平台，培育了一批产业特色突出、专业分工合理、协作配套完善、创新能力较强的装备制造产业集群。其中，以恒安散热器、盛瑞零部件为龙头的机车及配件产业集群；以长安铁塔、华安铁塔、五洲鼎益铁塔为龙头的电力铁塔产业集群；以通用机械、贝特重工、双丰重工为龙头的工程机械产业集群；以信川机械、鼎正机械、耀发机器为龙头的包装机械产业集群发展迅速，已逐步形成园区集聚、集群发展的良好发展格局。

自主创新能力明显提高。通过不断加大技术创新平台建设，企业研发创新能力不断加强。目前，我市装备制造业已拥有市级以上企业技术中心12家，占我市总数的1/3强，其中有恒安散热器、汶瑞机械、信川机械3家省级企业技术中心；品牌优势明显，环保设备、汽车散热总成、输电铁塔等成为全行业龙头产业，部分主导产品在各小行业内市场占有率高、竞争力强。

成套装备制造发展迅速。通过重点培育，汶瑞机械、耀发机器、鼎正机械、信川机械、科灵空调、贝特工程等一批集系统设计、系统集成、工程总承包和全程服务为一体，有核心技术产品的重点企业，初步形成了以工程带动相关装备制造业加快发展的良好格局。汶瑞机械公司现已成长为国内造纸业最大的制浆洗选漂及碱回收装备研发基地；长安铁塔公司电力铁塔产品最高电压等级达1000kV，特高压进网许可达到3家（长安、五洲、华安）；科灵空调公司成为"中国地源热泵主机生产十强企业"；恒安散热器公司年生产能力300万台套，是中国最大的散热器生产基地之一和中国汽车工业协会车用散热器委员会理事长单位。

【新兴产业突破发展】

电子信息产业

我市电子信息产业是以基础元器件、数字音频等产品为重点的新兴产业。截至12月底，实现主营业务收入11亿元、实缴税金3547万元，同比分别增长34.9%、9.1%。由歌尔股份投资的歌尔精密制造二期项目已建成投产，三期项目正有序推进。市委、市政府抢抓歌尔集团打造"千亿歌尔"战略机遇，规划建设了歌尔安丘创智谷，依托歌尔核心产业，集聚其上下游配套企业，打造链条完整、服务齐全、宜业宜居的产城综合体。

生物医药产业

我市医药产业是以原料药、成品药剂、医疗用品以及农、畜用药为主，主要产品有扑热息痛及成品药、大输液、医药中间体、卫生材料及医药用品、口服固体制剂、化学农药及兽用医药等，其中扑热息痛产能居世界首位。2017年，实现主营业务收入14.5亿元，实交税金4659万元。其中，鲁安药业公司具有较强的综合实力和技术研发实力，企业建有市级企业技术中心和解热镇痛药物工程技术研究中心，扑热息痛年生产能力达4万吨（世界第一位），同时拥有DC级扑热息痛9000吨、成品药（胃药泰尔赛克、感冒药新爱得等40多个品种）10亿片、大输液2亿瓶（袋）生产能力，"鲁安LuAn及图"为中国驰名商标，"新爱得"为山东省著名商标，2017年度荣获潍坊市市长质量奖。新上项目转型促动。我市生物医药产业现正处于成长阶段，近几年引进的瑞亿医疗用品、特珐曼药业、修正环球施普乐药业、长彤生物科技等企业已逐步形成规模；2017年，新引进的华品生物、特珐曼TPN171生物医药制剂项目等正加紧建设；鲁安药业2万吨扑热息痛扩建技改项目正在积极推进。

节能环保产业

我市节能环保产业是以造纸制浆专用装备、污染防治环保装备为主，地源、空气源以及工业余热利用和资源综合利用等多方面发展的新生力量，主要产品有造纸洗选漂设备、除尘及污水处理设备、工业换热器、热泵空调机组以及冷却塔等50多种产品，恒安散热器、汶瑞机械分别是全国汽车散热总成和环保设备行业龙头企业。2017年，行业实现主营业务收入14.8亿元，实交税金8167万元。集群化发展初具规模，以汶瑞机械、天洁环保、天利机械等为主体的造纸制浆环保除尘装备，以恒安散热器、蓝想环境科技等为主体的散热、换热装备，以科灵空调等为主体的能源利用装备，以盛宝玻璃钢、大华玻璃钢等为主体的玻璃钢冷却塔等各产业集群已初步形成，散热器、换热器、热泵机组、玻璃钢制品等主导产品龙头突出、特色鲜明，市场影响力大，规模优势明显，已具备集群化抱团竞争的前提基础。自主创新水平逐步提升，行业内现有恒安散热器、汶瑞机械、科灵空调、天洁环保、蓝想环境科技等高新技术企业5家，多数企业与高等院校建立了产学研合作关系，已有省级散热器企业技术中心、热交换器、造纸制浆工程技术研究中心各1个。汶瑞机械已成为国内造纸业最大的制浆洗选漂及碱回收装备研发中心；蓝想环境科技公司的高效节能型闭式冷却塔成为西昌和海南卫星发射中心的配套设备。

新材料产业

近几年，我市新材料企业紧紧抓住新旧动能转换的机遇，不断加大研发投入，成功实现转型升级。节能环保装备、超纤材料、高端轨道交通装备、碳化硅陶瓷、高端水性涂料等新材料产品不断涌现，极大提升了安丘新材料产业的档次和竞争力。我市高性能复合材料企业多由玻璃钢制品企业转型升级发展而来，具有较强的研发能力，产学研联系密切，发展势头强劲，目前，拥有省级企业技术中心1家，市级企业技术中心2家，市级工业设计中心1家。蓝想环境科技、盛宝传热公司是该行业中的佼佼者。山东凯仕利合成材料科技股份有限公司专业从事超纤材料的开发、生产和销售。潍坊三源铝业有限公司拥有现代化的铝板带箔加工设备，是专业生产热传输用铝合金复合板带箔的企业。山东金鸿新材料股份有限公司已成功转型为一家集反应烧结碳化硅陶瓷制品、碳化硅微粉、高性能碳化硅防弹陶瓷制品等新材料的研发、生产、销售、服务于一体的军民融合型国家级高新技术企业。山东七维新材料有限公司成立于2015年，是一家专注于高性能水性工业涂料的科技型公司，产品主要包括水性汽车涂料、水性农业装备涂料、水性工程机械涂料、水性重防腐涂料以及水性轻防腐涂料等。上述企业具有较强的研发能力，产品质量过硬，发展前景广阔。

【龙头企业】

山东景芝酒业股份有限公司 是我国白酒酿造骨干企业，芝麻香型白酒创领企业。位于“山东三大古镇”之一的景芝镇，迄今已有5000年酿酒历史。1948年，集景芝镇72家酿酒作坊于一体创立中国最早的国营白酒企业之一——山东景芝酒厂，1993年经山东省体改委批准改为股份制企业。目前已形成以白酒酿造为主，工业旅游、热电、印刷、蛋白饲料、污水处理等多元化发展格局。拥有员工3250人，占地面积667公顷，总资产30亿元，年产商品白酒能力10万吨，综合经济指标连续多年位居山东省白酒行业榜首。公司荣获国家质量领域最高管理奖——全国质量奖、山东省省长质量奖、中国白酒工业百强企业、全国守合同重信用企业、全国酿酒行业劳动关系和谐企业、中国芝麻香型白酒领军企业、国家AAAA级标准化良好行为企业、中国酒业文化百强企业等称号。2017年，实现主营业务收入30.5亿元，实缴税金2.5亿元。

潍坊振祥食品有限公司 位于中国百强镇之一的山东省安丘市景芝镇，公司成立于2000年4月，是一家集生猪养殖、屠宰、分割、冷藏、肉制品深加工、销售于一体的大型现代化企业。主导产品有猪白条、猪皮条、分割冷鲜肉等200多个品种。公司依托全国20多个省市的1000多家代理销售网点，成为大型商业集团和连锁店超市的合作伙伴，产品市场辐射强，覆盖面广。2017年公司新成立潍坊凯旋食品有限公司主要产品有台湾烤肠系列、调理肉串系列、鱼糜制品系列三大系列100多个品种。产品主要销往北京、天津、河北、浙江、江苏、湖南、湖北、广东、山东等省市，发展前景广阔。公司被商务部评为“示范企业”；通过了ISO22000食品安全管理体系认证、ISO9001：2008国际质量管理体系认证；先后获得“全省生猪屠宰管理先进企业”“山东省商贸流通先进企业”“潍坊市农业产业化重点龙头企业”“友祥”牌商标被山东省工商管理局评为“山东省著名商标”“友祥”牌产品被山东省肉类协会认定为“食安山东”放心肉类产品、“山东省肉类食品行业50强”等荣誉称号，是中国肉类协会会员单位，山东省肉类协会理事会员单位。2017年，主营业务收入26.1亿元，实缴税金140.1亿元。

山东鲁丰集团有限公司 成立于1976年，是农业产业化国家重点龙头企业，厂区占地52.9万平方米，员工4000人，总资产10亿元，已通过ISO9000认证，农场通过GAP认证，检测中心通过CNAS认可和实验室计量CMA认证，各类产品通过HACCP、BRC、IFS国际认证和SC认证；公司现有禽肉制品、调理食品、面食品、罐头食品、冷冻果蔬、干果、面粉等系列产品达到1000多个品种、规格，禽肉类熟肉制品和偶蹄类动物产品通过日本注册，禽肉类熟肉制品和水产品通过欧盟注册，各种产品通过美国FDA注册，面食、罐头分别荣获国际食品博览会金奖，是中国名牌产品企业、中国驰名商标企业、检验检疫信用管理AA级企业、潍坊市市长质量奖企业。公司建立了完善的产品质量安全控制体系和完善的加工配套设施，加工厂及其配套设施按进口国标准和HACCP标准设计，拥有国内外先进设备、加工线200余台套；参与制定了《初级农产品质量安全区域化管理体系要求》国家标准，实现了出口、国内和国际标准的“三标并轨”；公司建立了完善数据化溯源管理体系，通过追溯平台数据库系统、“同线同标同质”公共平台与企业管理系统的无缝对接，从源头、加工到销售每一个环节，通过移动终端可直接查询到产品各环节的信息，实现了从田间到餐桌的全过程质量安全控制。2017年，主营业务收入12亿元，实缴税金1760万元。

山东汇润膳食股份有限公司 是一家与高等院合作，集研发、生产、销售为一体的，致力于引领健康产业发展的综合性食疗养生保健公司。占地面积12.6万平方米，总建筑面积8.8万平方米，年生产能力3万吨，冷库储存2万吨。现已取得了日本农林水产省JAS有机认证、中绿华夏有机食品认证中心有机认证、ISO9001认证，是国家高新技术企业、山东省农业产业化重点龙头企业、中国魔芋制品最大的研发制造商。2017年，主营业务收入1.6亿元，实缴税金86亿元。

山东渠风食品科技有限公司 成立于2012年2月，是由山东柠檬生化有限公司自然人股东共同出资成立的股份有限责任公司，占地400亩，总建筑面积62062平方米，职工300人，年小麦加工能力100万吨，是潍坊市农业产业化龙头企业，国内最大的小麦谷朊粉和淀粉生产企业，全球最大的小麦谷朊粉专业生产商之一。公司品牌优势明显，产品先后出口到亚洲、欧洲、美洲等30多个国家和地区，并与多家国际知名品牌保持着业务关系，形成了其他厂家所没有的市场优势。近几年来，公司先后申请国家专利16项，其中11项实用新型已获授权；山东省技术创新项目2项；潍坊市工程技术研究中心－潍坊市小麦蛋白及生物肽工程技术研究中心。2017年，主营业务收入28.5亿元，实缴税金6725万元。

安丘福华食品有限公司 是由日本池田糖化集团（成立于1904年，是著名调味品生产企业，拥有研发团队260多人，在日本食品界享有百年声誉）于1995年在山东省安丘市投资兴建的日本独资企业，注册资本640万美元，占地10万平方米。主要从事蔬菜汁、脱水菜、冷冻菜、软包装罐头、调味料（液体、半固态、固态、调味油）等产品的加工和销售业务，产品远销日本、东南亚等国家。2017年11月公司又开展了新品牌「池久鲜」系列产品的国内销售业务。「池久鲜」系列产品，是安丘福华在日本总公司110多年的调味品制作经验基础上孕育而成的精品，现在已经和一些著名的食品采购商建立了合作关系，国内销售额每年递增。2017年，主营业务收入1.3亿元，实缴税金738万元。

潍坊和盛园食品有限公司 隶属山东新希望六和集团有限公司，2005年成立，注册资本1000万元，现有总资产7000多万元，员工1200余人。公司占地3万多平方米，建筑面积1.3万平方米。公司主要产品有冻分割鸡肉、鸡肉调理品、鸡肉熟制品等共100多个品种，日屠宰设计能力5万只，年生产能力3.5万吨，冷储能力1000吨，产品荣获“山东省清真食品行业十大品牌”“上海速冻、调制品十大推荐新品”“上海市食用农产品优质畅销品牌”等荣誉称号，是山东省首批世博会期间准许进沪销售的企业之一。公司拥有国内先进水平的肉鸡屠宰流水线一条，熟食车间拥有先进的油炸机、蒸柜、蒸煮机、单冻机、烧烤机、金属探测器等设备，各项设施、设备维护良好；化验室拥有气相色谱仪、液相色谱仪等先进检测设备，对产品的药残、微生物等指标可实行全程监控；公司产品获得了HACCP、ISO9001、QS认证，并按照ISO22000标准建立健全了完善的质量管理体系，严格按照GMP、SSOP、HACCP要求组织生产加工，保证了产品质量。2017年，主营业务收入3.5亿元，实缴税金653万元。

安丘源清田食品有限公司 是一家集蔬菜种植、储存、加工、销售及货物进出口的新型标准化日本独资食品加工企业。主营黑大蒜、软包装蔬菜罐头及生姜、大蒜等制品，营业额上亿元。旗下源清田品牌“黑大蒜”“有机天津甘栗”连续多年摘取世界食品品质评鉴大会金奖。公司目前拥有“公司＋基地＋标准化”的自属基地1000余亩以及各种原料种植合同基地4300亩，对各个基地严格实行统一安排种植计划、统一供应药肥、统一防治病虫害、统一农残检测、统一收购加工的管理模式，严格按照日本JAS有机食品的要求和GLOBALGAP－全球良好农业的操作规范进行栽培管理，做到了从“田间到车间”的全程服务与监控。为真正做到安心、安全，公司于2011年投资1200万元配套建设了农残检测中心，严把产品质量检测关，车间生产全面按照HACCP产品质量管理体系的要求设置5S标准工厂布局、生产车间、工艺流程，健全完善了产品溯源体系、自我监控体系、农残检测体系和内审体系，公司产品安全得到进一步保障。此外，公司先后取得了GAP认证、HACCP认证、ISO22000认证、日本大蒜特别栽培认证，进一步提高了产品品质。2017年，主营业务收入1.4亿元，实缴税金60.3

万元。

山东盛宝玻璃钢有限公司　前身为2002年成立的“潍坊盛宝塑钢有限公司”，2008年变更为“山东盛宝玻璃钢有限公司”。注册资金5000万元，占地65亩，职工180余人，主导产品有玻璃钢罐体、塔器、管道、冷却塔、拉挤型材及各种传统玻璃钢制品等20余个系列、200多个品种和型号，玻璃钢产能达到8000余吨，成套冷却塔等1000余套，玻纤布260万米，先后通过了ISO9001质量管理体系、ISO14000环境管理体系认证、OHS18000职业健康安全管理体系认证，为中国玻璃钢协会会员单位、山东建材工业协会和硅酸盐协会理事单位。2017年，主营业务收入2.9亿元，实缴税金1804万元。

山东大华玻璃钢有限公司　始建于2003年，占地60亩，注册资金5180万元，拥有各类专业技术人员160多人，是专业从事玻璃钢（FRP）系列产品开发、生产、销售、维修于一体的综合性企业。该企业有国内最先进的管道生产线3条，贮罐生产线6条及其它各种规格型号的散部件生产设备，拥有先进检测实验室，主要生产各种规格的玻璃钢夹砂管道、工艺管道、烟道、容器、塔器、冷却塔等，产品主要用于化工、石化、电力、印染、冶金、酿造、制药、造纸、水处理、食品、建筑、钢铁、养殖等行业。企业设计生产的标准运输罐首家通过“潍坊市锅炉压力容器检验所”验证，并在玻璃钢行业率先获得ISO9001：2008质量管理体系认证；ISO14000：2004环境质量管理体系认证；OHSAS18000：1999职业健康安全管理体系认证；玻璃钢容器和玻璃钢输水管的《全国工业产品生产许可证》。为中国玻璃钢协会会员单位、山东建材工业协会和硅酸盐协会理事单位。2017年，主营业务收入2亿元，实缴税金251万元。

山东蓝想环境科技有限公司　占地120亩，注册资金1000万，职工130余人，是专业从事冷却技术及复合材料产品研发、生产和服务的股份制企业。主要产品有大型冷却塔、闭式冷却塔、空冷器、复合式空冷器、蒸发式冷凝器、玻璃钢制品、循环水处理设备、环保设备等。其中，“节能组合型蒸发式空冷器”被列为山东省技术创新项目，高效节能型闭式冷却塔成为西昌卫星发射中心和海南卫星发射中心基地的配套产品，先后获得16项国家专利，取得“ISO9001:2008质量管理体系认证”、“国家危险品包装物容器生产许可证”等证书。2012年，公司与上海理工大学合作成立“产学研基地”及“高效节能节水蒸发冷却设备研发中心”。同时建立“潍坊市冷却设备工程技术研究中心”，成立“山东省玻璃纤维复合材料研发中心”，企业产品在科技创新及节能环保领域走在同行业前列。2017年，主营业务收入2.3.亿元，实缴税金422万元。

山东海龙博莱特化纤有限责任公司　1987年10月，安丘涤纶帘帆布项目立项。1988年5月，安丘涤纶帘帆布厂成立。1991～1992年，帘帆布一期工程建成投产，年生产能力2000吨，成为山东省第一家帘帆布生产企业。1993年11月，该厂加入潍坊化纤集团总公司。1994年10月，该厂研制生产的“浸胶涤纶帘子布”被评为国家级新产品，荣获山东省优秀新产品二等奖。1995年，研制生产的EP帆布通过省级鉴定，填补国内空白。1996年5月，安丘涤纶帘帆布厂更名为“潍坊大龙化纤有限公司”，研制生产的“双浴法浸胶涤纶帘子布”被评为“中国专利及新产品博览会金奖”；研制生产的“浸胶EP帆布”被评为“国家级新产品”；“神龙”牌EP帆布、涤纶帘子布”被评为“全国名牌商品”；芳纶帆布荣获“优秀创新奖”。1997年1月，公司参与制定的帆布行业标准通过国家级审定。1998年7月，公司通过ISO9001质量体系认证。1999年8月，生产的DSP子午胎骨架材料被评为“国家级重点新产品”。2000年10月份，4000吨捻织生产线扩产项目开工建设。2003年，潍坊大龙化纤有限公司资产重组，成立“山东博莱特化纤有限责任公司”。在市经济开发区征地600亩，新上年产5000吨高模低缩涤纶帘子布项目，总投资1.82亿元。2004年，“神龙”商标成为山东省著名商标，公司被选为中国橡胶工业协会常务理事单位，万吨工业长丝项目和5000吨帘子布项目开工建设。2005年，工业丝项目一期工程年产6000吨投产，博莱特化纤有限公司更名为“山东海龙博莱特化纤有限责任公司”。2006年4月，EP-600重型帆布开发取成功。2007年9月，“神龙牌”涤纶长丝获得“中国名牌产品”荣誉称号。同年11月，两万吨高模低缩涤纶帘子布项目浸胶车间开工建设，总投资6800万元。2008年5月，5000吨高模低缩涤纶工业丝项目开始试运行。2010年，“神龙牌”涤纶长丝获得“山东名牌”荣誉称号。2011年1月，总投资1亿元的年产600吨芳纶复合帘子布项目奠基。5月，受集团总公司影响，博莱特公司被寿光晨鸣纸业集团托管，8月结束托管。2012年2月，因山东海龙股份有限公司破产重整，博莱特公司经营模式由自主经营改为潍坊恒和置业来料加工。同年9月，博莱特公司正式进入破产重整程序。2017年，博莱特公司恢复独立运营。高模低缩涤纶帘子布技改项目开工建设，总投资5200万元。是年9月，南厂区退城进园，新建浸胶车间，总面积达4825平方米。2017年，主营业务收入5.9亿元，实缴税金1701万元。

潍坊雷克兰劳保用品有限公司　1996年成立的美国独资公司，主要生产一次性防护服、防阻燃服、化学服和手套四大系列产品，年产防护服8000万件。产品主要销往美国、欧洲、加拿大等国家和地区，产品在国际防护服市场上占有重要地位。1999

年，通过ISO9000国际质量体系认证。2001年，通过欧洲CE认证。2017年，主营业务收入2.1亿元，实缴税金1042万元。

安丘市鲁安药业有限责任公司 前身为潍坊第四制药厂。1980年8月，安丘县木器厂松醇油车间和安丘县印刷厂焊剂车间合并，成立安丘县第二化工厂。1988年12月，改名为潍坊第四制药厂，并成立扑热息痛车间。1989年4月，扑热息痛正式投产，形成以生产医药产品为主、化工产品为辅的综合性企业。1991年2月，被化工部评为“化工清洁文明工厂”。1994年，扑热息痛产量达到1042吨，完成产值4047万元，销售收入2735万元，资产总额增长到1401万元。1996年，扩建扑热息痛厂房1000平方米，同年10月投产运行，年生产能力达到3000吨。1996年6月，公司取得自营进出口权。1997年10月，利用美国NEC公司技术，新上复合扑热息痛生产线，填补该领域国内空白。1998年5月，第二次扩产扑热息痛，新增建筑面积3000平方米，采购设备200多台套，于当年11月投产运行，扑热息痛年生产能力达到8000吨。1998年12月，潍坊第四制药厂正式更名为安丘市鲁安药业有限责任公司。1999年3月，扑热息痛在国际药品、医学、医疗器械成果博览暨学术交流研讨会上被评为“优秀成果金奖”。同年9月，公司第三次扩产扑热息痛，同时配套建设醋酸钠和锅炉项目，采购设备300多台（套），20吨锅炉一台，2000年10月投产运行，扑热息痛年生产能力达到1.2万吨，居国内第一位。2001年8月，第四次扩产扑热息痛，2002年10月竣工，扑热息痛生产能力达到2.4万吨。2003年，新上制粒项目，引进德国制造的世界最先进WSG-3000制粒机；建设热电联产项目，新上35吨锅炉两台，3000KW发电机组一套。2005年，建设大输液项目，新上生产线4条，年生产能力达2亿瓶（袋）。2006年，公司被授予“山东省成长型中小企业”称号，成为山东省高新技术企业；热电联产项目投入使用；公司开始生产感冒用药新爱得、胃病用药泰尔赛克，填补安丘历史上无成品药的空白。2007年，注册商标“鲁安”被评定为山东省著名商标，并通过质量管理体系、环境管理体系、职业健康安全体系三个体系认证；公司利用一步法生产DC级对乙酰氨基酚被国家科学技术部列为“国家火炬计划重点项目”，被国家知识产权局授权为发明专利；公司自主研发成功喷雾造粒专利技术，填补国内空白，成为中国第一家拥有该项技术的企业。2008年，公司新上扑热息痛喷雾造粒项目，年生产复合扑热息痛颗粒3000吨，产品销往欧美等市场；建设固体制剂技改项目，年生产能力达50亿片，为国外贴牌加工；建设闭路循环水项目，日处理废水1万吨，重复利用率达到96%，实现外排水重复利用和零排放。2009年8月，总投资2.2亿元，新上扑热息痛扩产技改项目，按照美国FDA及中国新版GMP标准设计，实现全程监控、全自动化，达到国际先进水平。扑热息痛年生产能力提高到4万吨。该项目配套建设污水双效处理项目、母液回收项目、提纯提酯项目、锅炉项目。提纯提酯项目：与南京工业大学合作，采用萃取精馏工艺，建造稀酸提纯项目，安装设备50台（套）。处理后的稀酸，浓度由7%提高到99%，进行再次回收利用，变废为宝。母液回收项目：安装设备52台，回收利用部分扑热息痛，同时对部分浓度为50%的稀酸通过提纯，进行再次利用。污水双效处理项目：安装设备45台（套），回收利用部分扑热息痛。污水蒸发处理项目：安装设备38台（套），减少污水排放对环境的污染。锅炉项目：新上35吨锅炉一台，配套建设水处理系统（120吨/每小时）、电除尘及脱硫项目。2009年12月，公司喷雾干燥法生产DC级对乙酰氨基酚的工艺研究与开发项目，获潍坊市科技创新优秀成果二等奖，公司获建国六十周年山东省医药行业功勋企业称号。2010年，对扑热息痛3号生产线烘干设备进行改造，双锥改为流化床，增强烘干效果。2012年3月，投资2亿元，新上4000吨DC级扑热息痛扩产项目（直接压片），从德国进口世界上最先进的格拉特一步制粒机，形成12000吨年生产能力，位居世界第一位；按照国家新版GMP的要求，对扑热息痛生产线和大输液生产线进行技术改造，进一步优化了生产工艺。到2017年，安丘市鲁安药业有限责任公司拥有员工1300余人，总资产15亿元，占地面积600亩，主导产品原料药扑热息痛年生产能力达4万吨，同时拥有DC级扑热息痛、成品药、大输液及白乳胶等众多产品。扑热息痛产品通过中国GMP认证、美国FDA认证、欧盟EDQM认证及加拿大政府和强生、史克、施贵宝等多家国际知名制药公司的质量审计，80%以上的产品出口到美国、英国、德国、法国、日本等100多个国家和地区。同时，公司与美国强生制药公司确立“战略合作伙伴关系”，被认定为“合格供应商”。在国内与扬子江药业、贵州百灵、三九药业、吴氏集团、修正药业等知名企业建立长期稳定的供需合作关系。注册商标“鲁安”被评定为中国驰名商标、成品药“新爱得”被评定为山东省著名商标。2017年，主营业务收入7.6亿元，实缴税金3762万元。

山东特珐曼药业有限公司 位于安丘市经济开发区，占地50亩。2010年，通过欧盟药品GMP认证。2012年，获国家食品药品监督局药品生产许可证，是安丘制药工业中创新科技的代表性企业。公司致力于高新技术成果转化以及低耗环保的绿色合成工艺的产业化，至今已累计申请药物发现与药物合成工艺发明专利30余项，拥有专利使用权60余项。该公司与上海特化医药科技有限公司、中科院上海药物研究所共同研发的一类新药“TPN729”(用于肺动脉高压症)，于2008年荣获“重大新药创制”国家重大科技专项基金的支持，并完成全面、规范的临床前研究。2017年，主营业务收入9229万元，实缴税金282万元。

山东华动铸造有限公司 原为山东潍柴华丰动力股份有限公司子公司。2011年6月，潍柴动力与华丰动力签订收购协议，山东华动铸造有限公司正式成为潍柴动力（潍坊）铸锻有限公司全资子公司。造型工部采用2条德国进口HWS全自动静压造型线，配有组合下芯机、进口全自动浇注机、英国克莱斯曼铸件抓取机械手等辅助设施，采用静压工艺造型；砂处理工部配有全自动在线型砂检测仪，全程控制型砂质量，其中砂处理关键设备如变频转子混砂机、双盘冷却机等采用德国爱立许、法国法迪尔克技术设备生产；熔炼工部采用德国ABP公司生产的全自动中频电炉3套6台，熔化能力10-12T/h；制芯工部采用三乙胺冷芯工艺，配备德国Laempe全自动冷芯制芯中心，并配有辅助芯制芯单元和砂芯组芯输送线，热芯盒以覆膜砂工艺为主；清理工部配备高效全自动机械手抛丸机进行铸件精抛，铸件实现辊道输送流水作业生产模式。主要产品有潍柴WD615柴油机机体、缸盖、曲轴箱、飞轮壳等铸件毛坯，年产能力7万吨。2017年，主营业务收入2.4亿元，实缴税金2431万元。

山东秋辰机械制造有限公司 成立于1982年，总资产8000余万元。铸造厂区位于峡山区，占地90亩；机加工厂区位于市经济开发区，占地105亩。是一家集铸造、加工于一体的专业化铸铁件生产厂家，与小松建机、潍柴动力、华丰动力、日立等著名公司建立良好合作关系。主要产品有发动机缸体、缸盖、高速火车制动系统配件、轮毂、制动鼓、轴毂和工程机械配件等，年产能力3万吨。2017年，实现主营业务收入1.6亿元，上缴税金163万元。

汶瑞机械（山东）有限责任公司 其前身为为安丘县纺织机械厂、安丘县矿山机械厂，1995年更名为安丘市机械厂。1997年，与深圳方合资组建安丘市汶河环保实业发展有限公司。1998年，该公司与英国安达克海外有限公司共同出资组建安丘汶瑞机械制造有限公司。2006年，与印尼金光纸业（中国）投资有限公司、美国施贝尔国际有限公司合资成立汶瑞机械（山东）有限公司。2012年8月，由印尼金光集团全额买断，成为金光集团独资公司。拥有总资产3.42亿元，员工836人，是国内造纸业制浆洗选漂及碱回收装备最大的研发生产基地，也是国家环保总局认定的重点技术依托单位和国家重点高新技术企业。1990年，安丘矿山机械厂开始生产以洗浆设备为主的造纸制浆洗选漂及碱回收苛化设备。1991年，研发生产造纸用转鼓真空过滤机。1993年，独立开发成功当时国内最大的35平方米鼓式真空洗浆机，用于寿光晨鸣集团50吨/天碱回收项目。1997年，安丘汶河环保实业发展有限公司成立后，开始以造纸制浆生产线为发展主线，以洗浆设备为发展重点。2000年始，着手研究设计双辊挤浆机。2005年，研制成功国内第一台大直径高效率草浆黑液提取设备——单螺旋压榨脱水机，该机适应于年产3万吨以上草浆及5万吨木浆制浆造纸企业进行各种浆料的粗浆黑液提取，该机在相关纸厂投入使用后，单机提取率达75%以上，与真空洗浆机串联使用，黑液提取率达93%以上，技术国内领先。到2017年底，公司主要产品有以鼓式真空洗浆机及双辊置换压榨挤浆机为主的造纸洗浆及黑液提取成套设备；以白泥预挂过滤机及压力过滤器为主的造纸碱回收苛化工段成套设备；以多盘过滤机及内滤式圆网为主的白水回收及浆料浓缩设备；造纸少（无）氯漂白工艺与成套设备；造纸CSMP、APSP化学机械制浆成套设备。其中，造纸污水处理碱回收成套设备在非木纤维制浆技术上应用达到国际先进水平。麦草浆洗选漂单条生产线的装备能力可达8万吨/年，化学木浆洗浆单台生产能力达到2000吨/天，年产60万吨浆；掌握了生产800吨/天木浆成套技术装备；研制开发了APSP技术，已申请两项国家专利、通过省级鉴定，并填补国内生产制造全套化机浆生产线的空白。汶瑞机械已为国内600余家造纸企业配套设备，并出口加拿大、印度、印尼、泰国、越南、俄罗斯等国家。2017年，主营业务收入5.1亿元，实缴税金3930万元。

潍坊恒安散热器集团有限公司 1986年，境内生产汽车零部件企业仅有安丘县水箱厂一家，年销售收入961万元。1992年，县水箱厂投资960万元，引进美国、德国制管机、滚待机等关键制造设备，建成管片式、管带式和大型工程机械散热器三条生产线，年生产能力由8万台提高到30万台，产品质量达到或超过国际水平，产品出口美国、加拿大等国家，并成为全国同行业唯一一家出口企业。年出口交货值1200万元，成为全国水箱行业最大的出口创汇企业。1993年3月，安丘县水箱厂更名为“山东潍坊水箱厂”。1995年，投资9000万元，建设年产“50万台铝质散热器生产线”，从美国引进高频焊接制管机、钎焊炉等国内外最先进制造技术和工艺生产铝质散热器。1996年建成投产，是国内第一条铝质散热器生产线，产品填补国内空白，水箱年生产能力由30万台提高到80万台。1998年11月，山东潍坊水箱厂改制为“潍坊恒安散热器有限公司”，注册资本1800万元。并将产品向工程机械方向、汽车方向、出口方向调整，放弃技术含量低、附加值低的195、295等低端产品，在全国水箱行业率先提出“模块化产品”供货理念，把水散热器、中冷器、油散热器、冷凝器、机冷器等多个产品组合成冷却系统单元整体销售，产品供不应求，模块化产品占到销售收入的70%以上。2003年6月，公司实验室通过中国合格评定国家认可委员会实验室认可。2004年10月，潍坊恒星散热器有限公司在市经济开发区成立，注册资本1200万元，占地110亩，建成年产60万台水箱生产线，主要生产工程机械产品、农业装备产品和发电机组产品，年生产能力由80万台提高到110万台。2005年4月，成立潍坊恒安散热器集团。下设潍坊恒星散热器、潍坊恒昊国际贸易、潍坊恒耀机械、潍坊恒安热交换器检测有限公司四个全资子公司。2006年，公司投资3.2亿元，建设“年产150万台节能型热交换器项目”，建成出口热交换器、车用空调、板翅片式热交换器、内翅片式中冷器4条生产线，为公司规模化生产、模块化供货打下基础。同年12月，公司被国家质量监督检验检疫总局认定为产品质量免检企业。2007年7月，公司被国家质量监督检验检疫总局认定为中国名牌产品企业。2008年2月，集团公司由安丘市潍徐南路272号搬迁至安丘市经济开发区莲花山路。集团分铜铝两个分厂。铜厂区占地110亩，主要生产工程机械产品、农业装备产品、客车产品和发电机组产品；铝分厂占地165亩，主要生产汽车产品、工程机械产品、农业装备产品、叉车产品。同年10月，公司被科技部认定为国家高新技术企业。2010年，集团投资5.2亿元，在经济开发区建设“节能环保工业园”项目，占地198亩，主要生产工业用闭式冷却塔、蒸发式冷凝器、脱硝脱硫除尘设备等高新技术产品。2011年，公司与广州大华公司合资成立潍坊大华恒安管业有限公司，主要生产散热器管和中冷器管。同年11月，公司“恒安”牌商标被国家工商总局认定为中国驰名商标。2012年2月，公司获潍坊市市长质量奖。2017年，公司发展成为中国最大动力设备散热器生产企业之一，有员工800余人，占地500亩，是中国汽车工业协会车用散热器委员会理事长单位，先后荣获中国驰名商标企业、名牌企业、汽车零部件散热器行业龙头企业、内燃机零部件行业排头兵企业和国家免检企业、高新技术企业及山东省明星企业等称号。产品主要包括铜质、铝质的水散热器、油散热器、空气中冷器、暖风器、冷凝器、蒸发器、车用空调、EGR冷却器及模块化产品、工业热交换器、脱硝脱硫除尘设备等十几类，年生产能力300万台套。配套机型覆盖工程机械、卡车、乘用车、农业机械、摩托车以及发电机组等。主要为柳工、厦工、龙工、临工等前十大工程机械主机厂及中国重汽集团、欧曼重卡、陕汽、江淮汽车集团、上汽依维柯红岩等前十大重卡主机厂配套，多次被中国重型汽车集团评为战略合作伙伴；工程机械产品、重卡产品、高端农业装备产品主导全国相应市场，产品出口美国、加拿大等国家和地区，并直接为法国标致公司配套。公司先后取得专利技术58项，国家级产品10多个。公司在全国同行业第一个将水油两种散热器复合为一体，填补国内空白；第一个将铝质散热器投入国内市场，引领全国内燃机散热器更新换代的革命；第一个提出模块化产品供货概念，产品铜铝散热器结合组填补国内空白产品。公司技术中心被山东省科技厅认定为省级工程技术研究中心，是全省同行业唯一一家权威性科研机构。公司投资2000万元建设的新研发中心和检测中心通过国家实验室认可，引进国内外最先进的的检测试验设备和仪器，达到世界先进、国内领先水平，是全国散热器行业中唯一的一家具有权威性的实验室。2017年，主营业务收入7亿元，实缴税金1231万元。

潍坊长安铁塔股份有限公司 拥有员工1500人，年生产能力15万吨，拥有亚洲最大的多边形钢管塔生产线和18项国家专利，主导产品是1000kV及以下电压等级输电线路角钢塔、钢管塔、大跨越塔、变电架构等，延伸产品包括风力发电设备塔架、起重设备及各种镀锌钢结构。1986年，山东安丘电力修造厂在开展汽车维修业务同时，开始涉足电力铁塔领域。1992年与鞍山铁塔厂联营，生产电力铁塔。1992年10月，研制的35kV圆形钢管单柱钢管塔通过鉴定，填补国内空白，并取得实用新型国家专利。1993年12月，安丘电力修造厂改组成立“山东潍坊长安电力铁塔制造股份有限公司”，注册资本500万元，主营输电线路角钢塔、钢管塔、变电构架和电力金具的生产、销售以及汽车维修。1994年，公司取得220kV输电线路铁塔生产许可证。1995年，建成同行业中第一个CAD辅助设计室。1996年5月，公司更名为“山东安丘龙蕃长安铁塔股份有限公司”，注册资本增加至1000万元。同年，取得500kV输电线路铁塔生产许可证。研制的220kV双回路钢管塔（南京莫燕线）投入运行，开创中国第一条220kV双回路大容量钢管塔进城的先例。1997年，通过ISO9001质量认证。被国家科技部评为“全国CAD应用工程示范企业”，山东省科技厅认定为“山东省高新技术企业”，公司技术研发中心被认定为“潍坊市市级企业技术中心”和“山东省输电结构工程技术研究中心”。1998年9月，公司更名为“潍坊长安铁塔股份有限公司”，年内研制的钢管大跨越塔投入运行。此后，公司研制的数十基大跨越塔投入工程建设。因该塔型技术复杂，加工难度大，一度成为企业技术实力的象征。主要工程有220kV上海崇明岛大跨越塔，塔高128米；±500kV芜湖长江大跨越塔，塔高229米，跨越档距1910米，单基塔重920吨，被誉为“长江第一跨”；500kV马鞍山长江大跨越塔，塔高257米，跨越档距1960米，单基塔重1843吨，塔中间设电梯，当时属国内最高的输电钢管塔；500kV南京三江口大跨越，塔高249.5米，单基塔重1890吨，为全国第二高输电钢管塔；南方电网榕江大跨越塔，塔高215.5米，跨越档距1444米，塔重1730吨，是广东省内高度最高、跨越档距最长的跨越工程；1000kV汉江大跨越铁塔，该塔是中国第一条1000kV特高压交流试验示范线路（晋东南—南阳—荆门）工程中最雄伟的铁塔，该塔创造了6个“特高压之最”，主跨越档距1650米、导线横担重量91吨、单件构件重达8吨、单基塔重1100吨、塔高181.8米、根开39.06米。1999年，铁塔产量2万吨，取得220kV输电线路钢管杆生产许可证，开始生产500kV自制多边形钢管变电构架，这一结构在国内多座500kV变电站得到推广。2000年11月，自主开发的“CAERP系统”通过省级鉴定，属同行业首创。研制的220kV四回路及500kV双回路、多回路钢管塔通过真型试验，应用于广州北罗线、长江三峡等输电工程中。2001年9月，投资4000万元实施的“长安三大技改项目”（500kV大跨越试装基地、引进德国的电热镀锌改造工程和第三条钢管塔流水线）竣工，公司产能规模提升至6万吨。2003年10月，公司新征土地230亩，建设长安铁塔工业园，总投资逾3亿元。一期工程于2004年9月竣工投产，建成角钢塔生产车间；二期工程于2005年10月开工建设，2006年7月竣工投产，建成镀锌车间。12月，公司放弃汽车修理业务，专注于输电线路铁塔研制和生产；2007年，与山东五洲集团联合出资成立潍坊五洲风电设备有限公司，生产销售风力发电塔。三期角钢塔扩产工程于2009年3月开工建设，同年7月竣工投产，公司产能规模提升至15万吨。2009年，为国家电网公司特高压杆塔试验基地研制1000kV特高压杆塔试验主加荷塔，塔高153米、塔重2300吨，属世界第一高度真型试验加荷塔。2010年产品产量达到11万吨。2012年，公司股权变更到青州中晨集团名下，实行内部改革，精减管理机构和管理人员，公司生产经营一度下滑，但企业管理毕竟走向科学化、合理化，产量仍保持在7.8万吨。2017年7～12月，公司对生产布局、工艺流程进行优化调整，产能提升至20万吨。2017年，主营业务收入7.9亿元，实交税金3578万元。

山东华安铁塔有限公司　成立于2004年，占地23.4万平方米，其中建筑面积5.3万平方米，注册资金8160万。主要生产角钢塔、钢管塔，年产能力5万吨。于2004年荣获省级星火骨干企业称号，2008年荣获山东省新技术企业称号。2017年，主营业务收入4.5亿元，实缴税金1543万元。

潍坊五洲鼎益铁塔有限公司　其前身是五洲风电铁塔公司，成立于2005年成立。2012年，改组为潍坊五洲鼎益铁塔有限公司，注册资本1.06亿元，位于新安街道青龙湖路西路中北侧，占地总面积达550亩，厂房面积5.35万平方米，是生产电力铁塔、风力发电塔架的专业厂家，可生产1000kV及以下电力铁塔，3000kW及以下风力发电塔架。公司拥有750kV输电线路铁塔生产许可证，通过ISO9001质量管理体系认证和国家电网供应商资质现场审核，并取得国网35kV-750kV角钢、钢管资质业绩核实证明，具备1000kV铁塔生产能力。公司具有较强的技术骨干力量，拥有输电标准化委员会委员1人，中国钢结构协会塔桅钢结构分会理事1人，取得国家电网公司钢结构焊接技术指导委员会认证证书的焊接管理人员20人、Q460/Q345焊工证101人，其他各类专业技术人员121人，并在国内几大设计院聘请专家担任技术顾问。公司是《输电线路钢管塔制造技术条件》、《风电机组筒形塔制造技术条件》等标准的主要参编单位，相关人员参与了DL/T5130—2001《架空送电线路钢管杆设计技术规定》《架空输电线路钢管塔设计技术规定》《输电线路钢管塔薄壁管对接焊缝超声波检验及质量评定》等国家标准和行业标准编写。2009年，公司完成广州供电局500kV狮洋～桂山大跨越钢管塔工程。2010年，完成四川省电网公司±800kV锦屏～苏南角钢塔工程、广东省电网公司500kV台山电厂—圭峰站大跨越钢管塔工程。2012年，完成江苏省电力公司220kV东善桥至板桥环牧龙变送电线路四管塔工程；山东五洲电气股份有限公司220kV益弥、青弥线角钢塔工程；烟台海阳核电500kV送出至莱阳线路角钢塔工程；淮南至上海1000kV特高压交流输电线路钢管塔、跨越塔工程1.6万余吨，其中包括高度为198米的淮河大跨越钢管塔。2017年1月，中央电视台《新闻联播》在该塔现场报道“皖电东送”线路成功跨越淮河。2017年，主营业务收入4.5亿元，实缴税金2553万元。

潍坊三源铝业有限公司　由潍坊通用机械有限责任公司出资筹建，2004年建厂，注册资金1.3亿元，总资产28亿元。公司分两个生产厂区：位于汶水南路的西厂区占地129亩，主要生产热传输用铝合金复合材料；位于市开发区锦湖路的东厂区占地259.5亩，主要生产热传输用铝合金复合材料。2007年，投资4980万元在西厂区扩大生产规模，建设万吨铝合金复合板带箔技术改造项目，年生产能力扩大到2万吨，生产规模居全国第二位。国家知识产权局对公司“钎焊式热传输材料制造方法”批准为发明专利。同年，公司被认定为“山东省高新技术企业”，获火炬计划项目证书。公司产品“热传输用铝合金复合带（F373688）”被认定为国家重点新产品。2009年，投资9500万元，继续扩建万吨热传输用铝合金复合板带箔项目。成立潍坊市级工程技术研究中心及铝基复合材料工程研究中心。是年，研发“高强多层钎焊用铝合金复合板”，该材料易成型，耐腐蚀，钎焊性和导热性良好。2010年4月，研发“中冷器用铝合金复合高频散热管材料”，被列入山东省2010年度第二批技术创新项目计划。2010年7月，开发“超薄层叠式蒸发器用铝合金板材”。2010年12月，“微通道换热器用复合箔及其制造方法”被国家知识产权局批准为发明专利。2011年，研发“热处理可强化铝合金复合板”，通过合金配料、熔炼、铸坯，将多种不同材质的铝合金板焊合高温加热后经热轧机轧制在一起，成品材料抗拉强度提高20%以上。同年，投资6.4亿万元，在东厂区建设铝合金汽车板项目，项目总占地面积260亩，总建筑面积7.9万平方米。2012年，投资1611万元，研发油冷器连接板材料、铝合金复合带(F553668)、新一代高抗塌陷复合散热带材料、新式高频焊管材料、高耐腐蚀B型管材料、新式真空钎焊用散热器材料、高强度主板材料等7种材料。其中铝合金复合带(F553668)和新一代高抗塌陷复合散热带材料被列入2012年山东省技术创新计划项目，公司被科技部认定为“国家级高新技术企业”。2017年，完成“0.23mm厚度高耐腐蚀B型管材料、电站冷岛用复合带、一种异型管高频焊管材料”3种材料的研发。同年，铝合金汽车板项目正式建成，设备安装试车，进入试生产阶段。2017年，主营业务收入7.7亿元，实缴税金969万元。

山东信川机械有限责任公司 2011年12月成立，注册资本2275万元，职工400余人（下设全资子公司安丘信川机械有限责任公司，注册资本1200万元，职工280多人），是一家专业研发、生产、销售印刷后工序包装机械设备的高新技术企业，建有山东省模切机工程技术研究中心、潍坊市级企业技术中心和潍坊市模切机工程技术研究中心，“手护神”牌半自动平压平模切机、半自动卧式平压平模切机为山东名牌。主导产品半自动、全自动模切机用于瓦楞纸板、卡纸类纸箱、纸盒等产品的模切压痕和冷压凸凹，已开发出30余款，产品拥有国家授权专利15项，有4项产品通过省级科技成果鉴定，填补国内空白，技术水平国内领先。2017年，主营业务收入2.1亿元，实缴税金837万元。

安丘市鼎正机械设备有限公司 成立于2000年，是一家研发、生产、销售包装机械的企业，占地80亩，建有5000平方米研发中心1座，2.8万平方米车间3座，数控卷板、折弯机、大型数控加工中心、转塔冲床等设备100套。专业为酒水、饮料、酿造等行业生产灌装流水线并提供包装、物流、仓储一体化设计方案，产品包括洗瓶、冲瓶、灌装、封盖、检验、烘干、输送、贴标、装箱、码垛等系列设备。2017年，主营业务收入2.8亿元，实缴税金919万元。

安丘山水水泥有限公司 成立于2003年，是山水集团投资组建的年产360万吨水泥熟料的子公司。公司两条5000t/d水泥熟料生产线、1#线于2003年开工建设，2004年11月建成投产；2#线于2008年5月建成投产。配套的两座9MW纯低温余热电站充分利用窑头、窑尾废气余热，年发电1.2亿千瓦时，节标煤4万多吨、减排CO_2等5万多吨，经济环保效益显著。两条生产线均采用悬浮预分解技术、DCS集散控制系统，工艺、设备技术先进。严格按照国家标准组织生产，检测手段先进规范，先后通过ISO9001质量管理体系、ISO14001环境管理体系认证和OHSAS18001职业健康管理体系认证。水泥熟料生产线利用当地石灰石资源，水泥熟料质量优良，产品广泛应用于青岛海底隧道、海湾大桥等国家重点建设项目；2008年，成功研发核电水泥熟料，以严格质量管理和优异产品质量成功中标山东第一座核电站——山东核电集团海阳电厂项目。2017年，主营业务收入5.2亿元，实缴税金7730万元。

（李海涛）

民营经济

【概况】 2017年，全市非公有（民营）经济发展稳中有升。非公有（民营）经济单位数77890户，比上年增长8.7%。其中城乡个体工商业户发展到58017户，比上年增长11%。非公有（民营）经济注册资金923.4亿元，增长11.1%；纳税额19.73亿元，增长10.9%，占国地两税的62.3%。2017年被潍坊中小企业办公室办表彰为“科技创新工作先进单位”、“特色产业镇工作先进单位”、“市场开拓工作先进单位”、“信息化建设工作先进单位”、“企业家队伍建设先进单位”。

【民营经济工作开创新局面】 年内，先后帮助企业和镇街区争取省、潍坊市各类奖项和称号140多个。山东省级的有：省级“特色产业镇”1家，省级“隐形冠军企业”入库企业10家、有5家荣获全省首批中小企业“隐形冠军”企业称号，“全省中小企业创新转型优胜企业”4家，“全省优秀创业创富品牌”1家，省级“中小企业服务机构”1家，省级“一企一技术研发中心”5家，“省级中小企业新经济示范单位”1家，“省制造业单项冠军 企业”2家，省级“专精特新中小企业”3家。潍坊市级的有：市级“一企一技术创新企业”5家、市级“小型微型企业创业创新示范基地”1家、市级“特色产业镇”1家、市级“专精特新中小企业”11家、潍坊市诚信民营企业99家、市级“隐形冠军”入库企业17家。

【开展管理素质提升工程】 组织90多家企业，举办中小企业信息化讲座，邀请知名专家，重点对两化整合、工业4.0等方面的知识进行了培训。组织安丘市8家企业与知行商学院、济南部分企业家举办企业家沙龙，就企业管理进行了深入交流。组织32家企业，先后5次参加了省、潍坊市组织的专业培训。组织安丘市6家优秀民营企业家赴上海交大参加发展新经济培训。组织3家民营企业参加潍坊市中小办联合举办的哈尔滨工业大学产学研合作项目对接会。均取得很好的效果。

【提升公共服务水平】 从3月份开始，建设全市企业大数据库和云平台，宣传、展示企业和产品，提供内容丰富、功能完备、操作便捷、安全可靠的企业信息和产品信息服务，让安丘企业了解安丘企业，让安丘企业采购安丘产品，发挥好拉动区域内需、推动集群发展的作用。9月中旬完成数据库平台（安丘优企网）建设，从14000家小微企业中筛选校对出9200多家完成企业数据的录入。已上线运营。年底，该平台填补潍坊市空白。

【积极帮助企业开拓市场】 组织17家企业参加山东创业创富项目博览会、中小企业展洽会、海峡两岸中小企业博览会。与总后勤部电子通讯研究所对接军民融合项目，力争让安丘市产品进入军方供货平台。与西藏财政厅、建设厅进行对接，帮助科灵节能供热和发电项目开拓西藏市场。

（郎咸海）

电 力

【概况】 2017年，国网山东省电力公司安丘市供电公司（简称市供电公司）紧紧围绕市委、市政府“实力安丘、活力安丘、魅力安丘”的建设目标，贯彻落实“作风建设年”活动要求，紧扣全市经济社会发展大局，扎实开展安全生产大整顿、大检查以及“安全用电进校园”等工作，加强线路防外破巡护，圆满完成中共十九大、学校中高考等重大活动保电任务，积极争取上级供电公司投资建设220千伏温泉站、改造220千伏云泉线等重点项目，完成投资2.44亿元的“机井通电”工程建设，全力推进潍日高速、县乡道路电力设施迁移改造，大力开展“服务地方促发展、我为安丘做贡献”主题实践活动，成立大客户VIP俱乐部，推出“电管家”等特色服务举措。完成全市供电量19.26亿千瓦时，同比增长9.3%。获安丘市科学发展综合表彰奖励和党风廉政建设先进单位称号。

【安全生产】 市供电公司开展安全生产大检查，巩固和深化安全生产大整顿成效，协助企事业单位、学校、医院，整治各类用电安全隐患问题2175项。组织开展“安全用电进校园”等活动，走进全市中小学及幼儿园发放宣传材料4000余份。开展安全用电“四进”活动，使总分保护器投运率95%以上，农村安全用电基础得到巩固。分别会同市公安局、市经信局联合下发《关于严厉打击整治破坏电力设施行为的公告》《关于严禁在电力线路保护区内种植树木的通知》，持续开展公司领导挂牌督导和包靠护线，由公司领导挂牌督察160余处、各级护线员巡视线路3.5万公里，清理线路通道隐患树障136处、1.3万余棵，整治各类问题81起，确保电网安全可靠运行。充分发扬快速反应、协同作战、不畏艰险、顽强攻坚精神，完成“7·6”“8·6”等多次恶劣天气电网抢险救灾工作。中共十九大期间，组织对市党政机关、人民医院、广播电视局、牟山水库管理局等29家重点客户进行安全用电检查指导，查改各类安全隐患36处。加强设备运行维护，组织输、变电设备巡视8000余公里、1400余站次。电网检修试验设备218台次、清扫输配电线路730公里、消除各类缺陷92项，为安丘电网迎峰度夏、冬季和春节保供电打好基础。加大配变梯度利用、推磨轮换力度，消除重过载配变压器165台。安全电网日最高供电量728.65万千瓦时，创历史新高。

【电网建设】 市供电公司在市委、市政府的大力支持下，克服重重困难，有序开展特高压配合及规划工作，投运500千伏潍坊特高压配套送出至密州线路送电工程。完成1000千伏临沂—潍坊特高压前期手续办理。争取国网山东省电力公司投资2.7亿元的220千伏温泉输变电及配出工程，通过国家电网公司审批立项，于2017年11月开工建设。争取投资0.76亿元的110千伏许戈站输变电及配出工程于2017年完成前期可研，计划于2018年初建设。争取国网山东省电力公司投资700多万元并列入大修计划，迁改220千伏云泉线闰成石化厂区段，为闰成石化二期项目发展腾出260亩土地。安丘市委两期简报专题刊登公司工作经验。110千伏郚山输变电及35千伏配出工程全面竣工投运，110千伏翠山站、35千伏郚山站、大盛站、温泉站实现双电源供电，西南地区和安丘经济开发区供电可靠性进一步增强。2016年－2017年，市供电公司积极争取上级电力公司投资2.44亿元，实施中心村“机井通电”项目建设，新建改造10千伏线路213.4公里、0.4千伏线路630.5公里、新上配变701台/79.4兆伏安；农村配变户均容量由2016年底的1.79千伏安提升至2.21千伏安，完成8341眼“机井通电”任务。“机井通电”覆盖478个村，预计每年可为全市农灌用户节约电费支出3000余万元。推进潍日高速、县乡道路电力设施迁移改造，有力保障各项市政工程的顺利推进。

【供电管理】 市供电公司积极开展营业特色实践工作，完成高压926户、低压8.51万户电费核算集约移交工作。组织对本年度安丘辖区新确定的28户直接交易客户进行交易电价、输配电价结算。减少电费收入347.03万元。根据国网潍坊供电公司电费账户集约工作要求，对收费员、营销员进行培训，做好与电费代收点对接电费账户变更工作。作为全省首批试点单位，不断深化“机井通电”设备运行维护、客户服务模式研究，结合当地农灌用电情况，在凌河等镇推广应用机井通电“电e宝”扫码用电，利用互联网快车道，推广使用“一表多井”新模式，通过扫码支付、实时费控和电费自动结算等模块，实现“供电到井口、计量到井口、服务到井口”，将“互联网+”服务便利带到田间地头，提升农村智慧用电服务水平。

市供电公司集中开展供电所三级库房管理提升工作，实现计量库房设备可视化管理。更换在运的800只三相卡表、2000只负控终端和900只低压集中器，升级改造120个载波采集台区，安装远程费控断路器2500只，更换3800只破损二级漏保，进一步提高计量设备稳定性、可靠性。扎实推进“全能型”供电所建设，继续推进农电专业化管理，持续优化供电所例会制度和派工管理，加强对供电所专业化工作的专业督导。加快培养“一专多能”复合型员工，推行集农村低压配电运维设备管理、台区营销管理和客户服务于一体的“台区经理制”。举办常态化营销服务“大讲堂”和各供电所“周一夜校”“大讲堂”培训，提升服务人员的综合素质。

【电费电价政策】 根据鲁价格一函〔2017〕42号《山东省物价局关于降低工商业用电价格的通知》规定，自2017年6月1日起至2020年12月31日，停止征收地方水库移民扶持基金，一般工商业、大工业用电价格降低0.05分/千瓦时。根据鲁价格一发〔2017〕60号《山东省物价局关于合理调整电价结构有关事项的通知》规定，一般工商业及其他用电价格每千瓦时累计降低0.0114元；大工业用电价格每千瓦时累计平均降低0.026元。

根据《关于实施燃煤锅炉电能替代专项行动计划的通知》鲁经信电力〔2017〕421号规定，对2017—2020年列入环保部门燃煤锅炉淘汰目录、申请实施电能替代的项目，施行每使用1千瓦时谷段电量给予1.3千瓦时谷段电量奖励，奖励电量用于抵扣峰段（优先）和平段的电量。

【电力调度】 安丘电网110千伏系统调度、监控业务移交至国网山东省电力公司潍坊供电公司，建成双机冗余USP电源系统，调度自动化系统后备供电延长4小时。开展调度二次系统安全防护测评，部署调度主站二次系统安全防护测评，部署调度主站二次安防设备2套，安装35千伏变电站纵向加密装置18套，增强调度系统抵御外界网络攻击能力。全年计算下发主网定值165份，配网分界定值82份，客户定值95份，定值管理实现电网分层分级保护。安排特殊运行方式57次，下达调度令6278次。有序用电期间争取低调支持，电网最高负荷35.96万千瓦，未发生限电拉路现象。

【供电服务】 市供电公司结合“作风建设年”活动要求，大力开展“服务地方促发展、我为安丘做贡献”主题实践活动，走访200余家企业、400余个用电村、800余个客户，向群众发放印有报修电话的客户连心卡12.5万张。成立大客户VIP俱乐部，推出“电管家”服务，使业扩报装时长同比缩短0.3个工作日。以实现客户“最多跑一次”为目标，畅通4112424、95598等供电服务热线，避免客户多次往返。积极参与“互联网+”政务服务体系建设，推动营业执照、身份证件等公共数据资源共享。推广“互联网+”服务模式，使电e宝等电子化服务覆盖客户超过4.6万户，各类代收网点增至915处、新型缴费渠道客户增至10.57万户。加大市场开拓力度，积极对接新建大项目，完成送电5户、2.6万千伏安。签订2个小区“三供一业”供电设施接收改造框架协议。常态化开展不停电作业，完成带电作业1020次。不断深化“五个一”标准化抢修服务，初步实现业务协同运行、人员一专多能、服务一次到位。成立16支彩虹共产党员服务队，实践为民服务宗旨。加强营业厅规范化管理，细化“三定”服务措施，全面推广台区经理负责制和营业厅引导员制度。完成14个营业厅、25台自助服务终端等排查维护，及时查处隐患并响应客户诉求。对高压客户分级管理，创建微信大客户交流群，广泛调研生产经营情况、用电需求，提供超值套餐服务。

（刘俊昌）

商　务

Shangwu

商业贸易

【概况】 2017年，安丘市商务工作坚持“抓重点、提标准、出亮点、控风险”四项目标要求，高点定位，开拓创新，扎实工作，争创一流，开创商务工作新局面，呈现出稳健向好的良好发展态势。社会消费品零售总额实现189亿元，同比增长10%，电子商务销售额实现140亿元，同比增长18%。

【市场体系建设】 大力推动农超对接、区超对接，减少流通环节，为农产品进城销售提供便利。以城区商业为龙头、以镇街商业为骨架、以社区商业为补充的市场体系逐步形成，商业布局更加合理，商品交易更加繁荣。大力推进再生资源回收体系建设，规划建设再生资源园区。

【商贸服务业务】 不断丰富和繁荣已有市场和商贸企业，促进商品流通，推动经济发展，保障城乡居民生活。大力发展家政服务业。经市人社局审批，全市有资质的家政服务企业6家，从业人员130名。2017年，培训家政服务人员650人次。

【餐饮住宿】 全市有限额以上住宿餐饮企业11家。其中，住宿企业3家，餐饮企业8家。限额以上住宿企业实现营业额2810万元，同比上升9.6%，限额以上餐饮企业实现营业额5513万元，同比下降5.9%。新东方大酒店被国家旅游局评为“四星”级酒店、市政府招待所被国家旅游局评为“三星”级酒店。

【电子商务】 是年底，全市电子商务企业347家，开设网上店铺3328家，淘宝村级服务站53个，实现销售总额140亿元。企业电商利用率80%以上，累计培训各类电商人才6000人次。涌现出未来工厂、顺位电子商务公司、盛大农产品电子商务市场、景芝酒业电子商务公司、石埠子爱上青山等一大批成长性好，业绩突出的电子商务企业。《潍坊日报》在头版头条刊发《“三大体系”全力支撑“五位一体”协调发展——安丘构筑电子商务新高地》的文章，全面介绍安丘电子商务成功经验。

塑造电子商务区域公用品牌 研究制定《“安丘农耕”区域公用品牌实施方案》《“安丘农耕”区域公用品牌管理实施办法》《“安丘农耕”集体商标使用许可合同》等系列规章制度，规范完善“安丘农耕”区域公用品牌的使用标准、使用人的权利和义务等环节。年底，品牌及公司已经注册完成，进入运营、推广宣传阶段。

高标准打造颐高电商小镇 依托颐高电子商务产业园，高起点、高标准打造电商小镇，建设电商大厦、网货博览城、创业孵化器、仓储物流园等四大功能区。项目论证规划方案已经完成。

培育壮大一批骨干电商企业 引导鼓励传统企业、市场、商户积极拥抱互联网，实现线下线上两翼齐飞。山东景芝电子商务有限公司，搭建“景芝酒空降”O2O平台，自建景酒商城、景酒微信商城和APP商城，探索个性定制C2B电商模式，并与酒仙网等电商平台开展深度合作，取得很好销售业绩。年内，实现白酒网上销售额3000万元。汇润食品、渠风食品、大顺食品等一大批农产品加工企业，根据网上销售特点和市场需求，改进包装设计，突出地方特色，生产加工适合网上销售的产品，取得较好成效。爱上青山、顺为等电商公司充分挖掘本地特色农产品资源研究设计电商化产品，农产品销售额分别达到400万元、600万元。未来工厂电子商务公司以家居服产品、童装为主，童装销量进入淘宝网童装类前10名，交易额8000余万元。

注重人才培训 结合安丘实际，多渠道、多样式举办电商培训和人才实务培训，建立多层次的培训体系，并针对电子商务人员的从业水平依次开展普及型培训、重点提升培训和技能专业实训。年初，制定《安丘市2017年电子商务培训方案》，每个镇街区培训不低于4期，为全市培训电商人才6000人次。为提高电子商务培训效果，在市职业中专投资200万元，建设2000平方米的电子商务技能实训中心。技能实训中心完成内部装修、微机等设备安装调试，投入运行，能同时满足150人进行电商培训、实训服务。为全市个人创业、就业提供支持平台。

电商扶贫 在推动电子商务发展的同时，深入贫困乡镇开展电商扶贫工作。设有电商服务站17个，村级服务站53个，帮助开设农村网店200余家，带动贫困村11个，贫困户700多个，贫困户年均增收2000元。

【现代物流】 立足安丘市区位优势、交通优势和优质农产品资源优势，以建设现代物流园区、培育现代物流企业为切入点，以网络信息平台为支撑，以提高服务水平为核心，健全现代物流网络，提高物流企业配送信息化、智能化、精准化水平，加快构建布局合理、业态完整、设施先进、高效便捷的现代物流网络体系，切实发挥现代物流业对全市经济社会发展的带动和支持作用。

推进现代物流园区建设 依托潍日高速公路和206国道贯通市境的交通优势，高标准、高质量规划建设综合物流中心、专业物流中心和配送中心。重点推进冷链物流、商务物流、保税仓储物流等重点物流项目建设，打造大物流、大仓储、大市场，实现集中仓储、集中配货、集中运输，进一步提高效率、节约成本。通过招商引资盘活晟鑫冷链物流园。培强做大盛大农产品物流园、瀚沃物流园、颐高物流园、潍坊安瑞物流中心和山水物流园等新兴物流园。推进物流园区水、电、路、通讯等设施建设，加快现代化立体仓库和冷链仓储建设，完善物流园区管理体制，提升管理和服务水平。

健全多式联运物流网络 以公路运输为主体，强化铁路、航空、海运、公路联运枢纽，实施货畅工程建设。设立分拨集散中心，形成铁路、公路、航空和管道运输配套设置的流通格局，提高现代物流的集疏运能力。着重发展专线物流、零担物流，扩大危险品运输、集装箱运输、大件运输、冷藏保鲜等特种运输能力，增加甩挂运输、冷链运输等先进运输方式，加快发展LNG运输车辆和充装站点，降低运输成本。鼓励快递企业逐步向重点村（居）延伸，加快构建村邮站、村快递服务网点、村电子商务网店“三位一体”的物流网络。

引进培育现代物流企业 提升现有物流企业发展水平，支持潍坊安瑞物流、鲁丰车队等物流企业从原有传统企业运输业务剥离出来，建立第三方物流公司，向供应链管理公司转变。培育一批规模较大、技术先进、主营业务突出，具有较强核心竞争力的物流龙头企业。实施物流专业招商，引进联合包裹（UPS）、联邦快递（FedEX）、顺丰物流等大型综合性现代物流企业设立分公司、区域配送中心、片区结算中心。推进制造企业物流服务外包，促进企业物流社会化和专业化，塑造先进的物流服务业态，为企业提供集成化、专业化和全方位服务。

推广先进物流技术 采用电子数据交换、“互联网+”等方式，鼓励物流企业推广应用物流信息网络技术和物流信息管理系统，逐步建立智能化运输系统、运输实时跟踪定位系统、运输路径优化地理信息系统、全球网络定位系统、二维条形码技术和射频技术等新型信息技术的应用，提高物流效率，降低物流成本。结合物流园区规划建设，完善以交通货运信息、物流供需信息、网上物流等为主要内容的物流园区信息服务平台，初步建成功能齐全、开放共享的区域和重点行业物流信息平台。分步实施物流园区、物流中心、配送中心、工商企业、交通、银行等网络衔接，推进物流信息网络系统化建设，逐步实现信息资源共享。

【会展经济】 根据省商务厅、潍坊市商务局关于“千企百展”、潍坊制造“一带一路”巡展境外市场开拓计划的要求，积极帮助外贸企业开拓国际市场、充分发挥展会平台对安丘市对外贸易的推动作用，有重点、有针对性的组织安丘企业参展。年内，下达相关展会通知120次，联系企业240家，安丘市有27家企业参加42届日本千叶展、美国纽约夏季食品展、俄罗斯国际建筑及工程机械展、土耳其橡胶工业展、土耳其防务展、德国国际家具生产辅料及配件展、印度孟买国际家具展，德国柏林蔬菜展、美国国际医药原料展、拉斯维加斯春季鞋展、42届中东国际电力照明及新能源展、阿联酋防务展、美国奥兰多国际宠物用品展、新加坡通信展等国际展会30次。国内展会主要推介春秋季广交会、华交会、北京食品展等展会，安丘市有20家企业参展。上述展会主要涉及农产品、化工医药、纺织服装、电子、家具、新能源材料等行业。

6月，组织鲁丰集团、源清田食品、汇润膳食堂等7家有代表性的企业参加威海市出口食品农产品质量安全示范省成果展，其中鲁丰集团属于特展。安丘展会区接待参展人员8000人次，意向签约客户50人，参展产品受到广泛好评，大大提升安丘农产品企业在省内外的影响力和美誉度，取得良好效果。

9月，第三届中日韩产业博览会在潍坊举办，安丘鲁丰集团参展；10月，安丘市有15家企业参加秋季广交会，都取得较好成效。

（徐忠磊）

2017年安丘市重点市场情况一览表

序号	市场名称	市场基本情况			
		占地面积（平方米）	经营业户（户）	年交易额（万元）	年利税额（万元）
1	安丘鑫牛市场	63100	206	500	—
2	山东潍坊百货集团股份有限公司永安路佳乐家超市	7000	—	16000	600
3	山东潍坊百货集团股份有限公司安丘中百佳乐家超市	6000	—	20000	900
4	时尚广场	3000	400	8000	—
5	安丘泰华城购物中心有限公司	10万（建筑面积）	—	25000	300
6	安丘银座商城有限公司	3600	—	8700	320
7	安丘亿茂商业管理有限公司（颐高商贸城）	160000	380	30000	400
8	安丘翰沃城	142700	120	26000	300
9	大城埠建材市场	133200	105	20000	1000
10	大汶河集贸市场	8000	96	10000	1000
11	焦家庄集贸市场	40亩	120	9000	300
12	桥北头批发市场	40亩	80	6000	100
13	南苑商贸城	100亩	203	20000	400
14	黑埠子大姜批发市场	210亩	130	90000	500
15	凌河大姜批发市场	180亩	120	89000	430
16	安丘东郊集贸市场	80亩	80	9000	—

对外经济贸易

【概况】 2017年，安丘市深入贯彻全国、省、潍坊市关于开放发展的部署要求，积极实施改革创新和扩大开放战略，坚持走出去和引进来“双向”并进，充分利用国内国际两个市场，扩大对外贸易、双向投资，对外经贸工作呈现出稳健向好发展态势。全市完成外贸进出口58.6亿元，实际到账外资6000万美元，完成境外投资153万美元。

【对外贸易】 对外贸易平稳增长，圆满完成潍坊市分配给安丘58.6亿的目标任务。全市有出口实绩的企业260家，其中进出口超过5000万元的企业30家。组织企业参加42届日本千叶展、德国柏林蔬菜展、国际医药原料展、拉斯维加斯春季鞋展、春秋季广交会等30个国内外展会，帮助企业巩固传统市场、开拓新兴市场，加大企业在国外注册商标及品牌认证力度。是年，山东柠檬生化有限公司获山东省重点培育的国际自主品牌称号。积极组织企业参加“一带一路”机遇与风险管控宣讲会暨出口信用保险赔款培训、外贸企业国际竞争力提升培训、跨境电商培训等培训班，帮助企业了解熟悉国家有关政策，提升企业开拓市场的竞争能力。使新增投保出口信用保险企业3家，全市投保出口信用保险的企业达15家。积极为企业争取国际展会、外经贸发展专项资金、进口商品贴息等各类政策性补贴。全年为企业上报争取各类补贴资金1000万元。组织65家农产品出口企业上线“山东农产品安全示范区公共服务平台”，同时组织辖区内重点农产品出口企业上线平台，提升企业品牌的影响力。利用多种形式，广泛宣传上级优惠政策。建立“安丘市商务企业群”QQ群，加入“山东外贸政务交流群”“潍坊市外贸政务交流群”“山东外贸企业之家”“潍坊外贸企业之家”等微信群，邀请外贸进出口额在5000万元以上的外贸企业及其他有加入意向的企业负责人实名入群，及时为企业发布相关信息，方便企业了解上级政策。

【对外承包劳务】 对外承包工程发展较慢。汶瑞机械（山东）有限公司在印尼的项目完工，未签订新的工程项目，全年对外承包工程和外派劳务没有实现新的突破。将坚持优化部门服务、强化行业监管、推动外派劳务实现新的发展。

【对外经济技术合作】 境外投资稳步发展。全年完成境外投资153万美元。全市有1家企业境外投资项目增资。潍坊盛瑞零部件有限公司增资其在美国设立的盛瑞北美公司，投资总额由170万美元增至270万美元。瑞源机械在老挝的富田钾盐项目稳步推进。矿区内27.9平方公里的探矿权办理完毕，正办理采矿权，采矿权的《预可研报告》已审批结束。6月，《可研报告》提交到老挝国家地矿司，地矿司已提交农业部，等待相关部门审批，年内完成采矿证的审批办理。

【利用外资】 是年，新批利用外资项目4个，其中外资并购项目2个。为109家外商投资企业完成联合申报工作。安丘市惠恩光伏科技有限公司外资并购项目，由泰国设立的万步新能源投资（中国）有限公司投资，投资总额15500万元，注册资本6200万元。中广核风电（安丘）有限公司外资并购项目，由中广核新能源投资（深圳）有限公司全资并购。山东凯地水务有限公司利润再投资50万美元。全市实际到账外资额9249万美元。

（徐忠磊）

总部经济

【概况】 2017年，安丘市按照潍坊市委、市政府发展总部经济的系列决策部署，以引进企业总部经济为突破，将发展总部经济作为全市产业升级的动力引擎，加强组织领导，强化政策支持，搞好总部经济规划，建设产业园区，推动安丘总部经济快速发展。2017年经潍坊市级认定，我市引进总部经济单位23家，其中：结算中心、运营中心2个，在潍坊市考核县市指标中得9.17分，列各县市第一名。

【完善政策体系】 高度重视总部经济发展工作，专门成立全安丘市总部经济发展工作领导小组，负责总部经济发展布局规划，统筹协调各项工作开展。坚持软件、硬件一起抓，出台相关配套政策，鼓励引进发展总部经济。规划建设一批总部经济园区，完善基础设施配套，积极引进企事业单位总部（分支）机构。市委、市政府将引进企事业单位总部（分支机构）工作纳入对各镇街区及市直部门、单位考核体系，对各部门、单位引进总部（分支机构）工作进展情况，列入市委、市政府重点督查事项，定期调度通报。在次年第一季度，由市统计局、市人社局、市民政局按照责任分工分别对上年度各镇街区及市直有关部门、单位引进总部（分支机构）工作进行考核。印发《安丘市关于加快服务业跨越发展的若干政策的通知》，为鼓励总部经济发展，制定优惠政策。对新引进企业总部、区域总部以及独立注册的研发等分支机构，在安丘市纳税的，自运营年度起，按实际上缴税收地方留成部分，前3年每年给予等额补助，后2年每年给予50%补助。

【推进载体建设】 *搭建总部经济园区* 加强总部经济的空间规划和载体设施建设，形成以主城区综合性总部为主导、以郊区功能性总部为支撑的总部经济聚集区。一是以城市综合体理念建设精品楼宇，搭建总部经济发展主平台，重点发展金融服务、会展旅游、商贸物流、研发设计、电子商务、交易结算等功能性总部。结合全市九大组团改造提升工程，策划建设总部经济园区，为引进国内外大集团、大企业的地区性总部或职能型总部打好基础。二是充分利用安丘市便捷的区位交通优势和市区传统CBD无法具备的生态办公环境，探索在城市近郊开发建设商务花园，搭建“错位发展”总部经济平台。

培强做大现有企业总部 从安丘市现有重点企业中梳理出一批准总部企业，实施大企业培育计划，将准总部企业培育成真正的总部企业。一是引导景芝集团、鲁丰集团、鲁安药业、景芝建设、华夏建安等现有总部企业在外设立分支机构，促其加快成为优势产业集团或企业总部。二是对可实行服务业剥离的工业企业，将最具核心竞争力的生产性服务业做大做强，向“微笑曲线”两端发展，逐步培育成以管理、研发、营销为主的总部企业。三是对具备发展连锁经营条件的营销企业，引导其从销售门店管理向品牌建设、人才管理、财务中心管理升级，努力培育成为全市乃至全省连锁经营企业总部。

（金学龙）

供　销

【概况】 2017年，安丘市供销社在市委市政府正确领导下，在省、潍坊市供销社精心指导下，以深入贯彻落实新发展理念，推进农业供给侧结构性改革为引领，以优化和创新服务供给为重点，全面深化综合改革。形成以安丘供销集团为核心，供销农资公司与金穗现代农业服务公司为龙头，为农服务中心与村级综合服务社为基础的综合服务网络，为广大农民提供日用品、农资、农产品、信用互助、电商推广等全方位的生产、生活服务，不断提升为农服务能力，拓展农民增收渠道，逐步把市供销社打造成为服务农民生产、生活的生力军和综合平台。年内，安丘市供销社被潍坊市供销社评为全市综合业绩考核特等奖。

【农业社会化服务】 为农服务中心建设稳步推进　以安丘供销集团为龙头，结合招商引资工作，积极争取上级扶持政策。年内，建成18处为农服务中心，实现涉农乡镇服务中心全覆盖。石埠子镇庵上、柘山镇车庄等12处为农服务中心完工，新安街办黄十里、孙十里等3处为农服务中心已开工建设，其余3处为农服务中心已确定建设地址，正与国土部门协商调整土地规划。市供销社继续开展大田托管为农6项服务及农业技术推广，全年完成土地托管面积30万亩。

创新服务模式　针对粮食作物和部分经济作物耕、种、管、收、加、贮、销等环节，安丘市供销为农户提供土地熏蒸、深耕深松、施肥、播种、农药喷施、灌溉、收获等“保姆式”“菜单式”“套餐式”托管服务。与合作经济组织、生产基地、家庭农场、种植大户加强联系合作，开展全产业链经营服务。年底，完成土地托管面积45.8万亩，测土配方面积33.2万亩，智能配肥30.3万亩。为更好地为农民提供服务，积极探索建设“1+N”为农服务实体，加强与农业、农经、商务、金融等有关部门协调配合，统筹服务资源。以为农服务中心为主体打造涵盖生产经营、社会公益、农村产权交易、便民金融、电子商务等服务内容的综合服务平台。

拓展为农服务领域　推进托管服务向经济作物和养殖业领域延展，为经济作物种植区提供土壤改良、农机作业、先进生产技术应用等服务。围绕安丘大姜产业，市供销农资公司借助中国农科院植保所的技术优势，联合建立2600平方米的科研服务中心，设立服务网点112个，建立360多人的专业服务队，研制生产氯化苦土壤消毒机械2000多台。发挥氯化苦土壤熏蒸成为全省推广农业技术项目的优势，积极争取省、潍坊市供销社社支持，组建潍坊市中盛土壤修复有限公司，新建跨县域销售渠道，将土壤熏蒸业务拓展到潍坊各县市区，并向全省推广。与中国农科院植物保护研究所合作，新建潍坊土壤健康研究所和土壤熏蒸修复技术学院，为全市农民提供农作物病虫害防治技术、方法和药剂及研究、示范、推广、培训等工作。依托潍坊市中盛土壤修复科技有限公司，将土地熏蒸服务拓展到昌邑、青州等周边7个县市。年内，土地熏蒸面积10万亩。

【合作经济组织建设】 推进农业与二、三产业融合，实现农产品产销对接　根据安丘市不同地域农产品种植结构，市供销社共领办、创办农民专业合作社271家。为壮大经营实力，搞好联合合作，重点打造安丘益寿生姜、石埠子春晖樱桃、管公红冠寿桃、茂源果蔬4处专业合作社联合社。4处专业合作社联合社注册完毕。益寿生姜联合社加大与盛大交易市场合作力度，建设安丘市农产品电商服务中心；石埠子春晖樱桃联合社恒温库、加工车间建成；管公寿桃市场正在办理土地手续；茂源联合社大葱加工、烘干车间建成投产。

推进农村合作金融工作，为农民解决资金难题　在市供销社领办的16家专业合作社内部开展资金互助社业务，累计发放互助资金1834万元。其中，石埠子樱红樱桃、景芝前屯小麦、官庄丽蕾果蔬等6处专业合作社已取得由市金融办颁发的《山东省农民专业合作社信用互助业务资格认定书》。依托石埠子产业优势和供销社组织服务优势，与建设银行安丘支行合作，建设成立“慧农通”石埠子金融服务站；与中国银行安丘支行合作在白芬子供销社和凌河供销社设立金融服务站，为专业合作社社员及农村居民提供现金提取、转账汇款、投资理财及生活缴费等生产生活服务。为农村提供金融下乡服务，与资金互助互补，打通金融服务“最后一公里”，逐步在全市推广。

【农村现代流通】 1.引进花阳田连锁超市有限责任公司。公司在安丘投资8700万元，将原安丘市家乐园百货超市改建为农资配送中心，在各镇街设连锁超市14家。2.加快电子商务运营服务中心建设。市供销社依托原家美电商公司和盛大农产品批发交易市场社企联合，建设安丘市唯一一家公益性电商产业园，实现安丘优质农产品线上线下交易融合。至10月底，安丘市供销社已有36家商户入驻“供销e家”电商平台。在基层社新建“供销e家”电商服务站17处，改造新建村级“供销e家”，悬挂统一标识，配备电脑设备，推广“实体店+电商”模式，加快对传统店改造升级。创新“互联网+农资”“互联网+日用品”“互联网+专业社”等模式，以实体店为载体，建立线上线下服务网络。改造新建村级电商服务网点237个，电商交易额1.2亿元。

（王春香）

粮　食

【概况】 2017年，安丘市粮食工作以保障粮食安全为中心，全力抓好粮油储备、市场调控、流通监管，积极实施粮库智能化升级工程，努力做好粮食安全责任制考核工作，推动粮食事业健康发展。

【地储粮油管理】 分析市场，抢抓机遇，采取先销后购和先购后销相结合的方式，完成地储粮小麦6852余吨、地储大豆油500吨的轮换任务，完成储备小麦1.7万吨、食用油500吨的潍坊市科学发展考核任务。规范完善粮食安全生产流程，组织开展储粮规范管理培训和消防应急大演练，全面提高储粮管理及处置突发事故的能力。强化安全执法，每周定期到各储粮站点对安全生产制度、生产作业、消防管理、熏蒸药剂、仓房设施等安全生产工作逐一检查，仔细排查薄弱环节和存在隐患，及时整改存在的问题，确保粮油数量、质量和职工人身安全。

【粮食市场调控】 新修订《安丘市粮食应急预案》，健全完善预警监测、应急响应、应急保障、后期处置等各个环节，开展粮食应急演练2次，提高突发事件应急保障能力。做好粮食统计工作，督导全市40余家办证企业和个人完善粮食经营台账，指导其做好粮食月报信息统计、价格周报及夏秋粮收购进度报送工作。认真核实上报2016年粮食和食用油供需平衡调查统计工作和粮油加工转化企业年报、粮油流通统计年报、仓储设施统计年报、产能及经济技术指标年报。及时上报和适时发布粮食月报、价格周报、夏粮收购进度及价格等信息，为上级决策提供精确依据。开展粮食行政执法工作，组织粮油库存、出入库、夏粮收购和仓储设施等专项监督检查4项，日常粮食检查20余次。检查范围涉及14个镇街区、30余家涉粮企业，累计检查单位68个次，参加人数80人次，依法维护市场秩序，切实保护粮食生产者、经营者、消费者的合法权益。

【放心粮油工程】 推进放心粮油经营网络建设，健全"放心粮店"标准制度，提高"放心粮店"覆盖率。定期对20家"放心粮店"进行走访调查、监督检查，及时掌握经营状况，严把产品进货渠道关，引导商家积极组织优质货源，保障粮油市场供应充足、品种丰富、质量过关，切实保证粮油的日常和应急供应保障能力。推进全市放心粮油进社区、进学校、进农村工作，围绕"放心粮油"主题，结合全市实际，着力促进粮食多元化市场主题培育，扩延"放心粮油"服务内涵，积极探索居民厨房工程可行性实施办法。

【粮库信息化建设】 争取省数字化粮库建设项目。该项目省扶持资金200万元，建设储备库系统1个，收纳库系统2个。新系统以智能出入库一卡通系统（标准版）为核心，建立覆盖计划、购销、出入库、质检、资材、安全及办公综合等各环节的业务管理信息系统，加强库存粮油数量、质量监管，特别是实现计量称重环节的无人值守和质检环节的双向盲检，同时与正在建设的全省粮食流通管理云平台统筹推进，确保互联互通、数据共享。对粮库进行智能化升级，进一步提升安丘市仓储管理信息化水平。

【粮食安全责任制考核】 2017年是粮食安全责任制考核全国范围内的第一次，也是潍坊市对安丘的首次考评。市粮食局认真履行考核办公室职能，主动发挥牵头协调作用，根据考核工作节点和工作任务，及时调度相关部门工作进展情况，推动16个市直部门合力迎接考核，确保按时报送自评总结、自查评分以及充足的佐证材料，顺利通过潍坊市对安丘的考核，并获考核优秀等次。

【夏粮收购工作】 积极发动和鼓励民营企业和个人参与粮食收购，保证粮农种得上、卖得出，获得更多收益。同时，加强夏粮收购监管，对粮食收购企业和收购点实行不定期轮回检查，杜绝出现"转圈粮"和"打白条"、压级压价等坑农害农行为，切实保护粮农利益。市地方储备粮管理中心收购粮食2万余吨，收购价格1.22元/斤，高于国家最低收购价，切实保护粮农利益。

（马燕勇）

烟　草

【概况】 2017年，全市烟草工作以做实、做真、做细、做精为标准，落实"烟叶抓特色与定位、卷烟抓规范与销量、管理抓改革与精益"战略，盯紧全年目标任务，以开展"作风建设年"活动为保障，以流程建设和基础提升为基石，着力抓班子、带队伍，抓基层、打基础，各项工作齐头并进，企业发展取得新成效。全年实现利税12111万元，上缴税金4460万元，同比分别增长11%、3%。

【烟叶生产】 紧紧围绕"降本减工、提质增效"的总体要求，立足地域烟叶种植生态禀赋优势发挥，稳定种植规模，优化生产布局，狠抓基层基础，注重管理创新，着力战胜前旱中涝和风灾等自然灾害，提升烟叶质量特色，取得良好成效。扎实推进烟叶精益生产，烟叶生产管理、烟叶质量、烟农收入水平都有新提高。全市种植烤烟10764亩，收购烟叶3.2万担，完成计划100%；收购均价25.26元/公斤，亩收入3986元（含补贴）；户均收入13.98万元（含补贴），同比提高1.2万元。

狠抓烟叶种植面积落实，93个植烟户户均种植面积115.7亩。其中，植烟50亩以上农场83个，面积10630亩，占96.64%；20～50亩的专业户10个，面积370亩，占3.36%，规模化、集约化程度进一步提升。落实生育期优化、降氮增密、水肥一体、土壤保育、绿色防控、采烤一体等技术措施，烟叶生产水平和烟叶质量较大提升。着力优化种植品种，全面推广NC55、云烟87、鲁烟1号三个主栽品种，优良品种占比达100%。完善漂浮育苗技术，落实控氮增密措施，严把移栽质量，提高大田整齐度。推广滴灌和水肥一体化，配套滴灌6520亩，其中水肥一体化1670亩，在抗旱保苗中发挥重要作用。推行绿色防控，实施土壤保育和清洁生产。积极推进一类“泰山”原料生产示范园建设，着力彰显安丘烟叶质量特色。加强烟田管理，及时处理不适用烟叶，优化等级结构。抓好烟叶收购，落实烟叶收购流程，实施专业化分级散叶收购，减少烟农分级成本，提升烟叶收购质量和等级纯度。在景芝烟站为全省烟叶收购工作会议提供模拟专业分级散叶收购管理现场。依托景荣烤烟种植专业合作社，全面推行“1+N”专业化烘烤，落实密集烤香精准烘烤工艺，提高烟叶烘烤质量。坚持低限高纯度收购，最大限度让利烟农。规范从业人员收购行为，坚持公平公正公开，杜绝人情烟、关系烟，做到一视同仁。加强烟叶生产基础设施建设，投入18.45万元新建农机存放设施1处，改善烟用设施设备存放条件。着力推进促农增收，建成烟农增收示范点2个，辐射带动烟农综合利用闲置大棚81个、烤房群15处、烟草农机77台（套）、轮作烟田3720亩，激发资产资源要素活力，助力烟农增收。同时，及早优化2018年烟叶生产种植布局，主动争取地方党委政府的领导与支持，积极与植烟镇、植烟村对接，提前搞好烟叶种植的面积规划与布局调整，抓好宣传发动，发展种烟主体，引导烟农预留好种烟地块，落实种植面积，稳定种植规模。

【卷烟经营】 始终坚持“规范优先、积极作为、突出重点、健康发展”的思路，在确保严格规范的前提下，在提升卷烟营销基础工作水平上下功夫，提高卷烟经济运行质量。

推动鲁产卷烟量价齐升 以百元以上鲁产销售为工作重点，一方面重点突破鲁产一二类卷烟市场，全力扩充三类高端市场份额；另一方面分价位段进行突破，根据安丘实际确定各价位段主推牌号和重点瞄准市场，300元以上价位段以泰山（拂光细支）为突破点，重点瞄准集团消费；200元—260元价位段以泰山（八喜、好客细支）为突破点，面向城区及相对发达的东部乡镇；140～160元价位段以泰山（心悦、大鸡）为主，主攻乡镇及条件较好农村，兼顾婚庆市场。压实卷烟销售责任，实行领导成员轮流包靠市场管理服务站，严格黄红牌、本地销量、重点品规考核奖惩。

狠抓鲁产品牌价值提升 实施分类考核，对泰山（华贵）、泰山（白将军）、泰山（硬红八喜）等规格实施访销周期轮换式重点培育考核，对本地市场容量实施服务站站长、副站长、稽查员挂靠考核，对百元以上鲁产和泰山销售额专项考核，促进鲁产品牌价值持续提升。全年销售鲁产卷烟18444箱、占总销量比重63.38%，销售鲁产烟比重同比增加2.69个百分点，销售百元以上鲁产卷烟7391箱，同比增长11.75%。加强特色市场开发，凝聚婚庆开发全员合力，全年推介婚庆新人2963对，用烟354箱。加大细支卷烟开发，挑选成长性好、接受度高的泰山（心悦）、泰山（十二钗烤烟）等品牌规格作为主推上柜、扩量目标，全年销售细支卷烟2077箱，同比增长57.01%。

强化品牌培育 针对某价位段，每月选取1个—2个规格上柜考核，月度之间往复指导，将引导与量化考核结合起来。对重点品牌规格实施分轮次考核，做到日调度、周考核、周兑现，以硬约束保障品牌置换效果，提高主销牌号规格的多点支撑能力。

狠抓终端维护与靓化提升 由客户经理自主提报整理计划，每日1户，先精品店、标准店，后普通店；组织机关人员每人包靠整理5户终端，服务站专卖人员和内勤每人包靠10户终端，注重后续维护，跟进督导检查。组织专人到高密学习经营数据分析模型、终端展示宽度提升、服务站过程管理等基础工作先进经验，邀请高密市局（分公司）卷烟营销科长和城区服务站营销副站长到安丘开展专题培训，为营销基础工作提升注入新活力。

激发营销团队活力 狠抓客户拜访到位率、计划执行率、覆盖率、品牌订购宽度与现场展示宽度、订货成功率、电子结算成功率等基础指标考核，推动营销基础持续提升。调整辖区线路，将33条营销线路整合成31条。实行站长挂靠上月绩效考核倒数第二、营销副站长挂靠上月绩效考核倒数第一线路，补齐客户经理短板。开展市场管理服务站工作观摩评比活动，充分把脉问诊服务站整体工作，进一步激发队伍活力、找准工作发力点。推进二次考核，发挥服务站二次考核激励效能，将销量区间、品牌宽度、订单达成率、电子结算成功率等短板纳入专项考核，提升营销基础工作质量。

提升营销人员技能水平 学习借鉴其他单位优秀经验，树立标杆，建立常态化培训学习机制，营造比学赶帮超良好氛围。年内，全市销售卷烟30849箱，同比增长1.17%；实现卷烟销售额74347万元，同比增长1.99%。非烟物流扎实推进，全年实现非烟商品销售额709万元，同比增长21%。

【专卖管理】 **提升市场控制力** 立足本地市场，坚持眼睛向内，着力在有效净化本地市场上下功夫。以开展“齐鲁之盾”（2017）专项行动为载体，强化基层联合执法协作，联合市公安、市场监管、邮政等部门，定期组织开展全市烟草市场治理集中行动；每季度组织专卖稽查中队开展换防检查，打破惯性思维，消除检查盲区，提高日常监管水平和集中打击能力；与市公检法等部门定期交流研究重大涉烟案件，提高案件侦办质量和执法效率，实现行政执法与刑事司法的有效衔接。全市共查获涉烟违法案件274起，查获非法卷烟200.84万支，烟丝2.19吨，总案值68.6万元，刑拘16人，逮捕2人，判刑2人，破获县标网络案件5起，提高社会震慑力，净化市场环境。

完善信息举报网络　关注销售动态，注重市场研究，密切专销信息的共享与互通，强化市场控制网络，推动重点户监管常态化规范化。创新设计重点户筛选程序，运用VBA语言在Excel表格中编程，建立专用数据信息库，由专卖科每工作日将全部零售户前一日及前六个订货周期的鲁产主销牌号订单情况导入数据库，综合零售户历史违法情况予以分析、评分，依据得分高低动态筛选确定重点监管对象并将名单下发专卖中队重点检查，提高市场监管的针对性与时效性。依法严管违法违规卖烟大户，根据案件性质、涉案卷烟品牌及流向等要素建立大户监管数据库，深入摸排违规大户经营场所、仓储场所，筛选有价值线索，从严治理卷烟非法流通。积极开展群众性创新，推进QC小组活动有效开展，QC成果《违法返还卷烟自动烫烙机的研制》获潍坊市烟草专卖局（公司）QC小组优秀成果发布会二等奖，安丘烟草小石头QC小组同时被中国质量协会授予“全国优秀质量管理小组”荣誉称号，连续两年获此殊荣。

大力推进法治烟草建设　加强专卖基础管理，加大烟草专卖法律法规宣传力度，加强法律风险防控，强化专卖执法监督，依法行政、依法管理、依法经营水平持续提升。提升专卖队伍整体素质，积极开展专卖技能大比武，扎实做好法律法规、真假烟鉴别、执法文书制作等技能培训，专卖素质技能持续提升，为推动专卖工作上水平提供有力的人才支撑和作风保障。

（戴全锋）

盐　业

【概况】　2017年，安丘盐业公司（安丘市盐务局）贯彻落实全国盐业体制改革精神，一手抓食盐营销机制建设，完善送销服务网络，夯实专营基础，提升市场服务水平；一手抓市场监管，深入整顿规范食盐市场秩序，严厉打击涉盐违法犯罪行为，确保人民群众用上放心盐，较好地完成年度目标任务。全年盐产品供应量完成年度计划100%；实现销售收入3369.66万元，利税213.86万元。

【盐品供应】　加强盐业送销队伍建设。划分全市为四个销售片区，每个片区由一个营销中队负责，主要配送小包装食盐、畜牧用盐、非盐产品；组建厂（矿）企业用盐专职送销队伍，负责食品加工、蔬菜腌制等大包装食盐的送销。加强送销人员业绩考核，制定《盐业经营管理目标考核实施细则》，实行包片销售，费用包干，调动营销积极性。开展食盐零售许可证年度审验，依法取缔全市食盐零售网点125家，重新审核设置网点2726家，进一步疏通精干食盐流通渠道，提升全市食盐供应应急保障水平。加强食盐品牌形象店建设，以城区商场和乡镇、社区大型超市为依托，建立食盐专营品牌形象店106个，在店内设立盐产品专柜，加强高中档盐产品的市场推广和宣传普及，开展零距离营销，满足城乡居民多样化消费需求。完善对全市食品加工、餐饮服务、酱菜腌制和饲料生产、畜牧养殖等用盐业户信息搜集，登记建档用盐业户863家，落实盐种分类直供，专盐专用，避免对入口小包装食盐的冲击。开展对全市76家实力突出的用盐大户实行精准对接服务，落实营销人员全年包靠，采取电话回访、微信互动、上门走访等形式，深入了解客户对各类盐产品质量、价格等方面的所想所需所求，及时提供用盐服务。

【市场监管】　加强盐政执法队伍建设，印发《安丘市盐务局盐政执法人员责任追究制度》，开展“作风建设年”活动，推进“两学一做”学习教育常态化、制度化，打造高素质盐政执法队伍，提高依法治盐水平。加强盐政日常值班备勤管理，推行“5+2”“白加黑”、错时工作制等办法，打足稽查时间，提高市场巡查频率，做到全天候、全方位、无缝隙监控盐业市场，始终保持对涉盐违法犯罪活动的高压打击态势。全年开展“春节期间食盐市场大清理大整治行动”“春季食盐市场专项整治行动”“夏季食盐市场专项整治行动”和“腌制企业集中用盐季节市场清理整顿”4次大规模食盐市场专项整治行动，严厉打击非法制售假冒伪劣食盐、违规购进使用和以工业盐、饲料添加剂氯化钠充当食盐销售使用的严重涉盐违法行为，依法整顿规范食盐市场秩序，保障全市食盐安全。1月，市盐务局、市公安局联合印发《关于建立打击涉盐违法犯罪联合执法工作机制的意见》，进一步完善盐政执法与刑事司法的衔接机制，加大对各类涉盐违法犯罪行为，特别是危害食盐安全违法犯罪行为的打击力度。5月—7月，市盐务局组织人力物力，集中对全市进行一次全覆盖式宣传。出动宣传车，播放宣传录音，张贴加强盐业市场管理、确保食盐安全的系列通知、通告，散发宣传资料、入户检测碘盐、利用电视、广播等多媒体播放宣传广告、教育短片等形式，广泛宣传食盐专营政策、盐业法律法规，普及碘盐科普知识和食盐安全常识，增强居民用盐保护意识，为打造全市良好的食盐安全环境营造浓厚的舆论氛围。全年查处涉盐违法案件397起，查缉私盐

37.2吨，全市盐业市场秩序稳定。

（李万鹤）

石 油

【概况】 2017年，安丘石油公司通过“强管理，优服务，提素质，增效益”，较好的完成年度任务目标，全年销售成品油69435吨，其中汽油33161吨，柴油36274吨，实现销售收入90759万元，利税601万元。

【油品供应】 公司有加油站点22座，分布于安丘市区、国省道及部分乡镇驻地。各加油站围绕年初指定的任务目标，努力提升服务质量，为客户提供最优质的服务；严把数质量关，为石油市场提供质优量足的油品供应。

（周仕勇）

招商引资

【概况】 2017年，安丘市招商引资工作按照市委、市政府“一四三三五”工作思路部署和要求，贯彻落实新发展理念，在做大做强工业、做长做特农业、做活做优服务业、做美做靓城乡上谋划工作，以招商引资为切入点，把项目引进、招商推动和招商服务作为主要抓手，突出项目引进和建设，通过落实责任、深化改革、突破创新系列，推动招商引资持续深入开展，服务实力活力魅力安丘建设。全市引进招商项目86个，总投资321.25亿元，预计利用市外资金128.73亿元。其中，食品工业项目8个，总投资15.6亿元；装备制造项目13个，总投资55.75亿元；轻加工业项目9个，总投资16.32亿元；电子信息项目8个，总投资20.23亿元；节能环保项目8个，总投资27.68亿元；新材料项目5个，总投资10.63亿元；新能源项目6个，总投资21.77亿元；生物医药项目5个，总投资18.83亿元；农业项目5个，总投资3.78亿元；乡村旅游项目3个，总投资5.1亿元；文化创意项目3个，总投资2.2亿元；复合地产项目3个，总投资50.48亿元；房地产项目6个，总投资63.28亿元；健康养老项目2个，总投资6亿元；现代物流项目2个，总投资3.6亿元。

【改革创新】 项目预审评估 创设安丘市招商引资项目评审机制，通过建立市招商引资评估预审联席会议，规范招商引资工作流程和评审小组项目评估，完善招商引资项目甄别、评审办法及落户决策程序，落实项目“一个口子进”的要求；组成项目评审联席会议，多维度审核把关项目指标，从项目技术水平、科技含量、发展前景、投资规模、投资强度、产出效益等角度进行细致评估，形成评估报告，作为项目取舍、政策扶持的专业依据；经联席会议和市招商工作委员会办公室确定项目符合落户要求和标准后，项目方可进入签约程序，保证引进项目质量。实施项目引进洽谈分类管理、动态管理，按优、良、普通三个标准对评审通过项目实施备案登记，落实“备案登记签批和手续办理多头共进”的推进机制，提高落实效率，促进项目运作更加规范快捷。5月—12月，开展9批次的项目评审，预审项目97个。其中，通过评审项目78个，签约落户项目12个，53个项目进入储备库目录。

寻标对标 深入落实“作风建设年”活动部署，进一步明确工作中心、职能定位、责任担当，对照先进地区、学习科学经验、加快赶超步伐，深入开展“寻标对标提标达标”系列学访活动。5月中旬，组织赴临清市对标学习，重点学习对接央企国企经验。6月初，组织赴诸城市招商局对标学习，重点学习项目库动态管理办法。6月上旬，随安丘市党政考察团赴浙江诸暨市、泰安新泰市对标学习，重点学习新旧动能转换、产业转型升级、招商服务推升方面的创新举措。6月中旬，组织赴浙江省发改委、温州市招商局、宁波市博物馆对标学习，重点学习“浙商回归”战略实施、深度产业链招商经验和招商创业的“甬商精神”。7月初，组织赴济南投资促进局对标学习，重点学习招商引资前瞻性理念和开放性政策。9月上旬，组织赴青岛西海岸新区对标学习，重点学习园区产业转移承接招商和配套服务经验。在学访基础上，通过深入研判宏观经济趋势、细致分析区域产业布局、广泛征求招商意见，出台《安丘市招商引资奖励暂行办法》《安丘市重点产业政策》《安丘市招商引资项目运作流程》《2017年度安丘市招商工作考核办法》《关于加强招商引资推动实力安丘活力安丘魅力安丘建设的意见》和《安丘市加快重点招商项目推进工作实施办法》等系列配套支持政策。新政策在宏观政策落实、产业发展布局、市场准入开放、行政审批简化、公平环境营造、新型业态支持、科技创新扶持、互联网经济共享等方面均有更实质性导向设计，政策红利将持续释放并成为全市招商引资工作的有力支撑。

招大引强 年内，安丘市对接央企国企工作取得实质性进展，跟进项目5个。其中，在建项目1个（中国广核集团有限公司60MW黄皿山风电场扩容项目），签约项目1个（中国林业集团公司国林家居科技城项目），在谈项目2个（中粮集团有限公司五谷道场食品精深加工项目、中国航天科技集团航天睿特碳材料科技成果转化项目），线索项目1个（中国第一汽车集团公司即墨产业园配套生产项目）。

【招商引资重点及方向】 招商引资重点 按照潍坊市“四个城市”建设要求和安丘市建设“实力活力魅力安

丘”战略规划，盯紧支柱产业、重点企业、新兴产能，在玻璃钢复合材料产业集群、汽车装备及零部件产业集群、包装装备产业集群、食品农产品精深加工产业集群4大集群产业和歌尔电子配套产业、生物医药关联产业、能源材料延伸产业、家居建材基地产业、旅游文化创意产业、物流电商流通产业6大新兴产业板块上，通过嫁接合作、配套供应、资本运作等灵活方式，对接引进大型龙头企业、行业领军企业及央企国企，促进产业企业向规模化、集群化、高端化方向迈进。

招商方向 在珠三角地区，面向电子商务、现代物流、集成电子、家电家居领域；在京津冀地区，面向生物科技、高端装备、科研院校、高端人才、高端医疗（养老）领域；在长三角地区，面向智能制造、精密制造、能源材料、文化旅游领域。市领导先后赴珠海、深圳、宁波、杭州开展招商对接活动，推动碧桂园城市综合体项目、源仕新材料项目、颐高电子项目、传化物流园项目等项目洽谈落地。市委书记李新阁、市长杜建华率安丘市党政考察团赴浙江诸暨开展产业招商考察活动，重点开展长三角专项招商专题活动，对接富阳白板纸基地产业集群转移项目、华邦特色小镇项目、华润地产城市综合体项目、球冠电缆项目等重点项目。安丘市党政考察团赴青岛西海岸新区开展招商考察活动，重点对接西海岸新区产业转移项目，调研现代物流、装备制造、食品加工、科研院所等项目。全市同步开展安丘市青岛西海岸新区“飞地”转移产业招商活动，先后赴中德生态园、一汽大众工业园、一汽解放生产基地等重点项目园区开展对接活动。市长杜建华先后赴深圳、北京、哈尔滨、上海开展专题招商活动，市人大常委会主任任海燕、常务副市长孙晓非、市委常委牛茂荣、副市长冷文清参加部分活动，重点对接生物医药、信息技术、精密电子、模具制造等产业领域的企业，洽谈推动国林木业城项目、中科院（宁波）“千人计划”项目、麦信宁科技项目、科尚泰自动化项目和嘉亿通电子配件项目等产业项目。市委常委、常务副市长孙晓非带队参加青岛市潍坊商会暨招商洽谈活动，对接青岛市潍坊商会、青岛市北区青年企业家商会有关会员企业，随后开展“青岛潍坊商会安丘行”活动。推行招商责任制，将招商引资纳入本级考核体系单独落实考核，责任到人，明确奖惩，给每位科级干部、每个村居都加担子，明确每名科级干部年内必须完成1个投资5000万元以上招商项目目标、每个村居必须提供至少1条有实质价值的信息，层层分解落实，确保个个思招商、人人有责任。

【潍坊市招商活动和重点项目】 **潍坊市招商活动** 1.第34届国际风筝会重点项目签约活动。活动中签约项目2个，分别是大数据物流园项目、安吉奥自动化科技项目。2.潍坊市海外高层次人才合作交流对接活动。对接活动中，与安丘市对接恒安散热器有限公司、博阳机械有限公司、信昌电力有限公司、长安铁塔有限公司等5家企业。3.上海先进制造业大会。会议期间，安丘市组织科瑞有限公司、恒安散热器有限公司等企业对接部分参会企业及项目。4.京鲁新旧动能转换合作论坛暨承接北京市非首都功能疏解对接活动。活动中，重点接洽北京市广灵精华科技有限公司、华北轻合金有限公司的镁合金产业链整体转移项目。5.山东香港周活动、珠三角专题招商活动和第23届鲁台经贸洽谈会。安丘市开展港澳台招商、珠三角招商，先后有2万吨熟食加工项目、源仕新材料研发项目、景酒品牌推广项目、翼农农产品加工项目、福基新材料生产项目等项目签约。6.中日韩博览会专题活动。活动中，山东成田农业生态园项目、沁倖食品生产项目2个日资项目签约安丘市食品加工厂。

重点项目 年内，安丘市集中力量抓项目，洽谈引进一批重点项目。在建项目中，市委办公室引进的投资2亿元源仕新材料项目、市政府办公室引进的投资1.8亿元海奥斯生物科技项目、市人大办公室引进的投资1亿元海吉亚医疗综合体项目、市政协办公室引进的投资3亿元普诺森医疗器械项目、兴安街道引进的投资1.4亿元瑞泽黑蒜加工项目、凌河镇引进的投资3.2亿元白羽鸡产业融合发展项目、柘山镇引进的投资1.2亿元柏薪能源型煤项目等，部分达效或开工建设；预审通过项目中，安丘经济开发区引进的投资3亿元凌博机械项目、大汶河旅游开发区引进的投资1.3亿元振科汽车散热器项目、石堆镇引进的2亿元正腾食品熟食加工项目、石埠子镇引进的投资2亿元海瑞斯特农产品深加工项目、景芝镇引进的投资1.5亿元佳合饰品项目进入快速建设阶段。在谈项目中，华南农业大学新型动物疫苗转化项目、奥朗科技镁合金及可变形生产线项目、华北轻合金产业链转移项目、众新新能源汽车制造项目、恒天海龙新型植物纤维复合材料项目、上海贝烈集团总部经济项目、光华医疗产业园总部经济项目、中国传媒大学凤凰学院山东分院项目等，一批新兴产业项目的引进步伐、推进力度明显加大。

（刘江永）

金　　融

Jinrong

金融办工作

【概况】2017年，安丘市金融系统围绕市委、市政府年初确定的经济工作重心，贯彻落实上级有关文件政策和会议精神，以促投放、补短板、抓招商、防风险、提质效为重点，持续加大信贷投放、推动企业改制挂牌、开展金融招商、防范化解金融风险、提升金融服务水平，助推全市金融业健康快速发展，为全市经济社会发展提供坚实保障。全市银行机构本外币各项贷款余额353.03亿元，比年初增加35.36亿元，增长11.13%；各项存款余额458.06亿元，比年初增加45.28亿元，增长10.97%。全市保险机构保费收入11.13亿元，同比增长41.12%；赔（给）付支出2.9亿元，同比增长38.64%。信泰人寿保险股份有限公司潍坊市安丘支公司、合众人寿保险股份有限公司潍坊中心支公司安丘营销服务部正式注册成立。安丘市金鑫融资担保有限公司注册资本由3亿元增加至7亿元，大幅提高自身的融资担保能力，为全市更多企业、更高额度的融资提供担保。4月，市金融工作办公室被市委、市政府授予2015年度—2016年度安丘市级文明单位称号。

【企业挂牌】安丘市委、市政府高度重视企业上市挂牌，不断加大引导力度，强化政策扶持，培育后备资源，加快企业上市挂牌步伐，取得阶段性成果。8月，安丘市政府与青岛蓝海股权交易中心联合举办全市企业改制挂牌暨董秘培训会议，并举行授牌仪式。至年末，全市挂牌企业总数40家。其中，“新三板”挂牌企业2家，齐鲁股权交易中心挂牌企业24家，其他资本市场挂牌企业14家。全年有上驰生物科技等20家企业在齐鲁股交中心、青岛蓝海股交中心四板市场挂牌。

【企业解困】安丘市继续发挥市金融生态工作推进办公室、金融稳定发展工作领导小组职能作用，加大企业风险缓释基金对企业暂时性资金短缺的支持力度。

开展“破圈断链”工作　深入摸清全市重点骨干企业资金链、担保圈有关情况，掌握存在问题，协调银行机构、有关部门等化解企业资金风险。在此基础上，发挥安丘2家政府性融资担保公司的作用，为企业融资提供增信服务，力争实现大圈化小、化繁为简。至年末，2家融资担保公司在保户数为17户、在保责任3.1亿元。同时，组织各银行机构依托债委会，按照“一企一策”原则，通过调整担保、置换抵押物、降低担保额、逐步退出等手段，破解企业担保圈、资金链。

统筹化解银行不良债务　因辖内个别企业出现信用风险问题，导致全市不良贷款增加较快。为及时有效地化解风险隐患，市政府协调各银行机构抓住有限时间，通过核销、资产置换、打包处置等措施，加快不良资产处置，全年处置不良贷款6.2亿元。同时，加大惩戒处罚力度，严厉打击恶意逃废金融债务行为，建立打击恶意逃废银行债务协作机制，明确各部门职责分工，开展联合打击恶意逃废银行债务专项行动，并筹备设立金融审判庭，维护健康稳定的金融环境。

【新型农村合作金融试点】自2015年始，安丘市作为潍坊市首批参与信用互助试点的县市区之一，有10家农民专业合作社参与信用互助试点。分别是：安丘市樱红樱桃专业合作社、安丘市丽蕾果蔬种植专业合作社、安丘市前屯小麦种植专业合作社、安丘市华禽养鸡专业合作社、安丘市墨黑大葱专业合作社、安丘尚都果蔬种植专业合作社、安丘市垚宸果蔬专业合作社、安丘市灵泉蜜桃专业合作社、安丘市通达大蒜种植专业合作社、安丘市金生源花生专业合作社。全市参与信用互助的社员266人，信用互助金额227.3万元，互助笔数124笔。

【参与新型农村合作金融试点企业简介】 **安丘市樱红樱桃专业合作社** 成立于2008年3月，是由安丘市供销联社指导成立的合作社，注册地址在石埠子镇庵上村。2013年9月被全国供销合作总社授予全国农民专业合作社示范社称号。2015年6月获山东省农民专业合作社信用互助业务资格认定书，批准开展信用互助业务。业务范围为：资金信用互助；樱桃的生产、加工及相应的物资供应及技术指导。参与信用互助社员72人，互助资金总额120万元，开展内部信用互助业务32笔，金额86.5万元。

安丘市丽蕾果蔬种植专业合作社 成立于2012年2月，是由安丘市供销联社指导成立的合作社，注册地址在官庄镇西利见村。2015年6月，获得山东省农民专业合作社信用互助业务资格认定书，开展信用互助业务。业务范围为：资金信用互助；果蔬种植；以本社成员为主要服务对象，为成员提供相应生产资料的购买及相应技术信息服务。参与信用互助社员10人，互助资金总额10万元，开展内部信用互助业务24笔，金额59万元。

安丘市前屯小麦种植专业合作社 成立于2013年4月，是由安丘市供销联社指导成立的合作社，注册地址在景芝镇前屯村。2015年6月，获山东省农民专业合作社信用互助业务资格认定书，开展信用互助业务。业务范围为：资金信用互助；小麦种植、销售；以本社成员为主要服务对象，为成员提供相应生产资料的购买及相应技术信息服务。参与信用互助社员15人，互助资金总额20万元，开展内部信用互助业务15笔，金额22万元。

安丘市金生源花生专业合作社 成立于2009年11月，是由安丘市供销联社指导设立的合作社，注册地址在柘山镇大老子一村。2016年10月，获山东省农民专业合作社信用互助业务资格认定书，开展信用互助业务。业务范围为：花生种植，信用互助业务；以本社成员为主要服务对象，为成员提供相应生产资料的购买及相应技术信息服务。参与信用互助社员10人，互助资金总额10万元，开展内部信用互助业务11笔，金额20万元。

安丘市华禽养鸡专业合作社 成立于2009年12月，是由安丘市农经局指导设立的合作社，注册地址在官庄镇驻地。2014年被省畜牧局授予山东省畜牧合作社示范社称号，被农业部授予国家农民合作社示范社称号。2016年10月，获山东省农民专业合作社信用互助业务资格认定书，开展信用互助业务。业务范围为：谷物、豆类、蔬菜、水果种植与销售；蛋禽养殖，禽蛋生产、加工与销售；资金信用互助；以本社成员为主要服务对象，为成员提供相应生产资料的购买及相应技术信息服务。参与信用互助社员18人，互助资金总额65.1万元，开展内部信用互助业务4笔、3.31万元。

安丘市墨黑大葱专业合作社 成立于2008年6月，是由安丘市农经局指导设立的合作社，注册地址在郚山镇墨黑村。2016年10月，获山东省农民专业合作社信用互助业务资格认定书，开展信用互助业务。业务范围为：大葱种植、销售；以本社成员为主要服务对象，为成员提供相应生产资料的购买及相应技术信息服务；资金信用互助。参与信用互助社员16人，互助资金总额59.6万元，正在探索开展信用互助业务。

安丘尚都果蔬种植专业合作社 成立于2014年6月，是由安丘市农经局指导设立的合作社，注册地址在新安街道张家屯村南。2015年，被农业部认定为菜果茶标准化示范基地，被潍坊农业局授予农民合作社示范社称号，是安丘市2015年农村一二三产业融合试点单位；2016年成为山东省精品采摘园、安丘市第一批休闲农庄，被潍坊市妇联、扶贫办、财政局联合授予巾帼脱贫行动示范基地称号，被潍坊市旅发委评为乡村旅游标杆示范点。2016年10月，获山东省农民专业合作社信用互助业务资格认定书，开展信用互助业务。业务范围为：水果、蔬菜种植、销售；以本社成员为主要服务对象，为成员提供相应生产资料的购买及相应技术信息服务；开展信用互助业务。参与信用互助社员90人，互助资金总额41.6万元，开展内部信用互助业务6笔，金额12.39万元。

安丘市垚宸果蔬专业合作社 成立于2012年3月，是由安丘市农经局指导设立的合作社，注册地址在石埠子镇套子村。2016年10月，获山东省农民专业合作社信用互助业务资格认定书，开展信用互助业务。业务范围为：果蔬种植、销售；以本社成员为主要服务对象，为成员提供相应生产资料的购买及相应技术信息服务；开展信用互助业务。参与信用互助社员13名，互助资金总额20万元，开展内部信用互助业务4笔，金额3万元。

安丘市灵泉蜜桃专业合作社 成立于2010年1月，是由安丘市供销联社指导设立的合作社，注册地址在辉渠镇雹泉村。2016年10月，获山东省农民专业合作社信用互助业务资格认定书，开展信用互助业务。业务范围为：开展资金信用互助业务；蜜桃种植；以本社成员为主要服务对象，为成员提供相应生产资料的购买及相应技术信息服务。参与信用互助社员11人，互助资金总额22万元，开展内部信用互助业务12笔，金额10万元。

安丘市通达大蒜种植专业合作社 成立于2009年11月，是由安丘市供销联社指导设立的合作社，注册地址在兴安街道白芬子村。2016年10月，获山东省农民专业合作社信用互助业务资格认定书，开展信用互助业务。业务范围为：大蒜种植；以本社成员为主要服务对象，为成员提供相应生产资料的购买及相应技术信息服务；开展信用互助业务。参与信用互助社员11人，互助资金总额22万元，开展内部信用互助业务16笔，金额11.1万元。

（张森森）

银　行

【概况】 2017年，中国人民银行安丘市支行（简称安丘市支行）贯彻市委、市政府经济工作部署，围绕全市重大投资项目和骨干优势企业“转调创”资金需求，千方百计对上争取政策、资金，积极创新产品，改善融资结构，不断加大信贷投放力度，对经济转型升级、提质增效提供有力的资金支持。年末，安丘境内有商业性银行机构13家，银行机构网点85处。全市银行机构本外币各项贷款余额353.49亿元，比年初增加35.83亿元，增长11.28%；各项存款余额458.06亿元，比年初增加45.28亿元，增长10.97%。2月，安丘市支行被人民银行潍坊市中心支行授予2016年度综合目标管理先进单位称号。

【业务管理】 安丘市支行贯彻落实上级规章制度，加强业务管理和服务，引导金融机构提高服务质效。联合市金融办制定《关于开展“行长走厂长”活动 进一步深化银企对接的实施意见》，组织辖内银行机构的行长或分管行长实地走访40余家企业，了解企业资金需求，现场解决企业问题。做好法人银行机构信贷调控工作，引导安丘农商行压缩票据融资规模，腾出信贷空间，向上级行争取信贷可调剂指标、申请再贷款授信，申请支农再贷款授信5亿元。围绕全市扶贫发展战略，以光伏发电、农产品加工等作为产业扶贫的突破口，创新金融扶贫工作机制，优化金融资源配置，构建“1+N”金融扶贫模式，引导银行机构信贷资金向产业扶贫倾斜、金融服务向产业扶贫优化。深入推广应用山东省融资服务网络平台，通过征集市经信、商务、发改等部门的重点投资项目与企业融资需求信息，及时在平台发布并引导银行机构对接；依托该平台，督促银行机构及时登录进行实时对接，提高银企对接的时效性。强化外汇业务监督管理。以促进银行合规依法经营为主线，强化监管，重点搞好银行外汇业务专项检查，对货物贸易、服务及个人外汇业务、国际收支申报、资本项目等重点业务，加强监督管理和检查，促进依法合规经营。6月，联合中国银行安丘支行举办全市2017年外汇政策暨国际业务宣讲会，帮助涉外企业更好地理解和把握当前外汇政策。指导商业银行在18个社区服务中心安置农商宝、电话POS、查询终端机等自助机具50余台，服务范围辐射社区中心所辖全部村庄，有效改善农村支付环境。组织对20多个助农取款服务点进行现场检查和通报，有效促进辖区助农取款服务的安全、规范运行，提高助农服务水平。组织金融机构开展金融知识宣传10余次，宣传普及金融知识。

【引导信贷科学投放】 安丘市支行引导银行机构贯彻执行稳健中性货币政策，千方百计争取信贷政策与资金，不断优化信贷投向，推动“三去一降一补”，为全市经济稳增长、调结构、加快新旧动能转换提供强有力的金融支撑，进一步增强金融服务实体经济的能力。

稳增长　引导银行机构积极向上争取信贷政策，确保全市重大基础设施建设、优质企业、重点发展规划等项目的顺利推进。至年末，全市本外币各项贷款余额353亿元，比年初增加35.8亿元，减少1.2亿元。

优投向　强化对实体经济发展的支持，引导一二三产业结构调整。至年末，全市一二三产业贷款余额分别为80.3亿元、130.8亿元、141.9亿元，分别占各项贷款余额的22.7%、37.1%、40.2%，同比分别提高1.2个、下降2.6个、提高1.2个百分点，与全市经济一三产业转型发展加快、二产业转型稍慢的运行状况相符。

促创新　鼓励辖内金融机构不断创新服务手段、优化服务流程，提升服务实体经济的能力和效率。引导银行机构积极开展信贷业务创新，提供更多符合实际的特色金融产品；落实降低企业成本促进实体经济健康发展的各项措施，促使金融机构积极减费让利，降低实体企业融资成本。

【促进组织体系完善】 年内，中国银监会潍坊监管分局安丘办事处完善辖区银行业组织体系，督促辖内银行机构学习和借鉴外地先进经验做法，主动对接农业供给侧结构性改革和农业新旧动能转换，跟进农村“新六产”发展，围绕农业产业链延伸、价值链提升和供应链贯通，创新产品和服务模式，加大对新产业、新业态农业供给领域的支持力度。主动与政府部门对接金融需求，创新产品、优化服务，加大信贷支持和服务力度。积极与上级银监部门沟通对接，争取青岛银行、东营银行、平安银行等3家银行在安丘设立分支机构。

安丘农商行推出“扶贫惠农一信保贷”“扶贫惠农一阳光贷”“扶贫惠农一信用贷”和“扶贫惠农一亲情贷”四款“扶贫惠农”系列产品，荣登“‘农信银杯’第七届中国农村金融品牌价值榜”榜单，喜获普惠金融系列“全国农村金融十佳普惠金融产品”奖项。

【加强和改进金融服务】 安丘市支行开展“行长走厂长”银企对接活动，坚持“一企一策”原则，有针对性地解决企业融资服务需求。加强同市发改等经济主管部门和镇街区的沟通协作，开展不同主题、不同形式的银企对接活动，促进金融资源与实体经济的有效对接。拓展和放大融资服务网络平台“网上对接”功能，确保银企对接常态化、高效化、信息化。不断提升外汇管理服务水平，继续推进“一企一策”外汇服务模式和重点企业联系制度，开辟业务办理绿色通道。举办外汇政策宣讲会，开展涉外企业走访对接，进一步提升外汇服务水平，促进涉外经济健康发展。加强企业核查和约谈工作，促进跨境资金有序合理流动。加强和改进农村金融服务，持续推动农村支付服务环境建设提档升级。至年末，在农村地区发放银行卡249.3万张，安装转账电话1835部，农民自助终端362台，尚易通156台，ATM机309台，普通POS机4368台。维修改造服务大厅，制定管理办法，员工的精神面貌、服务态度、办事效率有了明显的改进和提高。

【防范化解金融风险】 安丘市支行执行全市金融风险监测预警月度报告制度，实时监测重点企业风险，参与风险处置化解工作；做好存款保险制度实施工作，组织辖内法人银行机构及时准确投保交费，对投保机构的运行进行考核评级；密切关注辖内金融风险状况，通过风险评估和预警，严防金融风险。执行金融重大事项报告制度，及时进行风险提示。及时受理金融消费者投诉，按照有关规章制度和办法进行处理，维护金融消费者合法权益；强化金融知识宣传和普及教育，提高金融消费者的素养。加强金融维权联络点建设，实现主要行政村全覆盖。加强反洗钱工作的组织实施，建立健全规章制度，严格考核，密切监控，维护国家金融安全。对辖区的金融稳定形势及时向市委、市政府汇报，提出合理建议，落实好中共中央提出的“服务实体经济、维护金融安全、深化金融改革”的各项要求。

中国银监会潍坊监管分局安丘办事处充分发挥监管职能，积极配合市政府化解因企业资金链紧张引发的金融风险。对潜在风险企业，督促被监管银行机构因企制宜、分类施策；对暂时性经营困难，但有发展前景的“帮扶类”企业，督促被监管银行机构做到不抽贷、不压贷、不断贷、授信敞口不减少，稳定当前授信现状，确保帮扶企业风险得到实质性、阶段性化解；对于已经严重资不抵债的企业，督促被监管银行机构加强与地方政府的沟通对接，尽快通过诉讼、清收、打包处置、核销等方式，加快推进依法处置。

（王云海）

2017年安丘境内银行机构情况一览表

序号	银行名称	单位地址	网点数量（个）	职员数量（人）	年度业绩（单位：亿元）
1	中国工商银行股份有限公司安丘支行	安丘市人民路346号	5	98	存：40.76 贷：45.48
2	中国农业银行股份有限公司安丘市支行	安丘市向阳路54号	12	232	存：65.16 贷：55.40
3	中国银行股份有限公司安丘支行	安丘市兴安路128号	4	68	存：27.29 贷：31.59
4	中国建设银行股份有限公司安丘支行	安丘市永安路213号	4	88	存：44.59 贷：38.12
5	中国农业发展银行安丘市支行	安丘市向阳路269号	1	22	存：8.43 贷：21.60
6	山东安丘农村商业银行股份有限公司	安丘市青云大街631号	48	584	存：114.46 贷：174.30
7	中国邮政储蓄银行股份有限公司安丘市支行	安丘市兴安路与和平路交叉路口西北角	3	70	存：15.30 贷：6.99
8	潍坊银行股份有限公司安丘支行	安丘市大汶河旅游开发区永安路以东、金融街以北金融中心	3	63	存：20.97 贷：17.79
9	中信银行股份有限公司潍坊安丘支行	安丘市青云山路8号	1	16	存：12.64 贷：8.81
10	中国民生银行股份有限公司潍坊安丘支行	安丘市商场路与下小路交叉口泰华曼哈顿商业综合楼	1	15	存：4.34 贷：3.03
11	交通银行股份有限公司潍坊安丘支行	安丘市大汶河旅游开发区金融街2号	1	14	存：3.91 贷：6.08
12	齐商银行股份有限公司潍坊安丘支行	安丘市大汶河旅游开发区永安路与金融街交汇处金融中心6号楼	1	19	存：6.40 贷：3.27
13	安丘北海村镇银行股份有限公司	安丘市市南区金融街西首金融中心3号楼	1	35	存：0.87 贷：0.40

保 险

【概况】 安丘市有各类保险机构77家，主要开展财产保险、人寿保险、农业保险及保险中介等业务。保费收入11.13亿元，同比增长41.12%；赔（给）付支出2.9亿元，同比增长38.64%。

【财产保险】 安丘市有财产保险机构19家。财产险保费收入4.31亿元，同比增长84.16%；财产险赔付1.91亿元，同比增长96.06%。

【人寿保险】 安丘市有人寿保险机构15家。人寿险保费收入6.82亿元，同比增长22.99%；人寿险赔付0.99亿元，同比减少11.3%。

【农业保险】 安丘市开展的农业保险有小麦保险、玉米保险、花生保险、大葱价格指数保险、苹果（桃）保险、能繁母猪保险、育肥猪保险、奶牛保险等。参与农业保险承保的主要是人保财险安丘支公司、太平洋财险安丘支公司、泰山财险安丘支公司、中华联合财险安丘支公司、平安财险安丘支公司等保险机构。

年内，安丘市开展苹果、桃政策性保险品种，承保机构为平安财险潍坊中心支公司、人保财险安丘支公司和太平财险潍坊中心支公司。全市有7235.9亩桃、45.5亩苹果进行投保。其中，桃保险费总额为54.27万元，苹果保险费总额0.46万元。

全市有16762家种植户签订大葱目标价格（春葱）保险合同，参保面积10.28万亩。中华联合财产保险、中国人寿财产保险、太平洋财产保险、泰山财产保险等承保公司需支付全市参保农户赔偿金额5114.48万元。

2017年安丘境内财产保险机构一览表

序号	单 位
1	中国人民财产保险股份有限公司安丘支公司
2	中国太平洋财产保险股份有限公司安丘支公司
3	阳光财产保险股份有限公司安丘支公司
4	长安责任保险股份有限公司潍坊市安丘支公司
5	泰山财产保险股份有限公司潍坊市安丘支公司
6	安华农业保险股份有限公司潍坊市安丘支公司
7	中华联合财产保险股份有限公司安丘支公司
8	华安财产保险股份有限公司潍坊中心支公司安丘营销服务部
9	中国大地财产保险股份有限公司安丘支公司
10	华海财产保险股份有限公司潍坊市安丘支公司
11	浙商财产保险股份有限公司潍坊市安丘支公司
12	安邦财产保险股份有限公司潍坊中心支公司安丘营销服务部
13	中国平安财产保险股份有限公司安丘支公司
14	永安财产保险股份有限公司潍坊中心支公司安丘营销服务部
15	中国人寿财产保险股份有限公司潍坊市安丘支公司
16	安盛天平财产保险股份有限公司潍坊中心支公司安丘营销服务部
17	天安财产保险股份有限公司潍坊中心支公司安丘营销服务部
18	渤海财产保险股份有限公司潍坊市安丘支公司
19	安诚财产保险股份有限公司潍坊中心支公司安丘营销服务部

2017 年安丘境内人寿保险机构一览表

序号	单　位
1	中国人寿保险股份有限公司安丘市支公司
2	民生人寿保险股份有限公司潍坊中心支公司安丘营销服务部
3	富德生命人寿保险股份有限公司潍坊市安丘支公司
4	中国平安人寿保险股份有限公司安丘支公司
5	中国太平洋人寿保险股份有限公司安丘支公司
6	泰康人寿保险有限责任公司山东潍坊安丘支公司
7	农银人寿保险股份有限公司潍坊市安丘支公司
8	阳光人寿保险股份有限公司潍坊市安丘支公司
9	华夏人寿保险股份有限公司潍坊市安丘支公司
10	信泰人寿保险股份有限公司潍坊市安丘支公司
11	太平人寿保险有限公司潍坊市安丘支公司
12	英大泰和人寿保险股份有限公司潍坊市安丘支公司
13	合众人寿保险股份有限公司潍坊中心支公司安丘营销服务部
14	新华人寿保险股份有限公司潍坊市安丘支公司
15	中国人民人寿保险股份有限公司潍坊中心支公司安丘营销服务部

2017 年安丘境内保险代理机构一览表

序号	单　位
1	潍坊瑞峰保险代理有限公司
2	青岛中晟前海保险代理有限公司安丘分公司
3	山东华宏保险销售有限公司安丘分公司
4	日照经纬保险代理有限公司潍坊市安丘营业部
5	青岛安达保险代理有限公司安丘景芝分公司
6	济南泛维保险代理有限公司安丘分公司
7	山东华晨保险代理有限公司安丘分公司
8	山东中宁保险代理有限公司安丘分公司
9	泰盛保险销售服务有限公司潍坊分公司
10	山东齐鲁保险代理有限公司潍坊分公司
11	安丘市华泰保险凯全专属代理店
12	永鑫保险销售服务有限公司安丘营业部
13	山东怡富保险代理股份有限公司安丘营业部

续表

序号	单　位
14	山东德信和保险代理有限公司安丘分公司
15	山东金源伟达保险代理有限公司安丘分公司
16	山东凯弘保险销售股份有限公司安丘营业部
17	山东润生保险代理股份有限公司安丘分公司
18	中煤联合保险销售服务有限公司安丘营业部
19	潍坊鸿鸣保险代理有限公司安丘分公司
20	上海广汇德太保险代理有限公司安丘营业部
21	青岛得豪保险代理有限公司安丘分公司
22	山东道兴民泰保险代理有限公司安丘大汶河营业部
23	北京瑞金恒邦保险销售服务股份有限公司安丘营业部
24	山东安盛信诺保险代理有限公司潍坊分公司
25	青岛华银保险代理有限公司安丘分公司
26	山东华承保险代理有限公司安丘分公司
27	山东泛华民泰保险代理有限公司安丘营业部
28	安诚保险销售有限公司潍坊营业部
29	山东泓贵保险销售服务有限公司潍坊安丘分公司
30	山东诚惠保险代理有限公司潍坊分公司
31	山东国康保险代理有限公司安丘分公司
32	山东诚安达保险销售服务有限公司安丘营业部
33	山东昱兴保险代理有限公司潍坊分公司
34	众信易诚保险代理股份有限公司安丘分公司
35	德州万泉保险代理有限责任公司安丘分公司
36	山东鼎鸿泰信保险经纪有限公司安丘营业部
37	山东中旗保险代理有限公司潍坊分公司
38	山东智诚保险经纪有限公司潍坊分公司
39	中联金安保险经纪有限公司潍坊分公司
40	人保汽车保险销售服务有限公司安丘营业部
41	富尔保险经纪有限公司安丘分公司
42	青岛嘉华保险代理有限公司潍坊安丘分公司
43	山东纳利保险经纪有限公司潍坊安丘营业部

证 券

【债券和股权融资】 2017年，山东安丘农村商业银行股份有限公司通过天风证券发行4.7亿元二级资本债。安丘市华安国有资产经营有限公司通过中泰证券发行10亿元公司债。

年内，安丘市在齐鲁股权交易中心挂牌的汇润膳食堂和沃德食品两家企业获省直投基金扶持资金293.7万元和234.5万元。

【证券营业部】 年内，安丘市有2家证券营业部。

中泰证券股份有限公司安丘兴安路证券营业部 位于安丘市兴安路33号。2010年3月正式开业，是安丘市第一家合法的证券营业部。营业部下设机构业务部、零售业务部、财富管理部、营运管理部等部室。自成立后，贯彻落实市委、市政府的部署，做好金融知识普及、企业规范化改制和上市挂牌、金融风险防控等工作。完成安丘市第一批企业在齐鲁股交中心的挂牌工作，推动“金鸿新材”成为全市第一家在“新三板”市场挂牌的企业。是年，帮助华安国资、华安水务两家企业顺利完成AA级主体评级工作，成为安丘市华安国有资产经营有限公司发行10亿元公开市场企业债，实现全市企业在公募平台的首次大规模融资。年末，拥有个人投资者客户3.5万，服务企业近百家，为安丘资本市场的发展做出突出贡献。

西部证券股份有限公司安丘商场路证券营业部 位于安丘市兴安街道商场路265号，2016年9月注册成立。立足安丘、服务当地，落实市委、市政府的部署，提供IPO、定向增发、公司债、企业债、资产证券化、股权质押融资、股票收益互换、私募股权投资基金、新三板、区域股权市场等各项不同类别的业务服务。

财政　税务

Caizheng　Shuiwu

财　政

【概况】 2017年，安丘市财政工作围绕市委、市政府的部署，结合全市“作风建设年”活动的开展和“两学一做”学习教育常态化制度化的推进，强化财政服务职能，狠抓增收节支，突出保障重点，较好地保障全市经济和社会事业发展。

【财政收入】 县级收入中，从征收部门看，国税部门完成77213万元，同比增加6496万元，增长9.2%；地税部门完成113740万元，同比增加13261万元，增长13.2%；财政等其他部门完成34051万元，增加3283万元，增长10.7%。

全市地方税收收入完成181593万元，同比增加19542万元，增长12.1%；税收收入占一般公共预算收入的比重为80.7%，高于潍坊市平均水平（75.6%）5.1个百分点，列第5位。非税收入完成43411万元，增加3498万元，增长8.8%。

地方税收中，增值税、营业税、企业所得税和个人所得税四个主体税种完成88227万元，同比增加5201万元，增长6.3%；主体税种占一般公共预算收入的比重为39.2%。其中，增值税完成62738万元，同比增加12849万元，增长25.8%；营业税完成733万元，同比减少14131万元，下降95.1%；企业所得税完成19640万元，增加5153万元，增长35.6%；个人所得税完成3817万元，增加1330万元，增长35.1%。

从全市财政收入运行情况看，主要特点：一是收入增幅位居前列。全市收入增长11.4%，比潍坊市平均水平高2.9个百分点，列12个县市区中第二位，列8个县市中第二位。二是收入质量高。全市税收占比为80.7%，比潍坊市平均水平高5.1个百分点，列12个县市区中第三位，列8个县市中第四位。

【优化财源结构】 安丘市立足本地实际，为解决当前县乡财政困难状况，学习借鉴外地先进经验，把握自身优势和发展机遇，突出财源建设这一经济发展主题，不断深入挖掘财源建设政策措施，推进全市经济较快发展。

突出抓好大项目建设　继续坚定不移、持之以恒地抓好大项目，尤其是突出工业大项目建设，重点引进、培植、新增一批经济拉动力强、税收贡献大的大企业、大项目。市委、市政府出台支持企业培强做大的意见，促进财源建设更快发展。在大项目建设中，坚持企业唱主角、政府作后盾，由相关部门组成联合服务保障组，靠前服务、主动服务、全方位服务，帮助企业解决项目实施中的困难和问题，及时落实好各项鼓励扶持政策，使项目尽快投产见效。

大力扶持中小企业发展　在财政资金非常有限的情况下，市财政扶持的重点主要放在市场前景好、附加值高、成长性强、扶一把就能上去的中小企业上，解决好中小企业启动难、贷款难的问题。打造金融环境建设，通过有力的奖励激励政策，充分调动金融机构扩大信贷投放的积极性，营造良好的创业筹资环境，较好地缓解中小企业发展的融资困难。

进一步清理压减行政审批事项　坚持“精简、统一、高效”原则，进一步清理行政审批事项，优化审批程序和规则，压缩审批时限。严格执行“收支两条线”管理制度，从源头上防止“三乱”行为的产生，从机制上净化投资和经营环境。

进一步提高工作效率　严格实行首问负责制、限时办结制、责任追究制，提高服务效率。凡是需要单独审批的事项，能当场办结的当场办结，不能当场办结的明确规定在几个工作日内办结；需要多个部门共同办理的，将主动联合相关部门在规定时限内办结，充分树立政府部门服务形象。

【多方式融资】 近几年，安丘市呈现偿债高峰期，导致政府还债压力较大。为确保按时归还政府所欠银行贷款和工程款等，维护政府信誉，市财政局利用省直管县优势，加大与省级争取债券资金力度，确保全市偿债资金需求。2017年争取到置换债券资金15.42亿元，全部安排用于当年到期政府应还债务本金。从而缓解地方政府支出压力，改善政府债务的可持续性，缓释系统性金融风险；延长债务期限，降低存量债务成本和利息负担，有利于优化债务结构，处理好化解债务与稳增长的关系；也为腾出资金加大投资创造条件，有利于保障在建项目融资和资金链不断裂，支持实体经济发展。

同时，为加大对改善民生和经济结构调整的支持力度，满足公益性项目支出需求。年内，市财政局争取到新增债券资金4.1亿元。按照上级规定，依法用于公益性资本支出。优先用于保障在建公益性项目后续融资，全部统筹用于全市教育工程、市政道路、保障性安居工程、水利和交通等重点项目，全力支持扶贫、改造棚改户区、破解教育大班额等，保证重点项目建设资金需求，减小地方政府支出压力，推进社会各项事业持续较快发展。

【支持重大项目建设】 近年来，市政府投资建设永安路大桥、莲花山大桥，新安路、北外环路、S221下小线省道改造，市实验中学、市莲花山中学、市明德小学等一系列重点项目。这些项目的完成，改善市区的民生、交通、城市环境等条件，方便广大人民的出行及生产生活，促进全市经济的又好又快发展。为做好资金保障，市财政局积极筹措资金，及时拨付政府投资项目到期应付的工程款，提高政府形象，树立政府威信，为以后政府投资项目的顺利实施打下坚实的基础。

【民生保障能力】 年内，安丘市教育、科技、文体、社保、医疗、节能环保、农林水和住房保障等重点民生支出完成35.1亿元，增加2.3亿元，增长7.1%，民生支出占一般预算支出的比重为83.9%；与GDP有关的八项支出完成31.6亿元，与去年持平，有力的发挥投资拉动作用。

优先保障教育文化经费 安丘市建立包括支持学前教育快速发展、促进义务教育均衡发展、推动职业教育改革发展、支持高等教育内涵式发展及覆盖学前教育到研究生教育各阶段的学生资助体系等全方位的财政支持教育政策体系。年内，全市教育支出完成14.5215亿元，增长4.9%。实施城乡义务教育经费保障机制改革，足额落实城乡义务教育免杂费和补助公用经费、农村学生和城市家庭经济困难学生免费教科书、农村家庭经济困难寄宿生生活费补助等各项政策。落实学前教育政府助学金、高中国家助学金、中职国家助学金及免学费等各项学生资助政策，保障学前教育、高中教育等各阶段学生奖助政策顺利实施。支持扩大学前教育资源，持续推进普惠性标准化幼儿园建设工作，加快普及学前三年教育和提高学前教育普及水平，努力破解“入园难、入园贵”问题。全面改善义务教育薄弱学校基本办学条件，实施中小学校舍标准化建设工程，不断缩小城乡办学条件差距，促进义务教育均衡发展，缓解大班额问题。加快建设现代职业教育体系，支持职业学校基础建设，发展职业教育特色学科，推进职业教育改革与发展，加快技能型人才培养。促进教师队伍素质整体提升，中小学教师培训、幼儿园教师培训、中小学心理健康教育活动课、学校安全教育教师培训等各类培训，切实提高教学质量。

构建社会保障体系 年内，全市社会保障和就业支出完成6.5364亿元，增长18.7%。对居民基本养老保险给予补助，确保符合条件的城乡居民基础养老金按时足额发放。继续实施更加积极的就业政策，进一步强化高校毕业生、农村转移劳动力、退役士兵、残疾人等各类人员就业扶持政策。继续提高部分优抚对象等人员抚恤和生活补助标准，落实退役士兵安置政策。提高困难老年人、孤儿等特殊困难群众福利保障水平，加快建立社会养老服务体系和发展老年服务产业。提高城乡最低生活保障标准，加大城乡医疗救助（含临时救助）、特困人员救助供养、救灾、流浪乞讨、残疾人事业等保障力度，进一步提高困难群众保障水平。

保障医疗卫生事业发展 年内，安丘市医疗卫生支出完成3.2771亿元，下降40.2%。重点用于以下领域：医疗保障支出、公共卫生支出、基层医疗卫生支出、公立医院补助支出、食品药品安全监管经费保障支出、计划生育支出。支持公立医院大型设备购置、重点学科（专科）建设等事业发展，加强公立医院建设。向城乡居民免费提供国家规定的基本公共卫生服务，实施疾病预防控制、妇幼卫生等国家和省重大公共卫生服务项目，加强公共卫生服务体系建设。落实人口和计划生育投入保障机制，支持计划生育避孕药具购置，保障人口和计划生育工作顺利开展。支持实施食品药品放心工程、提升食品药品监管执法能力和开展食品安全抽检和风险监测等工作，推动全市食品药品监管事业发展。

【国库集中支付管理】 年内，安丘市国库集中支付金额104.87亿元，集中支付率99.55%；积极实施公务卡结算，建立规范、高效的新型公务支出结算机制。市级预算单位开设公务卡1186张，公务卡消费金额达667万元。同时，积极推动镇（街区）公务卡结算，年底全面铺开，提高财政支出透明度和精细化管理水平。

【深化财政改革和管理】 2017年，山东省下达置换债券资金15.42亿元，按规定用于偿还政府到期债务，并直接支付到债权人。年内，全部置换完毕。对于2017年省下达的新增债券资金4.1亿元，安丘市全部安排用于教育、扶贫、水利、公路等公益性项目支出，年底前全部拨付到位。

推进预决算公开 2015年起，安丘市政府预决算、部门预决算及“三公”经费预决算全部严格按规定时限和公开要求在安丘市人民政府门户网站进行公开，实现预决算公开全覆盖。2017年，公开乡镇预决算。政府预决算收入全部细化公开到款级科目，政府预决算支出全部细化公开到功能分类的项级科目。部门预决算公开到基本支出和项目支出，按经济分类公开政府预决算和部门预决算，明细反映政府和单位支出的经济性质和具体用途。

完善政府预算体系 安丘市财政局在编制年度预算时，将一般公共预算、政府性基金预算、国有资本经营预算（安丘市不具备编制条件）和社会保险基金预算全部纳入政府预算反映，全口径预算体系初步建立。进一步加大一般公共预算与政府性基金预算、国有资本经营预算、财政专户管理资金的统筹力度，增强政府财力综合运筹能力。按省试点方案规定，统筹使用城市维护建设税、排污费等。按财政部文件规定，2015年起，将地方教育附加、水利建设基金等11项基金列入一般公共预算，将全口径政府预算提交市人大审议；2017年，将新增建设用地土地有偿使用费转列一般公共预算。

健全预算标准体系 根据工作实际需要，修订和完善办公费、水电费等定额标准，提高标准的合理性和可行性。2017年，按照上级规定和要求，按5%比例压减公用经费，业务类项目压减10%，除上级和全市重大项目外，专项支出“零增长”。

深化预算编制改革 全面推进部门综合预算管理，实行“一个部门、一本预算”，将单位所有收支全部纳入预算反映。提前安排预算编制工作，每年8月左右启动下年度市直部门预算编制工作，延长预算编制周期，拉长单位编制和财政汇审两个阶段的时间。市财政部门将上级提前下达的一般性转移支付和专项转移支付全部编入年初预算。2017年9月初，安排2018年部门预算编制工作。

改进年度预算控制方式 2015年起，市财政局在向市人民代表大会报告预算时，重点报告支出政策内容。2016年、2017年，单独编写《预算解读》读本，便于代表和委员们进行审议审查。2015年起，设立预算稳定调节基金，规范超收收入使用管理，建立跨年度预算平衡机制。2017年起，按省财政厅要求，试编完成2017年—2019年部门中期规划、财政中期规划。2018年部门预算中，要求单位编制2018年—2020年中期规划。

强化预算刚性约束 支出预算坚持预算法定原则，经市级、镇级人大批准的预算，市财政局要求各级各部门必须严格执行，预算未安排的事项一律不支出。严格预算调整程序，预算执行中增加或减少的预算支出，一律按规定编制预算调整方案。对于山东省财政厅下达的新增地方政府债券资金等，编制调整方案报市人大常委会审查批准。加强支出进度调度，市财政局各支出管理科室以及各预算单位不断加快预算执行进度，对年初预算已确定的项目，尽快组织实施；尚未开工的项目，加快推进，力求早实施、早见效；尚未确定具体项目的专项资金，逐项排查清理，加快项目论证实施。对年底仍未确定具体实施项目的，将资金收回市财政；对符合盘活财政存量资金要求的，市财政局按有关规定统筹使用。加强对乡镇预算改革的管理和指导，规范乡镇政府收支行为。

依法加强收入征管 开展税式支出管理，按国家规定，严格实施结构性减税政策，实施营改增试点改革。面对复杂多变的宏观经济形势、财税政策调整等不利因素，市财税部门加强收入组织调度，完善改进收入征管措施，做到依法征收、应收尽收，促使全市收入实现稳定增长。推行国税、地税联合办税，服务纳税人。贯彻落实好上级、安丘市出台的包括原税收等优惠政策，山东省人民政府20条财政政策和30条减税负降成本意见，支持企业转型发展的意见等。根据全省收入审计查处的问题，切实加以整改，坚决杜绝新增虚收。

深化支出管理改革 2015年起，安丘市按上级要求，清理教育、科技等同财政收支增幅、支出规模或生产总值挂钩的支出事项。统筹资金和财力，压减三公经费等一般性支出，逐步提高行政事业单位人员工资福祉，加大公共服务投入力度，集中用于教育、医疗、文化、住房等重点社会事业支出。安丘市成为涉水涉地专项资金整合试点县后，各项工作进展顺利。市财政局转发上级关于专项资金管理领域实行信用负面清单制度的通知，对违规使用专项资金，或者出现信用失信、失范行为的，按规定予以处理。

推进政府采购和政府购买服务改革 按照2015年市政府出台的《政府向社会力量购买服务办法》，市财政局严格执行“管采分离”的政府采购管理体制，规范采购流程，编制政府采购预算和政府购买服务计划。全面梳理财政部门、采购人（党政机关、事业单位和社会团体）的职责定位，探索“管采分离”的有效途径，明晰并厘清政府采购活动各方参与者的职能：一是财政部门不再参与政府采购活动的具体实施过程，其监督管理职责定位于采购制度的制订、采购方式的审批、采购活动的监督检查、投诉事项的处理、评审专家和代理机构的检查考核等方面；二是按照“权利明确、责任到位”的原则，将政府采购活动的主体责任回归采购人和其委托的代理机构，通过监督检查方式对其进行监督，发现问题及时责令整改，有违规违法问题按照法律赋予的职能进行查处。

市财政局出台《市级行政事业单位国有资产配置管理暂行办法》等，完善行政事业国有资产管理体制。建立和完善与现代财政制度相适应的，国家统一所有、政府分级监管、财政综合管理、单位占有使用的管理体制和以资产配置预算、资产统筹调配为核心的全程监管体系，构建产权清晰、配置科学、使用高效、处置规范、全程监管的国有资产管理新模式，努力降低政府行政运行和事业发展成本。

推进国库管理制度改革 2015年起，市财政局将预算单位所有财政资金全部纳入国库集中支付范围，覆盖到一般公共预算、政府性基金预算资金、社会保险基金预算。建立国库单一账户体系，实行公务卡结算制度。公务卡制度也在预算单位全面实施，成为公务支出领域的重要结算工具。严禁违规对外借垫款，全面清理压减往年财政暂付款。按规定编制2017年政府综合财务报告，并按时上报。

加强结余结转资金管理 建立健全结余结转资金定期清理机制，将结余结转资金占财政支出的比重控制在9%以内。将上年结转资金，全部安排用于下年有关项目支出，使用不完的，作为财力统筹使用。

全面推进预算绩效管理 根据2015年市政府印发的《关于全面推进预算绩效管理的意见》，市财政局制定《安丘市财政支出绩效评价管理办法》，全面开展预算绩效管理工作。总结以前年度工作经验，学习借鉴先进地区的做法，制定较为完备的县级项目支出和预算单位支出绩效评价体系。随同部门预算编制工作，一并安排绩效预算管理培训，强化单位绩效预算的理念。除经常性业务经费外，对超过50万元的其他项目支出，全部实行绩效目标管理。对部分低于50万元，但属于单位重点项目的，也纳入绩效目标管理范围。实行第三方评价，并将评价结果与预算安排实行挂钩机制。

积极推进PPP投融资改革 按照市委、市政府关于大力推行政府与社会资本合作（PPP）的决策部署，市财政部门联合市有关部门积极探索、主动作为，不断完善工作推进机制，加大工作推进力度，全面放开基础设施投资建设运营市场。全市PPP工作开局良好、进展顺利，取得重要的阶段性成果。2017年，在安丘市储备PPP项目10个的基础上，各部门再提报意向项目6个。年内，市政道路工程项目执行落地，总投资3.46亿元；另安丘市垃圾焚烧发电和青云双语新校区PPP项目正在识别论证。

加强政府债务管理 年内，根据上级有关要求，安丘市对地方政府性债务实行限额管理。市政府债务余额48.6亿元，没有突破山东省财政厅核定安丘市2017年末地方政府债务限额53.9亿元的限额。市政府制定《安丘市政府债务风险化解规划》《安丘市政府性债务风险应急处置预案》，努力将风险指标控制在警戒线以内，设立政府性债务管理领导小组。市财政局等六部门联合转发《关于进一步规范地方政府举债融资行为的通知》，不断建立健全地方政府管理制度体系。

（金学龙）

政府采购和招投标

【概况】 2017年，安丘市采购和招投标工作在市委、市政府的重视和有关部门的支持下，按照“重规范、重服务、重效率”的原则，通过加强监督管理，规范内外工作流程，不断拓宽采购渠道、扩大采购规模，为深化财政支出管理改革、提高财政资金使用效益、促进廉政建设等方面发挥重要作用，呈现出良好的发展势头。

【政府采购】 严格按照《潍坊市政府采购项目操作规程》等要求确定招标方式，凡是政府投资项目的规划、设计、监理、施工大宗材料及大型（或专用）设备的采购，全部实行公开招标。政府采购方式确定后，从招标机构的确定、信息的发布、招标文件的制作和审查、供应商资格审查和招标文件的发售，到开标、组建评标委员会评标、中标公示、发放中标通知书、签订政府采购合同，在每一个环节中，严格按照《政府采购法》《招投标法》《安丘市政府采购招投标实施办法》《潍坊市政府采购项目操作规程》等法律规范规定的时限和程序，加强监管，真正做到程序规范完善。年内，全市完成政府采购项目151批次，完成采购金额2.53亿元，节支率8.74%。

【建设工程招投标】 工程招投标围绕市委、市政府的工作重心健康、稳步发展，取得明显的经济社会效益。在工作中，按照“发展与规范同步，重在规范”的原则，组织招标代理机构参加上级主管部门的培训，对招标代理机构纳入动态管理，严格审核招标方式。年内，限额以上项目全部采用公开招标方式，完成工程招投标120批次，完成招标金额13.07亿元，节支额0.99亿元，节支率8.23%。

【招投标管理】 一是加强平台建设。所有的政府采购和招投标项目全部纳入公共资源交易中心，采用一个中心、多项功能、集中管理的方法，形成统一、开放、有序的交易市场，便于集中管理和监督。二是严格招投标程序。严格按照《中华人民共和国招投标法》及其实施条例的规定，依法招标投标，实现招标投标活动公开、公平、公正。三是强化对招标代理机构的管理，在坚持市场运作规则的前提下，加强管理。四是依法查处违法行为。加大监督检查力度，查处招标投标活动中的违法行为，保证交易活动健康有序运行。五是运作规范，优质服务。

（金学龙）

国　税

【概况】 2017年，国税工作紧紧围绕上级部署，积极把握发展机遇，勇于面对困难挑战，凝心聚力、实干争先，干部队伍素质不断优化，部门站位得到切实提升，各项工作成效显著。安丘市国税局先后被山东省财贸金融工会委员会授予山东省财贸金融系统“五一劳动奖状”称号，被潍坊市国税局评为潍坊市国税系统全面推开营改增试点工作突出贡献单位、潍坊市国税系统全面推开营改增试点工作突出贡献单位、潍坊市国税系统金税三期工程应用软件换版工作突出贡献单位、全市国税系统2016年业务大比武优胜单位，被潍坊市总工会授予潍坊市“工人先锋号”称号，安丘市国税局办税服务厅被山东省国税局评为2016年度全省国税系统优秀办税服务厅，在潍坊市国税局举办的纳税服务业务大比武中，获潍坊市国税系统集体平均分第一名。

【税收收入】 是年，市国税局受税制改革、结构性减税等因素影响，组织收入工作面临复杂局面。面对压力和挑战，始终坚持组织收入中心，集中精力抓收入，堵漏挖潜保增长，充分利用专业化管理优势，调动全员抓收入的积极性，采取有效征管措施，全力提高税收征管质效。贯彻落实组织收入督导机制，建立从局领导到职能科室及管理分局的齐抓共管机制，由局长负总责、分管局长分工负责、各职能科室协调配合、稽查局专项检查、各税源管理分局专项评估，形成以查促管、以管促收的组织收入联动机制。相关科室和分局立足部门职能，主动加大工作力度，从落实政策增收、强化管理增收、加大评估增收、开展稽查增收四方面发力，切实提升收入质量。通过开展纳税评估、大企业风险自查、税收风险提醒、税务稽查等手段组织收入，有效弥补税源实现不足缺口。年内，市国税局完成国内税收收入187120万元，落实税收优惠政策实现税收减免88588万元。

【税收征管】 作为潍坊市国税系统深化征管改革试点单位，市国税局围绕上级有关征管改革要求，积极探索专业化管理改革创新，推进国地税深度合作，建立科学实用的基层税收管理机制，进一步提升征管效能。优化征管资源配置，合理调整设置机关业务科室和管理分局，单独设置风险防控、政策法规、所得税管理等部门。推进税源专业化管理，结合县级税源实际，通过扁平化改革10个基层管理分局，实现全员集中办公，建立以城区为中心的税收管理服务“一小时半径”。对全市纳税人按照重点企业、同类行业、零散税源等特征进行规律分类，划归不同的税源管理部门，实行“重点税源集中管理，中小企业按行业管理，个体业户按区域管理”的分级分类式管理。初步建立以基层分局为专业纳税评估单位、以办税服务厅为涉税需求解决中心、以业务科室为风险防控管理实体的征管格局。优化基层分局服务职能，将基层分局作为办税服务厅之外的纳税服务支柱节点，针对重点税源、行业税源、区域税源三种不同对象分类实施管理服务。在重点税源管理分局重点做好大企业个性化服务，集中骨干力量打造大企业服务团队，改变过去先管理后服务的模式，针对大企业在处理涉税事宜时容易出现的风险，主动提前介入，将静态日常防范与动态风险提醒相结合，依托专业团队实现点对点的风险精准提醒服务，为大企业提出涉税风险防范建议。在行业化管理分局，重点发挥税收管理员作用，为纳税人提供税法咨询和办税辅导。在区域化管理分局重点做好个体管理服务，定期开展区域巡查，加强对未办证纳税人的监控力度，确保及时纳入税收管理服务。完善国地税信息交换机制、第三方信息联合采集共享、内部涉税数据定时交互、实现国地税风险数据深度聚合。利用数据集中优势开展大数据分析运用，联合开展税收风险分析，实施风险一体风险防控管理，重点加强行政许可审批风险防控；在发票申请环节加大审核力度，在办税服务厅设立三级审核机制，安排专职人员审核，排序虚开发票常见的15种情形按风险等级，根据不同风险等级开展应对。实施税收管理员“六表工作法”，规范分局主要执法环节的业务操作，使基层管理分局税收执法有章可循、有法可依、有据可查。

【依法治税】 组建税收法律服务团队，实施税收法律资源集中管理，负责规范与辅导全局具体执法行为，参与重大税务案件审理、重大税收执法事项法制审核，组织涉税法律法规梳理，开展典型诉讼案例研讨等。编写《发票管理风险内部控制制度》《发票管理风险内部控制指引》等，梳理出33项依申请发票管理事项风险和42项依职权发票管理事项风险。全面梳理基层税收执法行为风险，梳理出6大类、108项事项，形成《税收执法风险点清单》。推进市公检法协调配合机制，开展多方学习交流。构建社会综合治税体系，积极助力地方政府发挥综合治税主导作用，成立全市社会综合治税工作领导小组，立足安丘市人民政府网站设计开发“社会综合治税平台”，涵盖市工商、供电、人社等36个职能部门和街道乡镇，做到第三方涉税信息的前台多部门采集上传，后台税务部门一键汇总分析。有效利用社会资源开展联合办税，联合市地税部门实行委托建设方代征税款，全年委托代征各种税费1600万元；通过获取拆迁安置涉税信息，对7户纳税人开展风险应对入库增值税5597万元。借助社会中介组织，共同制定行业税收管理模板和风险分析模型，提高税源综合控管水平。引入“建筑工程结构类型平方米造价”有关指标，规范房地产企业建安成本核算，加强房地产税收管理。与市财政部门积极协调，推动制定规范财务核算相关措施办法，加强对543名兼职会计人员和中介机构的从业资格管理。

【纳税服务】 全面梳理过去分散于国地税科室和分局的依纳税人发起涉税事项，统一下放前移到联合办税服务厅，完成受理、核实和核准全过程，实现“一窗受理、内部流转、限时办结、一窗出件”。按照即时办税、限时办税和简并办税的原则，再梳理再优化办税流程，取消纳税人重复报送和不必要的涉税资料25种，减少办税环节58个，有18个涉税事项由限时办税改为即时办税。推行首问责任制、延时服务、预约服务等一系列服务措施，创新前置主动导税服务，对入厅纳税人主动询问、提前介入，提前预审纳税人涉税资料，建议办税方式选择，避免纳税排冤枉队、填无用表等现象。积极推行网上购票，实现增值税发票EMS速递服务，对B级以上信用情况良好的纳税人提供网上申领、速递到家的服务，降低纳税人办税成本。开发《外出经营活动管理系统》并在全省推广，实现外出经营活动涉税事项从“全手工”办税到“网络化”处理、从“多头跑”办税到“一站式”办结、从“单环节”管理到“全流程”控管的转变。设计研发掌上自助申报和扣缴平台，为纳税人提供自动计税、申报校验、查询统计等功能，提高征管质效。安装10台税务一扫通系统，实现二维码扫描办理代开发票业务，减少纳税人等候时间。在审批大厅、银行等区域设立离厅式24小时自助办税服务区，安装12台自助办税服务设备，为纳税人提供全天候高效服务。积极利用社会资源，通过镇街道、邮政、中介事务所等第三方开展委托代征、代办业务。全市设置代征、代办网点6个，实现代开发票业务的广泛覆盖。在办税服务厅内打造实体化“纳税人之家”。为纳税人提供涉税咨询、税企恳谈、冲突解决以及权益维护。成立以办税服务厅为维权中心、10个税务分局为维权服务联系点的维权服务网络，畅通电话、电邮、网站等多条维权受理渠道，维权事项及时办结率和纳税人满意率99%以上。开办纳税人学校，定期开展税收政策和涉税业务培训，满足纳税人学习培训的需求。设立“安丘国税”微信互动平台，为纳税人提供预约叫号、线上填单、政策指南等网络服务。建立移动云MAS平台，对纳税人实施全网通短信覆盖，形成服务终端一键送达的“一对多”信息传递工作模式，节约沟通时间成本。打造以“同信、同心、同行、同荣”为内涵的“四同”服务品牌，以品牌理念提升服务水准。

（岳永琳）

2017年安丘市国税局税收收入一览表

单位：万元

序号	项目	税收收入
	税收收入合计	187120
1	国内税收收入合计	187120
2	国内增值税收入	126591
3	国内消费税收入	13408
4	企业所得税	38899
5	个人利息所得税	0
6	车辆购置税	8222

地　税

【概况】 2017年，安丘市地税局紧紧围绕落实市委、市政府重要工作部署，提升站位、主动担当、积极作为，坚持以组织收入为中心，大力强化税收征管，不断优化纳税服务，持续加强队伍建设，全面推进从严治党，积极服务和助推全市经济和社会发展，使各项工作呈现出良好的发展态势。连年保持“省级文明单位”称号，获山东地税系统先进集体、全省地税系统“纪律行动”先进集体、山东省五四红旗团支部、潍坊市富民兴潍劳动奖状、潍坊地税绩效考核优秀单位、安丘市直部门先进单位、全市党风廉政建设先进单位等荣誉称号。

【税收收入】 积极应对经济税收新常态，努力克服经济下行压力大、“营改增”减收因素的影响，坚持靠实干抓收入，向检查要收入，以规范促收入，谋合作增收入，精心筹划，强化措施，压实责任，科学调度，实现地税收入稳定增长。是年，地税收入129379万元，其中一般公共预算收入113740万元。按可比口径计算，总收入同比增长17.06%，增收18854万元；一般公共预算收入同比增长21.33%，增收16413万元。

【税收征管】 以深入开展征管基础建设年活动为主线，大力推进征管机制和治理体系建设，进一步提升了征管质量和水平。

内抓风险防控 成立税收风险防控中心，依托“金税三期”决策二包风险管理系统开展税收风险防控工作，对国家税务总局、省地税局派发的共16户纳税人通过风险应对，纳税评估入库税款、滞纳金、罚款138.7万元，调增应纳税所得240.67万元；对省地税局、潍坊市地税局派发的涉及237户企业、302条税收风险信息核实补缴税款181.58万元。

外抓协同共治 从欠税清理、委托代征、税务稽查等方面加强与国税部门的深度协作，同时加大与镇街区及市工商、国土、房管等部门的协调力度，健全信息传递和共享机制，协调落实“先完税后变更”“先税后证”等制度，有效地防止了税收流失。是年，入库房产税6421万元，同比增收476万元，增长8.01%；入库个人所得税12790万元，同比增收3325万元，增长35.13%；委托代征地方税款3566.83万元，是去年委托代征税款总额的近5倍。

开展契税专项评估 在对契税征收难点进行深入研究分析的基础上，协调有关部门获取第三方信息，通过信息采集、整理、比对等，确立评估对象，对全市范围内契税缴纳情况进行专项评估清理。2017年共评估税款4187万元，入库税款3853万元。

规范土地税收控管 进一步巩固和扩大2016年土地使用税专项清理成效，着力抓好后续管理，运用好土地使用税控管信息系统，强化动态监控，同时以此为依托进一步加强对完工项目的清算，促进土地增值税应收尽收。2017年入库土地使用税19062万元，入库土地增值税19210万元。

加强企业所得税汇算清缴 通过加强工作协调和调度，全面完成企业所得税汇算清缴任务，汇算清缴面达100%。共清缴企业823户，补缴税款480.84万元。

【执法服务】 推进“放管服”改革 落实简政放权、放管结合、优化服务各项举措，积极推进行政审批制度改革，全面清理审批事项。根据上级要求，取消印花税代售许可审批事项，将行政审批事项目录4项调整为3项。根据上级要求，及时编制和调整行政审批及行政权力相关事项目录、流程、手册和服务指南，并在市政府门户网站对外公布，圆满完成市委、市政府安排的行政审批制度改革的各项工作任务。

推行“最多跑一次”改革 围绕落实市委、市政府决策部署，梳理编制完成1400多页的“最多跑一次”事项办事指南212项，逐项对应编制《一次性告知单》，并在规定时限内高标准完成信息录入和对外发布，受到了市政府有关部门的肯定和认可。

开展“便民办税春风行动” 以国地税联合办税服务厅为载体，全面实行“一窗通办”，落实首问责任、提醒服务、“一次性”告知、即时办结、预约服务和延时服务等服务制度，联合国税制定前台业务岗责规范，细化明确前台各岗位人员工作流程和工作职责，进一步提升纳税服务水平。深入开展“聚力税收民生关切，全面集成优化服务”主题活动，通过广泛征集意见建议，着力解决纳税人普遍关心的突出问题，促进纳税人满意度和税法遵从度不断提升。

加强税收宣传 4月税收宣传月期间，联合国税开展“助力经济腾飞”“税收春风促发展”“针灸式”服务、局长服务日、税收宣传“上街头、进商场”等一系列活动，进一步扩大宣传效果和影响。

落实税收优惠政策 联合国税开展国务院6项减税政策培训辅导和宣传落实工作，举办专题培训2期，培训税务人员及纳税人代表280多人次。精准落实高新技术企业所得税优惠、研发费用加计扣除、小微企业税收优惠、新旧动能转换等各项税收政策，重点加大对兼并重组、科技创新等方面的政策落实力度，让企业充分享受政策红利，确保税收优惠政策见效于企业。共计为符合条件的632户小微企业减免所得税454万元，政策受惠面100%。

【队伍建设】 推进全面从严治党 层层签订全面从严治党主体责任书和监督责任书，将全面从严治党责任制落实到每个环节和每个部位，为推进全面从严治党提供组织保障。按照上级党组织要求，成立党建领导小组和办公室，建立健全党建工作责任制，明确党建责任清单，层层压实党建工作责任，促进各项措施落实到位。

推进“两学一做”学习教育常态化制度化 通过开展“支部生活日”和“集体学习日”，持续加强理论学习，提升了队伍素质和党性修养。严格落实“三会一课”、组织生活会、民主评议党员、述职评议考核等党内政治生活制度。局班子成员坚持以普通党员的身份参加所在党支部的组织生活，促进党内政治生活的规范化、常态化。

开展“作风建设年”活动 通过加强理论学习、开展寻标对标提标达标、解放思想大讨论以及重点工作提速攻坚等活动，进一步促进作风改进，推进工作开展。积极探索加强作风建设的新机制，研发运行集“移动办公”、机关管理、网络审批等功能于一体的安丘地税智慧办公平台，有力地推动工作提效、作风转变、服务提升。

开展“纪律行动” 进一步加强党纪法规的学习教育，切实增强守纪律、守规矩的意识和自觉性。采取定期实地检查和不定期明察暗访等形式，对党员干部遵纪守法、禁令执行等情况进行监督检查，促进纪律约束各项规定扎实有效落实到位。

开展社会公益活动 元旦春节期间，启动“公益实践月”活动，先后组织干部职工及其家属子女开展针对贫困农户的“暖冬行动”、针对贫困学生的“助学行动”、针对孤寡老人的“敬老行动”、针对孤残儿童的“送爱行动”，引导地税人员积极投身于社会公益事业，努力为社会、为群众办实事、办好事，有效地启发干部职工及其家庭子女的爱心意识、公益意识和奉献意识，进一步弘扬正能量，提升地税形象。市地税局被命名为潍坊市“学雷锋活动示范点”，1 名获潍坊市“岗位学雷锋标兵”“潍坊好人”、“山东好人”称号，潍坊地税和全省地税“最美税务人”，并在全系统作了巡回报告。

【教育培训】 **开展“业务能手”和“工作标兵”评选活动** 合理确定评选标准，科学制定评选方案，采取能力测试、民主测评、信用评价相结合的方式，在全系统开展业务能手和工作标兵评选工作，共评选出业务能手 20 人、工作标兵 25 人。对评选出的 45 名能手和标兵纳入后备人才库，颁发证书，发文件通报表彰，设光荣榜展示；在干部选拔任用和外出培训等方面优先考虑，并实行动态管理。采用一年一评的方式，极大地调动干部职工工作和学习热情，提升队伍素质，激发了队伍活力。

开展集中培训和脱产培训 研究制定教育培训年度计划，依托安丘地税大讲堂，通过业务骨干辅导、邀请专家授课等方式，每季度组织一次集中培训。年内组织 3 期大讲堂，参训人员 390 多人次。先后到厦门大学、山东大学威海分校、南京财经大学参加脱产培训班，分批组织综合能力提升和规范化管理培训，收到良好效果。联合国税开展前台人员业务培训以及突发事件应急处理、投诉处理技巧、文明礼仪等专项培训，提高服务效率和办税能力。4 月组织第九个“全员读书月”，向地税工作人员推荐阅读优秀书刊，营造良好读书学习氛围。

开展“岗位大练兵、业务大比武”活动 通过集中培训、实地演练、骨干辅导、竞赛考试、全员统考等形式，督促干部加强学习、提升能力。在国家税务总局组织的“业务大比武”活动中，市地税局共有 8 名业务骨干参加，其中 3 名入围省地税局选拔到总局参加大比武人员名单，占潍坊地税入围总人数 8 人的 37.5%。在省地税局组织的业务能手选拔考试中，入围人数居潍坊各县市区首位，特别是在 10 月省地税局业务骨干人才选拔中，市地税局入围 24 人，考取 15 人，占潍坊地税考取总人数的四分之一。

（马保国）

2017 年安丘市地税收入一览表

单位：万元

序号	项目	合计	中央	地方			
				小计	省级	市级	县级
1	总　计	129，379	15，611	113，768	28	0	113，740
2	一、税收收入合计	119，992	15，611	104，381	0	0	104，381
3	1. 营业税	1，466	733	733	0	0	733
4	2. 企业所得税	10，202	6，121	4，081	0	0	4，081
5	3. 个人所得税	12，790	7，674	5，116	0	0	5，116
6	4. 资源税	4，532	0	4，532	0	0	4，532
7	5. 城市维护建设税	10，957	0	10，957	0	0	10，957
8	6. 房产税	6，421	0	6，421	0	0	6，421
9	7. 印花税	2，328	0	2，328	0	0	2，328
10	8. 城镇土地使用税	19，062	0	19，062	0	0	19，062

续表

序号	项目	合计	中央	地方			
				小计	省级	市级	县级
11	9. 土地增值税	19，210	0	19，210	0	0	19，210
12	10. 车船税	13，098	0	13，098	0	0	13，098
13	11. 烟叶税	454	0	454	0	0	454
14	12. 耕地占用税	3，053	0	3，053	0	0	3，053
15	13. 契税	14，252	0	14，252	0	0	14，252
16	14. 增值税	2167	1083	1，084	0	0	1084
17	二、非税收入合计	9，387	0	9，387	28	0	9，359
18	1. 教育费附加收入	4，599	0	4，599	0	0	4，599
19	2. 地方教育附加	3，065	0	3，065	0	0	3，065
20	3. 文化事业建设费收入	0	0	0	0	0	0
21	4. 残疾人就业保障金收入	558	0	558	28	0	530
22	5. 海上石油矿区使用费收入	0	0	0	0	0	0
23	6. 税务部门罚没收入	4	0	4	0	0	4
24	7. 税务行政性收费收入	0	0	0	0	0	0
25	8. 地方水利建设基金	1，161	0	1，161	0	0	1，161
26	9. 其他	0	0	0	0	0	0

交通运输

Jiaotongyunshu

【概况】 2017年，安丘市交通运输工作以提高交通运输发展质量和效益为中心，加快推进各级公路建设和改造，创新方式和制度，加强交通运输安全管理，实现全行业持续健康快速发展，市交通运输局被安丘市委、市政府授予招商工作先进单位、平安安丘建设先进单位、美丽乡村建设工作先进单位、关心国防建设工作先进单位、先进市直部门一等奖。

【国省道建设与管理】 安丘市公路局围绕全市经济社会发展总体部署，加快推进国省道公路升级改造步伐，严格公路日常管理，为经济社会发展和人民群众出行提供良好的公路交通保障。

工程建设　继续抓好在建工程施工管理，全力推进S222央赣线安丘至五莲界安丘段改建工程。该工程安丘境内全长18.8公里，于2016年3月开工建设，按一级路标准改造。施工过程中，严格落实工程施工规范和工作流程，强化工程廉政和质量管理，加快施工进度，次年7月完成交工验收并通车。进一步加大项目争取力度。东环路北延工程完成立项，2018年6月开工建设；国道206景芝镇区改线段工程立项工作基本完成，2018年8月开工建设。

公路养护　公路养护继续保持，抓好日常养护，落实环保理念，改变原先的道路保洁模式，实行湿式路面保洁，提高公路保洁质量。抓好公路小修保养，定期清洗维护中央隔离带等公路附属设施。灌封、挖补、铣刨处理G206威汕线、S221下小线、S222央赣线路面病害，处置路面病害1500余处，铣刨车辙3万平方米，挖补6000平方米，灌缝13万米，改善公路通行能力，做到安全顺畅。

国省道路政管理　以打造“反应迅速、装备精良、规范执法、文明服务”的路政管理品牌为目标，以“路政宣传月”“行风在线”等活动为契机，宣传《中华人民共和国公路法》《公路安全保护条例》等法律、法规，争取社会各界对公路工作的理解和支持。牢固树立“执法就是服务”的理念，加强执法队伍建设，规范执法行为，坚决杜绝公路“三乱”（乱设站卡、乱罚款、乱收费）行为。坚持依法治路，推进路政执法重心前移。市路政中队派驻公路站等执法模式，继续坚持路警联合执法等有效做法，深入开展非公路标志专项整治、公路两侧摆摊设点集中清理、集市贸易蹲点管控等联合执法活动，占道经营执法难点得到有效管控。完成路政巡查16.95万公里，处理事案51起。

坚持“政府主导，部门联动、齐抓共管、全面治理”工作思路，加强路域治理。市公路部门联合镇街及市城管等部门合并或设立护栏G206威汕线、S221下小线57处不合理道口，顺利完成G206威汕线75套界桩、标桩的设置。规范清理移动灯箱、违章广告牌和乱堆乱放等行为，清除广告牌830块，取缔占道经营摊点1505处，清除堆积物50处，进一步净化路域环境。

（王　峰）

【高速公路】 荣乌国家高速公路潍坊至日照联络线潍城至日照段全长152.191公里，起点是滨海连接线与青银高速公路枢纽互通立交中心，途经潍坊市潍城区昌乐县、安丘市、诸城市和日照市五莲县、东港区，终点是日兰高速公路，设置枢纽互通立交与日兰高速公路相接。项目批复概算总额113.1亿元，采用双向四车道高速公路标准建设，设计速度120公里/小时，路基宽28米，全封闭全立交。安丘市境内全长约31公里，经过新安、兴安、官庄三镇街。其中，新安街道5公里，兴安街道14公里，官庄镇12公里。设置安丘南（221省道）、官庄西等2处互通立交；设置安丘服务区1处，位于官庄镇。2015年12月30日，潍坊市政府召开沿途县市区、相关部门以及建设单位会议，开展潍日高速公路地面及地下附着物清点评估拆迁。2016年1月，该项目开工建设，2018年12月计划建成通车。

【农村公路建设与管理】 安丘市开工建设重点农村公路9条、97.8公里，中标价格3.07亿元，年内完成8条、85.3公里建设任务，安孔路改线段4.4公里完成路基施工任务。其中，县乡公路4条、36公里（安孔路大黑埠—管公段12.5公里，儒辉路王家营村—辉渠段9公里，宿箭路金冢子镇区—律南路段6.3公里，辉城路朱家河村—赵家沟村段8.2公里）；旅游道路5条、61.8公里（雹柘路胡家旺村—郃家崖村段长8.2公里，官庄镇十字路村—辉渠镇胡家旺村段长16.2公里，辉渠镇小麦峪村—柘山镇辛庄子村段长21.4公里，辉渠镇洞西头村至留山道路长7公里，徐家沟村—安山子村段长9公里）。投资3310万元，新建改造村级公路60.3公里。

实施安全生命防护工程 安丘市投资1700多万元，完成144公里县乡公路安全生命防护工程和96.3公里村道安全生命防护工程建设任务，完善全市634.9公里县乡公路安防工程，维修改造危窄桥梁12座，基本完成全市县乡公路安全生命防护工程。在公路建设中，加强工程组织领导，印发《2017年安丘市重点农村公路改造工程实施方案》和《安丘市重点农村公路及桥梁改造工程管理考核办法》。市交通运输局党委成员分片包靠项目，协调解决工程建设中存在的问题；严格落实职责分工，分别成立项目拆迁组、建设管理组和质量监督组，明确责任，分工合作，有序推进农村公路建设步伐，确保工程质量；加强监督考核，明确各参建单位职责，实行施工单位“黑名单”制度，对于同一问题两次通报后仍整改不到位的，解除施工合同，驱逐出场，记入政府采购不良信誉记录，三年内不得进入安丘市农村公路建设市场，有效约束全市农村公路参建单位的行为，保证工程进度和施工质量。

至年底，全市有各级公路3536.47公里。其中，国省干线公路152.07公里，农村公路3384.4公里，公路密度206.81公里/百平方公里。

农村公路管理 安丘市加强农村公路养护管理，实现全市334.2公里县道全部标准化养护。市畅通路桥养护有限公司进行小修保养，出现问题及时修复，农村公路列养率和养护率100%。年内，维修病害较为严重的9条县乡道路，整治路肩1504公里，挖补路面坑槽、沉陷等病害40896平方米，灌缝63480余米。

按照《安丘市农村公路管理养护办法》，市交通运输局管理养护工作遵循“政府主导、社会参与、建养并重、保障投入、分级管理、安全畅通”的原则，贯彻“预防为主、防治结合”的工作方针，实行“县道县管、乡道乡管、村道村管”的管理养护体制。管理养护由粗放式向市场化、精细化转变。全市334.2公里县道由安丘市畅通路桥有限公司专业维修养护；375.8公里乡道和2674.4公里村道由乡镇筹资，安排专业养护公司进行维修养护。农村公路专业化养护实现全覆盖，列养率和养护率100%，优良率82.7%。投资648.6万元，进行整改139.7公里、9条县道的安全隐患。至年底，整改基本完成。

农村公路路政管理 市交通运输局抓好日常巡查，专项整治主要农村干线公路。联合镇街集中整治摆摊设点、乱堆乱放、乱设移动广告牌、占道经营等行为，取得良好效果。全年及时制止违章侵路损路行为320余起，清理非公路标志65块、摊点552处、乱堆乱放282处，打场晒粮355处，有效地保护路产路权，保障农村公路的安全畅通。

【运输】 是年，安丘市有道路运输企业99家。其中，道路货运和物流企业89家，客运企业3家，出租车企业3家，公交车企业3家，公共自行车运营企业1家。拥有一级客运公交站1处，镇街客运站12处。全市有普通货车6489辆，集装箱车299辆，冷藏保鲜车173辆，危险品运输车125辆，完成货运量2211.41万吨、货运周转量481553万吨公里。有客车班车和旅游客车273辆。其中，长途及旅游客车138辆，城乡客运班车190辆。运营长途客运班线12条，城乡客运线路19条，全年运输旅客总量589.36万人次，客运周转量45064万人公里。有公交车475辆，开通市区公交客运线路15条，公交客运770万人次以上；拥有出租车292辆，公共自行车3480辆。

道路货运和物流业 安丘市交通运输局新增物流企业15家，规划建设鲁中通用物流聚集区，重点建设盛大农产品物流园、闰成物流园、东城冷链物流园和潍日高速安丘服务区融合发展物流园区。其中，中众合有限公司、盛大农产品交易市场有限公司签署“安丘市农产品综合物流园”项目投资协议。两公司总投资22亿元，规划占地760亩。

推进城乡客运一体化 安丘市交通运输局委托专业机构编制《安丘市城市公共交通和城乡客运一体化发展规划》，从服务城市道路快速发展，市民生活、生产以及出行领域扩大的实际需要出发，整合公交资源，不断调整和优化公交线网布局，扩大公交线网的覆盖面，提高公交线网密度，满足和方便市民出行需求。中心城区公交线路总长225公里以上，站点覆盖率99%以上，日发车800班次以上，年运营业务收入900万元以上。同时，具备条件的安丘—景芝、南逯—石埠子等线路开始推进公交化改造，城区公交和农村客运实现站点共用、资源共享，城乡公交和农村客运换乘达到无缝对接。办理公共自行车卡2.3941万个，使公共自行车骑行人数896.5818万人次，有效地解决公共交通“最后500米”的问题，方便城乡居民出行需求。

加快道路运输技术进步 安丘市交通运输局淘汰更新能耗高、污染重的老旧车辆，推广应用新能源和清洁能源车辆。至年末，全部更新出租车为新型双燃料汽车；投资9700多万元，新增纯电动公交车200辆，LNG运输车发展到47辆。

城市公共交通基础设施不断完善 根据城市拓展、人口增长以及市民需求的提升，市交通运输局合理规划城市公交资源，加大基础设施建设投入，逐步实施公交站点升级改造。全年改造城区公交候车亭12处，公交站牌达286组。调整公共自行车站点3处，公共自行车站点达155个，锁车桩达3480个，城乡居民出行条件进一步改善。

【交通运输监察】 安丘市交通运输局持续开展整治公路货车违法超限超载行为专项行动，进一步加大对违法超限超载行为的打击力度，切实保护广大人民群众生命财产安全。市监察大队联合市公安交警开展公路货车违法超限超载行为专项行动，统一超限超载执法标准，严厉打击货车违法超限超载行为，有效预防道路交通事故，依法保护公路路产路权。

积极参与全市矿产资源开发秩序治理整顿 在安丘市矿产资源开发秩序领导小组的领导下，市交通运输监察大队牵头成立由市交通和市公安、城管部门组成的联合执法队伍，对运输矿产资源的车辆开展24小时不间断的路面稽查活动，严厉查处非法运输矿产资源的超限超载货运车辆。

做好大气污染防治 自8月始，市交通运输监察大队每天安排一个执法中队与市公安交警部门在G206收费站设立联合执法执勤点，重点监控重型柴油货车，重点查处不符合排放标准的“冒黑烟”车辆，减少机动车尾气排放污染，改善全市的空气环境质量，打造良好的生态环境，

做好渣土车整治和散煤治理 市交通运输监察大队科学调配执法力量，联合市城管、交警等部门，加大对渣土车和散煤运输车的整治力度，防控城市扬尘污染，改善全市的大气环境质量，并结合渣土车以及散煤运输车的行驶规律和行驶特点，采取明察暗访、晨检夜查，定点检查与动态巡查相结合等方式，灵活安排工作时间，严厉查处渣土、散煤运输车非法运输以及脱落扬撒等违法行为。

做好中共十九大期间的交通安保维稳 市交通运输监察大队联合市公安交警、城区派出所、市特警大队分别在景芝、官庄、红沙沟、城区、S221和S222交叉口、G206收费站设立6个联合执法、执勤点，重点检查进京旅游包车客运、超载超限、道路危险货物运输、寄递物流运输车辆。有效预防道路交通事故发生，进一步规范道路运输市场秩序，保障人民生命财产安全。

开展客车运营秩序治理整顿 市交通运输监察大队以央赣路沿线客运秩序整治为重点，对进京旅游包车客运以及途经安丘的长途过路客车和始发车辆开展运营秩序整顿，严厉查处班线客车不按核定的班次、站点运行以及站外上下乘客等违法违章行为，严格落实道路客运安全运输和实名制管理。全年依法查处客运违法、违规行为6起，危险货物运输违法、违规行为5起，渣土及散煤运输违法、违规行为51起，非法运输矿产资源的超限超载行为321起。市交通运输监察大队联合市公安交警大队检查超载超限运输车辆16360多辆，查处超载超限违章运输输违法、违规行为290余起，卸货26692.3吨。

【安全监管】 安丘市交通运输局按照“安全第一、预防为主、综合治理”的方针，定期和不定期召开安全生产例会，宣传和学习安全生产知识，落实安全生产企业主体责任和行业安全监管责任，狠抓安全生产日常排查和专项整治，确保道路运输安全运行。

狠抓层级责任落实 按照“谁主管、谁负责”，“谁分管、谁负责”和“一岗双责”的原则，市交通运输局安全生产委员会年初与局属各单位（科室）签订安全生产责任书，形成“横到边、纵到底”的安全生产管理网络。

建立运输企业安全生产标准化制度 潍坊市交通运输局安排安全生产考评专家，考评安丘60余家运输企业，对考评不合格的企业一律责令整改，推进交通运输企业安全生产标准化。

强化从业人员岗位培训 安丘市交通运输局通过日常培训和集中培训相结合的方式，每季度分批次组织一次驾乘人员全员安全专项培训，增强驾乘人员的安全服务意识，提高驾乘人员的安全行车水平。全年举办安全生产培训班25个，参训从业人员700人次。

建立周查月检和隐患排查整改制度 市交通运输局进一步强化安全生产主体责任，要求交通各企业每周进行一次安全生产自查，每月组织一次安全隐患排查整改大检查活动，做到自查有计划、有记录、整改有台账、有期限，及时掌握、消除各类安全隐患。全系统排查各类安全生产隐患120余起，并全部整改到位。

（李　炎）

邮　政

【概况】 2017年，安丘市邮政局坚持以“一体两翼”战略为引领，关注政府、关注市场、关注客户，坚持加快发展不动摇，坚持依法治企不放松，加强安全防控，强化管理督导，明确责任和方向，有序推进各项业务协调发展。全年实现业务收入6406.02万元，完成年计划的100.2%，比上年增加561.72万元，

增幅 9.61%。

【邮储银行】 通过加强邮政储蓄宣传、拓展服务形态、提升服务质量、开发潜力客户等措施，推动邮政金融类业务稳步发展。增设 ATM 等自助服务设备 5 台，配置自助服务设备 37 台和移动展业设备 27 部，进一步简化业务办理流程，方便群众。全年邮储银行经营规模 32.1 亿元，金融业务总量净增 5.2 亿元。

【邮务业务】 以邮务类邮务转型发展为抓手、坚持专业联动、资源整合为导向，将产说会、客户答谢会、展销会等进行整合，实现一点接入，全专业参与，进一步提升工作效率。开展“提升邮政服务质量”专项活动，进一步改进服务方式，完善制度规范，确保邮件处理时限达标率和妥投率。全年完成国内包裹 45.3829 万件、投递 33.5072 万件，信函投 93.8266 万件，完成 EMS14.7095 万件；完成进出境包裹收 135 件、投 7.738 万件、信函 7.1175 万件；完成报刊征订 961.7803 万份，收缴报刊订阅费 771.2 万元。集邮文化业务稳步发展，实现纪念邮票、邮册销售 291373 件，收入 262.5 万元。

【优化服务】 通信服务质量和服务能力稳步提升 全年检查各类邮件 6567 件，检查各类邮件收寄规格 1670 件，检查邮件时限 1210 件，逾限率为 0，给据邮件丢失率为 0，无通信案件发生。营业收寄和揽收邮件验视率、眼同封装率、验视戳记率、收寄复秤率均 100%。

开展岗位练兵 举办各类培训班培训 320 余人次，多次组织业务技能考试，提高一线员工素质，提升服务质量，为业务发展提供良好支撑。

改善便民服务环境 年内，争取上线资金 360 多万元，对支局网点进行翻建、改造及装修等提升。

推进服务“三农”（农村、农业、农民）工作 聘请 1 名农技专家免费为农民朋友答疑解惑，提供农业种植技术服务，到田间地头开展农业知识讲座 15 场，受到农民欢迎。年内，邮政示范田 9.15 万亩，合作社社员 1.3724 万户，为农民增产增收提供有力支持。积极开展送文化、送科技、送健康“下乡”等活动，开创政府支持、百姓受益、邮政发展的多赢局面，邮政服务“三农”进一步得到社会认可。

【安全风险管控】 网运管理水平稳步提高。加强网运检查整治工作，严格按照规定的周期、频次进行检查，做到发现问题、查处问题、解决问题。全年检查支局班组 168 次，提交报告书 168 份，检查管理岗位、监控岗位 507 次，检查票款 286 次，检查投递段道 168 条，发放试信、试卡 360 张，走访用户 90 户，较好的完成邮政业务监督检查工作。

落实安全责任制，开展安全教育。严格依法合规经营，以屡查屡犯违规行为整治和风险等级评价活动为抓手，加强风险防控，确保金融安全；做好邮件寄递安全作，深入检查邮件收寄、窗口服务及封闭作业等环节，确保邮件寄递安全；抓好安防设施建设和消防安全管理，组织防抢劫演练和消防演练以及 110 报警测试，进一步增强员工安全防范意识和处置突发事件的应变能力，保障邮政安全。

（杨晓龙）

通　信

【安丘移动公司】 中国移动通信集团山东有限公司安丘分公司（简称安丘移动公司），秉持“正德厚生，臻于至善”的核心价值观，以“创无限通信世界、做信息社会栋梁”的企业使命为己任，精心打造卓越网络，全力构建信息数字化平台，努力开拓当地企业信息化应用和全力参与安丘智慧城市建设，实现经济和社会效益双赢。年内，有移动客户 60 万户，互联网用户 7 万余户，综合业务收入近亿元。

核心业务 以渠道深入转型、终端销售、4G 发展提升、有线宽带推广为抓手，以 4G 产品和 FTTH 产品为主力，不断加大市场、业务拓展力度。年末，有 3 个城区营业厅、16 个乡镇经营部，另有 180 多个城区便利店、1000 余个农村便民服务店，移动服务渠道覆盖安丘所有乡镇村庄及小区；4G 终端销售、4G 客户及家庭宽带用户均位居潍坊前列。

基础网络 年初，确定网络工作重点围绕智慧城市建设，从 LTE 建设、有线宽带建设、节点机房和综合业务区建设、网络维护等方面开展具体工作，并注重基础管理，向管理要效益、要成绩。以市场需求为出发点，以城市全面覆盖、农村重点覆盖的建设思路落实项目建设，通过全员参与选址、部门集中攻关等途径洽谈新建站点的接入，促进项目立项、入场施工的实施，实现城区、镇街的有效覆盖。

提升服务 坚持追求卓越，推动服务提升。通过内部强化员工业务能力提升软实力、改造营业厅服务环境硬实力、加强外出营销提升宣传实力等措施，提升整体服务能力。年内，开展外出营销宣传活动千余场，现场为客户解决问题近千件。同时，以客户满意为目标，进一步提升营业厅的服务能力和服务水平，定期对人员进行集中业务培训，推动服务技能提升；进一步落实服务制度和措施，对于客户提出的意见或建议，确保在第一时间内给予答复，全力追求客户满意。

和谐企业建设 积极开展“作风建设年”活动，以提升客户服务水平和提高员工能力素质为目的，通过“身边人讲身边事，身边人讲自己事，身边事教育身边人”等一系列优秀案例的推广，在公司内部逐渐形成“看业绩、比贡献、追卓越、敢担当、爱学习”的企业氛围、深入推进员工关爱工程，遵循因地制宜、务实节约、硬件设施和软性班组文化同步推进的原则，形成员工诉求反馈制度，为一线部门员工进一步完善工作生活设施和解决实际困难，让一线员工感受到公司的关爱和“家”的温暖。年内，建设完成乡镇经营部“小小家”近10个，并全部达到“模范职工小小家”标准。

（刘　强）

【安丘联通公司】 中国联合网络通信有限公司安丘分公司（简称安丘联通公司）经过多年的锐意进取，不断发展，通信网络的规模容量、技术层次和服务水平实现质的飞跃。中国联合网络通信有限公司安丘市分公司本部设立一部四中心，在乡镇设立15个营业部，在各镇街区均设立自有营业厅，另建有社会渠道有效代办点62个，满足用户就近办理业务的需求。年底，有通信基站一千余个，光纤接入全部到户；继续保持“省级消费者满意单位”“省级文明单位”等荣誉称号。

网络投资建设　为建设和谐平安安丘投资160余万元，为1080个村庄、社区提供平安村居全光纤智能IP协议监控接入工程，为全市平安建设提供强力支撑；投资1020万元，完成50余处移动网基站的建设、扩容任务，并且全部投入服务，解决安丘部分城区的弱覆盖及高话务区域、各乡镇镇区及弱覆盖自然村和社区共200余处。上半年，配合安丘市有关部门，实施迁移青龙湖路、世贸大街、东外环至石堆、景酒大道、宿箭路、辉城路、金汶路、华安路南延、北外环东延、下小路拓宽、兴安路南延、莲花山路南延、凯特路、锦湖路、白芬子镇区等9条乡镇道路和6条城建道路的多处通信线路。其中，投入资金360万元，迁移白芬子镇区、辉渠镇区、金冢子镇区、锦湖路等路段的原通信管道。全年投资200万元，完成52处PON+LAN小区的宽带网络的升级、改造，使全市联通家庭宽带网络速率提升到200M。

信息化建设　以智慧安丘为总抓手，推进政务信息化、农村信息化、企业信息化、家庭信息化和社区信息化，将各种时尚应用引入家庭，打造个性化、数字化家庭，使广大市民生活更便利。投资80多万元，完成全市1049个村的平安村居视频监控联网项目；按照市公安局要求，分别为安丘市广播影视中心和安丘市卫计局的系统软件进行等保测评工作，确保网络使用安全；为市委党校和市教育局部分学校实施弱电和机房建设项目；配合市智慧办和市政务服务中心实施部分乡镇电子政务网到社区的延伸项目以及编办联网项目建设；配合辉渠镇实施省经信委信息化建设精准扶贫示范镇项目建设，完成了石堆镇新安街办平安村居监控平台建设。

经营服务工作　与时俱进，顺应网购浪潮，与腾讯、阿里巴巴等多家网络运营商推出腾讯王卡、蚂蚁宝卡等多种线上销售的联通套餐手机卡，通过线上销售、线下激活、上门办理的方式，实现销售能力的飞跃性发展。

坚持以客户为中心，狠抓服务措施的落实，把降低服务投诉作为服务工作重点。加大市政服务热线的管控工作，确保每件投诉得到圆满解决，市政热线服务工作在全市名列前茅。印发《2017年安丘联通公司客户服务指标实施细则》，对首问负责制执行不到位、内部升级执行不到位、管理疏漏、零容忍、工作差错、服务态度、超时限服务、营销不当、服务不规范、侵害客户权益、解释宣传不到位、员工引导等违反相关服务规章制度引发客户投诉的进行考核并通报。同时，重点抓好VIP高端客户分级服务体系的实施，实行不同客户差异化服务标准，推广城区宽带装移机“无条件受理”及“480”等公开服务承诺和“超时赔付”服务承诺。

（吕爱华）

【安丘电信公司】 中国电信集团公司安丘分公司（简称安丘电信公司）顺应终端全网通发展潮流及物联网的广泛应用，确立“终端＋号卡＋应用”的发展方向；深化落实“存量与增量双驱动”工作思路，提高存量客户运营效率，从机制保障和规模价值两方面开展“存量＋”活动；继续坚持信息化＋物联网应用拉动，盯紧行业大单，拓展新兴业务、新兴市场，与铁塔公司深入合作，在打造4G移动网络和光网城市基础上，布局4G+网络。

年内，安丘电信公司持续推进智慧环卫项目，借助外勤助手、综合办公、车辆定位（油耗管理）、视频监控等信息化产品，为安丘环卫搭建智慧环卫管理平台：11月25日“潍坊市庆祝第23届山东环卫工人节暨乡村文明行动城乡环卫一体化现场推进会议”在安丘市召开，本次会议重点学习、介绍安丘电信公司搭建的智慧环卫平台，潍坊市分管环卫工作的主要领导提出高度评价，要求全市环卫处向安丘环卫学习，都要建设这样的高效、实用的管理平台，并准备向上级汇报，作为亮点进行全省复制、推广。安丘电信公司同时开展了智慧园林项目、智慧农业项目、教育项目等。

安丘电信公司坚决落实做好4G网络、百兆宽带、营销网络、优质服务的全面覆盖。2017年投资300余万元，覆盖城区38处大型新建小区；投资近350万元，改造城区65处老旧小区的宽带网络，由传统的FTTB接入方式升级到FTTH接入方式，最大网速可达到1000M，受益住户1500余户；投资400余万元，覆盖乡镇135处村庄、小区，实现农村重点村庄光网覆盖。2017年第五期800M基站建设112个，4G基站数量达到260余处，全市范围内实现4G信号无缝覆盖。树立诚信经营的正确价值观，坚持业绩导向公平公正能者多劳原则，坚持抓工作过程，抓动作、抓细节。全年业务收入2018万元。其中，移动业务收入1513万元，固网收入505万元。全网新增用户1.68万户。其中，移动网新增用户1.02万户，固网新增用户0.66万户。综合考核，在潍坊电信县区分公司排名前列，并两次获得山东电信“十强、十快区县公司”荣誉称号。

（王　欣）

城乡建设

Chengxiangjianshe

规　划

【概况】 2017年，安丘市规划工作围绕市委、市政府“一四三三五”的工作思路和任务目标，结合“四个城市”的工作要求及全市城乡规划工作实际，不断解放思想，创新思路，求真务实，开拓奋进。全面加强城乡规划的编制与实施管理，不断提升规划服务水平，开展招商引资、“两学一做”学习教育和作风建设年活动，促进全市城乡规划事业健康协调快速发展。市规划局获潍坊市精神文明先进单位、安丘市招商工作先进单位、安丘市先进基层党组织等称号。

【重要规划】 城市总体规划修编　市规划局与山东省规划厅进行沟通对接，加快城市总体规划的评审上报工作；与山东省住建厅沟通协调总体规划的评审事宜。年底，全市城市总体规划成果全部按要求修改完成。

小城镇总体规划的编制　景芝、凌河、金冢子、郚山四镇规划经市政府批复实施；石埠子、官庄、大盛、石堆四镇规划成果完成，并通过专家评审；辉渠、柘山两镇完成总体规划初步方案。

重点片区控制性详细规划编制　市规划局结合城市总体规划成果，开展以新安丘一中片区、新安丘二中片区等区域为重点的控制性详细规划的编制工作。年底，完成现场勘察和基础资料收集，并进行首次方案汇报。

重点专项规划编制　市规划局加快编制全市绿地系统专项规划、安丘市消防专项规划、商贸物流规划等专项规划编制工作。年底，绿地系统专项规划和安丘市消防专项规划完成初步方案。商贸物流规划进行初步方案设计。

大汶河两岸城市设计　市规划局委托上海同济大学规划设计院开展大汶河两岸城市设计工作，提升大汶河两岸的档次和品质。年底，完成现场勘查，正在与设计单位沟通相关细节。

【规划审批】 安丘市规划局继续落实好“两集中（推进一个行政机关的审批事项向一个处室集中、行政审批处室向行政审批服务中心集中）、两到位（审批事项到位，审批权限到位）”制度的要求，全面提升审批服务效能，依托现有的规划管理信息系统，实行网上报建、网上审批、限时办结、一周一清单。9月初，为落实全市“最多跑一次”的工作要求，由分管负责人带队赴浙江省诸暨市学习审批工作先进经验，结合全市实际，编制完成“最多跑一次”服务清单、服务指南和一次性告知书等内容。同时，进一步提升规划管理水平，提高工作效率。全年审批《建设项目选址意见书》24件，审批用地面积114.5万平方米；建设用地规划许可证53件，用地面积119万平方米；建设工程规划许可证336件，审批建筑面积216.9万平方米，审批各类管线约9.8万米；建设工程规划竣工核实合格证竣工核实53件，核实建筑面积147.6万平方米；乡村规划许可证18件，审批用地面积3264平方米，建筑面积2392平方米。

【规划执法】 推动规划机制创新改革　安丘市规划局结合建设“诚信潍坊”工作的要求，建立建设项目规划诚信监管机制试点工作。一是本着双方自愿的原则与建设企业签订诚信建设规划要求承诺书。二是将企业纳入诚信星级评分体系。建立健全企业星级评分机制，加强动态监管，一票否决出现诚信缺失的企业进行。三是在承诺企业的建设项目前期规划手续办理完结、市规划局验线后，对中间监管环节，如验槽、±0.00验收、标准层验收、材料报送等管理工作省除，改为企业自行组织、自主推进。市规划局上门服务、抽查和监督，建立诚信档案，最后进行综合验收。全年与景建集团、戈雷祥安等重点建设单位签订《建筑工程规划建设诚信承诺书》，通过运行诚信监管机制，减少对诚信企业的日常监管频次，加大对失信企业的日常监管力度，从而提高监管工作效率，合理配置行政监管资源。

加强城乡规划管理与服务　年内，安丘市规划局加强城乡规划管理与服务。一是以新组建规划编研中心为契机，为全市城乡规划编制工作的开展提供技术支持。同时，开展竣工规划验收测绘工作，提高规划验收的准确性和科学性。二是实行批后管理责任制度。对于申请放线开工的建设项目，从工程开工放线，到规划竣工验收，进行现场查验，同时出台《关于建设项目批后管理的实施意见》，坚决杜绝不按规划方案施工情况的发生。三是出台相关规划管理配套文件。结合规划管理工作的新要求、新思路，拟定《关于加强建设项目批后管理的实施意见》《城区建设项目提报管理办法》等文件，进一步规范规划建设秩序。

严肃查处违法建设项目　安丘市整合市城管、规划、执法、住建、国土、公安等部门力量，集中开展一次违法建设拉网式大检查，重点打击性质恶劣、后果严重、社会影响面大的违法建设，加强违法建设执法工作。同时，建立多部门、街区协调联动、迅速高效的违法建设联合执法机制，形成对违法建设全方位监控的组织网络，使全市规划建设秩序明显好转。全年下达限期整改通知书42份，下达停工通知单38份，查处违法图斑29个。

（李庆开）

建　设

【概况】　2017年，安丘市城乡建设以努力打造“四个城市”（产业强市、文化名市、活力城市、品质城市）为总目标，立足于因地制宜、体现特色，突出规划引领作用，加强基础设施建设，提升城市载体功能，深入推进转型跨越均衡发展。安丘市成功创建国家园林城市，大汶河湿地生态修复工程，被建设部评为2017年中国人居环境范例奖，市住建局被建设部评为全省住房城乡建设系统先进集体。

【城市建设】　市政道路建设　安丘市住建局重点实施青云大街维修、莲花山路南延、青云大街拓宽改造、秀水街东延、金汶路拓宽、华安路南延、兴安路改造、新安路南延、世贸大街东延、锦湖路提升改造等11条市政道路工程。11条市政道路工程除南苑路西延工程因拆迁原因进展缓慢外，其余10条市政道路工程已于11月30日前全部竣工通车。除此之外，2016年已开工的续建工程已全部竣工通车。

桥梁工程建设　7月31日，青龙湖路汶河大桥竣工通车；11月26日，青云大桥竣工通车。

园林绿化工程建设　安丘市高标准推进青云湖大闸景观改造提升、市人民公园改造提升等工程；继续实施裸露地治理，全面普查摸底城区绿化带，补植缺株断档绿篱及地被，整治裸露地113万平方米。

房地产业稳步健康发展　全市新开工面积210万平方米，完成房地产开发投资47亿元，同比增长91%和14.8%。市住建局进一步强化开发企业资质管理，坚持效率意识、服务意识，帮助碧桂园集团、青岛天泰集团、扬州郡王置业等知名房企在安丘落户，在资质办理、手续审批等环节提供一切便利，克服新入驻企业开发资质办理难等问题，打破项目建设的制约瓶颈，助力龙头房企顺利落户安丘，引领和推进全市房地产业向更高层次发展。

【房产交易与权属管理】　安丘市新上新建商品房预售管理信息系统，实现与开发企业和银行、税务等部门的网络连接，更加便捷有效监管房地产开发项目和预售资金，更加方便企业和群众办事。开展房产交易市场专项整治，有效规范开发项目销售和房产中介机构经营行为，房产交易市场更加规范有序。至年底，全市新建商品房批准预售122.52万平方米，新建商品房网签10964套、119.13万平方米，同比分别增长44.3%和36.7%，均价4565元/平方米，同比增长8.12%；办理二手房网签2375套、26.28万平方米，同比分别增长2.33%、−15.77%。同时，加强房产中介管理，做好日常房地产经纪机构的登记备案工作，全年备案1家，其中新登记1家。

【物业服务管理】　2017年，安丘市有住宅小区317个，建筑面积1036万平方米；有资质的物业服务企业55家，纳入物业管理的项目124个，管理总面积858万平方米，管理面积覆盖率达83%，从业人员2000多人。维修资金账户收缴余额2.7亿元。在新建住房的同时，市委、市政府高度重视老旧小区改造工作，投资280万元，改造老旧小区5个，改造面积7.39万平方米，受益群众778户。市房管中心开展物业服务行业文明创建活动。指导青云·国际城等6个小区创建智慧小区，指导大华中央城等7个小区创建文明和谐小区，指导新大物业等3家企业创建文明和谐物业企业，指导青云花园小区业委会创建文明和谐业主委员会。为提高维修资金使用效率，保证居民正常生活秩序，申请维修项目88个，使用维修资金220多万元。同时，结合潍坊市物业服务标准化建设年计划，组织全市物业行业协会会员单位成员先后到东营、奎文、潍城、诸城等市区学习标准化规范服务，与市消防大队共同组织住宅小区消防培训班，全方位提高物业服务能力和服务水平。

（李博文）

【住房公积金管理】2017年，潍坊市住房公积金管理中心安丘分中心（简称安丘公积金管理中心）以深入开展“作风建设年”活动和“两学一做”学习教育常态化制度化为抓手，履行服务全市公积金缴存职工的基本职责，以“公积金归集扩面”为工作主线，强化措施、规范管理，优化服务，使住房公积金管理工作实现有序、健康发展。全年住房公积金归集额2.90亿元，同比增长18.55%；新增缴存职工1903人；公积金提取1.37亿元，同比增长19.63%；发放个人公积金贷款2.93亿元，同比下降13.09%，为全市988位职工发放住房公积金低息贷款。

加大住房公积金归集扩面力度　按照“保重点、低门槛、广覆盖”的原则，确定归集扩面目标和扩面的重点单位，制定《2017年安丘市住房公积金归集扩面实施方案》，开展公积金归集扩面工作，多措并举提高住房公积金制度覆盖面。

加强新闻媒体宣传　9月，联合安丘影视中心制作住房公积金宣传片，宣传片每天三次在安丘电视台新闻综合频道黄金时段播出。宣传片内容涵盖何为住房公积金制度、缴存公积金对企业和职工的好处、安丘分中心取得的成绩、积极建缴公积金的企业名单等四方面。通过电视媒体对住房公积制度进行详细讲解宣传，让企业和广大职工真正了解住房公积金，营造住房公积金良好的舆论环境。同时，开展“住房公积金政策宣传月”活动，组织专人到广场进行现场宣传，在醒目位置悬挂“住房公积金政策宣传月”主题标语。工作人员佩戴工作牌在现场为广大干部职工讲解公积金相关政策法规，发放宣传册200余本。

积极推进公积金网上服务业务　10月，召开公积金“网上服务厅”业务培训会，详细解答网厅的安装、使用流程，并建立起“安丘公积金网厅交流群”。上门指导部分无法安装、不会使用的单位。全市有260多个单位申请开通网厅业务，可自主完成缴存公积金、职工信息变更、缴存基数调整、人员增减等业务。安丘公积金管理中心实现“互联网＋公积金”的应用，方便公积金缴存单位办理公积金业务，推进公积金网上服务厅工作。

抓实为民服务，提升服务质量　以“作风建设年”活动为契机，狠抓窗口人员服务管理，严格工作纪律，改进服务质量。制定中心考勤制度和请销假制度，明确考勤负责人。制定“最多跑一次”业务清单，让群众少跑腿，让信息多跑路，方便群众办理业务。对窗口人员开展服务培训，深化“为人民服务”的根本宗旨，规范服务用语，进一步转变工作作风，使服务态度和服务水平得到提升。安丘公积金管理中心政务服务窗口被安丘市委、市政府评为2017年度政务服务先进单位，韩倩同志被评为2017年度政务服务工作先进个人。

规范工作流程，确保资金安全　按照潍坊市中心公积金提取业务指南和相关规定，严格审查提取材料，责任落实到人，确保每笔支取业务操作规范，材料完备真实，有据可查，杜绝一切套取公积金的违规行为。一是规范贷款管理。进一步充实服务窗口人员，让所有年轻骨干到前台接收、审核贷款材料，保证贷款材料完整、齐全。二是及时贷款审批。对符合条件的贷款材料即时进行材料录入，贷款审批在5个工作日内完成，让借款人少跑腿，提高工作效率，确保提高贷款质量。三是严格审核手续。责任落实到人，确保每笔公积金贷款业务操作规范，材料真实齐全，杜绝公积金骗贷的违规行为。四是严格贷款审查。落实贷前、贷中、贷后和个人资信等风险管理与控制环节，确保资金安全。五是做好会计核算工作。严格执行各项财务管理规章制度及潍坊市中心制定的资金管理办法，及时处理每项账务信息，做到每日进行财务对账，编写余额调节表，保证财务数字的真实性和准确性。六是加强资金监管，防范资金风险。资金做到专款专用，坚决杜绝任何挤占、挪用住房公积金的行为发生，确保资金安全。

（刘明明）

【建筑业】2017年，安丘市建筑业完成建筑业总产值132.1亿元，同比增长11%；新签合同额107.1亿元，同比增长4%；实际上缴税金4.3亿元，整体运行形势良好。至年末，完成企业施工总承包资质三升二1家，专业资质二升一1家、三升二2家；新批专业承包二级资质1家，三级资质3家。

建筑市场管理　安丘市依法行政工作领导小组成立，加大执法检查力度，规范建筑市场，开展10次大检查活动，下发执法文书161份，有效维护建筑市场秩序。狠抓建筑农民工清欠工作，受理信访系统上访案件32起，人数612人，工资1054万元；接待投诉249起，涉及民工3395人，工资8358万元。

优质工程　安丘市申获2017年度“鸢都杯”工程2个，安丘市人民医院（市北区）医疗综合楼项目通过国优工程专家组初审，安丘市被山东省住建厅评为全省建筑业十强县。年内，相继开工建设城投·清荷园、青云·紫御澜山、云湖·未来城等一批品质楼盘，引进省内外碧桂园、青岛天泰、扬州郡王等知名房企，青云·紫御澜山项目获评全国“广厦奖”候选项目。

安全生产　市住建局加强安全生产检查督导力度，以全省开展的安全生产隐患大快严集中行动和企业主体责任落实情况专项执法检查为契机，召开安全会议6次。督查22家施工企业、16家燃气热力企业、6家商混企业、2家供排水企业，涉及建筑工程项目43个，单体工程106个，下达限期整改通知书56份，停工通知书2份，查处各类隐患279条。重点检查建筑施工现场扬尘防控、施工企业安全教育培训、安全技术交底、应急救援演练和现场隐患排查整改情况。有2个项目4个单体工程通过潍坊市级安全文明示范工地验收。

行政审批　安丘市住建局结合“作风建设年”行动，不断转变工作作风，优化审批流程，提高工作效率。办理建筑工程施工许可证174件、房地产开发经营权证58件、建设工程质量监督证356件，受理城市树木砍伐迁移许可141件，为企业和个人解决绿化带开口、苗木迁移、市政道路开口、护栏开口、路灯杆迁移、工资差异化管理等问题123件。全年收缴建筑企业养老保障金8004万元、新型墙材专项基金952万元、建筑劳务工资保证金1257万元、工程交易费42万元，共计1.03亿余元；催缴往年建筑企业养老保障金等费用4070万元。

（杜　鹏）

城市管理

【概况】 2017年，安丘市城市管理日新月异，深入推进环卫保洁、园林绿化的网格化管理，加强市政公用事业监管和市政设施养护，提升亮化水平，加大治违控力度，强化市容秩序精细化管理，进一步提升城市人居环境质量。安丘市被住房和城乡建设部认定为国家园林城市。

【城市管理行政执法】 安丘市城管监察办公室坚持把“城市管理精细化、深入打造宜居环境”作为城市管理努力的方向，深入贯彻落实中共安丘市第十四次党代会精神，按照市委、市政府“一四三三五”的工作目标和思路举措，结合潍坊“四个城市”建设总体要求，深入开展“作风建设年”活动，不断改善城市秩序和人居环境，实现城市管理上精上细，落实长效管理机制。

开展违法建设治理行动，完善管控长效机制　一是加大宣传力度，营造良好舆论氛围。在安丘电视台播发违法建设治理专题节目2期，在《今日安丘》《安丘发布》刊发信息各2期，《每日信息》《“作风建设年”活动简报》刊发信息各1期，编发违建治理工作简报7期，拆违情况每月在微信公众号“安丘城市之窗”上进行公示，打造良好违法建设管控舆论氛围。二是打好组合拳，依法拆除违法建设。四个驻街区执法中队及城区违法建设综合查处中队协助各街区组织集中拆除活动63次，拆除违法建设591处，拆除建筑面积16.1万平方米，占地面积25.45万平方米。其中，拆除存量违法建设533处，建筑面积14.56万平方米，完成全部存量违法建设拆除任务总量的89.52%。三是强化源头治理，健全管控长效机制。利用数字城管平台、卫星遥感监测、“安丘城市之窗”、违法建设举报电话“4291929”等多维防控手段，加大违法建设管控，对投诉违法建设案件，立即安排相关人员进行现场查看，根据要求立即作出相关处理，并加大巡查力度和频次，进村入巷展开拉网式巡查，对新出现的违法建设“露头就打，举报就查，即查即拆”，将违法建设消灭在萌芽状态。

开展市容秩序整治，提升市容市貌管理水平　一是占道经营专项整治。按照标准示范街要求，对人民路、向阳路、建安路等城区人流量大的路段，进行专项整治。开展徒步执法，逐门逐户做工作，取缔店外经营、乱推乱放，清理马路市场及道路两侧流动摊贩，清理店外经营、乱堆乱放7200余处。同时，集中开展店外堆放、城区洗车、二手车交易、轮胎配件经营等四类门店的专项整治，对全市514家四类门店逐户下发自行整改通知单，督促自行整改239家，集中整治245家，整改率94.2%。二是规范整治户外广告牌匾。集中拆除城区人民路、健康路、永安路等路段破旧、违规广告牌匾，集中清理城区道路两侧落地广告牌、刀旗、宣传条幅以及耳朵灯箱等乱摆乱放、乱扯乱挂。拆除广告牌匾128块，依法扣押落地广告牌76块。三是加强道路两侧停车秩序管理。9月8日，开始重新施划停车位，解决车辆乱停乱放问题，提升城市形象。至11月底，施划机动停车位12000余个，非机动停车线15000米。四是开展城区道路踏步清理工作。联合市环卫、街区，依法对“违建踏步”进行“零点专项清理”整治行动，清理市区内“违踏”530余处、2300余平方米。五是延伸市容管理范围。加大对城乡接合部、国省道出入口及背街小巷的管理力度，重点加强对206国道收费站附近、央赣路石泉路口、潍徐路五里河桥等城区出入口的市容秩序管理。全年清理乱堆乱放78处、乱搭乱挂42处，疏导乱摆摊点200余次。六是实施景观亮化工程。根据市政府要求，负责牵头实施“两节”（国庆节、春节）期间城区亮化工程。对城区重点道路、高层建筑、广场绿地、公园、桥梁等建筑物和场所实行夜景亮化美化工程，初步形成独具特色、美观大方的城市亮化效果，进一步提升城市形象。

打造城市亮点项目，提升为民服务水平　一是实施便民市场建设工程。经市政府城建领导小组会议研究，确定建设葛庄、东南街、云湖3个便民市场。葛庄便民市场、东南街便民市场分别由安丘经济开发区和兴安街道负责建设，云湖便民市场道路及配套设施由市城管监察办公室建设。7月5日，云湖便民市场开工建设，9月底完成道路工程和照明工程的施工，绿化工程及其他配套设施在11月底竣工验收。二是城区统一设置流动餐车。为解决城区饭时摊、小吃摊占道经营问题，通过多次召开业户座谈会，在城区主要路口作餐车展示，引导流动餐饮业户自主更换餐车；根据市政府意见，市城管监察办公室与市财政局确定餐车补贴标准。全年引导流动餐饮业户更换餐车93家。其中，麻辣串类餐车37家、油条馄饨类餐车20家，其他类餐饮餐车36家。三是设置便民张贴栏。经市政府批准，在城区内人流量大的巷口新设置墙体张贴栏40个。满足市民发布、张贴各类合法信息的需要，遏制小广告乱贴乱画，杜绝随处乱贴现象的屡次发生。

加强扬尘污染整治，力促生态环境改善　一是规范露天烧烤。从3月起，印发《关于城区内严禁露天烧烤的通知》800多份，到经营业户中逐户做政策讲解工作，并在执法车辆车体上增加烧烤整治的宣传标语。从4月起，通过摸底建档，全市烧烤经营业户有185家。对以烧烤为主的易产生油烟的餐饮门店下发《关于对城区内露天烧烤及餐饮油烟整治的通知》400余份，加大对露天烧烤的巡查管控力度。城区内烧烤业户全部更换为无烟烧烤炉具，且纳入室内或院内加工经营。二是管控餐饮油烟排放。通过全面摸底城区内餐饮单位、机关食堂及个体经营业户，建立业户信息台账，排查餐饮门店421家（未包含烧烤类门店），逐户检查检测油烟净化排放设施。督促所有餐饮门店安装油烟净化设施。三是做好渣土运输扬尘防控。严格落实渣土运输管理“十个必须”要求，实行处置全过程监管。重点对车辆手续不全、不密闭运输、不按规定路线行驶、不按指定场所处置等现象加强监管，严管重罚，切实杜绝私拉乱倒、抛洒滴漏、带泥上路等现象。查处违章运输车辆64台次，立案处罚64起。四是中央环保督察件办理情况。在2017年中央环保督察期间，市城管监察办公室受理中央环保督察交办单21件，涉及油烟污染的群众投诉15件，噪音污染的群众投诉2件，焚烧易燃物的群众投诉1件，污染地下水的群众投诉1件，店外经营的群众投诉2件。其中，中央环保督察交办单7件，潍坊环保督察交办单14件。对所有交办件均按照工作职责，查处群众反映的问题，并按时将查处情况上报市迎接中央环保督察领导小组办公室。

（周敬元）

【城区环卫保洁管理】 2017年，安丘市环卫处结合ISO质量管理体系认证、省级卫生城市复审、环卫文化建设，完善果皮箱设置998套，硬化平交路口205个、面积4.5万平方米，规划选定高标准公厕4座，开展“以克论净”深度保洁模式，创新实施机械清扫、冲洗、人工捡拾、快速保洁四步工作法；推广“五分钟闭合圈”快速保洁法，环卫深度保洁水平得以全面提升。

【城乡环卫一体化】 安丘市城乡环卫一体化工作抓住解决农村生活垃圾综合治理这个根本要求，在工作实践中创新形成“政府主导、镇街主体、部门联动、全面覆盖、专业托管、长效管理”的一把扫帚扫到底的管理体制，彻底破解城乡生活垃圾收运处置不及时，村居、路域管理标准难长效统一的难题。全市组建15个环卫所，每个所依托一个转运站，配套环卫收集运输车辆200余台，全部直接由市环卫处统一管理，聘用并培训130余名的片区管理人员队伍。通过片区管理员对3000余名村居保洁员进行常态化监督考核管理，实现专业人员统一培训，作业标准统一落实，保洁效果常态考核。

【园林绿化管理】 安丘市园林管理处以创建国家园林城市为目标，落实“一城一圈一区”行动，推进人民公园改造工程、青龙湖路南延绿化工程、城区裸露地整治等绿化工程建设，融入海绵城市建设理念，启动海绵城市建设专项规划编制，顺利通过国家园林城市现场考查评审。

【市政设施安全监管和养护】 2017年，市政设施安全监管和养护，加强安全生产责任落实，细化养护工作责任化管理制度。明确六大片区责任人，组织9个专业施工队伍对市政设施进行日常维护，日投入60余人工，12余台养护机械，挖补路面2.6万平方米，清挖雨水篦子6000多个，确保市政设施正常运行。

【供热供气】 2017年，安丘市新增天然气用户7951户（居民7878户、工业41户、商业32户），完成燃气管网48.27千米、供热管网16000米，实施青云花园“汽改水”、华安路片区“汽改水”等管网建设，凌河镇、景芝镇等镇实现燃气管网铺设对接。

【供水排水】 2017年，安丘市自来水公司继续加强供水主管道铺设配套，结合兴安路南段、健康路西延及锦湖路等道路改造，建设兴安路南段、健康路西延、北环路西段、锦湖路供水主管道及消防栓配套工程，管道长度7100米，完成投资567万元。配合大汶河片区道路工程建设，进行世贸大街、秀水街、莲花山路、金汶路、下小路等五条供水主管道消防栓配套工程，管道长度14130米，完成投资928万元。

【城市防汛】 2017年，安丘市市政管理处抓好抓实职责范围内的防汛工作。一是提高警惕，加强领导。4月9日下午召开全市防汛工作部署会议，审查和完善各单位制订的2017年应急预案，出台《安丘市市政管理处关于做好2017年职责范围内城区防汛工作的意见》，微调各防汛工作小组成员。二是安全检查，全面覆盖。4月10日上午，养护管理科检查防汛工具、设备、车辆，确保工具齐全、设备、车辆正常运转，以便汛期来临时能发挥最大的作用。三是汛前培训，明确责任。4月10日下午，养护管理科培训单位各防汛工作小组成员，进一步明确各自责任。四是防汛演练，务求实效。5月16日，组织80多名抢险人员备足防汛工具对市人民医院北侧、向阳路（新东方段）、汶水路恒安散热器厂周边等几处易涝点展开防汛演练，确保在紧急情况下，防汛抢险队伍能第一时间到达现场，高效、有序地应对汛期险情。五是雨篦清淤，消除隐患。5月24日—6月22日，完成城区7000多个雨水篦子的清淤工作，确保检查井没有泥沙、渣土、垃圾等杂物堵塞，保证排水通畅。六是雨中排涝，保路畅通。分别于6月23日、7月6日白天、7月6日夜间至7月7日凌晨、7月16日、8月3日、8月9日、8月19日，组织专业防汛小组到城区各积水点，打开井盖，清捞树叶、垃圾等杂物，并插上小红旗坚守在现场，积水排尽后，以各自的防区为中心，在四周检查路面、人行道、路沿石等市政设施完好情况，发现问题及时处置。

【城市亮化】 2017年，安丘市路灯管理所积极跟进市政道路工程建设后的亮化覆盖，完成维修路灯3300多盏次，更换各类光源电器2400多套和各种型号电缆5700多米，维修路灯箱变60多台次。

（杜　鹏）

村镇建设

【概况】 2017年，安丘市住建局依托各自优势，坚持差异化发展，通过生态农业、生态旅游等特色化发展和实施产业化聚集，进一步提升城镇建设水平。争取小城镇建设、特色镇和村庄建设、危房改造、农村改厕等各类上级奖补资金1175万元，推动全市村镇建设发展。

【突出城镇建设特色】 安丘市加强与省住建厅、潍坊市住建局沟通联系，争取上级有关政策、资金、项目、荣誉支持。组织山东省第四批“美丽宜居小镇、美丽宜居村庄”“传统村落”和“历史文化名镇”申报工作。柘山镇、柘山镇阎家河村和郚山镇鲁家哨村成为省级“美丽宜居小镇”和省级“美丽宜居村庄”，郚山镇南官庄村成为省级“传统村落”，景芝镇和辉渠镇成为省级“历史文化名镇”，获取补资金70万元；凌河镇成功申报“山东省绿色生态示范镇”，获奖补资金500万元；齐鲁酒地健康小镇成功申报“山东省特色小镇”，获奖补资金200万元。

【推进示范镇建设】 安丘市确立打造16个“四全一特”示范社区和建设提升31个农村社区服务中心。市住建局会同市委组织部联合下发《关于加快推进2017年“四全一特”示范社区和农村社区服务中心建设工作的通知》，要求各镇街区按照时间节点分批次完成建设任务，并及时进行督查落实；对发现的问题，要求相关镇街区立即整改，确保高质量完成建设任务。

【深入实施美丽乡村建设】 安丘市以城乡环卫一体化为突破口，年内，实施“美丽乡村建设行动”，推进农村改房改厕，完成农村危房改造任务49户、农村改厕任务9763户；城乡环卫一体化实现村级全托管，村居覆盖率和垃圾无害化处理率均100%。安丘市被山东省住建厅确定为山东省城乡环卫一体化全覆盖市。

（杜　鹏）

资源环保

Ziyuanhuanbao

国土资源

【概况】 2017年，安丘市国土资源工作主动适应经济发展新常态，准确把握国土资源新定位，创新举措，为全市经济社会发展提供优质高效服务，推动工作再上新台阶。市国土资源局机关先后获得“书香国土·智慧人生”“河口通海杯”第五届全国国土资源系统读书大赛优秀组织奖、“美丽中国”第三节全国国家版图知识竞赛网络赛优胜单位、潍坊市执法监察与信访工作先进单位、潍坊市国土资源“双十佳”工作（“四全”服务模式云平台）、安丘市政务公开工作先进单位、安丘市招商工作先进单位等荣誉称号。

【用地保障】 市国土资源局（简称安丘市国土局）围绕全市重点项目和园区建设，完成市区和14处镇街区土地利用总体规划调整完善工作并通过省政府批复，调整山东省、潍坊市和安丘市立项的交通、旅游、能源、电力、水利等重点项目81个、2.25万亩，优化用地布局，为全市建设提供有力的土地资源支撑。2月22日，安丘市新一轮城镇基准地价调整更新成果通过市政府批复，并由市政府办公室印发实施。此次基准地价更新首次覆盖全市，按照商业、住宅、工业不同的用途和土地级别分别制定全市土地的基准地价，其中调整更新城区范围土地级别与基准地价，面积约184.13平方公里。同时，确定城区以外1712平方公里范围内土地的级别和基准地价。3月15日，市政府首次通过新闻发布会的形式，公布新的基准地价更新成果。本轮基准地价调整更新中，城区土地定级充分尊重城市规划确定的发展方向及城市布局。基准地价制定在因素选择上更加全面充分、科学合理，其中工业用地土地使用权价格与上轮相比未发生变化。开展土地增减挂钩项目，拆迁复垦村庄、地块13个，复垦耕地1689多亩，节余用地指标1000亩。争取上级政策和用地指标支持，全年上报审批各类建设用地15个批次3053亩，发布国有建设用地使用权公开出让公告58个，公开出让土地69宗，完成交易67宗1552亩，实现成交价款12.7亿元。

【耕地保护】 市国土局按照“落地块、设标志、明责任、建表册、入图库”的要求，完成永久基本农田划定任务并顺利通过验收，划定永久基本农田129.8万亩。将基本农田保护纳入国民经济和社会发展计划，制定基本农田保护各项制度，设立基本农田保护区，落实耕地保护责任与各镇街签订基本农田保护责任书1058份，在基本农田保护区设立保护牌24个、保护标示403个。完成2016年度高标准农田建设项目，编制完成2017年度1万亩高标准农田建设项目和辉渠镇绪泉村3300亩土地整理项目规划设计和预算，并获上级立项批复。调查摸底全市耕地后备资源，立项实施1000亩耕地占补平衡任务，新增耕地549.28亩。完成潍坊市下达的耕地保有量144.26万亩，基本农田保护面积129.8万亩的指标任务。

【节约集约用地】 市政府出台《安丘市闲置低效用地盘活利用专项行动方案》。通过《方案》排查全市企业低效用地，调查低效用地133宗5900亩，建立低效用地台账，落实低效用地盘活措施，盘活闲置低效用地2016.5亩。市国土局开展城市区域建设用地节约集约利用更新评价、开发区土地集约利用更新评价和耕地质量等级评等别调查评价与监测工作，编制完成《安丘市建设用地集约节约状况评价表格、图件》成果资料和相关图件资料。

【执法监管】 市国土局扎实开展部、

省和潍坊市全天候三级卫片检查工作，核查疑似违法用地图斑500多个，推动各镇街区拆除整改违法用地81宗、392.87亩，完善用地手续20宗、647亩。使卫片执法检查工作顺利通过山东省国土资源厅与潍坊市国土资源局检查验收，实现违法用地量在潍坊八县市中最少的目标。落实“月清季结”制度，全年查处国土资源违法案件339件，申请法院强制执行行政处罚案件76件，整改回复检察建议19件。开展国土资源政策法规宣传普及工作，组织镇街区开展集中宣讲活动8次，培训近2000名社区、村（居）党员干部及群众，营造良好的依法依规用地氛围。

【地质矿产管理】 从2月起，市国土局持续开展为期两个多月的矿山开采秩序集中治理整顿行动，与市公安、安监、环保、交通、电力等部门联合展开行动，整顿治理矿山企业61家。其中，关停关闭非法开采加工矿产品企业和个人企业38家，拆除石子加工设备47台套，刑事处分6名违法责任人。收缴罚没款60余万元，查封拍卖非法矿产品1492.9万元。收到良好的整顿效果，使全市矿产开发秩序明显好转、矿区环境得到改善。出台《安丘市矿产资源监督管理办法》，巩固整顿治理成果，进一步完善全市矿产资源领域长效监管机制，推动全市形成良好的矿产资源开发秩序。科学合理设置采矿权，根据《第三轮矿产资源规划》，公开出让白云岩采矿权1个，由潍坊市特钢集团有限公司竞得，成交价2024.26万元。该采矿权是2012年—2017年，全市公开出让的首宗采矿权。市国土局抓好矿山地质环境治理，完成非煤矿山采空区调查，编制《安丘市历史形成责任灭失非煤矿山采空区调查报告》《安丘市历史形成责任灭失非煤采空区防治规划（2017—2020年）》，通过潍坊市国土资源局验收；开展非煤废弃矿井调查，对排查出的43个废弃矿井井口全部建立台账，设置警示牌43个。通过实施充填、封堵、加封井盖、用作灌溉用井并建设机井房等措施，完成封闭处置43个。开展地质环境治理，编制《安丘市矿山地质环境恢复治理和综合整治工作方案》，开展青龙山废弃矿坑治理项目，完成总施工量的50%；完成石沟地区矿山复绿项目、大汶河旅游开发区大埠后村废弃玄武岩矿坑治理项目招投标。抓好地质灾害隐患防治工作，发布实施《安丘市2017年地质灾害防治方案》，开展地质灾害防治应急演练活动和测绘应急演练活动。完成柘山镇柳沟村东泥石流地质灾害隐患点治理项目野外验收。

【不动产登记】 市国土局推进不动产统一登记，设立大客户工作室，新增设不动产大客户窗口10个。提高不动产信息化服务水平，设置专线建设不动产系统平台专用网络，实行不动产登记“互联网+服务”。配置不动产业务专用触摸屏查询机，制作二维码服务指南，开通不动产业务办结短信告知服务，制作“最多跑一次”事项指南，使不动产登记办事效率和服务水平全面提升，群众办理不动产业务实现即到即办，立等可取。年度办理不动产业务48597件。其中，发放不动产权证书9868本，不动产权证明20715本，出具不动产信息查询证明16575份。

【提升服务】 市国土局抓好行政审批提速提效，成立审批服务科，将全部审批事项纳入市政务审批服务大厅窗口，通过网上审批办理建设项目用地预审、临时用地审批、采矿权审批等各类业务106件。对涉及的33项行政审批事项，编制完成“最多跑一次”事项的《一次性告知单》和《服务指南》，制作二维码服务指南，并在市政府网站和市审批服务中心向群众公示。建立廉政监督卡制度，对106件受理业务全部发放监督卡，并做到100%电话回访，发现问题及时整改。提升“数字城市”地理信息公共服务水平，维护“数字安丘”地理信息公共服务平台，实时更新平台数据库信息。扩大平台的应用范围，完成4个推广应用项目。完成“天地图·安丘”公众服务门户网站与国家主节点的对接工作，实现与国家、省、市、县的互联互通。公众访问国家主节点时即可访问到安丘市全域多种比例尺数字线划图、数字正射影像、主城区及建制镇的地名地址数据以及包括科教文化、公司企业、住宿购物、餐饮娱乐、医疗保健、公共设施、旅游景点等十多类数据信息，为社会公众和生活提供方便。

（许　东）

水资源管理

【概况】 2017年，针对水资源紧张形势，安丘市始终坚持以水资源优化配置和节约保护为重点，用水计划管理和过程监控为手段，健全责任考核制度为保障，加强水资源管理和涉水事务管理，改革用水方式，提高用水效率，促进最严格水资源管理制度的深入、有序、扎实执行。

【取水许可和水资源论证】 安丘市优化产业布局，严格水资源论证及取水许可审批管理。落实建设项目水资源论证和超总量限批、禁批等规定，严把论证审查、取水工程验收、许可审批三个“关口”，严格控制项目取用水和退水；严格落实取水许可制度，不断规范取用水申请、审批和监管程序，所有审批手续均在市政务服务中心一站式、统一办理。

【水资源与水生态保护】 安丘市加强入河排污口及饮用水源地监督管理，完善水资源保护机制。加强入河排污口的监督管理。市水利局针对入河排污口设置管理，定期巡查全市2处入河排污口，检测水量、水质，于3月、5月、7月、10月，巡查入河排污口，做好记录、拍照、登记等手续。加强饮用水源地的监督管理。安丘市公布饮水人口一万人以下的重要饮用水水源地名录，制定饮用水源地突发事件应急预案，强化措施，加大对水环境的监管力度，建立完善水环境监测预警机制。同时，针对牟山水库、尚庄水库水源地种植农作物等情况，市政府出台《全市饮用水水源地环境综合整治工作方案》。通过《方案》开展对主要河流、水库等饮用水水源环境综合整治专项行动；按照"属地管理"的原则，不定期对水源地保护区进行巡查，从严查处违法行为，引导全市上下保护饮用水水源地，确保全市饮用水水源安全。

【水资源费征收管理】 2016年，征收水资源费1272万元。2017年1月1日起，安丘市执行新的地下水水资源费征收标准。同时，强化取用水计量，严格水资源费的征收。

（李　波）

环境保护

【概况】 2017年，安丘市环保工作严格落实国家有关法律法规，以环保督察为重要抓手，推动健全网格化环境监管体系，深化"三八六"环保专项行动，实施"十大工程"建设，开展环境突出问题综合整治攻坚，强化环境监督管理，稳步推进生态保护建设，促进全市水和大气环境质量明显改善。

全面完善网格化环境监管体系，在全市14处镇街、101个社区、866个行政村建立三级环境监管网格，健全相关规范制度及考评细则，实现全市网格化环境监管"全覆盖"。实施"十大工程"建设，重点推进工业点源深度治理，完成安丘柠檬生化有限公司、安丘盛源热电有限责任公司、安丘市鲁安药业有限责任公司3家企业7台燃煤机组（锅炉）超低排放改造工程建设。开展环境突出问题综合整治攻坚，完成燃煤小锅炉"清零"371台，关停取缔"散乱污"企业38家，完成13家企业17套高架源在线监控设施建设并联网；加强饮用水源地保护，落实河长制要求，完成洪沟河、小汶河河道问题整改120多项。年内，安丘市空气质量优良天数达224天，饮用水源达标率100%，主要河流湖库监测断面水质稳定达国家Ⅳ类及以上标准。

【环境监测】 市环境保护局（简称安丘市环保局）通过设立监测点位、抽样等方式，加强以空气、水、噪声等为主要内容的环境监测。至年底，安丘市环境保护监测站拥有各种监测仪器设备40余台（套），建立以质量保证为中心的质量管理、仪器管理、数据资料管理网络。

饮用水源监测　城区以地表水作为集中式饮用水水源，饮用水水源地主要为牟山水库。安丘市环境保护监测站每季度一次对牟山水库进行62项监测分析。监测数据表明，监测的62项指标全部达到《地表水环境质量标准》（GB3838-2002）Ⅱ类标准，饮用水源地水质达标率100%。

地表水监测　安丘市环保局在汶河、渠河、浯河及牟山水库，设置4个监测断面，对化学需氧量、氨氮等主要指标每月进行一次监测，全面掌握水体变化情况，发现问题及时解决，确保三条河流出境断面水质达到市控要求。年内，全市河流水质总体持平，年均浓度水平大体满足《地表水环境质量标准》（GB3838-2002）Ⅳ类标准。

空气质量监测　市环保局依托2个大气自动监测站点，对二氧化硫、氮氧化物、PM2.5（细颗粒物）、PM10（可吸入颗粒物）、一氧化碳、臭氧等6项指标的实时小时浓度值、日浓度均值、主要污染物等进行全面监测。年内监测结果表明，全市环境空气中PM2.5是主要污染物，臭氧是次要污染物，PM10污染相对较轻。二氧化硫、氮氧化物和一氧化碳年均浓度基本保持稳定，能满足《环境空气质量标准》（GB3095-2012）二级标准，空气质量较好。

【"三八六"环保行动】 按照潍坊环委会的总体部署，安丘市环保局深入推进"三八六"环保行动，实施"十大工程"。一是产业提升绿色发展工程。贯彻执行2017年潍坊市企业技术创新导向计划和"工业绿动力"计划。完成全市55家化工企业安全、环保、节能和节水"四评级一评价"工作。其中，37家企业被综合评价为"中"，18家企业被综合评价为"差"。二是清洁能源替代改造工程。完成潍坊市政府下达安丘市的煤炭消费总量比2012年减少5.03万吨的目标。进一步扩大高污染燃料禁燃区范围，淘汰新禁燃区范围内10吨及以下小型燃煤锅炉。推进天然气基础设施建设，完成建设燃气管网10公里、开发民用户5000户、工商业用户不少于50户、用气量同比增加10%的目标任务。在散煤治理中，全年推广清洁煤12.2万吨、节能环保炉具4万台、煤改气推广项目20个，在镇街驻地及农村集中居住区全部推广使用清洁型煤、兰炭。三是工业点源深度治理工程。加快推进超低排放改造，投资4810万元，完成安丘柠檬生化有限公司、安丘盛源热电有限责任公司、安丘市鲁安药业有限责任公司3家企业7台锅炉超低排放改造任务。完成安丘市鲁安药业有限责任公司、潍坊特化精细化工有限公司、山东特珐曼药业有限公司3家企业首轮LDAR工作。完成重点片区VOCS监测站点安装联网工作，基本建成全市企业、厂界、园区三级VOCS监测监控体系。四是车辆污染综合管控工程。严格执行机动车环保准入条件，加强机动车环保检验机构监管。加大在用车辆排放监管力度，严查高污染排放车辆上路行驶行为。优化发展以城市公交、公共自行车为重点的绿色公交系统。全市有LNG+电公交车70辆，公共自行车站点155个，锁车桩3480个，投入公交自行车3480辆。五是城建环卫精细管理工程。开展建筑施工、市政道路、露天堆场、渣土运输、商混企业、露天烧烤等领域的扬尘防治水平，改善大气环境质量。六是“一城一圈一区”生态建设工程。推进城市中心城区增绿提质。抓好“一区”造林绿化，实现年内新造林2.2万亩。其中，荒山绿化0.9万亩，用材林建设0.12万亩，经济林建设1.18万亩。构建城市生态圈。以城区四个环路为主框架，实施沿路林带建设，公路沿线50～100米范围内建设防护林带，青云花谷、青龙湖路两侧绿化、乐源大道两侧绿化、金临路两侧绿化等工程栽植各类树木60万株。七是城镇废水综合利用工程。完善青云湖南岸新安丘一中片区排水管网工程、青龙湖新产业园排水工程，加快推动城区及重点镇区污水收集处理。完成投资6870.5万元的安丘市鲁安药业有限责任公司年处理能力10000立方米废水处理中水回用工程和投资5062万元的安丘柠檬生化有限公司污水处理升级改造项目，提高出水水质标准。八是河流湿地生态保护工程。规范自备井监管，严格地下水开采管理，逐步修复地下水生态。依法取缔河道非法排污口，采取河道疏浚、生态补水、水质生物净化等措施，改善水体环境质量。提高河道防洪标准及排涝标准，增加河道蓄水、供水和水源涵养能力。完善河流湿地植被修复与恢复，调整湿地植被结构，恢复河道净化能力。实施渠河治理工程、汶河两岸绿化工程。九是农业面源污染防治工程。新建畜禽粪污处理设施工程3个、标准化饲养场3个。实施测土配方施肥项目，农作物测土配方施肥面积超158万亩。化学农药使用量比2016年减少2%。综合整治农村环境，新建和改造提升社区服务中心32个，完成农厕改造9866户。十是环境安全风险防控工程。加强环境应急能力建设，发布水污染事故处置应急预案。加强环境风险全过程管理，构建全防全控的环境风险管理体系。严格危险废物产生、经营企业规范化管理，确保抽查合格率达100%。加强核与辐射安全监管，开展无线通讯等电磁类辐射项目专项治理，减少信访投诉。

【主要污染物总量减排】 年内减排目标为：二氧化硫、氮氧化物、化学需氧量、氨氮四项指标，与2016年相比，削减率分别为3.1%（削减量329.1吨）、4.3%（削减量384.6吨）、2.1%（削减量254.4吨）、2.3%（削减量29.9吨）。工业和生活废水污染物减排主要依托城镇污水处理厂的运营、升级改造以及延伸排污管网、增加水量等措施，农业源废水污染物减排主要依靠规模化畜禽养殖场改进养殖方式、粪便生产有机肥和污染物治理工程；废气污染物减排主要依靠热电企业脱硫设施升级改造、新建脱硝工程，以及发展集中供热、煤改气工程、拆除燃煤小锅炉、燃煤锅炉改用生物质等清洁能源、节能技改等措施降低煤炭消耗量。年底通过了省厅的总量减排核查，完成了我市的总量减排任务。

【环境监察】 安丘市环境监察工作以改善换环境质量为目标，强化环境执法为手段，推动整体工作深入开展。

强化联动执法　实现从环境监察单一执法到联合执法的转变，由市环保局联合市监察、公安、经信、水利等多个部门，成立联合执法队伍，形成执法合力，全年组织大型联合执法活动4次，有效打击环境违法行为。转变执法理念。实现从过去环境监察工作管理性执法、收费型执法到服务型执法的转变，树立执法就是服务、就是维护人民群众合法权益的执法理念，既严格执法，又热情为企业和群众服务。

加大环境监察力度　按照省市关于污染源日常环境监管随机抽查制度的要求，市环保局对污染企业抓好日常监管，重点对被抽查单位污染防治设施运行、污染物排放、环评和“三同时”执行情况、排污许可等环境管理制度落实情况进行抽查。建立污染源日常环境监管动态信息库，结合移动执法系统与上级环保部门联网，实行动态管理。结合重点流域、区域环境污染状况，根据日常环境监管、自动监控、环境信访等其他途径掌握的线索，确定抽查区域，按照抽查比例，采用摇号、抽签等方式确定被抽查排污单位名单。于12月底前，按照本辖区确定的抽查比例，确定下一年度被抽查单位数量（家次），报上级环保部门备案。于每季度开始前5日内，采用摇号、抽签等方式确定下季度被抽查排污单位名单。

重视环境信访　在加大执法力度的同时，市环保局调整信访处理程序，缩短信访处理时限，一般案件7天以内处结，重大案件15以内处结，保持信访案件处理率100%、处结率98%以上，有效维护社会的稳定。

坚持依法收费　市环保局坚决贯彻执行“依法、全面、足额、及时”八字方针，做到严格征收不漏项，及时开征、及时催缴，并公布征收数额，接受社会监督，全年征收排污费748万元。

（张建琦）

教育·科技

Jiaoyu·keji

教　育

【概况】 2017年，安丘市教育系统围绕努力办好人民满意的教育这一总目标，深入实施素质教育，全力提高教学质量，全面深化教育改革，狠抓校园安全稳定，实现教育工作均衡优质公平发展。至年底，全市有各级各类学校96所。其中，小学57所，初中19所，九年一贯制学校11所，普通高中4所，民办普通高中1所，职业中专1所，特殊教育学校1所，青少年科技创新实践教育基地学校1所，教师进修学校1所，在校学生11.2万人；幼儿园177所，在园幼儿19209人；教职工9326人。

【教育教学改革】 课程建设　市教育局在小学、初中、高中三个学段设立58个“学科研究基地”，组建由市级以上教学能手和骨干教师组成的学科研究团队，进行学科课程体系顶层设计，规范实施国家课程、地方课程。以“四化”（生活化、综合化、学术化、传统化）为导向，开发实施校本课程4大类、38种，丰富课程内涵。3月，在潍坊课程改革研讨会上，市实验小学作了《整体构建智慧课程体系，着力提升学生核心素养》的经验介绍。市东埠中学《“尊重教育”研究》、市青云双语学校《和悦教育》、市职工子弟学校《自主教育研究》在《潍坊市课程建设简报》2017第3期专刊刊登。市汶水小学《水润课程》、石堆镇石堆小学《名著阅读课程》、市第二实验小学《“335”尚美课程》、辉渠镇夏坡学校《随性阅读课程》、兴安街道城北小学《“习惯＋自能”双层双项课程》等富有特色。

课堂改革　深入推进“以自主学习为前提、以问题解决为主线、以目标达成为落脚点”的“三以”课堂研究，开展“三以”课堂培训、课例展示、赛课等活动12项，26项课改成果在省、潍坊市获奖。7月，在“鲁派教育家高峰论坛”上，安丘市作了《基于学生创新能力培养的“三以”课堂改革》专题报告。承办潍坊市“双改行动”观摩研讨会，由市青云双语学校围绕“学习方式变革”进行课改经验展示。在潍坊学科研讨会和课堂展示中，市提供公开课18节、示范课32节、课改经验49个。市东埠中学“三以五疑”课堂、市兴华学校“问题”课堂、市青云双语学校“智慧”课堂、市职工子弟学校“自主”课堂、石堆镇石堆中学“生命化”课堂、郚山镇郚山中学“三助”课堂、辉渠镇温泉学校“自学，探究，分享”课堂、市和平中学“一导三学”课堂、凌河镇凌河小学“故事课堂”等成效显著。

质量评价　市教育局调整全市教育综合督导评估方案，将“教学质量”指标从原督导评估方案中剥离，进行单独评估。全市教育综合督导评估方案由“千分制”调整为“双千分制”，即：教育综合督导1000分，教学质量督导1000分。出台《安丘市2017年小学、初中、普通高中教学质量督导评估方案》，建立完善教学质量评价体系。实行教学质量四级监测制度，组织全市义务教育学生学业水平监测，及时召开质量分析会议，建立数据模型，诊断分析质量监测情况，发挥大数据功能，挖掘监测数据背后的问题，使监测真正起到“教育质量诊断”的作用，为学校的教与学工作提供一手材料，增强教学工作的针对性和有效性。

英语、阅读工程　英语和阅读“两大工程”实施呈现“系列化”，突出工作落实的有效性。市教育局出台“全市第三届读书月活动实施方案”，确立活动主题，明确读书篇目，落实推进措施。编印《全市中小学阅读诗文名著知识大赛》竞赛题库，从学校、镇、市三个层面开展阅读能力竞赛活动。举办英语、阅读两大提升工程“校长论坛”，举行全市英语青年教师基本功技能大赛、“四位一体”话题英语教学法培训、英语单词大会和英语演讲比赛等系列活动，调动英语教师教学研究的热情，激发学生英语学习的兴趣和积极性。

【教育科研】 校本教研　市教研室立足以校为本，结合学校教学工作实际；定期组织教师集结教学问题，认真筛选，科学论证，提炼出校本研究课题。引导教师在教学实践中，以解决教学实际问题为目的，独立进行小课题研究，做到在实践中研究，在实践中推进，在实践中深化，在实践中提炼总结。开展《回归教学原点，培育学生核心素养的实践与研究》，以此为抓手，强化对学生核心素养的研究，并付诸教学实践中。该课题于2017年6月在市汶水小学顺利开题。根据全市小学语文教学中存在的实际问题和学科育人的要求，市教研室研究制定《基于培育学生语文核心素养的“十条”教学建议》。各学校组织教师认真学习，并落实到课堂教学中，促进教学研究的深度推进和教学效益的进一步提升。

课题研究　市教研室积极参与申报上级教研部门选定的课题，实现省、市教育规划课题和教学研究课题新突破。《“变故家庭”学生心理健康教育研究》《小报作画，讲座点睛》等2项课题获潍坊市教学自主创新奖；《双阅读主题习作有效性研究》等9项课题成为全国基础教育教学成果重点培育课题；《优秀传统文化与小学语文课程内容融合研究》等6项课题立项潍坊市“十三五”教育规划课题；《智慧教育的实践与研究》等4项课题立项山东省“十三五”教育规划课题；《基于小学语文学科核心素养提升的学科整合研究》等9项课题成为山东省教育科学规划委托课题《基于学生核心素养发展的基础教育课程与教学改革研究》的子课题；《小学英语绘本阅读教学的研究》等15项课题获潍坊市优秀小课题奖。《“三以”课堂构建与区域推进策略研究》等7个课题成为省“鲁派教育研究”子课题，正式立项，安丘市成为“鲁派教育研究实验基地”。

承办“全国小学语文主题学习观摩研讨会议”　3月，“全国小学语文主题学习观摩研讨会”在安丘召开，全面推介安丘市小学语文阅读教学的研究成果。全国各地教育主管部门、教科研部门及学校的领导、专家、骨干教师800多名。安丘市教研室以“推进阅读工程，全面提升学生核心素养”为主题作专题报告，大汶河旅游开发区贾戈小学、安丘市天洁希望小学、石堆镇石堆小学、安丘经济开发区教管办、大汶河旅游开发区王十里小学等5个单位作典型经验介绍，官庄镇官庄小学、辉渠镇辉渠小学、凌河镇凌河小学、市实验小学、市汶水小学、兴安街道城关小学6所学校的骨干教师提供展示课，市实验小学、市汶水小学、石堆镇石堆小学3所学校进行师生阅读素养展示，还有20多所学校提供展示材料。会议全面展示安丘市小学语文阅读教学的研究成果和推进水平，得到与会领导、专家的高度评价。

【教师队伍】 干部人事管理　市教育局加强校长后备人才队伍建设。公开考选义务教育阶段校长后备人才，从学校现任校级副职、教育行政干部及学校优秀中层干部中遴选46名校长后备人才。其中，资格过渡26人，公开考选20人。校长后备人才的考选全程委托潍坊创新教育政策研究院组织实施，邀请市纪检、组织等部门全程监督。7名校干通过潍坊市第四批校长后备人才遴选考核，纳入潍坊市高中学段校长后备人才库管理。10名无任职经历的新任校长，全部从校长后备人才中产生。市教育局制定《安丘市教育局开展第二届“未来教育家”治校方略路演活动实施方案》，成功举办第二届“未来教育家”治校方略路演大赛，并从全市31名参赛人员中，择优推荐3名参加潍坊市级路演决赛，并分获一、二、三等奖。10月20日—29日，市教育局组织义务教育阶段校长及后备校长人才网络培训。本次活动联合全国中小学教师继续教育网开展相关培训，合计培训257人。培训聚焦于提高“战略创新能力”“科学管理能力”“文化建设能力”和“课程领导能力”四大能力，提供40学时网络课程，其中必修20学时、选修20学时。12月，市教育局分两批组织义务教育阶段学校103名校长到华东师范大学研修学习，通过提高他们的教育管理理论水平、教育管理研究能力和教育管理实践能力。

新教师招聘　市教育局按照“退补相当”的原则，经市政府研究同意，确定全市招聘编制内教师计划270人，经公开考选，实际上岗269人。新教师重点向镇街区学校倾斜，其中169名教师分配到镇街区任教，占比62.83%。

师范生实习支教　年内，山东省安排2批、800名大学生到安丘市实习支教。其中，上半年潍坊学院350人、山东师范大学46人；下半年潍坊学院158人、青岛大学192人、山东理工大学54人。各接收学校为实习支教大学生配备新的床铺和床上用品，全部免费就餐，统一购买保额为50万元的人身意外伤害保险，并遴选责任心强、教学业绩突出，县级以上教学能手或学科带头人一对一担任实习指导教师，帮助实习支教师范生尽快适应教师岗位，进入角色。

中小学教师“县管校聘”　市教育局将“开展县管校聘，均衡教师资源，打造充满活力爱岗敬业的教师队伍”列入2017年度重点项目。8月，在充分调研、科学论证的基础上，印发《安丘市中小学教师县管校聘交流轮岗工作实施方案》，明确县管校聘、交流轮岗的参加范围、条件标准和工作程序。抓好“核岗一议岗一定岗”环节，合理分配竞聘岗位；各学校抓好“设岗—竞岗—晒岗”环节，严格程序组织教师竞聘上岗，确保公平公正。全市有8267名教职工参加竞聘，其中交流轮岗459人，占总数的5.55%，有效促进优质师资合理流动，均衡师资力量配置。德州乐陵市、德州德城区、四川省广安市、泰安市宁阳县等多地赴安丘市学习“县管校聘”管理体制改革和教师交流轮岗工作。

师德师风建设 4月，市教育局开展“优秀老教师”先进典型推荐活动，宣传展示优秀老教师立足教学一线的高尚师德情操和无私奉献精神。9月，开展师德教育主题活动，选树师德先进典型，召开全市教师节表彰大会，评选表彰199名师德标兵、60名扎根农村园丁奖、50名金星园丁奖，在全市范围内宣传推介，营造“爱岗敬业、尊师重教”的浓厚氛围。严肃治理教师有偿家教，印发《加强教师队伍作风建设严肃治理有偿补课的实施方案》，层层压实责任，教育引导广大教师自觉抵制私自办班或在社会培训机构兼职等行为，营造风清气正的教育教学环境。严格落实师德考核前置审核制度，在市级以上评先树优、职称晋升中，全面落实师德考核前置审核制度，凡师德达不到优秀等次的，实行“一票否决”。

特级教师评选 8月，安丘市3名教师被山东省教育厅评选为山东省第九批特级教师。10月，市教育局推荐5名教师参加潍坊第六批特级教师评选。

农村学校特级教师岗位 市教育局下发《关于做好农村学校特级教师岗位竞聘工作的通知》，在全市14处镇街区分别设立1个农村特级教师岗位，优先面向农村中小学教学一线在编教师开展竞聘，搭建起名师多元化成长平台，发挥好名师示范引领带动作用。农村特级教师岗位全部设置在农村初中、小学内，实行任期制，每个任期一般为4年。经遴选的14名农村学校特级教师自聘任之日起，享受每月300元的特级教师津贴。

教研活动 市教研室遵循“开展一项教研活动，解决一个教学问题”的工作思路，彰显“聚焦问题，研究问题，解决问题”的工作理念。举办小学低年级学生养成教育暨学科育人培训班，邀请外地教育专家和骨干教师现场培训，并进行课例展示。举行全市初中学科教师教学研讨会，详细分析近年来潍坊市中考《考试说明》和中考试题，明确中考考点和考查形式，提出中考复习的具体建议及基础年级有效教学的策略。组织高中教研员，高三业务校长、包级主任、骨干教师参加各级高考解读会、研讨会18次，考察外地先进学校19所，有效提升高考质量。以落实教学常规为抓手，通过“现场抽课听课、针对性查看教学材料、听取学校教学工作汇报、学科反馈与综合反馈相结合”的视导流程，过程性视导全市所有中小学校教学，随机听课1260节，随堂测试56次，检查材料16000份，组织教师问卷1800份，学生问卷6200份，座谈反馈52场次，采集到上千个一线教学数据，诊断把脉学校教学，发现问题，解决问题，提高教学工作的针对性。

教师培训 一是国培工作。2016年10月，安丘市作为山东省2个试点县市之一，启动“国培”2016项目，有6508名教师参加。在项目实施过程中，注重过程调度与研修服务，措施得力，考核科学，保证工作的顺利完成。2017年4月8日，省国培项目办组织专家送教活动，由首都师范大学王陆教授及其团队为全市各学校校长、业务校长、教导主任、教科研室主任做了课堂观察方法与技术专题讲座和案例展示。同时，结合国培项目专家送教活动，市教育局组织全市校长、业务校长、教导主任、教科研主任、教研组长等参加课堂观察方法与技术专题培训。其中，现场参训266人，通过视频会议系统参训845人。至此，全市国培2016项目圆满完成各项工作任务。二是省培工作。年初，按照山东省教育厅有关通知要求，市教育局完成参训教师信息维护及报名工作，全市有7505名教师参加“互联网＋教师专业发展工程”网络研修。4月，推荐山东省级、潍坊市级及县级工作坊坊主105人，组织参与省、市级管理员、工作坊主持人培训工作。9月底，网络研修必修课程学习结束后，全市高中课程完成率97.22%，初中课程完成率98.69%，小学课程完成率99.50%，学前课程完成率95.63%。全市中小学圆满完成必修课程的学习。三是新教师培训。2月25日—26日，市教育局对2016年455名新分配教师进行“三以课堂”中期培训。培训内容主要包括全市课堂教学改革的内涵解读及实践引领、学生核心素养养成、班主任工作及新教师的心理健康教育等。5月18日—6月18日，组织2016年新教师远程研修学习。分为5个班级，注册学员455人，学习率99.72%，合格率98.38%，人均学习时间3056.9分钟，产生研修成果698份。7月10日，组织2016年新分配教师第三期集中（结业）培训。培训采取分学段分类集中培训的方式，着重从教师修养、班级管理、师德教育、课堂教学艺术等方面指导培训新教师，并进行结业考核，2016年新分配教师培训圆满完成。9月，印发《安丘市新教师三年成长规划实施方案》，以2017年新招考教师为起点，创新新教师培训方式方法，力争达成新教师“一年站稳，二年入门，三年成才”的工作目标。四是校本培训工作。4月，印发《安丘市教育局关于加强校本培训工作的实施意见》，要求学校采取多元培训的办法，注重立足校本资源开发和利用的同时，走出去、请进来，注意吸纳校外资源并加以研究利用，开展适合本校实际的校本培训。建立包含师德师风培训、教研教改培训、现代教学技能培训、年轻教师成长培训、管理人员能力提升培训在内的教师培养培训新机制。10月，组织校本培训工作展示，由全市14所镇（街区）中心学校、18所市直学校现场展示，邀请第三方评价，现场打分。潍坊市教育局领导全程现场观摩、指导。11月，市教育局对展示单位进行校本培训相关材料的检查、验证。12月，推广10所特色学校校本培训经验。五是班主任培训工作。6月17日—18日，在2016年班主任全员网络培训的基础上，组织104名优秀学员赴潍坊参加“尊重个性发展·走进问题学生·探究教育真谛”专题研修班，邀请北京市的全国优秀班主任到场讲座、培训，有效提升参训人员的管理理念与实践能力。六是创新开展“课堂开放周”活动。5月15日—17日，在市东埠中学和市实验小学组织上半年“课堂开放周”活动。活动涉及初中语文、数学、英语、物理、生物、地理等6个学科，小学语文、数学、英语等3个学科，向680名参训中小学教师提供开放课堂27节。10月24日至11月10日，在市东埠中学、市实验小学、市职工子弟学校组织下半年“课堂开放周”活动。活动涉及初中语文、数学、英语、物理、化学、生物、政治、历史、地理等9个学科，小学语文、数学、英语、音乐、美术、体育等6个学科，向748名参训中小学教师提供开放课堂45节。活动的成功举行为全市城乡教师搭建交流平台，充分发挥教师教育培训基地在促进中青年教师专业发展、全面提高安丘市课堂教学整体水平上的重要作用。

【经费保障】 年内，安丘市教育经费总收入149750.65万元。公共财政预算安排的教育经费拨款140752.6万元，其中教育事业费132428.6万元；教育费附加5000万元；地方教育附加费3305万元；政府性基金安排的地方分成的彩票公益金用于教育19万元。社会捐赠243.07万元；事业收入6594.58万元；其他收入2160.4万元。

教育经费逐年增长 市政府教育财政拨款的增长高于财政经常性收入的增长。全年公共财政预算教育经费拨款140752.6万元，比上年增长1.66%。生均教育费逐年增长。全市生均公共财政预算教育事业费支出，普通小学9443.99元，比上年增长8%；普通初中23167.58元，比上年增长4.51%。教师工资和学生平均公用经费逐年增长。生均公共财政预算公用经费支出，普通小学2151.19元，比上年增长4.88%；普通初中5559.5元，比上年增长1.83%。全市中小学教师人月均工资达到6918元，比上年增长120元。

教育经费保障 年内，高中学校按生均每年900元标准拨付公用经费；义务教育阶段学校按初中每生每年1010元，小学810元标准拨付公用经费，有寄宿生的义务教育学校，按寄宿生每人每年200元的标准补助公用经费，不足100名的义务教育学校，按100名标准拨付公用经费，有随班就读残疾学生的义务教育学校，按生均6000元的标准补助公用经费；落实农村义务教育阶段学生免费教科书资金1100万元；拨付特殊教育公用经费109.32万元，生活补助费39.96万元；市职业学校按不同专业不同标准拨付公用经费共计1038.98万元。

国家助学政策落实 安丘市教育局充分发挥学生资助中心利民惠民职能，健全完善学生救助体系，使各项资助政策落实及时到位。全年发放学前教育政府助学金229.32万元，资助3822人次；义务教育阶段寄宿生生活补助发放比例提高到30%，发放345.53万元，资助5700人次；高中国家助学金发放311.6万元，资助3116人次，为386名高中困难学生免除学费26.4万元；中职国家助学金发放81.4万元，资助914人次；潍坊关爱工程家庭经济困难学生资助380人次，发放资金22.8万元；基层就业学费补偿33人次，发放资金54.328万元。全面落实《潍坊市农村建档立卡贫困户学生资助暂行办法》，核查建档立卡学生805人，资助776人，免除138名建档立卡户贫困户家庭幼儿普惠性幼儿园保教费17.78万元。在落实助学政策中，严格按学生或学生家长申请、班级学校评议、公示、上报的程序，确保公开公平公正，真正实现阳光资助。

破解大班额学校建设工程和教育重点项目建设 年内，安丘市实施破解大班额建设学校13所，投资87276万元。新开工建设5所，投入资金4556万元，续建学校5所，投入资金82720万元。总投资8.5373亿元的安丘一中新校区、市明德学校、市第三实验小学、兴安街道城关小学、景芝镇耀华小学、辉渠镇辉渠中学、辉渠镇夏坡小学、石堆镇石堆中学、石堆镇石堆小学、石堆镇大亭子小学、金冢子镇金冢子小学、柘山镇车庄小学的建设项目建成交付使用；投资1903万元的凌河镇凌河中学的建设项目完成主体建设。投资3.5亿元的安丘二中新校区、投资3.19亿元的市青云双语学校新校区、投资1.7亿元的市青少年科技创新实践教育基地新校区完成招标。

【教育行政】 **教育机构改革** 安丘市稳步推进教育部门事业单位改革。6月，撤销市电教站、市教学仪器站、市托幼办和市教师公寓管理所等4个事业单位，精简机构设置，优化整合资源配置。9月，设立市明德学校；在市教师进修学校设立市社区教育指导服务中心。为优化景芝镇学校布局，缓解镇区小学招生压力，破解大班额问题，景芝镇前院小学搬迁至景芝镇汇泉路葛家庄社区，更名景芝镇景城小学。为优化辉渠镇学校布局，解决学生升入初中后学校离家远、交通不便问题，辉渠镇在原乡镇驻地分别设立4所九年一贯制学校，辉渠镇辉渠小学更名辉渠镇辉渠学校，辉渠镇夏坡小学更名辉渠镇夏坡学校，辉渠镇辉渠中学和辉渠镇雹泉小学整合组建辉渠镇雹泉学校。精简分流乡镇教管办人员。按照“精简、统一、效能”的原则，市教育局制订分流意见，将中小学业务管理等职能全部下放到学校，使教管办只保留必要的宏观管理职能，进一步优化干部队伍结构，提高办事效率。

行政审批服务　市教育局及时完成“最多跑一次”审批服务清单的编制、网上挂载等工作，明晰审批服务各项目的工作流程，完成一次性告知单的印制、发放等，保证各审批事项及时快捷的在窗口办结，节省群众的办事时间，提高审批效率。

责任督学挂牌督导　9月，根据责任督学定期交流和局工作人员工作变动情况，市教育局重新调整补充责任督学。划分全市20个督学责任区，配备51名督学，由1名局领导或科级干部包靠每个责任区。10月，下发督学责任区公示牌279块。公示牌详细注明责任督学的姓名、联系电话、督学事项等，悬挂在学校正门口醒目位置，方便学生及家长及时反映问题、提出办学建议，增强教育督导工作的开放性和透明度。市督导室每月明确督学工作重点，组织责任督学按照督学工作重点检查学校工作。加强对督学工作的监督检查，按时收取《督学工作报告》和《责任区督学工作纪实表》，确保责任督学正常开展工作。年内，收到督学报告350余件，群众咨询问题480余件，解决实际问题450余件。责任督学圆满完成学校安全督查、吃空饷排查、破解大班额工作督查、均衡县复查等重点工作任务。在完成责任督学挂牌督导日常工作的同时，市督导室积极做好全国中小学挂牌督导创新县的申报迎评工作。

热线服务及提案办理　安丘市教育局实行热线工作责任制和热线情况通报制度，由专人负责，对群众反映的问题安排有关科室人员及时走访调查，对存在的问题及时纠正处置。全年调查答复教育投诉400多件，咨询、求助类、建议类事项5000多件，印发通报12期，重点问题预警通知12个。同时，加强提案、议案办理工作。承办市人大代表建议2件，市政协委员提案15件。

【招生考试】 普通高等学校招生　2015年，山东省开始新增农村专项招生计划，面向具有省财政困难县农村（农业）户籍及困难县高中连续3年学籍并实际就读的农村应届、往届学生。潍坊市只有安丘市、临朐县符合该项政策。选择该项计划的考生，须回户籍所在县报名，在现场确认时进行户籍信息确认。2017年安丘市有352名符合条件的学生报考相关学校。年内，全市有5282名报名参加高考，录取4850人。

高中阶段教育招生　市教育局下发《2017年初中学业水平考试及高中阶段学校招生录取工作实施方案》，进一步完善全市普通高中招生报名系统，组织学生继续以电脑选校软件随机选择普通生志愿学校。本着优生优培、合理均衡的原则，继续实行公办普通高中推荐生招生政策，按照依据学校招生总计划数分配公办普通高中推荐生招生计划，以满足学生自主选择优质高中的需求。其中，安丘一中320人，安丘二中100人，安丘市青云学府180人，市实验中学100人。实行指标生分配政策，将公办普通高中招生计划的一部分作为指标生分配到全市各初中学校。指标生分配的依据是各初中学校毕业生报考人数、毕业生去向情况和学校素质教育工作评估成绩，三者权重为0.5∶0.3∶0.2。实行等级组合录取政策。将综合素质评价、语文、数学、英语、物理、化学、体育与健康、思品、历史、地理、生物、实验操作技能等12个科目纳入普通高中招生录取。录取时将12个科目划分为4个组合。其中，综合素质、语文、数学、英语为第一组合，物理、化学、体育与健康为第二组合，思品、历史为第三组合，地理、生物、实验操作技能为第四组合。第一组合所占权重最高，其他组合依次递减。实行等级录取最低控制政策。设置推荐生、指标生录取最低控制标准，凡按照控制标准录取不能完成招生计划的，所剩余计划全部调出。依据全市公办普通高中招生计划数划定全市公办普通高中招生普通生和指标生最低录取标准。依据全市普通高中推荐生招生计划数划定推荐生最低录取标准。在安丘二中设立艺体特长班，面向全市招收50名艺体特长生。艺体特长生录取将依据考生学业水平考试成绩和专业测试成绩等级择优录取。设置特长生文化课考试成绩最低控制标准，凡达不到最低控制标准的考生，不得参与特长生录取。

义务教育招生　市教育局制定《2017年义务教育学校招生工作实施方案》，根据城区学校布局和办学规模实际，按照“相对就近、学位匹配、多元可调”的原则，以城市主干道为界限，按城市居民住房所在居民小区位置，全部划定城区义务教育学校招生片区。同时，以有效户口和确权住房为依据，按照“户口优先，房户一致”原则，确定适龄儿童少年入学资格，基本实现义务教育“划片招生、就近入学、免试直升”的招生体制改革目标。

高等教育自学考试　从2014年起，山东省招生考试院每年组织两次报名考试，分别是6月报名10月考试、12月报名次年4月份考试。报名方式实行网上报名。潍坊市所有新老考生都可以登录潍坊市自学考试服务平台进行注册、报名，新考生注册报名的信息确认全部由县（市）区自考办实行网上确认，免收自学考试报名费。2017年6月，全市报名94人次，报考317科次，办理毕业3人。

教师资格证考试　2013年起，教师资格考试转由招生考试部门负责组织笔试，每年上半年组织一次报名考试。2016起实行每年两次报名考试，分别是1月报名3月考试、9月报名11月考试，报名方式实行网上报名，由县市区实行网上审核并轮流组织考试工作。2017年，安丘市承担11月考试工作，设4个考点，229个考场，7080名在安丘市参考。

【教育装备】 教育教学物资的统管　市教育局做好全市教学办公用品的统管工作，是年，全市各学校征订教学办公用品310种。按照作业本“一费制”要求，统一进行招标采购，降低成本，减轻家长负担。加强学生装的管理。坚持“学生自愿、家长同意”的原则订购校服，降低价格，丰富学生装款式，推广使用学生冬季校服，引导学生养成在校穿校服的良好习惯。组织好教育内部采购的招投标工作，委托专业的招标公司严格按程序规范运作。市教育局审计科、教育集中核算中心全程参与监督，全年完成市教育局资源教室、兴安街道和平中学广场绿化、市实验中学笔记本采购等30个项目招标采购，总预算资金1681.8万元；经过招标，实际使用资金1540万元，节省资金141.8万元。

“书香校园”建设　市教育局鼓励学生订阅优秀教育报刊图书32种11万份，鼓励公费订阅图书室报刊，保证图书年更新率在1%以上；市勤工俭学管理站被省教育出版社表彰为2017年度教育报刊图书宣传发行先进单位。修订《中小学图书馆（室）管理制度》《图书借阅规则》等各种制度和规则，使全市中小学图书馆（室）全部实行微机管理，提升图书管理效能；培训全市90名图书管理员，提升图书管理人员综合素质。推介表彰在书香校园建设中工作突出的中小学校，推荐上报市青云双语学校、市汶水小学为潍坊市书香校园建设典型学校。充分利用学校阅览室藏书，以班级为单位开展图书漂流活动，提高学生的阅读兴趣和阅读能力。组织中小学生参加第二届中国中学生作文大赛，有4名、8名分别获山东省教育社二等奖和三等奖。组织中小学生参加第十九届“语文报”杯作文大赛，有567名小学生、189名初中生、91名高中生获奖。组织潍坊市中小学生“读书之星”的评选，有100名中小学生获“读书之星”称号。

【教育信息化】 2004年—2017年，安丘市教育局投资2.2亿元，率先筹建县域云计算数据中心、万兆骨干裸光纤教育专网、安丘市教育云平台，建成全市统一认证的无线网络，覆盖全市各级各类学校，建成幼儿园的智能安保系统、校车4G监管系统；在潍坊市率先完成班班通工程，率先建成43个覆盖城区、平原和山区学校的自动录播系统，率先建设32所“互联＋教育”智慧校园，有11所学校被潍坊市教育局授予“互联网＋教育”示范校称号，实现优质教育资源共建共享，教育信息化试点工作成效显著。2017年《中国教师报》以《安丘：信息化驱动教育升级》为题、《山东教育报》以《富有活力的教育新生态》和《让教育信息化惠及每一名师生》为题宣传推介安丘市的经验做法。

硬件设施配备　2004年—2017年，市教育局配备、更新笔记本1.23万余台。按省定以上标准配备更新学生机1.982万台，配备教室用机2421台、电子白板426台，配备更新投影机3400台等。在农村学校班班配备多媒体、城区学校班班配备电子白板的基础上，又投入专项资金4000余万元，为913个班级配备触控一体机，实现全市信息化设施高标准配备。投入2600余万元，建设安丘数字教育专网和教育云计算数据中心，实现网络中心到学校千兆裸光纤传输，其中10所市直学校、2个乡镇骨干节点实现万兆传输，完成万兆改造任务的34%。投资680万元，购置22台E7服务器、200T存储、80T分布式存储、1台内容缓存加速器和2台链路均衡器等设备，构建山东省普教第一朵计算、存储云，为全市师生提供高性能计算、海量存储及不间断服务。架设全市无线统一认证AC，实现全市各级各类学校无线AC、AP的管理认证，让教师可在全市范围内的所有学校进行上网。至年底，将安丘市实验小学、市锦湖小学等12所学校无线纳入统一管理。推进“创客教育”实验室建设，积极推进3D打印、VR、开源硬件等创新教育，将“创客教育”实验室建设纳入新建学校必备建设项目，全市建设“创客教育”实验室20个。市职业中专学校投资500余万元建成的全国第四家“Fablab O|Weifang”创客空间，带动全市创客教育的区域发展。

设备管理　市教育局出台《安丘市信息化“三费”管理使用的暂行办法》，统筹全市所有学校的“信息技术教育费”“电教教材费”和“网络运营费”；设立教育信息化专项资金，由市教育局统筹管理。每学期，各学校根据需要提报设备需求数量。由市教育局统一汇总后，市政府采购中心进行招标采购。市教育局利用自主研发的“信息化设备管理系统”，根据实际的学生数和需求数实现校际之间设备的统一调配。至年底，调配微机204台、投影机82台、电子白板98块。在全市2000多个班级安装“班班通设备管理系统”，实时掌握全市班班通设备使用情况，每月进行汇总并向学校反馈，提高信息化设备的使用效益。建成“信息化设备报修报检平台”，每年设立100万元的设备维修专项资金，统一维修保养全市信息化设备。

校园智慧管理　市教育局先后投资2000万元，用于智慧校园建设管理。制定智慧学校（幼儿园）网络基础设施、健康安全管理和教学服务管理等指标标准。选择安丘一中、市明德学校、市实验小学、市实验幼儿园和市学府街幼儿园等学校作为试点学校。试点学校实现无线网络全覆盖，智慧考勤、创客教育、电子班牌等；师生在校的考勤、学生接送、教学课程安排、课堂学习实况、活动精彩瞬间和通知公告等信息都通过APP手机客户端推送给家长，实现学校和家长的互动交流，全面提升“互联网+教育”水平。

校园安保智能管理 市教育局先后投资2000多万元，构建以市教育局为总控中心，各镇街区教管办为二级分控中心，各学校为三级监控中心的三级学校安全监控平台，监控覆盖全市校园所有角落及部分学校教室。对重点区域安装智能图像分析设备、火灾监测探头、门禁等设备。实现市局总控中心、镇级分控中心以及学校监控中心的三级联动。为全市340辆校车安装车载实时监控系统，在市教育局建成校车一级监管平台、各镇街区建成二级平台，对所有校车上传的所在位置和运行轨迹等数据进行综合智能分析，实现对校车的全方位监控和无缝隙管理。市公安局、市教育局、乡镇教管办和各级学校可以根据相应权限对每辆校车进行实时定位和跟踪。该系统充分利用互联网+、云计算、大数据、物联网等技术，有较高的前瞻性和实用性，在全国尚属首创。

教育应用云平台 根据国家“三通两平台”建设标准，市教育局先后投资200多万元，建成安丘市教育云平台，包含“教育资源公共服务平台”和“教育管理服务平台”，并且通过“人人通”将两个平台的数据、功能和应用联系在一起，形成教育云平台的基础架构，进而在此架构基础上搭建开放的应用系统平台，集成多种应用系统，形成满足全市教育管理、教育教学、教研等各方面的使用需求的师生一站式网络服务平台。平台包含教育门户、教学中心、乐研、乐阅、网盘、虚拟实验室、网上图书馆等30多个功能模块。

教学教研平台 市教育局投资1000万元建成覆盖城区、平原和山区学校的43个自动录播教室组成的网络视频教学平台和网上教研平台，建成“校内录课，促进教师成长”“全市直播，共研一节课”“两校互动，共上一节课”“随时点播，形成评价机制”等多种应用模式。网上教研平台为所有教师提供个人工作室。教师在工作室中创建、维护、管理、发布自己制作的课程；学生可通过直播和点播的方式，学习或复习教师的授课内容。至年底，网上教研平台上传精品课程15000余节。

网络视频会议平台 安丘市教育局依托安丘教育信息专网，建成覆盖全市14个教管办、94所学校、24所公办幼儿园的视频会议系统。市教育局可以召开全市会议，镇街区利用系统教管办可以召开所辖学校会议，只要有网络的地方都可以参会。除大型表彰会议外，市教育局其他会议，基本使用网络视频会议系统召开。2016年—2017年，召开视频会议206次，有33.8万人次参加会议，开会时间8495小时，视频会议打破时间、地域的限制，节省大量的人力、物力，节省经费约676万元。

信息技术与学科教学深度融合 市教育局利用现代教育技术培训系统，开展信息技术全员培训。按照初、中、高三级，对7250名专任教师进行信息技术分类培训，并组织现代教育技术研修网络过关考试，合格率99%以上。举办“现代教育技术大比武”活动，对教师日常使用的汉字录入、Word编辑、网络检索、课件制作、白板使用、图片制作、视频制作等内容进行技能比武，有688名教师参加市级比赛，有效提升教师的信息技术应用水平。制定《信息技术与学科教学深度融合》课堂教学评价标准，每年举办信息技术与学科教学融合公开课，进一步提高教师运用信息技术学习和教学的能力。通过学校选拔推荐、带头人市级示范和抽取教师展示三个环节，使所有示范课、评选课全部通过教育信息平台进行课堂直播，教师可随时点播，教师参与率85%。

电脑制作、创客及机器人竞赛 市教育局进一步推进电脑制作、创客教育及机器人竞赛等工作。一是电脑制作活动。设立市、校电脑制作工作室。市、校两级工作室，每月至少组织成员集中活动一次。市级工作室成员每月完成精品作品不少于1件，校级工作室成员每两个月完成精品作品不少于1件。二是创客教育。建设区域创客教育基地，组织举办“安丘市首届创客大赛”，到2019年中小学校基本实现创客教育“五个一”，即每校开设一门创客课程、建设一个创客空间、聘任一位创客指导教师、每年组织一次创客教育活动和每生每年完成一个创客作品。三是机器人竞赛。成立机器人竞赛中心教研组，建立安丘市机器人竞赛联盟制度。中心教研组每月一次例会，建立WER、Botball、人形机器人三个联盟。WER联盟：由市职业中专学校、大汶河旅游开发区贾戈中学、市青云双语学校、市实验小学组成；Botball联盟：由市职业中专学校、市第三实验小学组成；人形机器人联盟：由市东埠中学、市青云双语学校组成。

教育信息化教研教学 在2017年全省中小学生电脑制作活动中，安丘市获全省一等奖6项、二等奖21项、三等奖69项，获奖总数较去年多55项。在第十八届全国中小学电脑制作活动中，全市有18件作品获全国奖。其中，一等奖6项，二等奖6项，三等奖6项。有9名教师的作品获潍坊市教学成果奖。在2017年全省第十八届中小学机器人比赛中，全市7支参赛队伍全部获奖，其中一等奖2个、二等奖4个、三等奖1个。市职业中专学校Botball机器人代表队被教育部选中，代表中国参加在美国诺曼市举行的2017 Botball国际总决赛（全球教育机器人大会），获世界第四名的好成绩。根据2017

年“一师一优课，一课一名师”活动要求，市教育局调整全市优课平台，让教师网上领取课题。全市上传优课907节，报送国家级优课214节。市教育局开展安丘市第二届微课大赛，让每名专任教师制作一节微课，同步推送至教育部参加全国第三届微课大赛，上传微课2700余节。

【学校安全】 安全教育培训 落实安全教育课程要求，加强学科知识与安全知识融合。开展“安全第一课”“全国中小学生安全教育日”“5·12全国防灾减灾日”“119消防专题”等专题教育活动。举办中小学生安全知识竞赛活动，开展高中新生“消防进军训安全教育活动”，安全教育效果显著。在参加“潍坊市2017年安全用电进校园活动”中，全市有16名学生获奖，其中一等奖1人、二等奖6人、三等奖9人。投资10万余元增印《安丘市中小学安全知识读本》，实现在校中小学生人手一册。先后组织20多名学校安全管理干部到潍坊、威海、济南等地参加市级、省级学校安全管理培训班，市汶水小学在潍坊市级安全管理培训班上做典型发言。

安全工作责任落实 市教育局及时调整局安全工作委员会成员，进一步明确局班子成员及各科室（单位）安全职责。与各学校（幼儿园）签订《安丘市2017年校园安全工作目标责任书》。组织各校（幼儿园）及时修订校园安全风险网格实名目录，明确学校各个岗位安全工作职责，将校园安全工作责任分解落实到每一个岗位、每一个时段、每一名校干、每一名教师。学校校长（园长）与级部（科室）、教师层层签订《安全责任书》，构建起全员管理、全程参与、全面覆盖的学校安全管理网格体系和长效机制。

隐患排查整改 市教育局采取集中检查与日常巡查相结合、实地巡查与网上巡查相结合、隐患排查与隐患整改相结合方式，及时发现并消除校园安全隐患。4月，联合市安监局、公安局、交警大队、消防大队、市场监管、住建局、供电公司等八部门组成检查组，对全市380所学校（幼儿园）开展拉网式大检查；9月，与市安监局、消防大队组成联合检查组，随机对全市62所学校幼儿园进行安全检查。制定实行学校自查、镇街区教管办督查、市教育局巡查的“三级”巡查检查制度。年内，市教育局层面对所有中小学幼儿园巡查完成一遍，排查安全隐患178个；镇街区教管办、学校层面通过定期自查发现安全隐患300余个。市教育局通过数字专网监控平台，每天实时远程监控各学校校园安保情况，发现问题即时反馈，立即落实整改措施。

应急管理 市教育局指导各学校（幼儿园）修订完善12类突发事件应急预案，进一步健全应急指挥体系，进一步整合应急资源。为全市中小学、幼儿园安装校园一键式紧急报警设备，实现与市公安局110指挥中心联网。每月定期组织各学校开展防火、防震、防踩踏、防外来侵害、灾害性天气、校车安全运营等应急演练。完善安全预警机制，全年下发天气类预警信息12次，防溺水预警4次。严格执行领导带班、教职工值班制度，严防校园安全突发事件发生。

学生溺水防控 市委、市政府印发《关于切实做好预防学生溺水工作的通知》，进一步明确各部门工作职责。市教育局会同市政府督查室督查各镇街区防溺水工作开展情况。4月，组织学校印发教育部预防学生溺水《致全国中小学生家长的一封信》。5月，各学校与学生家长签订《防溺水安全责任书》。6月，市教育局印发《关于做好2017年暑假期间校园安全工作的通知》，对暑期学生防溺水工作进行再部署。暑假期间，组织引导学生家长利用学校安全教育平台参加《2017年预防溺水专题教育活动》。联合安丘电视台录制播放学生暑期安全教育专题宣传片。在危险水域设置安全防护措施和安全警示标识，全市设置宣传横幅408条，警示标识579个，设置防护措施190处。

校车安全运营管理 市教育局联合市公安交警教育培训全市校车车主、驾驶员、随车照管，全年培训1550余人次，并与校车车主、驾驶员、照管人员签订安全责任书2016份。通过交通安全教育课、主题班会、应急演练、家长会等形式，加强对学生及家长乘车安全教育，强化学生和家长交通安全意识，提高乘车学生的安全意识和突发事故处置能力。加强与市公安交管部门协作，不定时现场截查校车运营情况，检查校车220余辆次，纠正违规运营行为25起，进一步规范校车运营秩序。通过车载4G视频监控系统和市、镇、校三个层级的督查，通报发现的校车违规运营行为并提出整改意见，进一步规范校车运营行为。

【学前教育】 幼儿园建设 年内，市教育局投入资金3146万元，完成新建建筑面积19150平方米的10所普惠性标准化幼儿园建设。是年，柘山镇被潍坊市教育局表彰为潍坊市第五批普及学前教育工作先进镇街。至此，全市有10处镇街被潍坊市教育局评为潍坊市学前教育先进镇街。年内，市机关幼儿园领秀城分园等10所幼儿园被山东省教育厅评为山东省示范性幼儿园；市实验幼儿园等3所幼儿园被山东省教育厅重新认定为山东省示范性幼儿园。机关幼儿园等5处省示范性幼儿园被潍坊市教育局确定为2017年潍坊市幼儿教师培训实践基地，分别于5月、10月面向潍坊市开放，每次开放1个月，迎接外来观摩学习人员达2000人次。

师资队伍锻造 市教育局新招录41名公办幼儿教师充实到各公办幼儿园。加大幼儿园园长和教师的培训力度，开展一系列教育培训活动。组织骨干园长100人次到华东师范和东北师范大学等地培训学习；组织5名骨干教师参加南京、济南等地专家带教活动12次；组织全市园长和骨干教师700余名在新安学校和兴安街道中心幼儿园进行培训；对全市85名公办幼儿园园长进行业务理论考试，以考代训促进园长的专业理论水平；召开学前教育管理工作会议，组织中心幼儿园园长及城区公办幼儿园园长进行年度亮点工作展示，搭建交流平台，促进园长管理水平提升。举办全市青年幼儿教师教育专业能力竞赛，有48名优秀幼儿教师参加比赛。推荐12名成绩优秀的教师参加“潍坊市2017年青年幼儿教师教育专业能力竞赛”，获个人单项奖16项，市教育局获优秀组织奖。

幼儿园管理 安丘市教育局成立以3所市直幼儿园为核心、14所镇街区中心幼儿园为成员的三个幼儿园联盟，通过行政互动、师资结对、园本教研、活动联办等多种形式，充分发挥市直幼儿园的资源优势、品牌效应和示范辐射作用，全面带动提升农村幼儿园的办园水平，进一步创新办园体制和管理体制，缩小城乡幼儿园办园差距。6月，组织17所联盟幼儿园进行半年联盟工作成果展示，并现场进行打分评议。10月，召开联盟幼儿园三个核心幼儿园园长会议，梳理总结上半年联盟活动，调度下半年幼儿园联盟活动计划。完成幼儿园登记注册、年检及分类验收工作。实地审核验收5所申请登记注册的民办幼儿园，经验收合格，准予注册；对全市174所幼儿园进行年检，打分排队全市88所注册民办幼儿园，划分出一、二、三类幼儿园和限期整改幼儿园。年初，制定各镇街区教管办、中心幼儿园、镇街区公办幼儿园及城区幼儿园4个督导方案，从10月中旬起，专项督导全市的学前教育工作，打分排队各镇街区教管办及全市各级各类幼儿园并进行通报，将督导成绩作为各单位评先树优的重要依据。在学前教育宣传月，组织各幼儿园围绕“游戏点亮快乐童年”主题，开展丰富多彩的宣传活动。在安丘教育微信平台发放《致全市幼儿家长的一封信》，向广大市民和家长广泛宣传学前教育的重要意义及孩子在非法幼儿园的危害，受到广大市民的关注，点击量1万多人次。

婴幼儿养育指导 5月，市教育局、市妇女联合会、市卫生和计划生育局联合下发《关于印发〈安丘市0岁—3岁婴幼儿养育指导工作实施方案〉的通知》，全面部署全市的婴幼儿养育指导工作。市教育局成立安丘市0岁—3岁婴幼儿养育工作专家指导委员会，统筹领导全市0岁—3岁婴幼儿养育指导工作。在市教育局托幼办设立安丘市0岁—3岁婴幼儿养育指导中心，负责业务协调、早教教师培训、组织指导0岁—3岁婴幼儿养育指导服务中心的各项工作。在市直及镇街区幼儿园建立16个0岁—3岁婴幼儿养育指导服务中心，由中心做好全市0岁—3岁婴幼儿养育工作的指导与服务。各婴幼儿养育指导服务中心建立亲子早教专用活动室，制定详细的工作实施方案，保证向服务片区内的婴幼儿家长每年至少提供2次早教公益讲座，每月开展2次早教亲子活动。建立全市0岁—3岁婴幼儿数据库系统，加强对婴幼儿相关信息的管理。探索研究早教课程，在16个婴幼儿养育指导服务中心开展教案征集活动，并进行评选活动，将评选出的优秀教案用于编写早教课程。

【义务教育】 **办学条件改善** 安丘市加大政府投入力度，落实《安丘市解决城镇普通中小学大班额建设资金管理办法》，对经市政府批准，纳入2016年度—2017年度解决城镇普通中小学大班额建设规划的项目，经统一招标采购后，按6∶2∶2的比例分三年向施工方付款。镇街区政府按照合同值与市国有资产经营公司签订还款协议，最终还款额按工程决算值确定，按照20年期限分年度还款。前两年只还利息，从第三年开始还本付息，还款利息按省政府规定的融资利率测算。上级奖补安丘市，解决大班额的资金按建设面积平均分配奖补各镇街区抵顶解决大班额建设融资借款。年内安丘市投资1.86亿元，新改扩建义务教育学校12所。其中，市明德学校、市第三实验小学、兴安街道城关小学等11所建成交付使用。

学校管理 首先是创新开展管理工作巡视。市教育局下发《安丘市小学管理巡视工作方案》和《关于对普通高中管理进行专项巡视的通知》。对小学，主要围绕养成教育、激励教育、行为规范、德育活动、德育课程一体化试点、课程管理、底线管理、教育教学秩序管理、校训文化以及校园卫生环境十个方面进行管理巡视；对高中，主要围绕常规管理、学生成长、选课走班以及底线管理四个方面进行专项管理巡视。对全市68所小学进行管理工作巡视。巡视主要通过听取汇报、查看现场和材料、座谈的形式进行。巡视结束后，巡视小组成员均对学校进行现场意见反馈。通过学校管理巡视，帮助学校发现问题、解决问题，有效地提升小学管理工作水平。其次是实施义务教育学校星级管理。市教育局制定《义务教育学校常规管理工作星级认定标准》。《标准》涵盖规范办学、校容校貌、教学管理、学生管理、安全管理、教室管理等6个方面、30条管理指标。至年底，市教育局授予六星级学校称号46所、五星级学校称号35所、四星级学校称号11所。第三是开展文明校园创建。市教育局联合市文明办下发《关于开展中小学文明校园创建活动的通知》，组织全市中小学校积极争创安丘市文明校园，评选表彰安丘一中等10所学校为安丘市文明校园。安丘一中、市实验小学成为省文明校园提名学校。

学校联盟建设 安丘市教育局制定《关于加强学校联盟建设进一步提升学校管理水平和教育教学质量的

实施意见》，分小学和初中两个学段，选取学校管理水平、教学质量等处于不同层次的学校组建学校联盟。小学阶段组建15个、初中阶段组建5个。联盟帮扶时限为3学年，帮扶学校通过在师资、教学、管理、教研、检测等方面的帮助，逐步提高薄弱学校的教学质量和办学水平，促进城乡教育的优质均衡发展。

中小学大班额破解　市教育局根据省政府普通中小学大班额破解要求，重新摸底调查全市所有学校大班额情况，建立大班额台账。全市有57所学校（含校区）、1451个班级存在大班额，超出班额学生7046人。为确保完成大班额破解任务，组织每个学校制定大班额破解方案，召开大班额破解调度工作会议，签订大班额破解目标责任书，指导帮助学校做好大班额破解工作。全年实施破解大班额建设学校13所，总投资8.7276亿元。新开工建设学校5所，投入资金4556万元，续建学校8所，投入资金8.272亿元。总投资8.5373亿元的安丘一中新校区、市明德学校、市第三实验小学、兴安街道城关小学、景芝镇耀华小学、辉渠镇辉渠中学、辉渠镇夏坡小学、石堆镇石堆中学、石堆镇石堆小学、石堆镇大亭子小学、金冢子镇金冢子小学、柘山镇车庄小学的建设项目建成交付使用；投资1903万元的凌河镇凌河中学的建设项目完成主体建设。至年底，全市除兴安小学因教学楼拆除重建还存有9个大班额外，其余学校全部完成破解任务。

立德树人　一是组织92所中小学全面开展德育课程一体化试点工作。市教育局通过专题调研、工作简报、经验交流等形式，推进工作开展。市汶水小学《引"水韵文化"，润特色课程》、柘山中学《挖掘农村教育元素，盘活乡土德育资源》被潍坊市教育局全市推广。安丘市的做法在潍坊市基础教育工作亮点工作会议上进行展示。兴安街道兴安小学的品格教育被中央电视台宣传报道。二是推进学科育人建设。在全市组建成立88个学科育人研究共同体，通过以点带面和典型引领，推动全市学科育人工作的有效开展。三是加强传统文化教育，下发《关于广泛开展中华优秀传统文化教育活动的通知》和《安丘市中小学中华优秀传统文化教育实施方案（试行）》，组织各学校结合实际，通过开展国学经典诵读、汉字听写大赛、加强传统节日教育、开展传统艺术进校园等活动，对学生进行中华传统优秀文化教育。四是突出榜样引领。在全市中小学广泛开展"每日之星、每周之星、每月之星"评选活动，通过倡树学生身边榜样，激励学生积极进取。根据不同学段、不同年级特点，分门别类地组织开展德育实践活动。在保证安全的前提下，组织学生开展励志远足、外出游学等活动。如莲花山中学今年3月组织初一学生进行"莲润德育—立志爱国"北京游学活动。兴安街道王十里小学结合地处农村实际，组织学生深入田间地头，了解农业知识。

团队建设　6月，共青团安丘市委、市教育局及市少工委联合在全市中小学举行2016年度优秀大队辅导员、优秀少先队工作者评选活动。市实验小学教师刘爽当选为中国共产主义青年团第十九次山东省代表大会代表，市教育局团工委书记都香元等6名教师当选为中国共产主义青年团潍坊市第十八次代表大会代表。市教育局组织举行全市教育系统"作风建设年"青年演讲比赛，组织2017年安丘市"辅唐杯""共筑碧水蓝天，守护美丽家园"少年儿童征文、书法、绘画大赛；开展"阳光校园·我们是好伙伴"优秀征文、演讲、朗诵主题教育活动。其中，市东埠中学初二学生张可儿被山东省教育厅选为山东省唯一的一名中学生代表，于7月28日参加全国的《快乐校园我们是好伙伴》演讲总决赛，获全国二等奖。

【高中教育】　年内，全市普通高中4所，分别是安丘一中、安丘二中、市青云学府、市实验中学，民办普通高中1所，为市弘毅中学。安丘市投资6.63亿元，建设占地356.8亩、建筑面积18.3万平方米的安丘一中新校区，进一步扩增城区普通高中教育资源。新校区于10月底建成并交付使用，是全省首个全部使用减隔震技术建设的学校。根据《山东省教育厅关于印发山东省普通高中学业水平考试实施方案和山东省普通高中学生综合素质评价实施办法的通知》要求，安丘市自2017年入学的普通高中高一年级学生开始，调整普通高中学业水平考试方案，实施普通高中学生综合素质评价办法，为每一名普通高中学生建立《山东省普通高中学生综合素质档案》。安丘一中被潍坊市教育局确定为潍坊市普通高中综合改革试点学校。是年高考，全市自主招生资格进线1240人，本科进线2856人，进线率位居全省前列；9名学生被北京大学、清华大学录取，近400名学生考入全国名牌大学；全省理科前100名，其中安丘市5名，文科前20名，其中安丘市3名；1名学生获全省理科第二、潍坊第一，1名学生获全省文科第三、潍坊第一。

【特殊教育】　安丘市有公办特殊教育学校1所。学校占地40亩，建筑面积12000平方米，可容纳300名学生就读；设有小学、初中两个学段，招收智障、听障、孤独症儿童。现有教职工43人，特殊教育专业教师38人，特校在校生150人，送教生76人；全市随班就读学校资源教师60人，随班就读生205人，普校送教生33人。市特殊教育学校将送教上门服务工作列为安丘教育10件惠民实事之一，全面做好送教上门服务工作。举办全市未入学重度残疾儿童送教上门服务教师培训班，对126名普校、特校送教上门教师进行专业培训。举办全市随班就读资源教师培训班，对全市60名资源教师进行专业培训。对全市144名未入学重度残疾儿童，逐一入户进行排查和评估，采取普特协同，融合一体的形式，开展扎实有效的送教上门服务。社会对此反响非常好，安丘电视台、《潍坊日报》等新闻媒体相继做了报道。安丘市3岁—15岁重度残疾儿童送教上门服务实验研究课题通过潍坊市教科院“十二五”规划课题验收，学校经验做法在山东省特殊教育工作推进会上进行典型推介，并在潍坊市融合教育研讨会作典型发言。争取上级扶贫资金110万元，建设10个农村随班就读学校资源教室，对2所随班就读学校进行无障碍设施改造，在全省率先实现资源教室乡镇全覆盖和无障碍设施改造试点。

【职业教育】 安丘市有职业学校2所，分别是安丘市职业中等专业学校（简称安丘市职业中专）、山东省安丘中等专业学校（简称安丘中专）。2所学校占地395.33亩，建筑面积10.15万平方米，在校生4267人，毕业生1565人，有教职工390人，专任教师284人。职业学校开设机电技术应用、数控技术应用、电气运行与控制、电子与信息技术、焊接技术应用、电子商务、计算机应用、航空服务、会计、农业机械使用与维护等20多个专业。其中，计算机应用、电子与信息技术专业为省特色品牌专业，焊接技术应用、机电技术应用、电子商务、电气运行与控制、农业机械使用与维护专业为潍坊市特色品牌专业。市职业中专是国家改革发展示范校，是省示范校立项建设学校。在安丘市职业中专建成高标准的中职学校“创客中心”。以“创客活动”和承办国家、省、市大赛集训、比赛活动为契机，推广创客思维，推进社会智造革新，培养高素质人才，争创教育部、人社部“创客示范基地”。在创客中心建成电子商务培训中心，成为全市创客创业“双创”平台。

市职业学校以信息化建设为支撑，以提高质量为核心，以内涵建设为重点，全面发力，重点突破，持续推进教育教学改革，在内部管理、技能教学、产教融合、校企合作、职业素养提升等方面取得显著成效，进一步提升办学实力和影响力有了。4月6日，市职业中专与歌尔精密制造有限公司正式签约，联合进行现代学徒制试点；5月5日—13日，市职业学校开展主题为“共筑职教梦，喜迎十九大”“2017年职业教育活动周”活动，活动周期间，主要开展开放赛场活动、技能作品展示、警民进校园及学生社团展演、专业技能比赛、企业家进校园及优秀毕业生事迹报告等十八个场次的现场活动。10日，市职业中专参加教育部联合有关部门在青岛市举办的第十三届全国中等职业学校“文明风采”竞赛活动总结和展示活动，报送的《工匠之花隔代红》获全国决赛中二等奖；有5件作品获全国决赛中优秀奖，两名老师获得优秀指导教师奖。15日，省教育厅发文公布市职业中专在29所申报学校中以第一名列入省示范性学校建设后，学校获省财政专项建设资金1000万元。21日举行的BOTBALL未来农业项目国际赛中国区选拔赛中，市职业学校两名学生获得联队赛亚军。有4个教改课题在2017年山东省职业教育教学改革研究项目中立项；6月3日—5日，承办2017年全国职业院校技能大赛工业机器人技术应用比赛，并在比赛中夺的三个一等奖，一个三等奖。本次比赛在央视《新闻直播间》、山东卫视《山东新闻联播》栏目中播出。26日，教育部正式公布安丘市职业中专为工业机器人领域职业教育项目合作院校，确定学校为“应用人才培养中心”；7月15日，山东财经大学社会实践基地揭牌签约仪式在市职业中专创客中心举行；8月26日，在青岛举行的全国机械职业教育教学指导委员会竞赛与资源转化指导委员会2017年度工作会议暨机械行业竞赛工作研讨会上，学校被评为技能大赛优秀组织单位；10月19日、21日—22日，潍坊市职业院校技能大赛中职组工业产品CAD、电气安装与维修、机电一体化设备安装与调试、电子产品装配与调试、机器人技术应用赛项比赛在安丘市职业中专举行；11月8日—9日，学校承办2017年全国机械行业职业院校技能大赛——“三维博特·弘瑞杯”3D打印装配与应用技术技能大赛，15日—16日，承办山东省职业院校技能大赛工业产品CAD、机器人技术应用两个赛项。

【高等教育与远程教育】 年内，安丘电大招收电大开放教育、奥鹏网络远程教育学员427人，在校生962人。举办各类中小学教师远程培训，培训教师2596人；组织“网络研修与校本研修整合”国家级培训项目，参训教师6508人；组织“互联网+教师专业发展”省级培训，参训教师7505人。

1月7日—8日，组织电大学员参加国家开放大学期末考试，9日—11日，在市政府会议室组织2016级农村“两委”干部专科学历教育班开学典礼暨第一次集中面授；4月，招收电大开放教育、奥鹏网络远程教育2017年春季学员203人；6月，获奥鹏教育A类办学单位；9月16日，举行2016级农村“两委”干部专科学历教育班期末考试；10月，电大开放教育、奥鹏网络远程教育招收224人；同月28日，组织2017级农村“两委”干部专科学历教育班96名参加入学考试。

【成人教育】 安丘市成人教育工作主要由市职业学校和各镇街区及社区（村）共同完成，各单位发挥师资、设备和教学环境优势，开展各类技术培训和新型农民工技能培训工作。

市教育局与市人社局共同开展就业技能培训850人。1月—2月，培训安丘市泰华二期新入职员工16

人；4月—5月，对安丘市中职毕业生进行职业技能培训319人；9月—10月，对安丘市乐乐福牛酒店、安丘市润景酒店新入职员工进行技能培训103人；10月—11月，对安丘市五洲鼎益股份有限公司、安丘市博汇园酒店新入职员工进行技能培训46人；11月—12月，对中职毕业生386名进行技能培训。同时，10月—11月，与市民政局共同开展2017年度退役士兵职业技能培训74人。

9月19日，安丘市在安丘中专学校设立安丘市社区教育指导服务中心，并在学校编制内配备2～3名专职人员负责指导服务中心日常工作；同月，安丘市社区教育指导服务中心加入参加潍坊社区教育指导服务中心教育联盟。27日，参加潍坊社区教育指导服务中心教育联盟揭牌仪式暨三年工作规划会议；10月，开展以“加快学习型社会建设”为主题的“全民终身学习活动周”活动。

【民办教育】 安丘市有全日制民办学校6所，其中高中1所、九年一贯制2所、初中2所、小学1所，分别是安丘市弘毅中学、安丘市青云双语学校、安丘市东城双语实验学校、安丘一中双语实验学校、安丘市新大双语学校、安丘创智外国语学校。现有在校生9140人，其中高中在校生565人、高中复读生310人、初中在校生5473人、小学在校生2792人；有教职工653人。

全市有民办幼儿园90所，占全市幼儿园总数（177所）的50.8%；教职工1007人，占全市幼儿园教职工总数（2240人）的44.9%；在园幼儿数10252人，占全市在园幼儿总数（19029人）的53.9%。3月，市教育局对全市民办幼儿园进行年检及分类验收工作，划分一、二、三类幼儿园和限期整改幼儿园。

全年经教育部门审批的民办教育培训机构共有66个，主要是对中小学生进行文化课辅导，其中儿童潜能开发2个、少儿舞蹈1个、高考补习1个；审批安丘优博教育培训学校等12所民办教育培训学校。

（辛小涛）

2017年安丘市社会力量办学重点学校情况一览表

单位：人

学校名称	类别	学校地址	办学情况				
			高中	复读生	初中	小学	合计
安丘市弘毅中学	高中/高中复读生	安丘市潍徐北路383号	565	310			875
安丘市青云双语学校	初中	安丘市市北区莲花山路东路2号	—		3093		3093
安丘市东城双语实验学校	初中	安丘市永安路十二号东巷5号			798		798
安丘一中双语实验学校	初中/小学	安丘市安关路11号			1150	92	1242
安丘市新大双语学校	初中/小学	安丘市建安路54号			432	1693	2125
安丘创智外国语学校	小学	安丘市潍安路415号				1007	1007
合计			565	310	5473	2792	9140

安丘市教育基本情况一览表

	学校数（所）	班数（个）	毕业生数（人）	招生数（人）	在校生数（人）	教职工数（人）	专任教师数（人）
合计	306	2582	25081	24419	130840	9326	8265
一、基础教育学校	270	2482	23516	22638	126573	8937	7961
（一）小学	57	1591	10590	7545	66358	3937	3630
（二）普通中学	35	880	12883	15018	40780	4394	3805
高中	5	299	5500	4266	14310	1855	1640
初中	30	581	7383	10752	26470	2539	2165
（三）特殊教育	1	11	43	75	226	43	38

续表

	学校数（所）	班数（个）	毕业生数（人）	招生数（人）	在校生数（人）	教职工数（人）	专任教师数（人）
（四）幼儿园	177	728	8415	4266	19209	563	488
二、中等职业教育	2	100	1565	1781	4267	389	304

关系。

科 技

【概况】2017年，安丘市科技创新工作按照中共安丘市第十四次党代会的部署要求，以实施创新驱动发展战略为核心，贯彻“自主创新、重点跨越、支撑发展、引领未来”的科技发展指导方针，围绕市委、市政府工作目标和战略重点，以“产业强市、活力城市、文化名市、品质城市”建设为载体，加快新旧动能转换为重点，不断推动全市科技创新工作加快发展，科技对经济社会发展的支撑和带动作用明显增强。市科技部门贯彻执行《中华人民共和国科学技术进步法》《山东省科学技术进步条例》等法律法规，积极实施科技兴市、科技强市战略，依法加大科技经费投入，不断规范科技项目经费的使用管理，促进科技创新和高新技术的发展，取得较好的经济效益和社会效益，推动全市经济的持续快速发展和科技事业进步，为实力安丘、活力安丘、魅力安丘建设注入持续动力。全市获潍坊市级科技项目13项、山东省重点研发计划1项；获潍坊市级科技进步奖3项；新认定高新技术企业达23家；获安丘市科技进步奖23项科技成果。至年底，全市高新技术企业达23家。全市实现高新技术产业产值122.5亿元，占规模以上工业总产值的比重为24.1%。拥有潍坊市级以上研发机构115个，其中省级19个。全市有51家规模以上工业企业与70家大学科研院所及大型国企研发机构开展产学研合作，并建立长期产学研合作关系。

【科技队伍】*各类专业技术人才政策的贯彻落实* 安丘市专业技术科技工作贯彻上级政策，重点抓落实，年初，市人社局安排专门人员分别到科灵空调、景芝酒业、汶瑞机械等单位实地走访专业技术人才专家，及时发放津贴12.48万元。10月，根据潍坊市委、市政府《加快建设人才强市的若干意见》，为安丘柠檬生化有限公司省博士后创新实践基地申请10万元的奖励，发放潍坊市创新人才提升工程资金补助10万元，鼓励创新创业。

深化职称制度改革，不断扩大范围，打破地域限制，畅通申报渠道，不再受档案归属地等限制 留学回到安丘的高层次人才，在职称呈报时，可不受国内工作经历和任职年限的限制，其海外工作经历、学术和专业技术贡献，可作为参评依据；在乡镇专业技术岗位工作的专业技术人员（医疗卫生专业除外），申报评审专业技术职务资格，可不受所学专业限制。

事业单位的岗位设置 安丘市事业单位全面进行岗位设置，做到按规设岗、按岗评聘。根据上级有关要求，市人社局结合事业单位编制、人员变化情况，集中调整、核准市教育系统、机关事务管理局等10个事业单位岗位设置管理方案。

严格执行上级政策规定，不断完善专业技术职务评、聘制度 市人社局结合各单位岗位设置及人员现状，合理拟定事业单位职称评审、聘任计划。完成2016年度全市事业单位职称聘任工作，办理新聘935人、续聘4304人。根据省、市《关于做好2017年度专业技术职务资格评审工作的通知》要求，深化职称制度改革，开展各个系列中、高级职称评审材料的呈报工作，上报556份中、高级材料。

做好人事考试报名审核、巡视工作 市人社局在专业技术人员资格考试审核工作中，坚持做到制度管人、规定管事，确保人事考试工作做到公开、公平、公正。完成经济、卫生、社会工作等10类技术资格考试报名审核工作，审核1296人。发放2016年度通过的卫生、经济等类证书302份。根据上级安排，组织20人次参与2017年全国卫生考试、一级建造师考试巡视工作。

高技能人才 年内，市人社局申报入选“国务院特贴专家”1人，申报入选“齐鲁首席技师”1人，为山东景芝酒业股份有限公司申报鸢都产业领军人才1人。安丘市全年引进硕士及以上高层次人才187人。其中，硕士研究生184人，博士3人。评审通过正高级专业技术职务12人。新鉴定中高级技术工人800余人，完成上级分配任务。

【科技计划】安丘市充分发挥企业创新主体作用，加大各类科技项目培育和上报力度，通过组织科技计划项目实施，推动企业创新水平和自主创新能力不断提高。年内，安丘市科技局组织申报的山东汇润膳食堂股份有限公司承担的“魔芋营养特征及其糖尿病全营养配方食品创新研究与产业化”列入2017年山东省重点研发计划，获补助资金80万元；安丘博阳机械制造有限公司的“智能搬运机器人”等13个项目列入2017年潍坊市科技发展计划，其中有资项目11个，获无偿补助资金165万元。山东天强环保科技有限公司获山东省基地建设（小升高）补助资金10万元；山东蓝想环境科技股份有限公司、山东特珐曼药业有限公司和山东科灵节能装备股份有限公司获山东省基地建设（企业研究开发）补助资金45.36万元；山东颐高科技创业孵化器获潍坊市科技企业孵化器补助10万元。

【科技创新与成果转化】 市科技人局推荐申报潍坊市科技进步奖8项。市人民医院的“乳腺假体植入术提高乳腺癌病人术后生活质量的应用”和“miR-125a表达对肝癌HepG2细胞增殖、凋亡及细胞周期的影响分析”，市中医院的“针刺结合解语汤治疗卒中后假性延髓麻痹临床应用”等3项科技成果获潍坊市科技进步奖二等奖。3月，市科学技术奖励委员会审议，有23项科技成果获2015年度—2016年度安丘市科学技术进步奖。其中，山东景芝酒业股份有限公司的“芝麻香型白酒生产中间产物分析与控制”等5项成果获安丘市科学技术进步奖一等奖；山东柠檬生化有限公司的“柠檬酸发酵通风搅拌节能关键技术研究”等8项成果获安丘市科学技术进步二等奖；汶瑞机械（山东）有限公司的“CPL6220多盘过滤机”等10项成果获安丘市科学技术进步三等奖。

【科技创新平台建设】 市科技局开展全市规模以上工业企业研发机构建设情况调查，初步摸清全市规模以上工业企业创新平台建设情况。坚持科学规划、政策引导，统筹科技资源，加快推动企业自主创新平台载体建设。新增山东省生物发酵智能化控制工程研究中心1家、潍坊市级工程研究中心2家，分别是山东宏美数码科技股份有限公司的绿色数码印花工程研究中心、潍坊富邦药业有限公司的兽药制剂工程研究中心；潍坊市级工程实验室1家，是山东源仕新材料有限公司的冷藏车厢复合材料工程实验室。新增山东省生物发酵智能化控制工程研究中心；第13行增加：新增潍坊市工程技术研究中心2家，分别是潍坊市环保装备工程技术研究中心、潍坊市良种肉羊繁育工程技术研究中心；潍坊市企业重点实验室2家，分别是潍坊市仓储物流装备重点实验室、潍坊市生物制剂微生物发酵重点实验室。新增山东蓝想环境科技股份有限公司省级企业技术中心1家，潍坊市企业技术中心企业6家分别是山东盛宝传热科技有限公司、山东七维新材料有限公司、潍坊市贝特工程机械有限公司、山东汇润膳食堂股份有限公司、潍坊市立华牧业有限公司、三通生物工程（潍坊）有限公司。全市有潍坊市级企业创新平台96家、省级企业创新平台19家。其中，市科技局组织认定的潍坊市工程技术研究中心42家、省级工程技术研究中心9家；潍坊市级企业重点实验室11家、省级企业重点实验室1家；市发改局组织认定的潍坊市级工程研究中心7家、潍坊市级工程实验室10家、省级1家；市经信局组织认定的潍坊市级企业技术中心26家、省级企业技术中心8家。

【产学研合作】 自全市开展“三招三引”（招商引资、招院引所、招才引智）工作后，市科技局建立强有力的招院引所工作队伍，深入重点企业了解需求，靠上指导服务，对接镇街、部门，加强协调督导，并制定考核办法，将任务目标细化分解到镇街、部门，确保全市招院引所工作顺利推进。

组织企业“走出去、请进来”，积极引导企业与大学、科研院所开展合作。山东七维新材料公司与中国石油大学、潍坊万方环保公司与上海大学、山东云科新材料公司与四川大学签订产学研合作协议，安丘博阳机械制造有限公司与济南大学联合成立搬运机器人研究所。到年底，全市引进中科院、中国人民大学、北京化工大学、山东大学、中国石油大学、齐鲁工业大学等高校院所在安丘联建共建研发中心20家。全市有90家企业与有关高等院校、科研院所建立产学研合作关系，合力解决行业、企业发展遇到的技术难题，帮助企业在关键核心技术领域做出大的创新突破，企业的创新能力和市场竞争力得到进一步增强。

组织企业赴武汉参加技术成果对接洽谈活动、中科院—山东省绿色化工技术创新论坛暨院士专家科技行、中国科学院先进钢铁加工技术专题推介会和中俄（威海）技术创新合作洽谈会等活动，推动参会企业进行交流对接，洽商技术合作等事宜，加强科技交流与合作。

【高新技术产业发展】 安丘市以产业提升和培强做大为目标，引导企业加大科技投入，加大对重点企业、重点项目的支持力度，引导创新要素向企业集聚，不断培育高新技术产业生长点，推动高新技术产业加快发展。初步形成以恒安散热器、信川机械为主的先进制造产业，以汶瑞机械、天浩环保为主的资源与环境产业，以三源铝业、金鸿新材料为主的新材料产业，以科灵节能装备、太平山风电为主的新能源及节能产业，以鲁安药业、特珐曼药业为主的生物医药产业，以歌尔精密制造、汇川电子为主的电子信息产业，高新技术产业群体规模优势初步凸现。全市纳入高新技术产业统计范围的企业83家。全市高新技术产业实现产值122.5亿元，占规模以上工业总产值的比重为24.1%。积极实施“小升高”培育工作，培育潍坊贝威粉体设备有限公司等7家企业为高新技术企业后备企业。新认定山东凯仕利合成材料科技股份有限公司、潍坊五洲鼎益铁塔有限公司、山东和惠环保科技有限公司、山东共达信息技术有限公司、潍坊盛瑞零部件有限公司、潍坊富鑫汽车配件有限公司等6家企业为高新技术企业。全市高新技术企业达23家。建成山东省创新型企业4家、潍坊市创新型（试点）企业7家。

（薛德召）

2017年安丘市获潍坊市科学技术情况一览表

序号	项目名称	完成单位	获奖等级
1	乳腺假体植入术提高乳腺癌病人术后生活质量的应用	安丘市人民医院	二等奖
2	miR-125a 表达对肝癌 HepG2 细胞增殖、凋亡及细胞周期的影响分析	安丘市人民医院	二等奖
3	“针刺结合解语汤治疗卒中后假性延髓麻痹临床应用”	安丘市中医院	二等奖

知识产权

【概况】 2017年，安丘市知识产权工作以促进产业转型升级、提质增效为主线，积极开拓进取，在专利管理、专利执法、专利宣传及专利服务等方面取得新的进展。市知识产权局被山东省知识产权局评为知识产权系统执法工作先进集体。

【知识产权创造】 安丘市把知识产权创造作为推动创新活力的着力点和出发点，通过政策引导、宣传培训、优势培育、示范带动等措施，突出企业创新主体地位，知识产权对创新发展的支撑作用更加明显。全市完成专利申请900件，其中发明专利290件；专利授权360件，其中发明专利45件。

【知识产权服务】 市知识产权局在知识产权制度建设、人员培训等方面做好服务，强化科技人员和科技管理人员的知识产权意识，推动企业重视和加强知识产权管理。为加快推进企业转型升级，有效提升县域企业创新能力，进一步强化安丘市知识产权信息服务平台建设，配备电脑6台，培训系统1套，不断完善服务功能，增强为企业服务的功能。积极推动专利权质押融资实现新突破，山东汇润膳食堂有限公司成功以专利权质押融资3000万元。

【知识产权保护】 市知识产权局健全知识产权保护执法联动机制，常态化开展执法维权专项行动，净化全市的知识产权产品市场，切实保障创新主体的合法权益。通过加强知识产权创造应用和保护，进一步激发广大科技工作者和全社会的创新活力。联合有关部门组织打击侵犯知识产权专项行动2次。全面执法检查全市境内的佳乐家、世纪泰华、回春药店等部分商贸流通企业，详细登记有专利标识的102件产品，有效地净化知识产权工作软环境。

【知识产权宣传】 市知识产权局以“4·26”世界知识产权日和中国专利周、行风在线为契机，通过发放宣传资料、张贴标语、现场咨询等形式，广泛宣传知识产权知识，不断提高全社会的知识产权意识。发放各类宣传资料1000多份，接受现场咨询200余人次。开展知识产权培训工作，组织企业参加各类宣传培训，营造良好的知识产权工作氛围。5月26日，全市工业企业知识产权运营培训班在新东方大酒店举行，邀请潍坊市知识产权专家就知识产权质押融资和专利实务专题，培训全市100多家工业企业和各镇街区分管工业负责人、经贸办主任共150人，进一步增强企业的创新意识和创新能力、提升全市工业企业知识产权创造运营水平。组织15家企业的专利管理人员参加潍坊市知识产权局举办的专利分析评议预警导航培训班和潍坊市专利撰写与挖掘实战培训班，提升企业知识产权工作水平。

【示范城市创建和企业贯标】 安丘市组织实施企业知识产权战略，推动知识产权成为全市转型发展的强力引擎。重点开展知识产权优势企业培育，提高全市企业拥有自主知识产权的比例。实施重点产业知识产权预警和专利导航，打造一批拥有自主知识产权的示范企业。山东信川机械有限公司、山东柠檬生化有限公司、山东盛宝传热科技有限公司等3家企业被山东省知识产权局认定为山东省知识产权优势企业；山东埃尔派粉体设备有限公司、潍坊富邦药业有限公司、安丘博阳机械有限公司和潍坊天洁环保科技有限公司等4家企业被评为山东省知识产权示范企业。至年底，全市有山东省知识产权优势企业11家、山东省知识产权示范企业6家。

（薛德召）

防震减灾

【概况】 2017年，安丘市地震局按照全市工作总体思路和潍坊市地震局要求，以建立健全防震减灾工作三大体系为主线，以加强管理、努力提升防震减灾能力为目标，转变作风，围绕中心，依法行政，服务大局，促进全市防震减灾综合能力的进一步提升。市地震局被潍坊市地震局表彰为全市防震减灾业务工作先进单位。市兴华学校被省地震局授予山东省地震科普示范学校称号。兴安街道天源华府社区破山东省地震局、山东省民政厅、山东省科学技术协会命名为“山东省地震安全示范社区”。

【地震监测预报】 抓好对两台八站、13个动物宏观点的日常管理和观测经费的落实到位，每季度进行一次业务检查，确保宏、微观监测台站的良好运转。做好地震监测设施及地震观测环境的保护工作。在日常宣传的基础上，并在“5·12”“7·28”集中宣传时对地震监测设施及地震观测环境外围的群众和单位加强宣传，增强保护意识。制定年度震情跟踪工作方案，成立震情跟踪工作领导小组，牢固树立震情观念，努力捕捉地震短临信息，做到震情灾情速报准确快速。坚持昼夜24小时值班，在重要及特殊时期加强震情保障和震情值班。严格执行震情会商制度，每周一对全市观测台站和动物宏观点资料进行收集和会商分析处理，会商结果按时上报潍坊市地震监测预报中心。积极应对地震异常与地震谣传误传事件，配合潍坊市地震局排除景芝镇、凌河镇和安丘经济开发区等三处异常。

【抗震设防】 *抗震设防管理* 按要求将建设项目抗震设防要求纳入基建审批程序。年内根据市地震小区划成果或地震动参数区划图，对30个一般建设工程项目进行抗震设防要求确定。规范管理地震审批窗口工作，编制权力清单和责任清单，强化政务公开，建立完善防震减灾工作领导小组联席会议制度，开展“最多跑一次”活动，抓好地震行政审批规范化管理工作。

推广减隔震技术 努力推广新技术，做好建设工程减隔震技术的宣传和推广工作。通过正面宣传和主动对接，在天源新都成功推广应用隔震技术建筑面积19.7万平方米。在安丘市人民医院北区新院推广应用减震技术建筑面积13万平方米。总计32.7万平方米，超额完成年初确定的“实现全市新建工程采用防隔震技术建筑面积达到20万平方米”的目标。

创建地震安全示范工程 创建地震安全示范工程，开辟两处市级地震安全示范社区和科普教育基地，申报一处省级地震安全示范社区。

【地震应急准备】 *完善制度* 制定年度地震应急准备工作方案，明确工作措施和工作责任。

健全应急预案 修订和备案全市地震应急预案进行，修订《安丘市地震应急预案》。10月17日，安丘市人民政府办公室下发《关于修订安丘市地震应急预案的通知》，组织各级各部门各单位制（修）订本单位地震应急预案，并填写预案审批备案表。为了避免盲目性，提高预案编制质量，市地震局提早制订包括“镇预案、部门预案、企业预案、医院预案、学校预案、社区（村庄）预案”等多种预案范本。在做好收集整理备案的同时，进一步加大宣传教育指导力度，使《地震应急预案》编制的过程成为防震减灾法律法规和地震科普知识普及的过程，及时跟上检查、验收，并认真做好备案，努力建成“纵向到底、横向到边、立体交叉、条块结合、结构完整、管理规范”的全市地震应急预案体系。

建成地震应急指挥中心 市地震局争取山东省地震局视频会议系统设备和资金支持46万元，升级地震应急指挥中心视频会议终端，建成具备与上级地震部门双流互联互通的地震系统视频会议系统。

开展地震应急避险及疏散演练活动 5月11日，市地震局联合市教育局、市民政局下发《关于在全市各级各类学校普遍开展地震应急疏散演练活动的通知》。“防灾减灾周”期间，组织14处镇街区所有中小学校、12所市直中小学和规模幼儿园进行地震应急演练活动。

开展地震系统内部拉练活动 5月10日，市地震局局长带队，4人参加在寿光举行的潍坊市地震应急救援综合演练活动。7月7日，市地震局、地震台干部职工12名到辉渠镇留山开展一次系统内部野外拉练活动，检验应急通讯和地震流动监测仪器，熟练地震现场应急流程，锻炼队伍。9月14日，到牟山水库开展一次系统内部野外拉练活动，锻炼队伍，进一步提高应急反应能力。

【地震科普宣传】 *地震宣传培训* 市地震局深入机关企事业单位开展地震科普知识讲座，指导开展地震应急演练活动。分别于5月18日下午在市实验小学、5月19日下午在市卫计局、6月9日下午在市广播影视中心、6月30日在市机关事务管理局，9月25日在市丽景幼儿园，举行5场地震科普讲座，介绍安丘地震地质和防震减灾工作情况，提高防震减灾意识，增强防震避震和自救互救能力。

阵地宣传 充分利用安丘一中等7个省、市地震科普示范学校和市青少年科技创新实践教育基地这一国家地震科普教育基地，搞好阵地宣传。在秋季开学之际，指导全市中小学校和规模幼儿园普遍开展了地震应急演练活动。

特殊时段的集中宣传教育活动 组织纪念汶川地震九周年和全国防灾减灾宣传周活动，开展以“科学减灾，依法应对”为主题的“防灾减灾日”系列宣传活动。5月12日上午，联合市民政局和安丘义工在市植物园广场设立宣传站，悬挂横幅，发放宣传资料，解答群众询问，普及防震减灾知识。安丘电视台《身边栏目》进行跟踪报道。5月12日下午，市地

震局联合市民政局在青云御景园小区开展地震科普知识进社区活动，设立宣传站，向居民发放宣传资料500余份。在微信“安丘地震”上刊发防震避震常识，向部分机关事业单位赠送科普宣传资料，向全市农村分发《农村防震减灾知识宣传册》2000册。

（裴华文）

气象预报

【概况】 2017年，安丘市气象局在安丘市委、市政府的领导下，全面贯彻落实市经济工作会议精神，以提升气象服务安丘经济社会发展的能力为目标，以新发展理念为统领，深化改革和创新驱动，推进气象现代化，提升气象综合防灾减灾能力，提高社会管理水平。全体干部职工真抓实干、认真履职，为全市全面建成小康社会提供优质气象保障服务，圆满完成各项工作任务。

【气象现代化建设】 全面贯彻落实《山东省气象局关于做好县级综合气象业务改革发展推广工作的通知》。根据《潍坊市县级综合气象业务改革发展实施细则》，整合公共服务、综合观测、预报预警和综合保障等基本业务，合理设置岗位，明确职责任务，建立运行机制，实现气象业务有机融合。完成气象现代化重点任务收尾工作。印发《安丘市气象探测环境专项规划》，加强气象探测环境保护。修订《安丘市气象灾害应急预案》。做好台站建设项目的推进工作，完成新购业务用房完善配套项目可研报告的修改上报并确定设计施工方案。建成安丘西自动土壤水分观测站一处。完成区域自动站改造及雨量传感器底座的加高，及时对各区域站进行标准核查。落实人才驱动战略，新引进气象专业大学生2名。加强灾害性天气的预报预警，运用微信、微博及智慧安丘、手机APP等通信手段及电子平台，发布实时气象信息，提高防灾减灾能力。

【气象服务】 完成春运、高考、中考及“三夏”麦收期间气象服务。做好春节、国庆等国家法定节假日气象服务。6月—8月为全市主汛期期间，集中力量做好汛期气象服务工作。全年安丘境内日超过100毫米的降水过程两次，分别出现在7月7日、8月3日。这两场大暴雨过程，市气象局都做出准确预报并及时发布预警信号，通过各种渠道做好服务，效果很好。遇有强降水时关注于家河水库上游沂水境内的降水情况，并随时向市政府主要领导汇报。直接通过“安丘政务”微信群为政府领导、市直一把手、镇街区党政一把手提供决策服务。共发布重要天气预报15期、预警信号57次、雨情信息150期，开展人工增雨作业7次，发射炮弹480枚。印发气象条件分析及农业生产建议2份，短期气候预测3份，一周天气分析及农事建议6份。遇有复杂天气或转折性天气及时通过12121、传真、短信、电台及安丘政府网等向社会公众发布，真正做到气象信息无缝隙、全覆盖。同时，创新服务方式，改进气象服务方法，探索尝试与基地种植大户等新型农业主体，提供直通式专业服务。

【气象宣传】 安丘市气象局充分利用手机短信、声讯电话、政府网站等媒介和“世界气象日”“防灾减灾日”“科技周”“安全生产宣传日”等活动，开展气象法律法规、气象科普知识和防灾减灾知识宣传，通过下乡赶大集等发放气象科普材料。“3·23世界气象日”，市气象台对外开放，发放气象科普教材2000余份。

【消防安全】 市气象局始终把安全工作作为头等大事来抓，落实岗位安全生产责任制并签订安全生产责任书。4月，组织全体干部职工进行消防演练。坚持预防为主，举一反三，采取月通报制度，无事故零通报。落实防雷安全社会监管责任，与全市117家危化品及易燃易爆企业签订防雷安全责任书。根据《安丘市气象局集中开展安全生产大检查实施方案》，年内与市安监局联合进行1次拉网式检查，多次进行安全生产随机抽查。全年无安全责任事故发生，保证气象事业的有序稳定发展。

（李方臻）

文化·旅游

Wenhua·Lvyou

文化事业

【概况】2017年，安丘市委、市政府高度重视文化建设，不断加大在文化设施建设、场馆免费开放、群众文化活动、文化惠民工程等方面的投入，使文化事业取得长足发展。市文化馆为国家一级馆，市图书馆为国家二级馆，市博物馆为山东省古籍重点保护单位。14处镇街区均建有综合文化站，10处镇建有公共图书馆，（村）社区建有综合性文化服务中心。全市拥有专职文化人员300多人，镇街区均配备有文化站长及社区专兼职文化管理员，业余文艺骨干6000多人。安丘市连续24年保持全国文化先进市称号。

【公共文化服务体系建设与服务】安丘市全力推进基层综合性文化服务中心建设，重点提升85个社区和40个省定贫困村的综合性文化服务中心，建设20处高标准社区文化中心，为基层配备图书、书柜、阅览桌椅等600多万元的实用文化器材，真正让群众活动有场所、休闲有去处、学习有阵地。9月，开通"安丘文化"微信公众号，加大文化宣传力度。

【文化惠民工程】市文广新局持续开展文化下乡活动，实现天天有安排、周周有演出。市图书馆立足自身优势，为基层配送160万元的图书，培训农家书屋管理员150余人。市京剧团举办京剧艺术节、戏剧春晚、红色七月演出周等，承担"一村一年一场戏"演出任务230场，带动一大批业余文艺骨干，赢得广大农民好评。市电影公司放映农村公益电影9600场。市文化馆举办免费文艺培训班80多个班次，培训人员3000余人，培育文艺队伍20余支，指导创作各类艺术作品2000余件。

【文化服务机构和场所】文化馆　市文化馆成立于1951年6月，位于市人民路502号，馆舍建筑面积3213平方米，是国家一级馆。现有人员19人，其中高级职称3人、中级职称9人。内设办公室、文学科、美术科、音乐科、舞蹈科、戏剧曲艺科、摄影科、艺术考级办公室等，艺术门类齐全。拥有展览展示厅、古筝教室、书画教室、素描教室、油画教室、画室、电子琴教室、钢琴教室、舞蹈教室、多功能厅等多处活动厅室。市文化馆履行公共文化服务职能，实施文化惠民工程，创造性地开展一系列群众文化活动，为全市经济发展和社会和谐营造良好的文化氛围。

图书馆　市图书馆成立于1951年，位于市永安路159号，建筑面积4300余平方米，为国家二级馆。设有借书室、阅览室、采编室、辅导部、办公室、参考咨询室、儿童阅览室、党支部办公室、业务辅导室、中心机房、电子阅览室和多媒体教室等，并在镇街区和村（社区）建立基层服务站点。市图书馆实现免费开放，节假日、公休日正常开馆，周开放70小时，年接待读者10万人次，书刊外借12万册次。10多个流动服务点，年书刊外借2万册次。另外，引进interlib图书自动化管理系统，完成业务自动化管理系统的升级工作。年内，投入20多万元，修缮图书楼，购置3台电子图书借阅机，开通微博、微信公众号等新媒体服务。至年底，市图书馆馆藏文献总量17万册（件），其中纸质文献11万册（件）。

博物馆　市博物馆始建于1986年，是一所地方综合性历史博物馆，占地9661平方米，建筑面积1648平方米，是山东省古籍重点保护单位。馆内文物藏品3000余件，其中一级品8件；古籍1000余部。现有人员9人，其中副高职称3人、中级职称3人。院内二层陈列大楼，内设9个展室。市博物馆落实文物保护责任，签订保护责任书，开展不可移动文物大检查，落实“四有”保护措施，为全市文物保护工作打下良好基础。持续推进齐长城遗址、汉墓、庵上石坊的维修工作。修复馆内文物：第一批39件青铜器全部修复完成，第二批青铜器正在修复。出版发行《安丘市博物馆馆藏古籍目录》。举办山东省“全国十大考古新发现”图片展、世界博物馆日宣传等活动。安丘籍在外名人周偶夫妇再次向博物馆捐赠欧亚美艺术陶瓷藏品28件，是其第4次向家乡捐赠珍贵藏品。

非物质文化遗产保护中心 市非物质文化遗产保护中心（加挂市历史文化研究会牌子）为市文广新局所属股级事业单位，现有工作人员4人，其中中级职称2人。具体承担非物质文化遗产的挖掘、申报、保护、传承等工作。2015年，安丘市历史文化研究会成立，并在镇街区设立分会，挖掘整理和推介全市历史文化、优秀传统。

京剧团 市京剧团于1958年正式成立，位于市潍安路南段426号，占地5800平方米。剧团早在20世纪60年代—70年代，曾是全国上山下乡的红旗单位，受到刘少奇、朱德等国家领导人的接见，其设计制作的“流动舞台”成为全国典型。2000年，成立齐鲁小百花京剧团，名号叫响全国。2017年，承办安丘市2017年戏曲春节晚会，为市民奉献一道丰盛的传统文化大餐。举办第二届京剧艺术节暨市民免费看大戏活动、“红色七月”京剧演出周、安丘市首届戏曲票友大奖赛等优秀戏曲活动。承担“一村一年一场戏工程”演出任务，至年底，演出230余场。

电影公司 市电影发行放映有限责任公司，于2003年改制，属股份制文化企业，现有在职职工40人，放映专用车9辆，放映督查专用车1辆，数字放映设备46台套，流动影院5套，在村（社区）安装固定放映设施（电影文化宣传园地）128套，担负着全市农村公益电影放映任务。2015年被中宣部、文化部、国家新闻出版广电总局授予全国第六届服务农民服务基层文化建设先进集体称号。2017年，放映农村公益电影9600场，其中科教片7220场、优秀故事片7140场，观众300余万人次。放映教育电影360场，受教师生20万人次。利用映前或映中放映公益宣传15000余场。同时，围绕“喜迎十九大、共圆中国小康梦”“庆祝建军90周年”等主题，放映主题电影2000余场。放映反邪教影片《回归——警惕邪教侵害》1300余场。

【文化产业】 2017年，安丘市加快推进博雅艺术城、齐鲁酒地等文化园区上档升级。围绕“非遗之旅·相约安丘”主题，举办潍坊工艺美术大赛暨安丘非遗展。全市40多个代表性非遗项目及省内外40余位工艺美术大师参加展览会。6月始，在博雅艺术城开设文化创意集市，并实施常态化运行，免费提供博雅艺术城摊位，为非遗项目、文化用品、休闲娱乐等文化创意产业门类提供展销平台，产生良好的经济和社会效益。7月—10月，开展文化消费季系列活动，活动采用“一卡一券一平台”模式，包括折扣、积分、现金等多种优惠，拉动市民文化消费。齐鲁酒地、博雅艺术城、墨熙鼓巷同步推出“安丘大明星”“休闲节”、中国（景芝）生态酒文化节等大型活动。加强对全市文化业户行业管理，确保121家文化娱乐业户和150家新闻出版经营单位健康发展。定期对全市印刷企业拉网式排查，强化文化企业安全生产。

【地方文艺】 东路大鼓是安丘市曲艺类优秀非物质文化遗产项目，被省政府列入山东省第二批非遗名录。1998年东路大鼓传习所成立，位于青云山民俗游乐园内，占地100余平方米，现有教学室2间、戏台1座、活动室1间、灯光音响乐器室2间。曲艺教师4人，常年培训学员100余人。东路大鼓通过丁淑红（现为省级非遗代表性传承人）、丁丽华二人的努力传承和精心演唱，不仅多次在潍坊文展会、潍坊国际风筝会、青岛啤酒节、宁波艺术节等节会上展现风采、屡获奖项，并且逐步叫响国内外。东路大鼓在第七届“中华颂”全国小戏小品曲艺大赛中获得银奖，丁淑红成为“首批齐鲁文化之星”。2017年，新编反腐倡廉作品《山村清风》，新编作品《过生日》申报全国最高奖“群星奖”并入围。赴印尼参加“2017印尼艾拉乌国际民俗艺术节”赢得好评，既弘扬优秀传统文化，也推进东路大鼓的创新与发展。近几年，安丘市举办免费文艺培训班、广泛开展文艺活动，培育一大批基层文艺队伍。市文化馆举办春秋两季成人免费文艺培训班和寒暑假少儿免费培训班80余期，培训内容包涵声乐、普通话、戏曲、舞蹈、国画、油画、素描、书法、电子琴、古筝等多种艺术门类，学员3000余人次。至年底，安丘市除专业演出队伍市京剧团外，约有业余文艺团体120支。业余文艺团体多以舞蹈、戏剧、曲艺、秧歌、健身类等传统民间艺术表演形式为主，常年活跃在广大城乡，每年活动及演出600余场次，丰富和提升基层群众的业余文化生活。

【文艺创作】 2017年，安丘市推荐新创作的群众文艺作品120余件。市京剧团创作编排现代京剧大戏《秦舒悦》，东路大鼓传承人创作廉政曲艺《山村清风》，山东快书传承人创作《话说公冶长》。4月，市文化馆组织26件美术作品参加潍坊市第六届少儿美术、摄影大赛；5月，组织创作9件论文参加2017年度山东省群众文化优秀论文评奖活动，论文《关于基层文化馆推进公共文化服务均等化的问题》、小说《整容》在《群众艺术》刊物上发表；8月，歌曲《好女人是家》在《华夏音乐》中发表，论文《新农村文化建设探究》《关于农村基层文化建设的几点认识与思考》在《青年时代》中发表；9月，音乐作品《幸福里明天更美好》、曲艺作品《山村清风》《谁养妈》获2017潍坊市群星奖最佳作品奖；音乐作品《相守》《热勇》《流夏》，舞蹈作品《幸福山歌》《红梅赞》，曲艺作品《老来伴》获潍坊市群星奖优秀作品奖。

【文化活动】 2017年，安丘市开展大型文化活动100余次。市文化馆举办敬老院慰问演出、"送书画下乡""迎新春师生书画展""童心、童真、童趣"儿童绘画展、非遗之旅旗袍形象大使选拔暨2017安丘首届旗袍丽人大赛、"魅力安丘"全市首届摄影艺术展等活动。9月，参加第二届网络视频广场舞大赛、潍坊市广场舞邀请赛、第二届潍坊市民文化节系列活动。市图书馆开展"元宵文化节"、全民阅读月、尼山书院国学冬夏令营等活动。市博物馆组织山东十大考古发现安丘巡展、博物馆日集中宣传等活动。市京剧团举办京剧艺术节、戏曲春晚、"红色七月"京剧演出周、首届戏曲票友大赛等活动。

【文化遗产保护】 1月，在"非物质文化遗产月"期间，安丘市开展"剪纸贴窗花 欢喜过大年"公益课堂和邱家庄文化节两项活动，并成为潍坊市2017年"非遗月"十大品牌。4月，市文广新局、文化执法局、公安局组成联合执法队，对全市169处不可移动文物开展大检查活动，查处违章建筑、违规种植、破坏文物等问题30余起，并责令各镇街区立即予以整改落实。为庵上石坊、公冶长书院等9处省级以上重点文保单位聘请文保员，切实保护好野外文物。5月，市文广新局与市新闻中心联合在《今日安丘》全媒体推出"非遗名匠"栏目，重点宣传传统技艺和传统美术类非遗项目的20余名传承人。6月，以"非遗之旅·相约安丘"为主题的潍坊工艺美术大赛暨安丘非物质文化遗产展览会在博雅艺术城盛大开幕。7月，组织全市音乐舞蹈家协会、武术运动协会、青云山艺术团、京剧团等一行6人，到印尼参加为期9天的艾拉乌国际民俗艺术节。组织纪念雹神李左车诞辰2256周年庆典仪式。8月，首届武术联赛暨武术文化大讲堂在青云山武术馆展示厅内拉开帷幕，来自全市13支代表队及武术爱好者267名参加比赛。9月，中国·潍坊传统工艺创意设计博览周在潍坊市富华国际会展中心圆满落下帷幕，安丘市在各项比赛中收获佳绩。10月—11月，省级重点文保单位庵上石坊维修保护工程招标完成，正式开始施工。国家级重点文物保护单位安丘董家庄汉画像石墓防水保护及展示工程招标完成，开始施工。

【非物质文化遗产申报】 2月，安丘市推荐5名申报山东省第五批非遗代表性传承人。3月，推荐11个县级非遗项目申报潍坊市第五批非遗项目。4月，推荐安丘市张殿英年画馆为山东省第三批非物质文化遗产生产性保护示范基地。8月，申报山东省民间文化艺术之乡（武术之乡、绢花之乡）。10月，组织申报第三批县级非遗传承人和第二批县级非遗传习所。安丘市新入围第五批潍坊市级非遗代表性项目7项。至年底，全市有各级非遗保护名录128项，其中列入潍坊市级名录的有42项；孙膑拳、公冶长传说、李左车传说、酒祖的传说、东路大鼓、安丘泥人、安丘木版年画、地功拳、安丘查拳、景芝酒传统酿造技艺、盛氏木杆秤制作技艺、院庄风箱制作技艺、董家骨科正骨疗法等13项列入省级保护名录，省级以上非遗数量居全省前列；孙膑拳列入国家级保护名录。

（李 娜）

【图书发行】 2017年，山东新华书店集团有限公司安丘分公司（简称安丘市新华书店），有在职干部职工55人，下设办公室、财务科、业务科、储运科、物保科、中心门市部等六个职能和销售部门。

图书发行　安丘新华书店担负着全市14处镇街及市直学校、11万中小学生的教材发行工作。多年来一直以"课前到书，人手一册"服务安丘教育为理念。年内，发行教材231.2万册，码洋1520万元。中心门市部零售97927册，码洋290万元。

转型升级　是年，根据书店集团提出"明确新定位、进行新布局、探索新路径"的部署，不断推进书店的转型升级。8月24日，安丘市新华书店装修门店，于11月20日完工。升级改造后新增设读者阅读区以及咖啡厅、水吧等多元化项目，新华书店将成为安丘"社会交流中心""时尚体验中心""文化消费中心"，提升新华书店的社会影响力和社会美誉度，同时打造成为安丘市文化新地标，提高城市品位。

全民阅读　1月4日，开展由市妇联、市教育局、团市委主办，安丘市新华书店承办的全市中小学生第二十四届"百年追梦 全面小康"爱国主义教育活动的开展，并成功举办以"百年追梦 全面小康"为主题的征文比赛、演讲（讲故事）比赛，对优胜者给予表扬奖励，推荐参加潍坊市、全省、全国比赛。

重大活动　4月23日，为庆祝新华书店建店80周年，安丘市新华书店举办"2017齐鲁阅读季暨新华书店日"启动仪式。启动仪式邀请中共安丘市委宣传部常务副部长市文明办主任高军、市文广新局主管副局长周文明、市教育局工会主席刘永山、市图书馆馆长初桂森出席并讲话。启动仪式上，安丘市新华书店为安丘市贫困山区学校捐送价值2万元的图书一批。

（徐 伟）

文化执法

【概况】2017年，安丘市文化市场综合执法工作以抓好“净化、安全、秩序”为主线，提升文化执法监管水平，加强“扫黄打非”工作力度，提高执法队伍专业化水平，维护全市文化市场秩序，助力“文化名市”建设，使各项工作取得显著成效，为全市经济发展营造良好的社会文化环境。全年共出动执法检查3900余人次，检查经营业户1300余家次，立查违法违规经营案件142起，查缴各类非法出版物、非法卫星地面接收设施等9000余件，依法取缔无证经营场所、摊点22家。市文化市场综合执法局获潍坊市文化执法工作先进集体、“扫黄打非”工作先进集体和卫星电视传播秩序专项整治工作先进单位，被国家版权局表彰为全国查处侵权盗版案件有功单位三等奖。

【文化执法专业化建设】完善执法工作制度 按照“法无授权不可为，法定职责必须为”的工作原则，出台并完善30余项执法制度，编制《执法工作手册》，对执法办案的每个环节都提出明确要求。全面推行“双随机、一公开”抽查监管方式，建立“一单、两库、一细则”，并在市府网站及时公布。在局机关全面推行“说理式”执法，专门组织“说理式”执法业务培训，从“说理式”执法文书的制作、到执法办案的每个流程进行系统培训。为了配合“说理式”执法，出台《违规行为处理办法》，定期约谈文化经营业户，对出现安全隐患或者违规行为苗头及时进行劝诫，帮助36家经营业户及时纠正违规经营行为。

技术监管 全面推广应用全国文化市场技术监管和服务平台，加大信息化建设力度，全面推行网上执法、网上办案，不断拓展网上办案数量、种类。全年办理日常检查、举报办理、立案查处、行政处罚等执法业务事项1500余件，使各项网上办理业务均处在潍坊各县市区前列，全面提升文化市场的监管档次和水平。

队伍建设 根据年初制定全员培训计划，每月一个专题，开展行政法、行政诉讼法、《艺术品经营管理办法》、技术监管平台录入、《电影产业促进法》、版权知识、“2017——忠诚卫士”活动、无“小耳朵”社区创建等培训，提升广大执法人员新常态执法办案能力。深入开展“作风建设年”活动，成立领导小组，制定活动实施方案，统一下发学习笔记。弘扬“爱岗、敬业、勤勉、进取、廉洁”精神，在机关办公区域悬挂出五个主题挂图，将党员义务、岗位职责和执法工作规范上墙，重新修订完善《机关考勤制度》，带头实行班子成员上下班签到、签退制度。5月底、6月初、7月初，分别赴德州市、德州市齐河县、昌乐县和沪、杭、渝文化执法部门观摩学习，通过比差距、找不足，进一步提高干事创业激情。

【文化市场整治】强化日常监管 实施全员执法办案，优化力量组合，成立两个执法组，分别由两名副局长带队，按区域分路段开展市场监管和执法办案业务。坚持常规执法监管与错时执法和延时执法相结合，坚决取缔“黑网吧”，严厉打击网吧和娱乐场所违规接纳未成年人和超时营业等违规经营行为，查办网吧领域违规经营案件28起。

开展专项整治 针对全市文化市场存在的“热点”“难点”问题，组织开展教辅资料集中清理整治工作、校园周边文化环境集中整治行动、出版物市场集中清理整治行动、印刷复制行业专项整治行动、暑期文化市场专项行动、不可移动文物安全联合大检查等集中行动9次，检查经营单位450余家次，取缔“黑印刷”4家，查处违规经营案件21起。8月，为助力“文化名市”建设，启动以“净屏”“净媒”“净网”“净源”“净环境”的“五净”为主要内容的文化执法系统“2017——忠诚卫士”行动，围绕开展“净源”专项行动，组织执法力量对城区商场和镇街区图书零售门店进行拉网式检查，查处22家存在违规经营行为的业户；围绕开展“净网”专项行动，按照IPTV专项检查的部署要求，先行与辖区内的通信部门对接，摸底从事互联网视听节目服务的单位，立案查处9家安装使用盗版计算机软件的业户；围绕开展“净屏”专项行动，立案查处1家擅自从事电影放映企业；围绕开展“净环境”专项行动，既坚持日常巡查，又坚持接到举报彻查，持续加强对网吧及娱乐场所的执法监管工作，并配合市公安机关审查复查停业整顿的9家娱乐场所。同时，开展车站等重点部位和场所的集中整治，检查经营场所132家次，排查安全隐患28项，责令整改17家次，约谈经营场所负责人17人次。9月—10月，开展“营造好环境 护卫十九大”行动，全面集中整治网吧及娱乐场所、营业性演出市场、出版物市场、艺术品经营市场等，检查单位280余家，立案查处32起。

【扫黄打非】突出元旦、春节、各级“两会”、各级党代会、中高考、中共十九大期间的执法检查，重点加强市区重点部位、旅游景区、集贸市场、重点路段和学校周边的出版物清查和执法检查。根据上级部署，分别制定“扫黄打非·清源2017”“扫黄打非·净网2017”“扫黄打非·护苗2017”“扫黄打非·固边2017”“扫黄打非·秋风2017”等专项行动方案，坚持高压态势，重点检查出版物市场、印刷企业以及校园周边出版物商店，扫除文化市场和互联网上各种非法出版物和有害信息，检查印刷图书音像店及经营摊位680家次，取缔从事出版物及音像制品经营的游商地摊

23家，查缴非法出版物7000余册。

【广电市场整治】 3月至年底，在全市范围内以整治宾馆饭店、民营医院等经营单位卫星电视接收设施为重点，以打击非法销售为抓手，以无"小耳朵"社区创建活动为目标，全面深入开展卫星电视广播地面接收设施整治行动，依法打击非法销售、安装和使用卫星电视地面接收设施的行为。8月，围绕深入推进"净屏"行动，组织市文明办、市综治办、市公安局、市文广新局、市市场监管局等七部门联合印发《关于打击查处非法销售、安装和使用卫星电视广播地面接收设施行为的通告》，在《今日安丘》报纸和电视台刊登，并翻印5000份，宣传张贴到各社区、村庄和居民小区、沿街门店，广造声势舆论。从9月起，利用两个月的时间，联合市公安、市场监管、广电网络公司等单位，开展整治卫星电视传播秩序联合执法行动，劝拆非法地面接收设施850余套。

【消防安全】 2017年，以网吧、娱乐场所为重点，向文化市场领域业户下发《关于加强文化市场安全生产工作的通知》，指导帮助全市87家文化娱乐场所建立安全生产档案，逐个落实风险防控措施和排查整改清单。联合市安监局，对全市网吧及娱乐场所业主进行安全经营应知应会培训，持续强化经营业户的安全生产意识。全年持续开展安全隐患"大快严"集中整治行动，坚持"四个常态化"扎实开展安全生产隐患排查整治，出动执法检查480余人次，下达安全隐患整改通知书50余份。

（韩　磊）

新闻出版

【概况】 2017年，安丘市新闻中心紧紧围绕市委、市政府中心工作开展宣传工作，圆满完成了各项工作任务。全年按时按质按量编辑出版《今日安丘》150期，安丘大众网、掌上安丘手机客户端、今日安丘微信公号、山东手机报安丘版等新媒体与纸媒有机融合，搭建起了立体化全方位的全媒体宣传平台，宣传效果更加明显，为"四个城市"建设和加快建设富裕文明充满活力的现代化城市营造浓厚的舆论氛围。《今日安丘》再次荣获"全省十强县市报"殊荣，中心被授予安丘市"省级文明城市创建先进单位"称号，中心党支部被评为市直机关规范化党支部。

【安丘市新闻中心】 *新闻宣传及时准确到位* 安丘市新闻中心上半年对省第十一次党代会精神、潍坊市十二次党代会精神、安丘市十四次党代会精神进行大力度的宣传报道，开设一系列栏目，刊发一系列重点稿件。下半年刊发一批以"喜迎党的十九大"为主题，以全市重点项目和工程为主要内容的重头稿件。全年报纸宣传内容上，围绕招商引资、项目建设、精准扶贫、民生工程、服务业发展、安全生产、"作风建设年"活动、城市环境综合整治、城市生态环境综合整治等工作进行及时宣传，开设"贯彻落实潍坊市党代会、安丘市党代会精神""深入扎实开展'作风建设年'活动""安丘好人——培育和践行社会主义核心价值观""创建省级文明城市""项目建设""安全生产""全面从严治党书记谈""建设过程硬党支部 市直机关走在前""活力安丘 魅力女性""全面整治矿产资源开发秩序""大家谈""啄木鸟行动""民生热线"等栏目，积极发挥舆论阵地作用，及时将市委、市政府的声音传达到群众当中。

聚焦"两学一做"和"作风建设年"活动 从5月起，开设"大家谈""全面从严治党书记谈""深入扎实开展'作风建设年'活动"等专栏。深入报道全市的"两学一做"和"作风建设年"活动。撰写《为建设实力活力魅力安丘努力奋斗》《提振信心 加速赶超 奋力夺取实力安丘活力安丘魅力安丘》《为建设实力活力魅力安丘提供作风保障》等本报评论员文章等系列评论。强化创城工作氛围。把加强创建国家园林城市、争创省级文明城市，和"四个城市"建设作为长时间的重点宣传任务，开设专栏、突出亮点，提高公众对创城的参与度、支持率和满意度，营造浓厚的创城氛围。做好安全生产、节日主题、群众文化活动等主题宣传。对应开设"安丘好人""我们的节日""榜样的力量""安丘名人""非遗名匠"等专栏栏目。其中，刊发"安丘好人"48期、"非遗名匠"20期。加大民生新闻的关注力度。采取一批与民生息息相关的新闻，重点连续跟踪报道市民关心、关注的新闻事件。如：青云大街等城区道路改造、青云大街汶河大桥和青龙湖大桥建设、新安丘一中建设、市人民公园改造等工程。同时，曝光创城过程中的不文明现象，宣传各行各业中的先进典型，传递社会正能量。做好"民生热线"栏目的接听工作，对市民反映的问题及时与职能部门沟通予以解决，并对一些有价值的线索派记者协助采访解决，全年接听热线电话340余个，解决近172个。

报纸栏目设置 《潍坊日报·今日安丘》全年在一版设立的栏目有："践行新理念 迈向新征程 建设实力安丘活力安丘魅力安丘""贯彻落实潍坊市十二次党代会精神""贯彻落实潍坊市党代会、安丘市党代会精神""招商引资突破工业 项目建设富民强市""深入扎实开展'作风建设年'活动""他山之石""争创省级文明城市""推进生态环境综合整治 建设实力活力魅力安丘""推进最多跑一次改革 建设实力活力魅力安丘""加快'四个城市'建设步伐 以优异成绩迎接党的十九大"等。二版

设立的栏目有："企业信用知识""全面整治矿产资源开发秩序""啄木鸟在行动"等。三版设立的栏目有："民生热线""曝光台""安丘好人""榜样的力量""人口与计生""省及潍坊市规范化学校风采""民族政策问答""大众创业 万众创新""活力安丘 魅力女性""健康教育""建设过硬党支部 市直机关走在前""非遗名匠""慢病防控知识""建设过硬队伍争创一流业绩——市直机关工委"汶水先锋"风采专栏""不忘初心 再立新功""巾帼美家在行动"等。四版设立的专栏有："安丘名人""红色记忆""我的家风家训故事""寻源之行征文——获奖作品选登""我们的节日""发现安丘"等。

新媒体建设　市新闻中心不断加快数字化、网络化、移动化转型步伐，逐步构筑起拥有市委机关报《今日安丘》、山东手机报—潍坊·安丘、官方网站"安丘大众网"、官方微信"今日安丘"、官方新闻客户端"掌上安丘"等"两报一微一网一端"的融媒体发展格局。新媒体与传统纸媒互为补充，其影响力越来越大，深受读者喜爱。

安丘大众网开办的栏目越来越被认可。掌上安丘手机客户端通过各种渠道进行全方位的推广，用户近万。其内容容量大，发送时间灵活，服务功能强大。继续加强"安丘大众网"与大众网以及各部门单位网站的合作，日均点击量过万人次。

"今日安丘"微信公众号每天发送，达到十万用户，成为安丘最有影响力的微信公众号。3月改编的作品安丘版"成都"，阅读量三天时间达10万加，点赞1700多条，火爆安丘人的朋友圈。4月开通的微信公众号语音栏目"安丘朗读"，也给人耳目一新的感觉。栏目宣传推广普通话，推广安丘本土作家的文学作品，很受读者喜欢。5月制作发布的"梨花又开放"视频，反响也非常好。这些内容宣传推介安丘，得到市委、市政府主要领导的充分肯定和市民的一致好评。"今日安丘"官方微信先后10多次入围由人民网、腾讯等近百家媒体联合主办的"微信巅峰排行榜"，单篇原创信息阅读最大量10万多人次。

经营管理　在经营结构上，多媒体协同推进，不断扩大报纸的发行范围，发挥新媒体的独特优势，确保广告的权威性和纯洁性。在客户类别上，深入细致地分析客户资源，不断挖掘新的客户源，打造多个经营收入增长极。严格贯彻执行采编与经营业务"两分开"，明晰活动范围，各尽其职，促进新闻事业与报业经营的和谐发展。年内还组织举办车展、安丘首届旗袍丽人服饰大赛、小记者活动等几个成功的活动。

（王锡文）

广播电视

【概况】2017年，安丘市广播影视中心围绕中心，服务大局，坚持新闻立台，导向鲜明，圆满完成各项工作任务。被山东广播电视台授予山东电视宣传先进集体一等奖、山东广播宣传先进集体一等奖称号。

【广播电视台】对内宣传　市广播影视中心把握导向，突出重点，舆论引导坚定有力。通过电台、电视台、安丘新闻网两台一网、无线安丘手机客户端和安丘广电微信公众平台等新媒体联动的全媒体多元化宣传形式，做好重点会议报道及全市经济社会发展等各项重点工作的宣传。围绕宣传贯彻中共十九大精神这条主线，将贯彻落实省第十一次党代会、潍坊市第十二次党代会、安丘市第十四次党代会、全市经济工作会议、"作风建设年"动员会、生态环境综合治理动员会等事关全市经济社会发展大局的重要会议精神作为宣传重点，及时开设《加快"四个城市"建设步伐·以优异成绩迎接党的十九大》《争创国家园林城市 打造生态魅力安丘》《文明出行从我做起》《创建省级文明城市》《践行新理念·迈向新征程·建设实力安丘活力安丘魅力安丘》《贯彻市党代会经济工作会精神》《打响百日会战 创造安丘速度》《深入扎实开展"作风建设年"活动》《推进食用农产品产地准出》《践行两学一做·争做时代先锋》《推进生态环境综合整治·建设实力活力魅力安丘》《安丘好人》等十几个专题栏目，采用动态报道、深度报道、解读、专访、系列评论等多种形式、第一时间进行准确、全面的宣传报道，多角度深层次宣传市委、市政府的中心工作。同时，拍摄完成《三生三世》宣传MV，多形式反映2017年实力、活力、魅力安丘建设的新变化、新亮点。配合市纪委、监察局联合开设《行风在线》节目，采用电台直播、电视台录播，热线电话与短信平台联动，节目参与范围和影响力进一步扩大。主要负责人上线率98%，群众满意率98%以上。

对上宣传　市广播影视中心突出"上数量、提质量、重亮点"基调，瞄准全市重点工作和工作亮点，在中央、省、市广电媒体最大限度宣传推送安丘的重点工作。自5月份外宣部加大工作力度后，在中央电视台、山东电视台和潍坊电视台等主流媒体发稿100余篇。其中，安丘市创新性开展"微德育"教育工作和市职业中专学校承办全国职业院校技能大赛（中职组）机器人技术应用比赛受到中央电视台、山东卫视等上级主流媒体关注，相关稿件相继在央视《新闻联播》和《新闻直播间》播出。"山东安丘"接连亮相央视新闻，被山东广播电视台分别授予年度广播宣传先进集体一等奖和电视宣传先进集体一等奖称号。

活动开展　安丘市广播影视中心为进一步扩大广播电视的社会影响力，丰富全市人民群众的文化生活，充分发挥电台、电视台、安丘新闻网两台一网、无线安丘手机客户端和安丘广电微信公众平台等新媒体联动的全媒体宣传优势，圆满完成4月8日辉渠桃花节，配合法国PBP挑战赛——安丘200公里不间断骑行选拔赛、感动安丘人物评选、全市“作风建设年”演讲比赛和《我家爱科学》电视大赛等活动突出建军90周年、纪念全民族抗战爆发80周年相关活动的策划宣传，全方位、宽领域、多角度推介安丘，提升安丘的知名度和美誉度。

全媒体宣传技术日趋成熟　市广播影视中心挖掘广电资源，继续打造安丘电视台蓝天少儿艺术团这一享誉省内外的少儿优质培训品牌，与山东东夷影视传媒有限公司、中央美术学院城市设计学院动画系合作，规划制作中国四大名著之一的3D大型动画影片《水浒传之林冲》及动画电视《水浒传之林冲》，成功入选2017年度山东省新闻出版广播影视产业重点项目，不断探索传统媒体与新媒体的深度融合，进而形成广电产业经营创收的整体合力和新优势，培育广电产业发展的新路子。

（王　燕）

【有线电视】　山东广电网络有限公司安丘分公司前身是安丘市有线电视网络管理中心。2012年，经中共山东省委、省人民政府批准，按照现代企业制度要求，改制组建山东广电网络有限公司安丘分公司（简称安丘广电网络公司），是一家省属国有骨干文化企业。2017年，有干部职工234人，总资产1.92亿元，净资产0.61亿元。杆路2000多公里，光缆5万余公里。拥有数字电视用户9.68万多户，高清用户3.82万多户，智慧社区用户1万多户，“三务公开”网络数字电视平台用户15000多户，传输标清、高清数字电视节目168套，高清畅享馆节目36套。

双向传输网络　安丘广电网络公司坚持以用户为中心的服务理念，统一服务热线96123，认真履行24小时服务承诺，对客服工作实行用户区域网格化管理，统一接单、统一派工、统一回访，不断加大内部考核力度，确保服务质量有效提升。按照“统一规划、分步实施”的原则，双向改造有线电视传输网。至年底，架设钢绞线200多公里，敷设光缆1200多公里，建成覆盖城乡的双向传输网络，同时升级改造5处机房，具备各项新业务发展的基础条件。

广电宽带　至年底，宽带用户达到16300多户，集团专线业务达到70多条。

智慧社区项目　该项目以有线电视网络为载体，以家用电视机和手机为接收终端，集平安安丘、智慧党建、智慧教育、智慧医疗、智慧旅游、村务政务公开、便民服务等公共信息和个性化服务于一体，是山东广电网络有限公司提供技术支持的综合播控系统。安丘市智慧社区平台主要分为《平安安丘》《智慧党建》《智慧乡镇》《魅力社区》《我的家庭》《我的城市》6大模块。按照市委、市政府部署，开展智慧社区推广试点工作。至年底，4个镇街的智慧社区项目正在建设中。其中，大汶河旅游开发区幸福里社区有300多户享受智慧社区的服务，带动300户安装广电宽带。安丘市92个社区、866个村的可视基层管理服务系统投入使用。留山雪亮工程，领世新城、芙蓉社区智慧小区，青云山广场、植物园、各大医院、各公交站点无线覆盖等项目等正在稳步推进，成为用户最受欢迎的内容之一，实现有线电视从“看电视”到“用电视”的转变。

（云庆庆）

档　案

【概　况】　2017年，安丘市档案馆（局）在市委、市政府领导下，在上级业务部门的指导下，紧紧围绕市十四次党代会精神，主动担当、主动作为、依法作为，切入市委市政府中心工作，切实履行“为党管档、为国守史、为民服务”的岗位职责，各项工作走在了全省档案系统前列。先后被授予“全省档案宣传工作先进单位”“山东省档案工作科学化管理测评先进单位”“安丘市文明单位”“市直机关示范党支部”等荣誉称号，创建了“数字化、教育化、开放化”服务品牌，全市档案工作呈现出蓬勃发展的新局面。

【档案馆业务建设】　档案接收　根据市委办公室、市政府办公室《关于搞好档案移交接收工作的通知》要求，市档案局下发了《关于进一步加快档案接收移交工作的通知》，对镇（街道）的档案移交工作进行调度，提出了质量和时间要求。对全市进馆单位的档案进行了安全检查，摸清底数，对相关单位提出了整改要求。对符合进馆要求的档案，严格办理交接手续后，消毒入库。2017年接收14个镇街区土地延包档案共计3866卷档案。

档案征集　实施“城市记忆”工程，在全市内外广泛征集反映安丘历史变迁、人文和地方特色的档案文献资料；开展“市民捐赠档案资料”活动，营造档案资源建设服务社会的良好氛围；利用新媒体，建立“安丘记忆”微信平台，发出征集通告，广泛开展民间珍贵档案征集活动，引导民间珍贵档案资源不断向档案馆聚集。2017年，征集反映地方特色的档案资料310余卷（册），其中《安丘博物馆馆藏古迹名录》《景芝酒事》《安丘非物质文化遗产名录》《大运河文化巡礼》有较高的历史文化价值。

档案利用　紧紧围绕群众关注的重点、热点问题，积极做好档案资料的提供利用工作，查阅了大量民师、计生、土地、社保、人事、机关档案，特别是为市组织人事部门完善干部档案整理、退职村两委干部落实待遇、个人退休等项需求提供查阅档案服务，共接待利用者1200多人次，提供利用档案资料3300卷（册），为机关工作查考、维护全市的稳定和谐和广大人民群众的根本利益提供了有效的档案服务。

档案数字化 实施档案数字化工程。年内共加工数字化档案3970卷，录入文件级目录66921条，扫描原文1021381页，完成挂接3970卷。

【机关企事业档案】 **文书立卷** 开展了全市2017年度文件材料立卷归档工作。采取统一标准，分组包靠，完成了全市镇街区机关及市直单位、部门的文书立卷工作，共指导整理归档文件材料3600卷（盒）。

档案科学化管理 按照山东省档案工作科学化发展实施方案和测评细则的要求，强化档案工作业务指导，推动档案管理水平上档升级。2017年，先后有市档案局、市扶贫办、兴安街道财政所、辉渠镇财政所、石埠子镇财政所档案科学化管理通过了省先进单位验收。

业务指导 按照国家档案局8号令《机关文件材料归档案范围和文书档案保管期限规定》、10号令《企业文件材料归档范围和档案保管期限规定》精神，开展机关事业单位和部分企业《文件材料归档范围》《档案保管期限表》的制定工作。

【农业农村档案】 安丘市档案局率先起草印发以《精准扶贫档案分类编号规则》《精准扶贫档案文件材料整理规程》《精准扶贫档案案卷格式》三个业务规范性文件，助推全市精准扶贫建档工作。截至目前，全市共投入资金35万元，建成80多平方米精准扶贫综合档案室，共收集整理6大门类档案7566卷（袋、册），其中，文书档案280卷（盒），项目档案79卷，会计档案3卷（册），贫困村档案31卷，贫困户档案7171卷（袋），特殊载体5件（册），现已形成门类齐全、管理规范的精准扶贫档案。为此，潍坊市精准扶贫档案管理工作现场推进会议在安丘市召开，安丘市扶贫办率先跨入“山东省档案工作科学化管理先进单位”行列。

【档案法制建设】 积极参加“全省建设项目档案监督指导培训班”“全市法治政府建设专题培训班”，增强依法行政、依法治档意识，制定推进档案工作“双随机一公开”“最多跑一次”事项清单，组织编制了行政许可、审批服务事项等档案指南。

【档案宣传】 加大档案宣传力度，制定了《安丘市档案馆（局）信息报送规定》，引导工作人员撰写文章，有48篇稿件被各类新闻媒体采用。开通了《安丘记忆》微信公众平台，该公众号成为宣传安丘历史、展现兰台工作的又一窗口。2017年，安丘市档案局被山东省档案局授予“山东省档案宣传工作先进集体”。

【档案编研】 进一步挖掘馆藏档案信息资源，以征集促编研，大力开展档案编研工作，为促进安丘市经济和社会发展发挥了积极作用。一是根据馆藏档案资料，编写出版了《安丘记忆》。该书记述了自远古时代至1949年安丘地面上发生的大事、涌现的人物、遗存的古迹，具有较强的可读性和较高的学术价值，在社会上产生了较大反响，受到了广泛好评。二是按时完成每月一期的《安丘大事记》的编写工作，并半年印刷一次合订本，并对合订本进行改版，由单一文字版本转变为图文混编，使内容更加直观，阅读性、参考性增强。三是利用查阅档案反馈信息，编制了档案利用效果实例汇编。

（王燕云）

旅 游

【概况】 2017年，安丘市旅游局围绕市委、市政府安排的打造“区域性旅游集散中心”和“文化创意旅游基地”工作任务，以“旅游强市”建设为总体目标，贯彻落实《关于促进全市旅游业创新发展的意见》和《潍坊市旅游业创新发展三年行动计划》，结合“四个城市”建设要求，以“打造国内知名的乡村休闲旅游目的地”为抓手，争创山东省全域旅游示范区为核心，打造“骑游之乡、赏花之都、品酒之城、旅游胜地”新安丘，形成以城市休闲、美丽乡村、酒城文化“三大旅游板块”为引领的旅游业发展新格局。是年，齐鲁酒地景区入选全国首批运动休闲特色小镇、山东省第二批特色小镇；柘山乡情入选全国优选旅游项目、“齐鲁美丽田园”等荣誉称号。全年接待游客480多万人次，同比增长11.3%。

【旅游项目规划建设】 安丘市委、市政府确定20个重点旅游项目，总投资69.63亿元。全年完成投资10.71亿元。其中新建项目6个、续建项目6个、老景区改造提升项目3个，新策划和招商项目5个。推进加快齐鲁酒地、留山古火山国家森林公园、柘山乡情、歌尔庄园、郚山合力乡间牧场、东方桃海、石埠子樱花谷、五龙山景区提升、青云山及青云湖改造提升等重点旅游项目的开发建设进度，培育旅游新的增长点。

【旅游市场开发】 安丘市在北济青高速做了大型跨线桥广告和户外宣传牌；整合全市招商引资项目，制作招商引资宣传片；通过潍坊旅发委“天上风筝飞，天下潍坊美”旅游品牌专题列车平台，精心设计制作小桌板贴、海报、动车天幕，全面展示安丘美丽风光和丰富的乡村旅游资源。组织百家旅行社走进青云山“踩线”活动；联合青岛市平度市旅游局，举办秋季旅游市场推介会；邀请希腊旅行商到齐鲁酒景区地踩线考察，广泛开拓客源市场。利用“潍V”云服务平台等资源推进智慧旅游城市建设，青云山、齐鲁酒地等景区加入云服务平台，全市AAAA级旅游景区人员密集区实现无线网络覆盖。组织旅游企业入驻电商平台，组织全市百家旅游企业入驻八喜旅游网，加大旅游宣传推介。

【旅游品牌培育】 安丘市依托节会平台，坚持形象宣传与产品营销相结合，整合生态、产业等优势，深入挖掘旅游文化内涵，采用多途径、多方式开展宣传营销，不断扩大“在那桃花盛开的地方”旅游形象品牌的影响力。成功打造“栢乡人家”“桃园人家”“安山人家”及“齐鲁民俗”“齐鲁酒地”“东方桃海”等特色旅游品牌。

【节庆活动】 安丘市在做大做强春季辉渠桃花节、夏季绿色骑游节、秋季景酒文化节、冬季青云山滑雪节4个重点旅游节会活动的基础上，举办和协办安丘首届全民春季趣味运动会、中国·安丘辉渠桃花节、第二届旅游文化节、第34届潍坊国际风筝会“潍坊风筝大赛”“齐鲁酒地杯”安丘200公里不间断骑行选拔赛及摄影大赛、“绿色骑行·健康安丘”自行车比赛、“爱上青山”杯赏樱花健走大赛等丰富多彩的活动。

【名优特产】 安丘市立足安丘市安全优质的农产品资源，开发特色旅游商品。鼓励、扶持传统工艺品、地方土特产品等旅游商品企业扩大生产规模。精心设计开发出特色鲜明、新颖美观、实用大方、便于携带的旅游商品和纪念品，使之具有代表性，形成品牌。市旅游部门深入挖掘全市的旅游商品，初步确定旅游工艺品、旅游茶品、旅游食品、土特产4大类，分类选出旅游商品带头人，集中推出木板年画、泥塑、面塑、核雕、刺绣、根雕、陶瓷等手工艺商品，丰富旅游内涵，并多次参加上级旅游部门组织举办的优秀旅游商品评选活动。民间手工艺大师田永剑的作品《核雕十八罗汉系列》获“好客山东”全国桃木旅游商品创新设计大赛金奖称号；一品景芝芝麻香入选首批“山东好礼.一城一品”旅游商品名单。

【精品旅游路线】 安丘市推出城市观光游、乡村休闲游、节庆会展游、美酒美食游、特色农庄游、骑行健身游、精彩四季游、民俗体验游等一日游和二日游十大精品旅游线路，增强旅游的吸引力，确立“品质乡村·田园安丘”的旅游形象定位。

（杜增才）

卫计·体育

Weisheng·Tiyu

卫　生

【概况】 2017年，安丘市有各级各类医疗卫生机构582个。其中，市直医疗卫生单位9个、各乡镇卫生院19所、村级卫生机构396个，社会办医机构158个。拥有医疗卫生专业技术人员3702人。其中，高级职称168人，中级职称747人，硕士研究生68人。安丘市卫生和计划生育局（简称市卫计局）内设7个主要科室，并设有计划生育协会、安丘市城区人口和计划生育综合管理办公室、安丘市卫生计生监察大队3个直属单位。市卫生和市计划生育局合并后，积极稳妥推进镇街区和社区层面卫生计生机构改革工作，初步实现计生和公共卫生服务的有效融合与衔接。积极推进卫生计生综合执法监督机构标准化建设，提升卫生计生综合执法能力水平。

【人口计生】 2016年1月22日《山东省人口与计划生育条例》修正后，安丘市贯彻落实上级调整完善生育政策，进一步加强人口与计划生育工作的一系列文件精神，坚定不移抓基础，提速增效促服务。2017年，全市生育率96.8%，出生人口性别比108.7，人口与计划生育整体工作实现持续健康发展。

“全面二孩”政策落实　安丘市采取多项措施做好“全面二孩”政策落实工作。一是加强业务培训。在《山东省人口与计划生育条例》修改后，多次组织市卫计局相关科室、镇街区计生服务中心、村计生主任对新《条例》进行集中培训学习，以便提高业务工作水平。二是抓好政策宣传。利用公开宣传栏、宣传单页、讲座、培训等方式常态化宣传“全面二孩”政策的意义以及条件；宣传“全面二孩”政策解读，引导人们正确理解生育政策；组织育龄妇女进行集中宣传培训，营造浓厚的人口计生宣传氛围，引导社会正确舆论导向，确保“全面二孩”政策平稳、有序推进。同时，探索出了孕前培训—孕前优生健康检查—免费生育登记—免费增补叶酸—免费孕期保健—免费唐氏筛查—免费新生儿四种遗传代谢性疾病筛查等孕前、孕期、产后的优生优育措施。通过实施全方位的生育服务，及时掌握全市育龄妇女的孕、育状况，实现孕情监控、管理的目的。是年，全市培训育龄妇女9000余人，完成孕前优生健康检查18286余对，唐氏筛查12711人，生育登记19538人。

全面落实生育登记服务制度　安丘市根据《山东省人口与计划生育条例》规定，生育第一个或第二个子女的夫妻，自行安排生育子女的时间，实行免费登记制度。为简化办事流程，提高服务效能，实行首接负责和一次性办结等制度。受理地不得以任何理由拒绝受理登记服务。生育登记不得擅自设定前置程序和附加条件。加强民政新婚、公安落户、教育入托等部门间以及孕产期保健、《出生医学证明》、住院实名登记、免疫规划等卫生计生系统内各类人口基础信息共享，切实提高主动登记、便民服务覆盖率。提倡代理服务，夫妻一方户籍地或现居住地村民委员会、居民委员会主动向已婚育龄夫妇提供代理服务，主动发放《生育服务手册》。

各生育登记机构在为群众办理生育登记时，主动宣传国家、省和当地开展的基本妇幼保健计划生育服务项目，方便群众接受基本妇幼保健计划生育服务，提高群众知情权、参与度。

性别比综合治理　市卫计局继续把严厉打击“两非”行为作为治理出生人口性别比的重要手段，严查两非线索，全年查处“两非”案件2例。同时，加强与市市场监管等部门间的协调配合，进行联合办案。各镇（街区）成立由派出所、计生服务中心、

卫生院、市场监管所等相关单位工作人员组成的打击“两非”办公室，并在乡镇派出所设立固定的打击“两非”办公、办案场所。将打击“两非”与打击非法行医相结合，将私人诊所、“黑诊所”等作为“两非”监管重点场所。加大有奖举报力度，鼓励群众举报“两非”行为。规范、加强B超执机管理、终止妊娠药物销售、孕情随访等日常监管工作。

计划生育利益导向　安丘市兑现农村计划生育家庭奖励扶助金11166人、1071.9万元，兑现特别扶助金310人、228.3万元；独生子女费落实28581户、326.9万元。是年起，全市奖励扶助和特别扶助由原来的年初申报，改为全年申报政策。为群众提供更长的申报准备时间，提高上报及时率。

计划生育特殊家庭扶助关怀　市计生协对全市374名计划生育特殊家庭成员，核发由市卫生计生委统一制作的“计划生育特殊家庭方便就医卡”，并指定市中医院和19所乡镇卫生院为定点医疗机构，全部开通计划生育特殊家庭就医“绿色通道”；开展失独家庭助孕工程，帮助两个家庭助孕成功；打造“与爱同行”特色帮扶品牌，并确定石埠子镇、辉渠镇作为试点单位，举办计划生育特殊家庭和留守儿童家庭心理疏导专题培训。

【医疗卫生】医疗卫生服务体系建设　安丘市深入贯彻落实《全国医疗卫生服务体系规划纲要（2015—2020年）》和中共山东省委办公厅、省人民政府办公厅《关于进一步深化医药卫生体制改革的实施意见》，加强镇村医疗机构建设，进一步提升基层医疗卫生服务能力，加快建立覆盖城乡的基层医疗卫生服务体系。2016年，起实施加强镇村医疗机构标准化建设提升基层医疗卫生服务能力三年行动计划，利用三年时间完成镇村医疗机构标准化建设任务。至2017年末，全市基本建成以市直医疗机构为龙头、以镇街卫生院为枢纽、以社区卫生室为基础的三级医疗服务体系，打通分级诊疗“最后一公里”，形成“基层首诊、分级诊疗、双向转诊、上下联动”的就医格局，引导群众合理就诊，让群众享受到“小病不出村，常见病不出镇，大病不出县，重大疾病转诊到上级医院”的医疗服务，降低群众就医负担。

药品供应保障制度建设　安丘市为深入贯彻执行新一轮药品集中采购结果，规范和推动新形势下药品集中采购工作，全市各医疗机构坚持药品网上采购方向不动摇。一是落实省药品网上分类采购政策。属于省公开招标采购的药品，由各医疗机构根据临床需要选择中标产品；需要议价的药品，按医疗机构与药品生产经营企业议定成交的价格执行。二是坚持基本药物临床首选地位。基层医疗机构依据自身功能定位合理选择配备和使用基本药物；市直医疗机构也要强化基本药物临床用药主体地位，不断提高基本药物使用比例。三是规范网上采购行为。各医疗机构加强网上药品采购订单管理，科学制定采购计划，建立起低频次、高数量、定时段的采购订单发送制度，杜绝频繁订单、超常订单和随意撤单等行为发生。四是稳步推进药品采购“两票制”。为优化药品购销秩序，压缩流通环节，降低虚高药价，医疗机构在药品验收入库时，查验药品经营企业提供生产企业开出的进货发票复印件，做到票、账、货、款一致，稳步推行药品采购“两票制”。五是调整完善基层医疗机构药品配备使用政策。在保持基层医疗机构基本药物临床首选地位不变的前提下，将基层医疗机构配备使用的非基本药物遴选权限下沉，充分提高基层用药选择灵活性，以更好地适应分级诊疗的需要。六是鼓励开展药品集中配送。属于省公开招标采购的药品继续贯彻落实《关于鼓励开展药品集中配送工作的实施意见》的相关规定。各医疗机构在满足药品种类、数量的前提下，本着配送企业数量最少、透明度最高的原则，自主选择3家—5家企业提供药品配送服务，逐步提高配送集中度。1月—12月，各乡镇卫生院网上采购金额为4583.18万元，其中基本药物金额为3987.69万元；市直医疗机构网上采购金额29578.50万元，基药金额3714.47万元。

规范高值医用耗材集中采购工作　明确纳入集中采购的范围。安丘市所有具备开展相关专项诊疗技术合法资质的非营利性医疗卫生机构，临床使用的冠脉介入类、血液净化类、眼科材料类，以及血管介入（不含冠状动脉介入类）、非血管介入、骨科植入、神经外科、电生理、起搏器、体外循环、口腔科及其他等类别的高值医用耗材，严格落实网上采购政策，在省高值医用耗材集中采购平台上采购中标产品，进行网上交易，杜绝网下交易行为发生。

规范高值医用耗材采购管理　一是规范耗材配备使用。各相关医疗机构不断规范高值医用耗材配备使用，优先采购使用国产高值医用耗材，原则上不得采购已纳入集中采购范围的非中标产品。因临床诊疗开展确有特殊需要的，须经本院管理委员会或专家组、院领导层层审核同意后方能使用。对首次使用的非中标产品，填写《医疗机构高值医用耗材非中标产品使用申请表》，经单位负责人签字并加盖公章后通过省平台“非中标产品使用信息管理系统”上报，接受社会监督。二是规范采购价格管理。医疗机构根据临床实际采购量、回款方式等因素通过采购平台询价采购，与中标企业确定实际供货价，填报采购量、采购价格等订单信息。三是科学建立配送关系。各相关医疗卫生机构根据中标生产企业配送关系建立情况，合理选定经营企业，规范开展网上采购。四是规范货款支付管理。各医疗机构采购高值医用耗材，按相关规定与供货企业签订采购合同，明确所采购医用耗材的品种、数量、价格、回款时间、履约方式及违约责任等内容，同时签署《医疗卫生机构医药产品廉洁购销合同》，明确各方权利义务，确保高值医用耗材足额及时供应。并完善货款支付制度，明确付款流程和办法，回款时间原则上不超过90天。1月—12月，全市相关医疗机构网上采购高值医用耗材2204.77万元。

全面提升中医药服务能力 安丘市充分发挥中医药在预防保健中的特色优势，实施“治未病”健康工程。各乡镇卫生院、社区卫生服务中心按要求全部设置“国医堂”，100%的乡镇卫生院、社区卫生服务中心能提供10种以上的中医药适宜技术。

医养结合工作 安丘市编制《安丘市医养结合发展规划》，并由市卫计局牵头，与市民政局等12个单位共同起草，由市政府下发《关于加快推进医养结合工作的实施意见》；所有一级以上医疗卫生机构为老年人开通就医绿色通道，二级以上综合医院开设老年病科；规划新建金冢子镇、柘山镇、官庄镇、石埠子镇、大盛镇5所镇级医养结合型卫生院；全市13所乡镇敬老院完成与邻近卫生院的医养结合签约工作。

2017年安丘市医疗机构基本情况一览表

单位：个

机构名称	机构地址	电话号码	法定代表人	核准登记床位
安丘市人民医院	健康路246号	4261703	席敦升	700
安丘市中医院	永安路248号	4362252	韩志伟	500
安丘市妇幼保健院（安丘市妇女儿童医院）	健康路245号	4261443	吴耀炫	132
安丘市市立医院	永安路344号	4261394	李国栋	99
安丘市皮肤病防治站	和平路东首北侧	4266743	韩智广	20
安丘市精神病防治院（安丘市精神卫生中心）	新安街道北谢村南	4332120	曹瑞祥	100
庵上中心卫生院	庵上镇政府驻地	4691007	付清宝	30
白芬子卫生院	兴安街道白芬子村	4871020	赵　强	25
雹泉中心卫生院	雹泉镇政府驻地	4661010	李福生	40
大盛镇卫生院	大盛镇政府驻地	4681023	牛金福	26
大汶河旅游开发区社区卫生服务中心（大汶河旅游开发区卫生院）	大汶河旅游开发区管委会驻地	4321026	刘国忠	24
官庄镇卫生院	官庄镇驻地	4651032	张建成	25
管公卫生院	管公政府驻地	4811036	张建成	30
红沙沟中心卫生院	凌河镇红沙沟村	4671066	赵文峰	60
辉渠镇卫生院	辉渠镇驻地	4821015	王海廷	24
金冢子镇卫生院	金冢子镇政府驻地	4791120	闫玉田	40
安丘经济开发区社区卫生服务中心（安丘经济开发区卫生院）	安丘经济开发区驻地	4730020	李　军	30
景芝中心卫生院	景芝镇政府驻地	4611150	李　峡	90
临浯中心卫生院	临浯镇政府驻地	4770031	夏方全	32
凌河中心卫生院	凌河镇政府驻地	4643019	赵文峰	110
石埠子镇卫生院	石埠子镇政府驻地	4761111	张敬志	40
石堆镇卫生院	270石堆镇政府驻地	4700012	孙国建	30
郚山镇卫生院	郚山镇政府驻地	4961011	厉茂成	44
柘山中心卫生院	柘山镇政府驻地	4861019	赵永生	18

续表

机构名称	机构地址	电话号码	法定代表人	核准登记床位
兴安街道社区卫生服务中心（兴安街道卫生院）	和平东路1047号	4222734	徐国平	99
新安街道社区卫生服务中心（新安街道卫生院）	新安街道关王村	4331124	鞠智业	30

【爱国卫生运动】 安丘市以卫生创建工作为抓手，开展省级卫生村和省级卫生单位创建、建康教育示范创建、无烟单位创建等工作，推动爱国卫生工作的深入全面开展。

【疾病预防控制】 安丘市年人均基本公共卫生服务经费标准50元。创新公共卫生服务模式，建立以全科医生为核心的家庭医生团队为主体签约服务模式，做好基本公共卫生工作。全市建居民电子健康档案85.85万份，城乡建档率90%；管理高血压、糖尿病、脑卒中、冠心病患者分别 为77593人、26133人、8686人、10885人，管理率分别为40%、35%、52%、48%；重性精神障碍患者检出率4‰以上，按照应管尽管的原则，管理率90%以上；年内为8.5万老年人接受免费体检，孕产妇和0岁—6岁儿童保健管理率100%以上；0岁—6岁儿童预防接种建证率100%，传染病疫情报告率和及时率均85%。年底，所有镇街区家庭医生签约服务覆盖率30%，管理重点人群签约服务覆盖率100%，签约居民满意度80%以上。

【妇幼保健】 安丘市将计生技术与妇幼卫生免费服务项目结合。同步落实免费婚检、免费唐筛、免费孕前优生检查、免费服用叶酸、住院分娩补助、妇女儿童健康管理、农村妇女“两癌”免费筛查等卫生计生惠民政策，打造民生政策落实、服务保健“一条龙”服务品牌。年末，免费唐筛1.2万人次，免费孕前优生检查1.5人次，全市完成免费婚检6000余对，为5000余名住院分娩的农村孕产妇发放住院分娩补助，免费为3000余名农村妇女发放叶酸，为1.5万余名孕产妇进行了艾滋病、梅毒、乙肝五项免费检测，为400余名乙肝表面抗原阳性孕产妇所生的新生儿免费注射乙肝免疫球蛋白。同时，开展新生儿遗传代谢性疾病免费筛查项目。是年，全市有1.5万余名新生儿进行遗传性代谢性疾病免费筛查和听力筛查，筛查率100%。

【行政审批改革】 安丘市将所有卫生计生行政许可项目全部纳入审批服务科（市政务服务中心卫计局窗口）集中办理，实行“一个窗口对外”“一站式服务”，严格按照法律法规要求开展卫生行政许可受理、审核、证件发放和登记备案工作。全年接待各类许可和业务咨询申请人的咨询1327人次，办理医师执业注册47件，医师变更注册83件；办理护士延续注册36件，护士变更注册79件；办理母婴保健机构执业许可证校验21件，母婴保健技术服务合格证审核、换证186件；办理公共场所卫生许可21件；办理医疗机构设置审批6件，医疗机构校验173件，医疗机构执业许可证有效期满延续27件；办理放射诊疗许可1件，放射诊疗机构校验21件；办理乡村医生变更注册127件。

市卫计局承担的39项行政许可事项、公共服务事项纳入“最多跑一次”改革范围，编制“最多跑一次”事项办事指南、一次性告知单，并及时在市政府门户网站、政务服务网、市卫计局微信公众号等各种媒体进行广泛宣传，实现办事群众和企业在材料齐全、符合法定要求的情况下办理行政许可、政务服务事项“最多跑一次”。对承担的14项行政许可事项的办理依据、办理时限、办理流程图、需提交材料目录等要素，对照政务服务网上的办事指南，经过认真梳理后录入“全省政务服务平台”，实现全省政务服务平台的互联互通。年末，所有行政审批事项均具备网上办理条件，为群众办理卫生计生审批事项提供方便。

（陈宗清）

体　育

【概况】 2017年，安丘市体育局在市委、市政府的领导下，在上级业务主管部门的指导下，深入贯彻落实习近平总书记系列重要讲话精神和对体育工作的重要批示指示精神，以“发展体育运动，增强人民体质”为宗旨，全心全意为人民服务，圆满完成各项任务。为提升全市群众健康水平，引领科学健身风尚和全市经济社会发展做出贡献。体育工作被潍坊市机关工委表彰为机关优质服务品牌，体育彩票工作被山东省体育局授予2016年度体育彩票工作特殊贡献奖称号，市体育总会工作被山东省体育总会授予2016年度体育总会组织建设先进单位称号，被潍坊市体育局、潍坊市体育总会表彰为2016年度县市区体育总会工作先进单位，齐鲁酒地被国家体育总局公布为第一批国家运动休闲特色小镇。

【体育设施】 市体育局加大全民健身设施普及力度，进一步完善“中心城区15分钟健身圈”工程，免费发放健身路径100套，20副室外乒乓球台，20副室内乒乓球台，20副篮球架。

配建景芝镇万戈庄村健身路径1套（7件）；永贞社区健身路径1套（7件），室内乒乓球台1副，篮球架1副；贾岗村健身路径1套（7件）；伏戈庄村健身路径1套（7件）；红联村健身路径1套（7件），室外乒乓球台1副；魏林庄村健身路径1套（7件）；文体站健身路径1套（7件），篮球架1副。

配建兴安街道东胜利村健身路径1套（7件）；河南村健身路径1套（7件）；小韩十里村健身路径1套（7件）；东胜利村室内乒乓球台1副；营里村健身路径1套（7件）；葫芦埠村健身路径2套（14件）；石泉村健身路径1套（7件）室外乒乓球台1副；汶东村健身路径1套（7件）；北葫芦村健身路径1套（7件）；十五里后村健身路径1套（7件）；周家坊子村健身路径1套（7件），篮球架1副；韩家后村健身路径2套（14件）；东小关村健身路径1套（7件）；汶南村健身路径1套（7件）；南十里村健身路径1套（7件）。

配建凌河镇光甫村健身路径1套（7件），室外乒乓球台1副；石家庄村健身路径1套（7件）；禅枚村健身路径1套（7件）；陈家沟村健身路径1套（7件）；芷芳村健身路径1套（7件），室外乒乓球台1副；西姚家庄村健身路径1套（7件）；王家董孟村健身路径1套（7件），篮球架1副；牛家埠村健身路径1套（7件）；东庄头村健身路径1套（7件）；战家沟村健身路径1套（7件）；孟家庄村健身路径1套（7件）。

配建柘山镇南丘家庄村健身路劲1套（7件）。

配建大汶河旅游开发区担山村健身路径1套（7件），室外乒乓球台1副；许戈村健身路径1套（7件）；夹埠村健身路径1套（7件），室外乒乓球台1副；韩王封村健身路径1套（7件）；马家庄村健身路径1套（7件）；东北村健身路径1套（7件）；贾王封村健身路径1套（7件）；大埠后村健身路径1套（7件）。

配建安丘经济开发区彭家庙子村健身路径1套（7件）；许营村健身路径1套（7件）。

配建石堆镇马家亭子村健身路径1套（7件）；文体中心健身路径1套（7件），篮球架半副，室外乒乓球台1副。

配建官庄镇于家河村健身路径1套（7件）；四十五里后村健身路径1套（7件）；别家屯村健身路径1套（7件）；关公社区健身路径1套（7件），室内乒乓球台1副。

配建石埠子镇东殷民村健身路径1套（7件），室外乒乓球台1副；明珠村健身路径1套（7件）；崖头村健身路径1套（7件）；车苗村健身路径2套（14件）；文体站篮球架1副，室外乒乓球台1副；葛埠口村健身路径1套（7件）；阿陀村健身路径1套（7件）；清河套子村健身路径1套（7件）；金菩村健身路径1套（7件）；楼子村健身路径1套（7件）。

配建辉渠镇西南村健身路径1套（7件）；辉渠村篮球架1副；富平官庄村健身路径1套（7件）；绪泉村健身路径1套（7件），篮球架1副。

配建大盛镇南石家营村健身路径1套（7件），篮球架1副，室外乒乓球台1副；南黑山村健身路径1套（7件）；房家官庄村健身路径1套（7件）；篓子村健身路径1套（7件）。

配建新安街道李家下埠村健身路径1套（7件）；薛家庄村健身路径1套（7件）；周家楼子村健身路径1套（7件）；姚家庄子村健身路径1套（7件）；磨埠村健身路径1套（7件）。

配建金冢子镇阳图店子村健身路径1套（7件）；北南戈村健身路径1套（7件）；文体站健身路径2套（14件），篮球架1副。

配建郚山镇教子峪村健身路径1套（7件）。

配建潍坊戈雷祥安房地产公司健身路径2套（14件）；潍坊三洋泉食品有限公司篮架半副；江山一品小区健身路径2套（14件）；齐鲁酒地风景区篮球架2副，室外乒乓球台2副，健身路径2套（14件）；安丘盛源热电有限责任公司健身路径2套（14件）；汇润食品有限公司篮球架1副，室内乒乓球台1副；潍坊鑫都食品有限公司健身路径1套（7件）；安丘市云湖养老院室外乒乓球台1副；安丘市爱心家园托养服务中心健身路径1套（7件）；汶水颐境水上乐园健身路径1套（7件）；白芬子广播站室外乒乓球台1副；潍坊顺通电控设备有限公司健身路径1套（7件），室内乒乓球台1副；安丘华安供水有限公司篮球架1副；安丘市浆鑫纸箱厂篮球架半副；环卫处健身路径1套（7件）；山东和甫农业发展有限公司健身路径1套（7件），室内乒乓球台1副；新秀天城小区健身路径1套（7件）；幸福里小区健身路径1套（7件）；青云山武校篮球架1副，室外乒乓球台1副；春开窖酒业室外乒乓球台2副；顺和大酒店健身路径1套（7件）；茂昌眼镜有限公司室外乒乓球台1副；体彩中心室内乒乓球台5副，室外乒乓球台2副；市人武部室内乒乓球台1副；机关事务管理局篮球架1副，室内乒乓球台1副；职业中专篮球架4副；潍坊市咏发置业有限公司室内乒乓球台1副；国税局健身路径2套（14件）；工行家属院健身路径1套（7件）；水之润游泳馆室内乒乓球台1副；泰华红枕酒店室内乒乓球台1副；通用机械有限公司室内乒乓球台1副。

省定贫困村40个，全部配建器材，13个村包含场地建设。辉渠镇白山头村场地建设600平方米，徐家沟村场地建设600平方米，范山子村场地建设800平方米，水润道村场地建设800平方米；郚山镇西官庄村场地建设550平方米；大盛镇寺坡村场地建设700平方米，东田庄场地建设300平方米；柘山镇金钱洼村场地400平方米，大苑村场地建设300平方米，谭家秋峪村场地建设500平方米，柿子园村场地建设400平方米，夏家沟村场地建设500平方米，闫家河场地建设500平方米。

【群众体育】 安丘市深入贯彻落实《全民健身条例》，开展全民健身活动，引导树立科学健身风尚，全年开展市级规模以上群众体育活动35次。2月11日—12日，庆新春第一届“中联青少年宫杯”乒乓球比赛；2月18日—19日，庆新春第一届“中联青少年宫杯”中国象棋棋王赛；2月25日—26日，庆新春第一届“中联青少年宫杯”少儿国际象棋比赛；2月25日—26日庆新春“百泉啤酒杯”男子篮球邀请赛；3月4日—5日，“庆三八·展风采”“中国体育彩票杯”女子乒乓球比赛；3月6日，健身秧歌培训；4月8日“中国体育彩票杯”安丘市第七届全民健身运动会自行车比赛；4月9日，“中国体育彩票杯”安丘市第七届全民健身运动会登山比赛；4月15日—16日，“中国体育彩票杯”青少年跆拳道选拔赛；4月至11月，2017年安丘市第二届足球联赛；4月22日—23日，“庆五一·景阳春杯”篮球比赛；4月22日—23日，庆“五一”“交通银行·江山一品”杯全市职工乒乓球比赛；4月26日，盛源热电迎“五·一”职工趣味运动会；5月13日，法国PBP 2017中国区1200公里挑战赛——ROCN青岛中心·安丘200公里资格选拔赛；5月28日，“潍坊明德汽车俱乐部杯”毽球大赛；5月28日—30日，2017年全国国际象棋棋协大师赛（潍坊）；6月10—11日，“庆六一·爱动体育杯”少年乒乓球比赛；6月17日，“玥玛指纹锁杯”环城骑行活动；6月24日，跆拳道社会体育指导员培训班；7月—9月，2017年“华夏杯”（ABA）男子篮球联赛；7月1日—2日“庆七一·潍坊明德汽车俱乐部杯”乒乓球比赛；7月8日，“中国体育彩票·爱动体育杯”少年足球嘉年华活动；7月15日-16日，第十一届国际象棋赛暨棋王赛；7月30日，2017潍坊市首届自行车城市联赛安丘站暨“安丘农商银行”杯安丘市全民健身运动会自行车赛；7月22日—30日，第三届“中医药杯”职工羽毛球比赛；8月6日，全民健身日安丘市第一届健步行活动；8月6日，举办2017年全民健身日安丘市中老年人健身项目展演活动；8月19日，安丘市第二届少儿街舞挑战赛；9月10日，山东省弹弓竞技联赛安丘站“郭大侠杯”弹弓竞技全国邀请赛；9月23日—24日，第四届“华鼎杯”职工中国象棋比赛；10月5日—9日，“高桥杯”篮球比赛；10月15日，“喜迎十九大·永远跟党走”2017年安丘市健身项目展演；10月21日，“中国体育彩票杯”安丘市第七届全民健身运动会趣味健身比赛；10月28日—29日，庆“九九·重阳节”广场舞表演赛；10月—11月，2017年安丘市“中国体育彩票·明德汽车俱乐部杯”乒乓球联赛；1月—12月，棋牌协会象棋月赛。

【竞技体育】 市体育局组队参加潍坊市2017年青少年锦标赛。全市派出运动员、教练员807人，参加21个比赛项目中的18个项目，分别是越野长跑竞走、武术套路、拳击、沙滩排球、橄榄球、柔道、篮球、乒乓球（乙组、丙组）、跆拳道、足球、国际式摔跤、排球、手球、田径、游泳、网球、乒乓球（甲组）、赛艇皮划艇、自行车。获金牌141枚，银牌34枚，铜牌68枚，取得奖牌总数第4名、团体总分第4名的好成绩。10月—11月，与市教育部门联合举办“中国体育彩票杯”足球、篮球、排球和乒乓球等四项中小学体育联赛。

在全国第十三届全运会上，安丘籍运动员王雅萍和她的队友获女子重剑团体决赛冠军，这是潍坊击剑运动员首次夺得全运会金牌。赵龙杰和队友通力合作，获得8人单桨有舵手2000米铜牌；郑懋获得双人双桨项目第八名。亚洲赛艇锦标赛，安丘籍运动员郑懋与队友团结协作勇夺男子赛艇轻量级四人双桨项目金牌。

【体育产业】 安丘市设有体育彩票销售网点86处，其中竞彩网点20年（标准点7个），销售额1.36亿元，同比增幅27.78%，继续保持连年增长的势头。

（郭宏亮）

2017年安丘市体育局审批单项体育协会一览表

协会名称	审批时间	联系人
安丘市马拉松运动协会	2017.6	王洪亮
安丘市徒步运动协会	2017.8	周晓露

2017 年安丘市体育局审批单项体育俱乐部一览表

协会名称	审批时间	联系人
安丘市汉武轩跆拳道俱乐部	2017.5	李国建
安丘市华康健身俱乐部	2017.6	亓树燕
安丘市聚英跆拳道俱乐部	2017.9	张研武
安丘市乐徒健身俱乐部	2017.7	金思亮
安丘市其杰太极武术馆	2017.6	李其杰
安丘东少林文武学校	2017.8	段海宁

社会民生

Shehuiminsheng

居民生活

【城乡居民收入】 2017年，根据潍坊市统计局抽样调查数据显示，安丘市居民人均可支配收入21758元，同比增长8.5%。其中城镇居民人均可支配收入27282元，同比增长8.0%；农村居民人均可支配收入15161元，同比增长7.9%。安丘市城乡居民收入稳步增长，人民安居乐业。是年，安丘市城乡居民人均可支配收入比2015年增加1713元。

城乡居民工资性收入为13665元，占城乡居民人均可支配收入的62.8%。其中，城镇居民工资性收入为20025元，占城镇居民人均可支配收入的73.4%，城镇居民收入比较单一，以工资性收入为主。农村居民工资性收入为7947元，占农村居民人均可支配收入的52.4%；农村居民第一产业净收入为6108元，占农村居民人均可支配收入的40.3%。在农村居民收入结构中，工资性收入已超过第一产业净收入，且差距进一步扩大，可见农村居民在农闲时进城务工已成为常态，务工收入也已成为农村居民的重要收入来源。

【城乡居民消费】 *食品烟酒支出仍是居民主要消费支出* 2017年城乡居民食品烟酒支出1899元，占居民生活消费支出的31%。从食品烟酒消费种类来看，除了谷物、蔬菜、水果仍是居民主要食品支出外，香烟、酒类、饮料、其他食品（零食）、奶类等产品的消费量逐步增长，城镇居民在外用餐次数、在外饮食支出增长明显。

交通通信支出成为仅次于食品烟酒支出的第二大支出项目 2017年城乡居民交通通信支出1298元，占居民生活消费支出的21%。随着经济社会的不断发展，基础通信网络设施建设的不断完善，国家汽车购置税补贴的实施，通信网络企业惠民尤其是惠农政策的执行，使得家用汽车、智能手机、网络等交通通讯方面的支出成为居民消费的新热点。

教育文化娱乐支出在居民消费支出的比重大幅提升 随着居民收入的日益提高，行政机关、企事业单位带薪休假的深入贯彻执行，旅游消费渐渐成为居民重要的消费支出；驾驶员、月嫂、育婴师等技能培训班持续火热，学一技之长成为居民共识；越来越多的居民注重子女文化教育和综合素质的提高，文化课辅导班、兴趣特长班比比皆是；电影院、KTV、桌游室等成为现代年轻人聚会娱乐的重要场所。

医疗保健支出在居民消费支出中占较高比重 随着经济社会的不断发展，居民收入的不断增长，城乡居民越来越注重养生和保健，保健品的消费在医疗保健支出中的比重越来越高。

【在岗职工平均工资】 劳动工资统计从20世纪50年代开始，1952年进行第一次城乡劳动力就业情况调查，之后劳动工资统计历经一系列变革，统计对象范围不断扩大。20世纪50年代到80年代劳动工资统计范围为城镇集体以上单位，主要统计全民和城镇集体职工人数和工资。1990年—2004年把统计范围扩展为城镇非私营单位，其统计对象为全民、集体、其他所有制经济单位。2005年－2007年，劳动工资统计范围除城镇非私营单位外，增加了“三上”私营企业（即规模以上工业，资质以上建筑业、房地产业，限额以上批发零售业和住宿餐饮业中的私营企业）。2007年开始增加其他私营单位：19人及以下的单位采用典型调查，20人及以上的单位进行抽样调查。2008年后，劳动工资统计制度分为两种：城镇非私营单位和私营单位。非私营单位调查范围不变，私营单位调查范围采用以下方式调查：企业一套表单位（即“四上”企业，统计范围是辖区内规模以上工业，有资质的建筑业、全部房地产开发经营业，限额以上批发零售业和限额以上住宿餐饮业、重点服务业）全面调查。其他非一套表私营单位按就业人员分类进行抽样调查。劳资统计分年报表和季报表两种。现行工资统计分两种上报方式，一是“四上”企业，采用网上直报方式，由企业自己根据国家开网时间通过联网直报平台上报。二是“四上”企业以外的辖区内城镇地区全部法人单位采用面报面审，统一录入锐普平台上报。

2017年，全市劳动工资统计范围内的“四上”企业655家，由企业通过统计联网直报平台进行数据填写、审核、上报，并经过市统计局工作人员进行层层审核、校对。劳动工资统计的指标主要有从业人员数和工资两大类，对于国计民生具有重大意义。第一、劳动工资报表能够准确地反映总体工资水平，工资变动以及人员变化，劳动力价格、供需的基本情况，是全市经济运行状况的晴雨表。第二、劳动工资统计是国民经济核算的重要组成部分，为各级政府了解民生、掌握民情提供参考，同时也为各级部门加强工资保障、核定社保基金和司法理赔提供依据。

为进一步确保劳动工资的上报数据质量，市统计局采取一系列措施确保数据的准确性、及时性。首先，加强对统计人员的培训，牢固树立质量第一的观念。企业报表人员多为兼职，加上更换频繁，报表水平参差不一，针对这种情况，市统计局每年都会对报表人员进行培训，平时也会通过电话、微信等即时通讯方式对报表中出现的问题进行解答。其次，建立健全统计制度。规范基层报表，建立企业台账，做到账实相符，严格报表，层层把关，做到优质高效，对劳动工资的统计做到应统尽统，不重不漏。

（刘晓婕）

人力资源和社会保障

【概况】 2017年，安丘市人力资源和社会保障局（简称市人社局）主动适应经济发展新常态，统筹完善创业就业机制，健全社会保障体系，推进人才强市建设，深化人事制度改革，构建和谐劳动关系，各项工作取得显著成效。8月，被山东省社会保险事业局表彰为省医疗保险先进经办机构。

年内，全市建成各类创业园区（孵化基地）4处。其中，安丘市大学生创业孵化中心被潍坊市人社局、财政局认定为潍坊市级大学生创业示范平台，景芝镇大学生创新创业基地、沃和大汶河旅游开发区大学生创业孵化基地和郚山镇大学生创业孵化基地被潍坊市人社局、财政局认定为大学生农村创业特色示范平台。全年培训各类人员6226人，其中培训创业者721人；开发公益性岗位792个。落实创业扶持政策，发放创业担保贷款3.37亿元，直接扶持创业2837人，带动就业8794人，发放数额、带动能力列潍坊各县市区第一名。市人社局实施建筑业工伤保险扩面，实现在建和新建项目全覆盖。依法追回重复领取和冒领社会保险基金53.72万元，保障参保人的合法权益。落实人事制度改革，推进公务员职务与职级并行制度，落实符合实施政策的单位81个，达到晋级条件的802人。加快推进机关事业单位养老保险制度改革，及时贯彻落实相关配套政策及措施。落实居民基本医疗保险相关政策，居民医保大病保险基金由去年人均52元提高到62元，医疗保险监察工作制度化、常态化，查处违规协议医疗机构9家。创新高技能人才培养评价模式，开展企业高技能人才评价。完善公务员考录机制和事业单位公开招聘工作规程，招考公务员27人，公开招聘事业单位工作人员389人。创建和谐劳动关系，落实企业最低工资指导线政策，完善国有企业负责人薪酬制度改革方案，完善用工备案，督促劳动合同签订工作。专项监督检查全市劳务派遣企业，全面维护被派遣劳动者的合法权益。劳动人事争议案件调解率65%、法定期限结案率100%，劳动保障权益投诉案件按期结案率98%。

【就业创业】 年内，全市城镇新增就业8206人，就业转失业人员就业2975人，就业困难人员实现就业348人。农村劳动力转移8170人。城镇登记失业率为2.8%。

就业创业政策落实 对自主创业人员申请创业担保贷款的贷款额度最高为10万元，期限最长不超过3年，由市财政部门在贷款合同签订日贷款基础利率的基础上上浮不超过1个百分点给予贴息，第一年给予全额贴息，第二年贴息2/3，第三年贴息1/3。符合条件的小微企业，可申请300万元以内（含300万元）创业担保贷款，期限最长不超过2年，由市财政部门按照贷款合同签订日贷款基础利率的50%给予贴息。全年投入1990万元贷款担保基金，市人社部门与农商银行、邮政银行、潍坊银行和北海村镇银行四家银行合作，发放贷款2837笔，贷款额3.37亿元，带动就业8794人，贴息额500余万元。

创业园建设 全市建成以颐高电子商务产业园为代表的电商创新园区，以全民创业创新孵化基地为代表的科技创新园区，以盛大现代农民创业示范园为代表的现代农业创业园区，各类创业园区达19家。其中，潍坊市级创业示范基地9家，省级创业示范基地1家。

职业培训 完成各类人员培训6226人。其中，就业技能培训5505人，创业培训721人。

公共就业服务体系建设 开展各类企业、镇域经济实体招聘洽谈活动。全年举办春季大型招聘会等招聘洽谈会82场，参加应聘求职者4.615万人次，与用人单位达成就业意向1.3267万人，14处镇街区转移农村劳动力8170人。

困难群体就业　按照潍坊市开发公益性岗位工作要求，开发公益性岗位792个。对失业人员进行失业原因、家庭状况、技能素质、择业要求、就业意向、培训意愿“六清”。重点对社区就业困难群体，特别是“零就业家庭”实行实名登记制度和申报认定制度。年内，全市零就业家庭实现存量为零，建立“双零”家庭的长效就业援助机制，做到“零就业”。

【劳动争议调解仲裁】　年内，市人社局调解各类劳动人事争议案件466起，涉及当事人487人。其中，立案受理372起，不予受理57起，案前调解28起，转监察处理9起；在立案受理的案件中，当期结案率100%，按时结案率98%，调解率65%，裁决案件130件，其中一裁终局案件39件，占裁决案件的30%，为当事人挽回经济损失800多万元。解答来人、来电、政务平台、政府网站咨询1200多人次。

【劳动保障监察】　年内，市人社局查处举报投诉和上级转办案件326件，其中包括潍坊市政务服务热线转办案件198件，为1692名职工追回工资、押金等1275.5万元。1月，专项检查全市建筑领域及劳动密集型企业的农民工工资支付情况，检查各类用人单位124家，涉及职工16000人，其中农民工7780人，为1300名农民工补发被拖欠的工资1800万元；与开发区党工委、市住建、市公安部门协作，将一起涉嫌拒不支付劳动报酬罪案件依法移送公安机关。3月6日至3月22日，市人力资源和社会保障部门与市市场监督管理部门组成联合执法检查小组，在全市范围内开展清理整顿人力资源市场秩序专项行动，检查各类职业中介机构、组织和个人11户，检查各类用人单位10户，取缔非法职介机构、组织和个人3户，责令退赔劳动者中介服务费、押金或其他费用500元。4月1日至9月30日，开展2016年度人力资源社会保障书面（网上）审查工作，网上审查各类用人单位1428家，涉及职工32304人，补发工资48.6万元，补缴社会保险费208.6万元，补签劳动合同2713份，纠正用人单位规章制度67项。7月10日—8月2日，开展用人单位遵守劳动用工社会保险法律法规情况和农民工工资支付情况专项检查，检查用人单位31家，涉及劳动者934人，责令办理社会保险登记9户，补签劳动合同176份，补发职工工资160.2万元，补缴社会保险费324万元。落实专职监察员对用人单位的日常巡查制度，将小微企业及书面审查发现问题、有违法记录、有欠薪行为以及达不到人力资源社会保障诚信用人单位标准的作为重点监控对象，开展日常巡查。巡查用人单位501家，涉及劳动者13431人，责令补发工资46万元，补缴社会保险费74万元。全市37家用人单位被潍坊市人社局确定为潍坊市劳动保障诚信A级单位。同时，市人社局充分利用劳动保障监察信息系统，加大全过程网上办案力度，网上办案74件。

【劳动关系】　年内，安丘市人社局办理劳动合同新签备案6426人、解除备案2408人。对企业劳动用工实行动态管理。到年底，劳动用工备案企业1985户，涉及职工98725人。完成全年企业薪酬调查，调查企业57家，为潍坊市制定人力资源市场指导价位和行业人工成本信息提供依据。自6月1日始，全市执行最低工资标准为1640元/月，小时最低工资标准为16.4元。

（高守业）

【社会保险政策待遇调整】　为408名企业军转干部调整差额补助标准，月增4万元，补发91万元。根据潍人社[2017]96号文件规定，为全市29884名退休、退职和“五七工”人员做好调资工作，月增资448万元，人均月增资150元。共为17.08万名符合待遇领取条件的参保居民发放养老金22061万元（其中基础养老金1708.11万元），其中为5400人发放丧葬补助金270万元。全年工伤待遇支出1858.8万元。生育待遇支出2811.5万元。职工医疗保险参保职工共发生住院18090人次，发生住院医疗总费用为17495万元，统筹基金支付12691万元；职工普通门诊签约67931人，发生费用的273006人次，统筹支付2025.8万元；职工长期护理保险建床113人次，发生医疗费190.56万元，统筹支付医疗费171.5万元；职工门诊大病（特殊慢性病）受理申请2042人次，认定办理待遇1792人次，发生医疗费3325万元，统筹支付1904万元。为63名离休人员和六级以上伤残军人统筹、拨付医药费1313.1万元。为739名符合失业救济条件的失业职工办理失业金领取手续，支付救济金1463万元。

【各项社会保险】　全市企业参加基本养老保险108772人，比去年净增1300人；基金征缴收入为60186万元。全市参加机关事业养老保险26867人；基金征缴收入为35519万元。全市参加职工基本医疗保险112439人，基金征缴收入为35175万元。全市参加工伤保险89124人，基金征缴收入为2505万元。全市参加生育保险48159人，基金征缴收入为1755万元。全市参加失业保险58423人，基金征缴收入为2772万元。全市参加城乡居民基本养老保险534860人；基金征缴收入为31826.1万元（其中政府补贴21818.8万元）。全市参加城乡居民基本医疗保险710283人；基金征缴收入为44768.9

万元（其中政府补贴 31962.7 万元）。

【定点医疗机构管理】 采用资料审核、病例复查、异地联合协查等方式共审核结报审核结报 876 人次城镇职工转外医疗费，扣除统筹外费用 409 万元；审核结报 961 人次城乡居民转外医疗费，扣除统筹外费用 603 余万元；网上审核结报 17221 人次城镇职工联网结算住院医疗费，扣除统筹外费用 1164 万元；网上审核结报 139340 人次城乡居民联网结算住院医疗费，扣除统筹外费用 11497 万元；网上审核结报 63238 人次城镇职工联网结算特殊慢性病门诊医疗费；网上审核结报 38507 人次城乡居民联网结算特殊慢性病门诊医疗费。对签约定点医疗机构进行 2 次现场稽核检查活动，查出违规费用共计 178.36 万元，同时按规定对 7 名涉及违规的医保医师给予相应处理。

【养老待遇领取资格认证】 通过指纹比对、表格认证和全国网上协查，对在本地居住和长期易地居住 21719 名企业离退休人员和遗属进行认证。其中，上传网上协查 244 人，认证确认 195 人；协助外地网上协查在本地居住的 313 名离退休人员和遗属，认证确认 313 人；通过待遇资格认证和户籍、民政殡葬信息核查，共查出死亡未注销社保信息的 107 人，其中离退休身份的 4 人、遗属身份的 103 人。

【社会保险基金监督】 依据社会保险法和社会保险稽核征缴办法对 17 个参保单位进行实地稽核，追缴社会保险费 42 万元。通过对签约定点医疗机构的现场稽核检查，拒付违规金额 178.36 万元。通过养老待遇领取资格认证，追回冒领基金 75.26 万元（其中退休职工和遗属的 17.74 万元，居民的 57.52 万元）。全国社会保险监管信息系统中的预警疑点信息下发 38403 条，核查处理 9554 人次，涉及违规的 498 人，违规金额 101.56 万元，追回基金 73.91 万元。

（颜炳奇）

民 政

【概况】 2017 年，安丘市民政局以深入开展“作风建设年”活动为契机，建设“现代大爱民政”为统领，保障基本民生、创新社会治理、服务国防建设、提供社会服务为重点，全面提高服务大局、服务群众水平。年内，获潍坊市国防教育基地和潍坊市社会科学普及教育基地称号。

【城乡社区和基层民主政治建设】 9 月底，安丘市第十二届村（居）委会换届选举，共选举产生村（居）委会成员 3525 人。

【养老服务体系建设】 *养老服务体系建设* 市民政局继续推动以居家养老为基础、社区为依托、机构为补充的养老服务体系建设。

社会力量兴办养老机构 至年底，全市民办养老机构 6 家，另有 1 家完成主体建设，2 家高端养老机构正在筹划中。为 3 家养老机构争取土地指标 62 亩。推进医疗卫生与养老机构结合建设，建成金冢子、官庄、柘山 3 所镇级敬老院和卫生院新建工作，指导景芝、石堆、凌河等 8 所镇级敬老院与卫生院签订医养结合协议，进一步促进医养结合发展，使老人老有所养，老有所依。

农村幸福院和城市日间照料中心建设 按照“社区资源共享”的原则，整合社区内医疗、生活、救助、文化娱乐等服务资源，满足日托老年人在生活服务、保健康复、精神慰藉等方面的基本需求。至年底，建成农村幸福院 68 所和城市社区日间照料中心 10 所。

家庭护理员培训 加强培训提高养老机构专业护理水平，针对失能、半失能老年人大力培训家庭护理员和养老护理员。至年底，培训养老护理员和养老服务管理人员 85 人，培训老年人及失能老年人家庭护理员 150 人，其中参加全国养老护理员统考并取得职业资格证书有人数 78 人。护理员参加潍坊市养老护理员职业技能大赛，在职业技能、理论考试、才艺表演三项中取得第三名的好成绩。

敬老院管理和养老机构改造提升 全市有农村敬老院 13 所，以敬老院与镇卫生院合建或签约的形式全部进行医养结合建设。强化属地管理机制，加强消防改造，请第三方进行消防评估，完善消防管理制度，备案制度。加强公办和民办养老机构的日常管理、24 小时值班制度、外出请销假制度，对不符合安全管理制度和消防设备不达标的单位，下达整改通知书。对整改合格达到条件的，督促办理养老机构设立许可证。

【社会救助】 *医疗救助“一站式”即时结算* 2016 年 11 月，安丘市医疗救助“一站式”即时结算系统正式开通运行。2017 年 3 月，在全市 32 家定点医疗机构全面铺开。对符合条件的救助对象，通过其所在的定点医疗机构直接给予医疗救助，然后由市医疗机构与市民政局进行资金结算。

“重特大”疾病医疗救助 贯彻落实上级文件精神，全面实施重特大医疗救助。按照《安丘市城乡医疗救助及重特大疾病医疗救助暂行办法》规定，进一步扩大医疗救助对象范围，提高医疗救助封顶线。将低收入救助对象和因病致贫家庭重病患者纳入医疗救助范围，并将重特大疾病医疗救助封顶线提高到 30000 元。全年救助患病困难群众 6100 多人次，发放救助金 600 多万元，及时缓解因病致贫、因病返贫家庭的困难。

临时救助 贯彻落实《安丘市“救急难”工作的实施方案》，成立市镇村三级“救急难”主动发现报告专职信息员队伍，并申请市财政安排

"救急难"专项备用金20万元，保障"救急难"工作顺利开展，有效避免冲击社会道德和心理底线事件发生。全年为1700多个因突发性、紧急性、临时性变故造成基本生活困难的家庭发放临时救助金300余万元。

惠民政策 严格落实国家各项惠民政策。至年底，为全市80岁—99周岁低保老年人809人发放高龄津贴110万元；为10500多个城乡低保家庭发放免费电量款104万元。

贫困家庭大学生救助 统筹协调各成员单位提前搞好调查摸底，及时提报救助计划，建立好救助台账，进行信息比对和共享，扩大救助覆盖面。全年救助贫困大学生94人，发放救助金28万元。

救灾救济 为保障受灾群众的冬春生活，发放救灾款144万元；"5·12"防灾减灾日期间，联合市相关部门开展集中宣传活动，发放宣传画和单页3000多份；投资245.5万元为全市居民办理民生综合保险，保障全市居民人身伤亡抚恤与财产损失救助。

流浪乞讨人员救助 开展"夏季送清凉""寒冬送温暖"等专项救助活动。通过救助网、安丘朋友圈等信息平台，在24小时内发布查询信息；对超过30天的，协助市公安部门及时采集DNA数据信息，录入全国寻亲网查询。对查找不到户籍信息又无法查明身份的滞站人员，主动协调市公安、卫生、残联等部门，为其办理落户手续和城镇居民医疗保险及残疾人证书等。提请市政府批准，将这部分人员纳入特困人员供养范围，安置在社会福利院及养老机构。引进专业社会组织对5名情况特殊的滞站人员接入站内照料保障其合法权益。全年救助流浪乞讨人员140人次，为12人办理落户手续。

强化信息核查 依托潍坊市低收入家庭经济状况核对系统，核对27927人，核对出疑似信息13772条。具体疑似信息项目为车辆3809条，从业资格379条，法人纳税320条，工商登记1393条，公积金信息650条，国税登记247条，社保4259条，失业金85条，市级财政供养人员1条，水利移民2175条，太平洋人寿10条，新华人寿4条，人保财险392条，中国人寿4条，殡葬死亡44条。

【最低生活保障】 **城乡低保提标** 年内，市民政局根据潍坊市民政局、财政局《关于进一步提高城乡低保标准的通知》和《关于进一步提高农村低保和农村特困人员救助供养标准的通知》，将农村居民最低生活保障标准由每人每年3300元提高到3800元，使城市居民最低生活保障标准由每人每月480元提高到500元，保障城乡困难群众的基本生活。至年底，共有在保城乡低保对象7089户、11756人，发放低保救助金4200多万元。其中，城市低保对象562户、940人，发放低保金397.5万元，人均月补差325元；农村低保对象6527户、10816人，发放低保金3800多万元，人均月补差200元。

低保复核 2017年，安丘市政府工作报告将农村低保"回头看"确定为任务目标。1月—9月，市民政局在全市范围内集中开展农村低保复核活动。重点清理清退不符合条件人员，并将新符合低保条件的困难户全部按规定程序纳入低保范围。经核查，清理清退不再符合低保条件人员6797人，新增符合条件低保对象1259人，促进社会救助公平公正。

【优抚安置】 **优抚工作** 全市有重点抚恤定补优抚对象3845人。其中，"三属"179人、在乡老复员军人895人、残疾军人886人，带病回乡退伍军人1055人，参战涉核人员585人，烈士子女245人。全部按要求录入省"金民工程"数据系统。一是贯彻落实抚恤优待政策，各项抚恤优待金按政策规定及时提标并足额发放。按要求全部提高抚恤定补优抚对象的抚恤补助标准，提高的部分资金和2017全年抚恤补助资金全部发放到位，发放资金4211.5万元。二是落实优抚对象医疗保障待遇。按照《安丘市抚恤定补优抚对象医疗保障实施办法》规定，为176名农村籍一至六级残疾军人、28名下岗失业七至十级残疾军人，缴纳城镇职工基本医疗保险，并同步参加大额医疗救助，共计329.24万元；为2984名农村籍7级至10级残疾军人、三属、老复员军人、带病回乡退伍军人、参战参试退役人员缴纳43.9万元城镇居民医疗保险，所有优抚对象均享受定额门诊补助。其中，一级至六级残疾军人门诊补助800元/年，七级至十级残疾军人、"三属"、复员军人每人每年补助200元，带病回乡退伍军人、参战退役人员每人每年补助100元，共计49.12万元。优抚对象住院报销比例全部提高到75%。全年收到优抚对象医疗补助申请346份，补助金额74.52万元。三是按标准及时兑现义务兵家庭优待金。全市的义务兵家庭优待金达到上年度农民人均纯收入标准15161元，其中对进藏、进疆等高原地区的按2倍标准发放，为911人发放约1465.26万元。四是奖励立功受奖军人家庭。全年为荣立二、三等功等奖励的167多名现役、退役军人和军人家属发放慰问金26.5万元。五是按要求落实部分农村籍退役士兵发放老年生活补助。部分1954年11月1日试行义务兵役制后至《退役士兵安置条例》实施前入伍，年龄在60周岁以上（含60周岁）、未享受到国家定期抚恤补助待遇的农村籍退役士兵，按每服一年义务兵役每人每月发给25元（自10月份提标到30元）的标准发放老年生活补助。是年，全市有符合范围的老年退役士兵6889人，发放生活补助费1189万元。

安置工作 一是完成2016年冬季退役士兵职业技能培训工作。根据省《关于加强退役士兵职业教育和技能培训工作的实施意见》，继续对自主择业、自谋职业退役士兵开展免费技能培训，不断提高培训质量，增强退役士兵的就业能力。2016年冬季退役士兵的职业技能培训工作于2017年10月开班，参训人数87人，培训时间3个月。二是发放2016年自主就业退役士兵补助金。至6月底，接收2016年度自主就业的退役士兵502人，按照《山东省人民政府办公厅关于做好自主就业退役士兵一次性经济补助工作的通知》《山东省自主就业退役士兵一次性经济补助金发放暂行办法》，对自主择业的退役士兵，按照每服役一年4500元的标准给予一次性经济补助。2016年发放自主就业补助费1650万元。三是退役士兵安置。2016年度接收符合安置条件的城镇退役士兵5人。其中，转业士官3人，城镇退伍初级士官2人。按照确定不低于接收总数40%的比例，实行公开报名，公平、公正考试考核，录用公开的原则，考录3人进事业单位。其中，录用转业士官2人，城镇退伍初级士官1人；其他2人安排国有企业；发放退役士兵待安置期间的生活保障金1.95万元。四是按照《关于做好全省退役士兵安置和权益保障工作的意见》，对1999年—2008年，全市1556名退役士兵，按照当时城市低保标准，补发生活费302万元。对2004年—2014年，全市589名退役士兵，补发自谋职业金，对转业士官和义务兵分别按上年度城镇在岗职工平均工资的2.5倍和1.5倍的标准，补发补助金6.5万元。至年底，全市聘用退役士兵专项公益性岗位1662人。其中，2011年对下岗退役士兵再就业开发公益性岗位433个，2012年开发公益性岗位687个；前两批转为灵活就业93人，年内安排专项公益性岗位649人。对所需的公益性岗位，本着性质相近的原则，由市住建、教育、城管等部门和镇街区为主开发，主要分布在学校安保、园林环卫、城管协管、城乡社区等岗位，满足退役士兵需求。同时，针对公益性岗位的聘用管理，制定考核办法、劳动合同，将整体工作纳入规范化。鼓励446名符合条件的退役士兵选择灵活就业，落实养老、医疗、工伤三项保险待遇。按照2017年度10179元的标准，兑现灵活就业保险政策，鼓励退役军人自主创业就业，收到良好的效果。市民政局专门下发《优先为符合条件退役士兵办理困难救助的通知》，广泛宣传条件范围、程序步骤，为生活困难退役士兵提供基本保障。年内，将10名符合条件退役士兵家庭纳入低保范围，发放低保金3.9万元；为17户退役士兵困难家庭办理临时救助，发放救助款3.6万元；为1户退役士兵病灾家庭办理医疗救助，发放救助款1.5万元。为36户提出申请符合条件的退役士兵，开辟保障住房办理绿色通道，按程序严格审核，符合条件的建立台账，落实到位。其中，购买经济适用房4户、公共租赁住房实物配租15户、公共租赁住房补贴17户。重点做好学历教育招生服务和培训辅导，年内组织动员全市20名符合条件的退役士兵报考省内高职院校。

【双拥共建】 *支持部队军事建设，推进军民融合发展* 一是建立军地需求对接，军地携手搞好顶层设计。开展军民融合发展课题调研，全面把握有关企业军用设备供应等情况，加强供需信息沟通，强化指导检查，切实解决实际问题。多次组织有关企业装备潜力调查，为提升应急应战能力和给养应急保障动员奠定基础。拓展军民融合发展领域，扎实推动军民融合深度发展。在基础设施规划建设方面，构建防空防灾一体，符合平战双重需求。做到城区开发兼顾军事设施保护，综合交通体系建设兼顾部队机动需要，实现国防设施与基础设施建设同步。在人才培养领域，建立士兵培训基地，广泛开展科技拥军、文化拥军，定期组织市科技、教育、文化、经信等部门专业技术人员到驻军部队办班授课，帮助官兵掌握科技知识，免费为部队培训各类技术骨干，支持部队信息化建设和人才战略工程建设。军队社会化保障方面，将营房改造、医疗、住房和粮油电暖供应纳入社会化保障范围，组织有关企事业单位主动为部队排忧解难，及时保证部队供应。二是开展各项拥军优属活动。节日期间，做好走访慰问活动。2017年春节和“八一”建军节、公祭日期间，市委、市政府组成慰问组，由市委、人大、政府、政协四大班子领导成员带队，深入到驻安部队以及优抚对象家中进行走访慰问，为部队和优抚对象送去价值30万元的慰问品和63.7万元慰问金。采取召开座谈会的形式，与驻安军警部队官兵座谈，向他们介绍全市经济社会发展情况，倾听他们的意见和建议，了解重点优抚对象的困难。开展媒体宣传。借助报纸、电台、电视台、《今日安丘》等主流媒体，坚持“声、屏、报、网”一齐上，宣传拥军优属、拥政爱民的先进事迹和先进典型；在市区主要路口设立大型永久性双拥宣传标志牌，主要道路和出租车电子显示屏上，定期滚动播放军警民共建活动内容，收到良好的宣传效果。开展集中宣传活动。在“八一”“国防教育日”等重要日子，组织双拥工作成员单位在城区繁华地段和各镇街驻地、社区中心村，采取组装宣传车、印发通告和宣传材料、播放专题片等形式，广泛开展双拥工作宣传。三是军地和谐共建，增进军政军民感情。驻安部队主动与市公安部门、周边村庄、企事业单位协作，实行联合治安值勤，共铸安全防范网络。驻安部队协助市公安部门维护社会治安、处理突发事件，为维护全市社会安全稳定发挥重要作用。驻安部队还主动与驻地村居困难群众结成帮扶对子，定期组织小分队走访慰问，开展“扶贫日”活动，为驻地敬老院和困难群众捐款捐物、义务诊疗等。

军队离休退休干部接收安置及服务管理　是年，全市接收安置军队离休退休干部96人。其中，军队离退休干部66人，退休士官30人。为了丰富军休干部的精神生活，举办军休干部休闲运动会、台球赛、棋牌赛等文体活动。按照由表性变理性，由抽象变具体的创建思路，围绕把虚事办实，确保和谐创建深入开展扎实有效，本着“坚持标准、活化活动、量化考评、鼓励先进”的原则，细化标准，量化考核，开展诸如卫生环境整治、院内车辆停放管理、杜绝乱停、乱放、乱挂等行为的活动；全面实施由老干部发起的《小区文明安全公约》，保障人员出行、人身、财产安全。定期举办“老干部家庭采风”“才艺展示”等活动，交流和谐创建活动的心得体会，在平常考绩、半年初评的基础上，前期又组织年终汇报交流、评定考核活动，评选出“和谐军休家庭”17户、先进个人30人，春节前进行表彰奖励。为了充分利用社会资源，更好地为老干部服务，市民政局开展以热线电话服务为主要形式的“热心关爱”活动。实行“对外互动，对内联动”的运行模式，协调安居物业管理中心、医院、华润燃气用户服务电话、供暖管道维修、广播电视服务、网络电脑维修公司、电器维修公司、家政服务、快递公司等相关服务单位，对军休干部急需解决的问题做到及时受理、快速反应、处理到位，形成当日问题当日解决，疑难问题定期解决的有效服务机制。

烈士褒扬　安丘市抓住清明节、建党节、建军节、国庆节等纪念日和重要节日，定期组织开展祭奠烈士、缅怀英烈活动，不断拓展烈士褒扬工作的深度和广度。每年“烈士纪念日”举办烈士公祭仪式，市级部门全体成员，市法院、市检察院、市人武部、团市委、驻安部队代表，少先队员代表以及社会各界人士共同参加。清明节、建军节、建党节期间，组织机关干部、学校学生、社区居民、驻安部队官兵开展祭扫烈士墓、向烈士敬献花篮、聆听英烈事迹等活动。积极推动社会力量参与烈士纪念活动，综合运用报刊、广播、电视等媒体平台，通过专题展览、英烈事迹报道等形式，利用青少年入队、入团、入党等人生成长的重要时机，依托安丘市革命烈士陵园等爱国主义教育基地，弘扬烈士精神，用烈士精神凝聚力量、激励斗志，在全社会营造缅怀烈士、崇尚烈士、学习烈士的浓厚氛围。全年到安丘市革命烈士陵园参观瞻仰，缅怀革命先辈达70000多人次；组织到安丘市革命烈士陵园举行入党、入团宣誓仪式达5000多人次。

【社会组织管理服务】 社会组织登记备案　按照《山东省民政厅关于创新社会组织登记和管理工作的通知》要求，市民政局重点培育发展行业协会商会类、公益慈善类（教育、卫生、养老机构、民办博物馆除外）、科技类、城乡社区服务类四类社会组织，并依法直接登记，年内直接登记社会组织30家。至年底，有社会组织284家。其中，社会团体97家，民办非企业单位187家。为284家社会组织统一换发社会信用代码证书。同时，启用“山东省社会组织管理平台”系统，推进社会组织法人库智库信息系统建设。

社会组织年检　依据《安丘市民政局关于做好2016年度社会组织年度检查工作的通知》，市民政局采取网上申报和现场办理相结合进行办理，重点审查各社会组织自身建设、财务状况、人员变动、党建工作、遵纪守法等方面的情况，并组织开展“双随机、一公开”检查工作，对符合年检条件的266家社会组织进行年检，年检率100%。

社会组织服务平台建设　依托镇街区社区服务中心设施，市民政局建成幸福里等4个社会组织服务平台，逐步建设社会组织孵化服务平台，在组织运作、活动场地、活动经费、人才队伍等方面提供支持。对已入驻孵化基地的16个社会组织，开展免费能力培训、党建指导等活动，鼓励社会力量支持社会组织发展，提升社会组织进社区承接政府职能转移服务功能，促进全市社会组织健康有序发展。

【婚丧管理】 婚姻登记　市民政局登记处贯彻落实《婚姻法》《婚姻登记条例》和《婚姻登记工作规范》，坚持以“严格执法、热情服务”为准绳，以“便民、惠民”为宗旨，加强婚姻登记规范化建设，全面打造便捷高效的窗口服务平台，成功创建国家AAA级婚姻登记机关。按新《婚姻登记档案管理办法》，对1987年—1997年的乡镇纸质档案进行整理、档案补录，实现电子档案“双套制”保管，规范档案的管理，确保档案资料万无一失，维护当事人的合法权益。在婚姻登记服务工作中，实行“五心服务”，即接待态度有“热心”，解答问题有“耐心”，办理登记有“细心”，提供服务有“称心”，为民办事有“爱心”。制定并完善《岗位责任制度》《首问责任制》《证件管理制》《档案管理和保密制度》《一次性告知制》《应急预案》等各项规章制度。印制婚姻登记业务服务指南及婚姻法规宣传册，设立表格填写样张，并为办事群众提供老花镜、饮用水等便民服务，努力营造干净舒适的服务环境。公开工作人员的照片、工作守则、服务承诺、办公时间、办理时限、办公地点、办事依据、咨询电话、监督电话等内容，并接受社会监督。2017年，办理结婚登记6885对，离婚登记2422对，补发婚姻证件3821对，全年来电咨询5000多人次。

丧葬管理　市民政局开展殡葬服务专项整治，全面提高殡葬服务质量，引导群众树立文明节俭丧葬新风。严格按照殡仪服务标准开展服务，将服务项目、服务程序、服务内容、服务承诺、服务监督、收费价格与依据制成版面予以公示；实行24小时遗体接运、存放服务，提高殡仪服务水平，保证殡仪服务质量；实行一次性告知制、首问负责制、首办责任制、限时办结制、自愿选择制、服务提醒制、服务评价制等服务制度，有效地推动殡仪服务的标准化、规范化和专业化建设。执行《安丘市免除基本殡葬服务费用实施办法》和《安丘市困难群众基本殡葬服务费用减免办法》，全年为7034名符合条件的丧户减免基本殡葬费用604万多元，切实减轻群众的治丧负担，受到社会各界的一致好评。贯彻安丘市委办公室、安丘市人民政府办公室《关于加快推进全市乡村文明行动移风易俗工作的实施意见》，深入宣传移风易俗，推进农村红白理事会建设，全市所有行政村全部建立红白理事会，实现农村红白理事会全覆盖的目标。市文明办、市民政局印发《关于在农村提倡喜事新办丧事简办的指导意见》，倡导喜事新办、丧事简办、勤俭节约、文明理事的社会新风尚，切实减轻农民群众负担，树立文明、节俭婚丧新风，推进农村精神文明和美丽乡村建设。9月，根据潍坊市民政局的安排，市民政局协助组织潍坊市首次海葬服务报名活动。投资30多万元，在2个殡仪馆新增设4间观化室，购置沙发、空调、饮水机等设施，为丧属提供方便。在第一殡仪馆整修停车场，重新装修告别厅，设置守灵室，为前来办理告别仪式的丧属提供便利。

【地名管理及第二次全国地名普查】 市民政局按照山东省民政厅的要求，牵头完成与沂水县、诸城市、临朐县行政区域界线联合检查工作。在第二次全国地名普查工作进入地名数据成果转化阶段，完成《中华人民共和国标准地名词典》安丘市部分的供稿任务和《安丘市地名图集》《安丘市行政区划图》《安丘市城区图》的审核校对工作。

【福利和慈善事业】 *慈善宣传* 学习宣传《中华人民共和国慈善法》及配套法规，扎实做好“9·5中华慈善日”主题宣传活动，在市区、14处镇街区、79个农村社区集中开展普法宣传活动，悬挂条幅、张贴海报、印发“《慈善法》要点30问”等宣传材料5万多份；完善维护“安丘慈善”网（www.aqcsw.cn），及时、全方位宣传慈善活动及典型；积极向潍坊晚报、安丘电视台、安丘报社等新闻单位提报信息29条。

组织建设 举办1期民政科员志愿服务信息系统培训班；对14个镇街区慈善工作委员会和114个城乡社区慈善工作联络站进行打造完善，门牌、制度上墙；联合社工协会成立青少年工作委员会、心理工作委员会、司法调解工作委员会等专业性社会工作分支机构。

慈善募捐 开展“慈心一日捐”活动，召开全市动员大会、部门座谈会、调度会。至7月10日，全市接收捐款139万元。动员山东润东建设集团有限公司、戈雷祥安房地产有限公司设立慈善基金1100万元。争取北京仁爱慈善基金会等单位的支持，接收社会各界爱心捐款、定向捐款、互助基金等573.7万元。

慈善救助 全年慈善救助的重点向精准扶贫倾斜，重点救助全市贫困大学生和患白血病、尿毒症、癌症、心脏病等因病致贫的特困家庭上。同市扶贫办、卫计局、关工委等部门深入开展“精准扶贫慈善救助活动”“城乡低保户等特殊困难群众医疗救助活动”“扶贫助学活动”等慈善救助活动。特别是为629名建档立卡贫困户发放一次性慈善救助金，为420余名癌症、白血病、尿毒症等特困大病家庭解决一时的生活困难，为331名白内障患者做减免费手术治疗。开展“朝阳助学”“康复助医”“夕阳扶老”“爱心助残”“情暖万家”等公益活动，全市使用善款1036.4万余元，救助困难群众15.3万人次。

人才建设 为今年参加社会工作者职业水平考试的190多名参考人员，分两批进行为期48课时的考前系统培训。邀请全国社会工作专业领军人才、青岛大学社会工作专业硕士生导师徐进，现场指导全市社区社会工作的发展。组织社会福利科科长李国辉等15名一线社会工作人员前往潍坊市社工协会参加3期业务提升培训。全国社会工作督导李国花受山东经贸职业学院邀请为新生做业务报告。

农村特困人员供养提标 从2017年12月1日起，将农村集中供养特困人员由每人每年6100元提高到每人每年6200元，分散供养每人每年4500元，年内为3124名农村特困人员发放供养金1422.05万元。

孤儿保障 为全市118名孤儿发放生活费89万余元。将符合条件的28名困境儿童纳入困境儿童保障范围，每人每月发放困境儿童生活费300元，按照与低保补差的方式共为困境儿童发放生活费21600元。

残疾人两项补贴 2017年，继续做好全市残疾人两项补贴发放工作，全年发放残疾人两项补贴资金1397.98万元。截至12月底，全市享受中毒残疾护理补贴人数为13446人，享受困难残疾人生活补贴人数为2828人。

【红十字会】 2017年，安丘市红十字会无办公室，未注册、无编制，相关工作由安丘市卫计局医政医管科承担。医政医管科有办公人员4人，办公地点在市卫计局大楼10楼，有红十字志愿者2000余人。市红十字会开展救灾、救助活动；采取多种方式，继续加大宣传力度，广泛动员社会各方力量，建立和拓宽救助资金来源渠道，提高红十字会救助实力；结合实际建立健全报灾制度，协助政府做好灾害救助工作；发挥红十字人道主义救助作用。

救灾帮困　2016年5月，安丘市红十字会开展“依旧情深，邮爱传递”爱心包裹活动，联合中国邮政集团公司山东省安丘分公司，以开展机关、企业、社区、学校等场所的现场募捐活动为主要平台，开展公益捐赠活动，依托中国邮政包裹业务将募捐到的衣物邮寄到受捐地区。同月，向石埠子镇西殷民村、柘山镇柘山小学发放价值23400元的维D2磷酸氢钙片300盒，受益群众及学生150余人，受到村民、师生的欢迎。6月，向大盛镇大盛幼儿园、辉渠镇雹泉中心幼儿园、石埠子镇西殷民村、市人民医院先心病患儿发放价值86400元旗帜婴儿奶粉240桶，受益儿童120余人，减轻贫困儿童家庭经济负担。2017年1月，开展“博爱齐鲁送温暖活动”，向“三捐”人员及困难群众8人，发放2400元花生油、大米、面、糖等物资。5月，与北京安贞医院、阳光融合医院开展“天使之旅——山东贫困先心病儿童救助行动”，为20余名贫困家庭的先天性心脏病儿童安排到阳光融合医院免费进行手术治疗。10月举行献爱心送书籍活动，向青云双语学校学生及留守儿童发放900本，价值14040元的书籍，受到师生的欢迎。11月，向石埠子西殷民村、荆埠子村村民发放1600盒，价值23680元的连花清瘟胶囊，收益群众800余人。12月向辉渠镇卫生院、大盛镇卫生院发放2000盒，价值29600元的连花清瘟胶囊，收益群众900余人。

人体器官（遗体）捐赠　2016年3月，兴安街道李春刚无偿捐献造血干细胞，同年4月凌河镇雷希民无偿捐献造血干细胞，拯救需要移植造血干细胞患者的生命。2016年7月，官庄镇王某某无偿捐赠角膜。2017年6月，大汶河旅游开发区李某某无偿捐赠遗体。

【福彩】　2017年，安丘市设立电脑福利彩票投注站101个。5月，举办由潍坊市福利彩票发行中心主办、安丘市民政局协办、潍坊市艺术剧团演出的公益福彩进社区大型巡演活动。7月、9月，分别组织安丘市全体福彩销售工作人员进行专业知识和营销宣传培训。年内，全市销售福利彩票11700万元。其中，电脑福利彩票10926.92万元，“刮刮乐”即开型福利彩票817.32万元，筹集福彩公益金1100万元，用于社会福利和公益事业。

（殷德东）

社区建设

【概况】　2017年，安丘市社区服务建设结合全市实际，以深化和提升社区实体化建设服务水平为主线，转变镇街工作方式、推进社区治理能力为目标，争创“全国农村社区建设示范市”为契机，完善面向农村群众生产生活的全方位社区服务管理体系，打通联系服务群众“最后一公里”，促进城乡一体化发展，群众满意度不断提高。

【社区硬件设施提升改造】　安丘市立足于打造全省乃至全国一流社区的目标，以争创“全国农村社区建设示范市”为契机，年内重点推进了31个社区服务中心（其中15个新建）的改造提升工作。到年底，在原有社区服务中心基础上改造提升的任务基本完成。16个新建社区服务中心投入使用，社区服务环境有了较大改善。

【社区服务软实力转型升级】　社会化服务体系建设　安丘市以居民服务需求为导向，推进社区服务转型升级，有效整合政府各部门在社区的服务职能和服务资源，健全公共服务、拓展经营性服务、发展志愿互助性服务，不断完善“三位一体”的社会化服务体系，提升社区服务效率。

社区公共信息服务　安丘市依托信息化手段和标准化建设，整合公共服务信息资源，建成面向社区居民提供基本公共服务的社区公共信息服务平台。结合安丘市实际，以各个社区为基本单元，应用功能集成、界面规范、部署集中的社区公共服务信息系统，依管理幅度和服务半径向所辖社区延伸。制定完善信息采集制度，加强社区信息资源规划，明确社区信息采集标准，将社区场所、人员、时间等信息纳入采集范围，按照一数一源、集中采集、共享校核、及时更新的原则，实现“数据一次采集，资源多方共享”。全面推行以社区网格化信息管理系统为基础的新型城乡社区网格化服务管理模式。根据区域地形特点和居住人口密度合理设置网格，一社区为一个网格，网格内配备专兼职网格员，对网格内“人、地、事、物、组织”等信息采集到系统中，进行统一的信息管理。本平台属于业务系统，社区发生的动态性活动、网格员走访的社区信息、业务办理流程等能及时展示宣传，充分体现社区公共信息服务平台的便民、利民、为民服务。

“阳光议事”推动民主协商　市根据中共中央办公厅、国务院办公厅印发的《关于加强城乡社区协商的意见》和中共山东省委办公厅、省人民政府办公厅印发《关于加强城乡社区协商的实施意见》的有关要求，结合安丘市实际，围绕提升和改善基层民主这一目标，以扩大基层群众的参与度为基础，提高村级议事协商水平为抓手，推行“阳光议事日”为切入点，建制度、重规范、求实效，规范“阳光议事”范围。出台财务公开“晾晒”制度，以村为单位，将每月发生的财务收支、资金管理、单据报销、合同管理等重大事务，通过“阳光议事日”、村务公开栏、网上阳光村务监督平台、明白纸等方式，进行全面“晾晒”，对党员群众进行答疑解惑，征求意见件和建议。无异议后，村务监督委员会对每笔单据盖章，报镇街财经中心审计符合并进行公开。针对部分村青年人员外出打工多，惠存时间少，对村务关心不够的实际情况，各镇街专门开发网上阳光村务监督平台，由各镇街统一管理，村“两委”根据工作推进落实情况、村民关注的重大事项的办理情况等形成公开内容，经村民代表会议、村务监督委员会把关后，报由镇街统一安排录入进行公开。村民用本人的身份证号码登录平台，可查看本村的村务公开情况，有意见和建议可在网上提出；镇街安排专人定期进行解答，提高了外出人员参与村务管理的积极性。探索推行“阳光议事”推动民主协商实施办法得到上级业务部门的认可，并在《中国社会报》上发表。

四社联动”创新社区治理方式

安丘市将社会工作专业队伍、理念技能和方法等引入社区，构建以社区为工作平台、社会组织为载体、社区工作者为支撑、社区志愿者为有益补充的协调联动机制，实现社区、社会组织、社会工作者及社区志愿者“四社”间的资源共享、协作的“四社联动”机制。以兴安街道石泉社区、景芝镇葛家庄社区、凌河镇儒林社区、石堆镇甘泉社区为试点，调动社会力量参与社区建设，构建各方面力量优势互补、互惠融合的社区社会化服务新格局，实现社区治理专业化、社会化，以“四社联动”为指引开展服务模式。

社区“五项服务”求“实效”

一是开展公共服务。按照利民为本、权随事走、该放则放、能放即放的原则，对凡符合法律法规要求、社区有条件有能力办理的职能权限，全部延伸下放到社区便民服务大厅集中办理。二是开展生产服务。充分发挥村民自治组织、农民专业合作社、产业协会、龙头企业的作用，引导群众互助合作，促进产业化、规模化经营，推动富民强村。三是开展生活服务。依托社区教育卫生、商店超市、科技信息、金融保险等便民设施和周边市场，利用社区书屋、文化大院、文体广场等文体服务设施，丰富群众文体生活。四是开展矛盾纠纷预防排查调解服务。依托社区信访听证室、拉呱室，推行公开听证法化解矛盾纠纷，对复杂疑难问题，由社区干部主持召开听证会，把双方当事人叫到一起，必要时邀请律师和相关部门的业务骨干参加，通过面对面摆问题、讲道理、辨是非，促进矛盾纠纷有效化解，基本实现“小事不出村、大事不出社区”，促进群众和谐相处。五是开展民主管理服务。根据《安丘市村级工作规范化管理办法》，全面推行村事民决社区监管，指导村级加强各类自治组织建设，引导村级自主议事、自治管理、自我服务；推行“阳光议事日”、党员积分制、村党组织书记“四诺”管理制、网上阳光村务监督平台、村会计聘任制、驻村指导员制度等措施和机制，进一步提升村级规范管理的实效性。在强化“五项服务”的基础上，立足实际，不断丰富完善和拓展延伸为民服务功能。

（殷德东）

【增减挂钩项目建设】 安丘市积极稳妥实施城乡建设用地增减挂钩试点工作，完成13个村庄的拆旧复垦工作，复垦耕地1689亩，节余建设用地流量指标1689亩。其中，景芝镇程家庄子村复垦耕地157亩、伏戈庄村复垦耕地258亩、西杨庄村复垦耕地112亩，大汶河旅游开发区周家庄子村复垦耕地153亩，辉渠镇东南山村复垦耕地86亩、石灰窑子村复垦耕地114亩、莲花官庄村复垦耕地106亩，凌河镇东南疃村复垦耕地71亩，石埠子镇柿子园村复垦耕地138亩，官庄镇小管公村复垦耕地57亩，郚山镇范家沟村复垦耕地74亩，大盛镇下马疃村复垦耕地235亩，金冢子镇小沟河村复垦耕地128亩。

（许　东）

【农村新型社区建设】 安丘市按照“功能配套齐全、生活服务周全、基础设施安全、治理机制健全和特色优势鲜明”的“四全一特”标准要求，坚持分类指导、梯次推进、逐步提高的原则，抢抓土地增减挂钩和棚改政策机遇，实施农村新型社区建设。实施过程中，突出聚合发展，紧密结合小城镇和新农村建设实际，进一步调整完善农村社区规划。全市规划布局79个农村社区，逐步引导农民进入社区集中居住，实现就地就近城镇化，推动人口向社区集中、土地向规模经营集中、产业向园区集中。全年新建或续建农村新型社区12个，投资3.02亿元；建设安置楼90多幢，合并30个村，其中2个社区搬迁入住，入住人口达到459户、1604人；建设提升31个农村社区服务中心，其中新建达标型15个、提升型16个。

（殷德东）

老龄工作

【概况】 2017年，安丘市老龄系统学习贯彻习近平总书记关于加强老龄工作的一系列重要讲话和指示精神，紧紧围绕全市经济社会发展大局和“五个老有”工作总目标，进一步推进涉老民生改善，使老年人权益保障水平不断提高。老年人文化生活更加丰富，老龄事业得到进一步发展。全市60周岁以上老年人20.1万人，占户籍总人口的20.7%。

【老年人优待政策落实】 坚持以深入学习宣传和贯彻落实《中华人民共和国老年人权益保障法》和《山东省老年人权益保障条例》（简称“一法一条例”）为主线，全面落实老年人优待政策。督促市老龄委成员单位各司其职，贯彻落实省市老年人优待规定。市交通、旅游、卫生、文化、体育等部门对乘坐市内公交车、如厕、就医、游览公园景点、进出入公共文化体育场所的老年人实行免费或优惠，新出台60～64岁老年人半价乘公交政策。市司法、法院等部门开展司法救助和法律援助工作。市政务服务中心设立窗口，免费为老年人办理优待证余件。安丘市推进老年人公益维权，开展老年人公益维权示范站点创建工作。同时，继续抓好高龄（长寿）补贴金登记、审核、发放及困难老年人救助金发放等日常基础性工作。全年为2534名、90岁以上老年人发放高龄补贴金179.964万元；为42名、100岁以上老年人发放长寿补贴金281.4002万元；为803名、80～99岁生活困老年人发放困难老年人高龄补贴114.44万元。

【老年人生活状况抽样调查】 2015年，全国老龄办、民政部、财政部在全国开展第四次中国城乡老年人生活状况抽样调查中，安丘市被确定为抽样单位，兴安、景芝、凌河、石埠子4镇街16个村、480名老人参与调查。2016年和2017年又对上述老年人相继开展监测调查，跟踪掌握被调查老年人的生活状况变化情况。市老龄办将此作为重要工作来抓，在落实各项保障措施的同时，组织对参与调查的督导员、调查员进行业务培训和督导。在省和潍坊市老龄办督导组指导下，均按时完成调查任务。

【休闲养老中心建设】 为加强城镇养老机构基础设施建设，按照省市有关文件要求，安丘市推荐上报安丘市颐乐园老年安养中心为省级财政扶持单位，省老龄办、财政部门批复资金18万元。6月，安丘市老龄办将18万元扶持资金及时拨付到位。

【“银龄安康工程”】 2009年，按照上级部署要求，安丘市启动实施以推行老年人意外伤害保险为主要内容的“银龄安康工程”，通过“政府赠、社会捐、子女送、个人买”等多种形式，为老年人办理人身意外伤害保险，有效减轻老年人家庭的经济负担，成为全市为老服务的一张亮丽品牌。自2017年“银龄安康工程”开展后，市政府于5月召开会议作了安排，并纳入2017年度镇街区科学发展考核。总的目标任务是，60周岁以上老年人投保率100%，50～59岁老年人投保率60%以上，人均投保不低于20元。年内，全市收缴保费248万元，投保率61%。为提高“银龄安康工程”的社会知晓率和参与率，市老龄办联合有关部门、单位在全市开展“银龄安康杯”征文活动，推动“银龄安康工程”深入开展。

【“敬老月”活动】 10月28日是《中华人民共和国老年人权益保障法》新修订后的第五个法定老年节，10月又是山东省的第十三个“敬老月”。10月12日，中共安丘市委办公室、市人民政府办公室下发《关于组织开展“敬老月”和庆祝老年节活动的通知》，安排全市各级各部门开展“敬老月”活动。市老龄办与有关部门联合开展“敬老文明号”“十大孝星”“尊老敬老助老模范”评选活动。

【老龄工作宣传】 安丘市充分利用《潍坊日报》《老年生活报》《善者》《潍坊保健报》及电视、网络等媒体，加强老龄政策法规、老龄工作和老龄事业发展动态、孝亲敬老正能量的宣传报道，让社会各界更多地了解、关注、支持老龄工作。全市在各类媒体发表宣传稿件篇，刊发信息篇。10月13日，市老龄办召开全市开展“敬老月”活动和老龄信息宣传培训会议，邀请省市老龄部门的有关领导授课，对下步的信息宣传工作提出了新的要求。

（殷德东）

民族宗教

【民族工作】 *开展“民族团结进步宣传月”活动* 2017年，安丘市民宗局开展媒体宣传、主题签名、便民服务、矛盾排查等7项活动，加大全社会民族团结进步宣传力度，促进各民族团结进步发展局面；依托市青少年教育实践基地，建设“民族团结进步教育基地”，并于10月17日举行授牌仪式。

做好流动少数民族群众工作 市民宗局通过完善宣传调研制度、健全协调联系机制，探索建立流动少数民族人口服务管理工作体制。针对流动少数民族子女入学问题，征求市教育、公安、卫计等相关部门意见，规范整理出一套入学办理流程，帮助流动少数民族子女入学实现“零障碍”。年内，全市16名流动少数民族群众子女全部入读镇街区或市直中小学校。

化解涉及少数民族群众矛盾纠纷 市民宗局深入贯彻落实各项少数民族政策，探索建立矛盾化解新机制，通过政策宣传、协调劝说等措施，积极调处、妥善化解涉及少数民族矛盾纠纷事件。7月21日，联合市人社局、市劳动保障监察大队协调处置1起新疆籍来安务工少数民族群众工资纠纷，为71名新疆籍维吾尔族群众协调解决工资93000余元。

加强清真食品生产企业服务管理 2月，市民宗局排查摸底全市清真食品生产企业和清真拉面馆，排查统计清真食品生产企业15家，全部纳入市民宗局管理工作台账。对提出清真食品生产监制申请的企业，严格按照规定要求，派专人深入企业，对清真食品生产基本要求进行现场审核把关。

【宗教工作】 *深入推进宗教活动场所规范化建设* 市民宗局指导宗教活动

场所严格落实教务、财务、安全、消防、文物保护、卫生防疫及大型宗教活动等内部管理制度，不断提升宗教活动场所规范化水平。做好全省宗教工作基础数据库信息录入工作，审查录入 1 个宗教团体、45 处宗教活动场所和 24 名宗教教职人员基本信息；落实宗教活动场所变更及重大宗教活动申报审批制度，完善大盛镇白石岭村天主教堂翻建审批手续，备案和审批安丘市基督教堂奠基仪式；协助安丘市福兴寺完成银行公共账户设立手续，严格宗教活动场所财务监督。全面加强宗教活动场所安全管理，联合市安监局、市公安局组织开展宗教活动场所安全大检查活动，每季度对宗教活动场所集中检查一次，探索建立宗教活动场所安全管理长效机制。对全市 45 处宗教活动场所开展安全大检查活动 3 次，排查出各类安全隐患 94 项，整改到位 76 项。

组织开展“宗教政策法规宣传月”活动 市民宗局举办“全市宗教政策法规培训班”。通过集中培训、现场学习、讨论交流等方式，传达学习全国宗教工作会议精神、《宗教事务条例》和宗教活动场所规范化建设等内容，参训人员 138 人；组织“宗教政策法规知识测试”活动，印制 1500 余份《宗教政策法规测试题》，下发到各宗教团体、宗教活动场所，组织宗教界人士和信教群众进行自主测试；开展“一对一”上门送学活动，发放《宗教事务条例》版面 9 个，学习资料 300 余份；召开安全知识教育培训会，邀请潍坊居安消防特级消防教员作了消防知识讲座，全面提高活动场所的安全和消防意识。

推进宗教慈善公益事业 市民宗局支持市基督教“三自”爱国会创办公益养老机构，加快推进安丘福乐托老院二期工程建设，努力打造全省宗教慈善养老示范点，引导宗教界勇于承担社会责任，主动参与社会服务。

（蒋慧敏）

镇街区

Zhenjiequ

安丘经济开发区

【概况】安丘经济开发区位于安丘市北部，是1992年经山东省政府批准设立的省级开发区，其前身是安丘外向型工业加工区，2002年2月经省政府批准更名为安丘经济开发区。辖区总面积55平方公里，辖46个自然村，人口4.8万人，耕地面积3.5万亩。2017年，全区完成规模以上固定资产投资34.3亿元，同比增长-9.5%；实现工业总产值56.6亿元，同比增长4.1%；规模以上企业实现主营业务收入56.04亿元，同比增长4.5%；实现利润总额1.3亿元，同比增长51.3%；实现利税1.7亿元，同比增长24.1%；入库税金1.12亿元，同比增长16.3%；地方财政收入6647万元，同比增长9%；储蓄余额21.5亿元；农民人均纯收入13226元。

【项目建设】树立以招商成败论英雄的理念，落实招商任务，制定政策措施，展开企业招商、以商招商、全民招商，重点引进上市公司、国有企业和行业高端企业，掀起招商热潮。新引进过亿元大项目3个，分别是：投资5亿元的凌博机械项目、投资3.5亿元的安迪消防科技项目和投资1亿元的潍坊明辉新能源光伏发电项目。凌博机械项目进入车间基础施工阶段，潍坊明辉新能源光伏发电项目正加快建设，安迪消防科技项目开工建设。同时，盯紧靠牢潍坊自动化设备项目、烟台调味品项目等在谈项目。对新开工项目和在建项目，做到“一个项目、一套班子、一包到底”。信昌电力设备项目和创发科技项目建成投产，闰成石化项目完成投资20多亿元，齐鲁酒地文化创意产业园完成投资12.4亿元，华汶实业完成投资6亿多元，海奥斯科技项目正加快建设，潍坊国林家居科技园动工建设。

【园区建设】遵循产业集聚发展规律，根据辖区内产业发展现状，新规划建设闰成化工产业园、潍坊国林家居科技园、青龙湖总部经济产业园、歌尔精密制造配套产业园等特色园区，功能园区分别集聚发展不同产业，吸引人才、技术、项目、资金、信息等要素合理优化集聚，提升产业集聚水平。注重加强园区设施配套建设，完成东湖路与闰成东路连接工程、汶河下游左岸滨河路、盛瑞三期等12个项目的拆迁清障任务，拆迁1726户、2038亩土地。完善园区设施配套，加快东湖路与闰成东路连接工程、闰成北路、闰成东路北延和澎湖路北延4条、7000多米园区道路建设。组织齐鲁酒地文化创意产业园区和绿化公司，合作共建花海游憩区，栽植楸树、流苏、榛子、福禄考、玫瑰、杜鹃及灌木等近1000亩，全部铺设苗木喷灌系统，新修景观柏油道路7.6公里。新规划建设龙泉仙庄公墓和彭家洼村公墓，统一规划搬迁982个散落坟头，为项目落户和市政工程建设腾出有效空间。

【项目服务】2017年，按照“墙内事情企业办，墙外事情政府办”的要求，优化对投产项目、新开工项目、签约项目的精准化、全方位服务，一个项目成立一个专门工作班子，依托市项目手续办理快速通道，加快签约项目各项手续办理，保障签约项目快开工，开工项目快建设，竣工项目快投产，投产项目快达效。落实项目包靠责任制，在搞好项目全方位服务的同时，注重抓好经济运行研判，科学研判存在问题和潜在风险，及时为企业发展提供前瞻性、针对性措施建议。引导萨丁重工、鲁华车业、鼎正灌装等5家企业通过增资扩产、上新创新等方式，实现“腾笼换鸟”、转型升级。有效运行“经济运行安全保障资金池”，为辖区内闰成石化、利坤木业、华汶实业等重点企业提供经济运行“过桥”资金，帮助破解资金制约瓶颈，助推企业发展壮大。以更严标准、更高要求做好环保督查各项工作，查处整改污染问题18个，改造燃煤锅炉8台，治理工地扬尘企业13家，帮助完善环保手续企业23家，关停取缔“小散污”企业5家。推进“大快严”集中行动，排查整改安全隐患728个，确保全区安全生产形势稳定。

【城市建设】 按照“三个转变”要求，坚持以城聚产、以产兴城、产城互动，优化开发区空间布局，逐步改变传统的镇街形态，促进生产、生活、生态协调配套，完善功能配置，促进产业发展、产城融合，打造产业集聚、生活美好、生态良好经济开发区。围绕服务产业发展，加快翰林苑、莲山水苑等4个居住小区建设。完成寨上村棚户区改造，进行安置楼建设；加快推进永乐官庄村棚户区改造，全面完成棚改前的筹备工作。配合完成青云大街改造工程、锦湖路提升工程、青龙湖汶河大桥和青云大街汶河大桥，加快汶河下游左岸滨河路建设等市政工程建设。完成齐鲁酒地花海绿地、牛七埠村西路和26个自然村的增绿提质任务。专项整治彭家庙子村等4个集贸市场，推进城乡环境综合整治。开展较大规模违法建设集中整治行动18次，清理拆除存量违章建筑10065平方米，制止新增违法建设56起，区村建设秩序明显好转。

【民生事业】 在发展工业经济的同时，注重社会事业发展，加快推进工业反哺惠民，进一步提升群众的获得感、幸福感和满意度。安丘经济开发区中心幼儿园竣工投入使用。协调加快佳乐家中央商务区和市人民医院二期工程建设进度，完成安丘经济开发区卫生院改造提升。设立城市社区管理办公室，进一步规范为民服务大厅服务管理，重点强化小区物业管理服务。配合市城管办加快推进云湖便民市场建设步伐，解决周边居民的“菜篮子”问题。围绕辖区北部企业职工和周边居民需求，筹划新建葛庄便民市场，完成56亩地块的拆迁清障。加快实施扶贫项目，实现精准扶贫。强化食品药品常态监管，抓好食品安全专项整治，开展农产品检测，确保食品药品安全。

（惠增涛）

2017年安丘经济开发区行政村（居）党支部书记、村（居）委会主任一览表

序号	行政村（居）名	党支部书记	村（居）委会主任
1	金稻园社区	周庆华	张金东
2	温家坡子社区	温磊磊	温磊磊
3	彭家庙子社区	曹经生	曹爱德
4	永乐官庄社区	孙希明	孙汝军
5	彭家洼新村社区	刘玉山	殷连平
6	莲花山社区	刘进山	刘建
7	刘家尧社区	刘其柏	刘国昌
8	埠南头村	张效庆	张效庆
9	青龙湖社区	张兴磊	张兴强
10	坟庄社区	周海军	周海军
11	许营村	刘学良	李传伟
12	河北张排村	王俊年	王升晖
13	大朱旺村	赵连泉	赵连泉
14	刘家庄社区	张　良	朱太山
15	青龙山社区	孙晗	陈金海
16	李门村	张文广	张文广
17	陈王庄村	陈会光	陈会光
18	桑家尧村	于文学	郭新华

新安街道

【概况】 新安街道办事处位于安丘市北新（城）区，大汶河以北，新安北路以西，辖25个行政村、60个自然村，面积74.78平方公里，人口4.2万人，耕地面积4.8万亩。2017年，全街道完成地区生产总值26.5亿元，比上年增长6.9%；地方财政收入1.47亿元，比上年增长33.7%；工业实现主营业务收入101.2亿元，利税5.2亿元，分别增长6.3%和8.6%；第三产业增加值达7.2亿元，增长7.8%；农民人均纯收入17588.6元，增长10%。

【工业发展】 围绕“强化大投入、聚焦大招商、突破大项目、培养大企业”的工作思路，以扩大经济总量为目标，突出抓好招商引资、项目建设和现有企业转型升级，坚定不移地做大做强工业经济。落户三阳电力线缆生产加工、年产2000吨水溶肥、华美彩印公司年产100万件包装材料、玉淼环保设备生产、华中复合材料生产、年产5000件环保设备配件生产、年产400台环保设备生产项目7个工业项目。其中，三阳电力线缆生产加工、年产2000吨水溶肥、玉淼环保科技、华中复合材料生产4个项目开工建设。按照重点工作项目化管理模式，逐一落实责任单位和责任人，实施“一个项目、一名科级干部、一套班子”“三个一”推进机制，加快推进山东成田现代农业黑蒜深加工、山东泰如山药业有限公司TPN171医药制剂、华美彩印公司年产100万件包装材料玻璃钢材料市场、鑫都食品扩产、美泰龙食品扩产、三通生物饲料车间等重点项目的建设进度。完善企业服务机制，摸底走访税收前100名企业，建立一企一档；筛选26家上缴税金超过50万元同时亩均税收超过5万元企业，由科级干部重点包靠，提供精准服务，帮助企业分析市场，深挖发展潜力。加强园区建设，重点打造安丘市复合材料（玻璃钢）产业园、歌尔配套产业园、中小企业创业园三个园区，提升园区产业发展承载能力，增强配套服务企业聚集吸引力。

【社会治理】 整合安监所和环保办职能，成立安全生产和环境保护监督管理办公室，配备专职工作人员10人，配置80平方米专用办公场所、高清执法记录仪和专用执法车辆；创新安全生产和环境监管体制机制，实行“街道—社区—村”三级网格化管理，同时对街道辖区353家生产经营单位的安全生产和环保全部实行实名制监管，重点加强对辖区内94家规模以上企业的安全生产和环保实名监管。2017年，共出动检查人员1000余人次，检查生产经营单位531家次，查出各类生产安全隐患3460条，并对其中的145家整改情况进行了复查，督促企业整改隐患602条，对存在隐患逾期未整改的17家企业依法上报相关行业主管部门申请安全执法，对辖区内6家安全生产评级评价为差的企业进行停电整顿。街道接收省级及中央两次环保督查，办结中央环保督查案件12件，环保督查期间突出问题42件；省督办期间共办结督办件11件，潍坊政务服务热线2件，上级交办2件，燃煤锅炉“清零”，拆除和改造25家，分四批次断电停产整顿企业58家。街道成立2个联合巡查组，每日定期对燃煤锅炉、垃圾焚烧、玻璃钢废料、环卫清理、污水直排、道路扬尘等问题进行重点巡查，以巡查促整改，巩固成效。以“控制总量、化解存量”为原则，调处、化解矛盾纠纷，落实包靠责任，明确案件第一责任人，签订化解责任书，严格化解期限；规范案件管理，进一步完善案件办理流程，实行一案一档，确保所有信访案件有据可查；全面阳光公开，在各自然村全部设置信访公开栏，将每周信访案件的办理情况以及积案化解情况及时公开张贴；每月5号，将上月新发生的信访案件拿到“阳光议事会”公开通报，真正让信访案件公开透明。全年化解积案14起，其中包括罗某、杨某等多年疑难积案。加强平安村居建设，成立平安村居监控中心，推行监控全覆盖。至年底，各村安装监控探头755个，并全部实现联网传输，真正实现对各村的动态管控。

【民生事业】 健全社会救助体系，严格落实低保、五保等救助政策，切实保障困难群众基本生活。完成困难户临时救助69户，优抚对象医疗救助30人，重度残疾人护理补贴89人，困难残疾人生活补贴38人，帮助办理低保户260户、五保户18户，安置退役士兵公益岗80人。逐步推进居民健康档案建档工作，全年建档34170份，建档率97.07%。举办健康知识讲座及咨询活动16次，接受健康教育719人次。下绣花功夫做实做细脱贫攻坚工作，成立帮扶关爱小组，明确包靠责任；开展“回头看”走访活动，先后三次组织帮扶关爱小组深入282户建档立卡贫困户中进行走访，进一步完善建档信息，逐家逐户制定针对性帮扶措施；实施扶贫项目，建设光伏发电及姚家庄子、北辛庄子扶贫大棚项目，改造18户贫困户的危房；设立街道扶贫专项基金，基金收益部分全部用于贫困户脱贫。

【城市建设】 坚持高压态势，常态化治理违法建设，以“零容忍”的态度，严厉打击破坏发展环境的违法建设行为，100%完成卫片整改。全年完成违法建设年度存量户拆除面积26325平方米；搞好央赣路脏乱差治理，拆除房屋及院落8处、300余平方米，清理沿途20余家企业的乱堆乱放，清除建筑红线范围内乱栽乱种的树木7000余棵。做好拆迁清障工作，完成外食街拓宽130亩、为农服务中心85.5亩、归家疃村前52亩、盛宝集团西172亩、郑家石龙村260.718亩等地块的拆迁清障。稳妥推进汶中组团征迁，成立汶中组团征迁协调推进领导小组，下设5个指挥部，分片区（小汶河南片区、董家庄片区、焦家庄片区、于家营子片区、三教堂片区）负责具体的工作推进。村情、户情的摸底、企业的走访、评估全部完成。

2017年新安街道行政村（居）党支部书记、村（居）委会主任一览表

序号	行政村（居）名	党支部书记	村（居）委会主任
1	磨埠社区	刘纪堂	刘纪堂
2	石龙社区	刘　波	刘　波
3	薛家庄社区	肖协伟	王克友
4	小河崖	刘永勤	刘永勤
5	付家庙子	马建叶	杨武之
6	归家疃	马中华	王学森
7	汶中社区	殷洪卫	高元强
8	丘家庄社区	邱在明	邹国明
9	桥北头社区	李子全	樊继伟
10	丘东社区	夏美丰	杨金建
11	周家楼子社区	周世东	周世东
12	孙十里社区	孙希安	孙希安
13	黄十里社区	陈书元	陈书元
14	大洼村	黄卫兵	黄卫兵
15	东周	周云刚	周云刚
16	尧洼村	陈保平	丁凤光
17	汶北新村	韩　文	郭振武
18	城西社区	刘洪元	刘百军
19	上埠村	陈相滔	陈相滔
20	张家屯村	张晓贵	张晓贵
21	姚家庄子村	刘炳良	刘炳良
22	关王村	王发昌	陈　克
23	三联村	孙业军	韩子科
24	三园村	刘金涛	刘金涛
25	下埠村	李云胜	李云胜

兴安街道

【概况】 兴安街道总面积150平方公里，辖59个行政村、147个自然村，人口24万人，户籍人口10.44万人，耕地面积9.6万亩，有10个农村社区，11个城市社区。2017年，街道实现国地税收入2.58亿元，同比增长7.84%；实现镇级财政收入1.54亿元，同比增长5.5%。2017年，荣获“潍坊市出口农产品特色乡镇”“潍坊市农产品质量安全示范街道”“潍坊市建设学习型党组织示范点”“省级文明单位”称号。

【工业发展】 坚持以招商引资论英雄、论成败，制定《兴安街道招商引资考核办法》，抽调10人成立2个招商办，负责服务园区企业及驻外招商工作，组织赴北京、上海、江苏等地开展招商活动8次。年内，新引进投资1.3亿元的鑫昊电力科技项目，投资1.1亿元的洪腾食品有限公司黑蒜加工项目、1.4亿元的誉舜医疗器械项目、1.1亿元的震成服饰项目、3000万元的新概念汽车项目。另外，潍坊爱祥盛肉制品加工项目、山东云科新材料项目、安丘市再生资源开发有限公司等8个项目在进行洽谈对接。街道制定《兴安街道办事处关于扶持企业加快发展的办法》；开展“行长走厂长”活动，搭建银企对接平台。同时，按照“信息共享、经验互学、发展共议”的原则，组织成立企业家协会，每季度组织1次座谈会，整理整合资源，交流交换经验。加快企业转型升级力度，推动企业到江苏产业技术研究院等地进行对接学习，加快新旧动能转换，为发展提供支撑与活力。

【农业发展】 2017年，统筹区域发展，制定《兴安街道农业产业结构调整考核办法》，按照“五调”要求，抓好白芬子区域农业产业结构调整，新规划调整南老庄子、西南庄、孙家小庄大棚示范区，流转土地4400余亩。组织社区、村支部书记赴新安、凌河、郚山及寿光等地参观学习20余次。新规划胜利大队、千松岭农庄等休闲庄园12处，总占地5200亩，开工建设7处。完成147个村庄食用农产品产地准出种植地块普查、录入及80个村庄的地图绘制工作。四海社区农产品检测中心为安丘市外提供参观和学习现场25次，接待人数1000余人。街道规划占地10296亩的安丘农谷项目，项目区内计划新落户农百丰休闲生态农庄、洪腾食品黑蒜加工、海瑞斯特农产品加工、山东双金食品科技有限公司熟食深加工等项目。

【城市建设】 完成永安路南延、凯特路拓宽等8条道路的拆迁清障工作，涉及33个村、1145户、1647亩土地。完成南关、辛庄子、三里店子、大城埠等7个村673户棚户区改造。成立街道城镇管理巡察办公室，公开选拔3名城镇管理巡察办副主任，探索实施“田长制”管理办法，对辖区内土地管理、环境保护等工作实行常态化巡查监管。完成2016年39处土地卫片违法图斑拆除工作；拆除违章建设180余处，完成“四改一拆”4.28万平方米。

【民生工作】 一是教育工作。年内，城关小学改造工程投入使用，白芬子学校三期开工建设，兴安小学改建工程正在推进。二是植树造林。年内计划新增片林和绿道建设2402亩，完成2580亩，栽植各种苗木28万株，完成全年计划的107.4%；实施央赣路提升工程，栽植各类苗木16万株，垒砌花坛90余个，裸露地栽植花卉100亩。三是扶贫工作。年内争取市县财政专项扶贫资金80万元，投资110万元实施西南庄设施农业产业扶贫项目，为45户贫困户进行危房改造，为17户贫困户新安装自来水。四是食品安全。抓好辖区内鑫牛市场、西三里市场等大型市场整治工作，抓好辖区内经营业户检查督导，确保舌尖上的安全。五是遗留问题处置。成立遗留问题处置办公室，梳理15个项目、道路建设遗留问题，完成三合村、福乐托老院、市粮食局、文化路南延、东场街村5个遗留问题的处置工作。六是文化方面。年内在城里等25个村居喷绘文化墙300余幅；投资200余万元，打造银杏社区、永安社区、石泉社区3个综合性文化服务中心，抓好永安党建公园、汶南村史馆的打造工作，丰富群众业余文化生活。开展文明户评选活动，在全体村居群众中倡树文明新风；开展“迎接、学习党的十九大，争当最美兴安人”活动，激励广大党员干部群众加强学习、立足本职、爱岗敬业、对标一流、争做贡献。

【社会治理】 一是安全生产。年内，按行业不同将辖区企业及业户分由12个单位进行归口管理。划分10个农村社区、11个城市社区安全生产监管责任。针对1500余家重点企业及经营业户，由街道出资，聘请专家进行全面检查，并抓好隐患整改，保证辖区的安全生产形势持续稳定向好。二是环境保护。完成汶河、洪沟河、墨溪河、凌河4条河流问题整改；禁养区内318家养殖户全部关停；巡查辖区内15家散煤经营业户，关停取缔；整治小散乱污企业33家；拆除燃煤锅炉71台；查处140余起环保信访举报。三是信访维稳。构筑街道、社区、村居三级调解体系，实施“听证+调解+司法确认”的工作模式；做好网格化管理工作，抓好初信初访及源头管控，化解各类信访矛盾150余起。街道调委会多次为省、潍坊市信访维稳及司法建设现场会提供观摩交流现场。

（潘桂华）

2017年兴安街道行政村（居）党支部书记、村（居）委会主任一览表

序号	行政村（居）名	党支部书记	村（居）委会主任
1	四海	陈宗学	陈宗学
2	南十里	王建臣	王建臣
3	高家埠	高洪金	高洪金
4	南三里庄	李光荣	刘士仁
5	大庄	李守功	张金鹤
6	务稼庄	刘堂江	马宗建
7	老庄子	李桂林	李国林
8	大城埠	曹春艳	岳清平
9	东小关	钟鹏程	高希成
10	苇园	徐强志	马振星
11	东南街	孙衍强	于海峰
12	宋家园	麻志文	麻志文
13	小近戈	高士云	高士云
14	谢家村	谢克治	谢克治
15	山东头	刘国平	刘国平
16	七里庄	陈安民	邹庆杰
17	汶东	赵松来	金学新
18	大近戈	于洪亮	于洪涛
19	南关头	王兆华	王　磊
20	马家楼	王金海	王金海
21	烟市街	李林田	李林田
22	城北	董德杰	曹世礼
23	十二户	刘德智	刘德智
24	三合	李相军	李相军
25	朱田戈	赵宗仁	朱振义
26	东十里	沈守洪	沈守洪
27	邹家坊子	曹立业	曹立业
28	黑埠	魏振标	马德成
29	新华	李　法	李　法
30	白芬子	王志军	王志军
31	罗家庄	王庆国	张福顺

续表

序号	行政村（居）名	党支部书记	村（居）委会主任
32	河南	殷忠田	殷忠田
33	东胜利	张文龙	张文龙
34	石泉	韩德亮	韩德亮
35	盛华	马会亮	马会亮
36	葫芦埠	王欣祥	王欣祥
37	阡里	王志庆	刘金章
38	夏庄	周彩祥	郑开吉
39	霹雷山	李胜臣	李胜臣
40	双泉	刘志鹏	吕全信
41	庄头	陈加亮	陈加亮
42	汶南	刘宗运	张金芝
43	汶水	田德业	田福运
44	道口	张维春	张维春
45	城里	高汉祥	高汉祥
46	北关	王兴华	陈建武
47	三里庄	陈建祥	于海洋
48	西关	张国盛	毛桂华
49	韩家后	韩天鹏	王传明
50	西巷子	王森森	凌绪洪
51	曹家楼	曹昌保	曹吉地
52	东场街	王宏远	吕芳涛
53	小庄子	王福宝	王君荣
54	南关头	王海生	王海生
55	东关	曹玉江	张良洪
56	营里	李国海	李效奎
57	相戈	曹学吉	张术波
58	三十里铺	张宝君	张　华
59	邹家洼	张希宗	邹德昌

大汶河旅游开发区

【概况】 大汶河旅游开发区位于安丘市东北部，面积97平方公里，辖58个行政村、1.7万户、人口7.2万人，耕地面积7.3万亩。2017年，财政预算收入5800万元，完成税金入库5768万元，同比增长17.9%；财政收入3350万元，同比增长8.01%。储蓄余额16.4亿元。全年规模以上工业企业完成产值5.51亿元，同比增长13.1%；主营业务收入5.51亿元，同比增长13%；税收总额4825万元，同比增长10%；固定资产投资11.3亿元，同比增长13%。

【服务业】 坚持以多业融合为目标，以传统服务业为依托，发展现代服务业和特色旅游业，推进城市经济转型升级。一是稳步发展传统服务业。引导社区、近郊村利用市区闲置门面房，培植传统服务业项目，鼓励市民积极创业。二是大力发展现代服务业。发展电子商务和电商、网店150家以上，为全市电商发展打造良好的平台；发挥墨熙鼓巷、博雅书画艺术城、金融中心等重点服务业项目的明显带动作用，提升城市形象。三是蓬勃发展特色旅游业。依托青云山地理位置优势，发展旅游产业项目。葡萄种植面积约130亩、总投资600多万元现代化休闲农庄，总面积15平方公里的青云花谷项目，占地约150亩、总投资1000多万元的凤山秀生态园项目，为广大居民和游客提供一处休闲观光采摘的好去处。通过旅游业发展起来的餐饮、休闲服务业项目相继落户经营。全区服务业实现地税收入358万元，占全区税收总量的20%，服务业成为新的增长点，取得的成效初步显现。

【工业】 坚持不懈抓项目建设，做大做强优势产业，优化经济发展环境，持续加大招商引资力度，突出发展重点，全区工业经济发展势头强劲。一是积极招商引资，推进大项目建设。引进投资1.1亿元的新瑞科技光伏项目，新瑞厂区项目并网发电，其余厂区正在准备施工；引进投资1.2亿元的汽车水箱散热器、变电箱项目，并开工建设；引进投资1亿元的新型生物肥料生产项目，项目土地手续办理完毕，正在办理环评手续。全区投资过亿元的8个项目均投产运营。二是做大做强优势工业，大力发展民营经济。全区围绕机械加工、纺织服装、食品加工三大优势产业，发展民营经济。全区规模以上企业发展到18家，实现总产值8亿元，利税总额1200万元，同比增长8%。三是创新服务方法，优化经济发展环境。坚持把经济环境建设作为经济发展的核心竞争力来培育，以建设良好的体制环境、法制环境、信用环境和服务环境为目标，优化经济发展环境。一方面，迅速改变道路交通、供电供水、市容绿化等基础设施面貌，尽快适应和满足客商投资落户的硬件需求。另一方面，创新服务方法，推行服务承诺制，主动服务，协调服务，跟踪服务，加强服务环境建设。

【农业】 推进新农村建设，发展现代农业，突出抓好农民增收工作，促进农民收入持续稳定增长。一是抓好农业品牌化。全区建成有机食品基地2处，占地500多亩；建成绿色食品基地两处，总占地1400多亩；注册“贾王封”“一棚金”、“汶兴”等农产品品牌，提高大汶河果蔬的知名度，形成大汶河蔬菜生态放心大品牌。二是抓好农业规模化。在流转3000多亩土地，建设花田林海一期项目的基础上，2016年又在为善洼片区新流转土地2000多亩，发展花田林海二期项目，形成规模效益。三是抓好农业项目化。围绕强化农业基础，抓好小农水重点县、千亿斤粮食、高标准农田等项目建设。其中，小农水重点县项目总投资1560万元，项目区1.6万亩，并投入使用；千亿斤粮食项目总投资3000万元，项目区2万亩，基本完成管网铺设；高标准农田建设项目总投资2200万元，项目区3.4万亩，完成管道铺设、硬化路浇筑。三个水利项目的建成，保证辖区内5万亩农田旱能浇、涝能排，促进农业增效、农民增收、农村发展。四是突出抓好专业合作组织和家庭农场。抓好贾王封名峰农业园区提升工作，实施园区道路硬化、排水沟整修工程，完成大棚滴灌高效节水灌溉项目，新建高效自动化育苗温室、12个无立柱采摘大棚，进一步提升园区档次。园区被农业部确定为标准示范园。农民专业合作社发展到113家，注册家庭农场10家，新认定标准化种植示范园区3个，新认定标准化养殖示范园区5个。

【城市化建设】 近几年，大汶河旅游开发区城市面貌发生翻天覆地的变化，处处充满新城的生机与活力：先后实施周田戈、魏家、逯家、杏杭、曹五里、李五里、王五里、赵家、孟五里、马家庄等10个城中村改造及孙家庄、周家庄、前担山、后担山村等4个土地增减挂钩项目，陆续完成永安路北通、永安路大桥、莲花山路大桥、东环路、乐源大道东延、青龙湖路南延、青云大街东延、莲花山路南延等40多个重点市政项目，构筑新城实力之基；建设汶水绿洲、大华中央城、江山一品、青云·国际城等现代化住宅小区，特别是金融中心、墨熙鼓巷、博雅艺术城等项目的投入使用，集聚新城活力；安丘一中、明德学校、文武学校、福兴寺等项目的落户，更为城市注入文化魅力。大汶河旅游开发区成为安丘市城市建设中心区、现代服务业聚集区、科技教育创新区。

【文化生活】 实施文化惠民工程，助推文化名市建设。在各村居喷绘文化墙。开展“文明户创建”“巾帼美家”行动，家美人和的观念在全区蔚然成风。投资560多万元，整修各社区服务中心，按照“一厅一校十室”+N的标准进行功能设置。多次开展广场舞大赛、书画比赛等群众性文化活动，丰富群众的文化生活。

【民生事业】 发展民生事业，不断满足人民日益增长的美好生活需要。一是优先发展教育事业，教育基础设施不断改善。新建明德学校和豪丰实验小学，并投入使用。青云双语学校和云湖幼儿园稳步推进。全区投资1.2亿元，规划建设担山学校教学楼、贾戈学校实验楼、王封小学教学楼、海龙学校综合楼等10幢教学楼，大幅改善教育教学条件，全区教育教学水平走在全市前列。二是全面推进医疗卫生事业，基层医疗水平不断提升。筹集资金200多万元，规划建设3个合作医疗点，方便群众就医；全区58个行政村全部参加新型农村合作医疗，参合率100%，进一步提高群众的医疗保障水平；投资400多万元，新建担山医院门诊病房楼，建筑面积1600平方米，改善东部广大群众的就医条件。三是坚持精准扶贫、精准脱贫，多措并举确保脱真贫、真脱贫。全区有贫困户173户、380口人，由78位机关干部分26组包靠，开展扶贫攻坚大走访活动，对全区贫困人口建档立卡，并因村因户因人切实制定产业扶贫、项目扶贫、政策兜底扶贫等措施，脱贫率达65%。四是树立安全发展理念，加强和创新社会治理。开展安全生产“大、快、严”集中行动及安全生产月活动，检查企业235家，整改安全隐患190条，印发新《安全生产法》1200多本，发放明白纸4000多份，对3家整改不彻底的企业坚决予以关停。开展创建食品安全城市工作，在全市率先成立网格化监管体系；全区八个社区全部建立速测检测室并配备专业人员8人，设备总投入120多万元；加大检测力度，全区检测样本8800多个，合格率100%；严格实行二维码追溯监督机制，形成二维码410多个，促进农产品优质优价。投资200多万元，实施墨溪河综合治理改造项目，打造良好的周边生态环境；巩固深化“三八六”环保专项行动成果，拆除污染企业5家，治理污染企业12家。抓好开发区、社区、村居三级调委会建设，探索实行“听证+调解+司法确认”的矛盾纠纷调处模式。推进“天网工程”建设，在84个村居安装监控探头1138个，72个村居的监控探头接入平台，为群众财产安全和出行安全打下坚实基础。定期开展不稳定因素排查调处活动，进一步加大社会治安综合治理力度，维护辖区社会安定。

（陈波东）

2017年大汶河旅游开发区行政村（居）党支部书记、村（居）委会主任一览表

序号	行政村（居）名	党支部书记	村（居）委会主任
1	周田戈村	陈希强	李公民
2	张田戈村	张　伟	张世勇
3	魏家村	魏文忠	魏文忠
4	赵家村	赵　伟	赵玉智
5	逯家村	孙国胜	逯中政
6	韩家村	凌献增	侯　章
7	孟五里村	孟令堂	马德玉
8	曹五里村	曹世晓	曹世晓
9	王五里	王希庆	曹吉春
10	李五里村	李明德	李永胜
11	孙十里村	孙建新	孙建新
12	马家庄村	马连智	王立军
13	常家庄村	常光森	常　良
14	高家沟村	韩念来	韩念来
15	李家埠村	李文进	孙　强
16	杏杭村	赵振杰	赵振杰
17	为善村	李成俊	周文全
18	西南村	马宝运	马玉华
19	西北村	马军海	马晓光
20	东南村	马清军	贺建华

续表

序号	行政村（居）名	党支部书记	村（居）委会主任
21	东北村	马　龙	马　龙
22	邵家埠村	韩华本	李雪荣
23	周沙埠村	周永辉	周建刚
24	大沙埠村	凌玉成	刘永法
25	刘沙埠村	刘　民	刘　民
26	高埠村	—	刘明军
27	小杨戈村	曹文庆	潘国亮
28	韩王封村	韩光丰	韩增亮
29	贾王封村	贾明峰	贾明峰
30	曹王封村	曹建民	曹建德
31	刘王封村	刘冠臣	刘新民
32	董王封村	董晓军	董增义
33	大埠后村	周公友	周永来
34	仓上村	李术田	李术田
35	庵顶村	高卫忠	高卫华
36	河南张排	李　兵	韩海旺
37	西许戈村	陈为合	陈为合
38	许戈村	李洪文	张华岗
39	友戈村	傅杰伦	郭步军
40	柳杭十里泉村	江佃勇	马后录
41	胜利何家屯村	王好泉	吴学亮
42	夹埠村	陈温池	刘忠福
43	贺戈小埠后村	王坤堂	王坤堂
44	西韩吉	张志波	张志波
45	东韩吉	徐建民	徐建民
46	韩吉 新村	王学练	马日祥
47	大杨戈	杨　林	刘西伟
48	担山一村	曹约顺	曹　田
49	担山二村	曹勇生	吴建国
50	担山三村	—	曹凤涛
51	朱戈村	孙希德	孙发叶
52	北院庄村	庄国勇	庄兆卿
53	石灰埠村	张可军	翟思海
54	山口村	张光银	张建廷

续表

序号	行政村（居）名	党支部书记	村（居）委会主任
55	朱聊村	张新伟	刘华东
56	马埠屯村	孙玉业	马洪忠
57	下洼村	曹山和	张志强
58	院庄村	王洪胤	王振田

景芝镇

【概况】 景芝镇位于安丘市东南部，是齐鲁三大古镇之一，总面积217平方公里，辖13个社区、135个行政村、16万口人，耕地面积20万亩。2017年，全镇实现财政总收入9372万元，同比增长1.98%，其中，地方财政收入5663万元，同比增长11.23%，完成固定资产投资26.6亿元。获山东省重点示范镇，获得全省历史文化名镇、创业型乡镇、信访工作先进集体等荣誉称号，红旗村被授予全国文明村镇。

【服务业】 坚持以打造品质城镇为目标，以服务业转型升级为主线，努力拓展服务业发展空间，不断提升服务业发展水平，全力推进经济转型升级。投资8000万元的潍广国际文化综合体三期项目开工建设，投资2000万元的景盛汽车检测线项目、速八连锁酒店项目建成投入使用。突出发展电子商务产业，规划建设创新创业孵化器和大学生创业基地，吸引“芝麻开花”电商服务站及15家电商入驻，全镇新发展电商企业、网店30多家。

【工业】 坚持把招商引资作为“一号工程”，制定出台鼓励招商引资及企业培强做大实施办法，组建成立专业招商队伍，党政主要负责同志带头对接项目、洽谈项目，举全镇之力突破招商引资。全年完成招商引资认定8.7亿元，认定总部经济项目4个，规模以上企业完成主营业务收入43.86亿元，同比增长9.6%，共引进项目5个。开工过亿元项目1个，投资1亿元佳和饰品项目，1号车间投入生产，2号车间完成主体。签约项目4个：投资1.5亿元的裕泰包装、投资1.2亿元的俸御食品、投资1.1亿元的福基新材料和投资6000万元的益佳鞋业项目。实施增资扩产项目7个，凯仕利无纺布生产线、翔宇包装自动包装机、振祥食品机器人劈半设备、福克斯FD生产线、景泰瓶盖扩产项目均已投产，宇洋机械和鸿运鞋业研发中心已完成主体建设，隆鑫鞋业完成基础施工。

【农业】 以“五调”为方向，多方融资加大农业投入，全面提高农业产出效益。新建林果基地8个，总面积7300亩。其中，九女山万亩生态园二期工程，完成成片造林3500亩。完成渠河、小浯河、洪沟河沿岸绿化造林300亩，完成道路林网绿化30公里。完成1.4万亩高标准示范农田项目、1.6万亩农田免深耕任务，启动3万亩新增千亿斤粮食项目和8千亩高标准农田项目。实现农产品质量安全监管常态化，累计检测农产品样本2.8万个，生成二维码4818个。探索“公司＋基地＋农户”发展模式，山东沃华育苗基地项目辐射带动大葱基地1500亩，加快一二三产业融合发展。

【新型城镇化】 按照“活力城市、品质城市、文化名市”建设的要求，立足“酒城古镇、醉美景芝”的特色定位，从镇区核心路段、重点部位和公共设施入手，投资2000多万元，实施镇区六大提升工程。对景酒大道、汇泉路等路段沿街立面仿古改造工程，改造沿街立面5.5万平方米，更换铺设人行道仿古砖1万平方米，入地弱电管线6600米；对阜康街、汇泉路、景华街3条镇区路，景丰街、景顺街等4条工业园区路，共3.5公里的道路进行新修；新建学府公园、三角公园，改造提升浯河公园、国道公园、烈士陵园，满足了群众对健身娱乐的需求；实施南河西大桥、工业园道路、景华街鹿村段等6处雨污管网铺设工程，铺设雨污管网3000多米，全镇铺设燃气主管道1.5万米，实现镇区全覆盖；开展以10条镇区道路为重点，以整治货车修洗租售、店外经营屠宰等为主要内容的十项整治行动；对镇区重点部位实施了亮化工程，镇区秩序、城镇品质明显提升，酒城古镇特色进一步彰显。

【民生事业】 实行镇干部带队、社区和村干部冲锋、村自改委成员参与，因村施策稳妥推进整村搬迁工作，五一前后完成西杨庄搬迁，6月底完成伏戈庄搬迁。村两委换届后，9月底完成东杨庄搬迁，10月底完成临甘泉搬迁，共完成整体搬迁村4个，棚改认定1095户，腾出土地743亩，超额完成棚改任务560户。学府社区二期5栋安置楼建成并安置，三期3栋安置楼已开工建设。实施了潍广国际西侧、葛家庄村东、景芝酒厂等地块的征迁，清障面积300多亩，为项目落地、企业扩产拓展空间。完成涉及11个村、全长10.97公里，占地1000亩的206国道景芝段改线清障任务以及景酒大道西延180亩的拆迁清障工作，实现镇区主干道与新国道的连接。新建、改造耀华小学等3处小学、2处幼儿园投入使用，改造提升社区卫生室13处，高质量完成1800户厕改任务。围绕提升党群服务体系建设，完成新城、景东等6个社区的改造提升。新建历史文化展厅、党史长廊、德育长廊等特色功能室和2个百姓大舞台，成功举办第三届山东·景芝大樱桃节、第八届社区文化节。完成贫困户危房改造58处，223户、445人全部脱贫。

【社会安全】 全面实施“清河行动”，完成渠河、洪沟河、小浯河等5条河流共87.7公里、218个问题清单整改任务。淘汰10吨以下燃煤锅炉103处，取缔小散乱污企业16家。扎实开展“大快严”集中整治行动，聘请第三方机构对176家生产经营单位和216家餐饮经营业户开展拉网式隐患排查，筑牢安全生产防线。牢固树立底线思维和红线意识，持之以恒抓好食品安全、社会稳定、生态环保、违建等各项底线工作，确保社会持续和谐稳定。

（付梅超）

2017年景芝镇行政村（居）党支部书记、村（居）委会主任一览表

序号	行政村（居）名	党支部书记	村（居）委会主任
1	前屯村	李致富	孙宗亮
2	西近埠泉村	李彦民	李彦民
3	咸家庄村	咸文光	咸文光
4	彭旺店子村	李季茂	李季茂
5	后屯村	李彦全	李彦全
6	东笔墨村	王耀泉	王耀泉
7	西笔墨村	杨焕臻	杨焕臻
8	李家彭旺	李孝江	李孝江
9	老庄子	王常平	王常平
10	东王官疃	李志刚	李志刚
11	王家庄村	孙夕海	张学军
12	南杨庄	李景义	李景义
13	魏林庄	崔昭兴	崔昭兴
14	大兴村	刘春法	刘春法
15	南河西	马培良	马培良
16	吴家庄	姚奉江	姚奉江
17	北林村	苑龙海	苑龙海
18	刘家庄村	刘培胜	刘培胜
19	临甘泉	高在祥	高在祥
20	中笔墨	杨金东	杨金东
21	红联村	游培法	游培法
22	镇东村	于长春	于长春
23	油坊场村	李沛清	李沛清
24	东古河村	牛金洲	牛志海

续表

序号	行政村（居）名	党支部书记	村（居）委会主任
25	后院村	华德洲	华德洲
26	西王官疃村	李兆瑞	李兆瑞
27	周水崖村	韩志刚	韩志刚
28	黄泥泉村	李广斗	李广斗
29	永和村	王增福	王增福
30	保元	宫献金	宫献金
31	鞠家庄子村	李彦霞	李彦霞
32	兆家庄子	于清平	于清平
33	东营村	张国军	张国军
34	王家彭旺	王录军	王录军
35	大夫村	代自友	代自友
36	小里岗	李洪宝	李洪宝
37	南林	王宝岗	王宝岗
38	王水崖村	朱名亮	朱名亮
39	西辛庄	刘星强	刘星强
40	戴家庄	代光玉	代光玉
41	孙家沙浯村	孙之相	孙锡平
42	仉岗村	王金山	王金山
43	永贞村	赵振敬	王金明
44	戴家沙浯村	代永顺	代永顺
45	镇东南	任中义	任中义
46	东近埠泉村	王嘉贞	王嘉贞
47	尧上	齐延玉	齐延玉
48	大里岗	李金奎	李金奎
49	洛岗村	李怀书	李怀书
50	吉台官庄村	刘玉高	刘玉高
51	北景芝村	李士波	李士波
52	太平	杨国义	杨国义
53	郭岗	李英文	李英文
54	河崖村	郭金涛	郭金涛
55	小河北村	李玉昌	李玉昌
56	建国	马金芹	马金芹
57	启文村	李录超	李录超
58	贯岗	李宣忠	李宣忠

续表

序号	行政村（居）名	党支部书记	村（居）委会主任
59	保安	李传智	李传智
60	前王庄	王勇昌	王勇昌
61	李水崖村	潘玉	潘玉
62	姚家庄	姚凤	姚凤
63	东辛庄	张术义	张术义
64	西朱耿	张清宝	张清宝
65	前付岗	李维堂	李维堂
66	院上	夏佰田	夏佰田
67	芝泮	刘青梅	刘青梅
68	朱家沙浯	朱光平	朱光平
69	伏戈庄村	宋海河	宋海河
70	西村	李在清	李在清
71	小河套	庄炳堂	刘炳文
72	小由方	王炳仁	王炳仁
73	丰田村	吴术亮	吴术亮
74	后王庄村	王美心	王美心
75	北河西	于德全	孙夕明
76	大市留村	李其武	朱宝东
77	李家庄子村	冯文山	冯文山
78	周家庄子	周长录	周长录
79	小付岗	付冠良	付冠良
80	山西	周耀福	周耀福
81	石家埠	曹会滨	曹会滨
82	万家庄村	高术武	高术武
83	前院	杨运昌	杨运昌
84	庆安北	赵明春	赵明春
85	小东庄	赵久军	赵久军
86	葛家庄	葛新太	葛新太
87	东朱耿	张法录	张法录
88	西古河	李学彬	李学彬
89	孟家官庄村	张仲田	张仲田
90	葛家彭旺	葛立见	葛福刚
91	班家庄	陈增宝	陈增宝
92	丁家庄子	郑昭东	郑昭东

续表

序号	行政村（居）名	党支部书记	村（居）委会主任
93	东石埠	王玉利	王玉利
94	南甘泉村	谢连修	谢连修
95	田岗	李建国	李建国
96	红旗村	赵振平	赵振平
97	逢家庄	逄春礼	逄春礼
98	西阡里	李永海	李永海
99	大付岗村	刘来清	刘来清
100	西杨庄	杨守光	杨守光
101	程家庄子	赵升存	赵升存
102	菜园村	李路源	李路源
103	大湖埠村	殷常宪	殷常宪
104	东杨庄村	杨仁顺	杨仁顺
105	阜康村	张希财	张希财
106	仁安	孟庆华	孟庆华
107	宋家里岗	宋桂庆	宋桂庆
108	小官路村	周垂刚	周垂刚
109	东阡里村	李凌喜	李凌喜
110	西石埠	张敬山	张平
111	杨家山前村	许涛	许涛
112	河埠村	张军波	张军波
113	建胜村	赵传宝	赵传宝
114	鞠家庄	鞠新庆	鞠新庆
115	潘水崖村	潘彦坤	潘彦坤
116	鹿村	王明亮	王明亮
117	小湖埠村	王建军	王建军
118	埠口村	高建峰	高民忠
119	大由方	王顺棣	王焕升
120	景阳西	周光绪	周光绪
121	西营村	吴凤美	吴凤美
122	高家庄	高宗丰	高宗丰
123	班岗	杨景岗	丁好文
124	和平	周金华	周金华
125	东庄子	韦　东	韦　东
126	小市留村	贺连东	石光明

续表

序号	行政村（居）名	党支部书记	村（居）委会主任
127	伏留村	代术堂	代术堂
128	景阳东	刘玉刚	刘玉刚
129	万戈庄村	张山田	张山田
130	西王庄村	郭金龙	郭金龙
131	中王庄	郭玉明	郭玉明
132	套子	李金记	杨培宝
133	宅科	赵方义	赵方义
134	宋官疃村	孟庆军	高进中
135	苑家庄	苑世灵	苑世灵

凌河镇

【概况】 凌河镇位于安丘市区西部12公里处，镇域面积180平方公里，耕地面积11.7万亩，辖12个社区，145个行政村，人口12万人。2017年，实现财政总收入5635元，其中地方财政收入3381万元，同比增长3.2%；规模以上工业企业实现产值46.1亿元，同比增长8.7%；完成固定资产投资19.3亿元，实现居民储蓄余额18.49亿元。

【工业】 坚持“工业立镇、工业强镇”战略，以项目建设为抓手，招商引资为主线，全面推进工业经济总量扩张和结构优化升级。全镇新建续建投资过亿元项目2个、投资过3000万元项目5个。所有项目全面按照“一个项目、一个指挥部、一名领导、一套班子、一抓到底”的包靠服务机制，挂图作战，倒排工期。一期投资4亿元的新希望六和禽肉熟食项目主体建筑全部建成，并于12月底投产达效；投资1.5亿元的亚华生物项目全部完成12条生产线建设，正在申报药品（兽用）生产批准文号；三涛食品熟食项目已建成并投产，普雷斯顿黑蒜项目、三慧食品保鲜蔬菜项目、保康生物姜黄素项目，建筑主体均建成，生产设备陆续进入安装。强化“领导带动、企业主动、全民参与”的大招商格局，狠抓招商引资工作。全年收集55条重要招商引资线索。其中，青岛柔驰宠物食品项目、北京三色微谷源菌剂项目、青岛高铁配件制造项目达成合作意向。比亚迪电动汽车项目、江苏森源电气项目、青岛包装机械项目等多个重大项目正在积极洽谈。整个工业经济正朝着量效并重、转型升级、新旧动能加快转换的路子迈进。

【现代农业】 以培育农业农村发展新动能为着力点，调整农业产业结构为主线，全面推进农业农村现代化，有力推动农业增效、农民增收。一是围绕“1420”产业结构规划，扎实推进农业产业结构调整，提升特色产业优势。即打响凌河“安全健康农产品”一个品牌，提质升级大姜、大葱、西瓜、果品四大主导产业，三年内在全镇建成10个现代农业示范园区、10万亩万元田。完成老中阿、西庄头、西刘家庄、小河口、西周、牟山前6个村、1350亩现代农业示范园规划建设；新发展雷家沟、曹家陡沟、红沙沟村优质林果1000亩；该镇为全国红芽姜唯一种植区，2017年依据地域传统种植习惯，在培植壮大现有种植面积的基础上，新发展偕户、水泊、大儒林村红芽姜高效种植2000亩，总面积扩大到5600亩；扩建于家水西村900万公斤绿色蔬菜示范种植园项目。二是培育农业经营主体，加强农业联合体作用。新建和规范合作社220多家，倡导、推广合作社联社发展模式，深化市场导向作用，引领农民集聚资源优势，抱团发展。三是深入推进农产品质量安全和农业保险工作。推广土壤改良，率先启动于家水西瓜菜种植合作社、新儒蔬菜合作社、慈母山蔬菜种植专业合作社、凌红西瓜产销专业合作社有机肥替代化肥；推进农产品质量检测和产地准出二维码追溯，检测各类农产品样本6万个，投放追溯二维码25个，产品抽检合格率保持在100%。春葱参保面积26942.1亩，参保率93.7%。

【服务业】 以发展商贸、房地产、旅游为重点，加大服务业基础设施投入，实现传统服务业的总量提升和现代服务业的快速发展。搭建现代服务业集聚平台，投资3000万元的云峰商业综合体项目投入运营，成为镇区首个集大型购物、商务酒店、休闲娱乐于一体的商业综合体。新建续建房地产项目3个，新建商居楼9幢、5万平方米和商贸设施7540平方米，全镇建成各类商居小区11处，个体工商业户1230户，镇区常住人口超3.5万人。投资150万元，实施拥翠湖国家湿地公园科普宣教、湿地恢复、生态河岸绿化及基础设施等工程，不断推动生态旅游业提档升级。

【新型城镇化】 2017年，聚焦人的城镇化这一核心，有序推进产城融合示范区建设，打造美丽乡村，城镇品质明显提升。一是推动镇区改造提升工作，完成凌腾路改造提升、彩虹路绿化、市区至镇区的天然气主管网的铺设及原红沙沟镇区和原慈埠镇区的提档升级工程。二是加快城市生态圈建设。拥翠山新流转土地450多亩，新栽、补植绿化苗木4.9万株；全镇新植经济林1663亩、用材林1548亩、四旁植树8万株，造林面积3211亩；投资1300万元，栽植花木21.8万株，砌筑花坛232个，调运土方52万方，对下小路沿线24公里实现全绿化。三是抓好城乡环卫一体化，打造美丽乡村示范村。通过“美丽乡村示范村”验收村2个，城乡环卫一体化示范、先进村居12个，其中刘家庄子成为省级美丽乡村示范村。四是推进棚户区改造和土地整治挖潜。完成西赵家庄和郑家河村棚改拆迁468户，完成2017年棚改任务，完成东浒崖村在前和光甫、关前埠、后松园部分拆迁任务。总共完成拆迁倒地648.6亩。其中，东南疃村群众于11月6日回迁新居，复垦土地通过市里验收；其他5个项目正在推进。

【社会民生事业】 2017年，加大各项民生事业投入，从群众最关心、最直接、最现实的利益问题出发，完善各类公共基础设施建设，群众满意度稳步提高。破解大班额难题，不断优化教育教学环境，启动实施凌河小学东校区新建项目和凌河中学建设项目。凌河小学东校区办完有关手续；凌河中学项目教学楼主体建设完成近半，计划于2018年9月交付使用。投资763万元，新修硬化道路24.5公里。投资120万元，为81户建档立卡贫困户修缮危房；开展低保贫困户评选及贫困户精准识别，确保扶贫政策精准落实到位；投资383.36万元的520kW光伏项目、投资207万元的冬暖式大棚扶贫项目、投资45万元的蔬菜大棚项目、投资15万元的农肥扶贫项目和富民生产贷项目，以项目铺富路，收益断穷根，全镇建档立卡以来的695户、1499人全部达到脱贫标准。完成儒辉路拆迁清障工作，拆房48间、移树2.2万株。推进“平安凌河”建设，社会大局和谐稳定，群众满意度不断提高。

【生态文明建设】 2017年，坚定不移走绿水青山就是金山银山的绿色生态发展之路，以生态环境综合整治为突破口，推进生态文明建设。一是严格履行河长制要求。年内清理违法建筑物18323平方米，树木140.45万平方米，垃圾点35处、4594立方米，采砂点1处；查处违法活动36处；拆除、整改违法取水34处；关闭、搬迁禁养区养殖场340余处。二是开展散煤治理和型煤推广工作。关闭无证散煤经营点11个，停业整改散煤经营户13家，型煤推广深入人心。三是不断加大环保整治力度。58家汽车维修门市实现门前“三清”，镇区106家排污企业和加工业户污水直排问题彻底解决。4月，获省级绿色生态建设示范镇称号。

（张殿臣）

2017年凌河镇行政村（居）党支部书记、村（居）委会主任一览表

序号	行政村（居）名	党支部书记	村（居）委会主任
1	刘家庄子	王金星	王金星
2	芷芳	孙业学	孙业学
3	张布袋庄	孙垂德	孙垂强
4	大路	李士升	李士升
5	东赵家庄	赵永科	赵永科
6	西赵家庄	赵宝业	赵江波
7	前文家庄	李学坤	刘海霞
8	涝洼子	刘洪杰	王永法
9	马家河崖头	孙希祥	孙希祥
10	凌河	孙业岭	孙增利

续表

序号	行政村（居）名	党支部书记	村（居）委会主任
11	百鹅疃	孙希军	孙志强
12	北中阿	王顺成	王安进
13	东北庄子	孙臣熙	孙增华
14	东董家庄	江金福	江佃辛
15	老兵马营	张维和	张维春
16	东兵马营	张立学	张立学
17	西兵马营	江佃伟	张维峰
18	吕家埠	吕洪升	吕正奎
19	许古道	江佃春	张继合
20	老中阿	王友杰	王国龙
21	北小沟	崔永刚	周玉升
22	前松园	李玉才	李玉才
23	宫家庄	刘炳华	刘海青
24	宫家岭	李进来	王仁涛
25	牟山店子	王维德	王现发
26	东姚家庄	李建财	李建财
27	后松园	孙业坤	孙业新
28	前小沟	范文强	范继勇
29	牟山前	马新亮	马新亮
30	孙家小戈	孙熙功	孙熙功
31	李家小戈	李福亮	马志祥
32	黄家小戈	刘福德	孙业来
33	皂角树	刘玉军	刘玉才
34	雷家沟	雷玉刚	雷玉刚
35	郑家河	郑学进	郑增全
36	密家庄		潘洪光
37	土山	郑怀龙	郑军舰
38	新中阿	郑凤	王政
39	刘家河崖头	刘增前	吕金玉
40	川里院	潘玉增	王成祥
41	秦戈庄	郑京宝	王学斌
42	秦家河	王洪宝	王洪宝
43	范家庄子	张继升	张继升
44	富家庄子	赵玉成	相希刚

续表

序号	行政村（居）名	党支部书记	村（居）委会主任
45	贺家庄	沈宝明	沈宝明
46	佘家庙子	张志远	张志远
47	东纪庄	李来臣	李来臣
48	西纪庄	刘振宝	刘振宝
49	东石庙	聂广祥	聂广祥
50	西石庙	陈安庆	陈安栋
51	西涝山	赵培德	李臣奎
52	刘家陡沟	刘振江	刘崇敏
53	曹家陡沟	李臣荣	李成坤
54	沈家庄	李吉昌	沈佃强
55	红沙沟	李建	李加秋
56	小河口	李美明	李臣田
57	小北吾	李军臣	李军臣
58	东涝山	赵志臣	赵志连
60	阳旭	潘连岗	王春红
61	任家庄	任俊成	任俊成
62	东惠	惠从兆	惠从兆
63	慈埠	潘宗光	苏学军
64	儒林	张世波	张德学
65	西刘家庄	刘炳财	刘炳财
66	柿子园	徐金	徐金
67	申家庄	徐永刚	申保金
68	龙泉	刘振国	刘振国
69	店子	栾玉英	栾玉英
70	栾家庄	刘希梅	栾琪
71	西惠	惠增强	惠增强
72	西周	董汉录	惠建波
73	田家庄	王树利	王树利
74	偕户	李金刚	赵洪泉
75	朱家埠	朱荣本	朱荣本
76	泉子崖	任关玉	任关玉
77	水泊	张玉三	张玉三
78	柳沟	王志亮	裴华江
79	新兵马营	张维禹	张维禹

续表

序号	行政村（居）名	党支部书记	村（居）委会主任
80	柳沟店子	朱树录	朱树录
81	关王庙	李永铭	李增溪
82	小官庄	李玉臻	李国明
83	关前埠	宋信成	王一明
84	王家赤埠	王福太	王占福
85	李家赤埠	李勤生	李国锋
86	赵家赤埠	赵纪华	赵纪华
87	西姚家庄	刘从军	刘从军
88	西董家庄	刘培亮	刘培亮
89	战家沟	战中利	战中利
90	禅杖	崔燕舞	崔燕舞
91	郑家庄	乔磊	乔磊
92	赵家沟	白玉忠	李永才
93	陈家沟	陈仁伍	陈仁伍
94	簸箕掌	张友全	李进友
95	大儒林庄	李其宝	李福松
96	小儒林庄	张德宝	张德宝
97	前儒林庄	刘敬禄	刘敬禄
98	西儒林	刘敬波	刘敬波
99	小大路	张宝民	张宝民
100	石家庄	吴忠仁	吴忠仁
101	娄子埠	李方勤	李方勤
102	王家营	李树新	马炳义
103	方家埠	卞丽学	卞丽学
104	东庄头	吕连春	宋进成
105	西庄头	郑义亮	郑义亮
106	蒲家埠	贺增义	刘文安
107	南吾	李星奎	李星奎
108	张家陡沟	张廷文	张廷文
109	张家庄子	闫修轩	闫修轩
110	坝洼	李志乐	李志乐
111	小庄	王垒	刘纪元
112	黑石头沟	刘德富	刘勇勇
113	石榴沟	李善宝	李善宝

续表

序号	行政村（居）名	党支部书记	村（居）委会主任
114	山东头	刘乐启	刘乐启
115	东浒崖	闫文国	闫文国
116	东南疃	沈学荣	赵义中
117	后沟	张敬国	张敬国
118	刘家西部	刘爱顺	刘爱顺
119	李家西部	徐金涛	徐金涛
120	龙湾崖	王玉常	王玉常
121	马姚	刘炳军	刘炳军
122	小赵家埠	赵委元	赵委元
123	大赵家埠	赵国强	赵国强
124	红河崖	潘长清	潘军
125	于家水西	孙洪熙	于海全
126	圈子	王连敞	王玉忠
127	南官庄	赵桂明	王志民
128	西辛庄子	徐玉江	徐玉江
129	牛家埠	王景民	王景民
130	申明	王树强	王树强
131	冢子坡	王玉林	王桂喜
132	大芷芳	孙衍贵	王培建
133	前光甫	王国喜	王国喜
134	光甫	王知红	王光启
135	王家庄子	王继忠	王继忠
136	孟家庄	孟凡良	孟凡良
137	井戈	孙希波	孙涛涛
138	宗家庄子	宋业军	王志良
139	李家水西	李国梁	李国梁
140	山后屯	刘衍召	刘衍召
141	吴家庄	吴志华	吴志华
142	白石官庄	李永富	李永富
143	凤凰官庄	王永庆	王永庆
144	王家董孟	王建新	王建新
145	前李戈	马修山	栾文波
146	后李戈	王冠军	王冠军

石埠子镇

【概况】 石埠子镇地处安丘、诸城、沂水三地交界，由原庵上镇、石埠子镇、召忽乡合并而成，总面积156平方公里，耕地面积9.2万亩，辖6个社区、67个行政村、100个自然村、6.7万人。2017年，全镇实现镇级财政收入3960万元，同比增长136.4%，达到全年预算任务的127.4%；完成固定资产投资18.11亿元，同比增长231.9%；规模以上工业实现主营业务收入5.36亿元，同比增长61.2%；居民储蓄余额12亿元。

【工业】 按照产业强镇的总思路，突出抓好园区项目引进和镇域企业培强做大，新引进项目29个。一是园区项目引进。在前期引进4家工业企业的基础上，新引进8个项目：为安柴柴油机发电机项目，并投产；青岛集装箱软包装项目，落实地块；翼农台资农产品深加工项目，上报土地指标申请，等候批复；航天科技体验馆项目签订“3P”协议；上海昕宁水处理设备项目、青岛熟食精深加工项目、盛邦科技物流项目3个过亿元项目均通过预审，下步尽快签约落地；投资3亿元的动物疫苗项目，正在落实地块。二是镇域企业建设。新引进60MW光伏项目、恒泰新能源风电场100MW工程2个项目，年销售收入3.59亿元，可上缴税金2800万元。计划引进70MW“农光互补”项目和20MW分布式光伏智慧农业产业园项目，届时全镇清洁能源产业总规模可达400MW，实现税收收入6000万元；在原有企业的基础上，新引进投资6000万元的雨旺食品项目，全镇食品产业预计年可实现主营业务收入10亿元，上缴税金1900万元。樱花谷旅游度假村项目投资约8000万元，完成造林绿化及水电路基础设施配套建设；落实由中建集团投资6.91亿元建设的管桩生产线PC项目的地块，并开工建设。

【生态化建设】 年初下发《石埠子镇2017年土地流转考核办法》，鼓励各社区、村积极流转土地，年内完成三年流转3万亩的目标；新引入社会资本7000多万元，完成造林绿化。同时，投资1000多万元加强水电路等配套设施建设，新建拦河坝2座，新修道路25公里，铺设管道1万米，安装变压器7台，架设高压线1.1万米。绿化提升庵城路、山水路等4条道路；完成6处废旧矿坑复绿；整合公安、国土、安监等部门力量，全镇17处违法采矿点彻底拆除；对全镇800余家禁养区养殖场下发限期整改通知书，并全部关停，同时科学进行养殖场“三区”划分，确保全镇畜牧业健康绿色发展。

【现代农业】 加快结构调整步伐，新建高端大棚1000个，建成农业科技示范园1个。石埠子草莓建成“潍坊检验检疫局备案基地”，正在申请国家检验检疫局生态原产地认证。3月，石埠子镇草莓、樱桃等5种农产品被农业部认定为有机产品。按照“源头控制、过程监管、市场准入”的原则，抓好农产品质量检测，检测样品17900个，生成二维码2440次。抓好投资3000万元的渠河治理、投资2300万元高标准基本农田建设、投资370万元的豆角地村水利设施和清河片小农水建设等4个项目。严格落实“河长制”，加大对渠河、孝廉河等河流的监管和保护，完成全镇7条河流、117个问题清除工作；针对旱情较重的状况，投资600余万元进行打井、铺设管道等，解决17个村庄人畜吃水问题。

【服务业】 结合草莓、樱桃采摘游，将书院、庵上石坊等串点成线，促进全镇特色生态旅游全面升级；高标准打造崔家官庄、罗家官庄古村落和南王家庄、车厢等休闲农庄；加快推进樱花谷等休闲旅游度假村建设；与山东华慧有限公司合作，建设包含牌坊、马家大院、画廊等古建筑群的牌坊文化基地，牌坊景区建设全面动工。发挥镇电子商务中心作用，以旅游促电商，深化提升“爱上青山”品牌。年内，线上线下交易额4600万元。

【民生事业】 新建、提升6个社区服务中心；成立集派出所、司法所、信访、工青妇等部门集中办公的综合中心—群众之家，切实打通服务群众“最后1公里”；投资2890万元，扩建硬化牌坊路、下株梧水库路、上株梧至城顶山路24公里；投资1800万元的庵上医养结合项目地基浇筑已完成，正在建设主体；全面完成北仕居园、庵上、中孙家庄、东张相4个村棚改打价评估、协议签订等工作，待资金到位后可全面启动拆迁；肉牛养殖扶贫和“第一书记”产业扶贫等项目全面开工建设，通过政策兜底措施，完成项目收益分配工作，确保9月底前完成脱贫攻坚任务；按照“亮化、硬化、美化”的要求，做好环卫一体化工作，打造西殷民、河北营子、南郎庄等“美丽乡村示范村”。

【信访稳定和安全生产】 开展矛盾化解集中行动，确保化解率98%以上；充分利用群众之家，抓好“一站式”服务，从源头化解矛盾。将全镇不稳定人员全部纳入公安管理系统，确保中共十九大期间无一起进京去省上访案件，无任何一名重点稳控人员失联；实行无缝隙大排查机制，重点对涉氨企业、校园、超市、加油站、加气站、旅馆业等领域进行“全覆盖、无死角”检查，形成问题台账，抓好隐患整改，确保不发生任何安全问题。

（张　瑞）

2017年石埠子镇行政村（居）党支部书记、村（居）委会主任一览表

序号	行政村（居）名	党支部书记	村（居）委会主任
1	阿陀村	王兰增	王兰文
2	崔家官庄村	崔学林	崔洪方
3	蒯沟社区	殷德宝	殷治森
4	孝河口村	倪新源	倪新源
5	张靳村	张勇	张作玉
6	柳河峪村	马健	马健
7	天桥新村	程世亮	邵守喜
8	明珠村	徐文华	徐文华
9	分流洼村	高志秀	高相照
10	南北新村	鞠伟华	鞠伟华
11	坡子社区	殷玉田	刘洪刚
12	辛店营子村	郭长海	张泮亮
13	后韩寺庄村	刘庆喜	刘庆喜
14	城后村	臧全军	臧全军
15	渠河北村	臧振成	臧全桂
16	荆布子村	王金伟	王金伟
17	南王家庄村	臧全世	王　军
18	街里村	刘振杰	辛陆金
19	城西村	刘建荣	王晓龙
20	陆戈社区	马允吉	张桂元
21	周家屯村	孙治国	周文喜
22	仕居社区	马金福	马京义
23	寺后套子村	刘玉琴	张瑞强
24	前韩寺庄村	刘祥荣	任秀贞
25	张相村	刘树航	董林河
26	崖头村	倪增会	马兰香
27	孝廉庄村	郭培杰	刘义美
28	金菩村	周建武	周建武
29	庵上村	马连山	马奎
30	裴家后河社区	沈宝玉	沈宝玉
31	豆角地社区	李会连	李会连
32	西殷民村	殷修台	殷念书
33	茅子埠村	张法绍	张法绍

续表

序号	行政村（居）名	党支部书记	村（居）委会主任
34	南郎庄村	刘培军	刘培军
35	北郎庄村	孙衍余	孙衍余
36	南仕居园村	马炳烈	李光玉
37	河北王后村	刘木怀	张中鲁
38	刘家庄子	刘培全	刘培全
39	陈家楼	陈著文	陈仁华
40	清河	马运录	刘同池
41	于家河村	杨焕高	程现芳
42	王庄村	王可增	王可江
43	孔家庄村	孔凡云	孔令堂
44	岐山村	郭清臻	郭升年
45	车苗村	闫华福	闫华福
46	张解村	董瑞福	董会砚
47	北石岭社区	鞠小明	鞠小明
48	胡峪一村	刘光喜	刘光喜
49	胡峪二村	刘伟跃	刘伟跃
50	胡峪三村	刘以超	刘以超
51	北孙家庄	赵刚	赵永国
52	东召忽村	鞠金丰	鞠华培
53	东般民村	殷国庆	殷国安
54	晏峪村	鞠治臻	鞠治臻
55	马头山村	程庆军	程庆金
56	殷家庄村	鞠运全	鞠欣堂
57	西召忽村	鞠浩	鞠庆福
58	柿子园村	刘金星	刘松华
59	张家庄子村	鞠知高	鞠知高
60	保国山社区	宿廷武	宿廷武
61	水帘沟村	李建庆	李树庆
62	楼子村	郭峦	郭治华
63	闵家庄	苑成民	鞠銮忠
64	孝仁泉新村	刘文俊	程金义
65	城里村	臧志德	臧志德
66	上株梧社区	于庆田	马继伟
67	孟家旺村	孟凡强	孟凡良

大盛镇

【概况】 大盛镇位于安丘市西南部，东北部与凌河镇相接，东南部与辉渠镇为邻；南连郚山镇；西与临朐县接壤；北与昌乐县鄌郚镇隔汶河相望。镇域总面积76平方公里，辖62个自然村，5个社区，10425户、3.5357口人，耕地5.6万亩。镇政府驻地吴家院庄村，距安丘市区40公里。

【工业】 注册企业151家。其中，工业企业29家，规模以上企业9家。入库税金2204万元，增幅27.1%（国税338万元增幅24.8%、地税1866万元增幅27.5%）地方财政收入2082万元，比上年增长22.8%；居民储蓄余额52210万元。企业实现销售收入76864万元，其中规模以上企业实现54486万元、利润4135万元，分别增长10%和28.3%；利税总额4244万元，增长22.2%。完成固定资产投资74250万元，增长5.8%。居民可支配收入14500元。机械铸造加工产业基础雄厚，形成以科发柴油机、华杰柴油机为龙头，精密铸造、百顺、宏盛水泵等企业为补充的产业集群。科发的空压机项目和华杰柴油机的相关系列产品被科技局认定为高新技术产品。

【农业】 实施“一社一品”战略：一个社区一个品牌，用品牌打造精品。实行产社互动，推动全镇产业融合发展。主要规划“四个区”：生态林果区、桑蚕传统养殖区、休闲庄园区、现代高效农业区。一是基础设施配套及服务。重点发挥农产品质量检测站的作用，抓好农产品质量检测和二维码打印等基础性工作，加快推进盘龙山治理、金湖水库水利治理项目、农产品交易市场建设和土地流转等工作。二是产业结构调整。全年调整土地2820亩。其中，山岭地1220亩，平原地1600亩。发展冬暖式蔬菜大棚和标准化钢架棚500亩，建造21个。投资488万元，占地300亩的共创果蔬产业园基本完成。三是农产品抽样检测。全镇完成食用农产品抽样检测6852批次，流动检测车抽样检测2593批次，生产二维码3012个。四是植树造林。坚持“全域生态化”工作理念，以山为骨、绿为脉、水为魂，构建起山水相依、林景宜人的生态体系。重点对“三纵三横”六条道路和鲤龙河进行综合治理。沿路按照多层次立体化布局，打造生态绿化长廊，绿化面积1000多亩，补植各类绿化苗木约15.4万株，新栽植各类苗木约9.1万株，栽种经济林约750亩，种植花草约150亩，实现绿化与美化的有机融合，形成大盛镇生态特色名片。五是鲤龙河生态湿地公园建设。在完成旅游路和骨干道路生态绿化的同时，重点抓好鲤龙河流域的生态治理工作，打造鲤龙河生态湿地公园。一期治理1.6公里，面积300亩，整修道路2.2公里。对河道河堤进行整修、绿化护坡；桥北投资300多万元，建设拦河坝两座；河道内栽植芦苇，并根据地形打造生态鸟岛；河边建设廊架1处，凉亭4处，成为生态观光、休闲垂钓、娱乐健身之地。二期规划治理6.5公里，面积1200亩，整修道路13公里。主要栽植柳树、杨树、梨树、大樱桃、樱花、紫叶稠李等经济林及绿化苗木。建设拦河坝1处、滚水桥4座，河道内栽植芦苇，将鲤龙河大盛段治理成为生态湿地，打造“水清岸绿，生态廊道”。六是河长制完成情况。清理完毕汶河38个问题，鲤龙河49个问题。关停汶河南岸48家养殖场、养殖户，鲤龙河29家养殖场。关停禁养区内养殖场、养殖户120多家。七是争取项目资金。发布投资500万元的盘龙山小流域治理项目和投资200万的窦家庄子小流域治理项目招标公告，分别于10月开工；投资32万的金湖公园改造项目和投资40万元的抗旱资金小型水利工程，于10月开工建设。

【城镇化】 通过市场化运作加快小城镇建设步伐，实现投资主体的多元化。依托三县交界区位优势，发展商贸服务业，吸聚人流、物流、信息流，增强镇域承载力；集聚辐射能量，扩大镇区规模，建设品质小镇，突出大盛特色。同时，实施村庄搬迁和棚户区改造工程，扩大建设用地存量，为镇区建设预留充足的发展空间。坚持生态优先、绿色发展，打造四区、三山、两河“全域生态化”，完成植树造林6000多亩。年内，打造省级美丽乡村西田庄村和市级美丽乡村东田庄村；改造厕所650户；新开工建设医养结合服务中心5300平方米；扶贫危房改造57户；打造前大盛等8村环卫一体化示范村、先进村；完成前大盛棚户区改造调查摸底工作。

【安全生产】 针对安全生产工作实际，在加强人员配备的同时，强化电脑、打印机等办公设施的配备；严格落实网格化监管制度，确保每家企业都有专人包靠，并组建大盛镇安全生产工作微信群，加强网格化监管工作的实时交流和信息共享，实现安全监管工作全领域、全覆盖。年内，排查各类企业40余家，查出隐患115项；现场整改26项，限期整改89项，责令停业整顿7家。另外，为提高安全生产意识，在镇主干道路及人员密集场所设置安全宣传横幅10条，并利用会议的形式对镇机关干部、各村网格化监管员以及企业负责人开展培训12次。

【民生事业】 健全社会救助体系，严格落实“低保”“五保”等救助政策，保障困难群众基本生活，做到应保尽保。全年完成大病救助47人，困难户临时救助80户。推进“医养结合”，实现一站式服务，“五保”老人集中供养率提高30个百分点。关注残疾人生活，审核上报残疾人生活补贴41件，护理补贴216件。牵头成立退伍军人安置办公室，稳步推进退伍军人安置服务工作。改造提升农村社区管理服务中心，翻修社区文化广场。

【社会治理】 探索开展“活力”党建。开展以“回忆往事、不忘初心”为主题的“党员忆事会”“争创标兵党员”“三强三促”主题教育等活动，开办“古韵钟声”大讲堂，活化党组织活动形式，活跃党员队伍气氛，激活支部班子干事创业激情；推行农村党支部积分管理办法；规范基层组织阵地建设，为全镇62个村配备标准化“三务”公开栏；完成村“两委”换届工作和新一届村“两委”班子教育培训工作。

（赵存良）

2017年大盛镇行政村（居）党支部书记、村（居）委会主任一览表

序号	行政村（居）名	党支部书记	村（居）委会主任
1	娄家庄	娄作春	娄秀才
2	东田庄	赵连军	赵连军
3	西田庄	赵献成	赵献成
4	大申明亭	张斌	李广田
5	小申明亭	辛炳武	辛炳武
6	东石崖子	贾法浩	贾增启
7	西石崖子	贾尚义	贾尚义
8	朱家官庄	朱由泊	朱由泊
9	山徐家庄	徐增喜	徐增喜
10	房家官庄	房师范	房师范
11	尚庄	任乐安	任乐安
12	娄子	辛海平	辛海平
13	韩家旺	房师忠	房师忠
14	辛家庄	辛连强	辛连强
15	东辛兴	辛世华	辛世华
16	西辛兴	辛光军	辛光军
17	窦家庄子	辛付升	辛付升
18	寺前	辛尔国	辛尔国
19	北徐家庄	赵元启	赵元启
20	牛沐	辛学孝	谌保全
21	后沟	郭兆才	许天亭
22	吴家庄	吴建来	吴建来
23	小庵子	李年祥	李年祥
24	前大盛	张爱军	张爱军
25	后大盛	张文杰	张文杰
26	尹家大盛	尹元学	尹元学
27	西韩家庄	韩卫东	韩乐民
28	李家院庄	张文波	张文波

续表

序号	行政村（居）名	党支部书记	村（居）委会主任
29	吴家院庄	邢培杰	邢培杰
30	马家院庄	徐增学	徐增学
31	刘家院庄	刘兆军	刘兆军
32	旺山子	李京林	李京林
33	小官庄	陈仁富	陈仁富
34	小庄子	崔学利	崔学利
35	田家楼	范德华	范德华
36	郭家庄	郭学信	郭学信
37	南石家营	吴建国	吴建国
38	北石家营	于涛	于涛
39	豆坡	杨明顺	杨明顺
40	泉头	马庆德	马庆德
41	田辛庄子	李永富	李永富
42	牛家沟	牛继财	牛继财
43	秦家庄子	秦德文	秦德文
44	东丁家沟	张宝玉	张宝玉
45	中丁家沟	徐学良	徐学良
46	西丁家沟	徐培进	徐培进
47	龙王庙	王汝山	王汝山
48	陈家庄	陈安利	陈安利
49	南黑山	韩庆泉	韩庆泉
50	北黑山	李中臣	李中臣
51	大官庄	张雪元	张汝祥
52	上马疃	张明国	张明国
53	下马疃	王建	王建
54	寺坡	赵福宾	赵福宾
55	东山北头	张福平	张福平
56	中山北头	董兆志	董兆志
57	西山北头	张乐群	张希全
58	东孟家庄	韩传虎	韩传虎
59	西孟家庄	张会泉	张会泉
60	白石岭	张建平	张建平
61	南杨家沟	韩连升	韩连升
62	北杨家沟	杨传枝	韩林德

辉渠镇

【概况】 辉渠镇地处安丘市西南部，面积206平方公里，辖40个行政村、119个自然村、1.9万户、6.7万人、耕地面积8.8万亩。2017年，实现规模以上工业主营业务收入48473万元，同比增长15.5%；实现财政收入2160万元，同比增长66.9%；储蓄余额92673万元。

【工业经济】 依托“飞地经济”政策，弥补工业发展短板。一是培强做大现有项目。歌尔精密制造一期、二期正式投产，年内实现主营业务收入3.2亿元，纳税1960万元。潍坊科磊包装正式投产。潍坊喜力电气项目正在进行基础设施建设，舜泽机械制造正在积极争取土地指标。二是引进新项目。投资8亿元的歌尔精密制造三期开工建设；投资2亿元的日本铃木手机表处理项目正在注册。航天瑞特碳纤维材料、奥琅能源科技有限公司工业炉和昆山国胜环保等3个项目正在洽谈中。三是引进服务业项目。通过上门服务、政策激励、变更注册地等措施，引进物流、外贸企业。全年引进山东万航及与歌尔集团相关的物流企业11家。四是发展新能源经济。新建设光伏发电51兆瓦，全镇100多兆瓦；投资5亿元的恒泰新能源风电项目正在建设中。

【乡村旅游】 围绕建设“旅游集散中心”的目标，加强规划引领，强化精准服务，不断推动乡村旅游发展。留山景区的党史教育馆、古木科普馆等重点项目正在建设；歌尔庄园年内完成投资650多万元，其中歌尔生活区投入使用。法兴寺完成普贤阁、文殊阁等建设，正在内外装修。小麦峪等3个村完成村庄旅游规划设计；下涝坡村投资20万元改造村内文化广场等，新发展农家乐2家。水润道村建成5家农家乐和农产品研发中心。落鸦石村投资100万元，提档升级村内道路、停车场、采摘园等。全镇新建樱桃、草莓、葡萄采摘园、采摘大棚80多个。采取市场化运作方式，成功举办第九届辉渠桃花节。桃花节期间接待游客8万多人次。参与承办法国PBP2017年中国区1200公里挑战赛——安丘200公里不间断骑行选拔赛。

【城镇建设】 一是棚户区改造顺利推进。年内提报的计划是搬迁石灰尧子、鞠家庄子、雹泉西南、雹泉东北、雹泉西北、北尚庄6个村的棚改项目，搬迁1118户、3539口人，可腾空土地727.666亩。年内，完成石灰尧子、鞠家庄子、雹泉西南、雹泉东北、雹泉西北（部分）6个村、650户拆迁。其中，雹泉西南、雹泉东北两村、4.5万平方米的安置楼基本完工，鞠家庄子、雹泉西北村安置楼正在建设，北尚庄村房屋、果树、土地等评估工作结束，正在公示。二是村庄环境明显改善。重点抓了村庄环境、连村路、河塘沟渠卫生清理。镇财政拿出50万元专项资金，采取以奖代补、逐村验收销号的方式，调动各村的主动性、积极性。新打造葛家滩等10个美丽村庄，建成落鸦石官庄、赵家沟两个“五彩村庄”。三是镇区管理日益规范。通过购买社会服务的方式，完成辉渠街的日常管理。投资80万元，完成辉渠镇区店面门头牌匾的集中更换；投资200多万元，完成镇区内文化路、和谐路柏油工程。

【特色农业】 突出发展休闲观光农业、有机绿色农业、规模集约农业，做好特色农业与旅游业的结合，使特色农业可看可游可增收。一是休闲农庄规模大。获鹿山谷峰山文化休闲农庄、鸿岭庄园、山水田园等初具规模。完成投资4000多万元。获鹿山谷文化休闲农庄由潍坊英利集团投资建设，完成投资2800多万元，建成文博馆等项目，栽植美国红枫等苗木3万多棵。鸿岭庄园完成投资600多万元。二是结构调整范围大。重点抓了土地流转、种植大户培育，全镇流转土地5000多亩。峡山优渥公司与辉腾农业公司联合投资2000万元，种植有机小米800亩，依托优渥有机农业销售平台进行销售，推动做大“辉渠小米”产业。都家庄子、夏坡、团山子等村流转土地2000多亩，发展大棚樱桃、蔬菜等种植。三是林果基地建设品种新。重点抓了旅游路两侧万亩蜜桃的品种更新、土地流转和种植面积扩大，新引进黄金1号、映霜红、秋桐等蜜桃新品种20多个，新栽植和更新3000多亩。都家庄子村鑫都农场流转土地600亩，引进蜜桃新品种10多个，农场蜜桃采摘期从夏到初冬4个多月。四是植树造林力度大。全镇规划造林10600亩，主要实施荒山荒坡绿化、林果基地建设、路域两侧绿化、废弃矿坑复绿四大工程。全年完成大小杏山、团山子、望海山流域等成方连片植树8000多亩和律南路、儒辉路、旅游路中段等道路两侧路域绿化40多公里。

【社会事业】 围绕提高群众幸福感、满意度的目标，抓好民本民生项目建设。一是旅游路网建设全面完成。新修儒辉路辉渠段6公里，辉城路朱家河村至赵家沟段8.1公里，小麦峪村至柘山镇辛庄子村段主线21.9公里，洞西头村至留山景区段6.4公里、官庄镇十字路村至辉渠镇胡家旺村段12公里，胡家旺村至柘山镇郚家崖村段4.2公里，南罗村至田庄村段5公里等柏油道路7条、63.6公里。至10月份，全部建成通车。二是校安工程建设全面完成。新建夏坡小学、夏坡幼儿园教学楼及学生餐厅、辉渠中学教学楼，投资2000万元，建筑面积1.3万多平方米。三是矿产开发秩序整顿全面完成。5月，配合市相关部门关停、封存34处采矿点，拆除所有矿点的开采设备。四是脱贫攻坚全面完成。完成尚庄11个高标准冬暖式大棚等扶贫产业项目7个。完成202户贫困户危房、饮用水改造，为贫困户发放光伏、大棚等项目收益金62万元。五是流域综合治理项目全面完成。实施团山子5000亩农业综合开发、大辉渠4000亩小流域治理和峒峪万亩高标准农田水利治理等项目3个，投资1981万元。年内，3个项目顺利通过验收。

【社会治理】 推进“两学一做”学习教育常态化制度化，开展“机关干部下基层”活动、“打霸治痞”专项行动。建立可视化系统，加强村“两委”干部、农村党员教育培训。完成119个村的村级财务审计。全镇40个村全部一次换届成功。完成雹泉社区、留山峪村、团山子村规范化建设，夏坡、温泉社区服务中心楼开工建设。加强和创新社会管理，落实矛盾纠纷排查调处机制，深入推广“听证法”，拓展听证适用范围，有效化解社会信访案件，确保信访形势稳定。

（都振伟）

2017年辉渠镇行政村（居）党村支部书记、村（居）委会主任一览表

序号	行政村（居）名	党支部书记	村（居）委会主任
1	辉渠村	李玉祥	李玉祥
2	朱家河	朱增良	朱增良
3	绪泉村	刘瑞德	刘瑞德
4	洞西头村	夏方江	夏方江
5	吉山店子村	李元光	李元光
6	雹泉村	解方法	王维美
7	山前村	李松祥	李松祥
8	中峒峪	王春波	韩敬廷
9	小寿山	王联丰	王联丰
10	大寿山	王云洪	王云洪
11	都家庄子村	都治忠	都治忠
12	富平官庄村	王世东	王洪德
13	祖官村	曹光全	曹光全
14	葛家滩村	马宝贵	马宝贵
15	老峒峪村	都学标	都学标
16	崔家峪村	刘汉金	刘汉金
17	米布袋村	陈安军	陈安军
18	水润道村	杜振祥	杜振祥
19	范山子村	杨百信	杨百信
20	白山头村	李德兴	李德兴
21	黄石板坡村	李益光	李益光
22	荻鹿山前村	李桂春	李桂春
23	有子庙村	李学顺	李学顺
24	李家沟村	李成方	李成方

续表

序号	行政村（居）名	党支部书记	村（居）委会主任
25	范家庄子	刘长富	刘长富
26	崔巴峪村	王开法	王开法
27	桃园村	刘京产	刘京产
28	大安山村	郑其学	郑其学
29	温泉村	卞召明	李俊年
30	花石涧村	吴兆练	吴兆练
31	涝坡村	赵佰泉	赵佰泉
32	徐家沟村	李建华	李建华
33	夏坡村	李宗芳	李振军
34	刘家店子村	李金顺	李金顺
35	蔡家庄村	刘宗荣	刘宗荣
36	留山旺村	李国栋	王桂祥
37	谋家河村	李学海	李学海
38	留山峪村	刘　伟	刘　伟
39	山李家庄村	李佃戏	李佃戏
40	团山子村	李树海	李树海

郚山镇

【概况】 郚山镇位于安丘市西南部，总面积113平方公里，辖5个社区，人口3.8万人，耕地5.6万亩。2017年，完成固定资产投资13亿元，规模以上工业企业实现产值7.1亿元，实现主营业务收入5.3亿元、利税8170万元，实现财政总收入3660万元，其中地方财政收入2170万元。

【工业】 郚山镇全力以赴加快招商引资工作，出台《郚山镇招商引资工作考核办法》，把任务分解到全体机关干部和各村支部书记，全面压实责任。党政主要领导带头“走出去”，大招商、招大商。先后赴北京、天津、济南、淄博等地开展招商16次，新引进项目9个，总投资4.5亿元。其中，投资5000万元的锦步鞋业项目仓库1号车间已完工；投资5000万元的潍坊优牧农牧科技项目投产达效；九岭福耕、青未了、盛安3个农业休闲庄园完成投资2000余万元，栽植林果3000余亩；与9家大学生农村创业平台签订服务企业协议，被评为潍坊市农村大学生创业孵化中心；安盛信诺保险、睿一生物2个招财引税项目已开展业务；与山东理工大学签订共建郚山科研中心的框架协议。落实领导干部包靠责任，建立“一个项目、一名领导、一套班子、一个方案、一抓到底”的项目建设推进机制，逐一落实工作目标和进度要求，推动项目快建设、快投产、快达效。目前，黄皿山风电场已并网发电，金鸿市北区扩产项目、凯丰鞋业均投产达效。

【生态农业】 继续坚持“山上林果、平原瓜菜”的农业区域化发展思路，推动农业向规模化、产业化、高效化发展。新流转土地4000余亩。双埠片区新建核桃示范园1000亩，徐家沟、河西、黄崖头等片区新发展金秋红蜜、映霜红等优良大桃品种3300余亩，九岭金谷、青未了等休闲农庄栽植黄桃、大樱桃、鸡心果等林果3000余亩。全镇新成立家庭农场、农业合作社8家。按照“上乔、中灌、下花草”的绿化模式，在道路两侧栽植黄金槐、五角枫、黄卢等树种，打造彩叶景观林；在路肩路边种植太阳花、格桑花、金盏菊等彩色花草，打造多彩景观植被；在主干道两侧裸露山体、荒山荒坡栽植连翘、爬山虎、蔷薇等攀岩爬蔓开花植物，打造山体覆绿景观。年内全镇共完成40余公里的路域绿化工程，栽植乔木、灌木40余万株，植被绿化20万平方米。

【服务业】部山镇坚持把乡村旅游产业作为全镇服务业发展的龙头产业重点推动，政府统筹、全域规划、重点扶持。完成全镇新一轮总体规划，对镇域乡村旅游产业布局、发展目标进行适度超前规划。聘请专业机构对南官庄、鲁家哨两个农家乐特色示范村和五个休闲农庄进行了规划，并统一设计景区及道路两侧功能房建设式样，做到既统一布局又各具特色。投资65万元，建设南官庄垂钓中心、窑洞木屋等景点，该村被评为省传统村落。投资30万元打造鲁家哨村“七色年华·童趣”主题村庄，喷涂墙体6700平方米，建设完成3D国旗广场，投资33万元建设三星级沿河七彩休闲贝壳房居住区；帮助合力牧场完成新一轮总体规划。同时，出台《关于鼓励乡村旅游发展的意见》《休闲农庄建设扶持政策》，对建设达标的农家乐每户补贴5000元，对符合规划新建的休闲农庄给予土地租金优惠，并配套电力、水利、道路等基础设施。同时，加大对上争取力度，对农家乐特色村、休闲农庄进行重点扶持。

【社会安全】全力做好信访维稳工作，加大排查力度，畅通信访渠道，建立信访台账，实行科级干部包靠销号制度，广泛运用听证法化解各类矛盾纠纷和信访案件，圆满完成了十九大安保维稳工作。建立周四安全生产日、周五总结汇报日的隐患排查整改制度，印发《安全生产隐患大排查大整治》等多个文件，按领域成立道路交通安全、校园安全等14个专项隐患排查小组，坚持“逢会必讲安全、遇查必查安全”；结合各村阳光议事，组织机关干部到村、到户宣传护林防火、交通出行等贴近群众生产、生活方面的安全知识，印发明白纸13万余份；邀请安丘祥宇安全工程律师事务所2名专家，对辖区内道路交通、非煤矿山、危险化学品、烟花爆竹、建筑施工等14个重点领域32家企业、132家“九小场所”（门店）逐个进行了排查，对排查出的各类隐患全部落实责任进行整改；依法关停良悦建材、江明石料厂、华兴液化气站等3家存在安全隐患企业，拆除未达环保要求的燃煤锅炉2处。建立农产品质量安全巡查制度，对全镇33家农资门市拉网式检查5次，从源头杜绝售卖违禁农药及添加剂行为。充分发挥5个社区固定检测点和流动检测车作用，推动农产品检测从抽样检测向全面检测扩展。

【新型城镇化】部山镇加快实施农村社区整体环境综合提升工程。投入210余万元，新建龙河社区服务中心、改造提升南逯社区服务中心。投入40余万元以奖代补推动环卫一体化工作开展，全镇68个村在全市率先一次性通过环卫验收，村庄、路域环卫一体化检查均名列全市第一。申报省、潍坊、安丘美丽村庄各1个、环卫一体化示范村居5个。完成道路清障9.3公里，拆除1999年下小路拓宽南逯镇区遗留钉子户1户。完成贾孟、大埠沟、杜家蒯沟、刘家蒯沟等4个村整村搬迁及店子、石河安置区搬迁共598户。

【民生事业】完成泥沟幼儿园改造和中心、墨黑、教育3处幼儿园室外场地铺装工程，投资35万元新建陡山幼儿园1处，投资32万元对部山小学南门进行安全改造；派出所警务大厅投入使用，卫生院病房楼完成主体建设；投资98万元完成敬老院消防设施改造；投资120万元实施抗旱水利工程12个，新修提水站8个、岩芯井15眼，铺设管道12千米，解决1700余名群众饮水问题，引水上山扩大改善农田灌溉面积2万余亩；实施扶贫产业项目14个，建成高标准玻璃温室大棚、冬暖式大棚和春暖式钢结构大棚50个，通过对外发包实现收益66.5万元，帮扶带动贫困人口206户、341人，9个经济薄弱村实现集体增收20.57万元。泥沟、曹家峪等4个省扶贫重点村和75户、129名贫困群众全部实现稳定脱贫；对镇域内鲤龙河等5条河流分别设立镇级河长，在全市率先全面完成清河行动，解决问题126个。划定镇域畜禽禁养、限养区，对镇域禁养养区内115户养殖户依法予以关停，进一步改善生态环境。

（王德志）

2017年部山镇行政村（居）党支部书记、村（居）委会主任一览表

序号	行政村（居）名	党支部书记	村（居）委会主任
1	鲁家哨村	鲁太湖	鲁太湖
2	大陡山村	于现友	于现友
3	杜家庄村	杜增福	杜炳富
4	南逯村	于志良	于志良
5	曹家峪村	乔民中	乔民中
6	小洼村	辛梅庆	辛梅庆

续表

序号	行政村（居）名	党支部书记	村（居）委会主任
7	墨黑村	辛付胜	辛付胜
8	西庙村	曹培祥	曹培祥
9	马朗沟村	于国平	于国平
10	后疃村	于国平	刘宗华
11	陈家沟村	刘兆奎	刘兆奎
12	南官庄村	辛元勋	辛元勋
13	双埠村	辛文荣	辛文荣
14	徐家沟村	徐会林	徐会林
15	亭子村	李安坤	李安坤
16	安山子村	于乐增	于乐增
17	贺家沟村	于乐增	于国军
18	张家北庄村	张有果	张有果
19	松林村	辛瑞兰	辛瑞兰
20	崖洼村	辛福才	辛福才
21	范家沟村	范中民	范中民
22	小郚山村	辛华启	辛华启
23	贾孟村	王少军	王少军
24	南旺村	辛增花	辛增花
25	教子峪村	刘汉来	刘汉来
26	杏山沟村	李春民	李春民
27	冷家山村	王汝敏	王汝敏
28	北张家庄子村	辛艳青	辛艳青
29	小营村	赵永田	赵永田
30	泥沟村	刘宗军	刘宗军
31	石河村	云增全	云增全
32	大埠沟村	金光学	金光学
33	马家旺村	冯仁福	冯仁福
34	杨家河村	辛玉文	辛玉文
35	河西村	辛学义	辛江
36	云庄子村	李顺军	李顺军
37	双张村	吴松友	吴松友
38	孙家沟村	孙衍安	孙衍安
39	卜家庄村	卜祥军	卜祥军
40	黄崖头村	李潍坊	李潍坊

续表

序号	行政村（居）名	党支部书记	村（居）委会主任
41	店子村	王海阳	王海阳
42	黄皿旺村	李祥全	李祥全
43	牟家沟村	辛启国	辛启国
44	金堆庄村	刘吉明	刘吉明
45	有子沟村	吴金鹏	吴金鹏
46	刘家峪村	刘明旺	刘明旺
47	逍遥村	刘光金	刘光金
48	杨家庄村	秦志生	杨寿生
49	辛崖头村	辛耀明	辛跃进
50	张家沟村	刘光法	刘光法
51	西官庄村	辛光成	辛光成
52	梁家庄村	刘孝江	刘孝江
53	于家沟村	韩中昌	于泮学
54	房家庄村	李　平	李希学

石堆镇

【概况】 石堆镇位于安丘市城区东部，总面积67平方公里，辖47个行政村、1.06万户、3.9万人，耕地面积6.4万亩。2017年，实现地方财政收入1597万元，完成固定资产投资10.9亿元，同比增长8.1%，规模以上企业主营业务收入5.8亿元，同比增长11.3%，实现利税5230万元，同比增长33.2%，储蓄金额6.6亿元，同比增长3.2%，农民人均纯收入17786元，同比增长10%。

【工业】 强化工业支撑，加快推进项目建设。加大招商引资力度，采取以商招商、全员招商、在外企业家招商等方式，广泛收集线索，积极引进项目。收集招商引资线索27条，其中有价值的18条。引进落户项目5个，其中在建项目3个，分别是山东正腾食品有限公司投资1.6亿元的2万吨熟食制品生产加工项目和昌邑客商投资8000万元明润食品项目、兵泉LNG加气站项目。新签约项目2个：潍坊狄鑫模具有限公司投资1.1亿元的地铁配件项目、投资6000万元的傅阳机械制造项目。在谈项目4个，分别是潍坊客商投资的合金精密铸件项目、上海客商投资的密封设备项目、青岛客商投资的新材料加工项目、美籍华人投资的垃圾处理设备项目。落实包靠责任制，为项目提供全方位跟踪服务，加快推进项目建设进度。2万吨熟食项目正在办理土地、规划手续、监理手续；明润食品正在进行内墙保温处理。加强企业运行管理，引导富星木业、恒科环保设备、龙跃环保、众科缠绕机、科华环保5家企业进行增资扩产。富星木业新建10000平方米车间，恒科环保设备新建科研楼。

【农业】 推进农业产业结构调整，全镇新调经济作物2400亩，大棚增加300亩，高产高效田面积4.2万亩。加大土地流转，全镇流转土地5270亩，主要用于建设休闲农庄，发展休闲农庄15个。重新规划步云岭休闲生态园，统一建筑风格，突出特色，对园区5900米道路进行硬化柏油，安装围栏2170米，完善水、电、绿化、亮化等基础设施，推进生态旅游。开展绿色食品认证，“鑫亭”甜瓜通过环评；开展农资集中整治行动，严格落实农产品产地准出二维码质量追溯体系，加大农产品抽检力度，从源头上确保农产品质量安全。

【新型城镇化】 推进新型农村社区建设，打造美丽乡村，城镇品质明显提升。实施镇区改造提升，投资460万元，高标准绿化王宿路镇区以西2公里道路，建设占地4500平方米的文体广场1处，新铺设人行道1200米，实行道路两侧弱电线路入地工程，安装路灯112盏，进一步提升镇区承载力和吸引力。投资330多万元，改造提升甘泉、中心、河洼3个社区，实施美化、绿化、亮化、硬化工程。推进城乡环卫一体化，打造美丽乡村示范村。全镇建成“美丽乡村示范村”2个，城乡环卫一体化示范、先进村12个。推进棚户区改造和土地整治挖潜。年内改造王集、西河洼、东河洼、阿洛4个整体搬迁村和镇区石堆、梯门两个部分改造村。涉及803户、904处房屋；完成后，可腾出土地735.08亩。已拆除房屋487栋。其中，2016年拆除267栋，年内拆除216栋（阿洛村一期198栋，镇区改造一期22栋，西河洼村78栋）。

【民生事业】 开展“送医上门”活动，为全镇4994名、65岁以上老人免费查体。开展“浓情四季·和谐石堆”系列群众文化活动，丰富群众精神文化生活。加快推进石堆中学、石堆小学、大亭子小学教学楼和坡庄幼儿园建设，年内全部建成投入使用。推进扶贫脱贫工作。调整帮扶领导小组，实行项目扶持、慈善救助、政策兜底等措施，做到真扶贫、扶真贫。投资200万元，实施文化广场建设项目、冬暖式蔬菜大棚建设项目、西莲池村农副产品交易批发市场项目、岳家官庄村水利灌溉工程、梯门村水库养殖项目5个扶贫项目，9月底全部建成投入使用，确保127户、260口人全部脱贫。

【社会安全】 推进“两学一做”学习教育常态化制度化，完善网格化管理，开展“机关干部下基层”活动、“打‘盗抢骗’、打‘黑霸痞’”“双打”行动和街头巷尾平安工程。建立可视化系统，加强村“两委”干部、农村党员教育培训。全镇47个村全部一次换届成功。加强和创新社会管理，落实矛盾纠纷排查调处机制，深入推广“听证法”，拓展听证适用范围，有效化解社会信访案件，确保信访形势稳定。

（韩德贤）

2017年石堆镇行政村（居）党支部书记、村（居）委会主任一览表

序号	行政村（居）名	党支部书记	村（居）委会主任
1	岳家官庄村	李治乾	李治乾
2	桃园官庄村	房效岗	李有全
3	石沟村	栾成朋	栾成朋
4	西河洼村	韩晋友	韩晋友
5	兵马营村	丁明武	丁明武
6	甘泉村	李凤华	李学海
7	东河洼村	韩国春	韩国春
8	店子村	刘文红	韩来利
9	孟家庄村	王效亮	王效亮
10	阿洛村	张升福	张升福
11	东前孟戈村	王中军	王作福
12	古路官庄村	王学昌	王学昌
13	东王里居村	杜宝岗	杜宝岗
14	西王里居村	赵来利	赵来利
15	张家坡庄村	张效华	张效华
16	西莲池村	翁世先	翁世先
17	大坡庄村	马建栋	马建栋
18	麻埠庄村	刘　焕	刘奉河
19	杜家坡庄村	陈志强	王金全
20	大莲池村	曹忠智	曹忠智

续表

序号	行政村（居）名	党支部书记	村（居）委会主任
21	后留晃村	周吉文	周吉文
22	前留晃村	杨忠林	杨忠林
23	马踏泉村	陈安斗	陈仁刚
24	石家庄子	孙希功	朱玉霞
25	宿家埠村	宿耀斗	宿耀斗
26	董家下坡村	栾汝荣	栾汝荣
27	马家亭子村	韩学宗	韩学宗
28	西后孟戈村	郭士华	郭士华
29	柳杭村	马信文	李玉财
30	大下坡村	韩会文	韩会文
31	赵家下坡村	赵仕武	赵仕武
32	高家下坡村	李京春	李京宾
33	王家亭子村	王永泉	刘永强
34	马家下坡村	马焕志	马焕志
35	山后村	马汝军	石邦清
36	大亭子村	李永存	韩学昌
37	梯门村	韩宪荣	韩宪荣
38	石人坡	韩孟文	韩志强
39	西前孟戈	高立祥	王中一
40	王集村	刘恒星	刘玉全
41	娄戈村	韩树冰	韩生德
42	石堆村	韩万山	李秀江
43	季戈村	韩荣华	韩波华
44	桃园村	韩玉宝	王文忠
45	东后孟戈	陈大元	陈大元
46	邵家庄	牛钦贤	牛钦贤
47	桥上村	韩修初	韩金然

柘山镇

【概况】 柘山镇位于安丘市西南部，东与石埠子镇接壤，南与沂水县交界，西与郚山镇相连，北与辉渠镇为邻。总面积156平方公里，辖6个社区、41个行政村、2.9万人，耕地面积10万亩。2017年，实现财政总收入5289万元，其中地方财政收入3975元；完成固定投资额11.1亿元；限额以上工业企业实现销售收入8936万元，入库税金944万元，限额以上服务业营业收入5217万元、增长18%。

【工业】做好“三招三引”工作，立足山区实际，注重项目资源带动，实现高质量、高效益的可持续发展。新落户安丘市级园区项目3个、滨海园区项目2个，分别是潍坊奥洛流体设备有限公司项目、山东嘉亿通新材料科技有限公司项目、安丘柏薪新能源科技有限公司项目、新能源电动车生产项目、陶瓷制动器生产项目，总投资4.26亿元，为全镇税收提供强有力支撑。拓宽税源渠道，发展总部经济与飞地经济相配合，与安丘国隆企业咨询有限合伙企业完成签约，搭建招商引资新平台。加快推进镇域项目落户开工建设，新发展潍坊田宝食品有限公司速冻食品项目、花生肽提取项目、铝合金加工项目3个重点项目。打造新能源小镇，完成涉及10个村占地1344亩的30兆瓦扶贫光伏发电项目并网发电与恒泰风力发电项目22个风机施工平台建设。切实抓好项目服务，严格落实副科级以上干部包靠项目责任制，加快项目线索对接，为环保机械设备、山地自行车用品生产制造项目等项目提供全程式、全方位跟踪服务，确保签约项目早落地、开工项目快建设、在建项目早投产。

【生态建设】推动生态宜居环境快速完善，新规划造林面积2.35万亩，完成1.7万亩，其中镇区与青柘路、旅游路等主要路段补植绿化苗木、虎眉山等流域雨季造林栽植苗木65万余株。全镇配备1200个垃圾桶，垃圾运输车定期清运，打造美丽宜居小村，在全市环卫一体化检查中，成绩名列前茅；投资111万元，提升打造张家宅、闫家河2个示范村居和金钱洼、王家沟等6个先进村居。加快产业结构调整升级转型，先后投入500万元用于鼓励各村自主调林调果，发展完成以大桃、核桃为主的家庭农场4个，完成秋峪林果、夏家沟牡丹园等4个示范园区。加快农业品质化转型，完成柘山板栗的“中国地理标志产品”申报工作。开展环保“网格化”行动，先后拆除清理谭家秋峪、东古庙、北章庄等6家严重污染水资源的淀粉厂；集中整治全镇31处10吨及以下小锅炉，煤改气11个，关停20个；加强水资源保护，落实“河长制”，对古庙河、车庄河等4条河流进行废弃物清理；加大对秸秆焚烧、垃圾焚烧管控力度，发动推广1700余吨型煤、191套洁净型炉具；全镇划分限养区和禁养区，21处养殖场全部关停，做到零排放、零污染。

【小城镇建设】推动新型城镇化发展，投资1132万元，新建成建筑面积5182平方米的卫生院综合楼，建成后可集基本医疗、养老助老、中医康复医疗、公共卫生、计生服务于一体，改善群众的医疗需求；投资450多万元，新建成建筑面积为1670平方米的柘山镇派出所办公楼，提高镇区职能部门为民服务水平，现均已投入使用；完成全镇39户危房改造任务，进一步改善困难群众居住条件。完成6.2公里旅游路清障拆迁工作；完成夏家秋峪至郭家秋峪连村路3000米硬化任务；占地1万亩、总投资1500万元的千亿斤粮项目、农发办项目招标完成，正在施工中；完成金宝项目区内15个拆迁钉子户、40余个坟头迁移工作。柘山乡情旅游开发项目完成房车窑洞等旅游设施建设，进入筹备运营阶段。该项目被水利部确定为水土保持科技示范园区，其七色花海项目成功入选山东省休闲农业示范园（齐鲁美丽田园名单）。完成涉及86户、92处房屋，拆迁建筑面积6510平方米的老子村棚户区拆迁任务，腾空储备用地47.6亩；投资55万元，对55个自然村及全镇主要路口安装监控摄像头278个，实现监控全覆盖，打造和谐稳定居住环境；投资35万元，在镇区昌盛街新安装太阳能灯24盏，按照灰墙青瓦新中式风格，提升山货一条街房外观，打造高低错落的特色小城镇，形成“青清世界、静净村庄、康养圣地、醉美柘乡”的景象。

【民生事业】健全社会救助体系，严格落地低保、五保等救助政策，保证困难群众基本生活，做到应保尽保。完成困难户临时救助187户，帮助办理低保户205户，对全镇65岁以上老年人进行免费健康体检，对全镇1600名妇女进行“两癌”筛查，完成适龄儿童计划免疫2166人次，城乡居民基本医疗保险、养老保险参保率分别96%和90%以上，帮助群众办理社会保障卡1000余张。加强校舍安全建设，破解大班额，新建面积2435平方米的车庄小学综合楼投入使用；柘山小学新建3328平方米的四层综合楼开工建设；柘山中心幼儿园通过省级验收，新建的车庄幼儿园已投入使用并申报潍坊示范园；车庄、夏家秋峪社区卫生室投入使用，东古庙、北丘家庄卫生室正在建设中。加快脱贫攻坚工作精准发力，面对558户、1024口人全年脱贫任务，设置社区公益岗位，为贫困人口提供40个环卫工作岗，向市人社局申报5个就业扶贫基地；镇政府牵头与相关企业、劳务市场合作，举办林果大棚等项目专业管护、电商培训班5期，为有劳动能力的贫困人口提供就业岗位；建设完成西古庙果蔬大棚、夏家沟榨油项目等10个扶贫项目，18万元项目收益全部发放到255户贫困户。

【文化旅游】投资100万元，建成老子、车庄2个社区文化中心示范点和西古庙村等10个文化大院，提升改造老子博物馆、花生博物馆及寿圣园为一体的老子文化广场，并新建成安丘市首家村级展馆——西古庙村史馆；开展“一村一年一场戏”，民间剧团巡回演出30余场，建成村级文化服务中心36个；举办第九届大学生老子文化艺术节，为127名大学生发放旅行箱、羊奶，并对14名优秀学生、困难学生发放助学金；打响“柘乡人家”农家乐品牌，新发展高端农家乐5家，建成游客接待中心1个、旅游厕所1个；以老子文化养生谷、柘山乡情等为支撑的“寿比南山”乡村旅游综合体成为潍坊乡村旅游标杆项目。

（刘　杰）

2017年柘山镇行政村（居）党支部书记、村（居）委会主任一览表

序号	行政村（居）名	党支部书记	村（居）委会主任
1	西古庙村	程金军	程照军（2017.10已故）
2	东古庙村	程金鹏	程金鹏
3	马时沟村	李太伦	李太伦
4	祝家庄村	李长征	李长征
5	北丘家庄村	沈学东	沈学东
6	范家沟村	范庆录	范庆录
7	柿子园	刘桂玲	刘桂玲
8	华家宅村	刘连康	刘连康
9	张家宅村	刘世东	刘世东
10	闫家河村	徐培中	徐培中
11	邰家崖村	邰庆法	邰庆法
12	任家旺村	任仕升	任仕升
13	曹家河村	曹兴锦	曹兴锦
14	何家沟村	谭仲永	谭仲永
15	老子村	李贤臣	李贤臣
16	王家沟村	王伟池	王伟池
17	小老子村	乔培国	乔培国
18	磨山河村	李玉国	李玉国
19	南丘家庄村	程增山	程增山
20	彭家沟村	王福章	王福章
21	夏家秋峪村	夏治全	夏治全
22	岳家秋峪村	岳启祥	岳启祥
23	翟家秋峪	翟方楼	翟方楼
24	谭家秋峪村	谭培刚	谭培刚
25	郭家秋峪村	尹光亮	郭维华
26	辛庄子村	王庆民	王庆民
27	夏家沟村	夏江安	夏江安
28	柳沟村	刘宝成	刘宝成
29	北章庄村	毕方奎	毕玉来

续表

序号	行政村（居）名	党支部书记	村（居）委会主任
30	南章庄村	刘京光	刘京光
31	董家车庄村	姚同义	姚同义
32	解家车庄村	解玉国	解玉国
33	隋家河村	姚成德	姚成德
34	程家车庄村	程相忠	程相忠
35	陈家车庄村	高仁生	高仁生
36	兴旺沟村	高贵荣	高贵荣
37	薛家庄村	薛法展	薛法展
38	大苑村	高贵京	高贵京
39	槐抱榆村	殷永现	殷永现
40	解家沟村	解砚光	解砚光
41	金钱洼村	张福恩	杨焕国

官庄镇

【概况】 官庄镇位于安丘市南部，区位优越，交通便利，距济青高速南线15公里。计划2018年实现通车的潍日高速穿境而过，设出入口和服务区，为安丘南部重要门户。镇域面积125平方公里，辖59个行政村、101个自然村、人口5.6万人；有耕地12万亩，人均2亩。官庄镇是著名的大桃之乡、大蒜之乡和特色养殖之乡，是省级卫生镇、省级生态镇、省级文明单位。2017年，实现镇级财政收入1803万元，同比增长150.1%；固定资产投资7.5亿元，同比增长13.6%；规模以上企业主营业务收入8.5亿元，同比增长7%，上缴税金5869万元，同比增长9%。

【工业】 形成机械制造、纺织服装、食品加工、饲料加工为主的支柱产业，全镇规模以上工业企业18家。借助“飞地经济”政策，积极引进大项目、好项目，引进落户市重点园区鼎正机械、耀宇数控、联荣环保、多特机械、茉莉亚医疗用品等项目5个。在镇区规划占地2000亩的西岭工业（产业）园和占地800亩的临港物流园2个工业园区，抓好镇域内工业、农业、服务业项目引进。创新招商方式，开展产业链招商、大项目招商和重点区域招商，引进电子商务、现代物流、总部经济等项目，投资1.2亿元的中国食品谷仓储物流项目，投资3000万元的聚兴食品项目落户镇区。深入推进企业转型升级，支持企业引进新技术、新工艺、新装备，加大技术改造力度，不断提升发展质量，强安铁塔公司、昊圣木业公司2家企业增资扩产。

【农业】 实施小农水项目、高标准农田项目、新增千亿斤粮食产能田间工程项目等农业综合整治项目7个，受益农田面积11万亩，逐步形成集中连片、设施配套、高产稳定、生态良好、抗灾能力强、与现代农业生产和经营方式相适应的示范区。以农业供给侧结构性改革为重点，不断加快农业产业结构调整和土地流转。2016年起，全镇农业产业结构调整总面积15857亩，流转土地6321亩。邀请中国林科院、山东农科院、山东林科院、山东农业大学、山东林业厅等单位专家，整体规划全镇现代农业发展，在北部丘陵发展榛子种植基地，沿安孔路发展优质大桃种植基地，新栽植大桃3000亩，栽植榛子1200亩。结合新一轮土地性质调整，调整部分一般农田或设施用地，规划36处地块用于发展一二三产业融合项目，发展起万芳果蔬基地、长生源生态农场、高家庄子润盛果蔬合作社等一二三产业融合发展项目11个。全镇农民专业合作社135家，经济合作社92家，发展家庭农场94家，建成标准化养殖示范场36处，认证“三品一标”15个。

【服务业】 加快培育以电子商务、乡村旅游、现代物流、文化创意、总部经济为支撑的现代服务业体系。引进潍坊沐轩节能科技有限公司等分支机构3家。新增农村淘宝官庄店、管公店等电商4家，总数达12家。结合

2016—2030年官庄镇总体规划，重点抓好永昌社区商业街南延项目，促进镇区商贸服务业发展，推进镇区商业中心由央赣路向西迁移，加快官庄、管公两个镇区相向融合发展。抓住潍日高速建设的区位优势，高标准打造潍日高速出入口至旅游路的道路建设，申请将律南路官庄至管公段5公里提前拓宽改建，高标准绿化安孔路两侧，高质量完成全长4.1公里的十字路至辉渠镇胡家旺村的旅游道路。主动融入全市全域旅游大格局，全力打造“东方桃海”项目，建设观景平台、桃文化广场等硬件设施，开发桃花观光、大棚采摘、餐饮娱乐等项目，因地制宜地发展乡村旅游。

【城镇化建设】 邀请山东省城乡规划设计研究院，从发展目标、产业发展、镇村体系、用地布局、设施配套等方面，完成《官庄镇2016年—2030年总体规划》，进一步完善城镇功能，合理配置城镇资源。完成永昌社区、金湖社区、寨庄社区3个社区建设，整体搬迁小洼、卞家洼、西挑河、官庄、刘家营、河南管公等11个村庄，安置居民1537户。申报别家屯、四十五里后美丽乡村建设，建设城乡环卫一体化示范村2个、先进村8个。投资700万元，集中整治央赣路，在道路两侧安装安全护栏。投资200万元，启动民主街2.1公里西延拓宽工程。突出抓好农村改路、改电、改房、改水、改灶、改厕和硬化、绿化、亮化、美化、文化、净化“六改六化”工程。全镇城乡环卫一体化村居覆盖率、专业化托管率100%，农村环境明显改善。

【民生事业】 建成九年一贯制学校2所，公办幼儿园6所。投资500万元新建坡庄、花家岭2所幼儿园；投资120万元的官庄学校标准操场投入使用，校舍标准化建设和学前教育普惠性幼儿园全部达标。投资1500万元，建设医养结合楼项目，设置就医床位48个、养老床位50个。在官庄学校、马家寨庄开发光伏项目，争取上级资金建设扶贫大棚8个，开展产业扶贫和贫困户危房改造、困难户自来水户户通等帮扶工作。实施投资2980万元受益农田2万亩的机井通电工程，新上变压器113个。做好农村居民养老、医疗、银龄安康、农作物等政策性保险工作，改造提升社区医疗卫生室5个，新农合参合率和新农保参保率98%以上，对低保户动态监管，实现阳光低保，较好解决群众“病有所医、老有所养、灾有所保”。

（刘玉聪）

2017年官庄镇行政村（居）党支部书记、村（居）委会主任一览表

序号	行政村（居）名	党支部书记	村（居）委会主任
1	卞家洼村	刘玉亮	李　德
2	高家庄子村	王永胜	王平稳
3	河北管公村	刘成贵	王敬涛
4	河南管公村	刘文福	李荣森
5	老管公村	刘永平	刘永平
6	坡楼村	李连勋	李连勋
7	水码头村	刘忠伟	刘光平
8	十字路村	李　忠	李　忠
9	王坟村	王云业	李术升
10	王瓜园村	孙衍新	吴春海
11	小管公村	李连勋	王永杰
12	闫家管公村	王春田	王春田
13	别家屯村	别永质	别永质
14	李家庄村	庞世俊	庞玉华
15	草坡村	胡忠荣	王炳超
16	大马家庄村	牟吉昌	李玉良

续表

序号	行政村（居）名	党支部书记	村（居）委会主任
17	高家营村	李新文	刘京国
18	官庄村	王　力	赵金亮
19	陆家沙沟村	马勇峰	陆秀芹
20	小泉村	代田富	王建忠
21	郑家埠村	王建成	郑　赢
22	郑家沙沟村	郑锡胜	郑锡胜
23	白石岭村	吕怀志	吕怀昌
24	东黄家庄村	李克国	毛忠名
25	东小庄村	王学乾	王学乾
26	河洼村	王希军	王希军
27	姜家庄子村	王智勇	刘秀华
28	上河头村	徐福祥	徐福祥
29	申明亭村	盛世金	周先录
30	大阿陀村	顾世祥	邹黎明
31	两河村	李宏勋	李宏勋
32	麻阿村	孙希新	孙希新
33	马居岭村	孙希鑫	耿新智
34	坡庄村	陈金宝	罗建刚
35	挑河村	孙建光	孙建光
36	小阿陀村	孙志军	孙志军
37	于家河村	王春军	于新江
38	张家沙沟村	张希增	张自仁
39	宅科村	孙奉顺	孙奉顺
40	老庄村	刘秀彦	李玉华
41	马家小庄村	马星君	马庆财
42	马家寨庄村	马金升	刘希云
43	南李家庄村	李丰杰	李丰杰
44	南坦村	郭忠华	郭忠刚
45	王家营村	马忠烈	马金山
46	寨庄村	董连玉	马守山
47	张家寨庄村	张运义	张学太
48	埠南头村	李明文	王占成
49	东利见村	郑国动	姜连润

续表

序号	行政村（居）名	党支部书记	村（居）委会主任
50	甘家庄村	文福宗	郑明澎
51	后朱家庄村	周云启	周云启
52	花家岭村	杨培玉	李玉民
53	泥沟子村	李　林	周学亮
54	桥北头村	张言祥	张言祥
55	前朱家庄村	郑洪昌	都京佐
56	三官庙村	杜玉岭	杜玉岭
57	五十里铺村	高学文	于永俊
58	小河口村	孙垂义	孙希会
59	西利见村	王清泉	李　明

金冢子镇

【概况】 金冢子镇位于安丘市东南部，西临兴安街道，南临景芝镇，北与大汶河旅游开发区接壤，东与石堆镇相邻。面积82.5平方公里，辖56个行政村，1.1514万户、4.14万口人，耕地面积8.15万亩。2017年，实现财政总收入1005万元，同比增长17.33%，镇级财政收入680万元，同比增长4.6%；完成固定资产投资4.9亿元，实现工业主营业务收入3.99亿元。

【工业经济】 牢固树立“抓项目就是抓发展、抓发展必须抓招商”理念，制定招商引资奖励政策，压实招商引资责任。新建金安产业园和东城产业园。金安产业园，占地300亩，是市委、市政府为孵化小微企业建设的市重点工业园。园区落户欧信散热器、海源机械等12个项目。东城工业园规划占地4500亩，其中一期占地1500亩。年末，园区落户飞恒机械、瑞锋机械、卓诚精密机械等项目9个，可吸纳就业人员2000余人。全年签约落户宏正体育用品、宏鑫畜牧机械、欧信散热器二期、昊天环境科技、金丰纸业、旺润熟食加工、福州暘（yang）诚贸易等7个项目。其中，宏正体育用品建成投产，宏鑫畜牧机械开工建设。与此同时，坚持做大做强现有企业，飞恒机械公司在建成1、2号10万平方米车间的基础上，新购3000万元设备，全部完成安装进行投产，明年可实现税收700万元；卓诚精密机械项目，新购买900万元设备，新上2条加工中心生产线；方正机械公司新建办公楼一幢，新上加工中心。项目正式投产运营，预计年内销售收入5000万元。

【城镇建设】 一是顺利完成棚户区改造。2017年，完成启动金冢子村片区、小沟河村、黑石埠子村、泉二头村643户搬迁，棚户区改造任务完成率338.4%，在全市领先。二是推进镇区建设，全面启动镇区改造提升工程。一方面，启动金福园小区建设。小区占地70亩，总投资9000万元，规划建设安置楼16幢，建筑面积5万平方米。建成后，可安置金冢子村片区和小沟河、黑石埠子、泉二头3个村、405户搬迁群众。另一方面，重新设计规划，启动金芙蓉商业街建设工程，打造镇区高档次商业街，进一步增强镇区商业承载能力和服务消费水平。同时，投资400万元，统一规划设计镇区的广告牌匾，全面绿化提升，营造近郊宜居宜业宜乐的小城镇。三是启动社区提升改造项目建设。新建金东社区、金中社区，提升改造金南、金北、金中社区，进一步提升服务群众能力和水平。四是以环境综合整治为抓手，扎实推进城乡环卫一体化，确定美丽乡村建设示范村2个，城乡环卫一体化示范村1个，城乡环卫一体化先进村6个。

【特色农业】 按照“南环路以北重点引导发展休闲农庄、近郊农业，南环路以南、金临路以西重点引导发展林果，金临路以东重点引导发展设施农业和瓜菜种植”的总体规划，不断加快农业产业结构调整步伐。加快实施以高标准瓜菜类大棚和林果类大棚为主线的“双万亩”三年行动计划。为打造以“金冢子牌”甜瓜、大樱桃、黄蜜桃为主，群众满意度高的“甜蜜小镇”奠定基础，以团埠、军屯村等现有“金冢子牌”甜瓜大棚基地为依托，发展瓜菜类大棚设施农业1万亩；以北南戈大棚大樱桃和黄蜜桃为重点，发展林果类大棚1万亩。全年新流转土地5200亩，新发展设施农业810亩，新栽植樱桃、蜜桃等林果2200亩。

【社会事业】 一是加快道路建设。2017年，在市南环路和金临路双丰大道至镇区路段拓宽改造的基础上，拓宽改造金临路镇区至律南路段、岳双路军团路至金临路路段、永安路南延至甘白路（里戈庄村北）等几条道路。二是新建集医疗和养老功能为一体的镇卫生院。投资1850万元，建筑面积7259平方米。其中，金颐园医养结合中心建筑面积2494平方米，建设老年人居住房屋60间，设置116个床位。三是办学条件不断改善。投资300万元，新建金冢子小学四层教学楼一幢，建筑面积2700平方米；修建草店子小学、车戈小学的院墙；配齐电脑、触控一体机、多媒体等现代化教学设备，其中金冢子中学新建多媒体计算机教室一个，配备电脑50台；为8辆校车安装4G视频监控系统，保障孩子乘坐校车安全。四是深入推进脱贫攻。组织“访贫帮困”活动推进扶贫工作，摸清底子，完成贫困户危房改造、自来水入户，完成日光温室樱桃大棚扶贫项目、岳双路硬化扶贫项目建设。

【社会治理】 以开展“两破四创”集中教育活动为抓手，推动“两学一做”学习教育常态化制度化和“作风建设年”活动落地生效为重点，开展“五规范五提升”基层党建规范提升行动。编印《金冢子镇2017年农村基层组织建设工作实务》，重新考察、聘任56个村的村会计、计生主任。建立可视化系统，加强村“两委”干部、农村党员教育培训。全镇56个村全部一次换届成功。坚持“四个推定”化解社会矛盾（推定初信初访有解，用心化解在萌芽；推定诉求有理，逐案会诊下对药；推定积案有错，定期开展回头看；推定干部有过，纪委查处动真格），对久拖不决、结而不服的案件组织法律顾问参与公开听证。全镇信访总量同比下降32%，未出现一起越级访、集体访。

（谢中强）

金冢子镇2017年行政村（居）党支部书记、村（居）委会主任一览表

行政村（居）名	党支部书记	村（居）委会主任
阳图店子	周忠	周忠
后舒角埠	韩振华	韩振华
红林庄	周连强	周连强
曹家营	李新友	李新友
小沟河	孙衍义	孙衍义
班家官庄	魏光全	魏连华
潘家庄	潘清源	潘清源
张家庄子	李学义	李光庆
金冢子	李全才	李全才
西金堆	徐培臣	徐培臣
凉泉	刘金宝	刘金宝
前舒角埠	朱光熙	李术华
谷家村	王增平	王增平
东金堆	李光全	李光全
兴隆官庄	韩宝森	韩宝森
下里戈庄	徐启磊	高勇
里戈庄	冯志	冯志
中金堆	李德明	李德明
黑石埠子	宋国强	宋国强

续表

行政村（居）名	党支部书记	村（居）委会主任
陈亭官庄	陈本录	陈会文
军屯	宋锡武	宋福华
团埠	邹增杰	邹增杰
水右官庄	鹿连忠	鹿连忠
岳家店子	李学军	李学军
草坡屯	李东风	李阴贵
郑戈庄	张晓忠	张晓忠
桑杭	王国忠	王国忠
车戈庄	王荣才	王荣才
沙岭子	马子礼	马子礼
沙里沟	郭庆海	郭庆海
周家店	周强	刘福友
管家埠	朱景德	朱景德
林家屯	林恩仁	林恩仁
草店子	冷云龙	冷云龙
芦洼	许志杰	许志杰
三河	冀景财	冀景财
十里河	周方杰	刘文美
红冢	周文山	周文山
梁家官庄	梁福才	梁进田
曹家官庄	于来金	于来金
七戈庄	马凤祥	马凤祥
泉二头	李振安	李振安
北南戈庄	孙瑞春	孙瑞春
中南戈庄	李效海	李效海
东南戈庄	杨永才	杨永才
马家河子	高丰城	高星田
西后金堆	王增德	王增德
尧沟	徐培臣	王彦亮
东后金堆	李庆龙	李庆龙
双柳树	任洪江	任洪江
下洼官庄	王京臣	王京臣
前双庙	肖振良	肖振良

续表

行政村（居）名	党支部书记	村（居）委会主任
后双庙	王建军	王建军
川里	周好义	周好义
阿洛	李廷军	李廷军
冯家坊子	李恩华	李恩华

人物

Renwu

[市委领导简介]

李新阁

李新阁，男，汉族，1971年4月出生，青岛市人，研究生学历，公共管理硕士，1997年1月加入中国共产党。1994年7月参加工作，现任中共安丘市委书记、市委党校校长。历任聊城地区房产管理处科员，聊城地区房产管理处房改科副科长，聊城市房产局房管科科长，聊城市建设委员会副主任、党委委员，聊城市规划局局长、党组书记，中共临清市委副书记、市政府代市长，中共临清市委副书记、市政府市长。

贾勤清

贾勤清，男，汉族，1976年2月出生，昌乐县人，中共党员，省委党校研究生学历，1996年1月加入中国共产党。现任中共安丘市委副书记（正县级）。历任寿光市稻田镇镇长助理、团委书记，寿光市台头镇副镇长，寿光市台头镇党委委员，寿光市文家街道办事处副主任，寿光市羊口镇党委副书记，潍坊市科协办公室副主任，潍坊市科协办公室主任，副县级干部人选，高密市副市长，高密市委常委、宣传部部长，高密市委副书记（正县级）。

王峰贵

王峰贵，男，汉族，1975年2月出生，潍坊市人，农业推广硕士，2000年2月加入中国共产党。1998年7月参加工作，现任中共安丘市委常委、市纪委书记。历任寿光市岔河镇镇长助理、团委副书记、团委书记，寿光市道口镇镇政府副镇长，潍坊市委农工办副主任科员，潍坊市委农工办综合科副科长，潍坊市委农工办综合科主任科员，潍坊市奎文区副区长，中共潍坊市奎文区委常委、宣传部部长，中共潍坊市奎文区委常委、办公室主任。

李建英

李建英，女，汉族，1969年2月出生，安丘市人，省委党校研究生学历，1993年4月加入中国共产党。1987年7月参加工作，现任中共安丘市委常委、宣传部部长，安丘市总工会主席、党组书记。历任安丘县教育局教师，安丘县妇联秘书，安丘市委宣传部党教理论科科长，关王镇副镇长，白芬子镇党委副书记，管公镇党委副书记、镇长，管公镇党委书记、人大主席，白芬子镇党委书记、人大主席，大盛镇党委书记、人大主席，安丘市委常委、宣传部部长。

刘子庆

刘子庆，男，汉族，1965年1月出生，安丘市人，本科学历，1985年12月加入中国共产党。1987年7月参加工作，现任中共安丘市委常委、政法委书记，市维稳办主任。历任昌潍农业学校教师，郚山乡党委秘书、宣传委员、组织委员、副乡长，夏坡乡党委副书记、乡长，慈埠镇党委书记，凌河镇党委书记、人大主席，黄旗堡镇党委书记、人大主席，兴安街道党工委书记、人大主任（2008年11月，副县级），安丘市人民政府副市长。

郭永超

郭永超，男，汉族，1979年6月出生，德州市人，研究生学历，工学博士，2004年3月加入中国共产党。2009年7月参加工作，现任中共安丘市委常委、办公室主任。历任潍坊市贸易局办公室科员、挂职潍坊市潍城区商务局副局长，潍坊市商务局政策法规科主任科员，潍坊市食品药品监督管理局副县级干部，青州市人民政府党组成员、副市长。

牛茂荣

牛茂荣，男，汉族，1968 年 10 月出生，安丘市人，研究生学历，1988 年 7 月加入中国共产党。1988 年 7 月参加工作，现任中共安丘市委常委、统战部部长，安丘经济开发区党工委书记、管委会主任。历任安丘县景芝镇教育组辅导员，安丘市政府办公室文书、秘书、机要秘书、综合科长等职务，关王镇副镇长，慈埠镇党委副书记，关王镇党委副书记，关王镇党委副书记、镇长，新安街道党工委副书记、街办主任，金冢子镇党委书记，凌河镇党委书记，安丘经济开发区党工委常务副书记、管委会副主任，安丘经济开发区党工委常务副书记、管委会主任。

赵延福

赵延福，男，汉族，1970 年 7 月出生，青州市人，研究生学历，1995 年 12 月加入中国共产党。1991 年 7 月参加工作，现任中共安丘市委常委、组织部部长。历任青州市农机学校教师、政教处主任、团支部书记兼农机局团委副书记，青州市委组织部办公室干事、干部科干事、知识分子工作科副科长、干部科副科长、党政干部科副科长、办公室主任，青州市委组织部副主任科员、办公室主任、党政干部科科长、干部科科长，青州市委组织部副部长、扶贫办主任，青州市黄楼镇党委副书记、镇长，青州市委政法委副书记、市委防范与处理邪教问题领导小组办公室主任，青州市云驼风景区党工委副书记、管委会主任，青州市弥河镇党委副书记、镇长、社区工作领导小组办公室主任，青州市弥河镇党委书记、人大主席，青州云门山省级旅游度假区党工委书记。

[市人大领导简介]

任海燕

任海燕，女，汉族，1960 年 12 月生，安丘市人，中共党员。现任安丘市人大常委会主任、党组书记。历任凌河镇石家庄学校教师，庵上镇中心中学教师，庵上镇妇联副主任，庵上镇党委委员、妇联主任，黄旗堡镇党委委员、妇联主任，黄旗堡镇政府副镇长，南流镇党委副书记，红沙沟镇党委副书记、镇长，金冢子镇党委副书记、镇长，官庄镇党委书记，市委常委、宣传部部长，市委常委、政法委书记，市委维护稳定工作领导小组办公室主任，市人大常委会第一副主任（正县）、党组书记，市人大常委会主任、党组书记。

刘兴军

刘兴军，男，汉族，1962 年 11 月生，安丘市人，中共党员。现任安丘市人大常委会副主任、党组副书记。历任郚山乡政府财政管理员；郚山乡财政所总预算会计；郚山乡政府文书、财政所副所长；郚山乡党委组织委员；郚山乡政府副乡长；车庄乡党委副书记；车庄乡党委副书记、乡长；车庄乡党委书记；柘山镇党委书记；黄旗堡镇党委书记；刘家尧镇党委书记；安丘经济技术开发区管委会主任，刘家尧镇党委书记、人大主席；安丘经济开发区管委会主任，刘家尧镇党委书记、人大主席；安丘经济开发区管委会主任，市政府市长助理、党组成员，财政局局长、党组副书记；市政府市长助理、党组成员，市财政局局长、党组副书记；市政府副市长、党组成员，市财政局局长、党组副书记；市政府副市长、党组成员；市委常委，市政府副市长、党组成员；市人大常委会副主任、党组副书记。

王洪书

王洪书，男，汉族，1968 年 2 月生，安丘市人。现任市人大常委会副主任、市工商联主席。历任安丘房地产开发公司技术员，县建委助理工程师，县（市）城市房地产综合开发公司科长，市青云山公园管理处助理工程师、副主任，市旅游局副局长、青云山公园管理处副主任，市人大常委会副主任、市旅游局副局长、青云山公园管理处副主任，市人大常委会副主任、市旅游局副局长、青云湖管理处主任、青云山公园管理处副主任，市人大常委会副主任、市青云旅游发展有限公司经理，市人大常委会副主任，市人大常委会副主任、市工商联主席。

孙　钧

孙钧，男，汉族，1962 年 10 月生，临朐县人，中共党员。现任安丘市人大常委会副主任、党组成员。历任柘山公社林业站技术员，安丘县林业局森保站副站长，县林业局副局长，市农业委员会副主任、党工委委员，辉渠乡（镇）党委副书记、乡（镇）长，辉渠镇党委书记，官庄镇党委书记、人大主席，市安全生产监督管理局局长、党组副书记，市房管局局长、党支部书记，市房产管理中心主任、党支部书记，市交通运输管理局局长、党委书记，市人大常委会副主任、党组成员。

于庆满

于庆满，男，1962 年 5 月生，潍坊市坊子区人，中共党员，现任市人大常委会副主任、党组成员。历任南流镇中心中学教师、副校长，南流镇党委秘书，南流镇党委组织委员，南流镇副镇长，黄旗堡镇党委副书记，贾戈街道党工委副书记、办事处主任，贾戈街道党工委书记、人大代表工作室主任，市政府办公室干部（正科），市旅游局局长、党支部书记、青云旅游发展有限公司党支部书记，市农业局局长、党组书记，市政协副主席、党组成员，市委统战部部长，市人大常委会副主任、党组成员。

田　友

田友，男，汉族，1965年8月生，安丘市人，中共党员。现任市人大常委会副主任、党组成员。历任安丘县第六中学教师、团委书记、党支部委员，县（市）纪委秘书，市纪委教育研究室主任，市纪委常委、教研室主任，市纪委常委、办公室主任，市纪委副书记、市委副秘书长、市委办督查室主任，兴安街道党工委副书记、办事处主任，凌河镇党委书记、人大主席，兼红沙沟瓜菜生产示范区党工委书记，景芝镇党委书记、人大主席，市交通运输局局长、党委书记，市人大常委会副主任、党组成员。

[市政府领导简介]

杜建华

杜建华，男，汉族，1967年4月生，胶州市人。山东省委党校经济管理专业毕业，在职研究生学历，1991年12月加入中国共产党，1985年10月参加工作。现任中共安丘市委副书记、市长。历任潍坊市潍城区人民检察院助检员，潍城区委办公室机要秘书、综合科科长，潍城区委办公室副科级秘书，潍城区委研究室副主任，潍城区委副秘书长，潍城区委副秘书长、保密局局长，潍城区符山镇党委副书记、镇长，潍城区符山镇党委书记，潍城区北关街道党工委书记，诸城市政府副市长、党组成员，诸城市委常委、办公室主任，诸城市委常委，诸城市人民政府党组副书记，市工商联主席，诸城市为民服务中心党委书记，诸城市委常委，诸城市人民政府常务副市长、党组副书记，诸城市工商联主席，诸城市为民服务中心党委书记。

孙晓非

孙晓非，男，汉族，1971年3月出生，高密市人，中共山东省委党校大学学历，农业推广硕士，1995年7月加入中国共产党。1993年7月参加工作，现任中共安丘市委常委，市政府副市长、党组副书记。历任高密县（市）财政局科员，共青团高密市委组织部部长、办公室主任，共青团高密市委副书记，共青团高密市委书记、党组书记，高密市注沟镇党委书记、人大主席，高密市委常委、政法委书记，寒亭区委常委、政法委书记，昌邑市委常委、副市长，昌邑市委常委、市纪委书记。

邱海芳

邱海芳，女，汉族，1981年7月出生，胶州市人，研究生学历，农学博士，2005年12月加入中国共产党。2009年7月参加工作，现任安丘市政府副市长、党组成员。历任潍坊市畜牧局畜牧兽医技术推广中心见习，潍坊市畜牧局畜牧兽医技术推广中心正科级干部，潍坊市畜牧检测中心副县级干部，安丘市政府副市长提名人选，安丘市政府党组成员（副县）。

刘兆泰

刘兆泰，男，汉族，1966年10月出生，潍坊市寒亭区人，大学学历，1986年12月加入中国共产党。1988年7月参加工作，现任市政府副市长、党组成员，市公安局局长、党委书记、督察长。历任潍坊市公安局交通警察支队交管股办事员，潍坊市公安局交通警察支队科员，潍坊市公安局政治处直工科科员，潍坊市公安局政治处直工科副主任科员，潍坊市公安局巡逻警察支队业务指导科科长，潍坊市公安局治安警察支队副支队长，潍坊市公安局副调研员，潍坊市公安局副调研员，奎文区公安分局副局长、党委副书记，潍坊市公安局潍城区分局政委，安丘市副县级干部，市公安局局长委书记、督察长，安丘市政府党组成员、副县级干部公安局局长、党委书记、督察长。

赵祥永

赵祥永，男，汉族，1969年1月出生，临朐县人，省委党校研究生学历，1994年6月加入中国共产党。1989年7月参加工作，现任市政府副市长、党组成员。历任潍坊市坊子中学教师，坊子区委政法委科员，坊子区委政法委副主任科员，坊子区社会综合治理委员会办公室副主任，坊子区坊子镇党委副书记，坊子区长宁街道党工委副书记，坊子区恒安街道党工委副书记，坊子区恒安街道党工委副书记、办事处主任，坊子区原恒安街道党工委副书记、办事处主任，坊子区农业局局长、党组书记，坊子区政府党组成员、办公室主任农业局局长、党组书记，坊子区政府党组成员、办公室主任，坊子区委办公室主任、区直机关党工委委员。

冷文清

冷文清，男，汉族，1970年11月出生，大学学历，1994年12月加入中国共产党。1991年7月参加工作。现任市政府副市长、党组成员。历任安丘职业二中教师，安丘县（市）纪委打字员、文书、秘书，安丘市纪委办公室主任，安丘市纪委常委、办公室主任，安丘市纪委常委、秘书长、正科级检查员，官庄镇党委副书记、镇长，兴安街道党工委副书记、办事处主任，兴安街道党工委书记、人大代表工作室主任，兴安街道党工委书记，安丘市政府党组成员。

[市政协领导简介]

李广庆

李广庆，男，汉族，1961年3月生，安丘市人，中共党员，硕士学历。现任市政协主席、党组书记。历任温泉乡党委宣传干事、党委秘书、组织委员，临浯镇党委委员、纪委书记、副书记、镇长、书记，黄旗堡镇党委书记，市委常委，西藏南木林县委常委、县政府常务副县长、党组副书记，市委常委、市政府党组副书记、市政府常务副市长，市政协党组书记、副主席、主席。

王振红

王振红，女，汉族，1968年7月生，安丘市人，大学学历。现任市政协副主席、科协主席。历任金冢子乡医院护士，雹泉镇医院护士，安丘县（市）计生委政工科科员、计生站护师，慈埠镇计生站站长，关王镇计生站站长，市政协副主席、关王镇计生站站长，市政协副主席、工商联副主任，市政协副主席、科协副主席，市政协副主席、科协主席。

于振法

于振法，男，汉族，1963年3月生，安丘市人，中共党员，硕士学历。现任市政协副主席、党组成员。历任山东景芝酒厂酿酒车间技术员、车间主任、副厂长（副科级干部），山东景芝酒业股份有限公司副董事长、副总经理、总工程师，山东景芝集团公司副董事长、党委副书记、总经理，景酒公司副董事长、总经理，市经济贸易局副局长、党委副书记、兼市工业综合服务总公司总经理、党总支书记，市华安国有资产经营有限公司经理、兼市政府副秘书长，市经济贸易局局长、党委书记，安丘市经济和信息化局局长、党委书记，市发展和改革局局长、党组书记，市政协党组成员、副主席。

王培范

王培范，男，汉族，1962年9月生，安丘市人，中共党员，大学学历。现任安丘市政协副主席、党组成员。历任安丘县水泥厂合同工，官庄公社民政干事，安丘县民政局文书，体改委秘书，法制局综合科科长、市府办秘书，安丘县（市）委组织部干事；慈埠镇党委副书记、镇长，关王镇党委副书记、镇长，辉渠镇党委书记，市民政局党组副书记、副局长，市档案馆（局）馆（局）长，市政协党组成员、秘书长、办公室主任，市政协党组成员、副主席。

马良明

马良明，男，汉族，1976年12月生，寿光市人，法学硕士。现任市政协副主席、市人民法院副院长。历任潍坊市中级人民法院书记员，潍坊市中级人民法院助理审判员（科员），市人民法院副院长，市政协副主席、市人民法院副院长。

王俊莉

王俊莉，女，汉族，1976年8月生，安丘市人，法律硕士。现任市政协副主席、市人民检察院副检察长。历任市人民检察院书记员、助理检察员、检察员、公诉科副科长、副检察长，市政协副主席、人民检察院副检察长。

[市纪委领导简介]

王峰贵

（在市委领导简介中已作介绍）

[省人大代表简介]

李新阁

（在市委领导简介中已作介绍）

马海红

马海红，女，汉族，1969年12月生，安丘市人，山东省第十二届人大代表。现任市中医院神经内一科主任。历任市中医院神经内科主治医师，市中医院神经内一科主任、副主任医师。

王汝江

王汝江，男，汉族，1954年9月生，安丘市人，中共党员，山东省第十二届人大代表。现任山东金鸿集团有限公司董事长、总经理。历任部山公社农机站技术员，南逯乡经委技术员，南逯乡农修厂厂长，山东金鸿集团有限公司任董事长、总经理。

刘全平

刘全平，男，汉族，1967年10月生，寿光市人，中共党员，山东省第十二届人大代表。现任山东景芝酒业股份有限公司党委书记、董事长。历任山东海龙股份有限公司纺织车间主任、驻北京办事处主任、法规处处长、副总经理、亚龙公司总经理，山东海龙博莱特化纤有限责任公司董事长、总经理、党委书记，山东景芝酒业股份有限公司党委书记、董事长。

李绍志

李绍志，男，汉族，1945年3月生，中共党员，安丘市人，山东省第十二届人大代表。现任潍坊恒安散热器集团理事长、安丘市历史文化研究会会长。历任北海舰队驱逐舰大队学员、见习台长，安丘一中学生（部队和青岛武装部安排插班），安丘烟站技术员，潍坊建材厂机修车间主任、机电科长，潍坊建材厂机修分厂厂长，潍坊建筑陶瓷厂副厂长、经济师，潍坊水箱厂党委书记、厂长、高级经济师，潍坊恒安散热器集团有限公司党委书记、董事长、总经理、中国汽车工业协会车用散热器委员会理事长，潍坊恒安散热器集团理事长、安丘市历史文化研究会会长。

附　　录

Fulu

2017年中共安丘市委重要文件目录表

序号	发布文号	文件标题
1	安委2017〔1〕号	关于确定安丘市出席中共潍坊市第十二次代表大会代表候选人预备人选的情况报告
2	安委2017〔2〕号	关于设立安丘市委非公有制经济组织和社会组织工作委员会的通知
3	安委2017〔3〕号	关于李新阁等60名市人大代表候选人初步人选身份审核认定情况的报告
5	安委2017〔5〕号	关于同意《中共安丘市人大常委会党组关于召开安丘市第十八届人民代表大会第一次会议的请示》的批复
6	安委2017〔6〕号	关于同意《中共安丘市政协党组关于召开市政协十届一次会议的请示》的批复
7	安委2017〔7〕号	关于推荐政协第十三届潍坊市委员会委员人选的报告
8	安委2017〔8〕号	关于中共安丘市第十四次代表大会和十四届市委、市纪委第一次会议选举情况的报告
9	安委2017〔9〕号	关于公布市委常委分工的通知
10	安委2017〔10〕号	关于选举产生安丘市出席中国共产党潍坊市第十二次代表大会代表的情况报告
11	安委2017〔11〕号	关于安丘市十八届人大一次会议和政协十届一次会议选举结果的报告
12	安委2017〔12〕号	关于安丘市出席党的十九大代表候选人初步人选推荐提名情况的汇报
13	安委2017〔13〕号	关于安丘市出席省第十一次党代会代表候选人初步人选推荐提名情况的汇报
14	安委2017〔14〕号	关于从省级、潍坊市级党员领导同志和党内老同志中推荐党的十九大和省第十一次党代会代表候选人初步人选情况的汇报
15	安委2017〔20〕号	关于表彰2016年度全市宣传文化工作先进单位和先进个人的决定
16	安委2017〔28〕号	关于命名表彰2015—2016年度市级文明单位、文明村居、社区和精神文明建设先进工作者的决定
17	安委2017〔29〕号	关于表彰2016年度先进单位和先进个人的通报
18	安委2017〔38〕号	关于成立全市村“两委”换届选举工作领导小组的通知
19	安委2017〔39〕号	关于成立全市村“两委”换届选举工作领导小组的通知
20	安委2017〔40〕号	关于成立市委巡察工作领导小组的通知
21	安委2017〔41〕号	化工产业领导小组

续表

序号	发布文号	文件标题
22	安委 2017〔42〕号	关于安丘市退役士兵安置和权益保障政策落实工作情况报告
23	安委 2017〔46〕号	关于印发《安丘市政协关于深入实施委派民主监督小组工作的意见》的通知
24	安委 2017〔60〕号	关于表彰安丘市师德标兵、扎根农村园丁奖和金星园丁奖的决定
25	安委 2017〔62〕号	批转共青团安丘市委《关于召开共青团安丘市第十八次代表大会的请示》的通知
26	安发 2017〔1〕号	关于加强自身建设的决定
27	安委 2017〔2〕号	中共安丘市委 2017 年工作要点
28	安委 2017〔3〕号	关于印发《镇街区 2017 年度科学发展综合考核办法》和《市直部门（单位）2017 年度工作绩效考核办法》的通知
29	安委 2017〔4〕号	关于印发《2017 年度安丘市招商工作考核办法》的通知
30	安委 2017〔5〕号	关于印发《安丘市法治政府建设实施方案》的通知
31	安委 2017〔6〕号	印发《关于在全市开展“作风建设年”活动的实施方案》的通知
32	安委 2017〔7〕号	关于印发《市委、市政府领导班子成员党风廉政建设岗位职责》的通知
33	安委 2017〔8〕号	2017 年全市党风廉政建设和 反腐败工作实施意见
34	安委 2017〔9〕号	关于建立市委巡察制度的实施意见
35	安委 2017〔10〕号	关于印发《十四届安丘市委巡察工作规划（2017—2021 年）》的通知
36	安委 2017〔11〕号	关于对安发〔2016〕3 号文件《关于精准扶贫精准脱贫坚决打赢脱贫攻坚战的实施意见》中有关条文进行修改的通知
37	安委 2017〔12〕号	关于深化公共资源配置改革的实施意见
38	安委 2017〔13〕号	关于加强和改进人民政协民主监督工作的实施意见
39	安委 2017〔14〕号	关于落实市级领导及部门分工包靠重点产业的通知
40	安委 2017〔15〕号	印发《中共安丘市委巡察工作实施办法（试行）》的通知
41	安委 2017〔16〕号	印发《中共安丘市委关于建立市委巡察工作协作配合机制的意见》的通知
42	安委 2017〔17〕号	关于印发安丘市“四个城市”建设五年规划和三年行动计划的通知
43	安办发 2017〔1〕号	关于坚持和完善计划生育目标管理责任制的实施意见
44	安办发 2017〔2〕号	关于实施全面两孩政策改革完善计划生育服务管理工作的通知
45	安办发 2017〔3〕号	关于全面推进政务公开工作的实施方案
46	安办发 2017〔4〕号	关于转发《中共安丘市委宣传部 2017 年全市宣传思想文化工作要点》的通知
47	安办发 2017〔5〕号	印发《关于进一步做好移风易俗工作推动提升乡村文明水平的实施意见》的通知
48	安办发 2017〔6〕号	关于深入推进脱贫攻坚工作的通知
49	安办发 2017〔7〕号	转发《潍坊市整治为官不为实施办法（试行）》的通知
50	安办发 2017〔8〕号	印发《关于加强党群服务体系建设的意见》的通知
51	安办发 2017〔3〕号	关于组织开展第四批市直部门（单位）包村联户和选派第一书记工作的实施意见
52	安办发 2017〔10〕号	关于推进美丽乡村建设的工作方案
53	安办发 2017〔11〕号	关于加强城市社区网格化建设管理的意见
54	安办发 2017〔12〕号	关于印发《市直有关部门单位城市社区建设工作职责》的通知

续表

序号	发布文号	文件标题
55	安办发 2017〔13〕号	关于印发《安丘市城市社区准入事项清单》的通知
56	安办发 2017〔14〕号	印发《关于推进“两学一做”学习教育常态化制度化的实施方案》的通知
57	安办发 2017〔16〕号	关于进一步完善责任机制推进重点任务落实的通知
58	安办发 2017〔17〕号	关于开展“一村（社区）一警务助理（安监环保协管员）”工作的实施意见
59	安办发 2017〔18〕号	关于深入推进大气污染防治的实施意见
60	安办发 2017〔19〕号	关于印发《安丘市全面实行河长制实施方案》的通知
61	安办发 2017〔21〕号	村两委换届实施意见
62	安办发 2017〔23〕号	关于印发安丘市迎接中央环保督察工作实施方案的通知
63	安办发 2017〔24〕号	关于印发《安丘市“四个城市”建设协调推进机制总体方案》的通知
64	安办发 2017〔25〕号	关于印发《安丘市发展软环境建设工作运行机制》的通知
65	安办发 2017〔26〕号	关于印发《安丘市创建全民创业示范市实施方案》的通知
66	安办发 2017〔28〕号	关于优化政务服务发展环境的通知
67	安办发 2017〔29〕号	关于印发<创建旅游示范区工作实施方案>的通知
68	安办字 2017〔1〕号	关于印发《安丘市 2017 年电子商务人才培训工作方案》的通知
69	安办字 2017〔2〕号	关于调整安丘市委党的建设工作领导小组的通知
70	安办字 2017〔4〕号	印发《关于深入开展城区违法建设治理行动的实施方案》的通知
71	安办字 2017〔5〕号	关于印发《安丘市镇街区及有关部门环境保护工作责任（试行）》的通知
72	安办字 2017〔6〕号	关于解决 2016 年度镇街区群众满意度调查工作经费的请示
73	安办字 2017〔7〕号	关于公布市级领导联系镇街区工作分工的通知
74	安办字 2017〔8〕号	关于印发《安丘市整顿治理矿产资源开发秩序实施方案》的通知
75	安办字 2017〔9〕号	关于成立安丘市督查考核委员会的通知
76	安办字 2017〔10〕号	关于市级领导包靠项目企业的通知
77	安办字 2017〔11〕号	关于成立市级产业园区建设及招商工作推进小组的通知
78	安办字 2017〔12〕号	关于调整安丘市招商工作委员会成员的通知
79	安办字 2017〔13〕号	关于调整市扶贫开发领导小组组成人员的通知
80	安办字 2017〔14〕号	关于成立安丘市普通国省道新改建工程指挥部的通知
81	安办字 2017〔19〕号	关于印发《安丘市 2017 年度城镇棚户区改造工作考核办法》的通知
82	安办字 2017〔20〕号	关于公布全市新闻发言人名单的通知
83	安办字 2017〔21〕号	关于进一步明确领导干部外出请销假制度的通知
84	安办字 2017〔22〕号	议事协调机构
85	安办字 2017〔23〕号	关于印发《安丘市网格化环境监管体系建设实施方案》的通知
86	安办字 2017〔25〕号	关于市级领导包靠处理信访积案的通知
87	安办字 2017〔26〕号	关于开展社会矛盾集中化解月活动的实施意见
88	安办字 2017〔27〕号	关于建立新闻舆情“四位一体”管理体系的实施意见

续表

序号	发布文号	文件标题
89	安办字 2017〔28〕号	关于迎接省级环境保护督察工作领导小组组成人员名单的通知
90	安办字 2017〔29〕号	关于解决市十四次党代会会议经费的请示
91	安办字 2017〔30〕号	关于进一步规范会议制度加强会议管理的通知
92	安办字 2017〔31〕号	一提两争实施意见
93	安办字 2017〔32〕号	关于成立市发展软环境建设领导小组的通知
94	安办字 2017〔33〕号	关于印发《市级领导班子在“两学一做”学习教育中深化学习的实施方案》的通知
95	安办字 2017〔35〕号	印发《市委常委推进“两学一做”学习教育常态化制度化工作安排》的通知
96	安办字 2017〔39〕号	关于 2016 年度全市落实全面从严治党主体责任检查考核情况的通报
97	安办字 2017〔40〕号	关于印发《2017 年度利用外资工作考核办法》和《2017 年度对外贸易工作考核办法》的通知
98	安办字 2017〔41〕号	关于成立落实全国档案执法检查整改工作暨县级国家综合档案馆建设领导小组的通知
99	安办字 2017〔43〕号	关于印发《关于开展排查安全隐患防范四类风险专项行动的实施方案》的通知
100	安办字 2017〔44〕号	新旧动能转换重大战略规划领导小组
101	安办字 2017〔46〕号	转发《关于安丘市公立医院法人治理结构建设的实施方案》的通知
102	安办字 2017〔49〕号	转发司法局《关于在城市社区建立新型调解组织的实施意见》
103	安办字 2017〔52〕号	关于调整市工业工作领导小组的通知
104	安办字 2017〔53〕号	关于公布安丘市迎接中央环境保护督察工作领导小组组成人员的名单
105	安办字 2017〔54〕号	关于办好 2017 年全市妇女儿童工作实事的通知
106	安办字 2017〔55〕号	关于公布创建省级食品安全先进市分工包靠的通知
107	安办字 2017〔56〕号	关于对 2017 年度潍坊市考核县市指标进行分解落实的通知
108	安办字 2017〔57〕号	关于支持人民法院基本解决执行难问题的实施意见
109	安办字 2017〔58〕号	关于印发《2017 年度市直事业单位绩效考核工作实施方案》的通知
110	安办字 2017〔59〕号	关于调整市包村联户和选派第一书记工作领导小组的通知
111	安办字 2017〔60〕号	关于印发《2017 年环境保护突出问题综合整治攻坚工作实施方案》的通知
112	安办字 2017〔61〕号	关于推进“一村（社区）一法律顾问”工作的实施意见
113	安办字 2017〔62〕号	关于印发《安丘市河长制市级会议制度》等七项制度的通知
114	安办字 2017〔63〕号	关于调整安丘市地方志编纂委员会组成人员名单的通知
115	安办字 2017〔1〕号	关于印发《安丘市 2017 年电子商务人才培训工作方案》的通知
116	安办字 2017〔2〕号	关于调整安丘市委党的建设工作领导小组的通知
117	安办字 2017〔4〕号	印发《关于深入开展城区违法建设治理行动的实施方案》的通知
118	安办字 2017〔5〕号	关于印发《安丘市镇街区及有关部门环境保护工作责任（试行）》的通知
119	安办字 2017〔6〕号	关于解决 2016 年度镇街区群众满意度调查工作经费的请示
120	安办字 2017〔7〕号	关于公布市级领导联系镇街区工作分工的通知
121	安办字 2017〔8〕号	关于印发《安丘市整顿治理矿产资源开发秩序实施方案》的通知
122	安办字 2017〔9〕号	关于成立安丘市督查考核委员会的通知

续表

序号	发布文号	文件标题
123	安办字 2017〔10〕号	关于市级领导包靠项目企业的通知
124	安办字 2017〔11〕号	关于成立市级产业园区建设及招商工作推进小组的通知
125	安办字 2017〔12〕号	关于调整安丘市招商工作委员会成员的通知
126	安办字 2017〔13〕号	关于调整市扶贫开发领导小组组成人员的通知
127	安办字 2017〔14〕号	关于成立安丘市普通国省道新改建工程指挥部的通知
128	安办字 2017〔19〕号	关于印发《安丘市 2017 年度城镇棚户区改造工作考核办法》的通知
129	安办字 2017〔20〕号	关于公布全市新闻发言人名单的通知
130	安办字 2017〔21〕号	关于进一步明确领导干部外出请销假制度的通知
131	安办字 2017〔22〕号	议事协调机构
132	安办字 2017〔23〕号	关于印发《安丘市网格化环境监管体系建设实施方案》的通知
133	安办字 2017〔25〕号	关于市级领导包靠处理信访积案的通知
134	安办字 2017〔26〕号	关于开展社会矛盾集中化解月活动的实施意见
135	安办字 2017〔27〕号	关于建立新闻舆情“四位一体”管理体系的实施意见
136	安办字 2017〔28〕号	关于迎接省级环境保护督察工作领导小组组成人员名单的通知
137	安办字 2017〔29〕号	关于解决市十四次党代会会议经费的请示
138	安办字 2017〔30〕号	关于进一步规范会议制度加强会议管理的通知
139	安办字 2017〔31〕号	一提两争实施意见
140	安办字 2017〔32〕号	关于成立市发展软环境建设领导小组的通知
141	安办字 2017〔33〕号	关于印发《市级领导班子在“两学一做”学习教育中深化学习的实施方案》的通知
142	安办字 2017〔35〕号	印发《市委常委推进“两学一做”学习教育常态化制度化工作安排》的通知
143	安办字 2017〔39〕号	关于 2016 年度全市落实全面从严治党主体责任检查考核情况的通报
144	安办字 2017〔40〕号	关于印发《2017 年度利用外资工作考核办法》和《2017 年度对外贸易工作考核办法》的通知
145	安办字 2017〔41〕号	关于成立落实全国档案执法检查整改工作暨县级国家综合档案馆建设领导小组的通知
146	安办字 2017〔43〕号	关于印发《关于开展排查安全隐患防范四类风险专项行动的实施方案》的通知
147	安办字 2017〔44〕号	新旧动能转换重大战略规划领导小组
148	安办字 2017〔46〕号	转发《关于安丘市公立医院法人治理结构建设的实施方案》的通知
149	安办字 2017〔49〕号	转发司法局《关于在城市社区建立新型调解组织的实施意见》
150	安办字 2017〔52〕号	关于调整市工业工作领导小组的通知
151	安办字 2017〔53〕号	关于公布安丘市迎接中央环境保护督察工作领导小组组成人员的名单
152	安办字 2017〔54〕号	关于办好 2017 年全市妇女儿童工作实事的通知
153	安办字 2017〔55〕号	关于公布创建省级食品安全先进市分工包靠的通知
154	安办字 2017〔56〕号	关于对 2017 年度潍坊市考核县市指标进行分解落实的通知
155	安办字 2017〔57〕号	关于支持人民法院基本解决执行难问题的实施意见
156	安办字 2017〔58〕号	关于印发《2017 年度市直事业单位绩效考核工作实施方案》的通知

续表

序号	发布文号	文件标题
157	安办字 2017〔59〕号	关于调整市包村联户和选派第一书记工作领导小组的通知
158	安办字 2017〔60〕号	关于印发《2017 年环境保护突出问题综合整治攻坚工作实施方案》的通知
159	安办字 2017〔61〕号	关于推进“一村（社区）一法律顾问”工作的实施意见
160	安办字 2017〔62〕号	关于印发《安丘市河长制市级会议制度》等七项制度的通知
161	安办字 2017〔63〕号	关于调整安丘市地方志编纂委员会组成人员名单的通知

2017 年安丘市人民政府重要文件目录表

序号	文件名称	文号	发文机关	发文日期
1	关于公布市政府领导成员工作分工的通知	安政发〔2017〕1 号	市政府	2017.1.23
2	关于公布第五批县级非物质文化遗产代表性项目名录的通知	安政发〔2017〕2 号	市政府	2017.1.24
3	关于表彰第五批安丘市专业技术拔尖人才的通报	安政发〔2017〕3 号	市政府	2017.1.26
4	关于公布实施全市城镇基准地价调整更新成果的通知	安政发〔2017〕4 号	市政府	2017.2.22
5	关于调整政府部门权力清单的通知	安政发〔2017〕7 号	市政府	2017.2.28
6	关于公布《在农产品生产中禁止销售使用的农兽药及饲料添加剂目录》的通告	安政发〔2017〕8 号	市政府	2017.3.6
7	关于印发《安丘市招商引资奖励暂行办法》的通知	安政发〔2017〕9 号	市政府	2017.4.1
8	关于印发《安丘市重点产业招商政策》的通知	安政发〔2017〕10 号	市政府	2017.4.1
9	关于印发《安丘市人民政府工作规则》的通知	安政发〔2017〕11 号	市政府	2017.5.13
10	关于调整政府部门行政权力事项的通知	安政发〔2017〕12 号	市政府	2017.6.19
11	关于调整安丘市征兵工作领导小组成员的通知	安政发〔2017〕13 号	市政府	2017.7.21
12	关于加快发展体育产业促进体育消费的实施意见	安政发〔2017〕14 号	市政府	2017.7.21
13	关于印发安丘市妇女发展“十三五”规划和安丘市儿童发展“十三五”规划的通知	安政发〔2017〕15 号	市政府	2017.8.3
14	关于调整市政府领导成员工作分工的通知	安政发〔2017〕17 号	市政府	2017.8.20
15	关于表彰安丘市优秀班主任及颁发教学成果奖和教研成果奖的决定	安政发〔2017〕18 号	市政府	2017.9.8
16	关于印发《在市场体系建设中建立公平竞争审责制度实施方案》的通知	安政发〔2017〕19 号	市政府	2017.8.30
17	关于公布 2017 年企业工资指导线的通知	安政发〔2017〕20 号	市政府	2017.9.19
18	关于公布市政府法律顾问专家库成员名单的通知	安政发〔2017〕21 号	市政府	2017.9.30
19	关于调整部分市级行政权力事项和中介服务项目的通知	安政发〔2017〕22 号	市政府	2017.10.18

中共安丘市委
关于加强自身建设的决定

（2017年1月16日中国共产党安丘市第十四届委员会第一次全体会议通过）

安发〔2017〕1号

中国共产党安丘市第十四次代表大会选举产生了中共安丘市第十四届委员会。面对新的任务目标，新一届市委必须进一步提高自身执政能力和领导水平，不断适应新形势新任务新要求，全力服务大局，依法履行职责，为建设实力安丘、活力安丘、魅力安丘作出新的贡献。现就加强市委自身建设，作出如下决定。

一、坚定政治立场，切实加强思想政治建设。要坚持正确的政治方向，自觉维护党中央权威，在思想上政治上行动上同以习近平同志为核心的党中央保持高度一致，牢固树立政治意识、大局意识、核心意识、看齐意识，不断增强社会主义的道路自信、理论自信、制度自信、文化自信。要严明党的纪律，坚持纪律面前一律平等，把遵守党的纪律特别是政治纪律、组织纪律情况，作为领导班子和领导干部年度述职的重要内容，坚决制止违反政治纪律的行为。要严格党内政治生活，坚持组织生活会、谈心谈话和民主评议等制度，营造党内民主讨论的政治氛围，不断增强党内政治生活的政治性、时代性、原则性、战斗性，持续净化党内政治生态。要加强党员干部党性修养，自觉践行“三严三实”要求，提高领导班子和党员领导干部发现和解决自身问题的能力，自觉维护班子团结，共同打造团结协作、充满活力、奋发有为的领导集体。

二、加强理论武装，努力建设学习型领导集体。要扎实开展理论学习，坚持马克思主义的指导地位，深入学习党的路线、方针、政策，把学习贯彻习近平总书记系列重要讲话精神作为首要政治任务，做到吃透精神、领悟真谛，内化于心、实践于行，更好地用以统一思想、指导实践、推动工作。要突出抓好党章党史、党规党纪和党的群众路线教育，广泛学习经济、政治、文化、社会、管理等方面知识，完善干部知识结构，不断提高战略思维、创新思维、辩证思维、法治思维、底线思维能力。要推进学习型党组织、学习型领导班子建设，坚持市委中心组理论学习制度，落实个人自学制度，把学习情况作为领导班子和领导干部考核的重要内容。要坚持学以致用，重点围绕招商引资、项目建设、产业集聚、民生改善、城乡统筹、社会治理等事关改革发展稳定的重大问题，进行专题学习、深入研究，努力把学习研究成果转化为谋划发展的正确思路、促进发展的政策措施、领导发展的实际能力。

三、强化使命意识，着力提升班子执政能力。要牢牢把握发展第一要务，坚持“五大发展”理念，顺应供给侧结构性改革趋势，准确把握安丘发展面临的形势任务和阶段性特征，切实增强发展的压力感和紧迫感。要始终保持奋发有为的精神状态，咬定目标不放松，加快发展不停步，聚精会神抓发展谋跨越；要勇于担当、敢于负责，积极主动抓好分管工作；要解放思想、勇于创新，善于用市场化的理念、国际化的视野和改革创新的精神谋划推进工作。要全力突破发展重点，牢牢把握工业化、城镇化加速推进的战略机遇，突出做大做强工业、做长做特农业、做活做优服务业、做美做靓城乡，不断强化改革开放、项目建设、创新创业、要素保障、发展环境等支撑措施，全面从严治党，以更大的决心和魄力，采取更加有力的举措，增创发展新优势。要探索建立符合新发展理念的体制机制，强化人才是第一资源、科技是第一生产力、创新是第一驱动力的理念，营造真抓实干、狠抓落实的浓厚氛围，形成干事创业加快发展的正确导向。

四、坚持民主决策，有效发挥领导核心作用。要围绕抓发展、抓党建两大任务，统筹推进“五位一体”总体布局和协调推进“四个全面”战略布局，集中精力把方向、管大局、作决策、保落实，统筹做好纪检、组织、宣传、统战、政法、群众等工作，支持和保证市人大、政府、政协、法院、检察院、人民团体等依法依章独立负责、协调一致开展工作，构建各司其职、各尽其责、相互配合的工作机制，充分调动各方积极性，凝聚起共谋发展的强大合力。要始终把坚持民主集中制这一根本组织制度和领导制度作为重要原则，严格执行市委议事规则和决策程序，坚持和完善集体领导与个人分工负责相结合制度，提高议事决策水平。要继续加强决策执行监督检查，健全完善责任追究制度和容错纠错机制，全面提高领导班子科学民主依法决策能力。要增进领导班子团结，坚持民主生活会等制度，积极开展批评与自我批评，经常开展谈心交流，营造积极健康的党内生活氛围，带动市级班子之间、上下级之间、党群干群之间的大团结，形成风正气顺心齐、开拓创新发展的良好局面。

五、密切联系群众，带头发扬党的优良作风。要坚持以人为本执政为民，不断巩固和拓展党的群众路线教育实践活动、“三严三实”专题教育、“两学一做”学习教育成果，推动作风建设常态化长效化，充分发挥基层党组织的战斗堡垒作用和共产党员的先锋模范作用，更好地服务人民群众。要高度重视保障和改善民生，健全民生工作责任制，完善保障和改善民生的长效机制，下更大力气研究解决群众反映强烈的住房、教育、医疗、交通、环保、食品安全等问题，每年为群众办一批实事好事。要加强和改进群众工作，健全完善群众诉求表达、社会矛盾源头预防等机制，坚持班子成员轮流接访制度和包靠联系制度，直接倾听群众呼声，帮助解决实际问题，在与群众的交往中增进感情。要坚持转变工作作风，继续严格执行《党政机关厉行节约反对浪费条例》和市委有关实施细则，认真落实财经制度，进一步控制“三公”经费，将更多资金用于发展、改善民生。

六、保持廉洁自律，落实全面从严治党责任。带头落实党风廉政建设责任制，坚决落实“两个责任”，凡事关全市党风廉政建设和反腐败的重点工作、重大事项、重要安排，要集体研究作出决策，班子成员要自觉履行“一岗双责”，形成反腐倡廉、清风正气的强大合力。要遵守廉洁自律各项规定，严格执行中央八项规定、省委十项规定和市委实施意见的要求，以身作则、率先垂范，凡要求下级做到的，自己首先做到；要求下级不做的，自己坚决不做。要带头讲规矩，模范遵守党的政治纪律、组织纪律、廉政纪律、群众工作纪律，加强对配偶、子女和身边工作人员的教育、提醒和约束，决不利用职权和职务上的影响谋取不正当利益，切实维护好“绿水青山”的政治生态。要主动接受党内监督、群众监督、民主监督和舆论监督，进一步健全党代会代表和人大代表、政协委员视察机制、纪检监察机关监督机制、组织部门考察机制，严格执行党员领导干部报告个人有关事项、述职述廉等制度，充分发挥人民群众和舆论的监督作用，始终让权力置于监督之下、在阳光下运行。

中共安丘市委
关于加强和改进人民政协民主监督工作的实施意见

（7月20日安发〔2017〕13号）

为贯彻落实中央、省委、潍坊市委关于加强和改进人民政协民主监督工作的部署精神，进一步推进民主监督制度化、规范化、程序化，切实提高民主监督实效，现结合我市实际，提出如下实施意见。

一、充分认识加强和改进人民政协民主监督工作的重要意义

人民政协民主监督是在坚持中国共产党的领导、坚持中国特色社会主义基础上，参加人民政协的各党派团体和各族各界人士在政协组织的各种活动中，依据政协章程，以提出意见、批评、建议的方式进行的协商式监督。民主监督的重点是党和国家重大方针政策和重要决策部署的贯彻落实情况，监督目的是协助党委、政府解决问题、改进工作、增进团结、凝心聚力。人民政协民主监督，是我国社会主义监督体系的重要组成部分，是社会主义协商民主的重要实现形式，是我国社会主义民主政治的独特创造和一项重要制度安排，在国家政治生活中发挥着不可替代的重要作用。

在人民政协开展民主监督工作，源自中国共产党与各民主党派、无党派人士团结合作、互相监督的理论和实践。党的十八大以来，以习近平同志为核心的党中央，着眼完善和发展中国特色社会主义制度、推进国家治理体系和治理能力现代化，从建设社会主义政治文明的高度，对人民政协事业发展作出新的重大部署，对加强和改进人民政协民主监督工作提出新的要求。深入贯彻落实好以习近平同志为核心的党中央关于人民政协工作的重大决策部署，进一步发挥好人民政协民主监督的独特优势和重要作用，对于坚持和巩固中国共产党领导的多党合作和政治协商制度，坚定中国特色社会主义道路自信、理论自信、制度自信、文化自信，努力实现“两个一百年”奋斗目标和中华民族伟大复兴的中国梦具有重要意义。

近年来，市政协根据中央、省委、潍坊市委决策部署和市委要求，积极搭建民主监督平台，强化问题导向，拓展监督形式，认真履行民主监督职能，充分发挥了政协民主监督在完善决策、推动工作、改进作风、加

强廉政建设等方面的重要作用。当前，我市正处在决胜全面小康、建设实力活力魅力安丘的关键时期，加强和改进人民政协民主监督，有利于推进党委和政府科学决策、民主决策、依法决策，有利于推动党和国家大政方针、重大改革举措和重要决策部署贯彻落实，有利于促进国家机关及其工作人员转变作风、改进工作、反腐倡廉，有利于推动解决人民群众关心的实际问题，有利于加强中国共产党同社会各界群众的团结合作，巩固和发展最广泛的爱国统一战线。

二、把握人民政协民主监督指导思想和基本原则

（一）指导思想。高举中国特色社会主义伟大旗帜，深入学习贯彻党的十八大和十八届三中、四中、五中、六中全会精神，以马克思列宁主义、毛泽东思想、邓小平理论、“三个代表”重要思想、科学发展观为指导，深入学习贯彻习近平总书记系列重要讲话精神和视察山东重要讲话、重要批示精神，深入贯彻落实中央、省委、潍坊市委决策部署和市委工作要求，紧紧围绕统筹推进“五位一体”总体布局和协调推进“四个全面”战略布局，坚持和完善中国共产党领导的多党合作和政治协商制度，准确把握人民政协性质定位，坚持团结和民主两大主题，认真总结经验，深入研究人民政协民主监督面临的新情况新问题，从党政所思、群众所盼、政协所能出发，明确监督内容，完善监督形式，规范监督程序，畅通监督渠道，健全监督机制，提高监督实效，为建设实力活力魅力安丘做出积极贡献。

（二）基本原则。坚持中国共产党的领导，坚定正确的政治方向，围绕中心、服务大局，依照宪法法律和政协章程有序开展；坚持问题导向，深入调查研究，实事求是反映情况，认真负责开展批评，务实提出建议，确保监督聚焦关键内容和环节；坚持平等协商，坦诚相见，畅所欲言，尊重不同意见表达，把协商民主贯穿于监督全过程；坚持增进团结，促进联合，融协商、监督、参与、合作于一体，广泛凝聚共识、凝聚智慧、凝聚力量。

三、明确人民政协民主监督主要内容

（一）宪法法律、法规和规章的实施情况；

（二）党委、政府重大决策部署的贯彻执行情况；

（三）国民经济和社会发展规划、年度计划落实特别是重要约束性指标落实情况，政府工作报告和人民法院、人民检察院工作报告的落实情况，财政预算执行情况；

（四）党委、政府或有关部门（单位）在经济建设、政治建设、文化建设、社会建设、生态文明建设方面重点工作的推进情况；

（五）涉及人民群众切身利益的实际问题解决落实情况；

（六）国家机关及其工作人员履行职责、遵纪守法、加强作风建设、密切联系群众、开展反腐倡廉等情况；

（七）政协提案、建议案、调研视察报告、社情民意信息和其他重要意见建议办理情况；

（八）参加政协的单位和个人贯彻统一战线方针政策、遵守政协章程、执行政协决议情况；

（九）党委交办的其他监督事项。

四、完善人民政协民主监督形式

（一）会议监督。完善会议协商制度，政协有关会议应增加民主监督内容，加大民主监督力度。政协全体会议、常务委员会会议应增加监督性内容比重，政协全体会议视情安排界别组（联组）专题讨论监督性议题。政协常务委员会会议、主席会议、专题协商会、协商座谈会、对口协商会、界别协商会等应安排一定数量的监督性议题。根据议题安排，可邀请党委、政府及有关部门（单位）和司法机关负责同志出（列）席会议、听取意见、沟通交流。政协常务委员会会议、主席会议应完善对各党派团体参加政协工作的共同性事务、政协内部重要事务等的协商和监督。会议监督意见可以适当方式向党委、政府及有关部门（单位）和司法机关提出。

（二）视察监督。对于涉及改革发展稳定重大问题、重大事项的监督性议题，政协应根据每次监督任务，组织委员深入实际、深入基层、深入群众，听取有关镇街区和部门（单位）情况介绍，通过实地察看、座谈交流、征求意见等方式，着重发现工作中的问题和不足，与有关负责同志交换意见，提出批评建议，推动党委、政府有关决策部署的贯彻落实。

（三）提案监督。政协应组织政协委员和各参加单位，通过提案提出意见、批评、建议，开展监督。政协重点提案中应有一定数量的监督性提案，经党委办公室、政府办公室、政协办公室会商后共同交各有关部门（单位）办理。党委、政府及政协负责同志应加强督办，主要负责同志亲自领办批办。政协负责同志牵头，会同党委、政府督查机构和相关部门联合开展提案办理情况的督促检查，积极开展提案办理评议和“回头看”，实行提案内容和办理情况“双公开”及信息共享。

（四）民主评议监督。政协应根据党委、政府的重点工作部署，选择社会各界比较关注、与人民群众切身利益密切相关的部门（单位）或专项工作，以民主评议的形式实施监督。被评议部门（单位）要做好接受民主评议的动员和准备，协助政协完成民主评议。政协应将民主评议情况，包括问题、意见建议向市委报告，向市政府通报，同时向被评议部门（单位）反馈。被评议部门（单位）要加强对评议问题的整改，积极采纳意见建议。

（五）专项监督。政协要围绕法律、法规和规章实施，党委、政府重要工作落实，重大事项和重要领域的重点问题，确定专项监督议题，由政协办公室和专门委员会组织力量，必要时可成立专项民主监督小组，开展监督性专题调研。专项监督可采取单位自查与督导检查相结合、听取汇报与座谈交流相结合、查阅资料与实地考察相结合等方式，抓住重点问题，深入一线明察暗访，准确掌握情况，透彻分析原因，提出改进意见建议，必要时应持续跟踪监督。

（六）反映社情民意信息监督。进一步健全网络、畅通渠道，充分调动政协各参加单位、各专门委员会、政协委员等反映社情民意信息的积极性，发挥社情民意信息“直通车”优势，把群众中具有代表性的监督性意见及时向党委、政府及有关部门（单位）和司法机关集中反映，推动人民群众最关心最直接最现实利益问题的解决。

（七）应邀委派监督。政协可应党委、政府及有关部门（单位）和司法机关邀请，推荐政协委员担任特约监督员，对聘请单位及其工作人员在贯彻实施宪法法律、法规、规章，贯彻执行党委、政府重大决策部署以及严格执法、公正司法、勤政廉政建设等方面的情况进行经常性监督，及时提出意见建议。党委、政府及有关部门（单位）和司法机关组织的调查、检查、听证等活动，应视情邀请政协委员参加。

（八）创新监督形式和载体。要结合实际积极探索创新民主监督的新形式、新途径、新方法，重视发挥委员来信来访、委员举报、电视问政、网络调查等在民主监督中的作用，加强人民政协民主监督同党内监督、人大监督、行政监督、司法监督、社会监督、舆论监督等监督形式的协调配合，创新开展联合联动监督，更好发挥人民政协民主监督作用。

五、规范人民政协民主监督工作程序

（一）确定监督议题。人民政协民主监督议题可由党委、政府提出，也可由政协广泛征求人民团体、政协界别、专门委员会、政协委员、党政部门、群众代表等各方面意见后提出。经充分协商后，由政协办公室汇总提出建议，提交政协主席会议研究，重点监督议题纳入政协年度协商计划，报党委常委会会议讨论确定。

（二）组织监督活动。政协办公室研究提出年度监督工作方案，包括监督议题、开展监督的主要形式和时间安排、监督活动的牵头部门等，经政协主席会议审议通过后实施。重点监督议题由政协主席会议成员分工负责，政协相关牵头部门制定方案、组织实施，主席会议听取监督情况汇报。根据监督议题，政协整合力量深入调查研究，通过会议等形式实施监督，邀请党委、政府及有关部门（单位）和司法机关负责同志听取意见。

（三）报送监督意见。政协运用会议监督意见报告、视察监督报告、专项监督报告、民主评议监督报告、提案、社情民意信息、会议简报等形式，及时向党委、政府及有关部门（单位）报送开展民主监督形成的意见建议。重点监督意见根据需要由政协主席会议研究审议后报送党委、政府，视情抄送有关部门（单位）。

（四）办理监督意见。对于政协会议监督意见报告、视察监督报告、专项监督报告、民主评议监督报告等，党委、政府要高度重视，及时进行专题研究，或交相关部门（单位）办理。相关部门（单位）应认真研究监督意见反映的问题及建议，及时提出办理措施。政协提案、社情民意信息中的监督性意见，按规定程序办理。

六、健全人民政协民主监督工作机制

（一）知情明政机制。党委、政府及有关部门（单位）和司法机关召开的重要会议，视情邀请政协有关负责同志、政协委员列席。围绕监督议题，政协应认真组织政协委员学习党和国家以及地方重大决策部署，了解情况、把握形势、熟悉法律、掌握政策。根据监督工作安排，有关部门（单位）应按照规定做好情况通报和信息公开，重点通报工作中存在的问题、主要困难和薄弱环节，提前将有关材料送达政协委员，并为政协委员查阅资料、了解情况、走访座谈提供便利。

（二）协调落实机制。加强人民政协民主监督与党委、政府工作的有效衔接，由党委办公室、政府办公室、政协办公室会商，统筹协调政协民主监督议题、工作安排等重要问题。政协办公室应及时将重点监督活动具体安排提前告知有关部门（单位），加强协调配合，认真组织实施，积极跟进落实。政协专门委员会应就有关监督工作加强同党委、政府及有关部门（单位）和司法机关的对口联系。

（三）办理反馈机制。办理单位应及时以书面、会议通报等形式，反馈政协民主监督意见办理、采纳和落实情况。政协主席会议或常务委员会会议根据需要，定期听取监督意见办理情况通报。政协应将监督意见办理回复情况通报参加监督的有关单位和政协委员。政府每年向政协通报年度工作情况时，应包含政协民主监督意见建议的办理落实情况。政协办公室汇总全年民主监督工作开展情况和监督意见办理回复情况，作为政协常务委员会报告重要内容向政协会体会议报告。

（四）督查评价机制。把能否支持和自觉接受政协民主监督，列入党委、政府督查机构的督查内容，进一步加强对政协民主监督意见办理情况的督查。政协要加强与党委、政府及有关部门（单位）和司法机关的沟通联系，跟踪掌握民主监督意见建议办理进度，督促相关部门（单位）及时办理反馈。探索对政协民主监督工作进行评估，评估情况在一定范围内通报。

（五）权益保障机制。尊重和保

障政协委员在民主监督工作中的知情权、参与权、表达权、监督权，维护和保障政协委员对国家机关及其工作人员的工作提出意见、批评和建议的权利，以及对违纪违法行为检举揭发的权利，发挥政协委员在政协民主监督中的积极作用。对于干扰、阻挠政协委员参加民主监督，甚至压制、打击和报复的，应依纪依法追究责任。

（六）协同推进机制。坚持运用协商的方式和原则开展民主监督工作，促进政协民主协商和民主监督有机结合，做到同规划、同部署、同推动、同落实、同评估，在协商中凝聚人心增进共识，在监督中解决问题促进工作，使协商式民主监督落到实处、见到实效、取得实绩。

七、加强党对人民政协民主监督工作的领导

（一）强化党的统一领导。各级党组织要深刻认识人民政协民主监督的重要意义，把加强和改进人民政协民主监督工作作为提高执政能力和领导水平、推动和改进工作的重要举措，摆上重要议事日程，纳入工作总体部署，完善民主监督的组织领导机制，确保在党的集中统一领导下有力有序有效开展。政协党组向党委汇报工作时，应把开展民主监督情况作为重要内容。党政负责同志要自觉接受、积极支持和保证人民政协依章程进行民主监督，认真倾听批评和建议，并督促有关部门（单位）办理监督意见。

（二）发挥政协党组领导核心作用。政协党组负责领导重点监督议题的组织实施，坚持正确方向和原则，把握好监督的重点和领域、节奏和力度，加强对重大改革举措、重要决策部署贯彻执行情况等的民主监督，研究监督工作中的重要事项，及时向党委报告监督工作进展情况和遇到的重大问题，做到开展监督有计划、有题目、有载体、有成效，确保党的领导落实到监督工作全过程和各方面。组织政协委员积极参加民主监督活动，发挥政协委员中共产党员的模范带头作用。

（三）重视支持政协提高民主监督水平。党委要重视支持政协自身建设，提高民主监督组织化制度化程度，在政协明确承担民主监督工作的机构，负责政协民主监督活动的统筹协调、组织指导、联络督查、服务保障等具体工作，推动政协民主监督工作深入开展。党委、政府及有关部门（单位）和司法机关要支持、配合政协民主监督工作。健全完善民主监督工作制度，不断提高政协民主监督工作规范化水平。把政协开展民主监督工作经费列入本级财政预算。支持政协采取有效措施，培育和提升政协委员民主监督意识，调动政协委员参与民主监督工作的积极性，引导政协委员不断提高履职能力和监督水平，努力形成敢于监督、善于监督的良好氛围。政协要注重发挥政协专门委员会、委员活动工作室、委员界别组的组织平台作用，积极探索行之有效的监督途径和监督载体，切实增强民生监督的质量和实效。

（四）营造人民政协民主监督良好环境。提倡热烈而不对立的讨论、真诚而不敷衍的交流、尖锐而不极端的批评，坚持“不打棍子、不扣帽子、不抓辫子”，鼓励敢讲话、讲真话，营造畅所欲言、各抒己见、理性有度、合法依章的民主氛围。市政协和政协委员所在单位要为政协委员参加民主监督等履职活动提供必要保障。加强人民政协民主监督理论研究，在开展政协委员学习教育培训工作中把人民政协民主监督列为重要内容。把对人民政协民主监督的宣传列入党委宣传部门工作计划，宣传党中央关于人民政协民主监督的新部署、新要求，宣传我市政协民主监督工作的经验、做法和成效，加大对重点监督活动宣传报道力度，营造良好舆论环境。

中共安丘市委　安丘市人民政府关于加快建设创新创业人才高地的意见

（11月27日安发〔2017〕20号）

为深入贯彻落实党的十九大精神，大力实施创新驱动和人才强市战略，推进各类人才培养、集聚和发展，激发大众创业、万众创新活力，支撑和推动“四个城市”建设，根据省、潍坊市有关文件精神，结合我市实际，现就加快建设创新创业人才高地，提出如下意见。

一、加快高层次创新创业人才引进

1. 高层次创业人才。指来我市注册创办企业，为企业第一大股东且股权比例不低于30%的国家“千人计划”和“万人计划”专家、“泰山学者”、“泰山产业领军人才”，以及其他相当层次的创业人才。由市财政给予资助，资助标准为：当年营业收入2亿元以上或实缴税金300万元以上资助30万元，当年营业收入1亿元至2亿元或实缴税金100万元至300万元资助20万元，当年营业收入2000万元至1亿元或实缴税金50万

元至100万元资助10万元，最多累计资助5年。同时，享受有关产业资助政策及我市有关招商引资政策。对以技术、资金等入股，股权比例不低于30%，但不是企业第一大股东的上述人才，参照本《意见》第3条兼职创新人才标准资助。（牵头单位：市委组织部；责任单位：市人社局、市财政局、市国税局、市地税局）

2. 高层次全职创新人才。指与我市用人单位签订不少于4年的劳动合同，每年在我市用人单位工作时间不少于9个月，人事关系转入我市的高层次创新人才。对来我市全职创新，在国际行业领域具有影响力的科学家、教授、设计师，全球500强企业总部高级经营管理人才，国家最高科学技术奖获得者，中国科学院院士、中国工程院院士，国家科技进步奖和技术发明奖一等奖前三位完成人；国家“千人计划”和“万人计划”专家、国家科技进步奖和技术发明奖二等奖前三位完成人、中国100强企业总部或国际知名企业高级经营管理人才；省外专“双百计划”人选、泰山产业领军人才、泰山学者蓝色产业计划专家、泰山学者，省科技进步奖和技术发明奖一等奖前三位完成人，中国500强企业总部或具有国际知名企业任职经历的高级经营管理人才，以及其他相当层次的人才，市财政给予每年10万元资助，最多4年。（牵头单位：市委组织部；责任单位：市人社局、市科技局、市发改局、市经信局、市农业局、市财政局）

3. 高层次兼职创新人才。指与我市用人单位签订不少于4年的劳动合同，每年在我市用人单位工作时间不少于3个月的高层次创新人才。对来我市兼职创新的，在国际行业领域具有影响力的科学家、教授、设计师，全球500强企业总部高级经营管理人才，国家最高科学技术奖获得者，中国科学院院士、中国工程院院士，国家科技进步奖和技术发明奖一等奖前三位完成人；国家“千人计划”和“万人计划”专家、国家科技进步奖和技术发明奖二等奖前三位完成人、中国100强企业总部或国际知名企业高级经营管理人才；省外专“双百计划”人选、泰山产业领军人才、泰山学者蓝色产业计划专家、泰山学者，省科技进步奖和技术发明奖一等奖前三位完成人，中国500强企业总部或具有国际知名企业任职经历的高级经营管理人才，以及其他相当层次的人才，为企业带来显著经济效益的，市财政给予资助。资助标准为：科研人才与企业合作进行产品开发或实施成果转化类项目，该产品年销售收入达到2000万元以上的，或经营管理人才与企业合作改进企业经营管理模式，促进企业年销售收入增长幅度提高10个百分点以上的，给予10万元资助，最多累计资助4年。（牵头单位：市委组织部；责任单位：市人社局、市科技局、市发改局、市经信局、市农业局、市科协、市财政局）

对来我市创新创业的国内领先、国际先进的顶尖人才，采取“一事一议”的办法给予资助。

二、吸引高校毕业生到我市就业创业

4. 实施本科以上高校毕业生集聚工程。对企业新录用的派遣期内全日制大学本科毕业生，给予每人每月生活补助500元，期限1年；对企业新录用的派遣期内全日制硕士研究生，给予每人每月生活补助1500元，期限3年；对企业、学校、医院、科研院所新录用的派遣期内全日制博士研究生，给予每人每月生活补助3000元，期限5年。补助经费由潍坊市、我市财政按1∶9的比例承担。（责任单位：市委组织部、市人社局、市财政局）

5. 实施博士后引育行动。新进入我市博士后科研工作站的博士后研究人员（不含在职人员），按其实际在站从事科研时间，给予每人每月2000元的生活补助，补助期限最多不超过24个月；出站留在我市或来我市从事专业技术工作的博士后（不含进站前已在我市的在职人员），给予每人每月生活补助3000元，期限5年，并给予每人不高于20万元的科研经费资助。补助经费由潍坊市、我市财政按1∶9的比例承担。（责任单位：市人社局、市财政局）

6. 大学生创业补贴。对首次领取小微企业营业执照、正常经营，并在创办企业缴纳社会保险费满12个月的创业大学生，发放一次性创业补贴1.5万元，其中，对科技型小微企业的创业者补贴2万元。对首次领取营业执照、正常经营1年以上的大学生创业企业，吸纳登记失业人员和毕业年度高校毕业生（不含创业者本人），并与其签订1年及以上期限劳动合同，按月向招用人员支付不低于当地最低工资标准的工资报酬，足额缴纳职工社会保险费满4个月以上的小微企业，按照申请补贴时创造就业岗位数量，给予一次性创业岗位开发补贴，补贴额度每个岗位2500元。（责任单位：市人社局、市财政局）

7. 大学生创业减免房租。对入驻潍坊市级及以上创业孵化器的大学生企业，在3年孵化期内，前2年免缴房租，第3年享受50%的减免。大学生在指定的创业孵化器外租用经营场地创办小微企业，自登记之日起正常运营6个月以上并吸纳3人以上就业的，给予最长2年、每年最多5000元的租金补贴。（责任单位：市人社局、市财政局）

8. 大学生创业社会保险补贴。大学毕业生自主创业并持续正常经营、其本人已缴纳社会保险费的，员工养老保险单位承担部分按我市养老保险最低缴费标准，给予不超过3年的社会保险补贴，其个人应缴纳社会保险费仍由本人承担。（责任单位：市人社局、市财政局）

9. 大学生创业担保贷款扶持。

符合条件的创业大学生，可申请最高10万元的创业担保贷款，贷款利率在贷款合同签订日贷款基础利率的基础上最高上浮1个百分点，贷款期限最长不超过3年，政府第1年给予全额贴息，第二年贴息2/3，第三年贴息1/3。经经办银行认可，贷款可展期1次，展期期限不超过1年，只担保不贴息。符合条件的小微企业，可申请最高300万元的创业担保贷款，政府按照贷款合同签订日贷款基础利率的50%给予贴息。贷款期限最长不超过2年。（责任单位：市人社局、市金融办、市财政局）

10. 大学生职业培训补贴。对毕业学年高校毕业生（含技师学院高级工班、预备技师班和特殊教育院校职业教育类毕业生）参加就业技能培训或创业培训，培训后取得职业资格证书的（或专项职业能力证书或培训合格证书，下同），给予一定标准的职业培训补贴。对创业培训补助标准为每人800元。符合条件人员每人每年只能享受一次职业培训补贴，且不得与失业保险的职业培训补贴重复享受。享受职业培训补贴的培训期限最长不超过12个月。（责任单位：市人社局、市财政局）

11. 大学生就业见习补贴。鼓励各级各类企事业单位、社会组织创建高校毕业生就业见习基地，加大基层就业岗位开发力度。择业派遣期内（毕业3年内）离校未就业高校毕业生，到就业见习基地参加见习的，见习期间，见习基地应为见习人员提供不低于当地最低工资标准的见习基本生活补助，市财政按我市最低工资标准50%补助见习基地（财政困难县市高校毕业生就业见习基本生活补助，省财政、县财政分别按最低发放标准补助30%、20%）。见习期限为6个月。见习补贴由见习基地先行垫付，按月发放。毕业生见习期满时，见习基地向同级毕业生就业主管部门提出申请，经人社部门审核后，财政部门将资金支付到企业（单位）银行账户。（责任单位：市人社局、市财政局）

三、激发社会力量引才活力

12. 鼓励社会化引才。对引进高端人才来我市创新创业的中介机构、社会组织和个人，争取潍坊市财政的奖励：全职引进诺贝尔奖获得者的，每位奖励100万元，柔性引进（须每年在我市工作1个月以上）的，每位奖励10万元；全职引进“两院”院士、西方发达国家院士及其他在国际上有重要影响力的顶尖人才的，每位奖励50万元，柔性引进（须每年在我市工作1个月以上）的，每位奖励5万元；全职引进国家“千人计划”和“万人计划”专家、近5年国家科技进步和技术发明奖二等奖前三位完成人、世界500强企业总部高级管理人员等重点人才的，每位奖励5万元；全职引进泰山产业领军人才、泰山学者，省级重点学科、重点实验室学术技术带头人，近5年省科技进步奖和技术发明奖一等奖前两位完成人等重点人才的，每位奖励2万元；新引进的各类高层次人才来我市创新创业期间，申报入选国家“千人计划”、泰山产业领军人才（泰山学者）的，对引进工作中做出突出贡献的中介机构、社会组织和个人，按每位5万元、2万元标准给予追加奖励。积极推荐引才成效突出的企事业单位、中介机构、社会组织和个人，参评“潍坊市引才伯乐奖”。（责任单位：市委组织部、市人社局）

13. 发挥企业引才主体作用。鼓励企业引育高层次人才，争取潍坊市财政奖励：每申报入选1名国家“千人计划”“万人计划”专家，潍坊市财政给予企业主要负责人20万元一次性奖励；每申报入选1名泰山产业领军人才，潍坊市财政给予企业主要负责人10万元一次性奖励。每申报入选1名鸢都产业领军人才，市财政给予企业主要负责人5万元一次性奖励。对引进聘用海外工程师及外籍设计师、规划师、咨询师、教授、研究员等高层次人才成效显著的企业、学校、医院、科研院所，给予用人单位5万—20万元的一次性工薪补助，由潍坊市、我市财政按1∶1的比例承担。（责任单位：市委组织部、市发改局、市经信局、市科技局、市人社局）

14. 支持海内外人才联络站点引才。对我市在国内中心城市和欧美澳加日韩等发达国家设立的引才工作联络站（点），评估合格，根据发挥作用情况，市财政给予每年1万—3万元工作经费，并积极争取潍坊市财政每年10万—15万元的工作经费。因公出国（境）团组，都要安排招才引智任务。（责任单位：市委组织部、市人社局、市外侨办）

四、支持各类重点人才培育

15. 高层次申报入选人才。对通过我市申报入选的国家“千人计划”和“万人计划”专家、省“一事一议”顶尖人才、“泰山学者”、“泰山产业领军人才”、省智库高端人才首席专家，以及其他相当层次的人才，在享受上级政策的同时，市财政再一次性给予10万元奖励。对通过我市申报入选的享受国务院政府特殊津贴专家、百千万人才工程国家级人选、科技部创新人才推进计划人选、国家杰出青年科学基金获得者、中国青年科技奖获得者、全国青年创业奖获得者、国家高端外国专家项目执行专家、留学人员来鲁创业支持计划人选、省扶贫开发重点区域急需紧缺人才项目人选、省外专“双百计划”人选、“鸢都学者”、“鸢都产业领军人才（团队）”，以及其他相当层次的产业领军人才，在享受上级政策的同时，市财政再一次性给予5万元奖励。每入选上述人才1人，给予申报责任单位2万元奖励。（牵头单位：市委组织部；责任单位：市委宣传部、市人社局、市科技局、市发改局、市经信局、市农业局、市教育局、市科协、团市委、市财政局）

16. 专业技术人才。继续开展市级专业技术人才选拔工作，重点支持和培养在相关行业和领域影响较大、取得显著经济社会效益的优秀专业技术人员。每两年选拔一次，每次15名左右，在四年的培养管理期内，市财政给予每人每月200元津贴。落实上级职称制度改革要求，注重考核专业技术人才履行岗位职责的工作绩效、创新成果、技术推广、标准制定、决策咨询、公共服务等评价指标的权重，将科研成果取得的经济效益和社会效益作为职称评审的重要内容。（责任单位：市人社局、市财政局）

17. 高技能人才。继续开展市级首席技师选拔工作，重点支持在全市行业、领域中影响带动作用大，得到业内广泛认可的高技能人才。每年选拔一批，每批不超过10人，在四年的培养管理期内，市财政给予每人每月200元津贴。对市内院校毕业生在毕业前取得高级工、预备技师职业资格的，对培养单位分别按每人500元、1000元标准给予一次性奖励；对在我市企业取得技师、高级技师职业资格的技能人才，分别给予1500元、2000元一次性培训补助，上述奖励补助资金，由潍坊市和我市财政按1∶1比例分担。（责任单位：市人社局、市财政局）

18. 现代农业人才。继续开展市级乡村之星选拔工作，重点支持和培养具有较强的创新创业能力或一技之长，为推动农业现代化建设和农村经济社会健康发展做出突出贡献，起到较大示范带动作用，并得到社会广泛认可的优秀农村实用人才。每两年选拔一次，每次选拔10名，在四年的培养管理期内，市财政给予每人每月200元津贴。（责任单位：市农业局、市财政局）

19. 优秀文化人才。开展市级优秀文化人才选拔工作，重点支持全市宣传文化领域从事文化创作表演、文化传承传播、文化经营管理等专业人才，包括优秀民间文化人才和非公有制经济组织、新社会组织中的优秀文化人才。按照《关于设立安丘文化奖的决定》（安发〔2013〕6号）规定，每年选拔一次，每次选拔10人左右，培养期3年，培养期内每人每年资助5000元，用于入选者进行重要课题研究、文化创作表演、出版作品、进修培训、业务交流等。（牵头单位：市委宣传部；责任单位：市文联社科联、市文广新局、市财政局）

20. 社会工作人才。对在我市取得社工师、助理社工师资格证书，并按规定注册登记的人才，按《关于加强社会工作人才队伍建设的意见》（安发〔2013〕16号）规定，分别一次性给予2000元、1000元奖励，从福彩公益金中列支。（责任单位：市民政局）

五、加快人才平台载体建设

21. 搭建人才创新平台。全面推进规模以上企业建立研发机构。对新认定的国家级、省级企业技术中心、工程技术研究中心、工程实验室、工程研究中心、工业设计中心、“千人计划”工作站，市财政分别给予200万元、40万元奖励；对国家、省认定的院士（专家）工作站、博士后科研流动站、博士后科研工作站、博士后创新实践基地，以及产业技术创新战略联盟、创新型试点企业、重点实验室等，市财政分别给予20万元、10万元奖励；企业、职业学校获批设立国家级技能大师工作室、省级技师（名师）工作站的，争取潍坊市财政10万元、5万元的经费资助；对经认定的市场化主导的潍坊市级“众创空间”、创客服务中心，最高可给予100万元、20万元资助，由潍坊市、我市财政按1∶1比例分担。对新认定的潍坊市级平台，落实我市相关政策。（责任单位：市科技局、市人社局、市发改局、市经信局、市商务局、市财政局、市科协、团市委）

22. 发展人才孵化载体。鼓励和吸引海内外优秀科技人才加快成果孵化和科技创业，对国家级孵化器达到每年毕业企业50家以上标准的，争取潍坊市财政一次性100万元的资金补助；对省级孵化器达到每年毕业企业30家以上标准的，争取潍坊市财政一次性50万元的资金补助。对新认定的国家级、省级人力资源服务产业园、大学生创业园，争取潍坊市财政分别100万元、50万元的资助。对新认定的国家级、省级、潍坊市级留学人员创业园，争取潍坊市财政分别100万元、50万元、30万元的资助。对新认定的国家级、省级人力资源服务骨干企业、领军人才，争取潍坊市财政分别20万元、10万元的资助。对评估认定的潍坊市级创业孵化示范基地、创业示范园区，争取潍坊市财政每处最高100万元的一次性奖补。支持建设大学科技成果转化产业园，优先安排大学科技成果转化产业园建设项目用地指标，并在财政预算和科技计划中安排一定资金用于大学科技园的建设和发展，对落户大学科技成果转化产业园的科技型中小微企业，在落实国家扶持中小微企业发展所得税优惠政策基础上，以国家优惠数额为基数，按30%的比例给予奖励，由潍坊市、我市财政按1∶1比例分担。（牵头单位：市科技局、市人社局；责任单位：市发改局、市商务局、团市委、市财政局）

23. 搭建人才服务平台。大力引进培育猎头、培训、评价、注册、咨询、财会、税务、法律、知识产权代理等中介机构和社会组织，提高人才服务的市场化、社会化水平。对在我市注册设立地区总部的国内外知名人才服务中介机构，争取潍坊市财政5～20万元的奖励。设立人才服务窗口，选拔培训人才服务专员，落实潍坊市引进人才“绿卡”管理办法，为人才创新创业提供政策解读、信息咨询、落户考察、项目申报、创业代理、职称评定、产学研合作等全过程、专业化、“打包式”服务。简化毕业生就业流程，除上级统一规定的流程与资料外，一律不再额外新增流程和资料。设立市高层次人才发展促进会（联谊会），搭建各类人才联系联谊、对接洽谈、培训交流平台。（责任单位：市委组织部、市人社局）

24. 鼓励人才申请发明专利。对发明专利申请授权后，每项补助1500元；获得国外发明专利授权的每项补助5000元。对新获得中国专利金奖、中国专利优秀奖的，分别一次性给予30万元、10万元的奖励；对新获得山东省专利特别奖及一、二、三等奖的，分别一次性给予20万元、10万元、5万元、3万元的奖励；对新获得潍坊市重大专利奖的，一次性奖励10万元；对新获得潍坊市专利一、二、三等奖的，分别一次性给予5万元、3万元、1万元的奖励。（责任单位：市科技局、市财政局）

六、优化人才生活保障

25. 强化人才住房保障。对引进来我市注册创办企业，以及与我市企业签订5年以上工作合同、人事关系转入我市的全日制大学专科及以上学历人员、副高级及以上专业技术职务人员、高级技师，在我市购房的，市财政给予一次性补助，补助标准为：全日制大学专科人员每人补助1万元，全日制大学本科人员每人补助2万元，全日制硕士研究生、高级技师、副高级专业技术职务人员每人补助3万元，全日制博士研究生、高级专业技术职务人员每人补助8万元。落实上级有关规定，支持人才集聚的企事业单位、重点园区利用自用存量工业用地，在符合相关规划前提下，建设人才公寓或租赁住房，建筑面积占项目总建筑面积的比例由7%提高到不超过15%；派遣期内来我市工作的全日制博士、硕士研究生在我市购买首套住房的，个人公积金住房贷款最高额度分别提高到100万元、80万元。对来我市自主创业的各类人才，创办企业属创新型、成长性企业，且三年内实际投资额达到500万元以上或累计缴纳税金30万元以上的，发放10万元"购房券"，用于购买自有住房；实际投资额每增加500万元或累计缴纳税金每增加30万元，增发5万元"购房券"，最高50万元，由潍坊市、我市财政按1∶1的比例分担。（责任单位：市住建局、市房管中心、市人社局、市规划局、市地税局、市住房公积金管理中心、市财政局）

26. 妥善安置人才随迁配偶。高层次人才的随迁配偶，属公务员或事业单位在编在岗人员的，由编制部门核准用编进人计划，组织、人社部门本着对口原则帮助协调安排工作；属企业人员的，原则上由用人单位负责安排。对引进的高层次人才家属暂未就业的，未就业期间，给予每月不低于我市社会平均工资标准的生活补助，最长不超过3年。（牵头单位：市委组织部；责任单位：市人社局、市编办、市民政局、市财政局）

27. 统筹安排人才随迁子女入学入托。对企业全职引进的全日制大学专科、本科学历人员，子女全部按划片就近入学入托；引进的全日制硕士研究生、高级技师、副高级专业技术职务人员，子女全部按划片就近入学入托，且同等情况下优先安排；引进的全日制博士研究生、高级专业技术职务人员，子女由教育部门根据其意愿，统筹安排到质量较好的公办学校入学。（责任单位：市教育局、市人社局）

28. 提高人才医疗保障水平。每年组织各级各类人才健康查体，落实潍坊市关于每年组织鸢都产业领军人才、鸢都学者及以上高层次人才健康查体和疗养休假的有关规定。提倡用人单位在为高层次人才办理社会保险的基础上，购买商业补充医疗保险。（牵头单位：市委组织部；责任单位：市人社局、市卫计局）

本《意见》自印发之日起施行，由市人才工作领导小组办公室负责解释。对同时符合本《意见》多项扶持标准，且本《意见》未作说明的，按本《意见》最高扶持标准执行。本《意见》所列扶持政策与我市现行其他政策有交叉的，不重复享受扶持政策，按照"从优、从高"原则执行。法律法规和上级政策另有规定的，从其规定。市委市政府《关于进一步加大政策扶持做好高层次人才引进及创新创业工作的意见》（安发〔2012〕12号）自本《意见》印发之日起废止。

各责任单位根据本《意见》制定配套实施办法或细则，每年3月底前落实好上年度各项政策。制定实施办法或细则时，要注意明确逾期未申报视为自动放弃资助扶持的相关情形。

中共安丘市委办公室关于印发《市级领导班子在“两学一做”学习教育中深化学习的实施方案》的通知

安办字〔2017〕33号

各镇街区党（工）委，市委各部委，市政府各部门党组（党委），各人民团体党组，各重点企业党委：

《市级领导班子在“两学一做”学习教育中深化学习的实施方案》已经市委研究同意，现予以印发，请认真学习参照，抓好贯彻落实，切实推动“两学一做”学习教育常态化制度化。

中共安丘市委办公室

2017年5月2日

市级领导班子在“两学一做”学习教育中深化学习的实施方案

开展“两学一做”学习教育，基础在“学”。今年3月份，中央办公厅印发了《关于推进“两学一做”学习教育常态化制度化的意见》(中办发〔2017〕23号)，要求精心安排学习内容，组织党员领导干部定期开展集体学习。为深入贯彻中央和省、潍坊市委部署要求，充分发挥市级领导班子的示范带动作用，切实在打牢“学”的基础上实现常态化制度化，进一步深化拓展“作风建设年”活动，特制定本方案。

一、聚焦学习内容

深入学习党章党规，深入学习习近平总书记系列重要讲话，联系实际学、带着问题学、不断跟进学，准确领会掌握基本精神、基本内容和基本要求，做到常学常新、真信真用。联系全面从严治党新实践，持续学习党章党规，深刻认识党章是管党治党的总规矩总遵循，自觉践行党内政治生活准则、党内监督条例和廉洁自律准则等党内法规要求，使党章党规成为规范党员干部言行的硬约束。把深入学习习近平总书记系列重要讲话作为“必修课”，深刻认识讲话的重大理论意义和实践意义，深刻理解讲话的时代背景、鲜明主题、科学体系，准确把握蕴含其中的治国理政新理念新思想新战略，领会掌握贯穿其中的马克思主义立场观点方法，切实把思想和行动统一到讲话精神上来，自觉用发展着的马克思主义指导新的实践。注重把学习习近平总书记系列重要讲话同学习马克思列宁主义、毛泽东思想、邓小平理论、“三个代表”重要思想、科学发展观紧密结合起来。

二、精心组织安排

1. 以市委理论学习中心组学习为主要抓手，每月一次组织市委常委会、市人大、市政府、市政协等“四大班子”领导干部开展集体学习。根据学习内容，视情况吸收其他县级领导干部、镇街区党政主要负责同志、部分市直部门主要负责同志参加。

2. 坚持每月一计划，提前制定当月集体学习计划安排，明确学习主题、学习篇目、学习形式，切实让学习经常起来、形成习惯。每名领导干部根据自身实际制定个人自学计划，每月完成既定学习任务。

3. 统一印制学习笔记，领导干部在参加集体学习或开展个人自学时做好记录。

三、灵活学习形式

1. 领导干部轮流领学。根据确定的学习内容，每次由2～3名领导干部领学有关学习篇目，通过读原著、学原文、悟原理，原原本本学党章党规、学系列讲话，在反复研读中加深理解、深化认识。

2. 定期开展交流研讨。每季度组织一次专题研讨，每次确定10名左右领导干部发言，交流学习体会和收获，分析查摆存在的问题，在思想碰撞、自我剖析中深化学习效果。

3. 邀请领导专家授课。根据工作需要，依托青云大讲堂，适时邀请上级领导干部、有关专家教授解读方针政策、分析发展形势、讲授先进理论，进一步提升学习针对性和实效性。

4. 为基层党员讲党课。每名市级党员领导班子成员每年要在所属机关党支部讲一次党课；还要结合到工作联系点或分管领域、分管单位走访调研，在农村、企业、学校、机关事业单位等基层单位中选择1个党员数量较多的党支部讲一次党课。通过讲党课传导学习责任，沉淀学习收获，升华思想境界。

四、强化协调推动

市级领导班子在“两学一做”学习教育中深化学习工作，在市委常委会统一组织领导下进行。市委办公室、市委组织部、市委宣传部等部门（单位）要立足各自职责，加强协调配合，周密安排部署，从严从细制定学习计划、搞好工作保障，确保内容安排精准、形式灵活有效、取得良好效果。建立党章党规和系列讲话试题库，定期组织市级领导干部自测自评，检验学习成果，提升学习成效。市级领导同志要正确处理工学矛盾，积极参加学习，努力做到学而信、学而思、学而行，为落实全面从严治党要求，加快建设实力安丘、活力安丘、魅力安丘提供坚强的思想保障。

安丘市人民政府
关于印发《安丘市招商引资奖励暂行办法》的通知

安政发〔2017〕9号

各镇政府、街办、开发区管委会，市直各部门、单位：

《安丘市招商引资奖励暂行办法》已经市委、市政府同意，现予印发，请认真遵照行。

安丘市人民政府
2017年4月1日

安丘市招商引资奖励暂行办法

为充分调动社会各界参与招商引资工作的积极性，加快引进一批符合产业政策的大项目、好项目，助推实力安丘活力安丘魅力安丘建设，结合我市实际，特制定本办法。

第一条 鼓励中介招商，对引荐投资项目到本市行政区域，并实质性促成项目落户的引荐人进行奖励。

（一）引荐人可以是自然人，也可以是法人，但不包括安丘市的行政事业单位、国家公职人员。

（二）引荐人必须获得由投资者签署的委托其开展投资引荐事务的委托书（每个引荐项目只能出具一份委托书）和项目有关资料，并持有效身份证明到市招商引资委员会办公室（市招商局）登记确认。

（三）1个项目只认定1个引荐人。

（四）外来投资者不能同时以引荐人身份对其自身投资的项目申报奖励资金。

第二条 引荐市外投资者在安丘市新创办（包括并购后新建部分）的招商引资项目（包括内资项目和外资项目，其中外资项目是指国外和港、澳、台地区的投资人到我市直接投资的项目），投资落地且产生税收后，经引荐人申请，市招商工作委员会认定后，按照规定对项目引荐人进行奖励。项目范围及标准为：（一）固定资产投资总额1亿元（含）以上的单体工业项目（不含风电、光伏项目和资源类项目），按固定资产投入的4‰计发奖励；到位外资额达300万美元以上的外资项目，按固定资产投入的5‰计发奖励；

（二）固定资产投资总额1亿元（含）以上的现代物流等有较大税收贡献的服务业项目（不含房地产项目），按固定资产投入的3‰计发奖励；

（三）固定资产投资总额5000万元（含）以上的高新技术产业项目，按固定资产投入的5‰计发奖励；

（四）项目资金为非财政性、政策性直接投资。

第三条 项目按合同约定投产运营后，引荐人方可申请引荐奖励资金。

第四条 引荐奖励资金按照以下程序申请核拨：

（一）备案。申请奖励的引荐人应当在项目各方签订正式合作协议之前，向市招商引资委员会办公室（市招商局）、审计局提交有关材料进行备案。

（二）申报。符合条件的引荐人应当于每年11月10日前向市招商引资委员会办公室（市招商局）提出申请并提交有关材料，经审核后，于5个工作日内报市招商引资委员会。

（三）审定。市招商引资委员会收到材料后，召集发改、经信、审计、科技、财政、商务、统计、金融办等相关部门进行研究审定。

（四）公示。将市招商引资委员会审定通过的引荐人信息、项目等情况在市政府门户网站予以公示，公示期为5个工作日。

（五）通报。公示无异议的，以市招商引资委员会办公室名义印发通报。

（六）资金拨付。自通报印发之日起，市财政部门应在30个工作日内，按照分配比例向引荐人支付奖励资金。逾期未领取奖金的，视为自动放弃。奖金收入的应纳税款由引荐人依法缴纳。

第五条　项目投资人、引荐人相互串通，骗取资金或领取资金后抽逃注册资金、撤回投资的，由有关部门追缴已发放的引荐奖励资金，并依法追究有关人员的法律责任。

第六条　对在办理引荐奖励资金事项过程中玩忽职守、弄虚作假的有关单位工作人员，由监察部门依据有关规定严肃处理，构成犯罪的，移交司法机关依法追究刑事责任。

第七条　本办法有效期为对2017年4月1日至2019年12月31日期间引进的项目（以合同的签订日期为准）奖励完毕止。

第八条　本办法自发布之日起执行。

安丘市人民政府
关于印发《安丘市重点产业招商政策》的通知

安政发〔2017〕10号

各镇政府、街办、开发区管委会，市直各部门、单位：

《安丘市重点产业招商政策》已经市委、市政府同意，现予印发，请认真遵照执行。

安丘市人民政府
2017年4月1日

安丘市重点产业招商政策

第一章　总　则

第一条　为贯彻落实《国务院关于扩大对外开放积极利用外资若干措施的通知》（国发〔2017〕5号）、《国务院办公厅关于促进开发区改革和创新发展的若干意见》（国办发〔2017〕7号）、《潍坊市人民政府办公室关于印发〈潍坊市重点产业招商政策〉的通知》（潍政办发〔2016〕9号）精神，进一步鼓励重点产业投资，推动全市产业结构优化升级，结合我市实际，制定本政策。

第二条　本政策所称重点产业招商项目指我市新引进符合国家产业政策的现代产业项目及市内现有企业增资扩产项目。主要包括：

（一）新引进并按合同约定开工建成运营的固定资产投资总额在1亿元（含）以上的单体工业项目（不含风电、光伏项目和资源类项目）；

（二）新引进并按合同约定开工建成运营的固定资产投资总额在1亿元（含）以上的现代服务业项目（不含房地产项目）；

（三）新引进年纳税500万元（含）以上的总部经济项目；

（四）新引进并按合同约定开工建成运营的固定资产投资总额在5000万元（含）以上的高新技术产业项目；（五）市内上年度实现税收500万元以上企业增资扩产当年实现新增税收增幅20%以上的现有企业。

第二章 政策扶持

第三条 项目用地保障和配套补助。

（一）严格执行“招拍挂”制度，优先使用低丘缓坡未利用地，按照规范流程进行市场化运作，确保项目用地。以“先租后让”“长期租赁”“弹性年期出让”方式供地的，租金标准按安政办〔2015〕65号文件执行。

（二）用地成本扶持。对投资1亿元（含）以上的工业项目，或投资强度不低于280万元/亩且年税收达到8万元/亩的工业项目，经认定后，给予政府土地净收益等额补助，从项目投产后实现的税收地方留成中返还。其中，对投资1亿元（含）以上且年税收达到10万元/亩的，经认定后，给予土地净收益及办理土地手续缴纳的契税、土地占用税等额补助，从项目投产后实现的税收地方留成中兑现。

第四条 设备购置和研发补助。经认定对购买用于研发、单体价值200万元（含）以上的关键研发设备，按照10%的标准给予补助，补助金额最高不超过100万元。补助资金主要用于支持企业购置先进设备，实施科技研发和技术升级。

第五条 项目贡献奖励补助。对达到投资强度并按合同约定投产的项目，自投产运营并认定后，5年内上缴增值税和企业所得税弥补地方政府支持项目总投入的，上缴两税地方留成剩余部分等额补助企业。

第六条 高新技术产业项目补助。当年固定资产投入达到5000万元的高新技术产业项目，补助10万元，每增加1000万元再补助5万元，最高补助100万元。

第七条 市内上年度缴纳税金500万元以上的现有企业增资扩产、技术改造，当年缴纳增值税和企业所得税地方留成增幅超过20%以上部分等额补助。

第八条 本政策第五、六、七条中所补助资金主要用于支持企业技术研发、奖励法人和管理团队，其中奖励法人和管理团队资金应控制在补助资金总额的30%以内。

第九条 重组并购扶持。经市政府批准，市内外投资方收购我市固定资产投资1亿元（含）以上的工业企业股权不低于33%，并取得企业实际控制权的重组并购，因产权转让而缴纳的税收及行政事业性收费地方留成部分给予投资方等额补助；自完成变更工商登记年度起，以被重组并购后企业上年度缴纳的增值税和企业所得税地方留成部分为基数，重组并购后缴纳两税地方留成增幅超过全市地方税收收入增幅部分，前三年给予等额补助，后两年按50%补助。

第十条 符合条件的重点产业招商项目所涉及的行政事业性收费，除环保和资源性收费外，本市有处置权的其他收费，地方留成部分给予等额补助。

第十一条 对固定资产投资1亿元（含）以上的重点产业项目引进的符合潍坊市和安丘市有关规定的高级管理人员（高层次人才），按照相关文件规定落实扶持政策，其配偶、子女户口可随迁至安丘市，其子女入托入学根据本人意愿优先安排。

第三章 金融支持

第十二条 基金投入支持。政府引导基金及设立的专业子基金，对通过基金市场化筛选的重点产业招商项目，有针对性的设计投资方式，给予重点扶持。对投资1亿元以上、符合我市重点产业政策项目，政府可通过产业基金方式为企业购买土地、建设厂房。

第十三条 担保融资服务。对通过市场化筛选的重点产业招商项目，且符合担保条件的，政府性担保平台优先提供担保融资服务。

第四章 服务保障

第十四条 健全完善园区基础设施。对在市级经济园区落户的符合本政策第二条规定的重点产业招商项目应达到“五通一平”保障标准（通水、通电、通路、通讯、通气和土地平整）。

第十五条 实行招商引资项目备案、预审评估和重点产业招商项目全程代理服务制度。

对按程序实行备案、预审评估等签约落户的重点产业招商项目，实行“一条龙”服务制度，由市政管办牵头，有关部门配合，全程代办各项审批手续，并限时办结。严禁增加项目前置审批事项，除国家法律法规和省以上有关部门规定的前置审批项目外，本市任何部门不得增加任何前置审批事项，不得将收费与否作为优先批办手续的前置条件。

第十六条 实行领导包靠项目制度。凡固定资产投资额达到1亿元（含）以上的重点产业招商项目，一般由联系镇街区的市级领导同志包靠，按部门工作职责及项目所属招商主体共同负责推进，帮助协调解决项目建设和经营中的问题并跟踪服务。

第十七条 对重点产业招商项目实行重点保护。除涉及安全生产、刑事案件、公共突发性事件、节能环保、税收、食品药品安全以及其他确需进行突击检查的事项，有关职能部门可先检查后备案外，其余检查事项须事先向市政府提出书面检查申请，经批准后方能到企业检查。未经批准的检查，企业有权拒绝。除突发事件和上级安排的检查外，各项常规检查原则上应安排在月末的最后5个工作日进行。

第五章 附则

第十八条 世界或国内500强

企业、固定资产投资2亿元（含）以上的项目、总部经济项目和注册资金在2000万美元（外方注册部分、含2000万美元）以上的外资项目，实行“一事一议、一企一策”。

第十九条 提高土地利用率和产出比，土地固定资产投资强度每亩不低于160万元（含）。项目用地超过出让合同约定的动工开发日期满1年未动工建设的国有建设用地，经市政府批准由国土资源部门向土地使用者按土地出让金的20%征收土地闲置费；满2年未动工建设的国有建设用地，经市政府批准，由国土资源部门向土地使用者下达《收回国有建设用地使用权决定书》，无偿收回土地使用权。闲置土地设有抵押权的，同时抄送相关土地抵押权人。凡已享受优惠政策的项目，处置其土地使用权时，须报经市政府批准，未经批准而转让的，享受优惠部分要全部退还。本条款要作为与项目方签约的重要内容之一，纳入合同管理。

第二十条 市外投资方与我市合资合作的重点产业招商项目，外方投资比例不低于25%（含）；项目享受优惠政策以外方投资比例折算核定固定资产投资数额。

第二十一条 重点产业招商项目注册地和纳税地必须为安丘市，固定资产投资1亿元（含）以上2亿元（不含）以下的项目，工商注册资本金不低于投资额的25%（含）；固定资产投资2亿元（含）以上的项目，工商注册资本金不低于5000万元（含）。

第二十二条 现代服务业招商项目享受优惠政策的范围为项目的自持自营部分。未列入市重点项目的一般项目和镇街区招商引资项目，由镇街区参照制定并落实优惠政策，地方财政收入归镇级。

第二十三条 招商政策涉税地方财政收益补助实行次年末兑现的办法。

第二十四条 重点产业招商项目的认定工作由市招商工作委员会负责，组织市直有关部门组成专业考核小组，对招商引资项目进行考核并对项目引荐人进行认定。

第二十五条 本政策自2017年4月1日起施行，有效期至2019年12月31日。在本政策施行之前引进的项目执行原已发布的政策规定，施行之后引进的项目执行本政策。

第二十六条 本政策由市招商工作委员会办公室（市招商局）负责解释。

安丘市人民政府
关于印发《安丘市人民政府工作规则》的通知

安政发〔2017〕11号

各镇政府、街办、开发区管委会，市政府各部门、单位：

现将新修订的《安丘市人民政府工作规则》印发给你们，请结合各自实际，认真学习贯彻。

安丘市人民政府

2017年5月13日

安丘市人民政府工作规则

第一章 总 则

第一条 根据《中华人民共和国宪法》《中华人民共和国地方各级人民代表大会和地方各级人民政府组织法》，依据《国务院工作规则》《山东省人民政府工作规则》和《潍坊市人民政府工作规则》，结合本市实际，制定本规则。

第二条 市政府工作的指导思想是，高举中国特色社会主义伟大旗帜，以马列主义、毛泽东思想、邓小平理论、“三个代表”重要思想、科学发展观为指导，认真领会贯彻习近平同志系列重要讲话精神和治国理政新理念新思想新战略，紧紧围绕统筹推进“五位一体”总体布局和协调推进“四个全面”战略布局，全面贯彻党的路线、方针、政策，坚决执行上级领导机关和市委的决策、部署，坚持以人民为中心，以服务型政府为引领，着力推进高效政府、责任政府、法治政府、创新政府、廉洁政府建设。

第三条 市政府工作的准则是：依法行政、科学理政、为民勤政、高效施政、廉洁从政。

第二章 组成人员及其职责

第四条 市政府组成人员主要包括：市长、副市长、市政府办公室主任，市政府组成部门、单位的局长、主任。

第五条 市政府实行市长负责制，市长领导市政府的工作。副市长、市政府办公室主任协助市长工作。

第六条 市长主持召开市政府全体会议、常务会议和市长办公会议。市政府工作中的重大问题，须经市政府全体会议或常务会议讨论决定。

第七条 副市长按照分工负责处理分管工作；受市长委托，负责其他方面的工作或专项任务，并可代表市政府进行外事活动。

市政府领导实行工作补位制度，副市长因公出差（出访）、休假期间，由补位的副市长代为处理有关工作。相互补位的领导同志原则上不同时安排出差（出访）、休假。

第八条 市政府办公室主任在市长领导下，负责安排处理市政府日常事务工作，协调落实市政府决定事项和市长交办事项。

第九条 市政府组成部门的主要负责人负责本部门的工作。市政府工作部门受市政府的统一领导，根据法律、法规和市政府的决策部署，在本部门职权范围内履行行政职责。对涉及多个部门职责范围的工作，主办部门应主动与协办部门协调，协办部门应积极配合。

市审计局在市长和上级审计机关领导下，依照法律规定独立行使审计监督权，不受其他行政机关、社会团体和个人干涉。

第十条 市政府组成人员要认真履行宪法、法律和法规赋予的职责，解放思想，实事求是，忠于职守，服从命令，严守纪律，勤勉廉洁，全心全意为人民服务。市政府及各部门领导班子对工作范围内党风廉政建设、安全生产负全面领导责任，主要负责同志为第一责任人。

第三章 全面正确履行政府职能

第十一条 市政府要加快职能转变，深入推进“放管服”改革，全面正确履行经济调节、市场监管、社会管理、公共服务、环境保护职能，形成权界清晰、分工合理、权责一致、运转高效、法治保障的职能体系。

第十二条 坚持以提高发展质量和效益为中心，推进供给侧结构性改革，落实国家宏观调控政策，加强经济发展趋势研判，深化创新驱动，突破发展短板，加快经济转型升级，不断增强经济综合实力。

第十三条 依法加强市场监管，加快社会信用体系建设，维护统一开放、公平诚信、竞争有序的市场环境。

第十四条 加强社会治理制度和能力建设，健全基层社会管理服务体系，拓宽为民服务领域和渠道，强化市政务服务热线平台作用，实现政府治理和社会调节、居民自治良性互动，创造安全稳定的社会环境。

第十五条 完善公共服务政策和管理措施，健全政府主导、社会参与、覆盖城乡、可持续、均等化的基本公共服务体系，切实保障和改善民生。

第十六条 依法加强应急体系建设，有效管控和防范各种风险，全面提高政府预防和处置突发事件能力。

第十七条 坚持绿色发展，加强环境保护，完善生态文明建设体系，促进经济、社会、环境协调发展。

第十八条 深化行政审批制度改革，建立健全行政权力清单和部门责任清单动态调整机制，完善政务服务体系。

第四章 坚持依法行政

第十九条 市政府及各部门要严格依照法定权限和程序履行职责，规范行政权力运行，健全依法行政各项制度，坚持用制度管权管事管人。认真贯彻法治政府建设纲要，建立市政府集体学法制度，提高运用法治思维和法律手段解决经济社会发展中突出矛盾和问题的能力。

第二十条 市政府及各部门制定规范性文件，应当符合宪法、法律、法规、规章和国家方针政策。制定规范性文件应进行合法性审查，并实行统一登记、统一编制登记号、统一公布的“三统一”制度。规范性文件有效期届满需要继续执行的，按照法定程序重新登记、编号、公布。

第二十一条 市政府各部门要规范执法程序，严格公正文明执法，做到有法必依、执法必严、违法必究，维护公共利益、人民权益和社会秩序。

第二十二条 除按国家、省、潍坊市有关文件规定设立相应工作领导小组外，原则上不再设立议事协调机构和临时机构。确因工作需要，成立议事协调机构或临时机构，应向市政府请示。议事协调机构和临时机构不单独设办事机构，不刻制公章。

第二十三条 市政府或市政府授权签订的合同、协议，须经市政府法制部门进行合法性审查。

第二十四条 公民、法人和其他组织向市政府提出的行政复议申请，由市政府法制部门依法受理并审理，按规定程序报批。

第二十五条 对涉及市政府的行政诉讼案件，由市政府法制部门会同责任主管部门依法提出答辩意见书等法律文书，并负责具体应诉工作。

第五章 实行科学民主决策

第二十六条 市政府各部门要实行科学决策、民主决策、依法决策，把公众参与、专家论证、风险评估、合法性审查和集体讨论决定作为重大决策的必经程序，增强公共政策制定透明度和公众参与度。完善重大决策的智力信息支持系统，建立专家库和专家咨询、法律顾问制度。

第二十七条 关系全市经济社会发展的中长期规划、年度计划、财政预决算、重大规划、贯彻国家宏观调控和改革开放的重大政策措施、城市和社会管理重要事务、重大建设项目等重要事项，由市政府全体会议或常务会议讨论决定。

第二十八条 市政府部门提请市政府讨论决定的重要事项，必须深入调研，并经相关领域专家、研究咨询机构等进行合法性、必要性、科学性、可行性和可控性论证评估。涉及相关部门的，应充分协商；涉及镇街区的，应事先征求意见；涉及公共利益和公众权益的，应进行社会稳定风险评估，并通过公示或听证会等形式听取各方面意见。

第二十九条 市政府在作出重大行政决策前，应通过多种形式，广泛听取社会团体、专家学者、社会公众等方面的意见和建议。

第三十条 市政府各部门应当按职责认真贯彻执行重大行政决策，并对执行效果跟踪评估，必要时调整完善。

第三十一条 建立基层问题专报制度。确定部分重点企业、村居（社区）作为问题直报点，提高政府在第一时间了解、掌握情况的准确性，增强决策的科学性。

第六章 推进政务公开

第三十二条 坚持以公开为常态、不公开为例外，落实责任，加大考核评价力度，全面推进决策、执行、管理、服务和结果公开。

第三十三条 市政府规章、规范性文件，应及时通过政府门户网站进行公开，并在《安丘市人民政府公报》刊登。

第三十四条 市政府及各部门要健全完善政府新闻发布和发言人制度，及时、准确发布重要政务信息，通报市政府对重大事项、突发事件和社会关注热点问题的处理情况。

市政府各部门要加强重大政务舆情和突发事件信息报告工作，并根据工作进展情况，及时对外发布相关信息。

第三十五条 推进“互联网 + 政务服务”建设，拓宽政务公开渠道，充分发挥政府网站信息公开第一平台和主渠道作用，积极运用政务微博和微信等新媒体公开和推送重要政务信息，进一步扩大信息受众面和参与范围，增进公众对政府工作的认同和支持。

第三十六条 市政府各部门要全面公开权力清单、责任清单、行政审批目录、公共服务事项目录和服务指南，并建立动态调整公开机制，及时更新相关信息。

第三十七条 市政府各部门要健全完善政府信息主动公开、依申请公开、保密审查、协调发布、考核评议和责任追究等工作制度。建立政务公开纳入办文办会办事程序工作机制。

第七章 健全监督制度

第三十八条 市政府要自觉接受市人民代表大会及其常务委员会的监督，认真执行相关决议、决定和审议、评议意见，按时报告工作，及时办理议案、建议和意见；自觉接受市政协、群众团体的民主监督，虚心听取意见和建议，认真办理提案。

第三十九条 市政府各部门要自觉接受司法监督，尊重并自觉履行司法机关的判决、裁定。市政府各部门要自觉接受监察、审计等部门的专项监督，认真查处、整改监督中发现的问题，并及时报告市政府。

第四十条 市政府及各部门要加强内部层级监管，严格执行行政复议决定，加强行政复议指导监督，纠正违法或不当行政行为，依法及时化解行政争议。

第四十一条 市政府及各部门要自觉接受新闻舆论和社会公众监督，认真调查核实有关情况，及时依法处理和改进工作。重大问题要向社会公布处理结果。

第四十二条 市政府及各部门要重视人民群众来信来访工作，进一步完善信访制度，畅通和规范群众诉求表达、利益协调、权益保障渠道；市政府领导及各部门负责人要亲自处理重要的人民来信，定期接访，协调处理，督促解决重大信访问题。

第四十三条 严格实行行政问责制度和绩效管理制度，加强对重大决策部署落实、部门职责履行、重点工作推进以及自身建设等方面的考核评估，健全纠错制度，严格责任追究，提高政府的公信力和执行力。

第八章 完善会议制度

第四十四条 市政府实行全体会议、常务会议、市长办公会议和专题会议制度。

第四十五条 市政府全体会议由市长、副市长、办公室主任和市政府组成部门的主要负责同志组成，由市长召集和主持。会议的主要任务是：

（一）传达上级党委、政府和市委的重要指示、决定和会议精神，以及市人民代表大会及其常务委员会的决议、决定，研究提出贯彻落实意见；

（二）讨论决定市政府工作中的重大事项；

（三）部署市政府的重要工作；

（四）通报有关重要情况；

（五）讨论决定其他需由市政府全体会议决定的事项。

市政府全体会议原则上每半年召开1次，各镇政府、街道办事处、开发区管委会，市政府工作部门、直属机构和事业单位主要负责同志出席，可邀请市人大、市政协、市人武部、市法院、市检察院负责同志出席，市委有关部门、重点企业主要负责同志和群众代表可根据需要列席。

第四十六条 市政府常务会议由市长、副市长、办公室主任组成，由市长召集和主持。市政府常务会议组成人员超过半数时方能召开。

（一）会议的主要任务

1. 传达上级党委、政府和市委的重要指示、决定和会议精神，以及市人大及其常务委员会的决议、决定，研究提出贯彻落实意见；

2. 讨论决定市政府工作中的重要事项；

3. 讨论审议规范性文件草案；

4. 通报和讨论其他重要事项。

（二）议题提交程序

1. 市政府常务会议议题，必须是事关全市经济社会发展大局的重要决策事项，或按规定必须由市政府集体研究决定的事项。工作汇报类事项、部门职责范围内能够解决的问题、市政府分管领导能协调解决的问题不提交常务会议研究。

2. 市政府常务会议议题主要由市政府主要领导批示上会、直接安排上会和市政府分管领导提报。

3. 对于批示、安排和提报上会的议题，原则上要当月提出当月上会。议题提出后，议题主办单位须依次向市政府分管领导、市政府主要领导汇报后，再确定是否上会。协助市政府分管领导工作的主任要及时做好议题的调度协调工作，保证按期上会。

4. 议题确定后，议题主办单位应及时填写《市政府常务会议议题呈报表》，并经协助市政府分管领导工作的主任、市政府分管领导依次签字确认后，报市政府办公室。

协助市政府分管领导工作的主任负责议题材料的审核把关。议题汇报内容要突出重点、简明扼要，字数控制在2000字以内，议题格式要符合统一印制要求。

市政府常务会议原则上每月召开1次，根据需要可随时召开。会议邀请市人大、市政协、市人武部负责同志列席会议。市政府办公室各副主任及内部机构主要负责人、市监察部门主要负责人全程列席。根据需要可安排有关部门、单位主要负责同志列席。

第四十七条 市长办公会议由市长、副市长组成，办公室主任以及有关部门、单位主要负责同志列席，由市长召集和主持。会议的主要任务是：

（一）研究处理需提交市政府常务会议解决的重要问题；

（二）研究市政府日常工作中的其他重要事项。

第四十八条 市政府专题会议由市长、副市长或市长、副市长委托办公室主任、副主任等召集和主持，有关部门、单位负责人出席。会议的主要任务是：

（一）研究协调市政府领导分管工作范围内的具体事项；

（二）协调解决涉及多个部门的事项；

（三）研究协调需提交市政府集体决策的事项。

市政府专题会议根据需要可随时召开。凡涉及资金、项目、机构编制安排的，严格按照规定的审批权限和程序办理。

第四十九条 实行"3+N"会议决策制度，由市长、常务副市长、分管副市长，确定有关部门、单位和镇街区政府主要负责人参加，研究项目政策、规划、投资、建设等决策事项，提高行政决策效率。

第五十条 市政府领导不能出席市政府全体会议、常务会议和市长办公会议，须向市长请假；市政府全体会议其他与会人员或市政府常务会议、市长办公会议列席人员请假，由市政府办公室汇总后向市长报告。未经同意，不得缺席或他人代替参加。

第五十一条 市政府常务会议、市长办公会议纪要由市政府办公室主任审核，市长签发。会议决定事项，由市政府办公室负责督办，并定期将会议决定事项的落实情况向市政府领导报告。

第五十二条 市政府及各部门要按照精简高效的原则，进一步压缩会议数量、规模和层次。能用电话等形式解决问题的不召开会议；可使用视频系统的，召开视频会议；内容相近、时间靠近、与会人员重叠的会议，可合并召开或接续召开；能以部门名义召开的会议不以市政府名义召开。除市委、市政府召开的综合性会议外，其他会议主题要明确、准备要充分，提倡开短会、开专题会、开现场会、开解决问题的会，会议时间原则上控制在1小时以内。

第九章 规范公文处理

第五十三条 认真贯彻《党政机关公文处理工作条例》和《山东省〈党政机关公文处理工作条例〉实施办法（试行）》，加强公文处理规范化、制度化建设，完善程序，优化流程，推动政府工作高效、有序运行，确保政令畅通。

第五十四条 进一步规范公文报送。市政府办公室负责市政府各类公文的处理、承办工作，负责协助市政府领导审核或者组织起草以市政府和市政府办公室名义制发的公文。

严格报送程序。除市政府领导同志直接交办事项和须直接报送的密级事项、重大突发事项外，公文一律送市政府办公室按规定程序统一办理，不得直接报送市政府领导个人，更不得多头主送、越级行文。

规范报送格式。向市政府领导报送的汇报材料，主要用于沟通情况，涉及政府审定事项的，应按规定程序重新报送正式公文。各镇街区、市政府部门报送市政府的请示事项，必须以正式公文形式报送，不得以“请阅件”“呈阅件”等非规范形式报送。请示件要一文一事，由主要负责人签发；报告中不得夹带请示事项。凡涉及其他部门职权的，主办部门必须与相关部门充分协商。协商一致的，经相关部门会签后，联合报市政府；部门之间有分歧的，主办部门应列明各方依据，提出办理意见，与相关部门会签后报市政府决定。凡属部门、单位职责范围内的事项，以及经过部门、单位之间协商可以解决的问题，不向市政府报送公文。不符合规定的请示文件，按程序予以退办。

及时反馈意见。各镇街区、市政府部门报送市政府的请示，市政府办公室批转有关部门提出办理意见的，有关部门应在规定时限内反馈办理意见。

严格报送主体。市政府议事协调机构、联席会议、行业协会以及部门内设机构等不得直接向市政府报送公文；需向市政府请示报告的事项，应由其主管部门报送公文。除上属驻安单位、无主管部门或主管部门不明确的单位和企业外，其他单位一般不直接向市政府报送公文。

第五十五条　报送市政府审批的公文，由市政府办公室审核后，报市长审批。市政府领导批示的公文，由市政府办公室统一转办、处理。

第五十六条　市政府领导审批公文，对有具体请示事项的，应签署明确意见、姓名和日期。对一般报告性公文，圈阅表示“同意”，并签署姓名和日期。需报市委的，由市长签批。

第五十七条　从严控制发文数量、发文规格，大力精简文件简报，切实改进文风。以市政府或市政府办公室名义制发的公文，其内容应属于关系全市经济社会发展的重要决定、政策措施以及需要全市各级行政机关、企事业单位执行和周知的重要事项。除市政府常务会议、专题会议和上级有明确要求的外，应书面报请市政府同意。政策性文件文稿一般应控制在3000字以内。

第五十八条　凡以市政府或市政府办公室名义制发公文，一般应由主管部门代拟文稿，主要负责人审核把关。文稿内容涉及其他部门职责的，代拟部门应主动与相关部门进行协商。被征求意见部门应积极配合，在约定时间内无反馈意见的，视为同意。对相关部门的意见，不予采纳的要逐一说明理由。经审核不宜以市政府或市政府办公室名义制发公文的，退代拟部门自行处理。

第五十九条　公文签发权限。

（一）以市政府名义报上级政府的请示、报告，由市长签发；

（二）向市人民代表大会及其常务委员会提出的议案、市政府发布的政府规章、市政府及其办公室发布的规范性文件，由市长签发；

（三）市政府各部门主要负责人任免公文，由市长签发；

（四）镇街区镇长、主任，市政府部门主要负责人出国审批公文，由市长签发；

（五）经市政府常务会议决定的事项和属于例行批准手续的事项，需以市政府名义行文的，由市长签发；

（六）以市政府办公室名义制发的公文，由办公室主任签发。其中，规范性公文，涉及综合性事项的公文，成立议事协调机构、临时机构，须报请市长同意后签发。

第六十条　市政府各部门制定规范性文件，要严格遵守法定权限和程序。市政府各部门之间对有关问题未经协商一致，不得各自向下行文。属于业务性较强及行业性的重要工作，或其他需市政府同意的事项，按程序报经市政府领导审定后，可加“经市政府同意”字样，由部门行文。

第六十一条　对办法、规定、规则等规范性文件和涉及法律法规的政策性文件，须经市政府法制部门进行合法性审查。对直接关系人民群众切身利益且涉及面广、容易引发社会稳定问题的重大决策事项，要进行社会稳定风险评估。

有时限要求的发文事项，应提前5个工作日送达市政府办公室。对上级要求限期报送书面情况，以及市政府部署的重要工作，需要市政府或市政府办公室发文的紧急事项，应提前3个工作日送达市政府办公室。

第六十二条　进一步完善全市“协同统一办公平台”功能，优化公文审批流程，提升公文审签、制发信息化水平。

第十章　加强政务信息

第六十三条　各镇政府、街办、开发区管委会，市政府各部门要切实加强政务信息工作，及时向市政府反映政府工作及经济社会发展中的重要情况，为市政府领导掌握情况、科学决策、指导工作提供依据。

第六十四条　政务信息报送的主要内容。

（一）上级和市委、市政府重大决策部署及领导重要批示的贯彻落实情况；

（二）全市经济社会发展中的重要动态，事关全局的倾向性、苗头性问题；

（三）重要的社情民意和基层反映的重要问题、意见建议；

（四）贯彻执行上级和市委、市政府决策过程中遇到的新情况、新问题及建议；

（五）创造性开展工作的特色做法和成功经验；

（六）上级业务部门关于重点工作、重大情况的分析预测和政策建议；

（七）外地可供借鉴的新思路、新政策和新举措。

第六十五条 报送政务信息要坚持实事求是、围绕中心，注意贴近领导决策需求，突出重点，把握要点，挖掘亮点，抓住切入点，做到全面、及时、准确、规范。

第六十六条 市政府办公室要加强对全市政务信息工作的指导，确保信息网络健全完善、高效运转。要健全完善政务信息工作通报和考核机制，对先进单位和个人进行表彰，对迟报、漏报信息并造成严重后果的进行通报批评。

第十一章 强化督查落实

第六十七条 建立政府统一领导、办公室综合协调、督查机构组织实施、有关部门（单位）配合参与的政府督查工作体系，明确目标责任，完善工作网络，确保各项决策部署落实到位。

第六十八条 市政府各部门以及各镇政府、街办、开发区管委会必须坚决贯彻落实市政府的决定，确保政令落实到位。市政府办公室要加强督促检查，及时跟踪和反馈执行情况，重大决策事项实施联合督查。

第六十九条 督查工作重点。

（一）《政府工作报告》确定的主要目标任务、重点工作、重大事项；

（二）市政府重要会议确定的工作部署；

（三）市委、市政府及其办公室制发的重要文件确定的事项；

（四）重要事项审计结果的整改落实情况；

（五）市政府领导要求开展的其他督促检查活动。

第七十条 重要决策督查程序。

（一）立项督查。对需要督查的决策事项，由市政府督查室及时形成督查通知（内容包括任务目标、承办单位、办理时限等），经市政府办公室主任或督查室主任审签后发出。

（二）督促检查。市政府督查室通过现场、书面、电话、网络等形式，对市政府决策事项办理进展情况进行督促检查。

（三）报告情况。承办单位按要求向市政府督查室书面报告落实情况，由市政府督查室汇总后报市政府或相关领导。

第七十一条 收到党中央、国务院、省委、省政府和潍坊市委、市政府以及市委领导的批示件，市政府办公室要立即呈送市政府有关领导审阅，及时按领导批示意见组织办理，并按规定时限上报落实情况。

第七十二条 市政府领导批示件由市政府督查室负责办理。督查室接办后及时转承办单位，必要时直接组织办理。承办单位应在规定期限内向市政府督查室书面报告落实情况，市政府督查室汇总后书面报告相关领导。批示件事项涉及两个（含）以上承办单位的，由主办单位牵头办理，协办单位积极配合。

第七十三条 市政府领导在人民来信上的批示，由市政府督查室按批示要求运转办理，并直接向市政府领导反馈结果。

第十二章 严肃工作纪律

第七十四条 市政府组成人员要牢固树立政治意识、大局意识、核心意识、看齐意识，坚决维护以习近平同志为核心的党中央权威，严守政治纪律和政治规矩。

第七十五条 市政府要自觉接受和维护市委的领导，重要事项及时向市委请示汇报。

第七十六条 市政府组成人员必须坚决执行市政府的决定，如有不同意见可在市政府内部提出，在未重新作出决定前，不得有任何与市政府决定相违背的言论和行为；代表市政府发表讲话或文章，以及个人发表涉及未经市政府研究决定的重大问题及事项的讲话和文章，事先须经市政府同意。

第七十七条 市政府组成人员要严格执行请销假制度和外出报备制度。副市长、办公室主任出差（出访）、休假等，应事先报告市长。各镇政府、街办、开发区管委会主要负责人外出，须报市长审批，同意后方可外出；市政府各部门、正科级及以上事业单位主要负责人外出，须经分管副市长同意后，报市长审批。出差（出访）、休假须提前3天报备，因紧急事项临时外出的，要及时报备。出差（出访）、休假期间，要保持通讯联络畅通，确保能随时取得联系。

第七十八条 市政府组成人员要严格遵守保密纪律和外事纪律，严禁泄漏国家秘密、工作秘密或者因履行职责掌握的商业秘密等，坚决维护国家的安全、荣誉和利益。

第七十九条 市政府各部门发布涉及政府重要工作部署、经济社会发展重要问题的信息，要经过严格审定，重大情况要及时向市政府报告。

第八十条 建立每日要情报告制度，坚持部门日常工作汇报和每日要情“日报告”和“零报告”制度。

第十三章 加强廉政和作风建设

第八十一条 市政府及各部门要认真贯彻执行《关于新形势下党内政治生活的若干准则》《中国共产党廉洁自律准则》，中央八项规定精神以及省委、潍坊市委和市委有关规定，不断加强廉政建设和作风建设。

第八十二条 市政府及各部门实行“一岗双责”，严格落实党风廉政建设主体责任，把党风廉政建设与经济社会发展各项任务同部署、同落实、同检查、同考核。

第八十三条 市政府及各部门要坚持从严治政。对职权范围内的事项，要按程序和时限积极负责地办理；对不符合规定的事项，要坚持原则不予办理；对因推诿、拖延等官僚作风及失职、渎职造成影响和损失的，要严肃追究责任；对越权办事、以权谋私等违规、违纪、违法行为，要依法依规予以查处。

第八十四条　市政府及各部门要严格执行财经纪律，艰苦奋斗、勤俭节约，坚决制止奢侈浪费，严格执行住房、办公用房、车辆配备等方面的规定，严格控制差旅费、会议经费等一般性支出，切实降低行政成本，建设节约型机关。

严格控制因公出国（境）团组数量和规模。规范公务接待，不得违反规定用公款送礼和宴请，不得接受下属单位及地方的送礼和宴请。严禁向下级单位转嫁会议费用。

第八十五条　市政府组成人员要廉洁从政，严格执行有关廉洁自律的各项规定，严格执行领导干部重大事项报告制度，不得利用职权和职务影响为本人或特定关系人谋取不正当利益；不得违反规定干预或插手市场经济活动；加强对亲属和身边工作人员的教育和约束，决不允许搞特权。

第八十六条　市政府组成人员要做学习的表率，密切关注国际国内经济、社会、科技等方面发展变化的新趋势，不断充实新知识，丰富新经验。市政府及各部门要通过多种培训方式，组织学习经济、科技、法律和现代管理等知识，建设学习型机关。

第八十七条　市政府组成人员要带头深入基层调查研究，真正了解基层的情况和困难，切实解决实际问题。完善市政府领导联系点制度，重点联系条件差、问题多、群众意见大的单位，定期听取意见、查找症结，帮助解决发展中的问题。每位市政府领导成员每年至少牵头负责 1 项事关全局的重大调研项目。

调查研究要轻车简从，减少陪同，简化接待，不安排警车带路，不搞边界迎送。除工作需要外，不去名胜古迹、风景区参观。新闻报道要按照相关规定严格执行。

第八十八条　按照国家有关规定，严格控制各种名目的庆典、论坛、研讨会、评比表彰等活动。凡邀请市政府领导参加的内外事活动，一律由市政府办公室统一安排。市政府部门和各镇政府、街办、开发区管委会不得直接向市政府领导个人发送请柬。邀请市政府领导参加的重要活动，应第一时间报市政府办公室按规定程序办理。

第八十九条　除市委、市政府统一组织的重要活动外，市政府领导同志不出席市政府各部门召开或组织的各类庆祝会、纪念会、表彰会、博览会、研讨会和剪彩、奠基、展览、论坛等活动，不发贺信、贺电，不题词、题字，不为个人著作作序。

第十四章　附　则

第九十条　市政府直属机构、直属事业单位和上属驻安各单位适用本规则。

第九十一条　本规则受行政监督和社会监督，市政府办公室负责解释。

安丘市人民政府
关于发布 2017 年企业工资指导线的通知

安政发〔2017〕20 号

各镇政府、街办、开发区管委会，市直各部门、单位，各重点企业：

为加强对企业工资分配的宏观调控，引导企业职工工资合理增长，根据潍坊市人民政府《关于发布 2017 年企业工资指导线的通知》（潍政字〔2017〕21 号），经研究，现将 2017 年全市企业工资指导线予以发布，并就有关事项通知如下：

一、2017 年全市企业可以 2016 年全市城镇非私营企业在岗职工平均工资 42733 元为基数，也可以本企业 2016 年在岗职工平均工资为基数，确定企业职工货币工资增长基准线为 7.5%，上线为 12%，下线为 3%。

二、各类企业要结合生产经营情况，按照工资指导线要求，合理安排职工工资增长。生产经营正常、经济效益增长的企业，应围绕基准线安排职工工资增长。经济效益较好、支付能力较强的企业，可在基准线与上线之间安排工资增长。生产经营正常、经济效益一般的企业可在基准线和下线之间安排工资增长。生产经营较困难、上年亏损且当年可能出现亏损的企业，可暂不增加工资。各类企业对提供正常劳动的职工支付的工资不得低于我市最低工资标准。

三、各类国有企业（含国有控股企业）要按照相关法律法规和政策要求，严格控制工资增长幅度，并合理确定企业负责人与其他职工工资增长的比例关系。企业安排年度工资增长时，职工平均工资不增长的，企业负责人工资亦不能增长；一线职工（除企业中层及中层以上职工）年度工资增长幅度不得低于本企业平均工资增长幅度。

四、各企业要贯彻按劳分配、同工同酬原则，在市政府发布企业工资指导线后 30 日内，通过工资集体协商方式制定落实工资指导线实施方案，经职工大会或职工代表大会讨论通过、企业主管部门审核后，报市人力资源和社会保障部门备案。

五、各级各有关部门要切实履行职责，指导和督促各类企业落实企业工资指导线，建立健全企业职工工资正常增长机制，合理确定职工工资水平和增长幅度，切实维护劳动者合法权益，推动全市经济社会健康快速发展。

安丘市人民政府

2017 年 9 月 19 日

部分便民服务事项

2017年安丘市公交线路站点

线路名称及起止点	线路长度（公里）	站点数量（个）	途径站点
一路：市内循环	21	43	1. 汽车站 2. 颐高商贸城 3. 御景天成 4. 市立医院 5. 残联 6. 建陶市场 7. 老庄子 8. 安德士服装 9. 妇保院 10. 兴安街道计生站 11. 南三里庄 12. 青云世家 13. 育英中学 14. 供电服务中心 15. 锦国花园 16. 硝市新村 17. 兴安街道卫生院 18. 西巷子 19. 世纪新城 20. 五金公司 21. 实验小学 22. 市府招待所西门 23. 百盛商厦 24. 交通局运管所 25. 汶河广场 26. 盛源热电 27. 海龙希望小学 28. 周田戈 29. 香港公寓 30. 棉纺家属院 31. 兴华学校 32. 华苑小区 33. 第二中学 34. 建设银行 35. 家乐园 36. 佳乐家兴安店 37. 银杏小区 38. 人民医院 39. 建筑设计院 40. 市立医院西门 41. 市立医院 42. 御景天成 43. 颐高商贸城 44. 汽车站
二路：汽车站—拥翠园社区	15	33	1. 汽车站 2. 颐高商贸城 3 御景天成 4. 市立医院 5. 市立医院西门 6. 科委 7. 东埠中学 8. 建设银行 9. 家乐园 10. 武装部 11. 城里小区 12. 被服厂 13. 汶水小学 14. 庄头居委会 15. 天顺家园 16. 花鸟市场 17. 红军小学 18 三里庄小区 19 凉水湾头 20. 七里沟养殖区 21. 道口路口 22. 小河崖 23 周家庄 24. 田家庄 25 北新村 26. 石庙子 27. 冢子坡 28. 牟山水库管理局 29. 山东头 30. 大韩十里 31. 店子 32. 宫家庄 33. 拥翠园社区
三路：市内循环	21	43	1. 汽车站 2. 颐高商贸城 3 御景天成 4 市立医院 5. 职业中专家属院 6. 锦绣华城 7. 人民医院 8. 建筑设计院 9. 科委 10. 东埠中学 11. 第二中学 12. 华苑小区 13. 兴华学校 14. 棉纺家属院 15. 香港公寓 16. 周田戈 17. 海龙希望小学 18. 盛源热电 19. 汶河广场 20. 交通局运管所 21. 百盛商厦 22. 市府招待所西门 23. 实验小学 24. 五金公司 25. 世纪新城 26. 西巷子 27. 兴安街道卫生院 28. 硝市新村 29. 锦国花园 30. 供电服务中心 31. 育英中学 32. 青云世家 33 南三里庄 34. 兴安街道计生办 35. 妇保院 36. 安德士服装 37. 老庄子 38. 建陶市场 .39. 残联 40. 市立医院 41. 御景天成 42. 颐高商贸城 43. 汽车站
五路：汽车站—石龙社区	18	32	1. 汽车站 2. 颐高商贸城 3. 小城埠村 4 东城馨园 5. 永盛锦园西门 6. 第二中学 7. 东埠中学 8. 勤管办 9. 人民医院北门 10. 佳乐家兴安店 11. 白求恩医院 12. 城管执法局 13. 酿造厂 14. 汶河广场 15. 龙耀锦都 16. 关王路口 17. 机动车检测站 18. 长安铁塔工业园 19. 弘毅中学 20. 鲁安药业 21. 小河崖 22. 归家疃 23.206 收费站 24. 崖头路口 25. 莲花山路口 26. 奥宝化工北门 27. 薛家庄社区 28. 鼎正街路口 29. 张家石龙村 30. 昌通工程机械 31. 翠山街路口 32. 石龙社区
六路：汽车站—职业中专	14	29	1. 汽车站 2. 颐高商贸城 3. 御景天成 4. 市立医院 5. 职业中专家属院 6. 锦绣华城 7. 银杏小区 8. 佳乐家兴安店 9. 武装部 10. 市府招待所西门 11. 机关幼儿园 12. 城管执法局 13. 蓝星国际 14. 速 8 酒店 15. 香港商贸城 16. 领秀城南门 17. 华苑小区 18. 永盛锦园 19. 天源华府丨 20. 孟五里 21. 青云郡 22. 曹五里社区 23. 青云山风景区 24. 青云山广场 25. 邵家埠 26. 大汶河开发区管委会 27 龙泉宾馆 28. 恒硕机械 29. 职业中专
七路：汽车站—刘家尧村	23	41	1. 汽车站 2. 颐高商贸城 3 御景天成 4. 市立医院 5 职业中专家属院 6. 锦绣华城南门 7. 西巷子 8. 兴安街道卫生院 9. 天顺家园 10. 庄头居委会 11 汶水小学 12. 被服厂 13. 城里小区 14. 武装部 15. 家乐园 16. 建设银行 17. 第二中学 18. 永盛锦园 19. 天源华府 20. 青云花园东门 21. 青云山路口 22. 安丘华润燃气公司 23. 青云国际城 24. 青云湖公园 25. 审批大厅 26. 农村信用社 27. 市政府 28. 建设局 29. 财政局 30. 交通运输局 31. 青云学府东门 32. 学府家园 33. 青云双语 34. 华安铁塔 35. 葛庄 36. 特殊教育学校 37. 经济开发区 38. 开发区卫生院 39. 刘家尧市场 40. 青龙湖公园 41. 刘家尧村
八路：汽车站—姜蒜批发市场	15	32	1. 汽车站 2. 交警大队 3. 世纪泰华东门 4. 天源华府 5 永盛锦园 6 第二中学 7 建设银行 8 家乐园 9 佳乐家兴安店 10 银杏小区 11. 锦绣华城 12 公安局家属院 13. 法院 14 南苑商贸城西门 15. 育英中学 16. 福华食品 17. 三里店子 18. 双丰大道 19. 华利达公司 20. 凯特制衣 21. 曹家楼 22. 小石泉 23. 石泉路口 24. 石泉加油站 25. 十五里后 26. 盛大农产品市场 27. 东方机械研究院 28. 石戈庄 29. 黄家坡 30. 海岱 31. 林家屯 32. 姜蒜批发市场.
九路：汽车站—王家坟庄	20	40	1. 汽车站 2. 颐高商贸城 3. 小城埠村 4. 东城馨园 5. 第一中学 6. 勤管办 7. 人民医院北门 8. 佳乐家兴安店 9 白求恩医院 10. 城管执法局 11. 蓝星国际 12. 速 8 酒店 13. 联通公司 14. 环保局 15. 古槐小区 16. 天熙苑 17. 韩家村社区 18 青云山路口 19. 安丘华润燃气公司 20. 青云国际城 21. 青云湖公园 22. 审批大厅 23. 农村信用社 24. 市政府 25. 新龙现代城 26. 金稻园小区 27 天虹花园 28. 湖景龙湾东门 29. 湖景龙湾 30. 青云湖小区 31. 帘帆布家属院 32. 彭家庙子 33. 市人民医院北区新院 34. 人民医院亲和源老年公寓 35. 龙飞医药公司 36. 黄山街 37. 一棉纺织 38. 夹埠 39. 亚东公司 40. 王家坟

续表

线路名称及起止点	线路长度（公里）	站点数量（个）	途径站点
十路：汽车站—齐鲁酒地	22	36	1. 汽车站 2. 颐高商贸城 3. 颐高商贸城西门 4. 建陶市场南门 5. 安驾驾校 6. 南苑商贸城 7. 南苑商贸城西门 8. 法院 9. 公安家属院 10. 锦绣华城 11. 银杏小区 12. 佳乐家兴安店 13. 家乐园 14. 建设银行 15. 龙飞医药 16. 中医院 17. 联通公司 18. 古槐小区西门 19. 大华中央城 20. 汶水绿洲 21. 董家庄 22. 三教堂社区 23. 小河 24. 于家营子 25. 审批大厅南门 26. 审批大厅 27. 天地广场 28. 教育局 29. 华安铁塔 30. 葛庄 31. 新安街办 32. 磨埠社区 33. 实验中学 34. 瓦青官庄 35. 昆仑大街路口 36. 齐鲁酒地
十一路：汽车站—盛大农产品市场	16	32	1. 汽车站 2. 颐高商贸城 3. 小城埠村 4. 东城馨园 5. 永盛锦园西门 6. 第二中学 7. 龙飞医药 8. 中医院 9. 速 8 酒店 10. 蓝星国际 11. 城管执法局 12. 白求恩医院 13. 佳乐家兴安店 14. 银杏小区 15. 锦绣华城 16. 锦绣华城南门 17. 西巷子 18. 百福园 19. 育英中学 20. 南苑商贸城 21. 安驾驾校 22. 老庄子 23. 车管所 24. 七里河 25. 水之闰游泳馆 26. 苇园村 27. 东大庄 28. 冯家坊子 29. 田家官庄 30. 小官庄 31. 十五里后 32.. 盛大农产品市场
十二路：汽车站—华汶实业	18	44	1. 汽车站 2. 颐高商贸城 3. 御景天成 4. 市立医院 5. 市立医院西门 6. 科委 7. 勤管办 8. 人民医院北门 9. 兴安街道 10. 民政局 11. 庄头居委会 12. 汶水小学 13. 自来水公司纯净水厂 14. 供电公司 15. 物资局路口 16. 百盛商厦 17. 交通局运管所 18. 汶河广场 19. 龙耀锦都 20. 关王路口 21. 机动车检测站 22. 焦家庄 23. 董家庄 24. 三教堂社区 25. 刘家营子 26. 彩虹街路口 27. 鲁丰饲料 28. 审批大厅北门 29. 电力工业园 30. 中宝纺织 31. 惠康饲料 32. 三源铝业 33. 华丰动力 34. 特玹曼药业 35. 石羊官庄 36. 山东蓝想科技 37. 海瑞通机电 38. 欧信电器 39. 汶瑞机械 40. 鼎益铁塔 41. 鼎益铁塔东门 42. 冯家沟居委会 43. 美巢集团 44. 华汶实业
十三路：汽车站—十里铺村	18	35	1. 汽车站 2. 交警大队 3. 世纪泰华东门 4. 天源华府 5 永盛锦园 6 第二中学 7. 龙飞医药 8. 中医院 9. 速 8 酒店 10. 蓝星国际 11. 酿造厂 12. 水韵华府 13. 人才小区 14. 汶水花园 15. 自来水公司纯净水厂 16. 汶水小学 17. 庄头居委会 18. 金水岸花园 19. 锦绣华城北门 20. 锦绣华城 21. 公安局家属院 22. 法院 23. 南苑商贸城西门 24. 青云世家 25. 南三里庄 26. 兴安街道计生站 27. 妇保院 28. 安德仕服装 29. 农机公司 30. 翰沃城 31. 恒德汽车园 32. 金安产业园 33. 上冶股份 34. 恒茂伞业 35. 十里铺

2017 年安丘市公共自行车站点一览表（一）

站点号	站点名称	锁车桩数（个）	站点号	站点名称	锁车桩数（个）
2001	人才小区	20	2040	茗跃通讯	20
2002	人民公园	30	2041	城北居委会	16
2003	交通局运管所	20	2042	植物园	40
2004	农业发展银行	30	2043	阳光花园	20
2005	自来水公司	18	2044	二中	30
2006	城里小区	20	2045	永盛锦园	20
2007	城里居委会	20	2046	东城馨园	20
2008	华安商贸城	20	2047	青云花园东门	30
2009	检察院	20	2048	领秀城	20
2010	西三里庄	20	2049	市机关办公大楼	42
2011	鲁丰锦绣花园	24	2050	农商行	28
2012	祥安公寓	20	2051	新东方大酒店	20
2013	外贸食品	20	2052	设计院	20
2014	锦国花园	22	2053	市政公司	20
2015	福满园小区	16	2054	交警大队家属院	20

续表

站点号	站点名称	锁车桩数（个）	站点号	站点名称	锁车桩数（个）
2016	世纪新城	20	2055	环保局	20
2017	兴安卫生院	20	2056	财政局	20
2018	安南公园	20	2057	天虹花园	20
2019	御景天成	24	2058	锦绣华城	20
2020	实验小学	28	2059	柠檬生化	20
2021	银杏小区	18	2060	教育局	20
2022	兴安街办	26	2061	计生局	30
2023	招待所南门	20	2062	青云学府	28
2024	汶水绿洲	20	2063	地税局	18
2025	社保中心	20	2064	大成花园	20
2026	联通公司	20	2065	葛庄	20
2027	中医院	30	2066	新安街办	20
2028	家乐园	18	2067	开发区管委会	20
2029	佳乐家	22	2068	幸福家园	20
2030	广电网络公司	20	2069	育英家园	20
2031	安邦家园	20	2070	南苑商贸城	20
2032	教师公寓	20	2071	华安铁塔	20
2033	东方明珠	30	2072	交通运输局	26
2034	质监站	20	2073	天地广场	20
2035	青云花园西门	20	2074	颐乐园	20
2036	青云山广场1	60	2075	青云湖小区	28
2037	青云山广场2	60	2076	青云湖公园	24
2038	汶河广场	30	2077	岔河子社区	20
2039	蓝星国际	20	2078	汶河风景区北	20

2017年安丘市公共自行车站点一览表（一）

站点号	站点名称	锁车桩数（个）	站点号	站点名称	锁车桩数（个）
2079	汶河风景区南	20	2118	法院	36
2080	职业中专西门	30	2119	公安局家属院	20
2081	职业中专东门	20	2120	龙耀锦都	20
2082	新一中	16	2121	汇泉酒店	20
2083	鑫地家园	18	2122	浮来春	20
2084	盛世名门	20	2123	小城埠社区	20

续表

站点号	站点名称	锁车桩数（个）	站点号	站点名称	锁车桩数（个）
2085	湖景龙湾	20	2124	青云御景园	20
2086	云湖家园	20	2125	香港公寓	20
2087	领世新城	20	2126	永盛锦园西门	20
2088	颐高商贸城	30	2127	妇保院	30
2089	建陶市场	20	2128	职工子弟学校	20
2090	瓦青官庄	20	2129	青云郡	20
2091	齐鲁酒地	30	2130	车管所	20
2092	行政审批中心	56	2131	金融大厦	20
2093	泰华	20	2132	江山一品	20
2094	汽车站	40	2133	青云国际城	20
2095	大城商厦	18	2134	中央世家	20
2096	轻工机械厂	20	2135	公路局家属院	20
2097	东方明珠北门	20	2136	宝石竹园	20
2098	天顺家园	20	2137	刑警大队	20
2099	颐景园	20	2138	青云双语	20
2100	水韵华府	20	2139	实验中学	20
2101	机关幼儿园	20	2140	一分利购物广场	20
2102	被服厂	20	2141	青云山广场 3	20
2103	银座	20	2142	景建集团	20
2104	家乐园对面	20	2143	新龙现代城	20
2105	建行	20	2144	市北区人民医院	18
2106	鲁丰家园	20	2145	大汶河党工委	20
2107	民政局	20	2146	青云花园北门	20
2108	人民医院北门	20	2147	天熙苑	20
2109	一中家属院南门	20	2148	贯戈立交桥	20
2110	人民医院南门	20	2149	新安学校	20
2111	西关居委会	20	2150	新安街道服务大厅	20
2112	红军小学	20	2151	墨熙鼓巷	30
2113	大华名都	20	2152	体育场南门	40
2114	工商银行	20	2153	东山部队	20
2115	烟草公司	20	2154	安驾驾校	20
2116	西关移动营业厅	20	2155	世纪铭城	20
2117	检测线	18			

2017年安丘汽车站始发车时刻表

市内班次

王家庄子	20分钟一班	宋官疃	1小时一班
阳旭	1小时一班	召忽	25分钟一班
景芝	15分钟一班	上株梧	30分钟一班
辉渠	30分钟一班	临浯	30分钟一班
车庄	25分钟一班	雹泉	30分钟一班
南逯	15分钟一班	刘青子	7点40分、11点
黄旗堡	30分钟一班	小诸城	8点、11点、14点30分、17点、14点30分、17点
周家夏庄	11点、16点40分	杨家河	7点、10点
西利见	9点30分、16点	临浯东路	12点30分、16点
绪泉	14点、13点、15点30分	赵家沟	15点
孙孟	8点30分、11点、16点	南李家庄	15点20分
周家屯	10点、15点	张家溜	15点20分

始发班次

潍坊	4分钟一班	烟 台	14点
黄岛	7点50分、9点30分、10点55分	淄博	8点
青州	8点、13点30分	即墨	8点
黄城	8点	青岛	（6点—17点）40分钟一班
济南	7点、8点30分、10点、13点30分	临朐	8点10分、13点50分
昌邑	10点10分、11点30分、15点30分、16点20分	北京	8点40分
高密	（7点30分—17点）1小时一班	石岛	5点30分
（始发班次可提前20天预售票）			

过路班次

东营	8点40分、14点	淄博	8点30分、9点30分、13点30分、14点20分、15点
临朐	8点50分、10点20分、14点50分	寿光	9点、15点
保定	9点20分	蒙阴	8点15分
莒南	8点40分	沂南	9点、15点
新浦	7点、13点50分	日照	（7点—11点）1小时一班
临沂	（7点—13点30分）1小时一班	淮安	7点40分
丹阳	8点30分（隔日班）	厦门	8点
石狮	7点30分	福州	9点45分
温州	9点	南京	9点45分
常州	9点20分	泰州	10点

续表

扬州	14点30分	枣庄	7点、15点
宁波	17点	无锡	11点
舟山	12点30分	芜湖	11点20分
启东	11点	南通	15点30分
安庆	11点	上海	17点
苏州	17点	杭州	15点45分
椒江	12点	临河	11点
济宁	（隔日班）11点20分	永康	（隔日班）15点
沭阳	9点30分	胶南	12点20分、13点30分、14点、14点30分、15点30分、16点20分
吉林	13点30分		
（仅供参考，如有变动，请以汽车站售票处当日公布时刻表为准）			

2017年安丘市银行网点位置

银行名称（网点数）	序号	网点名称	详细地址
工商银行（5个）	1	中国工商银行股份有限公司安丘支行	安丘市人民路346号
	2	中国工商银行股份有限公司安丘支行东关分理处	安丘市永安路219号
	3	中国工商银行股份有限公司安丘支行北关分理处	安丘市永安路153号
	4	中国工商银行股份有限公司安丘支行汶北分理处	安丘市汶河北岸潍徐路西（山东奥宝化工有限公司一楼）
	5	中国工商银行股份有限公司安丘景芝支行	景芝镇景中路中段
农业银行（12个）	1	中国农业银行股份有限公司安丘白芬子分理处	兴安街道白芬子村
	2	中国农业银行股份有限公司安丘关王分理处	安丘市柠檬生化公司南侧（兴安街道桥北头村）
	3	中国农业银行股份有限公司安丘兴安分理处	安丘市兴安路中段
	4	中国农业银行股份有限公司潍坊坊子赵戈支行	潍坊市峡山生态经济发展区王家庄街道赵戈村
	5	中国农业银行股份有限公司安丘市支行营业室	安丘市区向阳路
	6	中国农业银行股份有限公司安丘凌河分理处	凌河镇凌河村
	7	中国农业银行股份有限公司潍坊坊子黄旗堡分理处	潍坊市坊子区黄旗堡街道办事处西邻
	8	中国农业银行股份有限公司安丘景芝支行	景芝镇景芝宾馆对面
	9	中国农业银行股份有限公司安丘市南区分理处	安丘市永安路291号
	10	中国农业银行股份有限公司安丘市中分理处	安丘市兴安街道潍徐南路与建安路交汇处东北角
	11	中国农业银行股份有限公司安丘东郊分理处	安丘市青云山路11号
	12	中国农业银行股份有限公司安丘安城分理处	安丘市兴安路中段中百佳乐家超市斜对面
中国银行（4个）	1	中国银行股份有限公司安丘支行营业部	安丘市兴安路128号
	2	中国银行股份有限公司安丘建安路支行	安丘市建安路支行169-41号
	3	中国银行股份有限公司安丘潍安路支行	安丘市潍安路191号

续表

银行名称（网点数）	序号	网点名称	详细地址
中国银行（4个）	4	中国银行股份有限公司安丘开发区支行	安丘经济开发区新潍安路中段天地商业广场南侧
建设银行（4个）	1	中国建设银行股份有限公司安丘支行营业室	安丘市永安路213号
	2	中国建设银行股份有限公司安丘支行青云山分理处	安丘市青云山路与建安路路口
	3	中国建设银行股份有限公司安丘支行和平分理处	安丘市和平路与潍安路路口
	4	中国建设银行股份有限公司潍坊景芝支行	景芝镇景中路5号
农发行	1	中国农业发展银行安丘市支行	安丘市向阳路269号
安丘农商行（48个）	1	山东安丘农村商业银行股份有限公司安丘支行	安丘市兴安路186号
	2	山东安丘农村商业银行股份有限公司庵上支行	庵上供电所西邻
	3	山东安丘农村商业银行股份有限公司白芬子支行	白芬子卫生院南侧
	4	山东安丘农村商业银行股份有限公司雹泉支行	雹泉社区工商所东邻
	5	山东安丘农村商业银行股份有限公司城区支行	安丘市永安路北段西侧
	6	山东安丘农村商业银行股份有限公司慈埠支行	关王社区店子村中心
	7	山东安丘农村商业银行股份有限公司大盛支行	大盛镇计生办东邻
	8	山东安丘农村商业银行股份有限公司担山支行	担山邮电局西邻
	9	山东安丘农村商业银行股份有限公司东郊支行	安丘市东关派出所以东
	10	山东安丘农村商业银行股份有限公司阜康分理处	景芝镇开发区
	11	山东安丘农村商业银行股份有限公司古槐支行	安丘市长安路商业街宜家惠超市西邻
	12	山东安丘农村商业银行股份有限公司关王支行	新安街道安阳路关王村驻地
	13	山东安丘农村商业银行股份有限公司官庄支行	官庄镇驻地
	14	山东安丘农村商业银行股份有限公司管公支行	管公社区金河街2号
	15	山东安丘农村商业银行股份有限公司黑埠子分理处	白芬子姜蒜批发市场
	16	山东安丘农村商业银行股份有限公司红沙沟支行	凌河镇红沙沟村
	17	山东安丘农村商业银行股份有限公司辉渠支行	辉渠镇辉渠村
	18	山东安丘农村商业银行股份有限公司贾戈支行	大汶河旅游开发区党工委对面
	19	山东安丘农村商业银行股份有限公司街里分理处	凌河镇凌河村
	20	山东安丘农村商业银行股份有限公司金冢子支行	金冢子卫生院东侧
	21	山东安丘农村商业银行股份有限公司景芝支行	景芝镇景芝宾馆西侧
	22	山东安丘农村商业银行股份有限公司开发区支行	安丘市新兴街9号
	23	山东安丘农村商业银行股份有限公司临城分理处	安丘市青云山路18号
	24	山东安丘农村商业银行股份有限公司临浯支行	临浯联通营业厅西邻
	25	山东安丘农村商业银行股份有限公司凌河支行	凌河镇中心卫生院南侧
	26	山东安丘农村商业银行股份有限公司南关支行	安丘市潍安路315号
	27	山东安丘农村商业银行股份有限公司南郊支行	安丘市健康路259号

续表

银行名称（网点数）	序号	网点名称	详细地址
安丘农商行（48个）	28	山东安丘农村商业银行股份有限公司南逯分理处	郚山镇南逯村
	29	山东安丘农村商业银行股份有限公司南苑分理处	安丘市潍安路南首
	30	山东安丘农村商业银行股份有限公司人民路支行	安丘市东关派出所以东
	31	山东安丘农村商业银行股份有限公司三里分理处	兴安街道三里店子村
	32	山东安丘农村商业银行股份有限公司沙浯分理处	景芝镇沙浯村
	33	山东安丘农村商业银行股份有限公司商场西路分理处	安丘市商场路30号
	34	山东安丘农村商业银行股份有限公司石埠子支行	石埠子镇政府北侧
	35	山东安丘农村商业银行股份有限公司石堆支行	石堆镇计生办西邻
	36	山东安丘农村商业银行股份有限公司宋官疃支行	景芝镇宋官疃计生办东侧
	37	山东安丘农村商业银行股份有限公司王封分理处	大汶河旅游开发区王封村
	38	山东安丘农村商业银行股份有限公司盛大分理处	安丘市盛大农产品姜蒜批发市场沿街东首
	39	山东安丘农村商业银行股份有限公司汶中支行	安丘市潍徐南路836号
	40	山东安丘农村商业银行股份有限公司吾山支行	郚山镇政府西邻
	41	山东安丘农村商业银行股份有限公司西关支行	安丘市和平路西首
	42	山东安丘农村商业银行股份有限公司夏坡分理处	辉渠镇夏坡村
	43	山东安丘农村商业银行股份有限公司小河崖分理处	新安街道潍徐北路241号
	44	山东安丘农村商业银行股份有限公司兴安路支行	安丘市兴安路139号
	45	山东安丘农村商业银行股份有限公司永安路支行	安丘市永安路261号
	46	山东安丘农村商业银行股份有限公司召忽分理处	石埠子镇召忽村
	47	山东安丘农村商业银行股份有限公司柘山支行	柘山镇驻地
	48	山东安丘农村商业银行股份有限公司	安丘市青云大街631号
邮储银行（3个）	1	中国邮政储蓄银行股份有限公司安丘市支行	安丘市兴安路与和平路交叉路口西北角
	2	中国邮政储蓄银行股份有限公司安丘市建安路支行	安丘市建安路36号青云御景园29号楼101室
	3	中国邮政储蓄银行股份有限公司安丘市担山支行	新安街办省道下小路路北联通公司担山营业部东邻
潍坊银行（3个）	1	潍坊银行股份有限公司安丘支行	大汶河旅游开发区永安路以东、金融街以北金融中心
	2	潍坊银行股份有限公司安丘景芝支行	安丘市景中路40号
	3	潍坊银行股份有限公司安丘兴安路支行	安丘市兴安街道兴安路303、305号
中信银行	1	中信银行股份有限公司潍坊安丘支行	安丘市青云山路8号
民生银行	1	中国民生银行股份有限公司潍坊安丘支行	安丘市商场路与下小路交叉口泰华曼哈顿商业综合楼1层和27层
交通银行	1	交通银行股份有限公司潍坊安丘支行	大汶河旅游开发区金融街2号
齐商银行	1	齐商银行股份有限公司潍坊安丘支行	大汶河旅游开发区永安路与金融街交汇处金融中心6号楼
村镇银行	1	安丘北海村镇银行股份有限公司	安丘市市南区金融街金融中心3号楼

索　引

Suoyin

说明：

本索引将书首目录中的条目简化成索引的条目。索引条目按汉语拼音顺序排列，条目后的阿拉伯数字表示内容所在的页码。

D

F

G

H

J

K

L

M

N

P

Q

R

S

T

W

X

Y

Z